中国顶尖学科
出版工程

复旦大学
历史地理学科

主编
葛剑雄

副主编
张晓虹

学
术
经
典

复旦大学历史地理学术经典

葛剑雄卷

葛剑雄 著

上海教育出版社
SHANGHAI EDUCATIONAL
PUBLISHING HOUSE

顶尖学科的创新和发展，一直是全社会关心的热点议题。国家的发展需要顶尖学科的支撑，高端人才的培养体现了顶尖学科的传承。为我国学科建设发展注入人文关怀和强化历史厚度，探索学科发生发展的规律，有助于推动我国的学科建设，使我国顶尖学科实力更加饱满、更具国际化和人性化、更适应未来社会融合发展的趋势。

"中国顶尖学科出版工程"缘起于 2018 年 10 月杭州电子科技大学融媒体与主题出版研究院院长韩建民教授和上海教育出版社缪宏才社长在飞往西安的飞机上的一席谈话。二位谈到，作为出版人，不仅要运营好出版社，更重要的是担负起出版人的职责，服务社会，传承文化。作为高校教师、教育出版社社长，他们的关注点不约而同地聚集在了高等教育上。近年来，教育部等国家有关部门对高等教育尤其是顶尖人才的培养格外重视。人才培养离不开学科建设，国家建设需要学科支持。学科发展水平是高校和科研机构的核心竞争力，是全社会关注的焦点。一个好的学科首先应该讲历史、讲积淀、讲传承、讲学科建设史，而目前我国大部分顶尖学科没有系统建设自己的学科史，更没有建构自己学科的学术文化传统。世界上一些著名的大学科研机构，如剑桥大学卡文迪许实验室，恰恰是高度重视科学与人文的结合，所以才产生了享誉世界的科研成果。

英国物理学博士 C. P. 斯诺曾经提出了两种文化，一种是人文文化，一种是科学文化。随着科学技术与社会的发展，两者之间的鸿沟越来越明显。这两种文化对社会发展都有利有弊，只有做好融合，才能健康推动社会全面进步。学科建设是两种文化融合的重要阵地，因此亟需在学科建设与发展中注入人文和历史，以起到健康发展的带动作用。

"中国顶尖学科出版工程"的出版理念就是要更重视学科史的建设，为学科发展注入历史文脉，为社会打通文理，对理工学科来说，尤其需要人文传统建设。一个没有历史和文化的理工学科是偏激片面的、没有温度的，也不会产生树干的成果。重大的成果肯定是融合升华后的成就，是在历史和文化融合的基础上铸造的果实，而枝节过细的成果往往不能产生学术根本的跃升。当下我们的人文学科也需要学科史、人物史和传统史的建设，只有这样，才是真正的学科发展，才更具国际竞争力，才更不可超越。这是我们这套书选取学科的指导思想，也是这套书不同于一般学术著作系列的特点。

这一出版工程将分辑推出我国各顶尖学科的学科史、学术经典和重要前沿成果等。对于其中的学术经典，需要说明的是，由于此前它们出版或发表于不同时期，所以格式、表述不统一之处甚多，有些字沿用了旧时写法，有些书名等是出于作者本人的书写习惯。为尊重作者的行文风格，本次出版除作必要的改动外，原则上予以保留。

第一辑是复旦大学历史地理学科系列，由我国著名历史地理学家葛剑雄先生担任主编。葛先生是我们的老作者、老朋友，他非常肯定并支持我们的理念和做法，并且身体力行。几年来大家精诚合作，在葛先生的影响、带动下，在全体作者辛苦努力下，这个项目不仅获得了国家出版基金立项支持、入选国家"十四五"出版规划，还带动了同济大学建筑学科等后续项目的启动。

希望通过这一出版工程，为我国更多的高校和科研机构带来示范性效应，推动学科发展与进步，增强学科竞争力，引领学科建设新趋势。

上海教育出版社

2022 年 10 月

上海教育出版社策划出版"中国顶尖学科出版工程",将复旦大学历史地理学科系列作为第一辑。复旦大学中国历史地理研究所欣然合作,组成编委会,我受命主编。

本所之所以乐意合作,并且动员同仁全力以赴,因为这是一项非常有价值、有意义并具有紧迫性的工作,也是我们这个学科点自己的需要。通过这套书的编撰,可以写出学科的历史,汇聚已有成果,总结学术经验,公布经典性论著,展示学术前沿,供国内外学术界和公众全面了解,让大家知道这个学科点是怎样造就的,评价一下它究竟是否够得上顶尖。

复旦大学历史地理学科的起点,是以谭其骧先生1950年由浙江大学移席复旦大学历史系为标志的。而谭先生与历史地理学科的渊源,还可追溯至1931年秋他与导师顾颉刚先生在燕京大学研究生课程的课堂外有关两汉州制的学术争论。1955年2月,谭先生赴京主持重编、改绘杨守敬《历代舆地图》。1957年,"杨图"编绘工作移师上海。1959年,复旦大学在历史系成立历史地理研究室。1982年,经教育部批准,成立中国历史地理研究所。1999年组建的复旦大学历史地理研究中心,成为教育部首批全国重点研究基地之一。

这一过程约长达70年,没有一个人全部经历。学科创始人谭先生已于1992年逝世,1957年起参加"杨图"编绘并曾担任中国历史地理研究所所长10年的邹逸麟先生已于2020年逝世,与邹先生同时参加"杨图"编绘的王文楚先生已退休多年。现有同仁中,周振鹤教授与我是经历时间最长的。我与他同时于1978年10月成为复旦大学历史系的研究生,由谭先生指导。我于1981年入职历史地理研究室,1996年至2007年任中国历史地理研究所所长,1999年至2007年任历史地理研究中心主任。由于自1980年起就担任谭先生的学术助手,又因整理谭先生的日记,撰写谭先生的传记,对谭先生的个人经历、学术贡献以及1978年前的情况有了一定了解。但70年的往事还留下不少空白，就是我亲历的事也未必能保持准确的记忆。

一年多来，同仁曾遍搜相关档案资料，在上海市档案馆和复旦大学档案馆发现了不少重要文件和原始资料，同时还向同仁广泛征集。但由于种种原因，有些重要的事并未留下本应有的记录，或者未能归入档案，早已散失。

本系列第一部分是学科学术史和学科论著总目。希望通过学术史的编撰，为这70年留下尽可能全面准确的记载。学科论著总目实际上是学术史中学术成果的具体化。要收全这70年来的论著同样有一定难度，因为在电子文档普遍使用和年度成果申报制度实施之前，有些个人论著从一开始就未被记录或列入索引，所以除了请同仁尽可能详细汇总外，还通过各种检索系统作了全面搜集。从谭先生开始，个人的论著中都包括一些非本学科或历史学科的论著，还有些是普及性的。考虑到一个学科点对学术的贡献和影响并不限于本学科，所以对前者全部收录；而一个学科点还有服务社会的功能，所以对具有学术性的普及论著也同样收录，非学术性的普及论著则视其重要性和影响力酌情选录。

在复旦大学其他院系，尤其是历史系，也有一些历史地理研究者，其中有的一直是我们的合作者，或者就是从这里调出的，他们的历史地理论著应视为本学科点的成果，自然应全部收录，但不收录他们离开复旦大学后的论著。本博士、硕士学科点所招收的研究生在学期间发表的论著，与本单位导师合作研究的博士后在流动站期间完成的论著，均予收录。本学科点人员离开复旦大学后的论著不再收录。历史地理研究中心所外聘的研究人员在应聘期间按合同规定完成的论著，按本中心人员标准收录。

第二部分是学术传记和相应的学术经典。考虑到学术经验需要长期积累，学术成果必须经受时间的检验，所以在首批我们按年资选定了四位，即谭其骧先生、邹逸麟先生、周振鹤教授和我。本来我们还选了姚大力教授，但他一再坚辞，我们只能尊重他本人的意见，留在下一批。

我们确定"经典"的标准，是本人论著中最高水平和最有代表性的部分，具体内容由本人选定。谭先生那本只能由我选，但我自信大致能符合谭先生的意愿。谭先生在1987年出版自选论文集《长水集》时，我曾协助编辑；他的《长水集续编》虽出版于他身后，但他生前我已在他指导下选定篇目，我大致了解谭先生对自己的论著的评价。

除谭先生的学术传记不得不由我撰写外，其他三本都由本人自撰。当时邹逸麟先生已重病在身,但为了学术传承,他以超人的毅力,不顾晚期癌症的痛苦与极度虚弱,在病床上完成了口述,将由他的学生段伟整理成文。

第三部分是青年教师或研究生的新著。之所以称为"学术前沿",是因为它们在选题、研究方法、表达方式上都有一定新意,反映了年轻一代的学术旨趣和学术水平。其中有的或许能成为作者与本学科的经典,有的会被自己或他人的同类著作所取代,这是所有被称为"前沿"的事物的必然结果。

由于没有先例可循,这三部分是否足以反映复旦大学历史地理学科的全貌和水平,我们没有把握,只能请学术界方家和广大读者鉴定。我们将在可能条件下,争取修订再版。这套书反映的是我们的过去,如果未来的同仁们能够保持并发展历史地理学科的现有水准,那么若干年后肯定能出版本系列的续编和新版。我与大家共同期待。

葛剑雄

2022 年 6 月

西汉人口地理

序

　　葛剑雄同志的博士论文《西汉人口地理》即将出版了，我感到很高兴，这不仅因为他是我指导过的研究生，而且因为这是我们新中国出版的第一篇历史学博士论文。

　　关于这篇论文的学术水平，以侯仁之教授为首的答辩委员会和学术界参加评审的二十多位专家已经作了评价；对于负有指导责任的我来说，似乎没有必要再发表什么意见，而且读者完全可以在读过以后自己作出判断。

　　我只是想就这篇论文出版这件事讲点看法。

　　中国历史地理学作为一门现代学科，从产生到现在尽管已经有半个世纪了，而真正取得进展，不过是最近二十多年的事。但中间又遭受十年浩劫，因而长期处于停顿状态。所以，尽管我国的历史地理研究有悠久的传统，有举世无匹的丰富的文献资料，但至今这门学科的体系还没有建立起来，不少研究领域还是空白点，很多新的研究方法还没有进行尝试，已经取得的成果与我们中国过去和现在的地位都是很不相称的。改变这种状况的唯一办法是在各个方面用各种方法扎扎实实地研究，写出一批有质量的专著，填补目前存在的大量空白。只有这样，中国历史地理学体系的建立才有坚实的基础，中国历史地理的通论才能写好。我们当然希望培养出博古通今、学贯中西的通才，能够对历史地理学的各个方面都有深入的了解，既能自如地运用历史文献，又能熟练地掌握现代地理研究方法，善于利用先进的技术手段。但是面对着我国如此漫长的历史和如此辽阔的疆域，我们只能够一个个专题、一个个时期地开展研究，只能够组织大家用各种方法，从不同的侧重点进行探索，才能逐步造就比较全面的人才，产生比较完整、系统的著作。

　　这篇论文是历史人口地理方面的，时间限于西汉二百年，并不是一个很大的题目。但作者做了前人没有做过的工作，在研究方法上作了新的尝试，填补了一项空白，这对中国历史地理学的学科建设是很有意义的。如果作者继续努力，把中国历史人口地理一阶段一阶段地研究下去，如果更多的同志在目前还是空白的领域也这样做,那么中国历史地理学成为一门完整的学科这一目标就不难达到,历史地理学界人才辈出、群星灿烂的时代也是为期不远的。

葛剑雄同志没有上过大学,在考取研究生之前没有受过历史地理方面的专门训练,又经历了十年动乱,但由于他长期坚持自学,有比较扎实的历史和地理基础,有比较广泛的知识面,在工作实践中提高了分析判断能力,所以很快适应了这门学科,并且在短时期内取得了显著的成绩。现在有些青年同志对历史地理学有畏难情绪,我相信,葛剑雄同志的例子,可以使他们受到鼓舞,增强信心。

目前中青年的著作出版不易,而人民出版社的编辑同志热情支持这篇论文的出版,这是值得赞扬的。我希望这是一个良好的开端,今后将有更多的历史地理专著、更多的中青年的著作与大家见面。

谭其骧　一九八四年一月

附　表

附　图

绪　论

第一节　研究历史人口地理学的意义

同现代人口地理学一样,历史人口地理学的研究对象也应该是人口体系中特殊类型的社会关系,即反映人口与其生息的环境的关系,由此派生出来的是人口的地理分布及其规律。

关于研究人口地理学的一般意义,这里似不必赘述,需要着重说明的是研究历史人口地理,特别是我国古代人口地理的特殊的意义。

马克思和恩格斯曾经指出:"任何人类历史的第一个前提无疑是有生命的个人的存在,因此第一个需要确定的具体事实就是这些个人的肉体组织,以及受肉体组织制约的他们与自然界的关系。"[1]因此,研究任何一个历史时期或其中的某一阶段,人口以及这些人口同自然界的关系应该是最基本、最重要的问题之一。

一定生产力水平下的有劳动能力的人口是决定社会财富规模以及经济能否进一步发展的重要因素。人口的数量必然会影响社会的发展,起着延缓和加速历史进程的作用。马克思和恩格斯在《德意志意识形态》一文中明确地阐明了生产力的增长、需要的增长以及意识的发展最初都仰赖人口的增长,并且,"这种生产第一次是随着人口的增长而开始的"[2]。

当然,马克思主义并不仅仅把人口看成是具有一定年龄性别构成的和数量有限的人们的总和,而是把人口理解为一种复杂的社会现象。但是在人类的早期历史阶段,人口数量、人口性别和人口年龄这样一些人口标识在生产中曾经起过主要作用,因为物质生产力越不发达,单纯的人力所起的作用就越大。在这种情况下,人口的数量,尤其是男性青壮年的数量对一个民

1　《马克思恩格斯选集》第1卷,人民出版社1972年版(下同),24页。

2　《马克思恩格斯选集》第1卷,25页。

族、国家、地区、集团的生产力(或者战斗力)往往具有决定意义。这就不难理解,为什么像巴比伦、埃及、中国这样一些文明古国早在数千年前的奴隶社会中就进行了人口调查,为什么中国历代的统治者如此重视人口调查。从这个意义上说,研究历史人口地理与研究近代或当代的人口地理具有同样大的作用。

"只要有人存在,自然史和人类史就彼此相互制约"[1]。人和自然相互制约的关系首先表现在自然环境对人类的影响上。作为自然界的产物的人,当然离不开赖以生息的环境,当人类还处于原始时期以及生产能力很低的情况下,自然环境往往起着决定性的作用。人类的早期文化都产生在自然环境比较适宜的地区,而自然环境最适宜的地区,如黄河流域、尼罗河三角洲、两河平原,都孕育着人类最伟大的文明。人口的数量一般也与自然环境所能提供的生存条件有着密切的关系,人口的分布与自然环境的优劣基本是一致的。

但是,正如恩格斯在《自然辩证法》一文中所指出的,人与动物不同,人能从事生产;而动物所能做到的最多是"搜集"[2]。随着人类社会的产生和生产力的发展,人类逐渐从适应自然发展到利用自然,进而改造自然。因此,不能把人口再生产看成植物、动物和人类的发展趋势都是一致的[3]。尽管自然环境始终是社会发展的经常的和必要的条件之一,但总的说来,已经不再是决定性的。在这种情况下,人口的分布也显示出人类社会的区域性差别,例如在相同的地理条件下,由于开发的先后或生产力发展程度的不同,人口密度会有悬殊的差别,人为的人口迁徙同样会造成人口分布的巨大变化。

"每一种特殊的、历史的生产方式都有其特殊的、历史地起作用的人口规律"[4]。当人类进入了阶级社会以后,人口的变化必然具有阶级的特点。在各个不同的阶级社会中、在某种社会不同的历史阶段都存在着各自的人口规律,对各该时期的历史发展产生其独特的影响。例如在中国封建社会里,在封建统治比较稳定的情况下,地主阶级人口的增长速度一般都大大超过农民人口和总人口的增长速度,这种人口增长的不平衡性对当时的社会和某一地区的发展造成很大的消极影响[5]。又如封建统治者往往把大量人

1　《马克思恩格斯全集》第 3 卷,人民出版社 1960 年版(下同),20 页注①。

2　《马克思恩格斯选集》第 3 卷,572 页。

3　参阅《列宁全集》第 1 卷,人民出版社 1963 年版(下同),430 页。

4　《马克思恩格斯全集》第 23 卷,692 页。

5　详见拙作《略论我国封建社会各阶级人口增长的不平衡性》,载《历史研究》1982 年第 6 期。

口强制迁移到其政治中心附近地区或者边疆地区,这类迁移当然也会在客观上起到某些积极作用。但往往由于迁入人口的数量超过了当地生产的负担能力,只能仰赖遥远地区的粮食供应,从而产生新的消极影响。

总之,古代的人口及其分布是自然环境、社会生产力和人类本身的能动作用的复杂产物。因此,研究古代的人口及其分布规律对于解释自然、社会和人类活动的相互作用,复原其中某一方面,无疑具有重大意义。由于自然界的沧桑、社会的变更、文献资料的湮没,有些方面已经无法通过其他途径复原了,而人口的分布却能起到一把钥匙的作用。例如关于黄河下游在战国以前的河道,历史记载极少,又由于黄河及河北平原诸水决溢改道频繁,古河道与冲积物交互错叠,通过实地考察也无法复原出二千多年前的水道。但是,考古发掘和历史文献都告诉我们,在河北平原的中部迄今还没有发现战国前的人类遗址或居民点,也就是说,这一地区在当时是人口分布的空白点。这就得出了一个合理的解释:当时的黄河下游水道正是在这一广阔地带频繁地改道或漫流[1],以致人类无法在这一带定居生息。又如,根据确切的文献记载或考古发掘,在今天的某些沙漠深处、湖泊底下存在着古代居民点或文化遗址,这就雄辩地证明,当时这些地区是适宜人类居住的,或者说是地理环境比较优越的。同样,某些今天十分贫瘠的地区,历史上曾经拥有比现在高得多的人口密度,这就给我们提供了探索该地区自然和社会演变的确切的线索和衡量的标准。所以,一方面历史人口地理的研究离不开当时的地理(自然的和人文的)、历史、社会的状况;另一方面,历史人口地理的研究成果也可以解释或补充这些状况,使我们更正确地认识自然规律和社会发展规律,有助于人类今天和未来的进步。

第二节 研究中国历史人口地理的有利因素

然而,要研究历史人口地理的困难是显而易见的,有些障碍在可以预见的将来也将是无法逾越的。

首先,关于人口数量的统计尽管对人类来说已经有了数千年的历史,但是在古代,这种调查往往是不精确的、不完整的。况且,即使是这样的资料,也大多早已散失。西方学者一般认为在一个地区同时进行逐人登记的现代人口普查开始于18世纪末年,各国可以作为人口研究依据的、比较确切的统

1　见谭其骧《西汉以前的黄河下游河道》,载《历史地理》创刊号,1981年12月。

计资料一般都不过数百年的历史。近年来,有的学者运用现代计算技术推算出了千余年甚至数千年前的人口数。但由于他们的原始依据太少,所以这些结果的准确性是不能令人信服的。

其次,即使对历史上已有的人口统计数,要确定他们居住的范围和面积,或者说要确定他们在各个不同地区的人数,也同样是非常困难的。而如果没有这一步工作,人口的地理分布就毫无依据,充其量只能进行一些没有任何数量标准的大致描述。关于历史上的疆域和行政区划一般都只有大略的说明,即使一些幅员和距离的记载也往往是很不精确的。有地图保存下来的,且不论其精确性如何,更是屈指可数。一位世界知名的地理学家曾同笔者谈起他利用最新的卫星遥测照片和电子计算机测算中国古代行政区划的面积。很显然,这种计算结果之是否有实际意义,取决于对历史上行政区划的复原,而这正是问题的困难所在,目前也是任何电子计算机所无法独立承担的。

相比之下,研究中国历史人口地理就具有比较有利的条件。

我国是世界上最早进行人口调查的国家之一。公元前 788 年,周宣王"料民于太原"[1],这是我国进行人口调查最早的确切记录。但是人口调查的开始还可以追溯到更早的商代,因为一方面,当时已经建立起来的奴隶制社会必然产生对奴隶和其他人口进行调查统计的需要;另一方面当时已经具有统计较大数字的能力,这从在甲骨文中已出现三万这样的数字可以得到证明[2]。

战国时,各国已普遍实行以县为单位的人口统计和上报制度——上计:每年由县令将年度的人口增减和赋税收支上报国君。至汉代,上计制度已相当完整,每年由县、郡(国)逐级上报户籍,朝廷每年都可以掌握人口总数和各项具体数字的变化[3]。以后直至清代,这种制度并没有实质性的改变。

我国现存最早的全国人口统计数是《汉书·地理志》所载西汉平帝元始二年(公元 2 年)的户口数。这也是世界上最早、最精确的全国人口统计数,因为埃及、巴比伦早期的人口调查并没有留下确切的数字。《旧约》所载以色列国公元前 10 世纪的人口数只包括二十岁以上能战斗的丁男,并非全国

1　《国语·周语》。
2　据郭沫若主编《中国史稿》第 1 册,人民出版社 1976 年版,201 页。有的论著根据西晋人皇甫谧《帝王世纪》中的记载,认为我国在大禹时代就已经有全国性的人口调查数。实际上,皇甫谧的说法是不足为据的(在本文第一章还将讨论这一问题)。迄今为止的历史研究和考古研究虽然对传说中的夏朝未取得一致的结论,但在传说中的大禹时代不可能有一个统一的、足以进行全国性的人口调查的政权存在,则是可以肯定的。因此不能将大禹时代作为我国人口调查的开始,更不能把《帝王世纪》记载的作为我国第一项人口调查数。
3　详见拙作《秦汉的上计和上计吏》,载《中华文史论丛》1982 年第 2 辑,上海古籍出版社。

人口数。而公元初罗马帝国奥古斯都统治时期(公元前 28—公元 14 年)所进行的三次人口调查,当代多数学者认为并不包括妇女和儿童[1],而在其统治末期仅留下了七千万至一亿这样极其粗略的人口估计数[2]。

不仅如此,这项数字还包括当时置于西汉政权直接统治下的 103 个郡和国的户口数、长安等 5 县的户口数和宛县等 5 县的户数,这就为研究当时人口的地理分布、家庭规模的地区差别等提供了可靠的数量依据。

从公元初直到近代,我国的人口统计资料基本上没有中断,而且一般都包括全国总数和分地区的数字。同时,我国的疆域、政区的资料也是相当丰富、比较完整的,前人对这一问题的研究和考证也用力最勤,所以历史上各个王朝和各个时期的疆域及主要行政区划大致是可以复原的。这就为人口分布的研究提供了地理范围的根据,并可由此而推算出各地区的面积。

这两项数据都是研究历史人口地理所不可或缺的、最基本的依据——我们的祖先给我们留下了其他国家所没有的财富。当然,仅仅依靠这两项数据是远远不够的,我们还要对历史时期的地理、经济、政治、文化、社会等与人口的变化有密切关系的各个方面的材料进行搜集、分析和整理,才能理解这些基本数据的实际意义。所幸这些资料我国也是堪称丰富的。

凭借这样有利的条件,我们应该在历史人口地理的研究方面取得超过其他国家的、第一流的成果。令人遗憾的是,目前不但没有达到这样的水平,而且很多基本的研究工作还没有进行。究其原因,一方面是由于我国近代的地理学和人口学基础落后、起步较迟,很多分支的研究工作还没有很好进行;另一方面,掌握地理学、人口学方法的学者往往由于不熟悉历史资料或不能正确运用文献资料而不能得到理想的结果,历史学家一般又不能运用新的研究方法从更加广阔的角度对史料作出科学的解释。解放以来,由于众所周知的原因,人口问题和人文地理学实际上被列为禁区,历史人口地理的研究当然无法开展。今天,当我们重新进入这一领域时,摆在我们面前的数量有限的文章,不少还是 30 年代的旧作。这与世界上科学研究日新月异的进展是多么不相适应!与我国拥有世界上最丰富的历史文献资料的优势地位又是多么不相称!

现在,禁区已经打开,"左"的影响正在肃清。我们完全可以遵循马克思主义的科学原理,充分发挥我国历史文献资料的优势,争取高水平的成果。

1　梁方仲《中国历代户口、田地、田赋统计》总序,上海人民出版社 1980 年版。

2　科瓦略夫《古代罗马史》,王以铸译本,生活·读书·新知三联书店 1957 年版,674 页。

笔者在撰写这篇论文时，正是本着这样的信念。

第三节　本文以西汉时期为研究阶段的原因

笔者为什么要选择西汉作为研究的阶段呢？

首先是考虑到这一阶段的历史意义。西汉是我国第一个长期稳定的封建帝国[1]。全国被置于统一的政权之下，虽然在秦始皇时已经实现，但由于秦朝存在的时间太短，长期分裂造成的经济、文化、政治等各方面的差异，包括人口分布的差异不可能得到消除，封建行政制度的正常功能也还来不及发挥出来。而西汉二百余年，特别是在武帝开疆拓土以后，全国长期处于统一的封建政权之下，国家机器的职能发挥了正常的作用。西汉的疆域幅员之广，仅盛唐能与之相比，而其疆域的稳定性又大大超过了唐代。因此，我们可以把西汉的人口及其地理分布看成是我国有史以来的经济、政治、文化等各方面发展的综合结果；看成是在我国特定的地理条件下，封建制度的功能得到发挥的情况下的自然、社会和人类本身的复杂产物。同时，也可以把这些作为衡量的尺度和比较的标准，用以研究此后封建社会的各个阶段，从中找出规律性的东西。

其次是因为《汉书·地理志》记载的西汉末年的人口数以及分地区的人口数，是我国现存最早的、也是比较准确的人口统计数（详见第一章第二节）。尽管要研究西汉一代二百年的人口情况，仅有末年的数字实在太少，但与以后朝代户口数的虚假混乱相比，这项数字所提供的坚实基础是相当可贵的。

最后还因为对这一问题的研究现状，同样亟待改变和提高。

关于西汉的人口数量，除了末期有现成的数字外，对其初期和中期的人口数从未有人作过认真的研究。关于西汉人口的地理分布，自从劳干在30年代发表了两篇论文以后，还没有什么超过劳氏的研究成果。而从今天的要求来看，劳氏的研究当然是初步的。关于西汉的人口迁徙也缺乏比较系统的研究论文，在其他著作涉及这一内容时，一般都没有定量分析，也缺乏比较完整的归纳。

笔者认为，在现有的条件下，通过认真的研究和严肃的论证，这三方面的问题是可以大致得到解决的。

1　关于我国封建社会的起点，目前史学界有几种不同的意见。本文采用了封建社会始于秦汉之前的论点，因为笔者认为，除了其他方面的原因之外，即使从行政制度包括人口调查制度来看，秦汉时期也已在此前发展的基础上，建立并奠定了封建制度。

第一篇

各阶段的人口数量与人口增长率

第一章

现有研究成果及史料的评价

第一节　关于西汉初人口数的研究状况

　　长期以来,有关论著几乎都把西汉初的全国人口数估计为六百万。一些论述西汉农业生产和经济发展的文章,以此为前提得出了相应的结论,直到最近还是如此。

　　近代首先提出汉初人口约为六百万的是梁启超。梁氏在《中国史上人口之统计》一文中提出:

　　　　据《史记·秦本纪》及《六国表》,则自秦孝公至始皇之十三年,其破六国兵,所斩首虏,共百二十余万(余别有表),而秦兵之被杀于六国者尚不计,六国自相攻伐所杀人尚不计,然者七雄交哄,所损士卒当共二百万有奇矣。而始皇一天下之后,犹以四十万使蒙恬击胡,以五十万守五岭,以七十万作骊山、驰道。三十年间,百姓死亡,相踵于路,陈、项又恣其酷烈,新安之坑,二十余万,彭城之战,睢水不流。汉高定天下,人之死伤亦数百万,及平城之围,史称其悉中国兵,而为数不过三十万耳,方之六国,不及二十分之一。(参用马氏原案语略加考证)

　　　　汉既定天下,用民服兵役者,当不至如六国之甚,然以比拟计之,当亦无逾五六百万者。(南越、东越等不计)[1]

　　实际上梁氏对此并无深入研究,不过据马端临《文献通考》卷10《户口》"略加考证"。然马氏也是抄录杜佑《通典》。《通典》卷7《食货》:

　　1　《饮冰室文集》卷10。

然考苏、张之说,计秦及山东六国,戎卒尚逾五百余万,推人口数尚当千余万。秦兼诸侯,所杀三分居二,犹以余力北筑长城四十余万,南戍五岭五十余万,阿房、骊山七十余万。十余年间,百姓死没相踵于路。陈、项又肆其酷烈,新安之坑,二十余万;彭城之战,睢水不流。汉高帝定天下,人之死伤亦数百万,是以平城之卒,不过三十万,方之六国,十分无三。

其实杜佑此论亦非首创。汉初人口数最早见于西晋皇甫谧的《帝王世纪》,原书已佚,这段文字保存在梁刘昭《续汉书·郡国志》注中,为作比较,抄录如下:

然考苏、张之说,计秦及山东六国,戎卒尚存五百余万,推民口数,尚当千余万。及秦兼诸侯,置三十六郡,其所杀伤,三分居二,犹以余力,行参夷之刑,收太半之赋,北筑长城四十余万,南戍五岭五十余万,阿房、骊山七十余万,十余年间,百姓死没,相踵于路。陈、项又肆其余烈,故新安之坑,二十余万,彭城之战,睢水不流。至汉祖定天下,民之死伤,亦数百万。是以平城之卒,不过三十万,方之六国,五损其二。

二者大同小异,可见《通典》之源盖出于此。

但稍加分析,则皇甫谧的说法是不足为据的。

首先可以肯定,皇甫谧并无秦汉之际的人口资料,只是根据当时流传、至今也还存在的《战国策》《史记》《汉书》等史籍中的有关内容,作了推论估计。而从上述引文可以看出,这种估计是很不科学的。

其次,从皇甫谧关于历代户口的整篇文章看[1],至西汉平帝元始二年为止的各个统计数字中,除了元始二年的显系袭用《汉书·地理志》,因而比较准确外,其余的如大禹、周成王、周庄王时的精确到个位数的人口数并不具有史料价值。从皇甫谧的经历分析,这些可能出自古文《尚书》或图谶[2],纯属后人附会传说。大凡越是年代久远、文献无征,越便于胡诌,而秦汉之际离西晋初尚不太远,《史记》《汉书》等书又广为流传,皇甫谧自不敢贸然凑个数字。

---

1 《续汉书·郡国志》一,刘昭注引。

2 见吴士鉴《晋书斠注·皇甫谧传》注。

必须指出,从皇甫谧到梁启超都用平城之战的兵力来推断汉初的人口,这是混淆了概念。因为在楚汉战争结束后,刘邦即下令"兵皆罢归家"[1],平城之战并没有征调全国的兵力,梁氏所谓"史称其率中国兵",不知何据?《史记·匈奴列传》:"汉兵逐击冒顿,冒顿匿其精兵,见其羸弱,于是汉悉兵,多步兵,三十二万,北逐之。"(《汉书·匈奴传》同)原意很清楚,所悉者只是参加这次战役的兵,而不是"中国兵"。而且由于分封诸侯,汉廷直接统治的地区仅十几个郡,能动用的兵力当然有限。

因此,这个似有定论的问题实际上并未解决。

第二节 《汉书·地理志》户口数的意义

既然找不到任何现成的确切数字,我们只能根据西汉末元始二年的户口数进行推算。这里先讨论一下这项数字的有关问题。

秦时已经有了全国的户口资料,由汉政权接管并加以利用。刘邦入咸阳时,萧何"收秦丞相御史律令图书藏之",使刘邦能"具知天下厄塞,户口多少,强弱之处"[2],以后在楚汉之争中,萧何在"关中事计户口转漕给军"[3],刘邦查问曲逆县的户口时,能得到秦时和当时的具体数字[4],都是明证。西汉时有一套严密的户口统计制度,每年中央政府都能掌握各郡国及所属县、道、邑、侯国的户口数[5]。应该说,从秦末至整个西汉的户口资料本来是很完备的。

可是在《汉书》中,汉初的户口数毫未提及,甚至对几十年前西汉末年的户口数也已语焉不详。《地理志》中以平帝时户口为"汉极盛矣",而《食货志》中却说哀帝时"天下户口最盛"。两者虽差不了几年,但如果每年户口数齐全的话,完全可以讲清究竟哪一年是最盛。《地理志》的行政区划以元始年间为断,而侯国却以成帝元延年间为断[6]。有的诸侯王国也没有反映元始年间的实际情况,如梁国,据《汉书·文三王传》,武帝元朔中,梁国被削五县,"梁尚余有八城",成帝鸿嘉中又削了几次,"或千户,或五百户",元延中

1　《汉书·高帝纪》。

2　《史记·萧相国世家》。

3　《史记·萧相国世家》。

4　《史记·陈丞相世家》。

5　详见拙作《秦汉的上计和上计吏》。

6　钱大昕《廿二史考异·侯国考》。近周振鹤同志考定,非唯侯国,《汉志》其余郡国之区划均以元延年间为断,见《西汉诸侯王国封域变迁考》,载《中华文史论丛》1982年3、4辑。

又削五县，则元始时最多只剩三县[1]，但《地理志》所载仍为八县。而且，各郡国人口数相加实际是 57 671 401，而总数是 59 594 974，县道邑侯国总数是 1 587，实际相加为 1 577，可能来源于不同的资料。一千五百多个县、道、邑、侯国中，只有五县有户、口数，五县有户数。这些都说明，西汉的户口资料在东汉初年已经残缺不全。

尽管如此，《汉书·地理志》所载户口数仍是我们今天研究西汉人口最基本、最重要的数据。因为班固作《汉书》时，毕竟还可以利用残存的西汉官方户籍档案，数字来自第一手资料。而且当时去西汉未远，出于追忆、传闻的材料也必不少，这就保证了《汉志》的大致正确，各郡国的户口数，更绝非出之臆造。当然，这并不排斥其中个别地区的错误计算或传抄的脱漏讹误，故必须在运用时具体分析、辨正。

正因为这是唯一比较完整的资料，对其含义必须正确理解。

第一，班固在总述户口数时只说是平帝时的情况，并未确指何年，仅在京兆尹下注明为元始二年数。考虑到原始资料的残缺以及《汉志》颇有体例不一之处，我们很难断定其他郡国都是元始二年的数字，只能说是西汉末期（哀、平间）人口高峰时的数字。但数年的差异对于我们统计数十年乃至二百年的变化时影响不大，目前又无法确定每个数字的具体年份。为便于计算，在以下论证中仍都作为元始二年数处理。

第二，这项数字统计的范围，限于汉政权建立郡县、进行直接统治的地区。它没有包括通过西域都护进行间接统治的西域，尽管西汉一度对该地区实行管辖并掌握其户口资料[2]；也没有包括已向汉朝称臣的匈奴地区。在设置郡县的地区内，没有包括未列编户（正式承担赋役）的少数民族，如羌人，西汉后期居住在湟水流域，人数已有数十万[3]。安置在缘边属国的匈奴降人也是如此。也没有包括散居在郡县管辖之外的居民（这不同于流民），如武帝迁东越民于江淮间[4]。所以直到西汉末年，会稽郡的南部，即今浙江省南部和整个福建省，仅设一县。张勃《吴地理志》称，武帝徙民后"遗人往往渐出，乃以东瓯地为回浦县（故治在今浙江临海县境）"[5]。则在回浦县与

1　《史记·梁孝王世家》谓元朔中削八城，梁尚有十城。班固改八为五，改十为八，当有所据。即令《史记》是而《汉书》非，十城又削其五，亦与《地理志》所载不符。

2　见《汉书·西域传》。

3　《后汉书·西羌传》。

4　《汉书·武帝纪》。

5　转引自《汉唐地理书钞》，153 页。

冶县(故治在今福建福州市)之间必然还有不少两不管的"遗人"未入户籍。又如武帝元封元年(前110年)在海南岛立珠崖、儋耳二郡,有十六县、二万三千余户;昭帝始元五年(前82年),罢儋耳并属珠崖;元帝初元元年(前48年)又罢珠崖郡[1]。此后海南岛即被弃于汉朝版图之外,岛上的人口不再列入统计数。此外,根据当时的户籍统计制度推断,脱籍一年以上和脱籍后新增加的人口也在统计数之外。

有一种看法认为皇室、列侯、公卿、豪右的奴婢、宾客、徒附都未包括在户籍之中。考之史实,显然并非如此。《汉书·惠帝纪》注引应劭说:"汉律人出一算,算百二十钱,唯贾人与奴婢倍算。"如奴婢都不入户籍,官府凭什么收这二算的钱呢?汉时贾人有市籍[2],官吏有官籍[3],通(彻)侯自有籍[4],各地宗室户籍也由郡国上计时另报宗正[5],因此奴婢应自另有统计办法。官奴婢有专项统计是毫无疑问的;私奴则与主人一起登记,《居延汉简》中就有这样的实例[6]。当然,奴婢的算钱须由主人负担,所以必定有相当数量的奴婢被隐匿不报,这些奴婢是不包括在户籍中的,但这毕竟不是正常的现象。同时,奴婢、宾客和徒附的隐匿数和无民数流民的数字实际上是重复的,因为前者的来源主要是后者,如有一千人脱籍,其中五百人成为奴婢且被隐匿,那么户口总数漏掉的还是一千,而不是一千五百。

第三,这项数字是否符合当时实际,是否具有作为研究西汉实际人口依据的价值。

从理论上说,汉时人皆著籍,脱籍是非法的。汉时有户律,原文虽已不存,但从后世的法律中可见其梗概。《唐律》中有"户婚律",即是汉户律的延续[7]。其第一条:"诸脱户籍,家长徒三年……"具体处置各朝不同,但脱籍非法则是一致的。隐匿逃户有罪,见文帝时薄昭致淮南王书:"亡之诸侯,游宦事人,及舍匿者,论皆有法。"[8]又《汉书·王子侯表》上:胡孰顷侯圣"坐知人

1 《汉书·贾捐之传》。

2 《汉书·武帝纪》天汉四年张晏注。

3 《史记·蒙恬列传》:"(赵)高有大罪,……(蒙)毅不敢阿法,当高死罪,除其宦籍。"汉制当亦有之。

4 《史记·高祖本纪》:"利几者,项氏之将。……高祖至雒阳,举通侯籍召之。"

5 《续汉书·百官志三》"宗正"。

6 《居延汉简甲乙编·释文》(中国社会科学院考古研究所编,中华书局1980年版)三七·三五:"侯长觻得广昌里公乘礼忠年卅,小奴二人,直三万,大婢一人二万,轺车一乘直万,用马五匹直二万,牛车二两直四千,服牛二六千,宅一区万,田五顷五万,凡赀直十五万。"可见私奴婢是作为私有财产的一部分登记的。

7 《唐律疏义》卷12:"户婚律,汉相萧何承秦六篇律,后加厩、兴、户三篇,为九章之律。迄至后周,皆名户律,北齐以婚事附之,名为户婚律。"隋、唐循而未改。

8 《汉书·淮南厉王长传》。

脱亡名数,以为保,杀人,免"。统治者出于自身的利益需要,对户籍控制很严,在政权巩固、封建秩序稳定的正常情况下是能够做到的。

对农民来说,著籍意味着承担赋税,这固然是一项沉重的负担,但如果脱离户籍,就要抛弃原有的田宅,流入他乡,不久又须重新入籍。若沦为豪强的奴婢、徒附,则虽然逃避了官府的赋役,却同样要承受私人的残酷剥削。若逃往无人管辖的地区开荒,这只有在边远荒僻之地才有可能,而随着行政机构的延伸和辖境的扩展,也不能长期存在。况且著籍也有若干好处,可使已获得的田宅合法化,可获得赐爵。西汉时赐爵不如东汉之滥,一般人也较重视,《居延汉简》中戍卒姓名前多冠以"上造""公士"等爵名[1],这是合法的地位和身份的标志。爵位可以赎罪,有时还能抵钱。加上农民安土重迁的传统习惯,非不得已农民不会脱籍流亡。即使流亡后,一旦可能也会重新著籍。真正从农民脱籍中得到好处的是豪强地主,"大抵逋流皆在大家,吏正畏惮,不敢笃责"[2]。他们依仗权势把破产农民据为奴婢或徒附,把农民对封建国家的义务变为对他们私人的义务。这种朝廷与豪强之间争夺剥削对象的斗争,往往十分激烈。皇帝权力集中、控制严密时,豪强不得不收敛,反之则朝廷只得听之任之。

对地方官吏来说,隐瞒户口后可将少报部分所得中饱私囊,虚报户口可以邀功获得奖励或提升,但多报部分必须通过额外征收才能弥补赋税的不足。虽然这两种情况往往兼而有之,但大凡人口增殖较快时,隐瞒才有可能,而人口增殖减少或较慢时,虚报增饰方有必要。但汉时处置官吏多严刑重法,无论隐瞒或虚报都要冒丢官或丧命的危险。

楚汉战后,高帝下诏:"民前或相聚保山泽,不书名数。今天下已定,令各归其县,复故爵田宅。……民以饥饿自卖为人奴婢者,皆免为庶人。"[3]流民回归和奴婢赎免的数量必定很大,但由于人口大减,地广人稀,土地矛盾并不突出,所以户口逐年增加。文景年间,重视农业,经济发展,除少数灾年外,还没有严重的流亡问题。汉初诸侯势盛,一度与中央政府争夺民户,"逋逃而归诸侯者已不少"[4]。而随着吴楚之乱的平定,此矛盾已基本得到解决。

武帝时连年大规模用兵,耗费了大量人力物力,农业生产受到严重影响,赋税剥削却不断加重,因此农民大批流亡,一遇天灾,数量更多。由于武

1　《居延汉简甲编》释文 128、164 等。

2　《盐铁论·未通》。

3　《汉书·高帝纪》。

4　《汉书·贾谊传》。

帝用法严酷,动辄诛杀,又好大喜功,因此地方官吏隐瞒逃亡,连丞相公卿也装聋作哑,"流民愈多,计文不改"[1]。这阶段虚报户口是主要倾向。

昭宣时期,注意与民休息,经济恢复,社会也比较安定,人口开始回升和增加。在此情况下又出现了隐瞒和漏报。黄龙元年(前 49 年)宣帝下诏斥责,"上计簿,具文而已,务为欺谩,以避其课"。命令"御史察计簿,疑非实者,按之,使真伪毋相乱"[2]。主要是针对隐匿而言。

元始二年,西汉政权已濒于崩溃的边缘,社会酝酿着大动荡,人口增长的趋势已减慢。当年夏,"郡国大旱,蝗,青州尤甚"[3]。灾情相当严重,从平帝的诏书[4]可以看出,在人口相当稠密的地区,人口死亡很多。汉制,当年户籍以九月为断[5],则这些死亡数应该反映在这一年的户籍统计数中,所以元始二年的实际人口肯定比正常情况下要低。但当时王莽执政,正为自己代汉制造舆论,清人王鸣盛认为当时"户口之盛,必多增饰"[6],是有道理的。因而,这项数字并不一定符合当年人口减少的事实,而是反映了这以前几年间户口最高的数字,我们将它看作西汉末年人口最高数是大致正确的。

1　《汉书·石奋传》附石建。

2　《汉书·宣帝纪》。

3　《汉书·平帝纪》。

4　《汉书·平帝纪》平帝诏:"天下民訾不满二万,及被灾之郡不满十万,勿租税。""赐死者一家六尸以上,葬钱五千,四尸以上三千,二尸以上二千。"

5　《续汉书·百官志》注引卢植《礼注》。

6　《十七史商榷》卷 15《元始户口》。

第二章

从文献记载考察各地区、各阶段的人口变化

从历史记载看，西汉的人口变化，可分为三个阶段。

第一阶段：汉初至武帝初（公元前202—前134年）。"汉兴，接秦之敝，诸侯并起，民失作业，而大饥馑，凡米石五千，人相食，死者过半。"[1]经过秦末的动乱，特别是刘、项间的激烈战争和自然灾害，在刘邦统一之初，人口数跌至最低点。"天下初定，故大城名都散亡，户口可得而数者十二三。"[2]以后，随着经济的恢复与发展，"至武帝之初七十年间，国家亡事，非遇水旱，则民人给家足，都鄙廪庾尽满，而府库余财"[3]。因而人口激增，在武帝初达到高峰。

第二阶段：武帝中、后期（公元前133—前87年）。武帝先后对匈奴、东越、西南夷、南越、朝鲜和西域用兵，消耗了极大的人力物力，加上武帝好大喜功，奢侈挥霍，国家元气大伤，人口锐减。由于流民、逃亡和"盗贼"增多，户口的减少尤为严重。"师旅之后，海内虚耗，户口减半。"[4]

第三阶段：昭帝初至平帝元始二年（公元前86—公元2年）。"武帝末年，悔征伐之事"，下轮台之诏，推行代田法，恢复农业生产。"至昭帝时，流民稍还，田野益辟，颇有畜积。"[5]"始元、元凤之间，匈奴和亲，百姓充实。"[6]由于内外安定，农业丰收，宣帝时人口继续增加。以后虽然也有多次大的自然灾害，阶级矛盾趋于激化，农民起义时有发生，但由于尚未发生大规模的战争以及人口增长的惯性作用，到哀帝时，"百姓訾富虽不及文景，然天下户口最盛矣"[7]。哀、平间当是西汉人口的顶峰。

1　《汉书·食货志》。

2　《史记·高祖功臣侯表》。

3　《汉书·食货志》。

4　《汉书·昭帝纪》赞。关于"户口减半"的真实情况，在第五章第六节中详细论述。

5　《汉书·食货志》。

6　《汉书·昭帝纪》赞。

7　《汉书·食货志》。

下面就能找到的实例分别加以讨论。

第一节　从部分侯国推测第一阶段的人口增长

《史记》《汉书》的《高祖功臣侯表》记载了部分侯国初封及国除时的户数，起讫的时间基本属第一阶段。根据初封及国除的年代、增加的户数，计算出户数的年平均增长率。这个数字虽不等于人口的年平均增长率，但可以反映出一般情况下人口的年平均增长率。列表如下（表1）：

表1　部分侯国的户口增长

侯国名	所在郡国	始封		增封		国除		经历年数	年平均增长率（‰）
		年代	户数	年代	户数	年代	户数		
平阳	河东	前201	10 600	前179	300	前91	23 000	110	6.9
曲逆	中山	前201	5 000	前179	3 000	前130	16 000	71	11.0
酂	沛	前201	8 000	前179	300	前155	26 000	46	25.5
曲周	广平	前201	4 800			前147	18 000	54	24.8
颍阴	颍川	前201	5 000	前179	3 000	前134	8 400	67	0.9
成	涿郡	前201	2 800	前179	300	前150	5 600	51	12.1
阳都	城阳	前201	7 800	前179	300	前155	17 000	46	16.5
东武	琅邪	前201	3 000	前179	300	前151	10 100	50	23.4
南安	犍为	前201	900			前149	2 100	52	16.4
曲城	东莱	前201	4 000	前179	300	前162	9 000	39	20.5
柳丘	渤海	前201	1 000	前179	300	前143	3 000	58	15.0
魏其	琅邪	前201	1 000	前179	300	前154	3 000	47	19.8
平	河南	前201	1 300	前179	300	前145	3 300	56	14.0
高宛	千乘	前201	1 605	前179	300	前137	3 200	64	8.6
终陵	河东	前201	740	前179	300	前153	1 500	48	9.0
乐成	南阳	前201	1 000	前179	300	前112	2 400	89	7.3
朝阳	南阳	前200	1 000	前179	300	前127	5 000	73	19.8
杜衍	南阳	前200	1 700			前144	3 400	56	12.5
邔	南郡	前195	1 000			前116	4 000	79	17.7
昌武		前201	980			前126	600	75	−6.5
宣曲		前201	670			前152	1 100	49	10.2

侯国名	所在郡国	始 封		增 封		国 除		经历年数	年平均增长率(‰)
		年代	户数	年代	户数	年代	户数		
梧	楚	前 187	500	前 179	300	前 118	3 300	69	21.7
黎	东 郡	前 170	1 410			前 105	1 800	65	3.8

说明：1. 所在郡国以《汉书·地理志》区划为准(以下各表均同)，无考者缺。

　　　2. 增封一项据《汉书·文帝纪》，元年(前 179 年)曾益封陈平(曲逆侯)、灌婴(颍阴侯)各三千户，又"列侯从高帝入蜀汉者六十八人益邑各三百户"。

　　　3. 某些侯国的名称或所在郡国，《史记》《汉书》不同或有异说，选取其中之一，考定过程从略。

　　表中负增长的仅一个，可见是特殊情况，也可能数字有误。其余平均年增长率最高为 25.5‰，最低 0.9‰是颍阴侯国。但无论从颍阴侯国的地理、社会环境或该侯国主人的政治地位看，这项数字的可靠性都是值得怀疑的，很可能数字有误。总的平均约为 13.5‰。那么，这项数字是否能代表第一阶段的实际人口增长率呢？还必须弄清几个问题。

　　第一，这是户口增长率，而不是人口增长率。在正常情况下，两者应该是一致的，但在汉初却并非如此，因为开始的户口数低于实际人口数。秦末大批农民成为流民，背井离乡，还有不少人脱离了户籍。所以战争破坏剧烈的地区，户口少得惊人。如曲逆县，秦时有三万户，汉高祖六年(前 201 年)仅五千户，减少了六分之五。但实际人口并未减少那么多，其原因正如当时御史所说，"间者兵数起，多亡匿"[1]。这种情况相当普遍，以致大城名都"户口可得而数者十二三"[2]。随着战争结束后流民回归以及重新登记户籍，"后数世，民咸归乡里，户益息，肖、曹、绛、灌之属，或至四万，小侯自倍，富厚如之"[3]。可见侯国增加的户口中，一部分是回归的流民和重新著籍的民户。因此表中侯国的实际人口净增长率平均应低于 13.5‰。

　　第二，表列侯国户数的准确性。汉时列侯亦不一定封整个县，或仅食其一部。但汉初封侯时，一般是根据见户多少，重新划分的较少，所以《功臣表》所载列侯封户多少并不与功劳大小次序严格一致。汉制，"封者食租税，岁率户二百"[4]。户数的多少直接关系列侯的收入。汉代民户一般不得随意迁徙，列侯更不会允许所属民户迁出以致减少自己的岁入。另一方面，侯国

1　《史记·陈丞相世家》。

2　《史记·高祖功臣侯表》。

3　《史记·高祖功臣侯表》。

4　《史记·货殖列传》。

每年要上报户口,特别是文帝以后有酎金律,列侯每年要根据户口,以千口四两的比例上交金子[1],少交或成色不足要受免国的处罚。武帝元鼎五年(前112年),曾以此为借口一下子免去列侯106个[2]。从这些情况分析,当时列侯隐瞒户数的可能性不大,虚报更无必要。因此这些侯国的户数是可信的。

第三,由于目前无法找到各地的户口数,所以还必须确定这些侯国的增长率在全国范围内代表什么水平。从秦末的战乱看,基本集中在关东、淮汉以北,即以后的并、冀、青、兖、徐、豫州和荆州北部的范围,这些地区人口的损失必然较大。而益州、淮汉以南、辽东等地受影响较小,成为流民避难之地,人口相对有所增加。关中先已饱受战祸,后又成为刘邦的根据地,除直接受战争影响外,还要提供人力物力的支援,人口损失也很大。但西汉初年,原来破坏严重的地区正是经济重心所在,恢复和发展较快,加上流民回归,人口增长率必然高于全国的平均水平。表列侯国所在的郡国,除南郡和犍为郡外,都属于这类地区,根据它们的户口增长数求出的人口年平均增长率应高于全国平均水平。从汉高祖开始就不断将关东人口迁入关中,但这仅限于官吏、豪强、高訾等。一般民户是不能随意迁入关中的,而且迁出的人口在关东总人口中的比例是很小的。这虽然部分抵消了流民的回归,但总的来说,关东地区的增长率还是高于平均数的。

第四,值得注意的是,历年最久的曹氏平阳侯国,户口的年平均增长率近于最低之列,其原因显然是由于第二阶段的人口减少。这将在第五章第四节中具体讨论。

根据上述情况推测,在第一阶段,全国人口年平均自然增长率约为10‰—12‰,七十年后,总人口增加了一倍多。

第二节　部分地区一、二、三阶段的人口增长

三辅地区

《汉书·惠帝纪》:"三年春,发长安城六百里内男女十四万六千人城长安,三十日罢","五年春正月,复发长安六百里内男女十四万五千人城长安,三十日罢"。汉六百里等于今天二百余公里,同时征发劳役一般应按行政区

1　《续汉书·礼仪志》注引丁孚《汉仪》、汉律金布令。

2　《汉书·武帝纪》元鼎五年,及注引《汉仪注》。

划,当时函谷关尚未东移,征发当限于关内的内史,即以后的京兆、左冯翊、右扶风三辅加上弘农郡的弘农县西部分(包括弘农、上雒、商县三县)地区(见附图1)[1]。男女皆征,目的在速成,同时也说明劳动力的缺乏。时间选在农闲,且每次三十日,不得太长,估计征发人数占总人口的比例甚高。但长安是首都,宗室贵族、大臣列侯、豪强富户集中,享受免役特权的很多。惠帝三年六月,曾发诸侯王、列侯徒隶二万人城长安[2],可见仅诸侯王及列侯的徒隶即不下数万。因而估计该地区当时的总人口为征发人口的三倍多,约五十万人。据《地理志》元始二年该地区的人口是2 566 066人(三辅2 436 360,弘农11县共475 954,平均每县43 268.5,弘农等三县为129 806)。从惠帝三年(前192年)至元始二年,194年间人口增加了4.13倍,年平均增长率约8.5‰。

该地区开发较早,又是秦朝首都所在,原来人口并不少。秦始皇二十六年(前221年),徙天下豪富于咸阳十二万户;三十五年(前212年)又徙三万家丽邑、五万家云阳[3]。即使徙入丽邑云阳的八万户中大部分是该地区内部的移动,以每户五人计,外来移民数也在六十万以上,加上本地原有人口就更多。但汉初却变得"实少人",以致刘邦不得不从关东徙入十余万口[4]。究其原因:1. 项羽东归前,焚毁宫室、残破咸阳,造成人口减少和迁徙。2. 豪富迁入咸阳本不得已,秦亡后必有相当多人乘机迁回。诸侯复国后,六国的公族旧臣必定投向关东。3. 秦末关中战事虽不如关东之烈,但作为刘邦根据地,负担极重。如高祖二年(前205年),"萧何发关中老弱未傅者悉诣军"[5],人力几近枯竭。4. 自然灾害更促使人口外流,高祖二年,"关中大饥,米斛万钱,人相食,令民就食蜀汉"[6]。因此,尽管惠帝三年时已经增加了至少十多万外来移民,该地区的人口还是很少。此后,关东移民源源不断而来,而从三辅移出的人数却很有限(详见第八章)。总之,三辅地区人口入大于出。因此可以断言,在一、二、三阶段中,全国人口的年平均增长率应低于三辅地区,即不足8.5‰。

原长沙国地区

文帝七年(前173年),贾谊在策论中提到长沙国为二万五千户[7]。当时

1　自长安至该地区的边界不止汉里六百,但至最远各县治所大致适合此数。

2　《汉书·惠帝纪》。

3　《史记·秦始皇本纪》。

4　《史记·刘敬传》。

5　《汉书·高帝纪》。

6　《汉书·高帝纪》。

7　《汉书·贾谊传》。

贾谊刚担任过三年多的长沙王太傅,对该国户口自当了解确切。汉初长沙国幅员广大,户口却如此之少,原因在于:1. 该地区当时还处于"火耕而水耨""地广人稀"[1],开发程度极低的状况。加上"江南卑湿,丈夫早夭"[2],人的平均寿命比北方要短。尽管辖县不少,但多数县人口不多。以舂陵县为例,从长沙马王堆汉墓出土的古地图可以证实在汉初已经设立[3],但直到元帝初元四年(前 45 年)仅 476 户[4]。当然,元帝时的舂陵侯国辖不一定与汉初的舂陵相同,但舂陵侯始封时以现成的县为封邑,而不是另辟新县,则至少应包括原县治在内。由此也可见该县原来户口之稀少。马王堆汉墓出土的另一张《驻军图》,所画范围包括长沙国南部约 850 平方公里(相当于今湖南省江华瑶族自治县东部及毗邻的兰山县、宁远县、广东省连阳县部分地区)[5]。但据图上标明的数字统计,居民才七百多户[6]。应劭曾说过临湘县称令[7],一般说人口较多,但应氏所指显然是东汉的情况,何况令、长的划分有时并不严格按照户口的多寡。2. 长沙国境在秦末汉初基本未受战乱影响,入汉后因避难流民的离去,户口会有减少。3. 吕后时,南粤王赵佗"发兵攻长沙边,败数县"。"发兵于边,为寇灾不止,当其时长沙苦之。"[8]长沙南部受到很大破坏,《驻军图》中就有 15 个里标明"今毋人",5 个里标明"不反(返)",1 个里标明"并□",占总里数近一半,足见残破得严重,这当然也使户口减少。

汉初的长沙国与《地理志》所载长沙国的疆域根本不同,也不能根据高祖五年(前 202 年)诏"其以长沙、豫章、象郡、桂林南海立番君吴芮为长沙王"[9]来确定它的疆域,因为实际上岭南已为赵佗占据。长沙国的南界可根据马王堆古地图确定[10],其余界线根据周振鹤同志的考证:西部至《汉志》武陵郡界,北部与《汉志》长沙国界基本相同,东部包括豫章郡三县[11](附图 2)。

据此,元始二年在原长沙国地区内的户数应为:长沙国全部 43 470 户;武陵郡除镡成县(该郡每县平均 2 929 户)估计为 31 248 户;零陵郡除始安县

1　《史记·货殖列传》。

2　《史记·货殖列传》。

3　《古地图论文集》附图,文物出版社 1975 年版,及同书《马王堆三号汉墓出土驻军图整理简报》。

4　《后汉书·宗室传》注引《东观记》,或作 176 户,似太少。

5　此说承复旦大学中国历史地理研究所张修桂同志提供,谨致谢忱。

6　《古地图论文集》附图,文物出版社 1975 年版,及同书《马王堆三号汉墓出土驻军图整理简报》。

7　《续汉书·百官志五》注引应劭《汉官》。

8　《汉书·南粤传》。

9　《汉书·高帝纪》。

10　谭其骧《马王堆汉墓出土地图所说明的几个历史地理问题》,载《古地图论文集》24 页。

11　《西汉长沙国封域变迁考》,《文物集刊》2,文物出版社 1980 年版。

（该郡每县平均 2 199 户）估计为 18 893 户；桂阳郡除阳山、含洭、浈阳、曲江四县（该郡每县平均 2 556 户）估计为 17 894 户；豫章郡的宜春、建成、艾三县（每县平均 3 759 户，但三县均系推恩分封的边僻小县，每县以 2 000 户计）估计为 6 000 户；南郡的高成县（每县平均 6 977 户）估计为 6 977 户，合计为124 582 户，是汉初的 4.88 倍，自文帝七年（前 173 年）至元始二年（公元 2年），175 年间平均年增长率约为 9.2‰。

直到西汉末年，原长沙国辖境还是全国人口密度最低的地区之一。它之所以拥有比三辅还高的人口增长率，可能还受到人口机械流动的影响，这一点将在第十一章第二节中进行讨论。

原吴国地区

景帝三年（前 154 年），吴王濞作乱时，"悉其士卒，下令国中曰：'寡人年六十二，身自将，少子年十四，亦为士卒先。诸年上与寡人同、下与少子等者，皆发。'二十余万"[1]。虽然现在缺乏吴国当时人口的年龄结构，但当时人平均寿命很低，因此六十二岁以下实际上已包括几乎所有十四岁以上的男子；而当时成年前的死亡率必定很高，十四岁以下人口比例较高。如以该项数占全部人口的四分之一计，同时考虑到吴王濞在短期内不可能将征集搞得很彻底。刘濞在遗诸侯书中称，"敝国虽狭，地方三千里；人民虽少，精兵可具五十万"[2]，虽有夸大成分，但也说明二十万必非全部，所以估计十四岁以上男子为三十万，吴国全部人口约为一百二十万。项羽兵败时，乌江亭长曾说："江东虽小，地方千里，众数十万。"[3] 吴国的疆域不止江东，又经过了近五十年的开发，特别是刘濞在三十年间，"招致天下亡命者盗铸钱，……以故无赋，国用饶足"[4]，人口可能增加得更快些，故拥有一百二十万人口应是可能的。

吴王始封时有"三郡五十三城"[5]，其范围包括《汉志》的丹阳郡大部（除春谷、宣城、泾县、陵阳四县），会稽郡大部（除冶、回浦二县）、广陵国和临淮郡淮水以南部分[6]（见附图 3）。该地区元始二年的户口数是：丹阳郡除四县（该郡每县平均 23 833.5 人）约 309 837 人；会稽郡除二县（该郡每县平均37 792 人，冶、回浦二县合计以 50 000 计）约为 982 604 人；广陵国 140 722

1　《汉书·吴王濞传》。

2　《汉书·吴王濞传》。

3　《史记·项羽本纪》。

4　《汉书·吴王濞传》。

5　《汉书·吴王濞传》。

6　据周振鹤《西汉诸侯王国封域变迁考》，《中华文史论丛》1982 年第 3、4 辑。

人；临淮郡淮水之南十二县[1]，另有八县无考，但其中广平、兰阳、襄平系由广陵国推恩分封的侯国[2]，肯定在淮水之南，故以淮水南人口占全郡三分之二计，约为824 176；合计为2 257 339人。自景帝三年（前154年）至元始二年的156年间，人口增加了0.88倍，年平均增长率约为4‰。

景帝平叛时，曾诏令"击反虏者，深入多杀为功，斩首捕虏比三百石以上者皆杀之，无有所置"[3]。汉军破七国叛军时，"斩首十余万级"[4]，其中主要是吴国的军人，另外还有相当一部分人被没为官奴婢，直到武帝建元元年（前140年）才获赦[5]。经过这次战乱，吴国地区的人口有较大的损失，因此人口的增长起点估计为一百万左右。但以后在建元三年（前138年）、元封元年（前110年）武帝迁东越、闽越民于江淮间[6]，原吴国地区是安置区之一，人口有一定的增加。两者相抵，失大于入，因此该地区人口的实际年平均增长率还应略高于4‰。

第三节　部分地区二、三阶段的人口增长

真定国

真定国，元鼎四年（前113年）立，三万户[7]。至元始二年户37 126。据《王子侯表》，此期间分封划出的侯国有遽乡（前62年），以千户计，则真定国在115年间人口年平均增长率为1.6‰。

真定国属于关东开发较早的地区，人口十分稠密，西汉末已达每平方公里190.60人，居全国第四位（见表2）。其人口增长率甚低，一方面显然是由于第二阶段人口的普遍减少；另一方面也由于经过第一阶段的恢复与发展，土地的开发已接近限度，人口已相对饱和，因而增长速度减慢。

泗水国

泗水国，元鼎四年（前113年）立，三万户。至元始二年户25 052。据《王子侯表》，此期间分封划出的侯国三：于乡、就乡（前41年）、昌阳（前14

1　据谭其骧主编《中国历史地图集》第二册，地图出版社1982年版。

2　《汉书·王子侯表》。

3　《史记·吴王濞列传》。

4　《汉书·景帝纪》。

5　《汉书·武帝纪》。

6　《汉书·闽粤传》。

7　《史记·五宗世家》《汉书·地理志》均作元鼎四年，而《汉书·诸侯王表》作三年，按常山宪王舜薨于元鼎四年，其子之封不得早于此。下泗水国同。

表2 人口密度最高郡国

序号	郡 国 名	人口密度 （人/平方公里）	所属州
1	济 阴	261.95	兖 州
2	菑 川	247.84	青 州
3	颍 川	192.06	豫 州
4	真 定	190.60	冀 州
5	高 密	186.56	青 州
6	鲁	165.23	徐 州
7	东 平	164.50	兖 州
8	北 海	148.29	青 州
9	齐 郡	141.15	青 州
10	河 南	135.07	司 隶
11	陈 留	124.71	兖 州
12	东 郡	123.29	兖 州
13	千 乘	119.80	青 州
14	京 兆	95.52	司 隶

年），各以千户计，则泗水国在115年间人口年平均增长率为－1‰。

泗水国地处淮水与泗水下游交会处，武帝元光年间，"河决于瓠子，东南注巨野，通于淮泗"。过了二十余年才堵住决口，使黄河归于故道[1]。泗水国地区也属灾区，始封时黄河虽已复旧，但二十多年水灾造成的后果必定相当严重。直至西汉末，泗水国都以东直到黄海还只寥寥数县，十分荒凉。泗水国的人口减少，除与第二阶段的政治、经济因素有关外，不利的自然条件也是重要原因。

齐郡和临淄县

齐郡的临淄县在武帝时已有十万户，比首都长安还多[2]。而元始二年齐郡户154 826，如果临淄还保持十万户的话，剩下的十一县每县平均不足5 000户，低于周围郡国及全国各县平均数。显然临淄和齐郡的人口在此期间非但无增长，反而减少了。

齐郡的人口密度也较高，达每平方公里141人，居全国第九位（见表2）。

---

1 《史记·河渠书》。
2 《汉书·高五王传》主父偃语。

但人口集中在城市,临淄人口居全国城市之冠,其人口的增长主要依赖于商业和手工业。随着第二、三阶段经济的破坏与衰退,临淄的人口减少或静止也是很自然的。

第四节　部分地区第三阶段的人口增长

山阳郡

宣帝时,山阳太守张敞上书称该郡有"户九万三千,口五十万以上"。[1]本传未注明上书时间,但列于"大将军霍光薨"之后,肯定晚于地节二年(前68年);敞上书后拜胶东相,而《汉书·武五子传》载"元康二年,遣使者赐山阳太守张敞玺书"一事,则更在此年之后。尔后敞又继黄霸为京兆尹,据《汉书·百官公卿表》,黄霸离任在元康三年,因此上书事可定在元康二年。汉制,当年户口在八月统计,故张敞所说户口数为上一年(元康元年,前65年)可能性较大。至元始二年,山阳郡户 172 824,口 801 288。据《王子侯表》,在此期间由梁国和东平国划归山阳郡为县的侯国至少有八个:平乐、郑、蓄乡、中乡、黄(以上前38年),栗乡(前20年),曲乡(前14年),西阳(前11年)。这些侯国一般都很小,各以千户计,则山阳郡在67年间人口年平均增长率约为 8.4‰。

如果用张敞提供的口数"五十万以上"来计算,即使取其最低数 500 000 为起点,人口年平均增长率也只有 6.2‰。由于每户的平均人口不同时期可能有变化,因此这个结果比前面用户数来推算的结果更精确。由于起点数肯定不止 500 000,所以山阳郡在这67年间的年平均增长率肯定略低于 6.2‰。

但毗邻的梁国在元延年间又被削五县[2],这五县当划归旁郡山阳、陈留与沛郡。被削的县,户口较多,数千至万余户不等。如果考虑到山阳郡有可能得到梁国划出的县,或前述侯国的户口超过每县千户,则山阳郡的实际人口年平均增长率当低于 6‰。

营平侯国

营平侯国,宣帝本始元年(前73年)封,1 279 户。元延三年(前10年)除,2 944 户[3]。63年间平均增长率为 13.3‰。营平,《侯表》注属济南,《地理志》无,可能在元延后已并撤。

1　《汉书·张敞传》。

2　《汉书·文三王传》。

3　《汉书·宣帝功臣侯表》。

扶阳侯国

扶阳侯国，宣帝地节三年(前67年)封，711户。元始中户1 420[1]。以元始二年计，69年间年平均增长率为6.9‰。扶阳属沛郡。

从以上实例可以看出，整个西汉期间全国人口年平均增长率不可能超过三辅地区8.5‰的水平，但必定高于原吴国地区4‰的下限。原长沙国地区直到西汉末年人口还相当稀少(见第七章第三节图表)，又可能受到人口流入的影响，因而其9.2‰的高增长率并不具有代表性。第一阶段全国年平均增长率约10‰，第二阶段人口有所减少，第三阶段的增长率肯定比不上第一阶段，可能接近于7‰。

由于能找到的数字有限，又不一定有代表性，更由于缺乏第一手资料，推理的成分很多，因此上述结论是否可靠必须通过其他途径加以印证。

---

1 《汉书·宣帝功臣侯表》。

第三章

从人口变化规律考察西汉期间的人口增长率

第一节　人口政策

西汉初年，面临着"民失作业，而大饥馑，凡米石五千，人相食，死者过半"[1] 的严重局面。由于人口锐减，生产力破坏，造成财政困难，经济凋敝，"民无盖臧，自天子不能具醇驷，而将相或乘牛车"[2]，因而迫切需要增殖人口，恢复生产。当时原来经济发达地区也是田地荒芜、地广人稀，而只要有劳动力，生产就能发展。所以汉高祖一方面招集流民返回原地，重新登记户籍；另一方面，在高祖七年（前 200 年）下令："民产子，复勿事二岁"[3]，即免除生子的户主两年徭役，作为对增加人口者的奖励。惠帝六年（前 189 年）又令"女子年十五以上至三十不嫁，五算"[4]。根据应劭的说法："汉律，人出一算，今使五算，罪谪之也。"是通过罚税的办法迫使妇女及时结婚生育，以达到迅速增殖人口的目的。

从西汉实行的赋税制度看，是以人口税（包括徭役）为主的，这是朝廷最重要的收入。从这一点出发，统治者对人口的增加也极为重视，建立了一套严密的人口统计制度。而户口是否增加是对地方官的政绩进行考查的主要项目。

统治阶级的愿望是人民多多益善，所以主观上一直实行奖励生息的政策。但是他们的阶级地位和当时物质条件的局限，使他们在实际上往往起了完全相反的作用。如增加或早征人口税就直接抑制了人口增殖，西汉时民自七岁至十四岁每年出口赋二十钱，武帝加为二十三钱，又将起征的年龄

1　《汉书·食货志》。

2　《汉书·食货志》。

3　《汉书·高帝纪》。

　4　《汉书·惠帝纪》。

自七岁提前为三岁[1]，造成"民重困，至于生子辄杀"[2]。更何况人口的发展受到自然经济、政治、社会各方面因素的制约，并非统治者的一厢情愿所能决定的。

第二节　婚姻状况

关于秦汉以前的始婚年龄，有两种不同的说法：一种见于《周礼·地官》媒氏："令男三十而娶，女二十而嫁。"[3]《白虎通》也作"男三十而娶，女子二十而嫁"[4]。另一说见《家语》："男子二十而冠，有为人父之端。女子十五许嫁，有适人之道。"[5]但从墨子的言论可以看出，这两种情况是同时存在的。《墨子·节用》：

> 昔者圣王为法曰："丈夫年二十，毋敢不处家。女子年十五，毋敢不事人。"此圣王之法也。圣王既没，于民次也。其欲蚤处家者，有所二十年处家。其欲晚处家者，有所四十年处家。以其蚤与其晚相践，后圣王之法十年。若纯三年而字子，生可以二三年矣。[6]

可见女子十五岁始婚，这是符合统治者需要的理想年龄，而实际上并没有做到，平均要晚于理想年龄十年左右。

当然，墨子所说也并不一定完全符合实际，但并非女子都是较早结婚，至少在汉初还是如此。从前引惠帝诏书中把三十岁定为适当婚龄的上限看，晚至三十岁出嫁的也并不稀罕，三十岁以上还未出嫁的也大有人在，否则就没有必要下这样强制性的命令，或者根本就没有罚款的对象了。惠帝此令的颁布对限制晚婚会起一定的作用，但考诸史籍，以后再无下文。一种可能是并未认真执行，另一种可能是情况变化，这种限制已经失去意义了。后者更近事实。

以后，早婚渐成习俗。王吉在宣帝时曾说："世俗嫁娶太早，未知为人父

1　《汉书·昭帝纪》元凤四年如淳注。

2　《汉书·贡禹传》。

3　《周礼注疏》卷14，《十三经注疏》中华书局1979年重印本。

4　《太平御览》卷541，婚姻下。

5　《太平御览》卷541，婚姻下。

6　据孙诒让《墨子间诂》卷6，中华书局《诸子集成》本。

母之道而有子,是以教化不明而民多夭。"[1]看来有相当一部分女子的始婚年龄即使根据当时的标准也太早了。

《居延汉简》中有一些实例:

制虏隧卒张孝,妻大女弟年三十四,子未使女解年六[2]。张妻的始婚年龄不超过二十七。(当然也有可能另有子女夭折,因此她的始婚年龄还可能更早。以下部分例子中也有类似情况。)

《释文》二七·三:妻大女止□年廿一。该女婚龄可能是二十或二十一岁。

橐佗吞胡隧长孙时符,妻大女昭武万岁里孙第卿年廿一,子小女王女年三岁。则孙妻的婚龄不迟于十六岁[3]。

居延城仓佐王禹年二十七,回爨得视女病[4]。王禹的婚龄不迟于二十六,一般说来,其妻应更早。

妻大女□新年廿七,子小男大□年十一,子小男汪年四[5]。该女子的婚龄不迟于十五岁。

第四隧卒张霸,弟大男辅十九,……妻大女至年十九[6]。从尚无子女看,张妻的婚龄可能是十九或十八。而张弟年十九,显然未婚。

妻大女佳年十八[7]。该女子的婚龄可能是十八或十七。

第五隧卒徐谊,妻大女眇年卅五,子使女待年九[8]。徐妻的婚龄不迟于二十五。

武威隧卒孙青肩,妻大女姒年卅四,子使女于年十[9]。孙妻的婚龄不迟于二十三。

第六隧卒王并,妻大女严年十七,子未使女毋知年二[10]。王妻的婚龄是十四岁。

第六隧卒宁盖邑,文大男偃年五十二,母大女请卿年卌九,妻大女足年廿一[11]。宁妻尚无子女,婚龄可能是二十或二十一。另外,假定宁本人年廿

1　《汉书·王吉传》。
2　《居延汉简甲乙编》释文五五·二二。
3　同上二九·一。
4　同上六二·五五。
5　同上一〇三·二四。
6　同上二〇三·二。
7　同上二〇三·四。
8　同上二〇三·三。
9　同上二〇三·七。
10　同上二〇三·一三。
11　同上二〇三·一二。

三,则宁母的婚龄绝不迟于二十五。

第廿三隧卒王音,妻大女贪年廿[1]。王妻的婚龄可能是十九或二十。

卒李护宗,妻大女包年廿九,子使男望年七[2]。李妻的婚龄不迟于二十一。

妻大女待年廿七,子未使男偃年三[3]。该女子的婚龄不迟于二十三岁。

妻大女君至年廿八,弟大女待年廿三,子使男相年十[4]。该妻的婚龄不迟于十七岁,但其小姑显然至廿三岁还未婚。

制房隧卒周贤妻大女止氏年二十六,子使女捐之年八[5]。其妻的婚龄是十七岁。

隧长张彭祖妻年四十二,子年十九,而子之妻年十五[6]。张妻的婚龄不迟于二十二,而其媳尚无子女,婚龄大约就是十五岁。

俱起隧卒丁仁,……弟大女恶女年十八[7]。显然未婚。

弟大男宣年廿二[8]。也当未婚。

制房隧卒张敬,妻大女自予年廿三,子未使男野年二[9]。其妻的婚龄不迟于二十。

惊房隧卒徐□,妻大女商弟年廿八,子未使男益有年四[10]。其妻的婚龄不迟于二十三岁。

以上例子中女子的婚龄最早是十四岁,最迟不超过二十七岁,较多的是二十岁左右。但也有二十三岁未婚的情况。男子例子太少,但也有二十二岁未婚的。

这是边区下层人民的情况,一般说来,地主阶级及内地经济发达地区女子的婚龄还会更早一些。

另一方面,性比例相当不平衡。现代人口学的研究表明,不论何种种族、地区,婴儿的男女性比例一般为 106：100,大致是相等的。但西汉时杀婴或弃养的现象很普遍(见第四节),重男轻女之风很盛。如淳于公骂女儿:

1 《居延汉简甲乙编》释文二〇三·一六。
2 同上二〇三·一九。
3 同上二〇三·二三。
4 同上二〇三·三二。
5 同上二七·四。
6 同上五五·二五。
7 同上二五八·一一。
8 同上二八六·六。
9 同上二三一·二五。
10 同上三一七·二。

"生子不生男，缓急非有益。"[1]成帝皇后赵飞燕，"初生时，父母不举，三日不死，乃收养之"[2]。东汉初班昭作《女诫》七篇："卑弱第一：古者生女三日，卧之床下，……明其卑弱，主下人也。"[3]对将来能传宗接代、提供劳动力的男婴尚多杀死，杀死女婴就更多了。因此至少在成年前，人口的性构成中女少于男。《三国志·魏志·后妃传》载郭后救诸家曰："今世妇女少，当配将士。"虽是动乱以后的情况，也多少说明了这方面的问题。在女子十五岁便开始结婚的情况下，这意味着有部分男子无法找到配偶。

当然也有相反的情况，如淮南，由于"初，淮南王异国中民家有女者，以待游士而妻之，故至今多女而少男"[4]。这种现象当然不一定完全是淮南王所能造成的，但直到西汉后期当地女多于男应是确定无疑的事实。这一类型的性比例不平衡对人口增殖的作用同样是消极的。

问题还不止于此。当时统治阶级从上到下普遍多妻。武帝时已有后宫数千人[5]，直到王莽败时，宫内还有宫女千余人[6]。这数千人可说是个常数，死亡或缺少要随时补充。开始几帝死后还放出部分宫女，至武、昭、宣帝死后，后宫女全部置于陵园，终身不得出嫁了[7]。昭帝时有人指出："古者夫妇之好，一男一女而成家室之道。……今诸侯百数，卿大夫十数，中者侍御，富者盈室。"[8]贡禹也说："诸侯妻妾或至数百人，豪富吏民畜歌者至数十人。"[9]汉初的丞相张苍，"食乳，女子为乳母。妻妾以百数，尝孕者不复幸"[10]。成帝时左将军史丹"后房妻妾数十人"[11]。昌邑王贺被废后，身边还有妻子十六人[12]。后汉时才规定诸王娶小夫人不得过四十人[13]，但这显然是指有正式名号的，实际上还是无限制的。从皇帝、诸王、列侯、百官（据王符《潜夫论·政本》，成帝以后仅公卿列侯至令尉，大小官吏就有十万人）再加上地主豪富，庞大的统治阶级霸占了大批妇女，远远超过了他们的人口比例。而且由于

1　《汉书·刑法志》。

2　《汉书·外戚传》孝成赵后。

3　《后汉书·列女传》曹世叔妻。

4　《汉书·地理志》。

5　《汉书·贡禹传》。

6　《后汉书·刘玄传》。

7　《汉书·贡禹传》。

8　《盐铁论·散不足》。

9　《汉书·贡禹传》。

10　《汉书·张苍传》。

11　《汉书·史丹传》。

12　《汉书·武五子传》。

13　《续汉书·百官志五》注引胡广说。

习俗如此，一般平民只要有能力也会多妻，这就使原来就不太平衡的男女比例差距越来越大。结果是"内多怨女，外多旷夫"[1]，"女或旷怨失时，男或放死无匹"[2]，使人口的有偶率降低。

个别地区还由于迷信习俗，降低了人口的有偶率。如《汉书·地理志》记齐地"始桓公兄襄公淫乱，姑姊妹不嫁，于是令国中民家长女不得嫁，名曰'巫儿'为家主祠，嫁者不利其家，民至今以为俗"。其他地区可能也有类似现象。

但其他女子，也不是都能及时婚配的，因为嫁娶都要钱。富人嫁女，嫁资丰厚，如卓王孙给女儿文君僮百人，钱百万[3]。更多的还靠嫁女牟利，甚至出现"一女许数家"的情况[4]。而穷人就无法应付，"聘妻送女亡节，则贫人不及"[5]。后汉李固有《助展允婚教》[6]，展允是议曹史，多少是个小官吏，却讨不起老婆，要大家凑钱帮忙。因为穷，"礼宜从约"，但还需要二三万钱。若以中等价格五十钱一石谷计，相当于四百至六百石谷，即五口之家五年以上的食粮。从中也可以想见前汉的风尚了。

汉时妇女再嫁十分普遍，上至帝王，下及平民，都无所忌讳。如景帝王皇后(武帝母)曾嫁为金王孙妻。宣帝外祖母王妪，年十四嫁为同乡王更得妻，更得死，嫁为王乃始妇[7]。至东汉初尚如此，光武帝姊湖阳公主新寡，光武帝就亲自帮她找人改嫁[8]。同母异父的兄弟姐妹甚多，并不以为耻。武帝曾亲自去找同母异父的平民姐姐，贵戚武安侯田蚡就是武帝外祖母臧儿改嫁田氏后所生[9]。甚至私生子也未受歧视，武帝时屡建战功的大将卫青、霍去病都是私生子[10]。这些当然与儒家礼教尚未强化有关，但首先是当时社会需要的现实所决定的，最主要的原因是人为加剧的性比例不平衡。

由此造成男女人口中都有一部分终身不得婚配(即有偶率低)，对于人口的增殖影响很大。每一代人口中都有一定比例的人不再增殖，抵消或部

1　《汉书·贡禹传》。

2　《盐铁论·散不足》。

3　《史记·司马相如列传》。

4　王符《潜夫论·断讼》。

5　《汉书·王吉传》。

6　《全后汉文》卷48。

7　《汉书·外戚传》。

8　《后汉书·宋弘传》。

9　《汉书·外戚传》。

10　《汉书·卫青霍去病传》。

分抵消了原有的增长率。

第三节　生育状况（总生育率及繁殖率）

从理论上说，女子结婚越早，生的孩子越多。如果女子结婚的平均年龄为 20 岁，并且性生活未中断一直保持到育龄结束，平均每人约可生 7.5 个小孩，繁殖率为 7.5。如果结婚年龄推迟到 26 岁，其他条件不变，平均数为前者的 70％，约为 5.25，反之则更多。

但实际上当时不可能达到那么高的繁殖率。这是由于：

第一，当时人平均寿命很低。我们还无法计算出西汉人的平均寿命，但参考旧中国及现代发展中国家的数字推测，估计不过三十来岁。因此，相当一部分女子婚后的性生活无法维持到其育龄结束，当然繁殖率降低。而且产妇的死亡率也很高，所以当时有"妇人免乳大故，十死一生"的说法[1]。

第二，对西汉的力役制度，尽管说法不一，但有一点是一致的，即除少数人享有免役特权外，每个男子都须服役（或交钱代役），相当一部分人要戍边。根据钱剑夫先生的解释，汉时起役年龄为二十岁，到五十六岁止役。从二十岁到二十三岁应服每年一月的"更卒"徭役，共为三年。从二十三岁起先服材官、骑士、楼船的徭役一年，再服卫士徭役一年，这是"正卒"。再加上一年"戍卒"，路程不计入服役时间[2]。服役的男子绝大多数已婚，这就意味着他们的配偶要因为他们的离去而暂停生育。如遇战争，则服役对象更无归期，葬身异乡者往往有之。

第三，刑法严酷。武帝时"律令凡三百五十九章，大辟四百九条，千八百八十二事，死罪决事比万三千四百七十二事，文书盈于几阁，典事不能遍睹"[3]。而不成文的法律和法外施刑的更多。《汉书·刑法志》称："自昭、宣、元、成、哀、平六世之间，断狱殊死，率岁千余口而一人，耐罪上至右止，三倍有余。"这仅仅是各地正式上报后汇总的官方统计数，实际上一定还要多得多。而且昭帝开始注意休养生息，刑法远不如武帝时严酷，服刑人数也较少。如以实际数为统计数的 2—3 倍计，那么西汉中后期，每年被处死刑的占总人口的 2‰—3‰，以元始二年人口数计算就有十二万至十八万。被杀的

1　《汉书·外戚传》孝宣许后，霍光夫人语。

2　《试论秦汉的"正卒"徭役》，《中国史研究》1982 年第 3 期。

3　《汉书·刑法志》。

绝大多数是已婚、成年男子,这意味着每年有十几万育龄妇女失去生育条件,改嫁者也至少要中断一段时间。耐罪以上的每年有 6‰—9‰,即三十六万至五十四万,这些人中处腐刑的,便永远丧失了生殖能力;罚作刑徒的(同样多数是已婚、成年男子),则同时也有大致相同的育龄妇女暂时失去生育的条件;而且刑徒由于受非人待遇,死亡率很高。以上两项是每年作了判决并执行了的,日常关押的还很多。《刑法志》载东汉初全国有监狱二千余所,如每所平均关押百人,全国至少有二十万,而东汉初较西汉后期人口大减,县也撤并了许多。

第四,古人由于物质条件差,婴儿哺乳期长。《礼记·内则》:"食子者三年而出。"[1]刘向说:"子生三年,然后免于父母之怀,故制丧三年,所以报父母恩也。"[2]据此推测西汉时哺乳期一般要三年,这与西方古时情况相似。哺乳期长使生育间隔也延长了。另外,汉时贵族富家都有乳母,对乳母来说,自己的生育不得不中止。

第五,限于当时的医疗、物质条件,不育的比例较高。据《汉书》各表统计,诸侯王中无后的 23 人,王子侯中 45 人,功臣侯中 64 人,外戚侯中 6 人。以王子侯为例,无后的占统计数(被杀及其他原因被废的除外)的三分之一。当然其中部分是未婚夭折或仅有女儿的,但这些人都是多妻,为了有人继承是会不惜一切代价的,显然他们的无后基本上不是女方引起的。正是由于多妻制,所以出自男方的不育病症对于人口增殖的影响比他们在人口中所占的比例更高。

由于上述种种原因,实际上平均每个育龄女子的繁殖率大约仅 4—5。由于有偶率低,总生育率更低。

第四节　净繁殖率

即使已经生下的婴儿,能够抚育成人,达到再生殖的也只是一部分。这是因为:

第一,在当时物质条件下,婴儿死亡率很高,成年前的死亡率也很高。根据旧中国的统计材料,1936 年和 1938 年十八省区的婴儿死亡率分别为 156.2‰ 和 163.8‰,其中绥远竟高达 429.9‰[3]。因此,估计西汉时婴儿

1　《礼记正义》卷 27,《十三经注疏》本。

2　《说苑》卷 1,《四部丛刊》本。

3　转引自刘长新、苍开极《人口统计》,中国财政经济出版社 1980 年版,124 页。

死亡率(包括下面论及的杀婴)和成年前的死亡率合计可能会高达50%左右。

第二,由于封建剥削、人口税的重负以及抚养成人(包括未来的嫁娶)不易,普遍存在杀婴(包括堕胎)或弃养的现象。汉武开始,"民产子三岁则出口钱,故民重困,至于生子辄杀"[1]。王吉曾指出:"聘妻送女亡节,则贫人不及,故不举子。"[2]侯霸王莽时为淮平大尹(即临淮郡太守),更始初离任时,"民至乃戒乳妇勿得举子,侯君当去,必不能全"[3]。后汉王吉(非前述王吉)为沛相,"生子不养,即斩其父母"[4]。贾彪为新息长,"小民困贫,多不养子,彪严为其制,与杀人同罪"[5]。可见杀子之盛,不得不以极刑加以禁止。值得注意的是,临淮、沛、新息(属汝南郡)还都是经济比较发达、文化程度也不太落后的地区。

还有更多以迷信的形式出现、实际上也达到减少婴儿目的的现象存在。"家产子,必先占吉兆,后乃有之"[6],这是比较普遍的。后汉时,"武威多妖忌,凡二月、五月产子,及与父母同月生者,悉杀之"[7]。《汉书·元后传》载尚书劾奏王章罪状有"又知张美人体御至尊,而妄称引羌胡杀子荡肠"的说法,可知汉时羌人有杀死第一个婴儿的习惯。王充《论衡·四讳篇》:"有大讳四,……四曰讳举正月、五月子,以为正月、五月子杀父与母。"应劭在《风俗通义》中列出的现象更多:"不举并生三子,……不举寤生子,俗说儿堕地便能开目视者,谓之寤生,举寤生子妨父母。……不举同月子,俗云妨父也。……不举生髭须子,俗说人十四五乃生髭须,今生而有之,妨害父母也。"《西京杂记》卷二记西汉俗:"举五日子长及户则自害,不则害其父母。"该书虽伪作,反映此情况与其他史籍一致,尚属可信。上述例子有的虽在后汉,但习俗相传,前汉当亦如此。

这些现象的出现并非偶然,也不仅是迷信所起的作用,而是在物质条件无法养活日益增加的人口、又缺少科学的避孕方法时人类不自觉采取的对人口的消极限制。发展落后的部族直到近代还在采用这些方法:澳大利亚的阿龙塔人(Arunta)在母亲还需要抚养一个较大的孩子时会

1　《汉书·贡禹传》。

2　《汉书·王吉传》。

3　《后汉书·侯霸传》。

4　《后汉书·酷吏传·王吉》。

5　《后汉书·党锢传·贾彪》。

6　《史记·日者列传》。

　7　《后汉书·张奂传》。

毫不犹豫地杀死新生的婴儿,班格隆人(Bangerrang)、纳里涅里人(Narrinyeri)和库尔奈人(Kurnai)为了避免母亲带两个孩子而把小的孩子杀掉。在非洲有的部族中,分娩时脚先落地的婴儿要杀掉,有的部族则杀死双胞胎,更有的部族视先出上边牙齿的小孩为不吉而杀死[1]。这些情况与汉时情况是多么相似。

因此,在每个育龄妇女平均繁殖率为 5 的情况下,除去婴儿死亡率(包括杀婴、弃养)以及成年前的死亡率,净繁殖率约为 2.5,即每个有生育能力的妇女一生平均可生生存至成年的儿女约 2.5 人。但由于有偶率低,实际每个妇女平均净繁殖率还要低一些。第三节所引《居延汉简》所载家庭实例中,一般都是一二个子女,最多三个。虽然例子太少,但也多少说明了净繁殖率低这样一个事实。

第五节　家庭规模

秦国在商鞅变法时曾规定:"民有二男以上不分异者,倍其赋。"[2]即贾谊所谓"秦人家富子壮则出分,家贫子壮则出赘"[3]。西汉沿袭秦代习俗,一般都是小家庭,标准的家庭是五口,但实际并未达到五口。以《地理志》的户口数计算,全国平均每户人口是 4.67。

之所以如此,首先是因为生产力低,如前所述,每个育龄妇女生子女不多,抚育大的更少。其次,正如晁错所说,"今农夫五口之家,其服役者不下二人,其能耕者不过百亩,百亩之收不过百石"。即使终年辛劳,还免不了"卖田宅、鬻子孙以偿责"[4]。所以子女长成或成家后只能分居,以便独立维持生活。再则,统治者希望保持小家庭的规模。诸侯王、列侯以户食禄,当然户越多越好;地方官考绩,如户口增加、流民自占等都以户计,征税也多以每户为一固定单位,总之以户多为宜。《地理志》记当时风尚,河内俗"好生分",就是"父母在而昆弟不同财产"[5]。颍川"好争讼分异"。正因为如此,

1　Krzywicki, *Primitive Society*(《原始社会》), p. 130; Carr Saunders, *The Population Problem*(《人口问题》), pp. 216-218; Lorimer, *Culture and Human Fertility*(《文化与人类出生率》), p. 131;以上均转引自 E. A. Wrigley, *Population and History*(《人口与历史》), pp. 42-43, McGraw-Hill Book Company, New York Toronto, 1971。

2　《史记·商君列传》。

3　《汉书·贾谊传》。

4　《汉书·食货志》。

5　《汉书·地理志》师古注。

"兄弟同居""三世不分财"之类就成了凤毛麟角,为士大夫所称道[1]。大家庭仅限于少数士大夫家庭或富户。

表 3 列出了各州每户平均人口,最高的是交趾和荆州,都是正在开发、地广人稀的地区,统治者的控制也相对较弱;最低的是幽州、凉州,这些地区虽也地广人稀,但自然条件较差,多牧区或半牧区,居民中移民占了一定比例。

表 3 各州每户平均人口

州 名	每户平均人口	州 名	每户平均人口
交 趾	6.37	徐 州	4.56
荆 州	5.38	扬 州	4.51
豫 州	5.18	司 隶	4.40
朔 方	4.98	青 州	4.37
兖 州	4.76	并 州	4.28
益 州	4.67	幽 州	4.22
冀 州	4.57	凉 州	4.02

全国平均 4.67。

在计算每户平均人口时,包括了多妻家庭、少数大家庭和有三代人的家庭。如果我们把"家庭"的概念限于所谓"核心家庭",即一对夫妻及其未婚子女为基本单位的话,则平均每户人口绝对低于 4.67,这与前面的结论是一致的。

以平均每个家庭 4.5 人计,根据当时估计平均寿命,参照现代的计算方法,每百年总人口约增长 1.5 倍,平均年增长率约为 9‰。

这还没有考虑其他意外因素,如天灾、人祸、战争、瘟疫,等等。根据《史记》《汉书》等所载统计,西汉期间水灾有 30 次(其中黄河决口或改道 10 次),旱灾有 35 次,其他灾害有 63 次,多次出现"人相食"的严重局面。西汉初年,匈奴势盛,北边几乎每年受到劫掠杀戮,汉匈间战事一直进行到宣帝时。武帝用兵三十年,直接间接减口严重(见第五章第二节)。统治者大兴土木,修建宫阙陵墓,尤其是每帝必修的陵墓,往往造成大量死亡,如成帝修昌陵,

---

[1] 至东汉尚如此,见于《后汉书》者,如《魏霸传》"少丧亲,兄弟同居,州里慕其雍和",《崔骃传》"(崔瑗)兄弟同居数十年,乡邑化之",《蔡邕传》"与叔父从弟同居,三世不分财,乡党高其义"。东汉时儒家礼教已较西汉强化,尚且如此,则西汉情况可知。

"物故流离,以十万数"[1]。

以一个三千万的人口为例,如果正常的自然增长率为每年 7‰,当该年意外死亡达到二十一万或更多时,增长率即降至零或出现负增长;而如果死亡者以青壮年为主的话,那么对人口增长的影响还会继续相当一段时间。这种情况在西汉时有发生,尤其是在第二阶段。

总之,从人口增长的规律分析,西汉期间人口年平均增长率绝对不会超过 9‰,总增长不超过五倍,汉初人口肯定在一千二百万以上。

1　《汉书·楚元王传》刘向语。

第四章

从农业生产及粮食产量考察人口的增长

第一节　粮食产量与人口的关系

人口的生存和增殖离不开农牧业的发展，在古代尤其如此。因此人口的规模必然要与农牧业所能提供人类赖以生存的食物数量相适应。汉时绝大多数人民几乎不用肉食，纯以谷物蔬菜为生[1]。当时粮食完全自给，既无输入，也很少输出，仅少量供应匈奴等少数民族。限于技术条件，粮食的储备时间不能过长，无法进行长期调节，因此粮食生产与人口变化存在着直接的联系。如果人口的增长超过了农业发展的速度，必然出现粮食短缺，导致粮价上涨，人民缺粮挨饿，直接引起人口减少，间接导致部分人因缺乏必要的营养而缩短寿命及新出生率的下降。反之，粮食生产过多，超过了人口增长的需要，也会使粮价下跌，谷贱伤农，农民在受了损失以后必然减少生产，或因部分农民破产而实际上减少了生产，两者又会逐渐趋于平衡。

如果西汉期间的人口确如一些人认为的那样是从六百万增加到六千万，净增了九倍，那么在此期间的粮食生产也必须净增九倍。否则即可以得出相反的结论。

在我国有比较确切的人口统计资料的二千余年中，只有最近几个世纪出现过比较高的增长率。根据何炳棣教授的研究，中国的人口在 1700 年为 1.5 亿左右，至 1794 年增至 3.1 亿左右，一个世纪中增加了 107％；到 1850 年太平天国起义前夕，增加到 4.3 亿。在短短一百五十年间，人口增加 187％，年平均增长率约 7‰。何教授认为人口高速增长主要是由于：（1）清朝前期康熙、雍正、乾隆三朝长期保持大一统的局面，与民休息，减轻赋税；（2）从越南引进的早熟稻，由南往北逐渐推广；（3）新大陆的谷物（如洋芋、

　　1　吕思勉《秦汉史》17 章《秦汉时人民生活》。

番薯、苞米、花生等)的引进与推广。这些谷物需水量少,在沙地上亦可繁殖,单位面积产量大,营养丰富,造成一场"土地利用的革命",从而养活了更多人口[1]。

如果西汉期间人口增加了九倍的话,平均年增长率应为 12‰左右,大大超过了清代的高速增长。问题是西汉期间的粮食生产是否可能达到如此高的增长速度。

粮食总产量的提高不外乎通过扩大耕地面积和提高单位面积产量(包括改进农具、耕作制度和栽培技术,发展水利灌溉,引进新作物,推广良种等)这两方面的途径来实现。我们就从这两方面来分析西汉期间粮食增产的可能性。

第二节 主要农业区与垦田面积

《地理志》载元始年间全国垦田数为 8 270 536 顷,这个数字并不可靠,因为西汉时地租大大低于人口税(包括力役),要漏报土地比隐匿人户更容易,另一方面当然也有虚报垦田数的可能,而且土地的统计本来就不够精确。根据此数计算,平均每人约得 14 亩,相当于现在约 11.8 亩,大致反映了西汉末年的水平。

西汉末的疆域比秦代有了一定的扩展,设置郡县(即直接统治)的地区,在东北部增加了浑河和鸭绿江上游及朝鲜半岛北部(玄菟、乐浪二郡),南部增加了今越南的北部和中部(交趾、九真、日南三郡),西北部增加了河西走廊及其附近地区(武威、张掖、酒泉、敦煌、金城五郡),西南在蜀郡、益州郡有所扩展(见附图 4)。但直到西汉末,这些郡的人口合计仅约 200 万,约占全国人口的 3.4%。这些郡中,西北地区有屯田,有时有少量的粮食输出[2],交趾在与邻郡的贸易中也输出一些粮食[3],但总的说来,这些地区至多只能自给自足。也就是说,西汉因为疆土扩展而增加的耕地的粮食产量,至多只能维持二百万人口,这对全国来说显然是微不足道的。所以,西汉主要农业地区的范围与秦时基本相同,在关中、巴蜀和关东。

关中粮区集中在三辅范围内的泾渭平原,"关中自汧、雍以东至河、华,

---

1 *Studies on the Population of China*,*1368—1953*(《1368—1953 年中国人口研究》),Cambridge,Harvard University Press,1959.

2 《居延汉简甲乙编》释文二一四·三三 A:"守大司农光禄大夫臣昧死言□受部丞庆前以请诏使护军屯食守部丞武□以东至西河郡十一农都尉官二官调物钱谷漕转籴□民困乏愿输有余给不□"。

3 《后汉书·循吏传·孟尝》:合浦郡"不产谷实,而海出珠宝,与交趾比境,常通商贩,贸籴粮食"。

49

膏壤沃野千里"[1]。而关中西北部的天水、陇西、安定、上郡、北地已是以牧为主,"畜牧为天下饶"的地区了。关中的农业,可以追溯到西周时代,至战国末期,由于郑国渠的开凿,"灌泽卤之地四万余顷,收皆亩一钟,于是关中为沃野,无凶年"[2]。秦汉时又从关东大举移民,加速了土地的占有和开垦。汉初在动乱之后,关中一度人口稀少,但随着大批移民的到来和人口的增加,不久就人满为患,武帝时已是"地少人众"[3],土地贵到"亩一金"[4]了。武帝设上林苑,范围极大,包括"阿城以南,盩屋以东,宜春以西,……属之南山"[5],侵占了大片良田。可见西汉时关中的耕地面积比秦时不会有很大的增加,在武帝以后基本未增加。

巴蜀的开发也很早,成都平原优越的自然条件及著名的水利工程都江堰的建造,使农业很快发展起来,粮食自给有余。战国末期,粮食已有相当积聚[6]。巴蜀地区,特别是蜀地农业发展的余地相当大,但除成都平原成片集中外,其余产地分散,外运又相当困难,因而限制了农业的发展。西汉时主要的粮食需求地区是关中和关东灾区,而巴蜀与关中之间重山阻隔,地势险峻,虽有褒斜、子午等通道,要大规模运输粮食就非常困难。西汉期间未发现巴蜀粮食调运关中的记录,连汉初关中大饥馑时,高祖也是令民"就食蜀汉"[7],而不是运蜀汉粮济关中。另一条途径是由长江水运,顺流而下,虽较前者快捷,但三峡天险也不好过。更主要的是当时长江下游地区多数尚未开发,人口稀少,并无提供食粮的需要,仅见元鼎三年(前114年)武帝下巴蜀粟救济江淮间灾民[8]。在这种情况下,巴蜀粮食生产的潜力得不到发挥,只能保持与当地人口增长大致相同的速率,对全国的粮食生产影响不大。无怪乎司马迁在《货殖列传》中叙述巴蜀的出产时,仅提到"巵、姜、丹沙、石、铜、铁、竹、木",而没有提到粮食。

关东主要农业区的西北界大致是由碣石起循燕山山脉南麓西南行,再

1　《史记·货殖列传》。

2　《史记·河渠书》。

3　《史记·货殖列传》。

4　《汉书·东方朔传》。

5　《汉书·东方朔传》。

6　《华阳国志·蜀志》:"司马错率巴蜀众十万,大舶船万艘,米六百万斛,浮江伐楚……"此虽非经济性输出,但说明粮食积聚颇丰。

7　《汉书·食货志》。

8　《史记·平准书》。

越太行山，历汾水中游而至于黄河岸上的龙门[1]，南界在淮河流域。在此范围之外的地区，当时或自然条件较差，或尚未开发、农业落后，或从事游牧，大多地广人稀。淮河以南的楚越之地，"地广人稀，饭稻羹鱼，或火耕而水耨"[2]。庐江郡到东汉建初年间(76—83年)，"百姓不知牛耕，致地力有余而食常不足"[3]。会稽郡至东汉初，"民常以牛祭神，百姓财产以之困匮"[4]。东汉元和年间(84—86年)，长沙郡百姓寒冬都无鞋穿[5]，也可说明当地农业的落后。九真郡在东汉建武年间(25—55年)"俗烧草种田"，"俗以射猎为业，不知牛耕，民常告籴交趾，每致困乏"[6]。辽东郡直到东汉末年，农业生产率还很低，"二牛六人，一日才种二十五亩"，而在三辅，"三犁共一牛，一人将之下种，一日种一顷"[7]。可见这些地区在西汉时农业生产还很落后，当然不可能有粮食输出。

在关东主要农业区内，发展也不平衡。如勃海郡，宣帝时当地人还"好末技，不田作"，牛耕也不普遍，经太守龚遂厉行倡导后，农业才有所发展[8]。但是关东大部分地区都是开发很早的，是春秋战国以来经济、政治、军事、文化活动的主要舞台，生活着全国大部分人口。西汉末全国六千万人口，关东占60%以上。人口密度高的州集中关东，与其他地区相差悬殊(见表4)。以郡国为单位统计也是如此(见表2)。汉初由于人口锐减，农民外流，关东也暂时出现了地多人少的现象。文帝十二年(前168年)诏书中称"朕亲率天下农，十年于今，而野不加辟"[9]，虽是泛指全国，也足以说明包括关东在内还有很多土地尚未垦复。但随着流民的回归和人口的增多，情况很快发生变化。景帝元年(前156年)诏："郡国或硗狭，无所农桑系畜，或地饶广，荐草莽，水泉利，而不得徙。其议民欲徙宽大地者，听之。"[10]说明有些地区已经出现了地少人多的矛盾，显然主要在关东。这种矛盾以后愈益加剧。《史记·货殖列传》称："沂、泗水以北……地小人众。"当时黄河虽常成灾，但由于人口日

1　见史念海《战国至唐初太行山东经济地区的发展》，《河山集》，生活·读书·新知三联书店1963年版，131页。

2　《史记·货殖列传》。

3　《后汉书·循吏传·王景》。

4　《后汉书·第五伦传》。

5　《后汉书·循吏传·卫飒》注引《东观记》。

6　《后汉书·循吏传·任延》。

7　崔寔《政论》，《全后汉文》卷46。

8　《汉书·循吏传·龚遂》。

9　《汉书·文帝纪》。

10　《汉书·景帝纪》。

益增加,原有耕地不敷使用,所以武帝时"人庶炽盛,缘堤垦殖"[1]。哀帝时,黄河两岸耕地直逼河堤[2]。汉初开始,不断徙关东豪强富户实关中,置陵县,武帝时规模最大。关东的灾民也不断流向别处,武帝时一次就安置了七十多万[3]。尽管这样不断输出人口,但昭帝时,已到了"内郡人众,水泉荐草不能相赡"[4]的程度。在这种情况下,显然耕地不可能再有扩大。

表 4　各州人口密度

州　名	人口密度 （人/平方公里）	州　名	人口密度 （人/平方公里）
兖　州	103.51	幽　州	9.09
豫　州	92.04	朔　方	8.80
青　州	80.79	荆　州	7.57
冀　州	80.20	扬　州	6.16
徐　州	58.70	益　州	5.44
司　隶	42.79	凉　州	3.92
并　州	14.35	交　趾	2.76

全国平均 14.73。

总之,西汉期间关中、关东主要农业地区中,耕地面积的扩大,主要在第一阶段,而其中相当一部并非新垦。第二阶段以后,耕地扩展不大,粮食产量的提高主要只能通过提高单位面积产量来实现。

第三节　农具、耕作制度、水利设施

至今尚未发现西汉期间从国外引入新的粮食作物或采用过明显增产的新品种,提高单位面积产量的主要途径是农具和生产技术的改进。这方面已经有了大量的论著,毋需赘述。西汉期间的确是农业大发展的时期,但必须指出,对其成就往往估计过高。

在农具方面,铁器的使用已经普遍,成了主要的生产工具。但无论是私人铸铁时,还是官营铁器时,都有相当一部分农民买不起铁器,或不愿购买。

1　《后汉书·循吏传·王景》,乐俊语。

2　《汉书·沟洫志》贾让语。

3　《汉书·武帝纪》元封元年。

　4　《盐铁论·未通》。

这一方面在于生产的铁器不一定适用，另一方面在于劳动力不值钱，特别是地少人多的情况下，农民宁肯省钱，而不愿省力。盐铁会议上有人指出："县官鼓铸铁器，大抵多为大器，务应员程，不给民用。民用钝弊，割草不痛。是以农夫作剧，得获者少，百姓苦之矣。""今县官作铁器，多苦恶，用费不省，……盐铁贾贵，百姓不便，贫民或木种手耨，土耰淡食。"[1]所以，即使在比较发达的地区，铁器也不能说已经普及。

牛耕主要用于农业发达地区，如前所述，江南等地还是刀耕火种，九真、庐江等地还不懂牛耕，都是在东汉后才陆续实行牛耕的。但即使在使用牛耕的地区，也常遇到耕牛缺乏的问题。因为当时牛还是交通工具，在战争、运输、建筑工程中大量使用和消耗。如武帝时李广利征大宛，一次就带去牛十万头[2]，若以每头牛承担三百亩耕地计，则有三千万亩耕地无法牛耕。又如修昭帝陵时动用牛车三万辆载沙[3]，类似的征用必定很多。牛疫也会造成耕牛的减少，东汉初发生过几次大牛疫[4]，损失巨大，西汉时不可能没有，只是影响没有那么大。"牛乃耕农之本，百姓所仰，为用最大，国家之为强弱。"[5]《食货志》称："民或苦少牛，亡以趋泽。"足见问题严重。

西汉时耕作制度的重大改进是武帝时赵过的"代田法"和成帝时氾胜之的"区种法"。代田法实际上是一种局部的轮作制，用以代替原来大面积的轮作，使休耕地得以减少。据说赵过在试验时，"课得谷，皆多其旁田亩一斛以上"。以后推广到边郡及居延城河东、弘农、三辅及太常所属的田地，收到了"用力少而得谷多"的效果[6]。但既然代田法成效显著，实行起来又没有什么技术上的困难，为什么作为主要农业区的关东却未见推广呢？显然，代田法主要适应地多人少、原来实行大面积轮作、每年有部分土地休耕的地区，而关东大部分地区已经出现地少人多的现象，不可能再有大量土地休耕。实行代田法虽可提高单位面积产量，但耕地的利用实际上仅一半，在有巨大人口压力的地区是无法实行的，因此对代田法的作用不能估计过高。区种法的推广情况和成效未见确切记载，不得而知。

西汉的水利建设，著名的如武帝时的漕渠、河东渠、龙首渠、六辅渠、白渠等，规模都很大。当时，"用事者争言水利，朔方、西河、河西、酒泉皆引河

1　《盐铁论·水旱》。

2　《汉书·李广利传》。

3　《汉书·酷吏传·田延年》。

4　永平十八年、建初元年、四年，见《后汉书·明帝纪》《章帝纪》。

5　应劭《风俗通义》，《全后汉文》卷37。

6　《汉书·食货志》。

及川谷以灌田。而关中灵轵、成国、沣渠引诸川,汝南、九江引淮,东海引巨定,泰山下引汶水,皆穿渠为溉田,各万余顷。它小渠及陂山通道者,不可胜言也"[1]。但情况不可一概而论。这些工程有的收到了预期的效果,发挥了相当大的作用。如白渠,溉田四千五百余顷,百姓作歌颂之。而有的工程并未收到预期的效果,作用有限。如龙首渠,"作之十余岁,渠颇通,犹未得其饶"[2]。有的则纯系劳民伤财,得不偿失,如河东渠,动用了几万人,却因"河移徙,渠不利,田者不得偿种"[3]。朔方的灌渠,"作者各数万人,历二三期而功未就,费亦各以巨万十数"[4]。而且由于统治者多图一时之利,水利工程建成后,往往长期不加疏浚管理,所以实际受益时间不长。豪强地主为私利任意霸占、毁坏水利的也往往有之[5]。

值得注意的是,如此众多的水利工程主要集中在关中,却很少处于关东黄河下游地区。这是由于黄河下游多水灾,从文帝(前168年)至王莽始建国三年(11年)这一百八十年间决溢十次,其中五次导致改道。至于黄河下游之所以多灾的原因,正如谭其骧先生在《何以黄河在东汉以后会出现一个长期安流的局面》一文[6]中所论证的,是由于中游自秦以来的大规模移民和农业开发导致原始植被遭破坏,造成水土流失。因此,黄河中游(包括关中)的水利建设所带来的农业发展一定程度上是以下游水患的加剧为代价的。从这一点上说,中游的开垦面积越大,水土流失越严重,下游的水灾越频繁,造成的损失越多。从局部来说,这些水利工程促进了粮食生产,但从总体来说,很可能会减少粮食生产,以致得不偿失。我们在估计水利开发对当时粮食生产总的作用时,当然不能忽略这一点。

第四节　粮食亩产的估计

西汉末粮食亩产究竟有多少?比汉初增加了多少?有人认为,"到西汉后期……有高额产量的好田且不用说,即使薄恶之田,若能有灌溉之利或耕种及时,即可亩收十石,显然比汉初增加了四倍以上"[7]。类似的说法很多,

---

1　《汉书·沟洫志》。

2　《汉书·沟洫志》。

3　《汉书·沟洫志》。

4　《汉书·食货志》。

5　《汉书·翟方进传》。

6　载《学术月刊》1962年第2期。

7　安作璋《关于西汉农业生产的几个问题》,《汉史初探》,上海人民出版社1957年版。

但这些说法并不符合实际。

关于汉初的亩产量,据晁错所说"百亩之收不过百石"[1],亩产一石,把当时通用的小亩折成太初后通用的大亩后,产量为每亩 2.4 石,但晁错意在说明农民疾苦,所以所说产量是偏低的,至多只是一般的水平。《汉书·食货志》引李悝言"治田百亩,岁收亩一石半",亩产是 1.5 石。《管子·治国篇》提到"常山之东、河汝之间",中年亩产是二石。李悝与《管子》的说法实际上反映了汉初的情况,因此,可见汉初的一般亩产是 1—1.5 石,相当于大亩亩产 2.4—3.6 石,高产地区亩产可达 4.8 石。

认为西汉后期亩产增加四倍以上的论据是四条:

1. 赵过的代田法,"一岁之收,常过缦田一斛,善者倍之"。

2. 武帝时严熊言:"临晋民愿穿洛以溉重泉以东万余顷故恶地,诚即得水,可令亩十石。"

3. 哀帝时贾让奏言:"……若有渠溉,则盐卤下湿,填淤加肥,故种禾麦,更为粳稻,高田五倍,下田十倍。"

4. 《齐民要术》引《氾胜之书》:"……得时之和,适地之宜,田虽薄恶,收可亩十石。"

但仔细分析一下,没有一条是站得住脚的。

1. 原文是:"(赵)过能为代田……一亩三甽,岁代处,故曰代田,古法也。后稷始甽田……一岁之收,常过缦田亩一斛以上,善者倍之。……过试以离宫卒田其宫壖地,课得谷皆多其旁田一斛以上。……是后边城、河东、弘农、三辅、太常民皆便代田,用力少而得谷多。"[2] 很明显,到"一岁之收……善者倍之"为止这段话,是叙述代田这种"古法",也即根据经验可以达到的水平,而下面说赵过实际试种的结果是每亩增产一斛以上,并无增产一倍的记录,而大面积推广后的效果是"用力少而得谷多",有所增产,并无具体数字。所以亩产增加一石以上或者加倍的结论是错误的,何况代田法的推广仅限于较小的范围。

2. 这是严熊对武帝夸下的口,据《汉书·沟洫志》,"作之十余岁,渠颇通,犹未得其饶"。实际并未做到。

3. 同样只是贾让的预言,事实上并未实行[3]。即使以贾让所言为据,也是指原来产量极低的盐碱地,在进行灌溉淤肥,并更换作物以后,方可达到,

1　《汉书·食货志》。

2　《汉书·食货志》。

3　《汉书·沟洫志》。

并无普遍意义。

4. 氾胜之是农业专家,这是他在"得时之和,适地之宜"的条件下,精耕细作才得到的高产,尽管是"薄恶"的田,技术要求却是很高的,并非一般农民所能做到。正如今天拿专家的试验田的产量来代表全国的平均产量一样,离事实太远了。

其实,根据东汉末仲长统所说,"肥饶之率"是"亩收三斛"[1]。那么西汉末的水平当不会太高,一般亩产仍不过三斛(石)左右,与汉初相比并无显著的增加。应该看到,由于当时土地丈量很不精确,对粮食产量缺乏综合统计,反映在史料中的产量一般都不大精确。文人学者往往只是根据流行的说法或传统的数字叙述,有的并不一定就是当时当地的情况。各人引述亩产量时出发点不同,往往各执一端,但从各种记载看,西汉期间粮食亩产量增长并不太大,看来是没有疑问的。

这并不意味着西汉的农业没有发展,也不意味着前面所说的农具和耕作方法的改进未收到效果。因为晁错等人与仲长统所说的产量,一般是指农业发达地区的水平,在没有重大改进的情况下,这些地区继续增长的幅度不可能很大。相反在原来产量较低、开发程度不足的地区,稍作改进就会收到较大的效果。所以随着高产区的扩大、低产地区产量的提高,平均亩产还是有增长的,不过绝对不会高达四倍以上,估计不超过一倍。加上荒地的垦复和新土地的开发,粮食总产量可有更多倍的增长。

这样的估价并不贬低西汉期间农业生产的成就,因为在一个拥有数亿亩耕地的国家,粮食平均亩产量能提高一倍,已经是空前的了。

第五节 从三辅地区的粮食产量增长率推测全国水平

对西汉期间粮食总产量的增长率,可以通过关中三辅地区的情况加以探索。三辅地区在汉初人口约50万,至元始二年约256.6万(包括已属弘农郡三县)。三辅粮食不能自给,主要自关东输入,汉初每年为数十万石,以后逐年增加,最高达六百万石,常年也有四百万石[2]。当然这些粮食并非全部用于三辅消费,其中部分用于储备及边郡等特殊需要,但西汉后期匈奴和亲,对外战事平息,西北屯垦粮食自给有余,所以关东的漕粮基本用于三辅

---

1 《后汉书·仲长统传》。

2 《汉书·食货志》。

消费。但这只是官方的征调,还有民间的输入,包括封地在关东而居于长安的列侯、在三辅的客籍官员等会有一定数量的粮食输入,但在当时的运输条件下,这项数字不可能很大。而且关东粮价一般比关中高,灾年尤其如此(详见下述),所以从关东向关中商业性的粮食输入可能性是很小的。如果元始二年以输入粮食四百万石计,当时每人每年约需食粮十八石,这些可供养约 22 万人,则当地产量约可供养 234 万人。汉初以每年输入五十万石计,可供养约 3 万人,则那时当地所产粮食可供应约 47 万人。据此推算,自汉初至元始二年这二百年间,三辅地区的粮食产量净增约四倍,年增长率约为 8‰。

当然,这一推算的依据是相当粗略的,特别是汉初三辅人口的估计是否正确对结果的准确性影响很大。但从前面已作的论证中可以看出,由于在惠帝之前已经有过十余万移民,五十万人口的估计是一个保守的下限。同时,尽管民间输入量未予考虑,但西汉末年的输入量也不可能比汉初少。因此我们可以将上述粮食产量的增长率看作上限,即可能达到的最大值。

三辅是京师所在,为了确保粮食供应,统治者采取了不少措施来发展当地的农业,重要的水利工程集中在关中,三辅受益最大。代田法的推行也自三辅始,而且三辅的增产潜力远比关东大,其粮食生产的增长率应是全国主要农业地区中最高的。

关东农业区的增长速度必然比关中低。由于黄河中游的不合理开发,水土流失严重,下游水患日益加剧。西汉期间黄河十次决溢、五次改道不仅使关东大片农田受淹被毁,而且使水系紊乱,在沿海形成大片盐碱地。同时由于关东开发时间早,是单一的粮食生产,当时又缺少科学的方法,所以不仅增产潜力趋于枯竭,而且天然植被破坏殆尽,生态平衡受到破坏,造成气候反常、灾害频繁。西汉期间见于记载的饥荒 8 次,发生在关东的 5 次;旱灾 24 次,发生在关东的 1 次,其余 23 次均未说明地点,多数必包括关东在内;水灾 38 次,发生在关东的 20 次,另有 3 次未说明地点;蝗灾 8 次,发生在关东的 5 次[1]。

诚然,关东输往关中的粮食由数十万石增至六百万石,但这只能说明关中需求的增加,并不表明关东的粮食生产有了大发展以至粮食有余。因为首先,这项输出是出于行政命令,并非地区间的自由贸易。其次,关东富人大批迁入关中,部分粮食输出只是抵消了他们在原地的消费。何况这项输

1　据《史记》《汉书》有关内容综合统计。

出在关东粮食总产量中只占很小比例,以最高额六百万石计,约为33万人一年的消耗量,关东人口以三千万计,输出量仅百分之一强。

实际上西汉后期关东粮食供应一直比关中紧张,反映在粮价上也是如此。如元帝即位(前48年)"齐地饥,谷石三百余"[1]。永光二年(前42年),"京师谷石二百余,边郡四百,关东五百"[2]。关东粮价为京师的二倍半,比边郡还贵。地皇元年(20年),"洛阳以东,米石二千"[3],可见也贵于关中。

当然在全国范围内,可能有一些地区,特别是新开发的地区,会有比关中更高的增长率。如交趾刺史部,平均每户人数居全国前列(见表3),如果其他条件相似的话,人口增长率也应高于其他地区,而交趾郡还可有少量粮食输出,说明该郡农业生产增长率高于平均水平。又如西北缘边地区,武帝时迁入了数十万移民,到汉末粮食基本能够自给,可见由于耕地扩大、劳动力增加,农业生产也增长较快。但正如前面已经提及的,这类地区的粮食产量在全国总产量中所占比例甚小,所以对全国的年平均增长率影响不大。

从关中、关东这些主要农业区的情况分析,西汉期间全国粮食生产的年平均增长率约为6‰—7‰,西汉末期的粮食产量大约是初期的3.3倍至4倍。由于在较长的时期内,人口的增长须与粮食的增长保持一致,因此西汉期间的人口总增长及年平均增长率应大致与此相等。

以上从三个方面分别论证、推算了西汉期间的人口变化,由于缺乏系统的、精确的资料和数据,这只能是一种大略的估计。但是从三种不同途径得到的结果都十分接近,因此我们可以认为,这样的结论基本符合实际情况:

西汉期间全国人口年平均增长率约6‰—7‰,西汉末期(元始二年、公元2年)全国总人口约六千万,西汉初(前202年)全国(包括东越、南越)人口的下限约一千五百万,上限约一千八百万。

---

1 《汉书·食货志》。
2 《汉书·冯奉世传》。
3 《汉书·王莽传》。

第五章

关于武帝、宣帝时期的人口变化

正如前面已经论及的,西汉期间不同阶段有不同的人口增长率,某些年份出现过零增长或负增长。第二阶段人口变化剧烈,情况复杂,但历来缺乏专论。一般多沿用《汉书》中"户口减半"的旧说,但也有人认为"武帝末年的人口并非减半",而是有所增长[1]。

现在,既然已经推定了西汉初、末期的人口数,就有可能进而推算出第二阶段的人口变化和武帝末期的人口数,弄清"户口减半"的真相。

第一节 武帝时"户口减半"的文献记载

先将《汉书》中有关记载逐一分析,确定其可信程度。《汉书》卷75《夏侯胜传》:

宣帝初即位,欲褒先帝,诏丞相御史曰:"……孝武皇帝……功德茂盛,不能尽宣,而庙乐未称,朕甚悼焉。其与列侯、二千石、博士议。"于是群臣大议廷中,皆曰:"宜如诏书。"长信少府(夏侯)胜独曰:"武帝虽有攘四夷广土斥境之功,然多杀士众,竭民财力,奢泰亡度,天下流离,物故者半。蝗虫大起,赤地数千里,或人民相食,畜积至今未复。亡德泽于民,不宜为立庙乐。"公卿共难胜曰:"此诏书也。"胜曰:"诏书不可用也。人臣之谊,宜直言正论,非苟阿意顺指。议已出口,虽死不悔。"于是丞相义、御史大夫广明劾奏胜非议诏书、毁先帝,不道,……俱下狱。

此事发生在本始二年(前72年)[2],距武帝死的后元二年(前87年)仅十

---

1 袁祖亮《西汉时期人口自然增长率初探》,载河南《史学月刊》1981年第3期。

2 据《汉书·宣帝纪》。

五年,夏侯胜与在场的群臣大多是武帝后期的亲历者。夏侯胜又是在朝廷公开发表意见,当时他正以儒学大师的身份受命以《尚书》授太后,以这样的身份和地位在这种场合是绝对不可能脱离事实胡说八道的;而且如果他讲的情况稍有不实,必定会受到群臣的驳斥。但公卿们对夏侯胜的话却找不出差错,只能用"此诏书也"来施加压力。即使在夏侯胜表示"虽死不悔"之后,给他加上的罪名也还是"非议诏书、毁先帝",可见对他所指出的事实本身,当时并无异议。

《汉书·昭帝纪》赞曰:昭帝"承孝武奢侈余敝,师旅之后,海内虚耗,户口减半"。《汉书·五行志》亦称武帝时"师出三十余年,天下户口减半"。这些记载同样应该是基本正确的。

因为西汉时每年上计的项目,不仅有户口数字,还有各项有关的内容,非常详尽[1],所以朝廷每年都有全国户口的具体数字,在夏侯胜时,当时和武帝时的户籍资料是完整的,因此很容易查核比较。即使经过了西汉末年的战乱,资料有相当大的散失,但班固作《汉书》时,毕竟还有部分残存的官方档案可资查考,因此如果班固不是掌握了确切的原始材料的话,是绝不会轻易断言武帝时"户口减半"的。

再者,户口的升降多寡是考察地方官政绩的重要依据,当然也是显示国家治乱的尺度,作为本朝史臣的班固,在这样重要的问题上,怎么可能对武帝写上不正确的内容呢?

因此,我们没有理由怀疑《汉书》中有关记载,更不能轻易否定,而应该根据史料加以具体分析。

第二节　武帝时影响人口变化诸因素的分析

那么武帝期间究竟减少了多少人口呢?由于史料过于简略,缺乏直接记载,要找到确切的数字显然是不可能的,只能推求大致情况。

造成人口减少的因素很多、很复杂,当时的主要方面有:

1. 自然灾害

根据《汉书》本纪、五行志、食货志、沟洫志及有关列传的记载,比较大的有:

建元三年(前138年),河水溢于平原,大饥,人相食。四年六月,旱。据

　　　1　参见拙作《秦汉的上计和上计吏》。

《汲黯传》，当时"河内贫人伤水旱万余家，或父子相食"，可见灾情也是相当严重的。五年，大蝗。

元光二年（前133年），春，河水徙，从顿丘东南流入渤海。三年五月，"河决于瓠子，东南流经巨野，通于淮泗"。这次水灾，"泛郡十六"，受灾面积大，灾区多为农业发达、人口稠密地区，而且持续时间长，直到二十年后才堵住决口。"岁因以数不登，而梁楚之地尤甚"。四年夏四月，陨霜杀草。五月，地震。五月、秋八月，螟。六年夏，大旱，蝗。

元朔五年（前124年）春，大旱。

元狩元年（前122年）开始又转为持续的水灾。十二月，大雨雪，民多冻死。此后二年，水灾严重，并且发生在主要农业区关东。元狩三年秋，"遣谒者劝有水灾郡种宿麦"。估计这些郡当年秋粮损失很大。四年冬，"民多饥乏，于是天子遣使虚郡国仓廪以赈贫。犹不足，又募豪富人相假贷，尚不能相救，乃徙贫民于关以西，及充朔方以南新秦中，七十余万口，衣食皆仰给县官"。元狩三年夏，大旱，灾区可能不在关东。

元狩六年冬，雨水，而且气温偏高，无冰。至元鼎二年（前115年）三月，大雪，平地厚五尺。夏，大水，关东饿死者以千数。秋，"水潦移于江南"，武帝不得不下巴蜀之粟救济。三年三月，水冰；四月，雨雪、雨雹，关东郡国十余饥，人相食。由于连年受灾，粮食歉收，关东"人或相食，方二三千里"。五年秋，又出现蝗灾。

从元封元年（前110年）开始又转为干旱，当年旱，武帝曾"令百官求雨"。四年夏，大旱，民多渴死，足见灾情严重。六年秋大旱，同时发生蝗灾。

太初元年（前104年）蝗灾异常严重，"蝗从东方飞至敦煌"，三年秋，又出现蝗灾。

太初年间，旱情依然相当严重。公元前100年，武帝改元天汉，据应劭的解释，是由于"时频年苦旱，故改元为天汉，以祈甘雨"。[1] 但是当年及三年，都还是大旱。

征和元年（前92年），大旱。二年八月，地震，压杀人。三年秋，蝗；四年夏，蝗。后元元年（前88年）秋，地震。

自然灾害历来都有，但从以上概述中可以看出，武帝时的自然灾害是相当严重的，尤其是持续多年的水、旱、蝗灾，造成的损失是很大的。

自然灾害对人口变化的影响，不仅表现在它所直接造成的人口死亡上，

1　《汉书·武帝纪》天汉元年应劭注。

更主要的是使粮食减产,使人们因饥饿而死亡,或者因营养不良而缩短寿命、减少生育,还必然使婴幼儿的死亡率(包括人为杀死、遗弃)增加。因此,在较长的时间内(例如一二十年)人口的增长都要受到影响,持续的灾害必然导致人口长期处于停滞或下降的状态。如果在这种情况下,再发生人为的破坏作用,如战争、大规模的徭役、征调本来就不足的粮食等,那么人口的减少必然更多。而武帝时期正是如此。

2. 战争与徭役

战争引起的人口减少,最直接的是死亡以及伤残者寿命的缩短;被俘者由于一般不能被遣返,也同样减少了汉政权的人口。由于征召的对象绝大部分是农业劳动力,这样意味着耕种的减少和粮食总产量的降低。同时这些人又成为粮食的消费者,为了保证他们的供应,需要相应的农民担任运输。由于战场远离粮食产地,例如在西北、西南边境的战争须从黄河下游地区输送粮食,"千里负担馈饷,率十余钟致一石"[1]。维持粮食及其他物资供应的人数往往几倍于军队人数,因而脱离农业生产的劳动力更多。战争及运输还要调用大批马、牛,减少了农用畜力,"夫一马伏枥,当中家六口之食,亡丁男一人之事"[2],同样影响了农业生产。当兵或服劳役的人多数是已婚的青壮年,他们离开家庭使一般正在育龄的妻子中止了性生活,总出生率也因此而下降。

武帝时用兵频繁,征发不已,见于记载的有:

建元三年(前138年)遣严助发会稽兵救东瓯,未至而还。六年,遣王恢将兵出豫章,韩安国出会稽击东越,未逾岭而还。这两次只是局部调动,而且没有作战,影响很小。

元光二年(前133年),在马邑屯兵三十万伏击匈奴,匈奴发觉后退回。这次虽未作战,但这样大规模的调动,劳动力的损失必定很大。

元光三年,发卒十万救决河。

元光五年,发卒万人治雁门阻险。遣唐蒙开西南夷道,"作者数万人,千里负担馈饷,率十余钟致一石"[3],"数岁,道不通,士疲饿喂,离暑湿,死者甚众。西南夷又数反,发兵兴击,耗费亡功"[4]。

元光六年,卫青出上谷,公孙贺出云中,公孙敖出代郡,李广出雁门击匈

1　《汉书·食货志》。

2　《盐铁论·散不足》。

3　《汉书·食货志》。

　4　《汉书·西南夷传》。

奴,军各万骑。结果公孙敖部损失七千骑[1]。这次出动骑兵四万,加上配合的步兵等总数当有十余万,损失总数当然也不止七千。

元朔元年(前128年),卫青将三万骑出雁门,李息出代郡,规模与上年大致相等。汉军大获全胜,但也引起匈奴报复,在缘边各郡大肆杀略,计有:元光六年略渔阳,元朔元年略辽西二千余人,败渔阳太守及韩安国军约二千余,入雁门杀略二千。此后又略代郡千余人,杀略雁门千余人,入代郡、定襄、上郡杀略数千人,侵扰朔方,"杀略吏民甚众"[2]。元朔元年又置苍海郡,"人徒之费疑于南夷"[3]。

元朔二年,卫青、李息出云中,至高阙。是役汉军人数不详,但从战果看,人数不会太少。又募民十万徙朔方。

元朔三年,建朔方城。

五年,卫青将六将军兵十余万骑出击匈奴。六年,卫青六将军十余万骑又两次出击。这几年战果辉煌,但"汉军士马死者十余万,兵甲转漕之费不与焉"[4]。

元狩元年(前122年),复事西南夷。二年,霍去病两次数万骑出击。李广、张骞率四千骑出右北平,李广损失二千骑以上[5]。匈奴昆邪王降,发车三万辆迎之[6],"县官亡钱,从民贳马",搞得"天下骚动"[7]。

四年,卫青、霍去病各将五万骑击匈奴,"步兵转者踵军数十万"[8],结果汉军也获胜,但两军死数万,"两军之出塞,塞阅官及私马凡十四万匹,而后入塞者不满三万匹"[9]。

元鼎五年(前112年),路博德、杨仆分四路伐南越,兵力除罪人外还有"江淮以南楼船十万人"[10],加上另一路的巴蜀罪人及夜郎兵,总数估计近二十万。

六年,李息等率陇西、天水、安定骑士及中尉、河南、河内卒十万人征西羌。韩说、杨仆等两路击东越。公孙贺、赵破奴两路二万五千余骑击匈奴。

1　《汉书·卫青传》。
2　《汉书·匈奴传》。
3　《汉书·食货志》。
4　《汉书·食货志》。
5　《汉书·匈奴传》。
6　《汉书·食货志》。
7　《汉书·汲黯传》。
8　《汉书·霍去病传》。
9　《汉书·霍去病传》。
10　《汉书·武帝纪》。

元封元年(前 110 年),武帝巡边至朔方,临北河,勒兵十八万骑。这虽非作战,但占用的人力极大。

二年,募天下罪人击朝鲜,杨仆兵五万人从齐渡海[1],荀彘出辽东,兵力不会比杨仆少,因此总数在十万以上。同年发卒数万人塞瓠子决河。

三年,赵破奴出师击车师。

四年、五年,武帝两次大规模巡游。南巡过江时"舳舻千里"[2]。

六年,郭昌击益州昆明,斩数万人,本身兵力当也有数万以上。

太初元年(前 104 年),李广利以属国六千骑及郡国恶少数万人伐大宛。公孙敖塞外筑受降城。

二年,赵破奴二万骑击匈奴,全军覆没。

三年,又大规模征发,"赦囚徒扦寇盗,发恶少年及边骑,岁余而出敦煌六万人,负私从者不与。牛十万,马三万匹,驴橐驼以万数赍粮,兵弩甚设。天下骚动,……益发戍甲卒十八万酒泉、张掖北,……而发天下七科谪,以载补给贰师,转车人徒相属至敦煌"[3]。动员的规模至少有几十万。又遣徐自为筑五原塞外列城,路博德筑居延城。

四年,李广利"军还,入玉门者万余人,马千余匹"[4]。

天汉二年(前 99),李广利三万骑出酒泉击匈奴,"汉兵物故十六七"[5]。李陵率步兵五千出居延北,兵败,仅四百人归汉。

四年,李广利、路博德、韩说、公孙敖骑七万、步兵十四万分三路伐匈奴,战不利退回。

征和元年(前 92 年)十一月,发三辅骑士大搜上林,闭长安城门索,据《本纪》臣瓒注引《汉帝年纪》:"闭城门十五日,待诏北军征官多饿死。"对平民也无异一场灾害。

二年,太子以节发兵与丞相刘屈氂大战长安,死者数万人。

三年,商丘成二万人出西河,马通四万骑出酒泉,李广利七万人出五原伐匈奴。李广利兵败降匈奴,全军覆灭。

武帝自建元二年(前 139 年)置茂陵,直至后元二年(前 87 年),前后五十多年,耗用了大量人力物力,"比崩而茂陵不复容物,……赤眉取陵中物,不

1　《汉书·朝鲜传》。

2　《汉书·武帝纪》。

3　《汉书·李广利传》。

4　《汉书·李广利传》。

　5　《汉书·匈奴传》。

能减半",直至西晋时"犹有朽帛委积,珠玉未尽"[1]。武帝大兴土木,广建宫观,备极豪华,直至东汉末年,杜陵南山下还有武帝故瓦陶灶数千所[2]。武帝多次大规模巡游,也加重了各地的徭役负担,《盐铁论·散不足》有云:"数幸之郡县,富人以资佐,贫者筑道旁。其后小者亡逃,大者藏匿;吏捕锁挚顿,不以道理。名宫之旁,庐舍丘落,无生苗立树;百姓离心,怨思者十有半。"表面上指秦始皇,实际上正是武帝时的真实写照。此外武帝时大搞水利,这当然有促进农业开发的一面,但由于好大喜功,相当一部分工程收不到什么效益,或者纯粹是浪费。

3. 严刑杀戮

武帝"招进张汤、赵禹之属,条定法令,作见知故纵、监临部主之法,缓深故之罪,急纵出之诛。其后奸猾巧法,转相比况,禁罔浸密。律令凡三百五十九章,大辟四百九条,千八百八十二事,死罪决事比万三千四百七十二事"[3]。自朝廷至地方,酷吏比比皆是,如杜周为廷尉,"二千石系者新故相因,不减百余人。郡吏大府举之廷尉,一岁至千余章。章大者连逮证案数百,小者数十人,远者数千里,近者数百里。……狱久者至更数赦十余岁而相告言,……诏狱逮至六七万人,吏所增加十有余万"[4]。可见每年死于酷刑的人数很多,被长期拘押的人数更多。

除了经常性的情况之外,武帝时还有几次大案,杀死及牵连的人更多。

元狩元年(前122年),淮南、衡山王谋反叛,党与死者数万人。

元狩四年,铸白金币。"盗铸诸金银钱罪皆死,而吏民之犯者不可胜数。""自造白金五铢钱后五岁,而赦吏民之坐盗铸金钱死者数十万人。其不发觉相杀者,不可胜计。赦自出者百余万人。然不能半自出,……犯法者众,吏不能尽诛。"[5]

天汉二年(前99年),南阳、楚、齐等地"盗贼"滋起,"乃使光禄大夫范昆、诸部都尉及故九卿张德等衣绣衣、持节、虎符发兵以兴击,斩首大部或至万余级。及以法诛通行饮食,坐相连郡,甚者数千人"[6]。又泰山、琅邪"群盗"徐勃等阻山攻城,遣暴胜之逐捕,"刺史郡守以下皆伏诛"[7],可见杀人之多。

1　《晋书·索琳传》。
2　《后汉书·杨彪传》。
3　《汉书·刑法志》。
4　《汉书·杜周传》。
5　《汉书·食货志》。
6　《汉书·酷吏传》。
7　《汉书·武帝纪》。

征和元年(前 92 年)江充兴巫蛊案,"民转相诬以丞蛊,吏辄劾以大逆亡道,坐而死者前后数万人"[1]。

4. 赋税制度的改变

武帝时因用度不足,将百姓口赋田每人每年二十钱加为二十三钱,又将起征年龄从七岁提前为三岁[2]。这对于本来就不胜负担的贫民来说又是新的打击,"故民重困,至于生子辄杀"[3]。在封建社会里,杀婴现象是普遍存在的,但武帝这一措施使杀婴大为增加。

5. 结论

上述几种因素并不是孤立存在的,而是同时在起作用的,因而相互影响,为害更烈。武帝初期的总人口约三千六百万,正常年份的增长率以 7‰计,每年净增人口约二十五万。如果该年额外的死亡达到这个数字,则该年人口增长率为零,而且如前面所述,由于非正常死亡的人口大多是青壮年和婴幼儿,所以对人口增长的持续影响并不限于当年。

用这个标准,我们将每年导致人口减少的这几种情况进行综合分析,把结果大致分为几类,按年列表如下(表5):

表 5　武帝期间人口增减年份统计

年代 纪年	年代 公元前	正常增长(7‰)	低于正常增长	零增长或负增长
建元 1	140	√		
2	139	√		
3	138		√	
4	137		√	
5	136			√
6	135	√		
元光 1	134	√		
2	133		√	
3	132			√
4	131	√		
5	130			√

1　《汉书·江充传》。

2　《汉书·昭帝纪》天凤四年如淳注。

　3　《汉书·王吉传》。

年　代		正常增长(7‰)	低于正常增长	零增长或负增长
纪　年	公元前			
6	129			√
元朔 1	128		√	
2	127		√	
3	126	√		
4	125	√		
5	124			√
6	123			√
元狩 1	122			√
2	121		√	
3	120			√
4	119			√
5	118		√	
6	117			√
元鼎 1	116			√
2	115			√
3	114			√
4	113		√	
5	112		√	
6	111			√
元封 1	110		√	
2	109			√
3	108		√	
4	107			√
5	106		√	
6	105			√
太初 1	104			√
2	103			√
3	102			√

年　　　代		正常增长(7‰)	低于正常增长	零增长或负增长
纪　年	公元前			
4	101	V		
天汉 1	100	V		
2	99			V
3	98			V
4	97			V
太始 1	96	V		
2	95	V		
3	94	V		
4	93	V		
征和 1	92			V
2	91			V
3	90			V
4	89		V	
后元 1	88		V	
2	87		V	
合计年数		7	21	26

即使根据这样比较保守的估计,武帝在位的五十四年间,人口能保持正常增长的只有七年,人口增长低于正常数的有二十一年,而人口无增长或减少的年份有二十六个。因此人口减少是很明显的。

至于武帝末年的人口数,可以从西汉末年的人口数推算。

西汉后期的人口增长率同样是前后不同的：在昭帝、宣帝时带有恢复性质,人口增长较快。特别是由于大量流民回归及隐匿户口复出,所以户口的增长比实际人口的增长更快。

应劭《风俗通义》卷二:"地节元年(前 69 年),天下断狱四万七千余人。"

据《汉书·刑法志》:"考自昭、宣、元、成、哀、平六世之间,断狱殊死,率岁千余口而一人。"但自昭帝至平帝末前后八十多年,情况不可能完全相同,千分之一是个多数年份的平均值。

"自武帝末,用法深。昭帝立,幼,大将军霍光秉政,大臣争权,上官桀等与燕王谋作乱。光既诛之,遂遵武帝法度,以刑罚痛绳群下,由是俗吏上严酷以为能。"[1]所以在宣帝初期刑法还是较重的,断狱的比例应该超过千分之一。

根据应劭提供数字和《刑法志》的比例,地节元年总户口的上限是四千七百万。从上述宣帝初年的实际情况分析,估计当时总人口数为四千万左右是比较合理的。

昭、宣时期的人口变化与汉初有某些相似,但破坏程度远不如汉初,经济实力比汉初强得多,政治局面又较稳定,因此其人口增长率可比汉初略高。如果以年增长率为 12‰ 左右,那么武帝末年人口的最低点约为三千二百万。根据第二章第一节的结论,武帝前期的最高人口数(约在元光二年,前 133 年)约为三千六百万。四十多年间,总人口约减少了四百万。

第三节 武帝末年至宣帝时户口数的特殊现象

既然武帝时的实际人口只减少了数百万,为什么史籍上会出现"户口减半"的记录呢? 如果考虑到当时的政治条件和户口登记情况,这也是不难理解的。

总的说来,西汉时的户籍统计是比较准确的,但并不尽然。前面已经指出了武帝时多数年份人口处于停滞或下降状态,而武帝是一个好大喜功的皇帝,对臣下督察峻刻,动辄诛杀,所以虚报人口粉饰太平、欺谩塞责的现象就会普遍存在。

例如元封四年,关东流民二百万,无名数者四十万[2]。当时关东人口约二千多万,则流民已占近 10%,而无名数即脱离户籍的已占总数的近 20‰,大大超过了每年的人口增长率。在非流民中必然也有相当部分人口脱离户籍,因此实际脱籍的比例还要高。从武帝指责大臣"今流民愈多,计文不改"[3]的话中,可以看出当时虚报户籍的现象已经十分严重。同时也证明武帝时官方统计出来的户口增长率高于实际增长。

但问题并未因武帝的觉察而解决,相反由于人口大量减少,虚报愈益严重。地主豪强倚仗权势,将赋役转嫁给农民,同时隐匿逃亡,与官府争夺剥削对象。"大抵逋流皆在大家,吏正畏惮,不敢笃责;刻急细民,细民不堪,流亡远去;中家为之绝出,后亡者为先亡者服事;录民数创于恶吏,故相仿效,

---

1 《汉书·循吏传·黄霸》。
2 《汉书·石庆传》。
3 《汉书·石庆传》。

去尤甚而就少愈者多。"[1]一方面是豪强逃避赋税,贫民流亡;另一方面由于对上虚报户口,加上赋税本身的增加,使留下的人负担更重,造成新的逃亡。由于民不聊生,铤而走险,"盗贼"(多数是小股农民起义)蜂起,"大群至数千人","小群以百数,掠卤乡里者不可称数"[2]。经过几年残酷镇压,武帝于天汉二年(前99年)作"沈命法":"群盗起不发觉、发觉而弗捕满品者,二千石以下至小吏主者皆死。""其后小吏畏诛,虽有盗弗敢发,恐不能得,坐课累府,府亦使不言,故盗贼浸多,上下相为匿,以避文法焉。"[3]可见"沈命法"的颁布使从上到下隐匿"盗贼"成为普遍现象,而要使"盗贼"(流民中的一部分)得以隐匿,虚假的户口增长就是最合理的手段。

这种虚报户籍现象的存在,在西汉武帝以后的年代中并非秘密。元帝初,贡禹奏言称武帝时"官乱民贫,盗贼并起,亡命者众。郡国恐伏其诛,则择便巧史书习于计簿能欺上府者,以为右职"[4]。按本传,贡禹生于元朔五年(前124年),在武帝期间经历了三十七年,应能了解武帝时真实情况。上述言论也是在朝廷公开发表的,所反映的情况应该是真实可信的。

所以在武帝时就出现了极不正常的现象,一方面是实际人口大量减少,另一方面是户口虚报,名义上的人口数增加,两者间的差距越来越大。

昭帝即位后,霍光辅政,"光知时务之要,轻徭薄赋,与民休息"[5]。实行轻徭薄赋当然要除去因虚报户口而分摊在见户头上的赋税,所以户口可能已根据实际重新核定。当时"流民未尽还"[6],新核定的户口数低于实际人口。以后逐渐增加,大体恢复正常。宣帝黄龙元年(前49年)诏书指责地方官:"上计簿,具文而已,务为欺谩,以避其课。"[7]可见宣帝认为户口增长率太低,是地方官隐匿的缘故。宣帝来自民间,"由仄陋而登至尊,……知民事之艰难"[8],对昭帝时户口低于实际人口的情况应有所了解。

宣帝时流民回归的数量还很大。胶东相王成创造了招集流民八万口的记录,在地节三年(前67年)受到宣帝褒奖。以后虽曾有人揭发王成"伪自增

---

1 《盐铁论·未通》。

2 《汉书·酷吏传》。

3 《汉书·酷吏传》。

4 《汉书·贡禹传》。

5 《汉书·昭帝纪》赞。

6 《汉书·杜延年传》。

7 《汉书·宣帝纪》。

8 《汉书·循吏传》。

加,以蒙显赏"[1],但此事却可以说明这样一个问题:当时无户籍的人口占总人口的比例很高。胶东国至元始二年的人口是三十二万三千余[2]。自宣帝时至元始二年,胶东国辖境基本不变。因此地节三年胶东国的户口不会满三十万,在流民自占前,户口仅二十万左右。也就是说,无户籍的流民与在籍人口约为 1 比 2—3。尽管王成可能弄虚作假,但这样的比例会使宣帝相信,只能说明离正常情况还不太远。因此估计当时无户籍人口占总人口的五分之一至四分之一是完全可能的。这还可以从其他例子中找到佐证,如召信臣为南阳太守,"百姓归之,户口增倍"[3]。在不长的时期内,户口要翻一番,显然主要是靠无户籍人口重新登记及流民回归。

从武帝初年的三千六七百万户口开始,经过逐年虚报,即使每年虚报率平均仅 2‰—3‰,到武帝末年的户口数已超过四千万了。而昭帝初重新核定的户口数又不包括未归的流民,低于实际人口数,可能只有二千多万。将两者对照后举其大数,称为"户口减半",是毫不奇怪的。

第四节　几种误解的剖析

以往人们对武帝时期的人口变化得出种种模糊不清的论断,一方面固然是由于史料缺乏、记载不确,另一方面也在于他们往往只抓住片言只语的证据,不作全面的分析,或者迷信前人的说法。

有人囿于皇甫谧、梁启超西汉初人口仅六百万的旧说,认为如果武帝时真的"户口减半"的话,到西汉末就绝不可能有近六千万人口。其实,他们忽略了一个重要的事实:如果西汉初真的只有六百万人口,那么即使武帝时人口完全保持正常增长率,西汉二百年间也必须平均每年有 12‰的增长率,才能在西汉末年达到这样高的数字。从前面的论证我们可以肯定:武帝时绝对不可能保持正常增长,整个西汉期间也绝对不可能达到这么高的年平均增长率。

又有人根据几个侯国的户口变化,来说明"武帝年间的户口并非减半"[4],也是站不住脚的。

这六个侯国户口变化情况如下(表 6):

1　《汉书·循吏传》。

2　《汉书·地理志》。

3　《汉书·循吏传》。

4　袁祖亮《西汉时期人口自然增长率初探》。

表6　部分侯国户口增长率比较

侯国名	始封年(公元前)	国除年(公元前)	武帝时经历年数	平均年增长率(‰)
朝　阳	高祖七年(200)	元朔二年(127)	13	19.8
梧	高后元年(187)	元狩五年(118)	22	21.7
邔	高祖十二年(195)	元鼎元年(116)	24	17.7
乐　成	高祖六年(201)	元鼎五年(112)	28	7.3
黎	文帝十年(170)	元封六年(105)	35	3.8
平　阳	高祖六年(201)	征和二年(91)	49	6.9

很明显,这些侯国的户口统计并不是与武帝时期相始终的,而是开始于武帝之前数十年。户口总数的增长只能说明这一阶段总的趋势,并不能证实这阶段中始终是增加的,更不能排除其中有若干年减少的可能性。正如中国总的户口统计数字从公元2年到清代末年由六千万增加到了四亿多,但谁都知道中间有过多次大起大落,有时减少得相当惊人。

尽管这些侯国不一定能够代表全国户口增减的一般情况,但是很明显,前面三个的增长率大大高于后面三个,而前者的国除时间都在元鼎元年之前。后者的年平均增长率都低于表1汉初部分侯国户口的平均增长率,也低于本文推定的全国平均增长率10‰,这说明在武帝期间的经历越长,人口增长率所受的影响也越大。

最典型的例子是平阳侯国。平阳地处河东,是交通便利、经济发达的地区。受封的曹参是汉初名列第二的功臣,继萧何为丞相。武帝初,平阳侯曹寿尚武帝姊阳信长公主[1],声势喧赫。但平阳这样一个大侯的户口年平均增长率却不足7‰,低于平均水平。

《史记·功臣表》称:"后数世,民咸归乡里,户益息,萧、曹、绛、灌之属,或至四万。"而据《史记》《汉书》有关记载,萧氏的酂侯国到景帝前元二年(前155年)已除,当时是二万六千户,以后虽有绍封,户不过二千多。绛侯国始封时八千一百户,文帝后元元年(前163年)国除,以后曾分别封周勃子亚夫条侯、子坚平曲侯,也不久即废。灌婴封颍阴侯时五千户,元光元年(前134年)国除时八千四百户。二年,孙贤绍封为临汝侯,元朔五年(前124年)免时仅千户。因此这三个侯国都不可能出现四万户的记录,而且在司马迁完成

　　1　《汉书·卫青传》。

《史记》时都已不再存在了。唯一有可能达到四万户而且当时还存在的是曹氏的平阳侯国。

但在班固作《汉书·功臣表》时,司马迁的原话已被改为"列侯大者至三四万户"。这是因为到东汉时,平阳侯国一度达到四万户的记录已经散失,班固看到的只是平阳侯国除时的二万三千户,因此只能将原来确指的"萧、曹、绛、灌之属"改为泛指的"列侯大者",把具体的"四万户"改为"三四万户"的约数了。这反映出班固既缺乏确切的资料依据,又不愿擅自改动司马迁的说法的苦衷。

如果根据《史记》的记载,以武帝开始对匈奴用兵的元光二年(前133年)为四万户,那么从高祖六年(前201年)至此的68年间,平阳侯国的户口年平均增长率约为20‰,从客观条件看,这是完全可能的。而从元光二年至国除的征和二年(前91年)这42年间,户的总数减少了44%,平均每年递减14‰。

因此平阳侯国的例子根本不能证明武帝中后期人口仍有增长,反而暴露了该时期人口减少的事实。这一分析同样适用于乐成和黎侯国。

至于前三个侯国,虽然也经历了武帝用兵时期,但是如果以元光二年(前133年)为起点的话,它们经历的时间最多是17年。由于侯国是以户为统计单位,不是以口数计算,在短时期内户数的变化是不能反映人口的实际情况的。因为即使这些侯国的人口已大量减少,但只要没有整户死亡,户数就不会减少。相反,由于人口年龄构成的变化,户数还会增加。例如一个五口之家,设有父母及二子一女,父病死,长子从军战死,人口由5减为3,户数未变。又如上述家庭,长子从军战死,若干年后,幼子结婚分居,女儿出嫁,这时总人口虽已从5减为4,户数却由1增为2。因此在没有其他材料作佐证的情况下,这三个侯国的数字是不能说明问题的。

在第二章第三节中曾列举了真定国、泗水国、齐郡和临淄县的人口增长,这三例虽然也不是与武帝时期相始终,但是都经历了武帝中后期的二十多年,它们的年平均增长率在1.6‰至-1‰之间,是很能说明问题的。因为在武帝之后到元始二年,尽管不可能出现汉初那样高的人口增长率,但毕竟有一段相对安定的时间,人口不可能没有增长。因此唯一合理的解释是,它们在武帝中后期人口都有不同程度的减少,以致以后的增长只能使它们略有增加,甚至还不能恢复到原来的水平。

当然,武帝时期的人口减少在全国范围内也是不平衡的。一般说来,经济发达、交通便利、人口稠密的地区在天灾人祸条件下损失更大,人口减少得多,户口减少得更多。而边远落后地区,人口稀疏、交通闭塞地区受影响较小,还可能有流民自发进入。与关东相比,关中和其他地区人口减少的幅度要小些。与其他郡县相比,诸侯王国、侯国的人口减少更多,因为武帝意在削弱王侯力量,自然不会放过可以利用的机会。所以,平阳侯国户口总数减少了44%是完全可能的。但这绝不意味着全国人口减少的百分比如此之高。

本篇结论

　　至此,我们可以将西汉期间的人口变化概述如下(参见附图 5):

　　从西汉初(前 202 年)至元始二年(2 年),在西汉末的版图范围内,总人口由一千五百万至一千八百万增加到约六千万,平均每年自然增长率为6‰—7‰。

　　第一阶段是高增长年份,平均增长率约 10‰—12‰,至该阶段末的元光元年(前 134 年),总人口约为三千六百万。

　　第二阶段是停滞、减少年份,多年出现零增长或负增长,该阶段末的武帝后元二年(前 87 年),总人口降至约三千二百万。

　　第三阶段是一般增长年份,平均年增长率约 7‰。该阶段的初期近二十年间人口增长率高达 12‰,至宣帝地节元年(前 69 年)总人口达到约四千万。此后直至元始二年,平均年增长率略低于 6‰。

第二篇

人口的地理分布及其形成原因

第六章

人口的地理分布

第一节　研究现状的评价

　　1935 年,劳干发表了《两汉户籍与地理之关系》和《两汉郡国面积之估计及口数增减之推测》两篇论文(载"中央研究院"历史语言研究所集刊第五本第二分册,1935 年 12 月),首次对西汉人口的地理分布作了简要的论述,并且推算出了两汉期间两个年代各郡国的面积,从而编绘出了人口密度图表。在研究汉代人口地理分布方面,劳氏的工作确属首创,并且至今还很少有人发表过超出劳氏成果的论著。梁方仲在《中国历代户口、田地、田赋统计》(上海人民出版社 1980 年版)一书中列入的《前汉元始二年各郡国人口密度》(甲编表 4)和《后汉永和五年各郡国人口密度》(甲编表 8)二表也是采用了劳氏的成果。

　　但是根据今天的要求来看,劳氏的成果显然是很不够的,特别是对于汉代人口的地理分布及其原因的探讨还有不少内容需要订正和补充。

　　首先,劳氏对汉代各郡国面积的测算是以清人杨守敬《历代舆地图》为依据的。杨图以《大清一统舆图》为底图,这在当时虽不失为最佳的选择,但由于原图本身精确度有限,再经改绘翻印,误差更大。杨图本身的舛误不少,如由于许多县治定点不准确,据此所勾勒的郡界误差就很大。边郡尤其如此,差上百分之五六十乃至一倍的也屡见不鲜。由于在使用时未加鉴别,杨图的这些舛误也都为劳氏所沿用。

　　其次,尽管劳氏注意到了东汉永和五年(140 年)和西汉元始二年(2 年)之间郡国范围的变化,但却并没有留意西汉一代二百年间郡国范围的变化。不但劳氏如此,乾嘉以来以至当代治历史地理者,在论及西汉郡国的建置及其地域范围时,也多以《汉书·地理志》为准,似乎从高帝至平帝,西汉都有《汉志》所载的郡国,每个郡国又都有那么多县、侯国。由此得出的结论当然不可能正确。

同时,对清人钱大昕早已指出的,《汉志》中侯国是以成帝元延年间为断,而户籍以元始二年为断[1]的论点,劳氏显然没有予以重视,因此也就无法解释某些诸侯国户籍数的不正常现象。

最后,必须指出,由于历史资料缺乏,也由于当时对历史人口地理的研究还很有限,劳氏对西汉人口的地理分布的变化缺乏量的分析;对其原因虽列论颇多,但未分主次,没有说明不同原因所起的不同作用。

我们自然不能苛求于 30 年代的劳氏,因为客观上正是在这方面可资利用的资料和成果太少。这大约也是何以近半个世纪来无人取得新进展的原因吧!

但是在今天,我们都有幸获得极为有利的条件。首先是《中国历史地图集》已经编成,由于这套地图集以最近实测的地图为底图,对文献资料作了广泛严密的考订,又吸取了迄今已发表的考古发现和研究成果,因此使我们取得了比杨图精确得多的汉代郡国的面积,从而提高了计算人口密度的精确性。其次,广大历史地理学者对两汉历史地理的研究成果和人口地理研究的进展,给我们提供了直接的、间接的资料和方法。

正是由于有这些有利条件,笔者才敢于企望取得比劳氏更深入的结果。

第二节 利用《中国历史地图集》和《汉志》测定人口密度的几个问题

《汉书·地理志》所载各郡国户口数反映了西汉末年人口高峰的状况,把元始二年作为这项数字统一的标准年代对研究的结果影响不大,原因已见第一章第二节。

《中国历史地图集》[2](以下简称《图集》)第二册中西汉的分幅图是以《汉志》为基础编绘的,也是以元始二年为标准年代。

由于两者的标准年代是一致的,所以根据《汉志》各郡国的人口数和根据《图集》分幅图测得的各郡国面积,就可以计算出各地的人口密度,并进而绘出人口分布图。

但这仅仅是就总体而言,具体地说,无论是《汉志》的户口数,还是《图

---

1 钱大昕《廿二史考异》卷 9《侯国考》。

2 谭其骧主编,地图出版社 1982 年版。

集》各郡国界线的画法,都有一些错误必须纠正。尽管这些错误对于研究总的状况或一般状况关系不大,但在显示某一地区的具体状况时都是不能允许的,而人口密度和人口分布正需要对各个地区尽可能作详尽的逐一分析。

《图集》和《汉志》几项主要的缺陷、遗漏和补救改正的办法如下:

1. 北方、西北边区的计算范围

《图集》的内部发行本曾经把北方和西北边界画得太外,北部自朔方至辽西郡几乎全都划在汉长城以北数十至百余公里。河西四郡的范围也画得过大,远远超出了当时的居民点和军事据点的范围。《图集》1982年版已经作了修改,将汉、匈的边界就画在长城一线。本文是采用以长城为界的计算方法的,但由于前一说在近年来影响很大,至今学术界还有不少人不以长城为界,所以有必要对这样做的理由作些说明。

实际上,西汉前期尽管汉匈之间战争不断,互相都曾进入对方地区,但以当时的长城为界还是经常性的势态。在正常情况下,长城是一条得到双方承认的边界。如文帝后元二年(前162年)致单于书明确指出:"先帝制,长城以北引弓之国,受令单于;长城以内,冠带之室,朕亦制之。"同时制诏御史:"匈奴无入塞,汉无出塞,犯令约者杀之。……其布告天下,使明知之。"[1]匈奴多次侵扰入寇,但都是短期的骚扰劫掠,很快就退出长城,汉军的反击亦以将匈奴追逐出塞、固守长城为目的。

武帝时对匈奴多次用兵,元朔二年(前127年),"汉遂取河南地,筑朔方,复缮故秦时蒙恬所为塞,因河而为固"[2]。汉匈北界的西段又恢复到秦全盛时的状态。随着军事上的胜利,"是后匈奴远遁,而幕南无王庭。汉度河自朔方以西至令居,往往通渠置田官,吏卒五六万人,稍蚕食,地接匈奴以北"[3]。汉的势力在秦长城以北有所扩展,太初四年(前101年)春,"使光禄徐自为出五原塞数百里,远者千里,筑城障列亭至卢朐"[4]。这是武帝筑的外长城,也是汉朝极盛时的北界。

但是由于外长城已经远离原有的军事据点和居民点,维持和补给困难,一旦军事上不再需要,就必然会弃守。宣帝时,"匈奴不能为边寇,于是汉罢外城,以休百姓"[5]。甘露三年(前51年),呼韩邪单于称臣入朝,"单于自请

1 《汉书·匈奴传》。
2 《汉书·匈奴传》。
3 《汉书·匈奴传》。
4 《汉书·武帝纪》。
5 《汉书·匈奴传》。

愿留居光禄塞下,有急,保汉受降城"。单于返回时,汉朝"送单于出朔方鸡鹿塞"[1]。说明鸡鹿塞之外,包括原来由汉军建造的光禄塞、受降城,都是匈奴活动的地方。正如以后匈奴乌珠留单于所说:"孝宣、孝元皇帝哀怜,为作约束,自长城以南天子有之,长城以北单于有之。"[2]这一规定得到了双方的承认和遵守。哀帝时,汉使夏侯藩出面向单于求地,单于上书控告,朝廷不得不承认"藩擅称诏,从单于求地,法当死",将夏侯藩撤职了事[3]。

那么,怎样解释汉军在长城以北修筑的几座城呢?答案是:这些都是军事据点,并非居民点,而且汉人占有的时间都不长。下面就记载所及,逐一分析证实。

受降城　太初元年(前104年)武帝令因杆将军公孙敖筑。但次年,汉将赵破奴军被匈奴消灭后,单于"遂遣兵攻受降城,不能下,乃侵入边而去。明年,单于欲自攻受降城,未到,病死"[4]。可见,由于受降城对匈奴构成军事威胁,单于必欲拔除。而从单于攻不下受降城却照样可以侵边这一点看,受降城显然是一个孤立的据点,而不是成片的军事防线的前缘。

据《汉书·李陵传》:天汉二年(前99年)武帝指示李陵的行军线路时提到"从浞野侯赵破奴故道抵受降城休士,因骑置以闻"。则此时受降城还在汉军控制之下,至少未被匈奴所占。但以后李陵战败,"陵败处去塞百余里",而边塞汉军对李陵军毫无举动,则很可能受降城并无汉军驻守。

昭帝元凤二年(前79年),匈奴"复遣九千骑屯受降城以备汉"[5],则最晚至该年,受降城已归匈奴,且这一带已成为匈奴的防区。因此,受降城作为汉军的军事据点存在的时间至多不过二十五年。

范夫人城　征和三年(前90年),李广利率师出塞,"汉军乘胜追北,至范夫人城,匈奴奔走,莫敢距敌"[6]。据应劭注:"本汉将筑此城,将亡,其妻率余众完保之,因以为名也。"但在李广利出兵前,已为匈奴所占,成为其后方。而由于不久李广利失利降匈奴,该城自然又落失匈奴手中。所以范夫人城归汉军所有的时间只能在汉军战胜匈奴的元朔二年(前127年)之后,至征和三年之前,至多不超过三十七年。

徐自为在太初三年所筑五原塞外诸亭障《汉书·地理志》五原郡稒阳县

1　《汉书·匈奴传》。

2　《汉书·匈奴传》。

3　《汉书·匈奴传》。

4　《汉书·匈奴传》。

5　《汉书·匈奴传》。

6　《汉书·匈奴传》。

下注:"北出石门障得光禄城,又西北得支就城,又西北得头曼城,又西北得虖河城,又西得宿虏城。"应即是从光禄城开始向西北沿外长城的一系列亭障。但就在徐自为筑亭障这一年秋天,"匈奴大入云中、定襄、五原、朔方,……行坏光禄所筑亭障"。又元凤三年,"匈奴三千余骑入五原,略杀数千人,后数万骑南旁塞猎,行攻塞外亭障,略取吏民去"[1]。显然,塞外亭障是汉军前沿据点,经常受到匈奴侵扰,而汉军的主力还是驻在塞内,遇匈奴势盛则固守塞内。元帝时侯应提到"前以罢外城,省亭燧"[2]。说明在宣帝时,这些沿外长城的军事据点已逐渐废弃。

奚侯城 《汉书·李陵传》:"李绪本汉塞外都尉,居奚侯城。"奚侯城,其地无考。按《地理志》:北地郡富平县有浑怀都尉治塞外浑怀障,上郡有匈归都尉治塞外匈归障,西河郡有南部都尉治塞外翁龙、埤是。这些城障,包括奚侯城在内,当也是汉军的前沿军事据点。由于存废不一,特别是在边境恢复和平后,大多已经废弃,所以在《地理志》中只保存了部分城障名。而所谓"塞外",显然是指"故塞",即原秦长城,而不是汉武帝所筑的外长城。

总之,在汉长城外面,无论是历史文献资料还是考古发掘,都还没有发现建有汉政权的县级单位或居民点。

在汉匈之间没有长城分隔的地区,由于地理环境的制约和实际人口稀少,加上匈奴是游牧民族,所以当时实际上并不存在一条明确的界线,但是汉政权的实际控制区也不能离开已知的居民点或军事据点过远。因此本文在计算这些地区的面积时也作了适当的紧缩。这样做不仅符合历史事实,而且能更确切地反映出人口分布的实际情况。

2. 行政区划变动的处理

《汉志》的行政区划和户籍数并不是取同一标准年代,前者大致以成帝绥和、元延年间为准,而后者则大致以平帝元始二年为准。由于绥和、元延年间至元始二年之间行政区划又有部分变动,而《图集》以《汉志》为准,没有反映出这些变化。所以以《汉志》户口数和《图集》面积计算就不能正确反映这些区划变动地区的实际情况。这样的郡国有:

(1)广平国

《汉志》广平国十六县,户二万八千。《图集》从《汉志》。据此则广平国每县平均仅一千七百余户,人口密度每平方公里不足七十人,都大大低于周

---

1 《汉书·匈奴传》。
2 《汉书·匈奴传》。

围郡国。实际情况是,在哀帝建平三年(前 4 年)之前,广平为郡[1],辖有八个侯国[2]。而在改郡为国之后,这八个侯国应别属汉郡,因此到元始二年时广平国最多是八县(广平、南和、列人、斥章、任、广年、曲周、朝平),而《汉志》所载区划还是成帝元延末的情况,那时广平仍是郡,当然包括这些侯国。

然而尽管我们知道了《汉志》与《图集》这一错误,却还无法加以纠正,因为这八个侯国中有几个故址无考,即使知道故址的,也无法断定它们划归何郡。考虑到广平国本身面积不大,与周围的巨鹿、清河、魏郡三郡自然条件相似,而原属广平的侯国划入邻郡时,这三郡是可能的接受者(广平还与赵国接界,但赵也是诸侯国,故不可能接受划出的侯国),因此采用广平国与三郡合并计算的方法必然更接近事实。

(2)信都国

信都国的情况与广平国相似,哀帝建平二年复置信都国时[3],在《汉志》所载十七县中有六个王子侯国[4]应当划归旁郡,因此到元始二年,信都国至多只有十一县。这六个侯国当归于巨鹿、清河、涿郡三郡(毗邻的河间国不可能接收),但具体何县归何郡同样难以断定,因此也只能采取合并计算的方法。考虑到涿郡与信都及其南诸郡国各方面条件差异较大,不宜列入同一单位。

这样,巨鹿、信都、清河、广平、魏郡五个郡国作为一个计算单位。这种做法的优点已见前述,缺点是魏都的西部已跨太行山区,县少人稀,合并计算后的结果必定比实际偏高。但这在魏郡单独计算时也在所难免。

(3)梁国

据《史记·梁孝王世家》:"元朔中……乃削梁八城,……梁余尚有十城。"而《汉书·文三王传》作:"削梁王五县,……梁余尚有八城。"《汉书》改八作五、改十为八,当有所据,也可能将以后的情况记述于前,因为据同传,成帝鸿嘉中"(梁)王立坐削或千户或五百户,如是者数焉"。在实际户口减少的情况下,可能有的县已经并撤[5]。而元延中又"削(梁王)立五县",则到元始二年时梁国仅余三县。但《汉志》《图集》都还是八县,显然也是反映了

1　《汉书·哀帝纪》。

2　见于《汉志》者有曲梁、阳台,另见于《王子侯表》者有南曲、张、广乡、平乡、成乡(即城乡)、平利,《汉志》失注。

3　《汉书·宣元六王传·定陶恭王》《诸侯王表》。

4　见于《汉志》者有乐乡、平堤、西梁、昌成、东昌,另见于《王子侯表》者有桃,《汉志》失注。

5　此说据周振鹤《西汉诸侯王国封域变迁考》。

元延削地前的情况,因此就出现了梁国平均每县仅四千八百多户(周围郡分别是一万一千、一万七千和七千五百多户)、人口密度仅每平方公里二十人(周围郡都在七十人以上)的奇怪现象。梁国所削五县可能的接纳者是山阳、沛、陈留三郡,但梁国八县中靠近陈留一侧是国都睢阳,而国都被削的可能性不大,所以假定此五县都划入了山阳、沛二郡,将梁国与此二郡作为一个计算单位。

(4)会稽郡

该郡包括今福建省全境,浙江省绝大部分和江苏省南部地区。但其南部今福建全省和浙江省南部十几万平方公里的范围内仅二县,人口极少,故将会稽分为南北两部分,将其人口总数大致分开[1],分别计算,以便较正确地显示各自的人口密度。

但就各郡国内部而言,也程度不同地存在类似情况。有的郡国跨越不同的地理环境,人口分布很不均衡。然而要用数字正确表达出来是很困难的,因此一般只能以郡国为单位计算,而在分析时具体说明。

(5)儋耳、珠崖二郡

海南岛一度设置郡县,但在元始二年前已罢。据《汉书·贾捐之传》:"武帝征南越,元封元年(前110年)立儋耳、珠崖郡,……合十六县,户二万三千余。"至昭帝始元五年(前82年),"罢儋耳郡并属珠崖"。元帝初元元年(前48年),从贾捐之等议,罢珠崖郡,并下诏:"民有慕义欲内属,便处之,不欲,勿强。"并未实行强制移民。按上述记载,海南岛在元封元年设置二郡时有户二万三千余,以交趾各郡平均数每户六口计,有人口近十四万,此后至初元元年之间经过了至少九次"反叛"和镇压[2],人口必定相当大地减少,罢郡时也可能撤出一些人口。但从初元元年至元始二年这五十年间,海南岛又脱离了汉政权的直接统治,由当地少数民族维持其较为原始的状态,因此当地人口又当有缓慢的增长。另一方面,由于海南岛为少数民族聚居,内地汉人移居者极少,这从该岛的情况以后长期未见记载、直到隋代才重新设州可以证明。所以我们作这样的估计:海南岛原有人口经过战乱,至初元元年降为十万,以后以每年4‰的增长率递增(与原吴国地区的低增长率相同),至

1　会稽郡每县平均39 677人,南部冶、回浦二县估计低于平均数,两县合计以50 000人计。北部以982 604人计。南部两县辖境极大,实际人口自不止五万,但如前所述,大量人口散居山区,游离于户籍管辖之外。在以《汉志》户口数为基础的计算过程中,这些因素只能不予考虑。

2　《汉书·贾捐之传》:"自初为郡至昭帝始元元年,二十余年间,凡六反叛。……至宣帝神爵三年,珠崖三县复反。……甘露元年,九县反。……元帝初元元年,珠崖又反。"

元始二年约有 12 万 2 千人,人口机械流动引起的变化可以忽略不计。

《图集》由于取元始二年为标准年代,不列已罢废的儋耳、珠崖二郡,当然是正确的,但因为该岛的面积与人口数都可以估算,本文将此二郡也列入图、表,以便更完整地反映人口分布的实际。

3. 几项说明

此外,还有几个需要说明的问题:

(1)《汉志》的户口数尽管总的来说比较可靠,但某些郡国的数字显然有误。如以每户平均人口言,全国平均为 4.67,最高的是交趾郡,8.07;其次是淮阳郡,7.24;广平国,7.10;最低的是梁国,仅 2.76。交趾地处边境,统治者控制较弱,加上少数民族聚居,当时婚嫁还较随便,而且整个交趾刺史部七郡,每户人口平均数都比较高,因此这种现象还可以得到解释。淮阳、广平、梁国地处中土,并无这些特殊情况,而且其自然、经济、社会、风俗等状况与周围郡国无异,这样的数字就无法解释。其中广平与梁国可能是前述资料来源年代不一造成的错误(户、口数之一项错或两项均错),采取与邻区合并计算的办法可以减少这项数据错误的影响。淮阳郡则既无法找到其错误的原因,也没有修正的办法,只得姑仍其旧。

(2)一些少数民族聚居的地区,由于没有或很少设置郡县,他们的人口当时未列入统计,目前更找不到可据以推断的资料。如会稽郡南部散居的东越、闽越人,浙西、皖南山区的越人(东汉末山越的先民),西南的羌人、氐人、僰人,西北部分羌人,南方的蛮族、俚人等,都有类似的情况,他们的人口数量和居住范围无法估计,因此只能保持空白。但是这些少数民族的人口都不多,而居住区域又相当辽阔,人口密度极低,因此对总的人口分布的显示影响不大。

(3)西域都护府所属城郭诸国,虽然已与汉王朝发生联系并接受西域都护的监护,但与内地郡国还存在着明显的区别,汉王朝也没有把西域作为正式的行政区域治理。《汉书·西域传》所载各国人口的资料,显然是很不完整的。西域都护府的辖境极大,包括今新疆及境外共二百余万平方公里的范围,但其中大多数是无人居住的高山、荒漠,诸国大多是互相隔绝的绿洲,尽管诸国的位置基本可考,但由于气候和水文等方面条件的变化,这些绿洲当时的范围和面积在目前条件下已无法查考。因此,仅仅根据《西域传》的资料即使很粗略地显示该地区的人口分布也是相当困难的,这一部分也只得暂付阙如。

各郡国面积的计算,根据《图集》八开本分幅图,以一平方毫米为单位的方格多次测定,按其平均值求积。这样的方法当然不可能十分精确,与用电子计算机测算的结果更不能相比,但考虑到郡国界线的划定本来就只是一种大致的复原,测算的方法再精确也无法消除与实际情况之间的误差,所以这样的精确度大体已能满足本文的要求。

第三节　人口分布图和人口密度表及其说明

现将元始二年各郡国面积、人口密度列表如下(表7):

表7　元始二年(公元2年)郡国人口密度

郡　国	人　口	占总人口比例(%)	面积(平方公里)	占总面积比例(%)	人口密度(人/平方公里)
京　兆	682 468	1.18	7 145	0.18	95.52
左冯翊	917 822	1.59	22 718	0.58	40.40
右扶风	836 070	1.45	24 154	0.63	34.61
弘　农	475 954	0.83	40 177	1.02	11.85
河　内	1 067 097	1.85	13 261	0.34	80.47
河　南	1 740 279	3.02	12 884	0.33	135.07
河　东	962 912	1.67	35 237	0.90	27.33
魏　郡　巨　鹿　清　河　广　平　信　都	3 115 196	5.40	33 939	0.86	91.79
常　山	677 956	1.18	15 747	0.40	43.05
赵　国	349 952	0.61	4 186	0.11	83.60
真　定	178 616	0.31	937	0.02	190.63
中　山	668 080	1.16	7 451	0.19	89.66
河　间	187 662	0.33	2 324	0.06	80.75
颍　川	2 210 973	3.84	11 512	0.29	192.06
汝　南	2 596 148	4.50	31 364	0.80	82.77
沛　郡　梁　国　山　阳	2 938 520	5.10	42 096	1.07	69.81

郡　国	人　口	占总人口 比例（%）	面积 （平方公里）	占总面积 比例（%）	人口密度 （人/平方公里）
陈　留	1 509 050	2.62	12 100	0.31	124.71
济　阴	1 386 278	2.41	5 225	0.13	265.32
泰　山	726 604	1.26	19 048	0.48	38.15
东　郡	1 659 028	2.88	13 456	0.34	123.29
城　阳	205 784	0.36	2 748	0.07	74.89
淮　阳	981 423	1.70	10 256	0.26	95.69
东　平	607 976	1.06	3 744	0.10	164.50
琅　邪	1 079 100	1.87	21 212	0.54	50.87
东　海	1 559 357	2.71	19 756	0.50	78.93
临　淮	1 237 764	2.15	28 856	0.73	42.89
泗　水	119 114	0.20	2 908	0.07	40.96
广　陵	140 722	0.24	6 364	0.16	22.11
楚　国	497 804	0.86	6 476	0.16	76.87
鲁　国	607 381	1.05	3 724	0.09	163.10
平　原	664 543	1.16	9 172	0.23	72.45
千　乘	490 720	0.85	4 096	0.10	119.80
济　南	642 884	1.12	6 888	0.18	93.33
北　海	593 159	1.03	4 000	0.10	148.29
东　莱	502 693	0.87	14 592	0.37	34.45
齐　郡	554 444	0.96	3 928	0.10	141.15
葘　川	227 031	0.39	916	0.02	247.85
胶　东	323 331	0.56	7 256	0.18	44.56
高　密	192 536	0.33	1 032	0.03	186.57
南　阳	1 942 051	3.37	48 831	1.24	39.77
江　夏	219 218	0.38	61 569	1.56	2.93
桂　阳	156 488	0.27	53 069	1.35	2.95
武　陵	185 758	0.32	122 456	3.11	1.52
零　陵	139 378	0.24	45 050	1.14	3.09
南　郡	718 540	1.25	63 919	1.62	11.24

郡　国	人　口	占总人口 比例(%)	面积 (平方公里)	占总面积 比例(%)	人口密度 (人/平方公里)
长　沙	235 825	0.41	80 544	2.04	3.56
庐　江	457 333	0.79	36 180	0.92	12.64
九　江	780 525	1.35	26 181	0.66	29.81
会　稽					
(北　部)	982 604	1.70	68 835	1.75	14.27
(南　部)	50 000	0.09	158 568	4.02	0.32
丹　扬	405 171	0.72	52 569	1.33	7.70
豫　章	351 965	0.61	165 915	4.21	2.12
六　安	178 616	0.31	11 907	0.30	15.76
汉　中	300 614	0.52	70 488	1.79	4.26
广　汉	662 249	1.15	50 328	1.29	13.16
犍　为	489 486	0.85	125 640	3.18	3.90
武　都	235 560	0.41	26 460	0.67	8.90
越　巂	408 405	0.71	90 612	2.30	4.51
益　州	580 463	1.01	140 013	3.55	4.15
牂　柯	153 360	0.27	182 700	4.63	0.84
巴　郡	708 148	1.23	125 694	3.19	5.63
蜀　郡	1 245 929	2.12	67 266	1.72	18.52
陇　西	236 824	0.41	25 443	0.65	9.31
金　城	149 648	0.26	34 888	0.89	4.29
天　水	261 348	0.45	23 238	0.59	11.25
武　威	76 419	0.13	24 243	0.62	3.15
张　掖	88 731	0.15	45 264	1.15	1.96
酒　泉	76 726	0.13	37 301	0.95	2.06
敦　煌	38 335	0.07	28 236	0.72	1.36
安　定	143 294	0.25	54 807	1.39	2.61
太　原	680 488	1.19	43 525	1.10	15.63
上　党	337 766	0.59	26 875	0.68	12.57
云　中	173 270	0.30	8 213	0.21	21.10

郡 国	人 口	占总人口比例(%)	面积(平方公里)	占总面积比例(%)	人口密度(人/平方公里)
定 襄	163 144	0.28	7 938	0.20	20.55
雁 门	293 454	0.51	24 356	0.62	12.05
代 郡	278 754	0.48	23 731	0.60	11.75
勃 海	905 119	1.57	16 272	0.41	55.62
上 谷	117 762	0.20	22 644	0.57	5.20
渔 阳	264 116	0.46	41 409	1.06	6.38
右北平	320 780	0.56	45 558	1.16	7.04
辽 西	352 325	0.61	46 431	1.18	7.59
辽 东	272 539	0.47	78 093	1.98	3.49
玄 菟	221 845	0.39	55 296	1.40	4.01
乐 浪	406 748	0.70	84 411	2.14	4.82
涿 郡	782 764	1.36	15 372	0.39	50.92
广 阳	70 658	0.13	3 114	0.08	22.69
朔 方	136 628	0.24	58 369	1.48	2.34
五 原	231 328	0.40	9 063	0.23	25.52
西 河	698 836	1.21	55 000	1.40	12.71
上 郡	606 658	1.05	63 025	1.60	9.63
北 地	210 688	0.37	55 100	1.40	3.82
南 海	94 252	0.16	98 527	2.50	0.96
郁 林	71 162	0.13	126 200	3.22	0.56
苍 梧	146 160	0.25	56 313	1.43	2.60
交 趾	746 237	1.29	73 059	1.85	10.21
合 浦	78 980	0.14	97 591	2.48	0.81
九 真	166 013	0.29	12 066	0.31	13.76
日 南	69 485	0.12	33 884	0.86	2.05
合 计	57 671 401	100.00	3 943 134	100.00	14.63

附：海南岛(废儋耳郡、珠崖郡)面积 32 000,估计人口 122 000,人口密度 3.82。

根据上表的数据,可进而绘制出人口分布图和人口密度图(附图6、7)。

绘制人口分布图,目前一般有两种方法:

一是按照各地区不同的人口密度以不同的图形符号或不同的色彩表示不同的数值(用等值线的方法原理相同)。这种方法比较简便,可以从数量上显示出各地的人口密度,也可以反映出人口分布的一般状况。但是存在着一个明显的缺点,即在同一地区(同一显示单位)中人口分布的差异无法表示,而事实上这种差异是很大的,特别是在地区范围划分较大的情况下。如以郡国为单位求出的人口密度,就无法显示同一郡国中人口分布的差异。如赵国,其东部是平原,集中着包括国都邯郸在内的全部县治,人口必定稠密,而西部是太行山区,人口当然稀少(见附图8),但在采用这种表示方法时整个赵国将都是同一符号或色彩,是无法加以区别的。

一是以一点代表若干人口,然后在底图上根据各地人口数按比例布点。这种方法虽然不能表示人口密度的数量概念,却能比较正确地显示人口的分布,疏密一目了然,可以避免上述缺点。但是在原始资料缺乏的情况下,布点的正确与否全凭制图者对影响人口分布的各个因素的正确理解。如对各郡国,一般仅掌握其人口总数、县数及县治的位置,这些人口如何分布,则全凭制图者根据地理环境、自然条件、县治或居民点位置等影响当时人口分布诸因素的理解来确定。在这些因素资料缺少的情况下更难正确布点,如西汉有的县治已经无考[1],县与县之间人口差异也很大,从已知的实例中,同一郡国中有相差几十倍的[2]。另外每一点代表的人口数也要适中,太大了不适应人口过少的地区,太小了则在人口稠密区无法分辨。

本文采用这两种方法,同时绘制了人口分布图和人口密度图,以便互相补充。

第四节　人口分布概述

从图表中可以看出,元始二年的人口分布是很不均衡的,明显地存在着人口稠密和稀少的不同区域,两者之间的差距是相当大的。以郡国为单位,人口密度最高的济阴郡高达每平方公里262人,而郁林郡每平方公里仅0.56人(见表2、8)。

从全国范围来看,人口最稠密的地区是关东,具体说,北边自渤海湾沿燕山山脉,西边以太行山、中条山为界,南边自豫西山区循淮水,东抵海滨。

1　有无考县的郡国颇多,最多的西河郡有十七县无考。

2　如京兆尹的奉明,元康元年(前65年)设县时仅一千六百户(见《汉书·宣帝纪》),而当时同属京兆尹的长安县估计至少有六七万户,两者相差四十余倍。

在此范围内,除了鲁中南山区(泰山、鲁山、沂山、蒙山)、胶东丘陵地区和渤海西岸人口较稀外,其余部分人口密度都接近每平方公里百人或超过百人,平均密度约为每平方公里 77.6 人。这一地区的面积占全国(不包括西域、海南岛,下同)面积的 11.4%,但人口却占全国的 60.6%。

表 8　人口密度最低郡国

序　号	郡 国 名	人口密度(人/平方公里)	所 属 州
1	郁　林	0.56	交　趾
2	合　浦	0.81	交　趾
3	牂　柯	0.84	益　州
4	南　海	0.96	交　趾
5	交　趾	1.02	交　趾
6	敦　煌	1.36	凉　州
7	武　陵	1.52	荆　州
8	张　掖	1.96	凉　州
9	日　南	2.05	交　趾
10	酒　泉	2.06	凉　州
11	豫　章	2.12	扬　州
12	朔　方	2.34	朔　方
13	苍　梧	2.60	交　趾
14	安　定	2.62	凉　州

在关东,人口又集中在今河南、河北、山东三省部分地区的三个区域:1. 伊洛平原及其以东的黄河(当时河道)南岸、泰山山脉以西南地区,包括河南、颍川、陈留、东郡、济阴五郡和东平、鲁二国,其中济阴郡的人口密度,以郡国为单位计算是全国最高的。2. 鲁西北平原和胶莱平原的西部,包括高密、葘川二国和北海、齐郡和千乘三郡。3. 太行山东至黄河西北岸之间平原,包括真定、广平、信都、河间四周和巨鹿、清河二郡,以及河内郡、魏郡、中山国、赵国的大部分、常山郡的一部分。其中河内以下郡国的人口密度每平方公里八十余人,但这些郡国都包括一部分太行山区,山区很少或没有县治,人口极少,所以这些郡国在太行山以东的平原地区的人口密度估计也在每平方公里百人以上。

关东人口密度较低的地区有:1. 华北大平原的北端,燕山山脉以南地区,即广阳国、渤海郡的北端和渔阳郡的南端。2. 泰山、沂蒙山区和山东半岛东部,包括泰山郡、琅邪郡西北部、东莱郡和胶东国部分地区。3. 淮水下游至海口,包括沛郡南部、临淮郡北部、泗水国和东海郡南部。

在关东之外,再没有这样大面积的成片人口稠密区,但是就较小的范围来说,还存在着一些人口稠密地区,有的甚至比关东更为稠密,只是由于郡国的划分并不与此一致,因此在表中不能反映出来,必须适当加以说明。

关中平原

尽管关中平原只占京兆尹的绝大部分和左冯翊、右扶风的一部分,但三辅属县的治所大多数在关中平原,左冯翊、右扶风二郡北部高原上的县城不多,而且都是小县,人口很少。如粟邑(故址在今陕西白水县西北)已被称为"小县,僻在山中"[1],而云阳(故址在今陕西淳化县西北)到武帝时还可以安置关东移民[2],说明本地人口还较少。宣帝父史皇孙奉明园于元康元年(前65年)益满一千六百户,立为县[3],据此可以推断三辅最小的县不过一千六百户,所以奉明一满此数即可升格。三辅的人口集中在关中平原上,在泾、渭交会处一带,也即京兆尹、左冯翊、右扶风三郡毗邻地,集中了首都长安和八个陵县。其中长安、茂陵、长陵三县的人口就有七十万,加上其他县,总人口有一百多万。从图上测算,这一地区的面积不过一千余平方公里,因此其人口密度达到每平方公里千人,为全国之冠。

南阳盆地

南阳郡人口近二百万,有三十六县,但由于该郡辖境还包括南阳盆地周围不少山区,所以平均人口密度仅每平方公里四十人。实际上南阳郡的大多数县集中在白河(当时的清水)两岸郡治宛县上下,仅宛县就有四万七千户,约有二十五万人,加上周围县城的人口数量更大。因此南阳盆地白河两岸平原的人口密度也接近每平方公里百人。

成都平原

巴蜀地域广阔,内部人口也很不均衡,而且各县大小悬殊。面积约八千平方公里的成都平原是县城和人口集中的地区,有蜀郡的成都、广都、繁县、郫县、江原,广汉郡的新都、什方、绵竹、雒县和犍为郡的武阳。其中成都有七万六千多户,估计人口约三十五万,其余各县以各郡每县平均数计算(实际上由于地理环境优越,这些县的人口必然超过各郡每县平均数),合计至少有八十五万。所以成都平原也属于人口密度每平方公里百人以上地区。

---

1 《汉书·薛宣传》。
2 《汉书·武帝纪》:太始元年,"徙郡国吏民豪杰于茂陵、云陵"。云陵系云阳之误,见师古注。
3 《汉书·武五子传·戾太子》。

临汾、运城河谷盆地

河东郡的县大多数沿汾河、涑水河分布在临汾和运城河谷盆地上。在此范围之外是吕梁山、中条山区，县少且小。这一河谷盆地地区的人口密度估计在每平方公里五十人至八十人。

豫西山区的涧水（当时的谷水）河谷及其西的黄河南岸一线

这是当时最重要的交通线，即新、旧函谷关之间的通道，包括弘农郡的弘农、陕县、渑池、新安四县。弘农全境处于豫西山区。平均人口密度很低。但县城集中在交通线上，人口也相应集中。这四县中的渑池，景帝时已有万户[1]，至元始年间估计有二万多户，十余万人，如四县以二十余万人计，则此地区的人口密度估计在每平方公里五十人左右。

上述地区的人口密度与关东人口稠密地区不相上下，但范围都不大，且互相隔绝，与周围的人口密度也相差悬殊。

在此之外，人口相对稠密、密度在每平方公里二十人以上的地区还有：

江淮之间平原，包括广陵国、九江郡、六安国和临淮郡的大部分，不包括庐江郡。

河套平原，包括五原、云中、定襄三郡的大部分，即阴山南麓、黄河沿岸的后套平原东部和土默川平原。

太原河谷平原。汾水两岸聚集着太原郡二十一县中包括郡治晋阳在内的大多数县，故该地区人口密度也远高于全郡平均数（15.63人/平方公里）。

在全国的其余地区，人口密度平均都低于每平方公里十五人。但人口分布同样是不均衡的，其中如山西的长治盆地（上党郡的一部分）、皖中平原（庐江郡）、江汉平原西部（南郡江陵县一带）、杭州湾南岸钱塘江口及宁绍平原（会稽郡一部分）、渭水上游（天水、陇西郡一部分）以及今越南红河下游（交趾郡一部分）、马江和朱江下游（九真郡北部）人口都比较集中，人口密度高于平均水平。

而浙江省南部和福建省（会稽郡南部）、两广（交趾刺史部）、贵州（牂柯郡）和甘肃省大部分（武威、张掖、酒泉、敦煌四郡）人口密度最低，可以说其中大部分地区还基本无人居住。

1　《汉书·地理志》弘农郡渑池："景帝中二年初城，以万家为县。"

第七章

人口分布的形成原因

　　形成这样的人口分布，有其自然、经济、政治、历史和社会诸方面的原因，现分别讨论如下：

第一节　自然条件

　　西汉人口最稠密的地区都是在海拔二百米以下的华北大平原上以及海拔不超过五六百米的关中、成都、南阳、临汾、运城等盆地平原上，在人口比较稠密的地区中仅河套平原海拔有一千米。这些地区多数分布在我国东部最低平的第一阶梯，少数分布在第二阶梯，而西部地势最高的第三阶梯还极少有人居住。这些地区的北界不超过北纬四十一度，南界不低于北纬三十度。

　　在生产力虽有一定发展但毕竟比较低下的西汉时代，自然环境对于人类生存繁衍的作用是相当重要的，很多方面是决定性的[1]。因此，人口稠密地区分布在这样的地理环境中绝不是偶然的。

　　根据竺可桢先生的研究结果，我国西汉时期的气候条件与现在相似，但平均气温比现在略高[2]，从文献记载看，当时竹子、柑橘等喜温植物分布的北界比现在偏北[3]。所以，上述地区中除河套平原位置偏北、地势高寒外，其余地区一般都气候温和、雨量充沛，适宜农作物的生长和人类的生活。而且除华北大平原、江淮平原之外，其余地区都处于盆地或河谷之中，加上当时周围高原、山区的原始植被一般都未遭到破坏，因而都有较好的生态环境和局部气候条件。

1　限于篇幅，这里不拟讨论地理环境对于历史发展的作用问题，这方面的论述见笔者与谭其骧、邹逸麟合撰《在马克思主义理论指导下，开创我国历史地理学研究的新阶段》，载《沿着马克思的理论道路前进——纪念马克思逝世一百周年论文集》，上海人民出版社 1983 年版。

2　《中国近五千年来气候变迁的初步研究》，《竺可桢文集》，科学出版社 1979 年版。

　3　《史记·货殖列传》等。

　　这些地区也都是河流的冲积平原。华北大平原是黄河、淮河、滦河及河北诸水冲积而成，伊洛平原是伊河和洛河冲积而成，关中平原是渭河及其支流泾、北洛等河冲积而成，成都平原是岷、沱二江七个冲积扇的山麓冲积平原，南阳盆地中部是汉江支流唐河、白河侵蚀、冲积而成的河谷平原，后套平原和土默川平原则分别是黄河及乌加河、大黑河冲积而成的产物。这些冲积平原土壤疏松、土质肥沃，便于开垦，适宜耕种或放牧。

　　在这些平原、盆地中，由于都有河流流经，不少地方还有较大的湖泊，调节了降水量。又由于降水量充沛，地表径流较大，地下水也比较丰富，这些保证了当地的生产用水和生活用水，也便于减少水旱灾害的影响。这些河流还成了平原与其他地区之间交通运输的通道，为经济开发、物资交流、人员来往提供了很大的便利。在平原、盆地内部，由于地势平坦，交通也很方便。当然，在洪水泛滥时，沿河都会受到影响，但河谷、盆地中一般周围都有高地，便于选择安全的住地或临时趋避，而且这些平原、盆地多数处于河流的中游，受洪水的影响较小。华北大平原虽系下游冲积平原，地势低平，黄河下游易决善徙，但自从战国时期人们开始在河边修筑堤防以后[1]，这一影响已有了减少。

　　在这些地区内部，自然条件也存在差别，这种差别也必然反映在人口的分布上。就地形而言，即使是丘陵和低山区，人口也比平原上稀得多，如处于泰山、沂蒙山区的泰山郡和琅邪郡，处于山东半岛的东莱郡和胶东国，都有类似的情况。就土壤条件而言，像黄海沿岸和渤海湾的西岸，由于成陆时间还不长，土壤盐碱贫瘠，耕种不易，人口就比较稀少。地势的差异也是如此。如河套平原，流经当地的黄河水量丰富、含沙量少，而且不像下游那样多灾，同时在西汉后期匈奴臣服、边境安宁，但由于地势高寒，农业开发必然受到影响，所以尽管已经接纳了大量移民，其人口密度还是不能与关东的平原地区同日而语。

　　黄河在西汉期间灾害频繁，见于记载的就有十次决溢，五次改道。每次决徙都会给当时的人口分布带来很大的影响，但由于种种原因（详见下述），在灾害过后，当地的居民一般都返回故乡。在简单的农业生产和简陋的生活条件下，恢复生产、生活都比较容易。元始二年上距最近的一次黄河决溢的鸿嘉四年（前17年）又有十八年了[2]，即使是那年受灾的勃海、清河、信都

1　见谭其骧《西汉以前的黄河下游河道》，载《历史地理》创刊号，1981年12月。谭文推断黄河堤防之作起于战国中叶，公元前4世纪40年代左右。

2　《汉书·沟洫志》。

三郡国也已大体恢复正常。但勃海郡人口相对稀少与不利的自然条件包括河患有关。

与上述地区相比,其他地区的自然条件要差得多。在北纬四十一度以北,西汉直接统治的地区还不多,由于天气寒冷,开发比较困难。在北纬四十一度至三十度之间的平原基本都已开发。只是江汉平原、江淮平原和太湖流域开发较差,这除了自然原因外,还有其他因素。而剩下的都是山区、高原、沙漠、远离水源或降水量过少的干旱地区。在生产力低下而人口尚未相对饱和的情况下,那些自然条件较差的地区当然不为人们所选择。

北纬三十度以南虽然气候湿暖、雨量充沛、河流众多,自然条件并不差。但当时的气温比现在偏高,茂密的原始植被尚未清除,大多数地方被森林所覆盖,在铁器尚不普及的情况下,开垦和耕种都不如北方容易,在山区则更加困难。即使在平原地区,由于湿热多雨,湖沼遍布,地势低平潮湿,疾病易于流行,这在医学不发达的情况下,对人类的生存、增殖是很大的威胁。因此,当时有"江南卑湿,丈夫早夭"的说法[1]。森林茂密、地形崎岖又造成了交通闭塞,这一不利条件推迟了经济开发的进行,限制了人口的迁移。

第二节 经济条件

西汉是一个自给自足的农业国家,人民基本纯以谷物、蔬菜维持生活。在当时条件下,谷物的大量储存和运输都比较困难,所以人口的分布一般离粮食产地不会太远,人口稠密区和主要农业区是完全一致的。

在第五章第二节中已经论述了西汉时主要的农业区是关东、关中和巴蜀。

关东是当时最大、最主要的农业区。关东这一地位在秦代已经确立。秦始皇经营西北,所用粮食即有取之于黄(今山东黄县)、腄(今山东福山)、琅邪(今山东临沂地区大部和昌潍地区南部)者[2],而荥阳(今河南荥阳县内)附近的敖仓,更是积聚了大量关东生产的粮食[3],由此溯河西运,因此在楚汉之战中,敖仓成了双方争夺的焦点[4]。西汉后期,由于耕地有限、人口增加,

---

1 《史记·货殖列传》。

2 《史记·主父偃传》。

3 《水经·济水注》:"济水又东径敖山北……秦置仓于其中。"

4 《史记·项羽本纪》:汉二年"汉军荥阳,筑甬道属之河,以取敖仓粟。汉之三年,项王数侵夺汉甬道,汉王食乏,恐,请和"。又汉四年,汉王"军广武,就敖仓食"。

关东的粮食供应也趋于紧张，但终于西汉，关东作为主要产粮区的地位并未丧失，所以西汉时人口主要集中在关东是毫不奇怪的。

在关东，也有几个农业相对不发达的地区。

《汉志》指出：赵、中山"地薄人众"，"地薄"说明这一带农业不可能十分发达，"人众"则还有其他原因，详见下述。

《史记·货殖列传》提到"自淮北沛、陈、汝南，南郡……地薄"，而《汉志》叙及宋地风俗时也说，"沛楚之失，急疾颛己，地薄民贫"，淮水以北，汝南、沛郡南部、临淮郡北部和泗水国人口较稀，显然是由于地薄因之农业不太发达所致。

勃海郡直到宣帝时，当地人还"好末技，不田作"；牛耕也不普及，经太守龚遂厉行倡导后，农业才有所发展[1]。这似乎是当地习俗，实质上正是由于勃海郡处于黄河及很多河道的入海口，沿海成陆时间不长，土质较差，自然条件不利才形成了这种习俗。

在关东、关中和巴蜀农业区之外，"河东土地平易"[2]，因此临汾、运城盆地的农业也有一定的规模。江淮平原的自然条件与华北平原差别不大，与关东主要农业区之间又没有什么天然的障碍，所以农业开发比较接近关东的水平。

在上述范围之外，南方也基本是以农为主的，但由于种种原因，大多还处于比较原始的状态，个别比较发达的地区面积也不大，粮食产量有限。同样，这些农业相对发达的地区也正是人口相对稠密的地区。

北部和西部主要是牧区或半牧区。由于单位面积的载畜量有限，加上流动性大、生活条件艰苦，牧区和半牧区的人口密度必然比农区低得多。而且牧民每户家庭的人口一般不可能比农民多，人口增长率也较低。所以在西汉末年时北部边区尽管被称为"人民炽盛"[3]，但与主要农业区的人口密度相比，还是相当低的。

西汉中期之后，西北还有屯田，远达今新疆，"轮台、渠犁皆有田卒数百人"[4]。这些屯田区都是当地自然条件最好的地区（尽管和主要农业区相比并不优越），而且戍卒大多来自内地农业先进的地区，因此粮食单位产量并不低。但是屯田的规模毕竟有限，屯田区的人口都是戍卒、刑徒及他们的家

1　《汉书·循吏传·龚遂》。
2　《汉书·地理志》。
3　《汉书·匈奴传》。
4　《汉书·西域传》。

属,不得自由迁移,所产粮食供军需和外交需要,如轮台、渠犁的屯田,"以给使外国者"[1],所以对于改变人口分布所起的作用极小。

必须指出,农业开发与人口分布是互为因果的。在那些自然条件适宜农业开发的地区如江南,之所以还没有得到开发,原因之一正是因为人口太少,缺乏开发的需要与可能,而粮食的匮乏又限制了外来人口的移入。但外来人口之能否移入主要还受到其他因素的制约,这在下面政治和社会条件中还要论及。

与农业相比,工商业的发达程度对人口分布的影响要小得多。这是由于当时农业所能提供的粮食有限,不可能维持过多的从事工商业的人口,工商业在整个社会经济活动中所起的作用还不大。但是对某一局部地区而言,工商业的繁荣也会集中大量人口,从而大大提高该地的人口密度。

西汉时的工商业主要有盐铁业、手工业、商业。

盐铁业的发展需要两个方面的条件:一是可能,即当地是否具有适宜开采的资源和加工的条件;二是需要,即周围地区的需要量。第一个条件固然是决定性的,但由于运输不易,如果当地没有一定的消费人口或离消费地区过远,那也不可能得到开发。

武帝时收盐铁之利入官,分置盐官、铁官于产盐铁的郡县。《汉志》载有盐官三十五、铁官四十八,虽然不能说这些即当时全部盐铁产地,但大致反映了盐铁业的分布则是无疑的。从它们的分布看,盐官集中在渤海和黄海北部沿岸,其余地区都比较分散;而铁官则集中在人口稠密区,长江以南只有一处铁官、四处盐官。(见附图9)

盐业与铁业的发展对人口分布的影响也有很大的差别。一般说来,盐的采制,无论是海盐、池盐、岩盐,都不需要太多的劳动力。而且当时盐几乎完全用于食用,需要量稳定而有限,运输量也不太大。所以盐业的开发不可能使当地人口有明显的增加。

而铁业(包括铜等冶金业)的开发,从采矿、伐木烧炭、冶炼铸造到运输销售,占用的劳动力要多很多。元帝时,贡禹曾指出:"今汉家铸钱,及诸铁官皆置吏卒徒,攻山取铜铁,一岁功十万人已上。"[2]而且当时铁器的使用,即使在经济发达的地区,也远远没有普及,不发达地区更是视为珍宝,所以发展的潜力很大。因此铁业的分布一般在经济比较发达、人口密度大、交通便

1　《汉书·西域传》。

　2　《汉书·贡禹传》。

利的地区。而铁业的发展又吸收了相当数量的人口,提高了该地区的人口密度。当时的关东、河东和蜀就是铁业集中的地区。其中太行山东麓,自北至南,设有四处铁官。这一带"地薄"[1],粮食产量不会很高,但从统计数字看,人口密度相当高,冶铁业的发达是一个重要原因。例如,武帝时,"赵国以冶铁为业,(赵)王数讼铁官事"[2],足见铁业的兴废对赵国来说是生死攸关的大事。

手工业以织造与器具制作为主。其用途,一是供民众日常生活的需要,一是满足统治者的享用。前者需要量大,但需要范围广,要求低,因此一般都是私人分散经营,多数是家庭副业。后者要求高,规格特殊,供应范围窄,因此都是官营集中生产,往往在某一地点设置工官,集中大量劳动力,对该地区的人口分布影响较大。《汉志》载有工官八处:河内怀县、河南郡、颍川阳翟、南阳宛县、济南东平陵、泰山奉高、广汉雒县、蜀郡成都,应是官营手工业的中心。官营手工业必然吸收很多劳动力,有助于人口的集中。齐郡的三服官,在元帝初年时,各有数千工人,三处合计可能有二万余人,加上他们的家属,人口相当可观。齐地织造业非常发达,"织作冰纨绮绣纯丽之物,号为冠带衣履天下"[3],武帝时临淄已有十万户,超过长安而称第一[4]。至西汉末,齐郡还置于人口最密的郡国的前列。人口如此集中也得益于手工业的繁盛。

西汉时一般农民生活水准很低,基本过着自给自足的生活,对外来商品的依赖极小。因此,总的说来商业是不发达的,对人口分布影响不大,但在有较多剩余劳动力和交通便利、腹地广阔的物资集散地,商业活动还是具有相当规模的,城市人口对商业活动的依赖也比较大。

据《史记·货殖列传》和《汉志》记载,西汉时商业发达的地区有:

三河,即河南、河内、河东三郡,被称为"天下之中"。其中河东的杨县(今山西洪洞县东南)、平阳(今山西临汾市西南),"西贾秦(关中平原)、翟(晋西北与陕北),北贾种、代[5](晋冀间太行山南北),"承担着与关中、晋西北、陕北及晋冀间太行山两侧地区的贸易。河内的温(今河南温县西)、轵(今河南济源县东南),"西贾上党,北贾赵、中山",联系着华北平原北部和长

---

1 《汉书·地理志》。
2 《汉书·张汤传》。
3 《汉书·地理志》。
4 《汉书·高五王传》主父偃语。
5 《史记·货殖列传》:"种、代,石北也。"据徐广注,石即石邑(今河北石家庄市西南)。盖以石邑以北常山郡北部为种,种北为代,即代郡地。

治盆地,而河内向南必然与河南雒阳沟通,通过雒阳"东贾齐、鲁,南贾梁、楚",进而连接全国各地。雒阳实际上是真正的"天下之中",河南处于如此有利的地理位置,无怪乎当地人"喜为商贾,不好仕宦"。

邹、鲁(今山东西南曲阜、邹县周围)一带,由于"地小人众",当地人"好贾趋利,甚于周人"。

南阳的宛县(今河南南阳市),"西通武关、郧关,东南受汉、江淮",处于重要的交通枢纽上,所以也"业多贾"。

陈(今河南淮阳),由于"在楚夏之交,通鱼盐之货,其民多贾"。

这些地区除河东人口密度略低外,其余都比较高,但这显然不是商业活动的结果。这些地区之所以商业发达、从事商业人口较多,是由于具备了交通便利、腹地广阔和人口有剩余劳力这些条件,而相比之下,前两项条件比后一项更重要,起了决定作用。当然,商业发展也会使一些人口集中到城市和交通线上,但其作用与农业的作用是不能相提并论的。

西汉时经济重心和大多数人口在关东,但作为政治中心的首都在关中,因此连接关中与关东的交通线就成为最重要的了。而关东由于大部分是平原,河流、运河也不少,所以内部的水陆交通都比较方便。

与关中相连的交通线有:1. 从华北大平原北端沿太行山东麓南下,越黄河循洛水至雒阳。这条线路可以联系关东北部多数郡国,还由于紧靠太行山脉,又处于诸水的上、中游,地势高亢,不易受到洪水的威胁,比处于下游平原上的道路安全可靠。2. 从雒阳循谷水向西,经函谷关(先在弘农,即今河南灵宝县内),循黄河、渭水至长安。这条道路不仅是前一线的继续,而且又汇集了东部的水陆交通线,因此是重要的一条。3. 从南阳盆地的宛县(今河南南阳市)向西循丹水、经武关、峣关进入关中。而南阳盆地南向,联系着江汉平原、江淮平原,以至岭南、交趾。4. 自晋北沿汾水而下,渡黄河由临晋关进入关中。

但考察这几条交通线沿线的人口分布可以发现人口并没有明显的线状分布,而是与沿线的城市布局一致而作点状分布。其中线1所处地势平坦,城市分布比较均匀,人口分布也比较均衡而稠密。而线3则除南阳盆地宛县周围人口密度较高以外,沿线其他地方县城又少又小,人口很少。究其原因,一则由于当时不存在自由迁徙,二则由于农业生产所能养活的非农业人口有限,而这些非农业人口又不可能生活在离产地太远的地区,除非像首都、边疆军事据点等用行政命令保证供应的特殊情况。因此交通条件能发挥的作用也就有限了。

西汉时由于农民的小孩十来岁就可参加劳动，老人也不得坐享其成，所以农村中非生产人口比例不高。但城市中的情况就不同，因为城市一般都是县级或县级以上行政机构的驻地，设有官署、监狱、仓库等一整套机构，居住着官吏及其家属、官私奴婢、士兵、囚徒等人。为了保证这些人的生活和满足官僚地主的享乐需要，又必须有商人和手工匠等人，因此城市一般也是经济中心。汉高祖开始在全国普遍筑城墙[1]，城内虽也可能保留有少量耕地，但在城内直接从事农业生产的人显然是很少的。

西汉时有一些县的人口很多，大大超过周围地区的平均数，如武帝时临淄县有十万户，《汉志》载元始二年长安有八万户，成都有七万多户，茂陵、洛阳、鲁、长陵、鄢陵、宛、阳翟、彭城都在四万户以上。这些数字当然包括居住在县城之外农村中的人口，但这些城市周围都是县城密集，所以它们的辖境不可能很大，农村所能容纳的人口也不可能大大高于周围地区的平均数，因而这些人口中的绝大多数是集中在县城里的。

一般说来，城市人口中官僚地主及依附于他们的人在总人口中所占比例比农村中高得多，城市人口的生活条件比农村优越，生活水平比农村高，所以城市人口比农村人口有更高的增长率。在社会安定的情况下，城市尤其是大城市的人口会以高于平均增长率的速度递增，因此城市的人口密度也逐渐增大。

这一特点明显地表现在首都长安附近（以下称为长安—陵县区）。

单个的城市也是如此。以赵国为例，赵国仅辖四县，辖境的西部是山区，四县的治所都集中在东部，由于邯郸的人口必定很多，所以赵国的人口密度还是达到每平方公里83.6人。又如南郡，人口密度大大高于周围自然、社会条件相似的郡国，显然也是由于郡治江陵是个不小的城市，集中了大量的人口的结果。

但是，城市吸收人口一般也不可能大大超出周围地区所能负担的程度。像长安—陵县区这样依赖外来粮食补充的情况是个别特殊现象，其余的大城市基本都分布在关东、蜀等农业发达地区。此外，虽然也有一些地区性的都会，如珠江流域的番禺，江淮平原上的寿春、合肥，华北平原北端的蓟等，但限于周围地区的经济条件，人口就不可能很多。

总上所述，在各种经济因素中，起决定作用的是农业，除长安—陵县区这种特殊情况外，就整体而言，人口的分布与农业的开发程度和粮食产量是

1　《汉书·高帝纪》："六年冬十月，令天下县邑城。"

基本一致的。就某一局部地区而言，手工业商业和城市可以吸收相当数量的人口、提高当地的人口密度，而交通的作用相对较小。

有的论著，不注意质和量的分析，不分主次，把各种因素等量齐观，是不能解释人口分布的真正原因的。

第三节　政治条件

政治上的原因主要表现在户籍制度及行政性的强制迁移上，同时也表现在政治因素对各地的开发和发展方面的影响上。

秦国自商鞅变法以后已经实行了户籍登记制度[1]，汉承秦制，在原来的基础上更加严密。西汉时人皆著籍，登记的项目至少包括年龄、性别、籍贯、身份、身长、相貌特征等[2]。而且每年要由县令集中核查[3]，每年的户籍由县、郡逐级上报朝廷[4]。

西汉的法律不容许人民脱离户籍，也不容许人民自由迁徙，隐匿逃户是有罪的[5]。不仅如此，在职的地方官员也不得随意离开任所[6]，诸侯王、列侯不得随便离开自己的封地[7]。可以说基本上不存在自由迁徙。

景帝年间，针对"郡国或硗狭，无所农桑系畜，或地饶广，荐草莽，水泉利，而不得徙"的情况，曾诏令"其议民欲徙宽大地者，听之"[8]。从实际情况看，这项政策并未得到实施。而且即使根据这项政策，也并不意味着自由迁徙。

秦时有《游士律》："游士在亡符，居县赀一甲，卒岁责之。有为故秦人出，削籍，上造以上为鬼薪，公士以下刑为城旦。"[9]可见外出的人必须持有官府批准的文书——符，否则就是非法行为，要受刑法处罚。

要合法离开原籍的人，必须履行一定的手续。如淳于意要外出行医，

1　《史记·商君列传》。

2　居延汉简中此类记载甚多，如："东郡田卒清灵里一里大夫聂德，年廿四，长七尺三寸，黑色。""河南郡河南县北中里公乘史存，年卅二，长七尺二寸，黑色。"见《居延汉简甲乙编》释文。

3　《后汉书·江革传》："每当岁时，县当案比，革以母老，不令摇动，自在辕中挽车。"此西汉末情况，当为西汉一代制度。

4　《续汉书·百官志五》"州郡"，详见《秦汉的上计和上计吏》。

5　见第一章第二节。

6　《汉书·冯野王传》："为琅邪太守……满三月赐告，与妻子归杜陵就医药。大将军凤风御史中丞劾奏野王赐告养病而私自便，持虎符出界归家，奉诏不敬。"

7　列侯因擅离封邑治罪者，如《王子侯表》杨丘侯安，孝景四年，坐出国界，削为司寇。《功臣侯表》终陵侯华禄，坐出界，耐为司寇。

8　《汉书·景帝纪》。

9　《云梦秦简释文》(二)，据《文物》1976年第7期。

"诚恐吏以除拘臣意也,故移名数左右,不修家生"[1]。估计这是申请作为流动人口的手续,但这样的对象只是行医、经商、求学等少数人,这样的迁徙对总人口分布几乎是毫无作用的。而且这些人的户籍还在原地,除非他们在其他地区取得合法的居留权,如做官后徙居陵县,或在某地入籍,否则日后还得回到原籍[2]。

较小范围内的迁徙还是存在的,如宣帝的外祖母王媪,"家本涿郡蠡吾平乡,年十四嫁为同乡王更得妻,更得死,嫁为广望王乃始妇"[3]。蠡吾与广望不同县,但同属涿郡。至于这种迁徙是否要办什么手续,史籍失载,估计也是需要的。又如武帝时王翁孺,本居东平陵,"而与东平陵终氏为怨,乃徙魏郡元城委粟里"[4]。东平陵属济南,至魏郡已徙入其他郡国,但王翁孺原为绣衣御史,曾在魏郡执行使命,他能徙居魏郡显然是倚仗了昔日的权势或利用了原来的人事关系。再如扬雄的祖父扬季,官至庐江太守,元鼎间避仇溯江至郫县[5]。王景的八世祖仲,本琅邪不其人,济北王兴居反,"欲委兵师仲",乃渡海避往乐浪[6]。这些都属于特殊情况,严格说来,都是非法的。

当然,这种法律并不一定都能得到严格执行,特别是在封建秩序不正常、朝廷控制能力不强的情况下,汉初关东诸侯招诱逃亡,与朝廷争夺民户。武帝中期,关东出现大批流民,豪强乘机将破产农民据为奴婢或徒附,但这种人口移动一般仅在关东本地区范围内进行。

除了汉初流民回归故里及诸侯与朝廷争夺民户造成一些范围较大的人口移动外,关中与关东间的迁移、边郡与内地之间的迁移是严格禁止的(详见第八、九章),少量的人口移动也限于较小的地区范围内。

统治者为了巩固其政权和加强边防,曾经实行过几次大规模的强制性人口迁移。这些迁移对于人口分布起了很大的作用,对某些地区起了决定性的作用。因为在第三篇中还要详细论述,这里仅简单加以说明。

这些迁移主要有:

1. 强本弱末,徙关东实关中。估计徙入关中的人口总数有三十余万,到西汉末年在关中移民后裔已达一百二十万以上,占三辅总人口的一半。长

1　《史记·扁鹊仓公列传》。

2　如陈汤,山阳瑕丘人,已在长安任职,"妻家在长安,儿子生长长安,不乐东方",但还须设法迁入陵县,否则不能入籍关中。见《汉书·陈汤传》。

3　《汉书·外戚传》。

4　《汉书·元后传》。

5　《汉书·扬雄传》。

6　《后汉书·循吏传·王景》。

安一陵县区这一全国人口最稠密地区的形成,完全出于政治原因,是强制性迁移的结果。

2. 武帝时两次将东越、闽越民徙江淮之间。直到西汉末年,原越人居住地区还人口稀少,成为全国人口密度最低的地区,乃是强制迁移的结果。

3. 武帝对匈奴的战争获胜后,大规模移民西北,以后又在西北边区安置匈奴降人和羌人。外来移民占西北地区人口中的大多数,尤其是河西四郡,几乎全是由移民组成。

政治因素对人口分布的影响还表现在政治、军事斗争形成的特殊社会环境及其对于各地发展、开发的影响上。

如北部边境,在武帝以前,由于经常受到匈奴杀掠,汉军也不断采取军事行动,所以人口的增殖包括人口的移入都受到很大的影响。而在匈奴臣服以后,就形成了"边城晏闭,牛马布野,三世无犬吠之惊,黎庶亡干戈之役"[1]的和平环境。在这种情况下,河套平原的有利条件得以利用,人口增长比较迅速,成为西北边区中人口最稠密的地区。

西汉初,关东大部分是同姓诸侯与列侯的封地。诸侯王与朝廷争夺民户,尽量吸引人口迁入,甚至不顾法律,招诱逃亡。有的诸侯利用自然资源,以减免赋税来吸引移民[2]。而朝廷直属郡的民户,也因为划归诸侯国后可以就近服役,不必远赴三辅,而乐于当诸侯国的臣民[3]。朝廷虽以"强干弱支"为总方针,但在力量不足的情况下,也不得不加以容忍。因此,关东人口增长迅速,在总人口中所占比例很高。在平定吴楚七国之乱以后,武帝又采取了一系列措施削弱诸侯势力,从关东向外移民也达到高潮,仅向西北边区的移民即在百万以上。在西汉中期以后,关东人口增长比较缓慢,这也是原因之一。到汉末,关东人口占总人口的比例有所下降。

某一局部地区的兴衰也是如此。如汉初的梁国,由于梁孝王深得窦太后宠爱,"梁最亲,有功,又为大国……北界泰山、西至高阳,四十余城,多大县。"孝王"广睢阳城七十里"[4],但到中后期,梁国一次次被削,不仅辖境越来越小,国内也日益衰败,宣帝时,出现了"梁国大都,吏民凋敝"[5]的局面。即

1　《汉书·匈奴传》赞。

2　《汉书·吴王濞传》:"吴有豫章(当为鄣郡)铜山,即招致天下亡命者盗铸钱,东煮海水为盐,以故无赋,国用饶足。"

3　《汉书·贾谊传》,谊疏曰:"今淮南地远者或数千里,越二诸侯而悬属于汉,其吏民徭役往来长安者。……其苦属汉而欲得王至甚。"

4　《汉书·文三王传·梁孝王刘武》。

5　《汉书·张敞传》张武语。

使用本文采取的与邻郡合并计算人口密度的办法,汉末梁国的人口密度还是偏低的。

第四节　历史条件：秦代人口迁移及其影响

从历史原因分析,西汉时各主要农业区的开发、各重要城市和人口稠密区的形成,大多可以追溯到春秋战国或者更前,但相对而言,对西汉初期的人口分布影响最大的是秦代的强制迁移和对边区的大规模开发。秦代的人口分布是西汉人口分布的起点。因此,简要地叙述一下秦代的人口分布及其对西汉的影响是很必要的。

秦代的移民政策,起自秦孝公时商鞅变法。因为当时秦国与关东各国相比,无论是农业、手工业和商业还是文化艺术,都还比较落后。秦国的人口密度也比关东低。所以通过招诱邻国人民及强制迁移别国被临时占领地区人民,既增加了秦国的人口、加速了荒地的开垦,又削弱了别国的力量。同时,将罪犯、政敌或其他人口迁往边区或新开发地区,可以达到巩固政权、加速落后地区开发的目的。

这项政策一直没有中断,但由于尚未统一六国,影响有限,规模也不大。在秦始皇消灭六国的过程中和实现统一后,进行了大规模的人口迁移,主要有三个方面:实关中、戍边或移民新开发地区、内地地区间的迁徙。

1. 对关中的人口迁移最大规模的行动是秦始皇二十六年(前 221 年),"徙天下豪富于咸阳十二万户"[1],以每户五口计,共有六十万。移民的来源显然基本是关东。

三十五年,又"徙三万家丽邑,五万家云阳"[2]。这次迁徙对象是以咸阳居民为主。据《史记·秦始皇本纪》,"始皇以为咸阳人多,先王之宫廷小",同年,"除道,道九原,抵云阳,堑山堙谷,直通之"。云阳(在今陕西省淳化县境)成为关中通向北部主要交通线的一个衔接点,加上云阳已经处于陕北高原的边缘,人口稀少,在咸阳人满为患时,云阳就成为理想的疏散安置区。丽邑是秦始皇陵墓所在,将三万户徙于丽邑不仅在于疏散咸阳的人口,还是为了使陵墓附近形成一个壮观的城市,这对于要使自己的坟墓成为死后的皇宫的秦始皇来说,当然是很必要的。

1　《史记·秦始皇本纪》。
2　《史记·秦始皇本纪》。

二十六年的移民是规模最大的一次，但并非只此一次。在灭六国的过程中，已经有类似行动，如灭赵后，徙赵奢之孙于咸阳[1]，只是史籍中未留下其他记载而已。

由于秦末汉初的战乱，秦始皇实关中的结果几乎完全消失。但西汉定都长安，关中继续作为政治中心，因此实关中的政策一开始就被西汉统治者继承。特别是在西汉前期的特殊情况下，移民的规模和数量都大大超过了秦代。

2. 对边区的移民又可分为几个方面：

西北

始皇三十三年，"西北斥逐匈奴。自榆中并河以东，属之阴山，以为四十四县，城河上为塞。又使蒙恬渡河取高阙、阳山、北假中，筑亭障以逐戎人。徙谪，实之初县"[2]。这一移民区，当时名之曰"新秦中"，也即今内蒙古和宁夏的河套平原。

三十六年，又迁北河榆中三万家，拜爵一级。[3]

这两次移民的区域较大，包括《汉志》的定襄、云中、五原三郡在内。《汉志》称："定襄、云中、五原，本戎狄地，颇有赵、齐、卫、楚之徙。"可见移民的数量较多，来源也较广，遍于关东以至江淮间。这些移民"四方杂错，奢俭不同"[4]，成分颇为复杂，至少也包括一些豪族富户。

此外，还将罪人及六国故君、贵族大姓迁于西北，如：

八年，王弟长安君成蟜将军击赵。反，死屯留，军吏皆斩死，迁其民于临洮[5]。

二十六年，灭齐，迁齐王建于共[6]。马非百据《诗·大雅·皇矣》认为，此共即"侵阮徂共"之共，故址当在今甘肃省泾川县北[7]，其说甚是。

《新唐书·宰相世系表》中权氏下有"秦灭楚，迁大姓于陇西"之说，宰相世系大多追溯上古，附会名家，虽不尽可信，但对照史实，秦灭六国过程中将其贵族大姓迁至自己的后方，当无可疑。

对西北的移民使河套及以南地区得到初步开发，以农为主的汉族进一

1 《新唐书·宰相世系表》。

2 《史记·秦始皇本纪》。

3 《史记·秦始皇本纪》。

4 《汉书·食货志》注引应劭说。

5 《史记·秦始皇本纪》。

6 《史记·田敬仲完世家》。

7 《秦集史·迁民表》。

步向北推进。但"蒙恬死,诸侯叛秦,中国扰乱,诸秦所徙適戍边者皆复去,于是匈奴得宽,复稍度河南,与中国界于故塞"[1]。汉初,匈奴势力进一步南侵,未离开的移民又遭匈奴掳掠。西汉虽想继续推行移民成边的政策,但在武帝击败匈奴之前无法采取大规模的行动。

西南

《华阳国志·蜀志》:"周赧王元年(秦惠文王后十一年,前314年),秦惠王封子通为蜀侯,以陈壮为相,置巴郡,以张若为蜀国守。戎伯尚强,乃移秦民万家实之。"这是秦国第一次大规模移民巴蜀。

始皇十九年灭赵后,曾徙赵人于蜀,如卓氏自赵迁临邛,而多数则在葭萌。临邛还有程郑,也是"山东迁虏"[2],移民来源或许不限于赵一国。

《华阳国志·蜀志》:"临邛县郡西南二百里,本有邛民,秦始皇徙上郡实之。"上郡,故魏地,惠文王十年(前328年)纳土[3]。但上郡地当今陕北,当时人口也很稀少,这类移民似非普遍现象。

二十四年,灭楚,徙楚庄王之族于严道[4]。严道故地在今四川省荥经县。

出土的云梦秦简中有毳(迁)子——爰书,记载了当时强制迁民于蜀的法律手续,被迁者"毳(迁)蜀边县,令终身毋得去毳(迁)所"。[5] 这也可证明,迁蜀是一项经常性的行动。

这些移民,无论是来自秦故地,还是来自关东六国,一般都具有比本地居民高的生产技能和文化水平,传入了比较先进的生产手段。巴蜀优越的自然条件,丰富的适宜开发的资源使移民们的作用得到充分发挥,如赵国移民卓氏入蜀时一无所有,在临邛以冶铁致富[6]。巴蜀地形险阻,交通闭塞,从并入秦国以后直至汉初,始终未受到战乱影响,移民再迁移的可能性很小,所以在百余年间社会稳定,农业、手工业、采矿冶炼业有了很大的发展。楚汉之争中,巴蜀成为刘邦可靠的后方,在汉初天灾人祸交迭时,成为关中流民就食的场所[7]。秦代对巴蜀的移民奠定了西汉期间经济发展和人口增殖的基础。

南方

始皇三十三年,"发诸尝逋亡人、赘婿、贾人,略取陆梁地,为桂林、象郡、

1　《史记·匈奴列传》。

2　《史记·货殖列传》。

3　《史记·秦本纪》。

4　《太平御览》卷66引《蜀记》。

5　据《云梦秦简释文》(三),载《文物》1976年第8期。

6　《史记·货殖列传》。

7　《汉书·食货志》。

南海,以適遣戍"[1]。该地区相当于今五岭以南的两广及越南北部部分地区,原为百越所聚居。秦始皇此举,既在充实新占领地区,也在对少数民族地区输入汉人,以利控制与开发,因此对汉族移民"使与百越杂处"[2]。

东南

战国末期相当今江南的江浙皖闽地区都是越人的聚居区。秦始皇统一后,将浙东于越人迁至"乌程、余杭、黝、歙、无湖、石城县以南"[3],即今浙西和皖南。同时又把"天下有罪谪吏民"迁至山阴[4]。因此,较多的中原汉人进入了浙东平原,而于越人被迁至丘陵山区或毗邻的开发程度较低的平原。

东北

秦政权未作有计划的移民。但据《后汉书·东夷传》,"辰韩耆老自言秦之亡人,避苦役,适韩国"。当时从山东半岛渡海至辽东或朝鲜半岛看来已很普遍,从辽东进入朝鲜半岛更无多大困难,因此通过这些途径的自发移民数量不会太少。

3. 内地之间的迁移大致也有三类情况:

一是秦国在消灭六国的过程中,不断招募本国平民或将本国罪人迁入新占领地区。如昭王二十一年(前286年),得魏安邑,"秦出其人",同时"募徙河东赐爵,赦罪人迁之"[5]。二十六年,"赦罪人迁之"。二十七年、二十八年,分别赦罪人迁入新占的楚国南阳、鄢、邓[6]。据《史记·货殖列传》,"秦末世,迁不轨之民于南阳"。宛县的孔氏,即在此时由魏迁入。

一是将被灭国的民户迁入其他地区,如始皇十七年灭韩,平氏由平邑徙下邑[7]。又如始皇二十二年灭魏,迁大梁,都于丰[8]。后汉冯鲂之祖,也是魏亡后被徙南阳湖阳的[9]。

这里还包括一次特殊的迁移。始皇二十八年,"南登琅邪,大乐之。留三月,乃徙黔首三万户琅邪台下,复十二岁"[10]。有人根据《汉书·主父偃传》中有"又使天下飞刍挽粟,起于黄、腄、琅邪负海之郡,转输北河"的记载,断

1　《史记·秦始皇本纪》。

2　《汉书·高祖纪》。

3　《越绝书》卷2、卷8。

4　《越绝书》卷2、卷8。

5　《史记·秦本纪》。

6　《史记·秦本纪》。

7　《通志·氏族略》。

8　《汉书·高帝纪》赞。

9　《后汉书·冯鲂传》。

　10　《史记·秦始皇本纪》。

言琅邪盛产粮食，以此作为移民的理由。其实这段话着重在说明秦始皇征调遍于"天下"，以至要从东海之滨输往西北边疆，从琅邪在秦汉的情况看，并不是农业最发达的地区之一。因此秦始皇之举完全是为配合"作琅邪台，立石刻，颂秦德，明得意"[1]的政治性活动。这批移民来源不详，估计是在附近迁入的。

一是将六国国君公族及秦国罪人迁入内地闭塞地区，主要是房陵，如始皇九年，嫪毐作乱被杀后，其舍人党羽"夺爵迁蜀四千余家，家房陵"。[2] 赵灭后，赵王迁也被迁房陵[3]。房陵故址在今湖北省房县，处于大巴山、武当山、荆山之间，当时离交通线和其他居民点很远，直至近代还是极其偏僻的地点。

此外，在当时形势下还有不少自发性的迁徙，如六国旧人在亡国之后，百姓为逃避徭役或刑罚的迁徙与流亡，等等。但除了上述渡海去辽东、朝鲜半岛的比较集中外，其余都比较分散，仅有零星记录。由于与关中、关东相比，四周广大地区大多地广人稀，秦朝统治也较薄弱，所以自发性迁徙大多是从关中、关东向周围地区扩散。

与前面两种情况相比，内地之间的人口迁移的数量和作用要小得多，一般说来，并没有产生明显的影响。但对个别地区来说却并非如此，如房陵，在西汉时继续成为专门软禁安置废黜宗室诸侯的地点；又如南阳地区的兴起，除了与它在全国统一以后处于优越的地理位置有关外，秦代的移民无疑起了重要作用。

总之，在秦统一的过程中和秦始皇开疆拓土之后，大规模实施了由中原地区向边区的移民。尽管其结果并没有完全维持，但对开发边区从而增加边区人口起了很大作用。由于春秋战国以来关东长期处于经济文化发达的地位，而且在此后相当长的时期内这种优势依然存在，因而从关东向包括关中在内的其他地区的移民，并没有产生明显的影响。出于政治压力的强制迁移，一旦压力消除，大多不能稳定，对关中和西北的移民都是如此。

第五节　社会条件

在漫长时期的农业生产中，人们形成了对土地特别是自己所耕种的土

1　《史记·秦始皇本纪》。

2　《史记·秦始皇本纪》。

3　《淮南子·泰族训》高诱注。

地的依赖性,在封建社会小农经济条件下尤其如此。安土重迁的观念在西汉时已经根深蒂固,因此在一般情况下,占人口绝大多数的农民是不愿意离开故土的。即使遇到天灾人祸被迫流亡,一旦可能,大多还要返回故乡。汉初大量流民的回归和以后多次灾害后流民的回归就证明了这一点。总的说来,西汉期间前后的人口分布变化不大,这也是一个原因。

西汉时政治、经济的重心都在我国北半部,人口中的大多数长期在北方繁衍生活,他们习惯于北方的自然环境,尤其是比较干燥的气候,而不习惯于南方比较湿热的气候。"江南卑湿,丈夫早夭"几乎是北方人一致的看法。加上南方当时还很少开发,有利的自然条件还无法利用,因而北方人对南方存在着一种恐惧和鄙视的心理。北方人不愿意去南方,到了南方也要千方百计返回北方。

如文帝时贾谊被任为长沙王太傅,以为极大的不幸,心情忧郁,虑无善终[1]。景帝子刘发以"无宠"封于长沙[2],但直到一百多年后,刘发的后代春陵侯刘仁等人还自愿减户徙南阳[3]。

第六节　上述诸因素的相互关系和影响

上述各种因素并不是单独发生作用的,而是同时存在、互相影响的,因此西汉末年的人口分布就是上述各种因素的综合作用的结果。

例如,人口密度最高的长安—陵县区,在政治上处于最有利的地位,作为首都所在,不仅源源不断输入大批移民,而且输入大量粮食以弥补本地产粮的不足。该地区的自然条件是关中平原中最优越的,并受益于长期修建的水利工程。由于居住着皇帝和大批贵族、官僚,驻有大批军队,又增加了大量手工匠和奴婢。正是这种种有利因素使之成为人口最稠密的地区。

占有伊洛平原的河南郡耕地有限,处在太行山东麓的郡国如赵、中山等土质较差,它们发展农业的条件都不够好,粮食并不宽裕。但由于处在交通枢纽或主要交通线上,离产粮区又不太远,因此冶铁业、手工业、商业都相当繁盛。交通、工商业等有利因素弥补了农业的不足,这些地区的人口密度还是很高或比较高的。

而人口密度最低的地区——会稽郡南部则是几种不利因素同时存在:

1　《汉书·贾谊传》。

2　《汉书·景十三王传·长沙定王刘发》。

3　同上。又见《后汉书·宗室传》。

政治上受到限制和封锁,居民被强制迁走。地形崎岖,交通闭塞,不易出入。自然条件不适合当时的开发手段,农业未得到发展。历来由少数民族聚居,不为中原人所重视。

但是正如前面多次提到的,这种种因素所起的作用是不能等量齐观的。由于生产力较低,克服不利自然条件的能力有限,所以受地理环境的影响很大。当时的人口,大多数居住在气候温和、水源丰富、易于开发的平原上。农业生产起着决定性的作用,其他因素的作用相对要小得多。

以人口密度最高的郡——济阴郡为例。济阴处于一片平原上,盛产五谷,是一个农业发达的富庶地区。这里从战国以来又是交通枢纽所在,郡治定陶长期被称为"天下之中"[1],交通的便利使定陶很自然地成为一个商业、手工业的中心,成为一个重要的大城市。而在武帝元光年间,黄河决口不但淹没了济阴,而且破坏了荷水系统的交通。因此到西汉末年,定陶已经衰落,天下之中、商业手工业中心的重要地位已经丧失[2]。但由于这一段黄河又有百余年没有再决溢,农业经济又得到恢复,人口密度没有受到多大影响。

凭借政治优势聚集起来的人口,如果没有当地农业生产的发展提供稳定的粮食供应,那么一旦政治优势丧失,这些人口也会随之分散。西汉后期,已经不再向关中移民,长安—陵县区一直存在着"浮食者众"[3]"有无聊之民"[4]的现象,非生产人口过多,所以在东汉迁都洛阳之后,长安—陵县区尽管也有过安定的环境,却再也没有恢复昔日的人口密度。

到西汉末年,总的说来,全国平均人口密度并不高,所以大部分地区还不存在人口相对饱和以及由此产生导致人口迁移的因素;但是在关东人口稠密区里,到武帝时已经出现了局部地区的人口相对饱和。经过武帝几次大规模移民和战争灾害动乱造成的人口损耗,这一现象已基本消除。而随着人口的逐渐增长,在西汉后期,关东的人口压力又日益增强,超过了武帝时期。但由于户籍制度的控制和习惯势力的约束,除了发生特大灾害,人口基本被限制在原地,外流数量很少。直到王莽政权时,社会发生极大动荡,关东既频受战乱,户籍制度又暂时失去控制,人口才出现较大流动。由于影

1　《史记·货殖列传》。

2　史念海《释〈史记·货殖列传〉所说的"陶为天下之中"兼论战国时代的经济都会》,载《河山集》110 页;邹逸麟《论定陶的兴衰与古代中原水运交通的变迁》,载《中华文史论丛》第 8 辑,1978 年 10 月。

3　《汉书·地理志》。

4　《汉书·元帝纪》永光四年十月诏。

响人口分布的基本条件没有改变——关东依然是全国最大最主要的农业区,加上战乱使人口大量减少,客观上解决了人口相对饱和的矛盾。进入东汉后,关东又成为全国人口最稠密的地区了。

第三篇

人口迁移

第八章

关中的人口迁移

西汉时的关中或泛指战国末秦国的故地,如《史记·货殖列传》"关中之地,于天下三分之一";或仅指今陕西关中盆地,如《史记·货殖列传》所述"关中,自汧、雍东至河、华"的范围。本文基本上取后一种说法,以西汉末的三辅,即京兆尹、左冯翊、右扶风三个郡级行政单位的辖区为论述的范围。

这样做的理由是:1. 从地理环境看,三辅的辖区虽也包括渭北高原和陕北高原的部分地区,但基本与关中盆地的区域相同。而广义的关中实际上包括了几个不同的地理区划。2. 从西汉时的政治、经济、社会状况看,三辅地区基本属于同一类型,与其西北诸郡的状况差异很大。3. 西汉期间安置关东移民(不包括流民、贫民)的地点集中在三辅之内。

三辅的前身是秦朝和西汉前期的内史,武帝时才划分为三个郡级单位。但旧内史的范围还包括《汉志》弘农郡的弘农、上雒和商县三县,西汉初的函谷关即在弘农县,故此三县也应算作关内。武帝元鼎三年(前 114 年),东徙函谷关至新安县,因此,弘农郡的大部分,都已纳入关内。但从地理条件看,弘农郡辖区显然与关中平原不同,而且西汉期间安置关东移民的地点同样不包括弘农郡。武帝的行政措施并未使弘农郡的实际地位和作用有明显的改变,因此本文的"关中"也不包括弘农郡在内。

第一节 汉初的"实关中"政策

楚汉战争结束时,关中残存的人口很少,从惠帝时仅五十万左右推算,当时人口不满四十万。刘邦称帝后定都雒阳,固然是由于功臣大将多为关东人,不愿西去,但关中残破、人口太少未尝不是一个重要原因。

因此,高祖五年(前 202 年)五月,也即在迁都关中之前,就下诏"诸侯子在关中者,复之十二岁,其归者半之"[1],以赋役上的优待吸引他们留在关中。同年六月,刘邦接受刘敬的建议迁都关中。后九月,又徙诸侯子关中[2]。大约与此同时,徙吏二千石于长安[3]。当时已封列侯的功臣都留居长安,这从以后文帝诏令列侯就国可以得到证明。封为关内侯一级的,则徙居关中,如宣帝王皇后之祖即是封了关内侯后由沛县迁入关中的[4]。朱建也是因封为平原君后由楚徙居长安的[5]。

然而这些措施所增加的人口还是有限的,而关东六国贵族的残余势力还相当强大,加上异姓诸侯地广人众,战争平息后流民回归,关东的人口增长远比关中快。刘邦所面临的形势,正如刘敬所指出的:"今陛下虽都关中,实少人,北近胡寇,东有六国强族,一日有变,陛下亦未得安枕而卧也。""匈奴白羊楼烦王,去长安近者七百里,轻骑一日一夕可至。"因此刘敬建议"徙齐诸田,楚昭、屈、景,燕、赵、韩、魏后及豪杰名家,且实关中,无事可以备胡,诸侯有变,亦足率以东伐,此强本弱末之实也"[6]。刘敬的意见完全符合当时的形势和汉政权的统治需要,因此立即被采纳。如果说在此以前,刘邦还只是一般地采取一些充实关中的措施的话,那么在这以后已经有了明确的指导思想和具体方针。"强本弱末"(或称为"强干弱枝")的方针一直为西汉诸帝所遵循,而从关东移民实关中就是实行这项政策的重要措施之一。

高祖九年(前198年)十一月,"徙齐楚大族昭氏、屈氏、景氏、怀氏、田氏五姓关中"[7],据《史记》《汉书》《刘敬传》,除五姓外还有燕、赵、韩、魏后及豪杰名家,总数有十余万口。这是西汉第一次大规模的移民,也是规模最大的移民之一,对关中的开发影响也最大。如果按照西汉期间人口年平均增长率约7‰计算,这批移民的后裔到西汉末年至少有四十万人,占当时三辅总人口的六分之一。

迁入的人口中,以齐国诸田数量最多,势力最大。见于《汉书》的车千秋、田延年、田何等都是诸田后裔。"诸田徙园陵者多,故以次第为氏",东汉的第五伦即其一例[8]。诸田迁入关中早,经济上也占优势,"关中富商大贾,

1 《汉书·高帝纪》。

2 《汉书·高帝纪》。

3 《汉书·高帝纪》十二年三月诏书有云:"吏二千石,徙之长安,受小第室。"此系追叙,推其事当在都关中之初。

4 《汉书·外戚传》孝宣王后。

5 《汉书·朱建传》。

6 《汉书·刘敬传》。

7 《汉书·高帝纪》。

8 《后汉书·第五伦传》。

大抵尽诸田"[1]。

此外,见于记载的还有赵国廉氏之后,自苦陉徙入关中[2]。

汉初另一次移民是高祖七年(前200年)为太上皇在丽邑建新丰。"太上皇思土欲归丰,高祖乃更筑城寺市里,如丰县,号曰新丰,徙丰民以充实之。"[3]改建时完全仿照丰县,"立城社,树枌榆,令街庭若一"[4],"并徙旧社屠儿酤酒煮饼,商人放鸡豚羊犬于通衢,竟识其家"[5]。据《汉书·高帝纪》,新丰的名字是高祖十年太上皇死后更改的,而十一年,"令丰人徙关中者,皆复终身"。看来至此迁徙已经完成。

丽邑在秦始皇时虽曾徙入三万户,但如前所述,汉初时人口肯定不会多。为使新丰酷肖丰县,自丰县徙来人口不能太少,所以估计这次移民有数千至万余人。

至文帝时,情况发生了一些变化。文帝二年(前178年)下诏:"今列侯多居长安,邑远,吏卒给输费苦,而列侯亦无由教训其民。其令列侯之国,为吏及诏所止者,遣太子。"[6]但列侯多不愿离开长安,因此到次年十一月,文帝又诏令列侯之国,并将丞相周勃免职,要他带头就国。[7]

文帝十二年更进一步取消了关禁,"除关毋用传"[8],允许百姓自由出入关内外。

文帝这样做当然有其政治目的,如以列侯归国为名免了丞相周勃。在异姓诸侯消灭殆尽而同姓诸侯势力强盛的情况下,以外藩入继帝位的文帝,需要缓和与同姓诸侯之间的矛盾。但主要还是经济方面的原因,因为关中的农业虽然有所恢复与发展,而由于大批移民的到来(这类移民中非生产人口占很大比例)以及封建国家机器的逐渐扩大,非生产人口的比例相应增加。关中的粮食生产赶不上人口增长的速度,由关东输入的粮食逐年增加。汉初,每年输入数十万石,武帝时曾增加到六百万石,估计文帝时的输入数当已在一百万石以上。列侯的封地大多在关东,由于他们常住长安,每年又须将食邑所收粮食输入关中,也增加了运输的困难,这一点在文帝诏书中已

---

1 《史记·货殖列传》。

2 《后汉书·廉范传》。

3 《汉书·高帝纪》十一年注引应劭说。

4 《水经·渭水注》。

5 《三辅旧事》。

6 《汉书·文帝纪》。

7 《汉书·文帝纪》。

8 《汉书·文帝纪》。

指明。列侯的徒隶很多,惠帝三年(前 192 年),曾发诸侯王、列侯徒隶二万人城长安[1],则徒隶的总数自不止二万。列侯的徒隶自然应随列侯归国,因此这次从关中迁往关东的总人口至少在一万以上(因徒隶并非全属列侯)。

其次,汉初人口增长较快。数十年间,每年的平均人口自然增长率约 10‰,而关东的增长率更高,个别侯国更高达 26‰。虽然总人口还不太多,但由于经济基础不同,发展不平衡,所以在某些地区已经出现了人口相对过剩的现象。景帝元年(前 156 年)就根据"郡国或硗狭,无所农桑系畜,或地饶广,荐草莽,水泉利,而不得徙"的情况,下诏"其议民欲徙宽大地者,听之"[2]。从人口分布看,密度高的在关东,而关中的人口密度相对较低。容许人口自由迁徙,对关中的开发和发展并无害处。

但是景帝这一诏令在当时不可能得到认真执行,因为朝廷与吴楚等各诸侯国的冲突已非常尖锐。文帝时,各诸侯国与中央政权争夺民户的现象已经相当严重,正在加紧策划叛乱的关东各国诸侯是绝不会容许自己的剥削对象和兵力来源移入中央政权直接统治区的。所以在文帝期间及景帝初年,除徙入陵县的民户外(详见下述),基本上没有移民进入关中。相反,由于列侯归国和诸侯招诱逃亡,有相当多的人口迁往关东。

景帝三年(前 154 年),吴楚七国之乱平息,鉴于七国反叛的教训,为防止关东诸侯人力、军力的增强,四年春,"复置诸关用传出入"[3]。中元四年(前 146 年),又"禁马高五尺九寸以上,齿未平,不得出关"[4]。同时,弩十石以上也不得出关。这两项禁令直到昭帝始元五年(前 82 年)才废除[5]。武帝时继续实行限制关中人口流往关东的措施。元鼎三年(前 114 年),楼船将军杨仆因耻为关外民,上书要求将函谷关东移,这正符合武帝的意图,因此将函谷关东移三百里至新安[6]。太初四年(前 101 年),"徙弘农都尉治武关"[7],进一步加强了对关中与南阳及南方各地通道的控制。天汉二年(前 99 年),诏关都尉,"今豪杰多远交,依东方群盗,其谨察出入者"[8],对人员的控制更加严格。

---

1 《汉书·惠帝纪》。
2 《汉书·景帝纪》。
3 《汉书·景帝纪》。
4 《汉书·景帝纪》。
5 《汉书·昭帝纪》。
6 《汉书·武帝纪》。
7 《汉书·武帝纪》。
8 《汉书·武帝纪》。

当时,出入关口的人必须持有官府文书"传",如宁成,为了混出函谷关,"诈刻传"[1],自己伪造了文书。入关的人必须保留符传,作为日后出关的依据,否则就不能出关。如终军入关时,"关吏予军繻","为复传,还当以合符"[2]。从这些事例可以看出,虽然对出入关的对象都要检查督察,但对出关比对入关控制更严,主要是防止人口的流出。

这种措施一直未放宽,只是在本始四年(前70年),为了缓和关中粮食供应的困难,曾规定"民以车船载谷入关者,得毋用传"[3]。在灾年,当大批流民聚集关前时,也几次破例开放过。

景帝后元二年(前142年)冬十月,曾经"省彻侯之国"[4],似乎已经不再实行列侯归国的措施。但据《汉书·窦婴传》,武帝建元元年(前140年)婴为丞相时,"令列侯就国,除关……诸外家为列侯者,列侯多尚公主,皆不欲就国",则不到三年又恢复了列侯就国。次年,窦婴即罢相,从以后的记载看,列侯仍须就国。而除关一项,显然并未实行;即使可能曾极短期实行过,但影响很小,以致史籍中未留下其他记载。

第二节 陵县的设置与徙陵县

西汉移民实关中的主要办法是设置陵县安置关东移民。

秦始皇时曾徙民丽邑,理由是咸阳人满,但徙丽邑的有三万家之多,似乎也有增加陵墓周围居民的目的。高祖十年(前197年)太上皇崩后葬栎阳北原,因在栎阳城内设万年县[5],已开了因陵设县的先河。但正式设置陵县则始于汉高祖的长陵,此后遂成定例。西汉元帝前的诸帝,即位后就开始修筑陵墓,同时徙民实陵邑,至皇帝死后葬入陵墓,陵邑即成为陵县。

西汉诸帝陵县的设置和徙民情况如下:

1. 高帝长陵,故址在今咸阳市东北。高祖十二年(前195年)筑陵置县,吕后六年(前182年)设城,并确定长陵令秩二千石[6],相当于郡太守的级别。史籍未见筑陵后徙民的记载,但在此前三年高祖已从关东徙入十万余口,当

---

1 《汉书·酷吏传·宁成》。

2 《汉书·终军传》。

3 《汉书·宣帝纪》。

4 《汉书·景帝纪》。

5 《汉书·高帝纪》十年,师古注。

6 《汉书·高后纪》。

是长陵居民的主要来源[1]。据《汉书·地理志》，西汉末长陵有户五万五十七，口十七万九千四百六十九。

2. 惠帝安陵，去长陵十里，见《三辅黄图》。故址在今咸阳市东北。本周之程邑[2]，据《关中记》，"徙关东倡优乐人五千户以为陵邑。善为啁戏，故俗称女啁陵也"。何以全徙倡优乐户不可解，此说似不尽可信，可能移民中此类成分较多。参照其他陵县户数，五千户之数尚可信。根据西汉一般人口增长率估算，此县至西汉末至少有二万户，人口近十万。

3. 文帝霸陵，故址在今西安市东北。本秦芷阳，文帝九年（前171年）筑陵改名[3]。文帝治霸陵"皆瓦器……因其山，不起坟"[4]。在诸陵中最节俭。但这一点似不会影响徙民，因为徙陵县、实关中是一项重大政治措施，并非一般的挥霍浪费。

4. 景帝阳陵，故址在今高陵县西南。本弋阳[5]，景帝五年（前152年），筑陵改名。是年夏，"募民徙阳陵，赐钱二十万"[6]。

5. 武帝茂陵，故址在今兴平县东北。本槐里县茂乡，建元二年（前139年）筑陵置邑。三年，"赐徙茂陵者户钱二十万，田二顷"。元朔二年（前127年）夏，"又徙郡国豪杰及訾三百万以上于茂陵"。太始元年（前96年），"徙郡国吏民豪杰于茂陵"[7]。武帝在位日久，茂陵规制最大。而且主父偃曾上言武帝："茂陵初立，天下豪杰兼并之家，乱众民，皆可徙茂陵，内实京师，外销奸猾，此所谓不诛而害除。"[8]此策为武帝采纳，因此徙入茂陵的人口也特别多。据《三辅黄图》引《三辅旧事》："武帝……徙户一万六千，置茂陵。"或据《汉书·地理志》茂陵"户六万一千八十七，口二十七万七千二百七十七"，以为《三辅旧事》所载一万六千乃"六万一千"之误。其实《旧事》所载数是初期徙入数，当有所据；而《汉志》数是汉末数，亦即徙入人口经过百余年增殖后达到的数字，当然不应相同。汉末茂陵人口为诸陵之冠。

6. 昭帝平陵，去茂陵十里，见《三辅黄图》，故址在今咸阳市西北。昭帝

1　《汉书·地理志》："汉兴，立都长安，徙齐诸田，楚昭、屈、景及诸功臣家于长陵。"但当时所徙有十余万，不可能全置长陵。据《关中记》，长陵亦置万户，见宋敏求《长安志》卷14引。

2　《汉书·地理志》。

3　《汉书·地理志》。

4　《汉书·文帝纪》赞。

5　《汉书·地理志》。

6　《汉书·景帝纪》。

7　《汉书·武帝纪》。

8　《汉书·主父偃传》。

时置,宣帝本始元年(前 73 年),"募郡国吏民訾百万以上徙平陵"。二年春,"以水衡钱为平陵,徙民起第宅"[1]。

7. 宣帝杜陵,故址在今西安市东南。本杜县,宣帝元康元年(前 65 年)"以杜东原上为初陵,更名杜县为杜陵。徙丞相、将军、列侯、吏二千石、訾百万者杜陵"[2]。

以上七陵,都在长安附近。其中长陵、安陵、阳陵、茂陵、平陵在渭北,合称五陵,所徙官僚、豪富尤多。

以外还有文帝薄太后南陵,故址在今西安市东。文帝七年(前 173 年)建陵,因在霸陵南,故名。景帝二年(前 155 年)置县[3]。

昭帝母赵婕妤(追尊皇太后)云陵,故址在今陕西省淳化县东南。武帝后元二年(前 87 年)昭帝即位后筑陵[4],因地处云阳县境故名。昭帝始元元年(前 86 年),起园庙。三年秋,"募民徙云陵,赐钱田宅"。四年,"徙三辅富人云陵,赐钱,户十万"[5]。据《汉书·外戚传》,县初设时有户三千。

宣帝父史皇孙奉明园(因未为帝不得称陵),元康元年(前 65 年),益满一千六百户,立为县[6]。实际上也是陵县,但户数少,规制自然不能与诸陵县相比。奉明县故址在今西安市西北。

上述南陵、云陵、奉明三县和万年县并不是正式的陵县,但是它们设置的目的、居民的来源与陵县基本相同,性质与陵县并无二致,所以我们将它们称为"准陵县"。

陵县的分布见附图 10。

班固在《西京赋》中描述了陵县的繁盛:"若乃观其四郊,浮游近县,则南望杜霸,北眺五陵,名都对郭,邑居相承,英俊之域,绂冕所兴,冠盖如云,七相五公,与乎州郡之豪杰,五都之货殖,三选七迁,充奉陵邑。"[7]

所谓"三选七迁",是指徙陵的三种主要对象:吏二千石、高訾富人及豪杰兼并之家和对七个陵县(不计南陵、云陵和奉明县)的徙入。

具体地说,徙入陵县的有以下几种对象:

1. 丞相、御史大夫、将军等现职高级官员,即所谓"七相五公"。对"七相

1　《汉书·宣帝纪》。

2　《汉书·宣帝纪》。

3　《汉书·地理志》。

4　《汉书·昭帝纪》。

5　《汉书·昭帝纪》。

6　《汉书·武五子传·戾太子》。

　7　《昭明文选》卷 1。

五公"的含义,李善在《文选》注中以为是指丞相韦贤徙平陵、车千秋徙长陵、黄霸徙平陵、平当徙平陵、魏相徙平陵以及御史大夫张汤徙杜陵、杜周徙茂陵、前将军肖望之徙杜陵、右将军冯奉世徙杜陵、大将军史丹徙杜陵[1]。而在《后汉书·班固传》注中云:七相谓丞相车千秋,长陵人;黄霸、王商,并杜陵人也;韦贤、平当、魏相、王嘉,并平陵人也。五公谓田蚡为太尉,长陵人;张安世为大司马,朱博为大司空,并杜陵人;平晏为司徒,韦赏为大司马,并平陵人也。两说不尽相同,且都有不合理处。其实其中不少人徙入陵县时并未具有"相"或"公"的身份,有的甚至还未做官,"七相五公"显系泛指。而现职的丞相、御史、将军等应徙入在位皇帝的陵邑,即使已在其他陵邑,也要随时帝而徙。如黄霸自云陵徙入杜陵[2],张汤家随时帝而徙[3],赵充国以后将军身份自金城令居徙入杜陵[4]。这类对象部分来自关东(极个别来自其他地区),部分是从此陵徙彼陵或从关中其他地区徙入。

2. 宠臣、公主、外戚及其他特殊人物,如高帝时籍孺、惠帝时闳孺徙安陵[5]。成帝时外戚班况徙昌陵[6],再徙长安[7]。司马迁原籍左冯翊夏阳县,父子相继为太史令,武帝时徙家茂陵显武里[8]。司马相如蜀人,病免后也家居茂陵[9]。

3. 吏二千石,包括九卿、郡太守、都尉、郎中令等,如张敞以上谷太守自平阳徙家茂陵[10],何比干以丹阳都尉自汝阴徙家平陵[11],周文(仁)以郎中令自任城徙家阳陵[12]。

4. 六国诸侯、贵族后裔,尤以齐国诸田人数最多,在陵县中势力也最大。

5. 豪杰。此类人无严格的界限,在于他们的影响及地方官吏的掌握。如郭解,照财产标准并不符合,但名气太大,尽管由大将军向武帝疏通也无济于事,还得列入徙居对象[13]。

1　《昭明文选》卷1李善注。

2　《汉书·黄霸传》。

3　《汉书·张汤传》。

4　《汉书·赵充国传》。

5　《史记·佞幸列传》。

6　昌陵乃成帝所建,因故未成,详见下述。

7　《汉书·叙传》。

8　《史记·太史公自序》索隐引《博物志》。

9　《史记·司马相如列传》。

10　《汉书·张敞传》。

11　《后汉书·何并传》。

12　《后汉书·周仁传》。

13　《汉书·游侠传·郭解》。

6. 高訾富人，訾产在一定数额以上，具体标准因时而异。武帝元朔二年徙茂陵的标准是訾三百万以上[1]，宣帝本始元年徙平陵的标准是訾百万以上[2]。

7. 群盗，如袁盎之父以群盗自楚徙安陵[3]。但此类人未见其他记载。武帝茂陵初建时，主父偃建议徙入的对象中有"乱众民"，但亦无实例可证其包括"群盗"。可能前期有少量此类对象徙入，但以后由于三辅陵县治安不佳，统治者为自身安全计，改为徙之边地，如武帝元狩五年，"徙天下奸猾吏民于边"[4]。

8. 汉初功臣侯的后裔。据《汉书·地理志》，汉初曾徙诸功臣家于长陵。但文帝时遣列侯就国，只有少数留在关中。汉初功臣侯国至武帝时已废绝殆尽，这些侯国被除时绝大多数侯并不在中央政权任职，也未担任二千石或更高的官职，按理都应居住在各自的封邑，基本都在关东。但据《汉书·功臣侯表》记载，在元康四年(前62年)诏封时，大多数功臣侯后裔注籍关中，在统计到的一百二十一人中，关中籍有八十八人，占百分之七十三；而其他籍三十三人，占百分之二十七(见表9、10)。功臣侯废后其后裔再迁关中，只能是高訾或豪杰方有可能，但这两种对象在他们中间的比例不可能如此之高。由此可见，文帝遣列侯就国时，功臣侯并非全家迁往封邑，只是侯本人与其继承人就国，至少还有子女留在关中，这就是为什么不少因无后绝封的侯却有后裔在关中的原因。元康诏封时，留在关中的后裔自然捷足先登，而只是在关中一支后裔也已断绝的侯，才由关东一支诏封。当然这并不排斥部分在关东的废侯后裔因符合徙陵条件又已重新徙入关中。

表9　元康四年有后裔注籍关中的功臣侯

侯国名	所在郡国	后裔入籍地	侯国名	所在郡国	后裔入籍地
汝阳	汝南	长安	临汝		长安
信武			彊蓼	六安	
清阳	清河		武彊	信都	
平棘	常山		故市	河南	
曲逆	中山		斥丘	魏	
缪			安国	中山	

1　《汉书·武帝纪》。

2　《汉书·宣帝纪》。

3　《汉书·袁盎传》。

　4　《汉书·武帝纪》。

侯国名	所在郡国	后裔入籍地	侯国名	所在郡国	后裔入籍地
乐成	河间		厌次	平原	
郸	沛		安丘	琅邪	
北平	中山		戴	梁	
平皋	河内		衍	陈留	
埤山			中牟	河南	阳陵
柏至			高梁	河东	
中水	涿		煮枣	济阴	
杜衍	南阳		成阳	汝南	
樗			鄢陵	颍川	
历	信都		塞		
强			东武	琅邪	
宁	济南		贯	巨鹿	
襄平	临淮		曲成	东莱	
绳	长安		祁	太原	茂陵
慎阳	汝南		南		
开封	河南		辟阳	信都	
须昌	东郡		临汝		
江邹			橐	山阳	
下相	临淮		东阳	清河	
戚	东海		巢	庐江	
桃安	信都		阴陵	九江	
纪			舞阳	颍川	
景			新阳	汝南	
张	广平		魏其	琅邪	
卤（菌）	安定		台	济南	
柳丘	渤海		高胡		长陵
平阳	上郡		宣平		
留	楚		祝阿	平原	
隆虑	河内	阳陵	傅阳	楚	
昌武	胶东		便（编）	南郡	

侯国名	所在郡国	后裔入籍地	侯国名	所在郡国	后裔入籍地
堂邑	临淮	霸陵	深泽	中山	平陵
吴房	汝南	霸陵	棘浦	常山	云阳
共	河内	霸陵	复阳	清河	云阳
禾成	巨鹿	霸陵	城文	沛	新丰
堂阳	巨鹿	霸陵	平曲	东海	槐里
广	齐	安陵	宁陵	陈留	南陵
汲	河内	安陵	平阳	河东	杜陵
节氏		平陵	朝阳	济南	奉明

表 10　元康四年后裔不在关中注籍的功臣侯

侯国名	所 在 郡 国	后裔入籍地	所 在 郡 国
阳都	城阳	临沂	东海
河阳	河内	即丘	东海
彭	东海	费	东海
都昌	北海	（都）昌	北海
严		平寿	北海
高宛	千乘	高宛	千乘
清	东郡	高宛	千乘
发娄		阳安	汝南
东茅	东平	铜阳	汝南
安平	豫章	解	河东
猗氏	河东	猗氏	河东
宋子	巨鹿	宋子	巨鹿
广阿	巨鹿	广阿	巨鹿
土军	西河	阿武	涿郡
平定	西河	安平	涿郡
繁	蜀	繁	蜀
平州	巴	涪	蜀
梁邹	济南	夫夷	零陵
南安	犍为	南安	犍为

侯国名	所在郡国	后裔入籍地	所在郡国
肥如	辽西	肥如	辽西
终(于)陵	济南	于陵	济南
湟阳	南阳	湟阳	南阳
昌	琅邪	昌	琅邪
邔	南郡	邔	南郡
阳羡	丹阳	南和	广平
期思	汝南	寿春	九江
谷阳	沛	谷阳	沛
軑	江夏	竟陵	江夏
梧	楚	梧	楚
安阳	汝南	沃	
平棘	常山	项围	
武原	楚	郭	
陆量		郦阳	

徙陵县的地区范围很广,根据《史记》《汉书》《后汉书》及其他史籍的资料统计(见表11),来自三十二个郡国。据表9统计,功臣侯后裔在陵县及关中者来自三十九个郡国。由此可见,迁徙的范围主要是在淮河以北、山陕间黄河以东、燕山以南的关东地区(见附图11)。在此范围之外,或者绝无记载,如江南、岭南、辽东;或仅有个别特殊情况,如梁桥(原籍北地)之訾产特多,赵充国(原籍金城)之有特殊身份。

表11 徙关中实例表

徙居人	原 籍	徙入地	徙入时间	徙居原因	资料来源
车千秋祖		长陵	汉初	诸田	《汉书》卷66
第五伦祖		长陵	高帝	诸田	《后汉书》卷41
田延年祖		阳陵	高帝	诸田	《汉书》卷90
田 何	齐	杜陵	汉初	诸田	《汉书》卷88
*主父偃		长安	武帝	游宦	《汉书》卷64
*楼护及其父		长安	元成间	行医	《汉书》卷92
法雄祖		扶风	宣帝	诸田后	《后汉书》卷38

徙居人	原　籍	徙入地	徙入时间	徙居原因	资料来源
韦　贤	鲁	平　陵	昭帝	大鸿胪	《汉书》卷73
朱　云		平　陵	宣帝	？	《汉书》卷67
史　丹		杜　陵	宣帝	将　军	《汉书》卷82
孔　霸		长　安	元帝	名儒、关内侯	《汉书》卷81
鲁恭祖		平　陵	哀平间	二千石	《后汉书》卷25
宣帝王皇后祖	沛	长　陵	高帝	关内侯	《汉书》卷97
肖何后		长　陵	汉初	功臣后	《潜夫论》卷9
施　雠		长　陵	武帝	？	《汉书》卷88
何并祖	汝南	平　陵	宣帝	二千石	《汉书》卷77
何比干		平　陵	宣帝	都　尉	《后汉书》卷43
*翟方进		长　安	元帝	求　学	《汉书》卷84
石　奋	河内	长　安	高帝	外　戚	《汉书》卷46
郭　解		茂　陵	武帝	豪　杰	《汉书》卷92
张禹父		莲	武帝	？	《汉书》卷81
马援祖	赵	茂　陵	武帝	二千石	《后汉书》卷24
*江　充		长　安	武帝	逃亡	《汉书》卷45
朱　建	楚	长　安	高帝	平原君	《汉书》卷43
袁盎父		安　陵	惠文间	群　盗	《汉书》卷49
张　孺	河东	茂　陵	武帝	上谷太守	《汉书》卷76
尹翁归		杜　陵	宣帝	二千石	《汉书》卷76
张　欧	高密	阳　陵	景帝	九　卿	《汉书》卷46
郑崇祖		平　陵	宣帝	訾百万	《汉书》卷77
任　安	河南	武　功	武帝	留　居	《史记》卷104
贾　光		平　陵	宣帝	二千石	《后汉书》卷36
原涉祖	颍川	茂　陵	武帝	豪　杰	《汉书》卷92
冯唐父	代	安　陵	汉初	赵大臣后	《汉书》卷50
魏　相	济阴	平　陵	宣帝	丞　相	《汉书》卷74
平当祖	梁	平　陵	宣帝	訾百万	《汉书》卷71
韩延寿	广阳	杜　陵	宣帝	二千石	《汉书》卷76
董仲舒	信都	茂　陵	武帝	诸侯王相	《汉书》卷56

徙居人	原 籍	徙入地	徙入时间	徙居原因	资料来源
繁延寿	南 郡	杜陵、新丰	元 帝	御史大夫	《潜夫论》卷9
黄 霸	淮 阳	云 阳	武 帝	豪杰役使	《汉书》卷89
杜郵父	魏 郡	茂 陵	武 帝	二千石	《汉书》卷85
杜 周	南 阳	茂 陵	武 帝	御史大夫	《汉书》卷60
肖望之	东 海	杜 陵	宣 帝	御史大夫	《汉书》卷78
冯奉世	上 党	杜 陵	宣 帝	光禄大夫	《汉书》卷79
周 仁	东 平	阳 陵	景 帝	郎中令	《汉书》卷46
耿弇祖	巨 鹿	茂 陵	武 帝	二千石	《后汉书》卷19
王 商	涿	杜 陵	宣 帝	外 戚	《汉书》卷82
廉 范	中 山	杜 陵	汉 初	豪 族	《后汉书》卷31
梁 桥	北 地	茂 陵	武 帝？	訾千万	《后汉书》卷34
*陈 汤	山 阳	长 安	元成间	求 官	《汉书》卷70
辛庆忌	陇 西	昌陵、长安	成 帝	将 军	《汉书》卷69
赵充国	金 城	杜 陵	宣 帝	将 军	《汉书》卷69
窦融高祖	常 山	平 陵	宣 帝	二千石	《后汉书》卷23
班 况	雁 门	昌陵、长安	成 帝	外 戚	《汉书》卷100
籍 孺	？	安 陵	惠 帝	宠 臣	《汉书》卷93
闳 孺	？	安 陵	惠 帝	宠 臣	《汉书》卷93
冯 参	？（宜乡）	长 安	成 帝	特 许	《汉书》卷79
*司马相如	蜀	茂 陵	武 帝	孝文园令	《汉书》卷57

注：徙居人前有 * 者或系暂居，不一定已入籍关中。

元帝永光四年（前40年）开始不再设置陵县，并将诸陵县分属三辅（原属太常管辖），即作为一般县城。其原因，据当时诏令，是由于置陵县"令百姓远弃先祖坟墓，破业失产，亲戚别离，人怀思慕之心，家有不安之意，是以东垂被虚耗之害，关中有无聊之民，非久长之策也"[1]。但实际情况比这复杂得多，主要是由于：

1. 随着关中人口的增加和农业的发展，土地开发殆尽。武帝扩大了林苑，占据了大片可耕地，地少人多的矛盾更为突出。武帝太始元年徙郡国豪

---

1 《汉书·元帝纪》。

杰于茂陵的同时,也徙于云阳(《本纪》作云陵,师古注已指明其误)[1],就是因为渭水两岸人口已过于集中,而云阳一带人口还相对稀少。在长安周围渭水两岸和泾、渭交会处这一狭长地区已经有了相当密集的陵县,其中长安、茂陵到西汉末人口都在二十万以上,长陵也有十几万,其他陵县也都有几万或十余万,人口密度之高冠于全国[2]。加上宫殿、陵墓、官寺、池苑、兵营等又要占去很大面积,实际上回旋的余地极小,再要设置陵县已不可能。

2. 关东移民多为地主官僚,非生产人口比例很高。由于他们在政治、经济上享有种种特权,生活优越,妻妾众多,人口繁衍迅速,总人口中非生产人口比例越来越高。总人口,尤其是非生产人口增长的速度大大超过了当地粮食增产的速度,每年需要由关东输入的粮食越来越多,造成困难。

3. 安置徙入陵县的民户,一般要赐田宅、赐钱。在人口密集、土地占尽的情况下,已无田宅可赐,赐钱和建造陵县也需要大笔开支,这在朝廷财政日益困难的情况下自然无力负担。

4. 陵县中官僚地主、高訾富户、豪杰兼并之家集中,这些人声势煊赫、纵操睥睨,加上依附于他们的宾客爪牙狐假虎威、推波助澜,治理实非易事。主管陵县的太常,"烦剧多罪过"[3],被视为畏途。在政权控制力强时,有意识地将这些不稳定的因素置于近畿,朝廷是完全对付得了的;但在政治腐败、治理不力时就适得其反,难以收拾。西汉中期以后连长安的治安都很差[4],再增加陵县人口就更难控制。

5. 关东地主富户移居关中并非自愿,同样需要采取有力的强制措施,而且要冒着遭到反抗的危险。元帝时,政权日趋腐败,治理更加无能,只得力图缓和与关东地主的矛盾,以免加剧他们的反对。

总之,元帝罢陵县势在必行,不失为明智之举,而成帝再建陵县,终于以失败告终。

成帝鸿嘉元年(前20年),放弃原来已修了十年的延陵[5],又以新丰戏乡

---

1 《汉书·武帝纪》。

2 宋敏求《长安志》卷14引《关中记》:"元帝时,三辅七十万户,始断不复徙人陪陵。"按《汉志》户口数,元始二年三辅户口合计尚不足七十万户,而自元帝至平帝期间三辅人口即使没有新的移入,也不可能减少,因此此数显然有误。至于《汉志》三辅户口数有误的可能性虽不能完全排除,但尚无其他证据提出这种怀疑。

3 《汉书·韦贤传》。

4 宣帝时长安多人偷盗,见《汉书·张敞传》。闾里少年取富人为质,见《赵广汉传》。又多剽劫行者等,见《酷吏传·尹赏》。

5 《汉书·陈汤传》。

为昌陵。二年,徙郡国豪杰訾五百万以上五千户于昌陵,并在陵邑赐丞相、御史、将军、列侯、公主、中二千石冢地、第宅,以便建成后徙入[1]。由于不考虑实际可能,加上规划不善,"因卑为高,积土为山","卒徒工庸以巨万数,至燃脂火夜作,取土东山,且与谷同贾,作治数年,天下遍被其劳,国家罢敝,府藏空虚,下至众庶,熬熬苦之"[2],"物故流离以十万数"[3]。在民众与大臣的激烈反对下,永始三年(前14年)成帝不得不下诏罢昌陵,"徙家反故处"[4]。徙家大多返回原籍,大臣名家则乘机入籍长安,如将军辛庆忌[5]、外戚班况[6]等。

成帝昌陵并未建成,只能说是西汉陵县史上一段不成功的插曲,而陵县的建置至宣帝杜陵已告结束。

第三节　其他徙关中类型

西汉期间还有少数因其他种种原因进入关中的移民:

1. 名儒。元帝时孔霸,特诏由鲁移籍长安[7]。这种对象若非绝无仅有,也是极少的。

2. 受封关内侯或列侯贬爵为关内侯。按例在京无官职的列侯应就国,但关内侯得留长安,故也有人自愿贬爵为关内侯,以达到留居长安之目的,如宜乡侯冯参[8]。

3. 受经求学。武帝时,备博士弟子五十人,昭帝时增至百人,元帝时至千人,成帝时一度达到三千,常年保持一千[9]。这些人多数来自全国各地,学成后也有部分留在关中[10]。又如汝南翟方进家贫,赴长安受经,母也随入[11]。又如魏郡王禁,少学法律长安,为廷尉史[12]。

4. 求官。如陈汤,山阳瑕丘人,"少好书,博达善属文,家贫匄贷无节,不为

1　《汉书·成帝纪》。

2　《汉书·陈汤传》。

3　《汉书·楚元王传》附刘向。

4　《汉书·成帝纪》。

5　《汉书·辛庆忌传》。

6　《汉书·叙传》。

7　《汉书·孔光传》。

8　《汉书·冯奉世传》附冯参。

9　《汉书·儒林传》。

10　《汉书·儒林传》,公孙弘奏:"请选择其秩比二百石以上及吏百石通一艺以上补左右内史、大行卒史……"制可。是以博士弟子中不断有人补为吏,在长安任职。

11　《汉书·翟方进传》。

12　《汉书·元后传》。

州里所称。西至长安求官,得太官献食丞"[1]。又如临淄人主父偃,也是"不容于齐,家贫,假贷无所得","以诸侯莫足游者,元光元年,乃西入关见卫将军"[2]。

但是上述两种对象之留居关中,并不等于已经入籍关中,按当时的法令,他们不过是临时居留(尽管可以是终生或延续到下一代),一旦不担任官职就应返回原籍,他们的子女也不能改变原籍,除非获准徙居陵县。

5. 逃亡。如赵国邯郸人江充,得罪了赵太子,"遂绝迹亡,西入关","诣阙告太子丹……乱"[3]。此类人能入关,显然是利用了中央政权对诸侯王的疑忌,一般得罪官府或地主的逃亡者是不可能入关的。

6. 行医。如楼护之父,齐人,为医长安,护随父,且在长安学经,为京兆吏[4]。当然,多数进关中行医者只是流动人口,并不居留关中。如临淄淳于意行医,"左右行游诸侯",曾为安陵阪里公乘项处诊脉[5],可见曾入关,但返回齐郡。

7. 匈奴等少数民族归降、被俘、被征发及移居的人员。

据《汉书·百官公卿表》:"越骑校尉掌越骑,长水校尉掌长水、宣曲胡骑。又有胡骑校尉,掌池阳胡骑,不常置。"所谓"越骑"就是"越人内附,以为骑也。""长水、宣曲胡骑"即屯驻长水、宣曲的胡骑,"池阳胡骑"是屯驻池阳的胡骑。此外,三辅胡骑还有驻于长杨者,见《汉书·金日磾传》附金涉,师古注。这些军人来自南方的越族和西北边境的胡人,作为拱卫京师的精锐力量。由于来源有限,不可能像汉族兵士一样采用轮流服役的方法,因此基本上是长住关中的。

武帝时及此后与匈奴的战争中有不少归降和被俘的人员,这些人绝大多数不安置在关中,但也有少数例外。如金日磾,本匈奴休屠王太子,元狩中随昆邪王降汉后,与母弟没入官,输黄门养马[6]。后来日磾成为辅佐昭帝的大臣,子孙世代显贵,长住长安,完全汉化了。

在汉匈交往中,通婚并不少见,连忠于汉朝矢志不二的苏武也在匈奴娶妻生子。宣帝时,武与胡妇所生子通国随使者至,以为郎,留居关中[7]。张骞出使归来时也带回了匈奴妻子[8]。解忧公主出嫁乌孙,甘露三年(前51年)

1 《汉书·陈汤传》。

2 《汉书·主父偃传》。

3 《汉书·江充传》。

4 《汉书·游侠传·楼护》。

5 《史记·扁鹊仓公列传》。

6 《汉书·金日磾传》。

7 《汉书·苏武传》。

8 《汉书·张骞传》。

与孙男女三人归京师,后二岁卒,三孙留守坟墓[1]。

从上述七类人的来源和移居情况可以看出,他们的数量是很少的,而其中能正式入籍关中的更少。

关中是首都所在,作为政治、经济、文化中心,必然有相当多的流动人口。

流动人口中最大量的是关东流民。关东由于人口稠密、地少人多,人口相对饱和,一遇天灾便有大量流民,其中部分必然流向关中。但由于进入关中的通道都设关把守,统治者为关中的供应和治安考虑,一般是不许流民入关的。不过在灾情较大、流民聚集的情况下,为不致酿成骚乱,也曾多次开关放入流民,见于记载的有:

元帝初,"关东连年被灾害,民流入关"[2]。

河平元年(前 28 年),"流民欲入函谷、天井、壶口、五阮"[3]。

鸿嘉四年(前 17 年),成帝诏:"关东流冗者众,……流民欲入关,辄籍内。"[4]则必有相当数量流民入关。

地皇三年(公元 22 年),"流民入关者数十万人"[5]。

但流民入关只是暂时的安排,因为流民数量很大,不可能安置在关中狭窄的地带,其中部分通过关中徙入边郡,部分待灾情缓和后返回原地,留在关中的可能性很小。

长安及其周围经常要修建宫殿、官寺等,诸帝陵墓的建造更是一项旷日持久的工程,还要屯驻大量军队。因此常年都有大批来自全国各地的平民和刑徒服兵役或劳役。但这些人除死亡的外,期满后都返回原籍,不得留在关中。

各郡国的重大罪犯须送长安定罪或受刑,重大案子的当事人、证人都须集中到长安听审。但在定罪服刑或结束后都安置边郡或遣返原籍。

各部刺史每年奏事京师,各郡国每年派掾史来京上计,并有若干吏卒同行[6]。但西汉尚未发现上计吏留在朝廷任职的记载。

各地商人。进入关中的各处关口除控制出入外,还收商税[7],所以商人出入关中须凭文书及纳税。从此也可看出进出关中的商人必不少。

1 《汉书·西域传·乌孙》。
2 《汉书·于定国传》。
3 《汉书·成帝纪》。
4 《汉书·成帝纪》。
5 《汉书·王莽传》。
6 《续汉书·百官志》,详见《秦汉的上计和上计吏》。
7 《汉书·酷吏传·义纵》。

求学、行医等人员,除前述少数留居关中外,多数也是流动人口。

匈奴、西域的使者和商人。在张骞通西域和武帝击败匈奴后,匈奴和西域的使者、商人不绝,使者也往往兼营贸易。这些人多数往返于长安与匈奴、西域之间,但长安也常有不少胡人,如长安有槀街蛮夷邸[1],显然是专用于接待各国人员的馆舍。武帝曾多次招待"外国客"[2]。又如成帝时曾"大夸胡人以多禽兽",在长杨宫射熊馆置禽兽,"令胡人手搏之"[3]。元始五年(公元 5 年),王莽掘共王母、丁姬故冢时,参加的十余万人中就有"四夷"[4]。

第四节　自关中迁出的类型

与迁入的次数与规模相比,从关中迁出的人口要少得多,而且除了文景时曾有过较多人口迁出外,几乎再没有大规模迁出。

迁出的主要原因和情况如下(表 12):

表 12　自关中迁出实例表

徙 往 地 点	被 徙 对 象	徙出时间	备　注	资料来源(《汉书》卷数)
合浦	淳于长妻子	成　帝		93
	浩商家属	成　帝		84
	王章妻子	成　帝	后归故郡	76
	息夫躬妻与家属	哀　帝		45
	张由、史立	平　帝		77
	毋隆将、丁玄、赵昌	平　帝		77
	傅晏及家属	平　帝		97、82
	董贤之父、弟及家属	平　帝		93
	冷褒、段犹等(议立定陶恭王庙号者)	平　帝		60、86
	孙宠、右师谭	平　帝		45
	卫宝之女(中山王后)	平　帝		97

1　《汉书·陈汤传》。

2　《汉书·武帝纪》及《三辅黄图》卷 4。

3　《汉书·扬雄传》。

　4　《汉书·外戚传·定陶丁姬》。

徙往地点	被徙对象	徙出时间	备　注	资料来源（《汉书》卷数）
故郡(山阳)	成帝许后亲属	成帝		97
（济南）	石显与妻子	成帝	石显道病死	93
（魏郡）	淳于长母	成帝	后还长安,复徙	93
（上党）	外戚冯氏宗族	哀帝		79、97
（河内）	傅迁、傅嘉、外戚傅氏宗族	平帝		81、97
（山阳）	外戚丁氏宗族	平帝		97
（巨鹿）	董贤母	平帝		93
敦煌	戾太子乱时,吏士劫掠者	武帝		66
	陈汤、解万年	成帝	陈汤改徙安定、后归长安	70、84
	薛况	哀帝		83
	李寻、解光	哀帝		75
	唐林	哀帝		77
酒泉	杨恽妻子	宣帝		66
上党	鲍宣	哀帝		72
辽西	赵钦、赵䜣、外戚赵氏家属	哀帝		97
边地	京房及张博兄弟三人妻子	元帝	具体郡不详,后还	80

　　1. 诸侯王、列侯就国。如前所述,文帝以后,除在中央政权任职及特许者外,列侯就应就国;诸侯王一般也就国,且不能随意来京。(有的列侯原来就非关中籍,只是从原籍徙入封邑。)一旦废绝,这些人就留居原地,不得再返回关中。在朝廷任职的列侯被免职后也应就国,如息夫躬[1]、王莽[2]等。特许的例子不多,如刘富,"更封为红侯,太夫人与窦太后有亲,惩山东之寇,求留京师,诏许之。"[3]又如前述宜乡侯冯参,不惜自愿贬爵,始获特许。

　　2. 大臣免职后徙归故郡,如安帝时,傅太后从弟傅迁"免官遣归故郡",侍中傅嘉免为庶人,"归故郡"[4]。大臣处死后,家族徙归故郡,如冯参

1　《汉书·息夫躬传》。

2　《汉书·王莽传》。

3　《汉书·楚元王传》。

4　《汉书·孔光传》。

家族[1]等。据前引《陈汤传》，非关中籍的大臣死后，家属也应归原籍。外戚因后妃被废徙归故郡，如外戚丁、傅、许家[2]。

3. 大臣获罪后与其家属徙边，地点有：

敦煌，如陈汤（后改安定）、解万年[3]、薛况[4]等；

酒泉，如杨恽妻子[5]；

辽西，如赵钦家属[6]；

合浦，如息夫躬妻[7]、王章妻子[8]、傅晏及其家属[9]等；

上党，如鲍宣[10]；

也有不详具体地点者，如京房家属[11]。

这些人中，部分日后准许徙归故郡，但允许回长安及关中的是少数。（以上二项详见表12。）

4. 吏民、刑徒从军及戍边。见于记载的有：

元狩五年（前118年），"徙天下奸猾吏民于边"。

元封二年（前109年），"募天下死罪击朝鲜"。

太初元年（前104年），"发天下谪民西征大宛"。

天汉元年（前100年），"发谪戍屯五原"。四年，"发天下七科谪及勇敢士"，遣李广利等征匈奴[12]。

这几次是普遍征发，自应包括三辅在内。

征和二年（前91年），戾太子与丞相在长安大战后，"吏士劫略者，皆徙敦煌郡"[13]。这次变乱牵涉人很多，徙出人口也必不少。

元凤元年（前80年），发三辅、太常（即诸陵县）徒，击武都氐人。五年，"发三辅及郡国恶少年吏有告劾亡者屯辽东"[14]。这两次或全征三辅，或三辅

1　《汉书·外戚传》孝元傅昭仪、孝成许后、赵后。

2　《汉书·外戚传》孝元傅昭仪、孝成许后、赵后。

3　《汉书·陈汤传》。

4　《汉书·薛宣传》。

5　《汉书·杨敞传》附杨恽。

6　《汉书·外戚传》孝元傅昭仪、孝成许后、赵后。

7　《汉书·息夫躬传》。

8　《汉书·王章传》。

9　《汉书·外戚传》孝元傅昭仪、孝成许后、赵后。

10　《汉书·鲍宣传》。

11　《汉书·武五子传·淮阳宪王》。

12　《汉书·武帝纪》。

13　《汉书·刘屈氂传》。

　14　《汉书·昭帝纪》。

占相当比例。

从军或戍边并非不能返回,但战争及边防的死亡很多,如李广利征大宛,"岁余而出敦煌六万人,负私从者不与",战败后"入玉门者万余人"[1]。因此,每次征发实际上就减少了当地人口。

西汉时关中自然条件比关东优越,水利灌溉也比较发达,所以除初年的大灾曾造成"民就食巴蜀"[2]的后果外,未见大灾和流民的记录,直到新莽末年关中才有大量人口外流。

第五节　人口迁移数的推测

关于迁入、迁出关中的人口数,史料中缺乏记载,仅高祖九年徙民有十余万口的数字可考。但正如前面所论证的,迁入关中人口主要通过徙陵县的方式,因此如能推算出徙陵县的人口数,关中人口迁徙数也大致可知了。

西汉一代正式的徙陵县是七次,其中高祖长陵估计即是安置高祖九年徙入的十万人中大部分人口,武帝茂陵前后徙了多次。此外,南陵未见专有徙户,云陵仅在三辅范围内徙入,奉明县称"益满",只是附近徙入加上其自然增殖。而昌陵罢后,所徙民户多数返回故乡。

《关中记》云:"徙民置县者凡七,长陵、茂陵各万户,余五陵各五千户。"[3]每帝徙陵县的规模大约是五千户,还可从下列几点得到证实:1. 成帝徙昌陵是五千户,陵县有一定规制,成帝不至于超过前代诸帝,但也不至太少。2.《关中记》载惠帝安陵徙户五千,正与昌陵数合,当非偶然。3. 昭帝母赵婕妤为追尊之太后,其云陵尚且徙户三千,则帝陵自应多于三千。

《元和郡县图志》卷1:"汉徙关东豪族以奉陵邑,长陵、茂陵各万户,其余五陵各千户。"千户数有误,五陵不可能比赵婕妤陵县徙户还少,也不会仅是长陵、茂陵之十分之一。"千户"前当有一"五"字。《太平寰宇记》卷26作"其余五陵各五百户","百"字当为"千"字之误。

当然各陵县实际人口不止五千户,因为各县多少有些原来的居民,还有从其他陵县徙入者,包括随时帝而徙的大臣家。陵县设置时间不一,即使以同样户数为起点,每年人口平均增长率相同,最终的人口数也是不相同的。

根据徙入年份、人口约数(每户以4.5人计)和人口年平均增长率(以略

1　《汉书·李广利传》。
2　《汉书·食货志》。
3　《长安志》卷14引。

高于同期全国平均数的 9‰ 计),至西汉末年的元始二年,移民后裔的总数即可推算出来(见表 13):

表 13　西汉徙陵县人口及其后裔统计表

次数	徙入时间(公元前)	徙入人口约数(万)	元始二年人口约数(万)
1	高祖九年(198)	10.00	60.01
2	惠帝七年(188)	2.25	12.35
3	文帝十年(170)	2.25	10.51
4	景帝六年(151)	2.25	8.86
5	武帝建元二年(139)	2.25	7.89
6	元朔二年(127)	2.25	7.15
7	太始二年(95)	2.70	6.44
8	宣帝本始二年(72)	2.25	4.37
9	元康二年(64)	2.25	4.06
合　计		28.45	121.63

因此,西汉一代从关东徙入关中人口的累计数近 30 万,而至西汉末年,在关中的关东移民后裔已有约 121.6 万,几乎占三辅人口的一半。由于居住集中,长安和陵县中移民后裔所占的比例更高。移民中贵族、豪强、地主多,附庸人口也多,所以每户徙入的实际人口可能不止 4.5 人,那么这项估计数字还是保守的。

考虑到高祖时的移民可能不止十万,而徙丰民一项又未计入,大致可以抵消文帝时及景帝初的迁出;其他时期的出入大致相当,则上述数字可以看作关中因移入人口而增加的人口总数。

第六节　人口迁移的特点和影响

西汉期间关中的人口迁移具有三个显著的特点:1. 移民以关东为主要来源。2. 迁入人口大大超过迁出人口。3. 无论迁入或迁出,基本都是出于行政命令的强制性迁移,出于地理、经济、社会等因素的自然迁移极少。

西汉初年,关中人口稀少、经济残破,中央政权直接统治区的人力物力有限,而诸侯王国占据了大片土地和大量人口。匈奴乘机南侵,逼近关中。因此,采用行政手段强制迁入六国贵族后裔、豪强、富户、官吏等,对于增强关中实力,巩固中央政权,削弱割据势力、控制并最后击败诸侯国的反叛,对于遏制匈奴的侵略、稳固西北边区,无疑起了很大的作用。同时把这些潜在的政敌和不稳定分子置于中央政权强有力的控制之下,也有利于政权的长期稳定。这些,也正是西汉统治者大规模移民实关中的目的所在。

迁入关中的对象中不少是高訾富户、豪杰兼并之家,他们的离开一定程度上缓和了关东的土地矛盾,抑制了土地兼并和世袭大地主家族的形成。特别是在西汉中期关东人口激增、地少人多的情况下,这种迁徙对于解决关东人口的相对过剩起了一定的作用。因为封建社会里地主人口的增长率一般高于农民和总人口的增长率,所以地主的迁出对于减少当地人口的作用比他们的实际数字要大得多。

关东的经济基础比关中发达,在文化上更占据了明显的优势,徙入关中的人口中不少人具有较高的文化程度和政治、经济才干。西汉政权中的大臣,绝大多数是来自关东或是关东移民的后裔。关东移民大大促进了关中农业的扩展、经济的开发和文化水准的提高,也促进了各地经济、文化、技艺的交流。

但是,在中期以后,移民的数量超过了关中本地产粮所能负担的程度,每年自关东输入关中的粮食大量增加。加上朝廷对徙入陵县的对象都要赐田宅、赐钱,数额很大,这些都大大加重了人民的负担。

陵县的设置往往不考虑客观条件,为了表示对皇帝的尊崇,陵县必须凑满一定的户数,在三辅范围内也要人为地进行大量不必要的迁徙,不少大臣随时帝在陵县间多次迁徙(见表14),由此造成的浪费和损失当然全部落在劳动人民头上。与从关东移民的作用相反,这种主要在陵县间的迁徙完全是违背客观需要的,对关中的开发和整个经济的发展毫无积极作用可言。

表 14　关中内部迁徙实例表

徙　居　人	原　籍	徙　入　地	资料来源
石奋、石建	长　安	茂　陵	《汉书》卷 46
司马迁	夏　阳		《史记》卷 130
张安世	杜　陵	平　陵	《汉书》卷 59
	茂　陵		《汉书》卷 59
	平　陵		《汉书》卷 59
杜延年	茂　陵	杜　陵	《汉书》卷 60
韦玄成	平　陵		《汉书》卷 73
张　敞	茂　陵		《汉书》卷 76
黄　霸	云　阳		《汉书》卷 89

　　"强干弱支"的政策也具有镇压劳动人民的一面。在被迁陵县的"豪杰""群盗"中必然包括不少反抗地主压迫的农民和具有正义感的人士。而且地方官吏为了媚上取宠,或达到个人目的,擅自扩大迁徙范围或者勒索滋事也在意料之中,因此成为一项弊政,在中期尤其如此。

第九章

西北地区的人口迁移

第一节　内地人口徙边

西汉初年，匈奴内侵，不仅秦始皇新拓疆土失尽，而且塞内也被侵占。高祖定都关中前夕，"匈奴河南白羊、楼烦王，去长安近者七百里，轻骑一日一夕可以至"[1]。秦时移民大多已逃离[2]，留居原地的也被匈奴掳掠，随匈奴迁徙（详见下述）。汉初数十年，匈奴侵扰不绝，几乎每年入塞劫掠。文帝十四年（前166年），匈奴十四万骑入朝那、肖关，甚至逼近长安[3]。

文帝时，晁错针对边防空虚，提出募民徙塞下，建议"乃募罪人及免徒复作令居之；不足，募以丁奴婢赎罪及输奴婢欲以拜爵者；不足，乃募民之欲往者，皆赐高爵，复其家。予冬夏衣、廪食，能自给而止。……其亡夫若妻者，县官买予之。……胡人入驱而能止其所驱者，以其半予之，县官为赎其民"[4]。这项建议为文帝所采纳并予实行。

但从各方面情况看，实际效果不大。这是因为当时关东还有不少荒地没有垦复，人口压力并不大。即使遇到水旱灾害，灾区农民流亡之后，也完全可以返回家乡，或在附近其他地区定居。各国诸侯与朝廷分庭抗礼，正千方百计与朝廷争夺民户，当然不会允许自己所属的人口迁走，而诸侯王辖境占关东大部，是主要的移民来源。加上匈奴经常侵扰，边境条件艰苦，朝廷经济实力有限，因此计划虽好，实际上是无法实行的。即便有些移民，数量也很有限。

但到武帝时条件起了变化：关东土地开垦殆尽，人口压力已相当大，一

1　《汉书·刘敬传》。

2　《汉书·匈奴传》。

3　《汉书·匈奴传》。

4　《汉书·晁错传》。

遇灾害便有大批流民;诸侯国虽还有,已只是衣食租税,对朝廷唯命是从;对匈奴用兵不断取得胜利,不仅收复了秦末的失地,而且开拓了新的疆域。同时,经过数十年的积累,物力雄厚,可以向边区调运大量粮食,保证移民的生活。因此,武帝时对西北边境实行了几次大规模的人口迁移。

元朔二年(前127年),"收河南地,置朔方、五原郡"。是年夏,募民徙朔方十万口[1]。这是西汉第一次对西北边疆的大规模移民。应该指出,这里的朔方是一个地区的概念,并不限于《汉志》朔方郡的范围。当时朔方郡刚置,辖境不可能十分明确,以后也不可能没有变化。朔方、五原都是新置郡,五原当也有移民徙入。另外,西河郡辖县中有很多确址无考,其地当在该郡北部与朔方、五原相邻处,估计不少县就是在这次移民的基础上设立的。因此这次移民的安置地区应包括今黄河和乌加河之间的河套平原以及黄河以南地区。

元狩四年(前119年),关东连年遭受水灾,流民无法安置,"乃徙贫民于关以西,及充朔方以南新秦中"[2],共有七十二万五千人[3]。这是对西北边疆移民中人数最多的一次。

这次移民移入的地区,据《汉书·武帝纪》,是陇西、北地、西河、上郡、会稽。会稽二字是衍文,说见第十章第三节。此外尚应包括河西,其理由是:这次移民的内部原因固然是自然灾害,但其外部原因则是在此二年之前,"匈奴昆邪王杀休屠王,并将其众合四万余人来降"[4]。《汉书·匈奴传》说得很清楚:"于是汉已得昆邪,则陇西、北地、河西益少胡寇,徙关东贫民处所夺匈奴河南地新秦中以实之,而减北地以西戍卒半。"西河郡的南部地处山区,不可能安置移民,但其北部秦长城之外有大片新辟地。《汉志》西河有三十六县,多数当在北部,这些县显然是因移民而设。当时陇西尚未析置安定、金城[5],陇西的东部地近关中,人口并不缺乏,安置移民自应在其西部,包括新近自匈奴获得的土地以及原来因受匈奴侵扰而不适宜定居的缘边地区。总之,这一地区的范围大致应包括今内蒙南部、山西西北部、陕西西北部、宁夏南部和甘肃省中、西部,也即沿秦长城(故塞)内外以及河西。

元鼎六年(前111年),羌人被逐出湟水流域,退至青海湖(鲜水海)及其

1　《汉书·武帝纪》。

2　《史记·平准书》。

3　《汉书·武帝纪》。

4　《汉书·武帝纪》。

　5　据《汉志》,安定置于元鼎三年,金城置于昭帝始元六年。

西地区,汉人开始向湟水流域移殖[1]。随着移民的增加,县城渐次设立。昭帝始元六年(前81年),从天水、陇西、张掖三郡析置金城郡,由于辖境都是新辟疆土,该郡的居民几乎全是内地移民。

在向西北大规模移民之后,又在"上郡、朔方、西河、河西开田官,斥塞卒六十万人戍田之"[2]。这六十万戍卒当然不像移民那样定居,多数是定期轮换的,而且并不一定始终保持这样一个数额。但开垦的规模如此之大,常年保持的人口必定也相当可观。

关于武帝设置河西四郡(武威、张掖、酒泉、敦煌)的时间和次序,《汉书》中说法不一,至今还没有一种为大家所接受的说法,限于篇幅,本文不拟讨论。但四郡的人口基本都是内地移民这一点却是确定无疑的。移民始于元狩四年,以后续有增加。部分移民并非一次定居,而是随着汉朝势力的扩张和巩固逐步由内向外缘移居。

征和二年(前91年)戾太子发兵被平息后,对在变乱中"吏士劫略者,皆徙敦煌郡"[3]。这次变乱牵涉人很多,徙敦煌人口也必不少。

昭帝始元二年(前85年),"冬,发习战射士诣朔方,调故吏将屯田张掖郡"[4]。屯田人员中有部分会成为当地定居人口。

当时,"自敦煌西至盐泽,往往起亭,而轮台(今新疆轮台县东)、渠犁(今新疆库尔勒)皆有田卒数百人"[5]。元凤四年(前77年)又在伊循(今新疆若羌县东)屯田,后更置都尉。宣帝时,屯田远达车师(今新疆吐鲁番盆地)、莎车(今新疆莎车)、北胥鞬(今地无考),设有屯田校尉。元帝时,复置戊己校尉,屯田车师前王庭(今新疆吐鲁番县西)[6]。但这些屯田范围较小,徙入人口不多且不稳定。

平帝元始四年(公元4年),王莽执政,招诱羌人纳土,在湟水以西、青海湖周围地区置西海郡,"徙天下犯禁者处之"[7]。王莽为增加西海人口,把它作为罪人徙置的主要地点,"又增法五十条,犯者徙之西海,徙者以千万数"。始建国二年(10年),"禁民不得挟弩铠,徙西海"[8]。但在王莽败后,羌人即将

1 《后汉书·西羌传》。

2 《汉书·食货志》。

3 《汉书·刘屈氂传》。

4 《汉书·昭帝纪》。

5 《汉书·西域传》。

6 《汉书·西域传》。

7 《汉书·平帝纪》。

8 《汉书·王莽传》。

郡地夺回[1]，移民也就不复存在。

自武帝开始，对西北边区的移民遍及朔方、五原、西河、上郡、北地、安定、陇西、天水、金城、武威、张掖、酒泉、敦煌诸郡，而以朔方、五原、金城及河西四郡最为集中。

《汉志》在叙述河西四郡风俗时指出："其民或以关东下贫，或以报怨过当，或以悖逆亡道，家属徙焉。"实际上这是西北边区移民的共同特点。西北地区移民的来源：一是关东贫民，其主要成分是元朔二年的十万和元狩四年的七十二万五千。另一类是被强制迁移的罪犯及其家属，他们的来源不限于关东，但仍以关东为主。这类人中还包括有罪的官吏及其家属，见于记载的基本都来自长安或三辅，已列于第八章第四节表13。另外，有的虽不属罪犯，但被朝廷根据某种特定标准强制迁移的，如元狩五年（前118年），"徙天下奸猾吏民于边"[2]。被徙的官吏及其家属人数有限，部分有返回的机会。占多数的普通罪犯及其家属则不见于记载，他们是不准迁回内地的。

移民有数量可考的即达八十二万五千。移民从关东到西北要经过长途跋涉，边区自然、物质条件艰苦，定居开垦需要时间，移民的有偶率低，罪犯尤其如此，因此移民的人口增长率较低。但即使以平均年增长率3‰计，到元始二年，这八十多万人的后裔已达一百二十万，加上零星小批移民和罪犯，内地移民及其后裔至少有一百五十万。根据《汉志》西北各郡户口数分析，可以断言：河西四郡、金城、朔方、五原等郡基本由移民组成，北地、西河、上郡移民均占总人口一半以上，陇西天水，安定也有一定数量的移民。

在移民进入之前，西北边区长期处于无人居住或未开发状态，或者仅作为游牧之地。移民的进入使其中一些自然条件比较适宜的地区得到初步开发，来自关东农业发达地区的移民带来了先进的农业技术，在土地充足的情况下，较快建成了一些小规模的农业区。例如神爵元年（前61年），金城、湟中谷斛八钱[3]，这说明当地产粮大致已能满足人口需要，因为如果依靠内地供应，数量必受限制，价格也不可能如此低。

但是边地"习俗颇殊，地广民稀，水草宜畜牧"[4]，主要的经济还是牧业。由于内地移民多数习惯于单一的农业经济，他们定居边区以后多数人也还是开荒种地，所以在移民集中的地区往往出现天然植被破坏，水土流失加

1　《后汉书·西羌传》。

2　《汉书·武帝纪》。

3　《汉书·赵充国传》。

4　《汉书·地理志》。

剧,土地沙化、盐碱化,甚至导致沙漠的扩大。

由于移民基本都是底层贫民,文化程度低下。加上边区以加强防卫为主要目标,日常生活始终保持一定的军事性质。所以人口的增加并没有带来文化上的提高和发展。

移民成分复杂,富于反抗性。为了稳定边境,增加军事实力,地方官不得不采取不同于内地的治理方法:"保边塞,二千石治之,咸以兵马为务;酒礼之会,上下通焉,吏民相亲。是以其俗,风雨时节,谷籴常贱,少盗贼,有和气之应,贤于内郡。"[1]在匈奴臣服、不再构成军事威胁的情况下,北边出现了"边城晏闭,牛马布野,三世无犬吠之警,黎庶亡干戈之役"[2]的安宁局面。

但另一方面,边区的自然条件毕竟很差,移民徙边都是出于无奈或受到强制,因而统治者通过严格的法律措施或习惯做法加以限制。

一是移民不得移居内地。《后汉书·张奂传》:"旧制边民不得内徙",直到张奂才作为特殊恩宠由敦煌徙户弘农。这一条应是自西汉沿袭下来的制度。

二是刑法重于内地。《后汉书·光武帝纪》:建武十八年(公元42年)四月甲戌诏曰:"今边郡盗谷五十斛,罪至于死,开残吏妄杀之路,其蠲除此法,同之内郡。"时光武立国不久,不可能已在边郡另立新章,从诏书也可看出,此必是西汉旧制无疑。

三是移民的政治、经济地位很低。"旧内地徙人在边者,率多贫弱,为居人所仆役,不得为吏"。[3]这虽非法律,但也是长期习惯。所谓"居人",大概是早期定居的或已取得社会地位的内地移民。在原来有少量汉人的边郡,这也可能是指有势力的土著。

因此,实际上多数移民的境遇是很差的,作为移民定居的自然经济、政治基础是不巩固的。一旦统治者的压榨超过了移民可以忍受的程度,或正常的封建秩序瓦解,或战乱发生,就必然出现新的人口流动。正因为如此,西汉对西北边区移民的成果到东汉时大多没有保持。

还必须指出,由于西北地区缺乏农业开发的基础,移民初期的粮食供应必须依靠政府的调拨。元狩四年徙民七十万,以平均每人每年需粮十八石计,至少需要一千三百万石,是关东输关中粮食数量最高年份的六百万担的两倍多。在开始几年,还需"贷与产业"提供种子、饲料、农具等,以致"费以

1　《汉书·地理志》。

2　《汉书·匈奴传》。

3　《后汉书·贾复传》。

亿计,县官大空"[1]。这种大规模的移民,只有在财政宽裕、粮食积聚充分的情况下才有可能进行。因此,这种行动的经济意义,显然远远不如政治和军事上的作用。

第二节　匈奴人的内徙

从汉初的军事冲突开始,汉、匈奴双方互有降掳。至武帝中期以前,匈奴的降人或俘虏都是零星少量的。对有地位的匈奴降人,一般采取封侯的形式安置在内地,根据《汉书·功臣侯表》的记载至少有 32 人(见表 15)。这些侯国大多在关东人口稠密地区,它们存在的时间虽然都不太长,但受封的匈奴人及其家属、随从也就在该地入籍,逐渐融合在包围着他们的汉人之中了。部分匈奴降人被征从军,如表中有宜冠侯高不识、煇渠忠侯仆朋等都是以"故匈奴归义"的身份参加对匈奴的战争立功封侯的。至于俘虏的安置,由于数量很少,未见任何记载。

在武帝对匈奴大规模用兵以后,匈奴降人、俘虏大大增加,至元狩二年(前 121 年)匈奴昆邪王降汉之前,匈奴降人、俘虏大约已有二三万人了[2]。元狩二年秋,昆邪王率四万余人降汉,至此,原有的安置办法已完全不适应了。

因此,"乃分处降者于边五郡故塞外,而皆在河南,因其故俗为属国"[3]。这就是五属国。据《汉志》,五属国的治所是:陇西治勇士(元鼎后析属天水,今甘肃榆中北),北地治三水(元鼎后析属安定,今宁夏同心东),上郡治龟兹(今陕西榆林北),西河治美稷(今内蒙古准格尔旗西北),五原治蒲泽(今地无考,大约在内蒙古达拉特旗、准格尔旗一带)[4];都在秦长城之外,黄河的东南。属国治所周围土地空阔,汉族居民很少,匈奴人还是保留他们的故俗,当然是以牧为主,因而匈奴人居住地区当在各该治所周围,而不限于这一据点。安置在五属国的匈奴人以来自河西的昆邪王降众为主,但其他大批匈奴降人、俘虏应也有大部分安置在属国。

1　《汉书·食货志》。

2　据《汉书·武帝纪》《匈奴传》《卫青霍去病传》等统计:元朔元年"获首虏数千级",二年"获首虏数千级",其中"捕伏听者三千一十七级",五年"首虏万五千级"(又作"得右贤王人众男女万五千人"),元狩二年"首虏三万二百"。由于杀、掳二项不分,难以统计确切的俘虏数,只能估计。

3　《汉书·卫青传》。

　4　据谭其骧《西汉地理杂考》,《益世报》1942 年 3 月 24 日。

匈奴降人的安置虽然是"因其故俗"，但采取了加强监督、控制的措施。昆邪王等首领分别以封侯的方式安置在平原、南阳、济南等郡（见表15）。汉承秦制，原来就设有"掌蛮夷降者"的典属国，至此，又在各属国置设都尉、丞、侯、千人[1]，具体实施监督和控制由典属国统制。匈奴内部的组织形式、职务仍其旧制。如《汉书·功臣侯表》有昆侯渠复絫，身份是属国大渠首，从姓氏看，此人为匈奴人无疑，"大渠首"则是属国内匈奴系统的职称。

表15　匈奴降人封侯内徙例表

侯国名、受封人	原　身　份	受封时间（公元前）	所在郡国
弓高侯韩颓当	匈奴相国（故韩王子）	文帝十六年（164）	河间
襄城侯韩婴	匈奴相国（韩王信孙）	文帝十六年（164）	魏（郡）
安陵侯于军	匈奴王	景帝中三年（147）	平原
桓侯赐	匈奴王	景帝中三年（147）	
遒侯陆疆	匈奴王	景帝中三年（147）	
容城（携）侯徐卢	匈奴王	景帝中三年（147）	
易侯仆黥	匈奴王	景帝中三年（147）	
范阳侯范代	匈奴王	景帝中三年（147）	涿郡
翕侯邯郸	匈奴王	景帝中三年（147）	魏郡（内黄）
亚谷侯卢它之	匈奴东胡王（卢绾子）	景帝中五年（145）	
翕侯赵信	匈奴相国	武帝元光四年（131）	魏郡（内黄）
特辕侯乐	匈奴都尉	元朔元年（128）	南阳
亲阳侯月氏	匈奴相	元朔二年（127）	颍川（舞阳）
若阳侯猛	匈奴相	元朔二年（127）	南阳（平氏）
涉安侯於单	匈奴单于太子	元朔三年（126）	
昌武侯赵安稽	匈奴王	元朔四年（125）	颍川（舞阳）
襄城侯桀龙	匈奴相国	元朔四年（125）	上党（襄垣）
潦侯王援訾	匈奴赵干	元狩元年（122）	颍川（舞阳）
宜冠侯高不识	故匈奴归义	元狩二年（121）	琅邪（昌）
辉渠侯仆朋	故匈奴归义	元狩二年（121）	南阳（鲁阳）
下摩侯谞毒尼	匈奴王	元狩二年（121）	河东（猗氏）
湿阴侯昆邪	匈奴昆邪王	武帝元狩三年（120）	平原

[1] 《汉书·百官公卿表》。

续　表

侯国名、受封人	原　身　份	受封时间(公元前)	所在郡国
煇渠侯应疕	匈奴王	元狩三年(120)	南阳(鲁阳)
河綦侯乌黎	匈奴右王	元狩三年(120)	济南
常乐侯稠雕	匈奴大当户	元狩三年(120)	济南
杜侯复陆支	匈奴归义因淳王	元狩四年(119)	勃海(重平)
众利侯伊即轩	匈奴归义楼剸王	元狩四年(119)	
湘成侯敞屠洛	匈奴符离王	元狩四年(119)	(阳成)
散侯董舍吾	匈奴都尉	元狩六年(117)	(阳成)
臧马侯雕延年	匈奴王	元狩六年(117)	琅邪(朱虚)
膫侯次公	匈奴归义王	元鼎四年(113)	颍川(舞阳)
开陵侯成娩	故匈奴介和王	？	

由于匈奴人精于骑射、骁勇善战,除有部分降人被征从军,并有人以军功封侯外,还有一些人被选编为一支特种部队,作为拱卫京师的精锐力量,驻扎在长安附近。《百官公卿表》:"长水校尉掌长水、宣曲胡骑。又有胡骑校尉,掌池阳胡骑,不常置。"据师古注:"宣曲,观名,胡骑之屯于宣曲者。""胡骑之屯池阳者。"而长水为关中川名,长水胡骑也即胡骑之屯于长水者。该二校尉"皆武帝初置"。胡骑校尉是临时设置,可能是匈奴降人数量多时收编的,但长水校尉是常制,必定是以属国的降人为经常性的补充来源。属国胡骑还经常受到临时征发,如李广利征大宛,发属国六千骑[1]。又如赵破奴击姑师,也曾发属国骑[2]。

少数曾经顽抗或有罪的匈奴人则另行处置,如金日磾"本匈奴休屠王太子也……日磾以父不降见杀,与母阏氏、弟伦俱没入官,输黄门养马"。从本传看,当时没入官的也不止日磾一家。

在元狩二年以后,还有几批数量较多的匈奴、西域降人。

元狩四年,卫青、霍去病远征匈奴,卫青"行捕斩首虏凡万九千级",霍去病"得胡首虏凡七万余人"[3],估计俘虏有二三万以上。

天汉二年(前99年),李广利与右贤王战于天山,"斩首虏万余级"。李陵

1　《汉书·李广利传》。

2　《汉书·西域传》。

　3　《汉书·匈奴传》。

出居延北，也"斩首虏万余级"[1]，但李陵不久即兵败而降，所以不可能将俘虏带回。

征和四年（前 89 年），汉重合侯莽通将四万骑击匈奴。"是时，汉恐车师兵遮重合侯，乃遣开陵侯将兵别围车师，尽得其王民众而还"[2]。而《西域传》称"复遣开陵侯将楼兰、尉犁、危须凡六国兵别击车师……车师王降服，臣属汉"。又有宣帝时"车师复通于汉"云云，则此次并未将车师民徙尽，或仅徙其中一部。又同传载武帝轮台罪己诏"前开陵侯击车师时，危须、尉犁、楼兰六国子弟在京师者皆先归，发畜食迎汉军，又自发兵，凡数万人，王各自将，共围车师，降其王。诸国兵便罢，力不能复至道上食汉军。汉军破城，食至多，然士自载不足以竟师，强者尽食畜产，赢者道死数千人"。可见汉军也不可能将车师人带回汉地，所谓"尽得其王民众而还"只是将车师人从其故地徙走，可能即分给出兵的西域六国。如元帝时甘延寿、陈汤击郅支单于，"生虏百四十五人，降虏千余人，赋予城郭诸国所发十五王"[3]。

《续汉书·郡国志》载有张掖属国，亦武帝时置。据上述分析，唯一可能是为安置元狩四年降人而设，其时五属国设置不久，不便骤增数万降人，所以在张掖另辟新点。宣帝初，张掖尚有属国都尉，见《匈奴传》，但《汉志》无张掖属国，则元始前已撤废。

本始三年（前 71 年），校尉常惠将乌孙兵入匈奴右地，"获单于父行及嫂、居次、名王、犁汙都尉、千长，将以下三万九千余级"[4]，加上其他将领的战果，斩俘共有四万二千余。"其后汉出三千余骑，为三道，并入匈奴，捕虏得数千人还"[5]。

地节三年（前 67 年）秋，"匈奴前所得西嗕居左地者，其君长以下数千人皆驱畜产行，与瓯脱战，所战杀伤甚众，遂南降汉"[6]。据孟康注，西嗕"匈奴种也"。由于沿途死伤大，进入汉地的人已不多。

神爵二年（前 60 年）秋，匈奴日逐王先贤掸将人众万余降[7]。

五凤二年（前 56 年）冬，匈奴呼邀累单于率众五万余降。次年，"置西河、

1　《汉书·武帝纪》。

2　《汉书·匈奴传》。

3　《汉书·匈奴传》。

4　《汉书·匈奴传》。

5　《汉书·匈奴传》。

6　《汉书·匈奴传》。

7　《汉书·宣帝纪》。《匈奴传》作数万，《郑吉传》作"口万二千人，小王将十二人"，但"颇有亡者"，故从《宣帝纪》。

北地属国以处匈奴降者"[1]。西河,元狩初已置属国,至此再置,或者原属国曾罢,至是恢复;或者别是一处。北地属国,《汉志》也不载,当罢于元始前。

置于属国的匈奴人时有逃亡出塞。据《冯奉世传》,昭帝末,西河属国有数千人叛逃。元帝初,上郡属国万余人反去。这样大规模的逃亡,可能就是某些属国罢废的原因。

匈奴是游牧民族,徙于属国后,基本条件并未改变,人口出生率不会增加,如果以平均年增长率千分之二左右计算,那么至元始二年,内徙的匈奴人可能接近二十万。内徙的匈奴人绝大多数居于秦长城之外,实际上还是武帝拓地之前的匈奴故地,与汉人基本隔绝,且受到属国都尉的监督限制,因而不可能与汉人融合,也没有进一步内徙。但是,内徙的匈奴人毕竟增加了与汉人的接触交往,不可能不受到先进的文化的影响,这对东汉开始的匈奴人继续内徙并进而与汉族交流融合是起一定作用的。少数徙入关中或内郡的匈奴人则已不再作为另一种族存在于周围的汉人之外了。

第三节　汉人徙入匈奴

汉人与匈奴人习俗差异很大,一般说来,汉人的农耕生活比匈奴人的游牧生活条件优越,因此汉人之徙入匈奴与匈奴之徙内地一样,基本都出于强制。

汉人流入匈奴,在秦代已经开始,因此匈奴人称在匈奴的汉人为"秦人",甚至即用"秦人"称呼汉人[2]。在西汉,其中最主要部分是缘边各地被匈奴掳略的吏民以及历次战争中的被俘、投降人员。据《匈奴传》《本纪》及有关列传统计,大致有:

高祖七年(前200年),韩王亡求走匈奴。

十二年,卢绾与数千人亡入匈奴[3]。

高后七年(前181年)冬十二月,匈奴寇狄道,略二千余人。

文帝三年(前177年),匈奴入居北地、河南为寇。

十一年,匈奴寇狄道。

十四年,匈奴寇边,"虏人民畜产甚多"。

后六年(前158年),匈奴三万骑入上郡,三万骑入云中。这一阶段,匈奴

1　《汉书·宣帝纪》。

2　《汉书·匈奴传》。

3　《匈奴传》作"率其党且万人降匈奴",兹从《高帝纪》。

"岁入边,杀略人民甚众,云中、辽东最甚,郡万余人"。

景帝中二年(前 148 年),匈奴入燕。

中六年,匈奴入雁门、上郡。

后元二年(前 142 年),匈奴入雁门。

武帝元光六年(前 129 年),匈奴入上谷,杀略吏民;数千人盗边,渔阳尤甚。公孙敖出代,亡卒七千人。

元朔元年(前 128 年)秋,匈奴杀辽西太守,略二千余人。败渔阳太守军千余人,入雁门杀略千余人。

二年,匈奴入上谷、渔阳,杀略吏民千余人。

三年,匈奴入代,杀太守,略千余人。入雁门,杀略千余人。

四年,匈奴入代、定襄、上郡,杀略数千人。入河南,侵扰朔方,杀略吏民甚众。

五年,入代,杀都尉,略千余人。

六年,汉征匈奴,亡两将军,三千余骑。

元狩元年(前 122 年),匈奴入上谷,杀数百人。

二年,入雁门,杀略数百人。

三年,入右北平、定襄,杀略千余人。

四年,汉两军出塞伐匈奴,损失官私马十一万多匹,人员损失也很大。

元鼎五年(前 112 年)匈奴入五原,杀太守。

元封四年(前 107 年),匈奴寇边。

太初二年(前 103 年),赵破奴率二万骑战败降匈奴。

三年,匈奴入定襄、云中、五原、朔方,杀略数千人。入张掖、酒泉,略数千人。

天汉二年(前 99 年),李陵步骑五千战败降匈奴。

三年,匈奴入雁门。

征和二年(前 91 年),匈奴入上谷、五原,杀略吏民。

三年,李广利将七万人伐匈奴,兵败降。

后元二年(前 87 年),匈奴入朔方,杀略吏民。

元凤三年(前 78 年),匈奴三千骑入五原,杀略数千人。又行攻塞外亭障,略取吏民去。

由于缺乏具体数字,仅有的一些约数又未分别杀、略两类,因此无法统计出被略或降于匈奴的汉人总数。但照上述情况估计,总数至少有十几万,最多时在匈奴的汉人可接近十万。

此外,还有少数因种种原因逃亡匈奴的。如文帝时宦者中行说因不愿出使匈奴,被强迫出使后即降匈奴[1]。又如卫律,"父本长水胡人。律生长汉,善协律都尉李延年,延年荐言律使匈奴。使还,会延年家收,律惧并诛,亡还降匈奴"[2]。

据元帝时郎中侯应所言,汉人逃亡匈奴大致有三种情况:1."往者从军多没不还者,子孙贫困,一旦亡出,从其亲戚。"2."边人奴婢愁苦,欲亡者多,曰:'闻匈奴中乐,无奈候望急何!'然时有亡出塞者。"3."盗贼桀黠,群辈犯法,如其窘急,亡走北出。"[3]

匈奴之所以大量略夺汉人,收容汉朝逃亡、降人、俘虏,是出于两方面的目的。

一是为了增加人口。匈奴是游牧民族,所居地区自然条件恶劣,物质生活艰苦,人口增长率低,人口稀少。在连年战争的情况下,人口更是大量减少。略得的汉人可以使紧缺的人力得到一定的补充。正因为这样,被俘略的汉人与匈奴通婚、生儿育女相当普遍。如李陵降后,单于以其女妻之[4]。又如张骞被俘后,"予妻,有子"[5]。苏武在匈奴也有"胡妇",并产一子[6]。以苏武的气节,匈奴照样可以让他与匈奴妇女通婚,汉朝也不以此为非,说明这种汉匈通婚在当时是普遍现象。

二是为了利用汉人先进的生产技能、统治管理能力。中行说降匈奴后,"教单于左右疏记,以计识其人众畜牧"[7],并为单于策划对付汉朝的方法。李陵被"立为右校王,卫律为丁零王,皆贵用事"[8]。李广利降后,单于也以女妻之,"尊宠在卫律上"[9]。汉将无论以前给匈奴造成多大损失,投降后一律予以高位,授予军政实权。

卫律曾经与单于谋划"穿井筑城,治楼以藏谷,与秦人守之"[10]。这三种技艺——生产粮食、打井、筑城建楼都是由汉人传入并从事的。武帝末年,匈奴的农业也已有了一定的规模,对匈奴的经济生活已有了相当影响。匈

---

1 《汉书·匈奴传》。

2 《汉书·李陵传》。

3 《汉书·匈奴传》。

4 《汉书·匈奴传》。

5 《汉书·张骞传》。

6 《汉书·苏武传》。

7 《汉书·匈奴传》。

8 《汉书·李陵传》。

9 《汉书·匈奴传》。

10 《汉书·匈奴传》。

奴杀李广利后,"会连雨雪数月,畜产死,人民疾疫,谷稼不孰",引起了单于的恐慌[1]。

在汉匈的关系中,还有一种特殊的迁徙,那就是实行和亲而嫁往匈奴的宗室女子(或以宫女代替)及其随员。最著名的是元帝时的王嫱(昭君),还有文帝时派遣的宗人女翁主[2]。但这些人口是极少的,除王昭君这样的特殊情况外,一般所起的作用也是有限的。

第四节 羌人、氐人的迁徙

在秦汉以前,西北地区羌人居住的范围很广。"秦既兼天下,使蒙恬将兵略地,西逐诸戎,北却众狄,筑长城以界之,众羌不复南度。"[3]羌人被限于秦长城以西,大致在今黄河、洮河以西、河西走廊以南的甘肃和青海省地,而以黄河、湟水、大通河(浩亹水)交会处为中心[4]。

"景帝时,研种留何率种人求守陇西塞,于是徙留何等于狄道、安故,至临洮、氐道、羌道县。"[5]狄道即今临洮县,安故在今临洮县南,临洮即今岷县,氐道、羌道在今岷县东南一带。这就是说在前156年至前141年期间,部分羌人又回到了今甘肃南部洮河流域和渭水、汉水、白龙江上游地区。当时,羌人也时有叛逃,《史记·李将军列传》载李广于景帝时为陇西太守,曾诱降羌人八百余,同日杀之。

元鼎五年(前112年),武帝遣徐自为率数万人渡河筑令居塞[6]。该塞位于今永登县西、庄浪河西岸,汉军在此筑塞驻军,起了"隔绝羌、胡,使南北不得交关"[7]的作用,引起了羌人的恐慌和反抗。同年,"西羌众十万人反,与匈奴通使,攻故安(当作安故),围枹罕"[8]。同时还进攻令居塞,企图打通与匈奴的联系[9]。

元鼎六年冬十月,武帝"发陇西、天水、安定骑士及中尉,河南、河内卒十

1 《汉书·匈奴传》。

2 《汉书·匈奴传》。

3 《后汉书·西羌传》。

4 顾颉刚《从古籍中探索我国的西部民族——羌族》,《社会科学战线》1980年第1期。

5 《后汉书·西羌传》。

6 《汉书·食货志》。

7 《后汉书·西羌传》。

8 《汉书·武帝纪》。

9 《汉书·赵充国传》赵充国语。

万人,遣将军李息、郎中令徐自为征西羌"[1],据赵充国说法,这次征战,"五六年乃定"[2]。羌人被逐出河、湟之间,退至青海湖及其以西地区[3]。汉朝在临羌(今青海湟源)置护羌校尉,统领羌人事务。至昭帝始元六年(前81年),又在河湟之间置金城郡[4]。

这次变乱的羌人有十万,从汉朝出动兵力也仅十万来看,这十万羌人应包括老弱妇女。经过这次长达数年的军事镇压,羌人必有大量减少。但西迁的并非全部羌人,至少有部分羌人已被安置在汉朝统治区,并且至迟在始元元年(前86年)已置有羌骑校尉,统率被收编的羌人武装。证据是《昭帝纪》元凤四年(前77年)诏:"度辽将军(范)明友前以羌骑校尉将羌王侯君长以下击益州反虏。"据《昭帝纪》及《西南夷传》,益州反事在始元元年,但两处均未提及范明友及羌兵,可见范当时并非主将,羌兵的数量也很有限,"王侯君长"不过是虚设名号,以象征羌人对汉朝的臣服。羌骑校尉,不见《百官公卿表》,大约设置时间不长。神爵元年(前61年),宣帝征发镇压叛羌的兵力中也有"金城、陇西、天水、安定、北地、上郡骑士、羌骑"[5],则羌骑的驻地当在西北边郡中某地。

宣帝时,先零羌酋长向去巡视的光禄大夫义渠安国提出要渡过湟水,在汉人未开垦的地区放牧,接着不等朝廷批准,强行越过湟水,地方官无法禁止。元康三年(前63年),先零羌与其他部族酋长二百余人解仇结盟,交换人质,作对抗的准备。汉朝派遣负责处置的义渠安国又肆意以武力镇压,导致羌人在神爵元年(前61年)春起兵[6]。

汉朝"发三辅、太常徒弛刑,三河、颍川、沛郡、淮阳、汝南材官,金城、陇西、天水、安定、北地、上郡骑士、羌骑,与武威、张掖、酒泉太守各屯其郡者,合六万人"[7]。起用老将赵充国,采用军事镇压与分化瓦解结合,并屯田积谷,以逸待劳,至次年五月平定。

据赵充国奏言:"羌本可五万人军,凡斩首七千六百级,降者三万一千二百人,溺河湟饥饿死者五六千人,定计遗脱与煎巩、黄羝俱亡者不过四千

1 《汉书·武帝纪》。

2 《汉书·赵充国传》。

3 《后汉书·西羌传》。

4 《汉书·昭帝纪》。

5 《汉书·宣帝纪》。

6 《汉书·赵充国传》。

7 《汉书·赵充国传》。

人。"[1]是年秋,这四千人也降汉。所谓"五万人军",实际上就是这批羌人的总数,因为杀、死、降的统计数不可能只统计兵力,而且赵充国事前提出的赏格明确规定"斩大豪有罪者一人,赐钱四十万,中豪十五万,下豪二万,大男三千,女子及老小千钱"[2]。可见五万人是包括男女老幼在内的渡过湟水的全部羌人。

羌人投降者前后合计三万五千多人,汉朝置金城属国处之。羌人主要安置在金城,但也有部分部族安置在其他地区。《汉志》天水郡有罕幵县,据师古注,"本破罕幵之羌处其人于此,因以名云"。赵充国征羌时,曾对罕、幵两种部族采取分化措施(罕、幵当即罕、幵),而罕、幵事先曾将先零羌欲反报告都尉。大开、小开曾报告先零所在,因此将罕、幵两支安置在离河湟较远的地区。罕幵县在今甘肃天水市东南。还有部分羌人可能被安置在陇西西部(详见下述)。

置于金城属国的羌人以后仍有反叛[3],《汉志》中金城郡已无属国,说明已在元始二年[4]前废。究其原因,一则可能是羌人反叛离去,所剩不多;二则可能是羌人被分散安置各地。

元帝永光二年(前42年)秋,陇西羌乡姐旁种反。冯奉世率军镇压,结果杀八千人,余众逃往塞外。据冯奉世奏言,这批羌人约三万。汉军用兵时,一路驻白石(今甘肃临夏东南),一路驻临洮(今甘肃岷县),一路驻首阳西极山(约在今甘肃渭源境内),形成包围[5]。据此推断,乡姐羌的住地大致在今大夏河与洮水之间。这一带汉朝一直未设郡县,因此乡姐羌既可能是世居此地,也可能是由汉朝境外迁来。经过这次兵乱,其余二万多羌人又迁往境外。

西汉时氐人的分布也很广。从《汉志》看,陇西有氐道,广汉有甸氐道和刚氐道,蜀郡有湔氐道,张掖郡有氐池县,敦煌有氐置水,武都有氐道水,这说明从河西走廊至川西高原都曾留下氐人的足迹。

但是氐人原来的居住区域是在《汉志》武都郡地,即陕、甘二省与四川接界处。"自汉开益州,置武都郡,排其种人,分窜山谷间,或在禄福,或在汧、

1　《汉书·赵充国传》。

2　《汉书·赵充国传》。

3　《汉书·赵充国传》,护羌校尉辛汤"数醉拘羌人,羌人反叛"。

4　《汉志》行政区划多以元延年间为断,故属国之废或在元延年之前。

5　《汉书·冯奉世传》。

陇左右"[1]。氏人移居西北是在武帝元鼎年间置武都郡之后。

氏人的迁徙也非一次完成,如在设郡之后的元封三年(前108年),"武都氏人反,分徙酒泉郡"[2]。这应是禄福(酒泉郡治,今甘肃酒泉)氏人的来源。但西北的氏人数量较少,分散后影响更小。

第五节　汉朝内地与西域[3]间的人口流动

中原地区与西域的人员交往也可以追溯到秦汉之前,但在武帝之前,匈奴占据了西北包括河西走廊在内的通道,隔绝了内地与西域之间的交流联系。张骞通西域以及汉对匈奴战争的胜利,使汉朝与西域的关系发生了根本性的变化。特别是在神爵二年(前60年)设置西域都护之后,西域城郭诸国纳入了汉朝的势力范围。

西域与汉朝内地特别是人口稠密区相隔很远,地广人稀,居民点非常分散,因而政治关系的加强并没有导致人口的大量流动。汉朝在西域都护、戊己校尉驻地及几处屯田常驻有军队或戍卒(见第九章第一节),但他们负有政治、军事任务,都是独立存在的,并不与当地人混居,更不会融合。他们在西域的存在也完全是与汉朝对西域的控制相始终的。

但在通西域之后,也有少数汉人徙居西域,有的逐渐融合在当地民族之中。主要有以下几种:

1. 张骞通西域后,武帝不断派遣使者,"使者相望于道,一辈大者数百,少者百余人","汉率一岁中使用多者十余,少者五六辈,远者八九岁、近者数岁而返"[4]。使者及其随从多且滥,有的实际等于商贩,"其使皆私县官赍物,欲贱市以私其利",以致引起与当地统治者冲突[5]。因此使者及其随从中必定有人会流落西域。

2. 汉军在西域有多次军事行动,有的规模很大,必然留下降、俘及流亡人员。如李广利太初元年(前104年)征大宛,"发属国六千骑及郡国恶少年数万人",二年后回敦煌时,"士不过什一二"。同年,又出动至少二十多万人

1　《三国志》卷30注引《魏略·西戎传》。

2　《汉书·武帝纪》。

3　西域所指有广狭二义,本节所指西域是狭义,其范围是汉玉门关、阳关以西至葱岭以东。

4　《汉书·张骞传》。

5　《汉书·张骞传》。

出塞,至太初四年获胜归来时"入玉门者万余人"[1]。在损失的二十几万人中当然是大量死亡,但也还有不少人留在西域。在对抗汉军时,大宛城中曾获得会打井的汉人[2],就可证明这一点。汉军在西域用兵次数颇多,这类汉人也不止一批。这类人数量较多,本身大多是劳动人民,具有农耕技能,这对于传播汉族的生产经验、技术是有积极意义的。

3. 武帝元封年间,以江都王女细君为公主,嫁乌孙王,随行有"官属宦官侍御数百人"。以后又"间岁遣使者侍帷帐锦绣给遗焉"。公主死后,更以楚王戊之孙解忧为公主,嫁乌孙王。公主在乌孙生儿育女,侍者冯嫽"持汉节为公主使,行赏赐于城郭诸国"[3]。解忧以后虽年老归汉,但多数随行人员显然并未归来。

龟兹王娶乌孙公主女,元康元年(前65年)入朝,宣帝"赐以车骑旗鼓,歌吹数十人"。"后数来朝贺,乐汉衣服制度,归其国,治宫室,作徼道周卫,出入传呼,撞钟鼓,如汉家仪。"[4]则龟兹国必定有一定数量的汉人,包括从事礼仪、音乐、服装制作等人员。

这一类人数量很少,但由于成为当地统治者的配偶或直接为统治者服务,所以对该移居地的政治、经济、文化的影响很大。

西域人向内地的迁徙,历史文献中缺乏明确的记载,仅能从片言只语中推测。

《汉书·功臣表》载骍兹侯稽谷姑,元封四年(前107年)十一月以小月氏右苴王将众降,封千九百户。又辄讘侯杆者,同年正月以小月氏王将军众千余骑降,封七百六十户。据《汉书·西域传》,大月氏,"本居敦煌、祁连间,至冒顿单于攻破月氏……月氏乃远去,过大宛,西击大夏而臣之,都妫水北为王庭。其余小众不能去者,保南山羌,号小月氏"。月氏西迁在文帝前元三至四年(前177—前176年),小月氏入南山(祁连山),"依诸羌居止,遂与共婚姻"[5]。所以实际上小月氏已成为月氏与羌族相融合的民族,"被服、饮食、言语略与羌同,亦以父名母姓为种"[6]。这次小月氏二王降汉的具体原因不详,但据《后汉书·西羌传》,"及骠骑将军霍去病破匈奴,取西河地,开湟中,

1　《汉书·李广利传》。
2　《汉书·李广利传》。
3　《汉书·西域传》。
4　《汉书·西域传》。
5　《后汉书·西羌传》。
6　《后汉书·西羌传》。

于是月氏来降,与汉人错居",则在此前已有小月氏人从山区迁入汉地,二王降汉只是这种陆续迁徙的一部分。《西羌传》称"其大种有七,胜兵合九千余人,分在湟中及令居。又数百户在张掖,号曰义从胡"。这是东汉的数量,西汉时可能较少。但据《表》,杆者有千余骑,从封户比例看,稽谷姑人数不会比杆者少,两批当有二千余骑,则迁入汉地的小月氏的总数还应更多。据《表》注,两人的封邑分别在琅邪和河东。二千多小月氏骑很可能安置在张掖属国,即所谓"义从胡"。

西域各国在长安常有使者、质子,但一般都是临时居留(见第八章第三节)。出使的汉人与汉军也可能带回一些西域人,但未见具体材料。

可是从西北地区的地名上可以发现一些西域人移居的线索。《汉志》上郡有龟兹县,据《水经·河水注》,是因龟兹人移居于此得名。张掖有骊靬县,明显是得名于西域。此外还有一些地名,显然不是汉人命名的,而是沿用了其他民族的发音。这些地名的存在有两种可能:一是该地曾经是某族住地,因而留下这一地名;一是某族移民到达该地,所以根据本族语言命名,或别人径以该族名称作为地名。就骊靬而言,显然后者可能性较大。张维华先生认为,"骊靬县之得名,其说虽多,仍当以得名于犁靬眩人者为近于理"[1]。其说甚是。当然这并不意味着此县及龟兹纯粹是由此两族移民组成,只是有此两族人或其人较多。但是移民的具体过程已无从推究了。

---

1 《汉张掖郡骊靬县得名之由来及犁靬眩人来华之经过》,载《汉史论集》,齐鲁书社 1980 年版。

第十章
东南地区的人口迁移

第一节　汉初人口的基本状况

东南沿海在秦代是会稽郡和闽中郡的辖境。前者的范围相当于长江以南今江苏省南部、安徽省东南部和浙江省大部，后者相当于今浙江省南部和福建省全境。

由于秦代移民进入浙东各地，会稽郡境内已经有了较多汉人。当地原有居民于越人经过在琅邪二百年的定居，长期与中原民族共处，与汉族的差异已大为减少，因而逐渐与汉人融合。会稽远离政治中心，开发程度很低，秦朝的控制较弱。如项梁杀了人，就与项羽"避仇于吴中"，"吴中贤士大夫皆出项梁下"[1]，成了民间领袖。当时虽然已经形成了汉越杂居的局面，但来自中原的汉人数量少，汉人与越人的融合还较差，所以项梁起兵定江东后只征集到八千人渡江[2]。即使考虑到留下一些兵力这一因素，估计江东的汉人也不会超过十万。项梁、项羽虽是从会稽起兵的，在以后的战争中却从来没有以江东为基地，也没有从江东获得人力物力的供应。项羽兵败时，乌江亭长称"江东虽小，地方千里，众数十万人"[3]，虽不能算确数，但估计整个江东地区的汉越人口不过二三十万，的确是地广人稀。

徙往浙西皖南的于越人，一部分逐渐与当地汉人融合，但多数避居山区，成为山越。直到三国初的四百多年间，山越人始终游离于汉族政权之外。而居住在平地、河谷中的汉人数量不多，没有向山区扩展的要求和能力，因此与越人的接触很少，也没有发生什么冲突。

南部浙闽山区还是越人的聚居地，原由闽越王无诸和东海王摇统治。

1　《史记·项羽本纪》。

2　《史记·项羽本纪》。

3　《史记·项羽本纪》。

秦始皇将他们"皆废为君长",并且"以其地为闽中郡"[1],但实际上秦朝的统治并没有真正达到闽中郡,一旦诸侯兵起,无诸及摇就率领越人投入反秦的行列。入汉以后,原闽中郡地正式成为闽越王无诸和东海王摇的封地,建立了越人的地方政权。

楚汉之战时,黄河淮河流域沦为战场,而江东保持平静,当然会有不少人口流入。战争结束后,高祖曾诏令流民回归,但总有部分人留下定居。高祖十二年(前195年)秦会稽郡地成为吴王刘濞的封地。由于刘濞心怀异志,利用境内自然资源"招致天下亡命者盗铸钱,煮海水为盐,以故无赋,国用富饶"[2]。在这种情况下,必然会有不少由汉政权直接统治郡流入的逃亡民户。但吴王濞建都广陵,政治、经济、军事活动的重心都在江北,招纳来的人口多数也聚于江北。同样,吴王叛乱及汉军镇压时,军事行动也集中在江北,江南未发生战争。及吴破,东海王即杀刘濞,盛其头献汉军,江南所受影响不大。所以自秦至汉初,东南沿海地区的人口始终处于平稳而缓慢的增长状态,受机械移动的影响不大。

第二节　越人内徙

武帝建元三年(前138年),闽越发兵围东瓯(东海),汉军出动,未至而闽越兵退。"东粤(按,当作瓯或海)请举国徙中国,乃悉与众处江淮之间。"[3]至元封元年(前110年),汉军平定了东越和闽越,武帝以"东粤狭多阻,闽粤悍,数反复","诏军吏皆将其民徙处江淮之间。东粤地遂虚"[4]。另有少数越人被封侯内徙于封地(见表16)。

对上述记载,有一点必须注意,那就是"东粤"的概念。当时聚居于今浙江省南部、以东瓯(故址在今浙江温州市)为中心的越人称为东瓯,又称瓯越。聚居于今福建省的、以冶(故址在今福建福州市)为中心的越人称为闽越(粤)。闽越自建元后分为越繇王及东越王两部分,繇王奉闽越的嫡系,但东越王亦在闽地,为故闽越的一部分。由于还存在着岭南的南越,因此相对于南越而言,往往将东瓯和闽越泛称为东越。《史记·东越列传》所说即如此。所以"东越"有二义:广义泛指东瓯和闽越,狭义专指东越王余善之地,

---

1　《史记·东越列传》。

2　《史记·吴王濞列传》。

3　《汉书·闽粤王传》。

　4　《汉书·闽粤王传》。

乃闽越的一部分。又有称东瓯为东越的,乃史家之误会,非本义。建元三年所徙是瓯越(东瓯,即东海王地),元封元年所徙是闽越,"东粤地遂虚"之东粤是指狭义的东越和闽越。

对于东瓯和闽越的人口数量,没有直接的史料记载可资查考,只能从一鳞半爪的间接材料中作大略推断。

吴王濞叛乱时,东瓯曾出兵相助,据《史记·吴王濞列传》:"东越(按,应为东瓯)兵可万余人。"东瓯这次出兵不可能倾巢而出,假定它动用了一半兵力,则东瓯男性青壮年有二万多,全部人口约七八万,上限不超过十万。

《史记·汉兴以来将相名臣年表》建元三年载:东瓯王广武侯望率其众四万余人来降,处庐江郡。此条《史》《汉》纪传均失载,但据此分析,广武侯望所率四万余人并非瓯越全部,因如果这些瓯越降人全部被安置在庐江郡的话,纪传中就不必书为"江淮间"。所以广武侯所率是主体、多数,其余小股安置江淮间其他郡国,故《表》不悉载,纪传即泛称之。如是,则全部徙江淮间的东瓯人当有六七万,东瓯人总数在七八万至十万之间的估计还是比较合理的。

建元三年(前 138 年),闽越曾发兵围东瓯,东瓯差一点要投降[1]。由此可见闽越兵力较东瓯多,总人口必定也比较多。但闽越人地区自然条件比东瓯更差,人口也不可能太多,所以估计约十余万人,上限不超过二十万。至于淮南王刘安谏武帝书中所谓"臣闻越甲卒不下数十万"[2],显然是夸大之词。而赵佗报文帝书中称"东有闽粤,其众数千人"[3],则又是故意贬低了。

东瓯和闽越合计人口大约是二十万,分布在近十六万平方公里的范围内,平均人口密度仅略高于每平方公里一人。闽越地区尤多崇山峻岭、榛莽茂林,人口更加稀疏。当地越人必然抵制强制迁移,因此短期内不可能将越人全部迁走。东瓯地近郡县,其人与汉人接触较多;东瓯的迁居虽不会完全自愿,但其统治者会给予一定程度的合作;在建元三年移民之后,元封元年移民也包括余下的东瓯人。因此,东瓯人迁得比较彻底。闽越情况不同,迁走的比例要小得多。

尽管如此,东瓯留下的人口也还不少,西汉后期"遗人往往渐出,乃以东瓯地为回浦县"[4]。东汉永和三年(138 年)以章安县(即西汉回浦县)东瓯乡

1　《史记·东越列传》。

2　《汉书·严助传》。

3　《汉书·南粤传》。

4　张勃《吴地理志》,转引自《汉唐地理书钞》135 页。

设永宁县[1]。从历史状况和地名分析,其居民肯定也是以东瓯"遗人"后裔为主。但在闽越地区,由于居住极其分散,直到东汉末年,还仅设有一个冶县。而在一般人的心目中,这一带根本不是汉人居住的地区,如许靖在致曹操信中叙述逃亡的经历:"浮涉苍海,南至交州,经历东瓯、闽越之国,行经万里,不见汉地。"[2]可见汉人还没有移入,唯一的县城居民以越人为主,散居山谷间的越人始终没有列为汉朝编户。

根据这些情况分析,建元三年和元封元年迁出的东瓯、闽越人大约十余万,留在原地的越人不足十万。至西汉末年,归回浦和冶两县管辖的户口至多不过五万人,其余则散居于两县之外。

越人迁入的地点是"江淮之间",大致当在庐江、九江和临淮三郡。《史记·货殖列传》:"寿春,亦一都会也;而合肥受南北潮,皮革鲍木输会也;与闽中、干越杂俗。"寿春、合肥,属九江郡;而干越,据《集解》引徐广曰:"在临淮。"这些显然都是越人迁入此三郡地的佐证。江淮之间还有六安国和广陵国,但武帝不会让诸侯国增加人口,故不可能大批移入这两国。但由于三郡同两国壤地相邻,少量的、自发的迁移当所难免。三郡范围、江淮之间还有六安国和广陵国,但武帝不会让诸侯国增加人口,故不可能移入这两国。

武帝将越人徙江淮间绝非偶然。首先是因为江淮间地区本地人口较少,不像关东黄河流域的郡国那样稠密。江淮间地形平坦,既适宜开垦,又便于控制,可以安置较多人口。同时,江淮间接近黄河流域农业发达地区,又可以利用顺长江而下的巴蜀余粮,容易解决移民初期的粮食。

其次,江淮之间交通比较方便,便于以后转迁。关于这一点,缺乏具体史料,但至少有部分东越人也迁至河东郡(今山西省西南)。《史记·河渠书》:"久之,河东渠田废,予越人,令少府以为稍入。"如淳注:"时越人有徙者,以田与之,其租税入少府。"《汉书·沟洫志》所载同,师古注:"越人习于水田,又新至,未有业,故与之也。"这批越人当是先徙江淮间的东越人,因为《史记》虽未注明开河东渠的确切时间,但系此事于元光中河决瓠子之后、武帝用张汤子卬开褒斜道之前,按张汤有罪自杀于元鼎二年,故开汉东渠及渠田之废当在元朔、元狩间。而南越直到元鼎六年才平定,即使从南越徙民也

1　《续汉书·郡国志》。
2　《三国志·许靖传》。

必在此之后。

另有少数越人首领被封侯安置陈留、会稽等地(见表16)。

表16 东越降人封侯内徙例表

侯国名、封受人	原 身 份	受 封 时 间	所 在 郡 国
外(卯)石侯吴阳	东越衍侯	元封元年(前110)	陈留(济阳)
开陵侯建成(敖)	东越建成侯	元封元年(前110)	临淮
东成侯居股	东越繇王	元封元年(前110)	九江
无锡侯多军	东越将军	元封元年(前110)	会稽

由于越人(包括东瓯、闽越)也已进入农业经济阶段,其中部分越人,如东瓯,同汉人交往较多,差别渐少,所以一进入人数占优势的汉人居民中就很快被融合。这也是史籍中再也没有留下他们的踪迹的重要原因。

同在西北的开疆拓土相反的是,武帝在东南采取了弃地徙民的方针。这一方面是由于越人聚居的地区"狭多险",地形崎岖,原始植被茂密,地广人稀,一旦越人发生"反复",镇压并非易事。另一方面这些地区开发困难,附近地区也缺乏发达的经济和充足的人力,又远离京师和地区性的政治、经济中心。徙民之后,该地区对汉政权不再造成任何威胁。但是由于武帝及以后的统治者实际采取了弃地的方针,加上周围地区本来就经济落后、人口稀少,因此长期没有汉人移入,直至汉末始终没有得到开发。遗留下来而居住又极其分散的越人与世隔绝,长期停留在落后状态。该地区成为全国人口密度最低、也是最不发达的地区。

第三节 武帝时徙民会稽辨正

东南地区人口迁移必须辨明的问题是,武帝时究竟有没有大规模移民会稽。

《汉书·武帝纪》:"(元狩)四年(前119年)冬,有司言关东贫民徙陇西、北地、西河、上郡、会稽凡七十二万五千口。"长期以来,治史者都以为记载确凿,深信不疑。清人王鸣盛更进而推定此次徙民使会稽"约增十四万五千口",以为"会稽生齿之繁,当始于此"[1]。当代史家也多沿袭此说。

实际上,无论从史料角度分析,还是从当时实际情势研究,或从会稽地

---

1 《十七史商榷》卷9,《徙民会稽》。

区人口分布的变化观察,都可以证明汉武帝时根本没有向会稽移民,《武帝纪》中"会稽"二字显系衍文。

1. 有关史料分析

武帝徙民会稽一事,同时代的司马迁从未提及。《史记·平准书》对元狩四年徙民的前因后果作了详细叙述,但徙入的地点中却没有会稽:

> 其明年,山东被水菑,民多饥乏,于是天子遣使者虚郡国仓廥以振贫民。犹不足,又募豪富人相贷假。尚不能相救,乃徙贫民于关以西,及充朔方以西新秦中,七十余万口,衣食皆仰给县官。数岁,假予产业,使者分部护之,冠盖相望。其费以亿计,不可胜数,于是县官大空。

这段记载除个别文字有改动外,几乎全为班固所采用,《汉书·食货志》云:

> 其明年,山东被水灾,民多饥乏,于是天子遣使虚郡国仓廪以振贫。犹不足,又募豪富人相假贷。尚不能相救,乃徙贫民于关以西,及充朔方以南新秦中,七十余万口,衣食皆仰给于县官。数岁,贷与产业,使者分部护,冠盖相望,费以亿计,县官大空。

《汉书·武帝纪》也基本如此,只是前后分载在不同的年份:

> (元狩)三年(前 120 年)……秋……遣谒者劝有水灾郡种宿麦。举吏民能假贷贫民者以名闻。
>
> (元狩)四年(前 119 年)冬,有司言关东贫民徙陇西、北地、西河、上郡、会稽凡七十二万五千口,县官衣食振业,用度不足,请收银锡造白金及皮币以足用。

除了增加"会稽"之外,其他内容都是一致的。如果安置移民的地区真的包括会稽的话,班固在《食货志》中自应提及。

对于这次徙民的外部原因,《史记·匈奴列传》讲得很清楚:"于是汉已得浑邪王,则陇西、北地、河西益少胡寇,徙关东贫民处所夺匈奴河南、新秦中以实之,而减北地以西戍卒半。"

遍检《史记》《汉书》,除《汉书·武帝纪》外,再也找不到任何武帝时徙民会稽的记载或与此有关的材料。因此从史料角度分析,《史记·平准书》及

《汉书·食货志》的记载是可靠的,而《汉书·武帝纪》中"会稽"二字当系传抄时窜入。

《汉书》之有错漏衍文,前人已指出多处,如卷 35《吴王濞传》中"吴有豫章郡铜山"一句中的"豫"字是衍文,见韦昭注。但也有的至今尚未为人注意,或前人虽已怀疑,却未最后搞清,"会稽"二字即其一例。

《通典》卷 1 引东汉崔寔《政论》:"至武帝遂徙关东贫人于陇西、北地、西河、上郡、会稽凡七十二万五千口。"读前后文可见崔寔所言全据《汉书》,所以也有会稽,这不外乎两种可能:一是崔寔所见《汉书》已有了"会稽"二字;一是崔寔原文中并无"会稽"二字,系杜佑引用时根据唐代通行的《汉书》本子加上的。无论哪一种,都说明这一衍文出现的时间较早,在刻本行世前已存在,因此通过版本校勘是无法发现的。

《资治通鉴》系此事于元狩三年(前 120 年),全用《史记·平准书》,却没有根据《汉书·武帝纪》加上会稽[1]。可能司马光已经发现了《武帝纪》这一错误。

2. 会稽不具备接纳大量移民的条件

首先是会稽的农业生产在西汉中期还相当落后,除非粮食供应另有来源,否则绝不能安置大批移民。而在关东受灾,"虚郡国仓廥","犹不足",说明关东郡国已无粮可调了,哪里还会有粮食供应会稽?如果真有这种可能,为什么不将灾民直接徙入有余粮的郡国呢?

会稽地区农业落后的状况,即使到了东汉中期,也还没有显著的改变。据《后汉书·安帝纪》,永初元年(107 年)秋九月,"调扬州五郡租米,赡给东郡、济阴、陈留、梁国、下邳、山阳"。注以为"扬州领六郡,会稽最远,盖不调也"。注文何据,未详出处。其实不调会稽租米应出自两方面原因。其一,诚如注文所谓会稽离灾区最远,运输较不便。其二则是由于会稽可调之粮极少。否则,在粮食严重不足的情况下,绝不会调了吴郡(相当于西汉会稽郡的北部),却不调毗邻的会稽(相当于西汉会稽郡的南部)了。

当然,永初七年(113 年)会稽也有外调租米的记录。《后汉书·安帝纪》:"九月,调零陵、桂阳、丹阳、豫章、会稽租米,赈给南阳、广陵、下邳、彭城、山阳、庐江、九江饥民;又调滨水县谷输敖仓。"但这是在连年受灾,而且扬州所属郡也有部分受灾的情况下采取的应急措施。扬州六郡中调了三郡,而其余三郡中庐江、九江既是受灾区,又有转输粮食去敖仓的任务[2],只

<hr/>

1　《资治通鉴·汉纪》11。

2　《后汉书·安帝纪》注引《东观记》:"滨水县彭城、广阳(应为陵)、庐江、九江谷九十万斛,送敖仓。"

有吴郡既非灾区,又不调粮。两次征调事隔六年,扬州六郡中其余四郡都调了两次,独吴郡、会稽各调一次。第一次不调会稽还可以"道远"解释,第二次不调吴郡却只能说明吴郡实在无粮可调,因为吴郡与广陵相邻,且又在江边,若从交通运输条件说来又比会稽方便得多。由此可见吴郡和会稽郡(相当于西汉的会稽郡)的农业生产还落后于周围地区,基本上还是没有什么余粮的。

因此,在正常的情况下,会稽地区也只能维持本地人口缓慢的增长,而不可能接纳大批移民。

其次,会稽当时处于汉朝的东南边境,从内地到达会稽大多须渡过长江,这就增加了交通困难,限制了人员和物资的输入。《后汉书·张禹传》载:"建初中,拜扬州刺史。当过江行部,中土人皆以江有子胥之神,难于济涉。禹将渡,吏固请不听。""历行郡邑,深幽之处莫不毕到……吏民希见使者,人怀喜悦。"可见直到东汉时,中原人还视过江为险事,以致作为监察会稽郡的长官扬州刺史也很少到郡视事。从会稽再往东、南,虽然有陆路海道,但陆路相当艰难,海道更多风险。在东越、南越还未平定的情况下,会稽只能是与内地交通的一个终点。即使在东越、南越已平之后,由于会稽南部实际上处于放弃状态,对会稽的对外交通联系并没有产生推动作用。这样的地理位置和交通条件使会稽不可能成为移民的转运站或临时的安置地。

当时关东是经济文化最发达的地区,移民尤其是数量较多的移民对移居地区的经济、文化、社会的发展必然会产生相当大的影响。会稽如果真的在元狩四年接受了十几万或数万关东移民的话,在其以后的发展中总会或多或少反映出他们的存在和影响,史书上也多少会留下一些记载。而实际上却找不到这样的证据或显示这一事件的影响的痕迹,仅有的两个移民事例也不属于元狩四年徙关东贫民的范围,因而不能证实这一事件的存在。

王充《论衡·自纪篇》:"其先本魏郡元城,一姓孙,几世尝从军有功,封会稽阳亭。一岁仓卒国绝,因家焉。"王充生建武三年(27年),则其祖徙会稽当在西汉,但不属于流民徙居。

《后汉书·郑弘传》注引谢承书:"其曾祖父本齐国临淄人……武帝时徙强宗大姓,不得族居,将三子移居山阴。"郑氏徙入的时间虽也是武帝时,但也不属于流民徙居。

据此,我们完全可以得出这样的结论:《汉书·武帝纪》中"会稽"二字是衍文,所谓元狩四年徙民会稽是根本不存在的。整个西汉时期,在东南地区,除了两次越人内徙外,并没有较大规模的人口流动,零星的人口迁徙作用甚微。

第十一章

其他地区的人口迁移

其他地区的人口流动,或者本来就很少,或者缺乏史料而无法深入探求,只能简述如下:

第一节　西南地区

巴蜀地区在秦时已成为安置移民及罪犯的地点,汉初继续对巴蜀移民,因而扬雄有"秦汉之徙,实以关东"[1]的说法。西汉初"诸侯并起,民失作业,而大饥馑。凡米石五千,人相食,死者过半",高祖令民"就食蜀汉"[2]。灾民的来源主要是关中及部分关东地区。但在定都长安后,关东移民主要用于充实关中,不再徙巴蜀。而罪人则继续迁蜀,包括有罪的诸侯王,如梁王彭越[3]、淮南王刘长[4]都曾废迁于蜀。

至武帝时,西北斥逐匈奴,增设郡县,既有需要,也有可能将大批移民、罪犯安置在西北地区。南越平定后又增加了南方。因此,罪人已不再迁往巴蜀。

巴蜀地区与外界地势阻隔,交通不便。从关东大部分地区去巴蜀都必须经过关中,而关中又不能任意出入。从长江中下游地区去巴蜀必须溯江而上,但长江中下游当时人口还很稀少,经济也不发达,本身并没有输出移民的需要与可能。像扬雄五世祖扬季在元鼎年间避仇自庐江溯江而上至郫县(今四川郫县)[5],这样的事例还是个别的。

巴、蜀、广汉,"土地肥美,有江水沃野、山林竹木疏食果实之饶,南贾滇、

1　《蜀都赋》,《全后汉文》卷51。

2　《汉书·食货志》。

3　《汉书·彭越传》,越已徙蜀青衣,道遇吕后而还雒阳。

4　《汉书·淮南王传》,刘长徙蜀严道邛邮,死于道。

5　《汉书·扬雄传》。

棘僮,西近邛、笮马旄牛,民食稻鱼,亡凶年忧"。[1] 因此一方面,除汉初外,外界移民迁入的很少;另一方面,本地人口也基本没有外流。

武帝开通西南夷道路时,由于耗费巨大,"悉巴蜀租赋不足以更之,乃募豪民田南夷"[2]。豪民的来源未具体说明,大约是在巴蜀内部招募豪族地主组织人力在少数民族聚居地区开荒种地,生产粮食。这实际上是汉人向周边地区的移殖和扩展。

武帝开西南夷后,虽增设郡县,但未发现自巴蜀以外移民,也未发现将当地民族人口迁徙。据《史记·平准书》载,武帝对这些"初郡"实行的政策是"且以其故俗治,无赋税"。看来汉朝对这些少数民族聚居的地区,并没有急于采取改变现状的措施,包括移民在内。武都氐人迁于西北,已见第九章第五节。

巴蜀地区还有一项重要的人口输入"滇棘僮",即买入的奴隶,其来源包括今川南、云贵及境外。但其数量不见任何记载,也无法估计。

第二节　南部地区

在第二章第二节曾经论证了原长沙国地区从文帝时至元始二年间人口年平均增长率高达 9‰,超过全国平均水平。特别是与东南地区相比,更不可同日而语。除了因为该地区还处于开发初期,因而人口增殖的潜力较大之外,一个值得考虑的因素是外来人口的移入。这方面虽然没有具体的史料,却可以从以下几方面加以分析推断:

1. 自关中或伊洛抵南阳盆地,沿沔水(汉水)而下,经江陵向南,溯湘江,越南岭,直至南海,这是当时连接南北的干线。在南越平定以后,这条干线畅通,南方的物资和特产流向北方,必然引起生计无着或冒险致富的人的追求,这条干线也会成为流民南下的线路。而流民并没有明确的目的地,只要有可能就会有部分人在沿途定居。

2. 该地区的北方是南阳、汝南、颍川、河南等郡,都是人口相当稠密的地区,到西汉后期人口密度已经提高。在遭受自然灾害的情况下,人口压力更大。由于向其他方向的迁徙受到限制,剩余人口必然流向开发程度低、人口稀少的南方。

1　《汉书·地理志》。

　2　《汉书·食货志》。

3. 自南阳盆地以南,江、汉、沅、湘流域,曾经是楚人长期经营的地区,文化、经济有一定的基础,内部的交通路线及诸津渡向为人们所知,向南移殖并无多大障碍。

4. 据《续汉书·郡国志》所载东汉永和五年(140 年)的户口数,该地区的人口分别比元始二年增加了 35%至 61.9%。这样高的增长率当然是由于大量人口移入的结果。这一移民潮流的高峰是新莽末的动乱时期,但这种现象的存在却并非始于西汉末年。因为如果不存在前期移民的基础和定居的条件,在战乱中涌到的大批移民在重新安定后必然大量返回,会稽地区就是如此。

据《汉书·淮南王传》,丞相张苍等劾刘长有云:"南海民处庐江界中者反,淮南吏卒击之",又提到"南海王织上书献璧帛皇帝"。按南海王织封于高祖十二年(前 195 年),见《高帝纪》。此后唯见于《淮南王传》,何时消灭及确地无考。但从上述记载可以推断,南海王的封域在庐江之南,与庐江相邻或相近,介于汉、南越、闽越之间,大致在今江西中南部至福建汀、漳和广东潮、汕一带。从记载看,自南海移入庐江境内的人数不会太少,但这些人的移入出于什么原因、属什么性质已无从查考。

岭南地区汉初由赵氏政权割据,在未统一之前,虽也一度与中原地区交往,但基本处于隔绝状态。武帝平南越后,少数有功的南越降人被封侯安置在内地(见表 17),而有罪的丞相吕嘉的家属则被迁于益州的不韦县(今云南保山东北)[1]。

表 17　南越降人封侯内徙例表

侯国名、受封人	原　身　份	受　封　时　间	所在郡国
术阳侯建德	南越王兄越高昌侯	元鼎五年(前 112)	东海(下邳)
膫侯毕取	南越将军	元鼎六年	南阳
安道侯揭阳(史)定	南越揭阳令	元鼎六年	南阳
随桃侯赵光	南越苍梧王	元鼎六年	
湘成侯监居翁	南越桂林监	元鼎六年	南阳(堵阳)
临蔡侯孙都(稽)	南越郎	元封元年(前 110)	河内
涉都侯喜	南海太守弃之子	元封元年(前 110)	南阳
下鄜侯左将黄同	瓯骆左将	元封元年(前 110)	南阳

1　《华阳国志》卷 4《南中志》。

岭南地区，"处近海，多犀、象、毒冒、珠玑、银、铜、果、布之凑，中国往商贾者多取富焉"[1]。地方官吏以此牟利，如《功臣表》载湘成侯益昌"五凤四年，坐为九真太守盗使人出买犀、奴婢，赃百万以上，不道，诛"。连被徙居的犯罪官员家属也因此致富，如成帝时京兆尹王章被杀，妻子徙合浦，"产珠致产数百万"[2]。因此，岭南不仅会增加一些流动人口（商人），也会吸引一些人定居。但由于路途遥远，自然、社会条件与中原差异较大，所以直到西汉末，移民的数量还是很少的。

西汉后期，合浦也成为有罪官员及其家属的安置地点（见表13），但这类人数量极有限，而且其中有部分以后又迁回。

第三节　东北地区

东北辽东以西地区与匈奴之间的人口迁徙已见第九章第一、三节。

内地人口向辽东及朝鲜半岛的迁移在秦代已经开始。秦末汉初，朝鲜半岛未受战争影响，"燕、齐、赵人往避者数万口"[3]。移民的来源大致即今山东、河北、辽宁等地，路线也有海上、陆上两方面。汉初燕人卫满"聚众千余人"统治朝鲜时，境内的汉人就是"故燕、齐亡者"[4]。由于当时朝鲜法律简易、民风淳朴，对大陆汉人很有吸引力，所以"所诱汉亡人滋多"[5]。如王景，八世祖仲，本琅邪不其人，"济北王兴居反，欲委兵师仲，仲惧祸及，乃浮海东奔乐浪山中"[6]。这在山东半岛大概是较普遍的。

武帝平朝鲜，设置郡县后，"郡初取吏于辽东，吏见民无闭藏，及贾人往者，夜则为盗，俗稍益薄"[7]，移民会有所减少。但由于统治毕竟不如内郡严酷，地广人稀，当地民族"天性柔顺"[8]，内地移民还会继续流入。元始二年，乐浪、玄菟二郡有人口六十多万，其中大部分应是燕、赵、齐的移民及其后裔。扬雄《方言》将"燕代朝鲜洌水之间"作为一个方言区，可见朝鲜半岛上的人口多数应为汉族移民，语言基本上与燕代相同。

1　《汉书·地理志》。
2　《汉书·王章传》。
3　《后汉书·东夷传》。
4　《汉书·朝鲜传》。
5　《汉书·朝鲜传》。
6　《后汉书·循吏传·王景》。
7　《汉书·食货志》。

　8　《后汉书·东夷传》。

武帝元朔元年(前 128 年)"东夷薉君南间等口二十八万人降,为苍海郡"[1]。苍海郡地大致在今朝鲜半岛北部、东朝鲜湾西岸。当时汉朝尚未控制朝鲜,所以《汉书·食货志》有"彭吴穿秽貊、朝鲜,置沧海郡"的说法。因此,《武帝纪》的说法也罢,《后汉书·东夷传》"率二十八万诣辽东内属"的说法也罢,都只是降附,而并未内徙,而且二十八万的数字也并不可信。为了设置沧海郡,武帝曾调集人力物力,"人徒之费疑于南夷",搞得"燕齐之间靡然发动"[2]。但元朔三年春即罢苍海郡,前后不足二年,而该地正式纳入汉朝版图还在十八年后的元封三年(前 108 年),所以即使有人员曾进入南间的属地,也已基本撤回。朝鲜平后,原沧海郡地当属临屯,昭帝始元五年(前 82 年)后罢临屯地属乐浪郡。根据其他少数民族地区的情况推断,当地必定还有不少人口未列入户口统计数。

朝鲜平后,少数有功降人被封侯迁居内地(见表 18)。

表 18　朝鲜降人封侯内徙例表

侯国名、受封人	原　身　份	受 封 时 间	所 在 郡 国
平州侯王唊	朝鲜将	元封三年(前 108)	泰山(梁父)
获苴侯韩陶(阴)	朝鲜相	元封三年	勃海
潚清侯参	朝鲜尼溪相	元封三年	齐
几侯张	朝鲜王子	元封四年	河东
涅(温)阳侯最	朝鲜相路人之子	元封四年	齐

西汉的统治势力始终未达到朝鲜半岛南部,但在南部同样有汉人移民,如辰韩,"耆老自言秦之亡人,避苦役,适韩国,马韩割东界地与之"[3]。因此,在西汉期间也会有来自大陆的移民进入半岛南部,但具体情况也已难以稽考。

昭帝元凤五年(前 76 年)六月,"发三辅及郡国恶少年吏有告劾亡者,屯辽东"。次年春正月,"募郡国徒筑辽东玄菟城"[4]。辽东也是接纳内地移民的边郡之一。

1　《汉书·武帝纪》。
2　《汉书·食货志》。
3　《后汉书·东夷传》。
4　《汉书·昭帝纪》。

第四节　特殊迁徙地——房陵、上庸

与秦代一样,西汉继续将房陵(今湖北房县)和上庸(今湖北竹山西南)作为囚禁有罪废黜的诸侯王的地点。这样做的依据是"古者废放之人屏于远方,不及以政"[1]。其实际原因在于房陵、上庸地处丛山峻岭之间,交通不便,与世隔绝,本地人口很少。将废黜诸侯王置于此地,可严密监视,断绝其同外界联系。同时,这两处又都在汉朝内地,囚禁对象不易同外部敌对势力交通。

先后被徙置的诸侯王见表 19。这些人或自杀,或终老于徙地,未发现生还的记录。

表 19　徙房陵、上庸诸侯王例表

徙　地	被　徙　人	被　徙　时　期	备　注
房陵	济川王明	武帝建元三年(前 138)	
上庸	济东王彭离	元鼎二年(前 115)	
房陵	常山王勃	元鼎三年(前 114)	
上庸	广川王去	宣帝本始四年(前 70)	邑百户,道自杀。
房陵	清河王年	地节四年(前 66)	邑百户。
房陵	广川王海阳	甘露四年(前 50)	
房陵	河间王元	元帝建昭元年(前 38)	
房陵	东平王云	哀帝建平三年(前 4)	自杀。
汉中	梁王立	平帝元始三年(3)	自杀。

　1　《汉书·霍光传》。

结束语

　　作为一篇人口地理的专题研究论文,除了以上已经论述的人口增长、分布和迁移之外,还应该包括人口的结构。同时在人口分布方面,除了以上的地理分布内容之外,还应有人口的城乡分布的论述。本文没有包括这些内容的原因之一,当然是限于笔者的学力。但必须指出的另一个重要原因是,迄今为止还没有发现研究这些问题所必需的起码的资料和基本数字。这一方面是由于我们的祖先还不懂得自觉地记录我们今天看来是至关紧要的事实和数据,另一方面是即使他们已经记下的也大多湮灭了。所以今天对某些问题的研究遇到了无法逾越的障碍。

　　例如,关于西汉人口的年龄结构,除了根据一般规律可以推断为年轻型、底部很宽的金字塔型之外,很难再搞清什么了。关于西汉的民族构成,除了汉族可估算出大致数量外,其他少数民族也无任何数量记载可作为研究的根据。又如,关于西汉人口的城乡分布,由于仅有的几个县的户口数都是包括该地全部城乡人口数在内,无法判断其城乡人口的比例。笔者曾设想过根据当时的粮食产量推算出农业人口所占的比例,进而估计城乡人口的比例,但由于未知数太多而未能如愿。

　　笔者认为,与其只能进行一些粗略得毫无意义的估计,或者仅仅重复其他著作中都可以发现的一般性论述,倒不如暂付阙如。当然,希望有一天能加以补充,即便是其中一部分。

一九八三年五月十九日改定

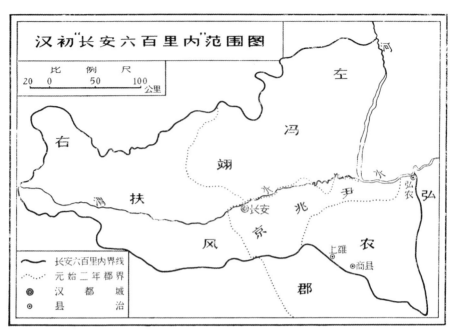

汉初"长安六百里内范围图"

比　例　尺

20　0　　50　　100

公里

长安六百里内界线
元始二年郡界
汉都城
县治

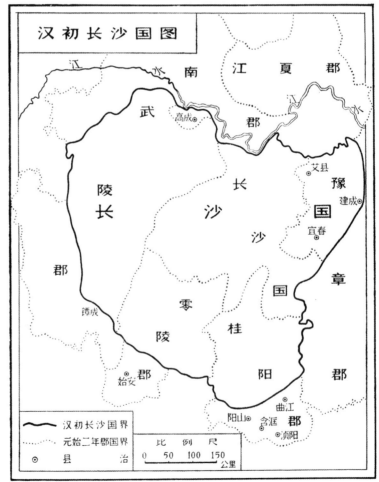

汉初长沙国图

汉初长沙国界
元始二年郡国界
县治

比　例　尺
0　50　100　150
公里

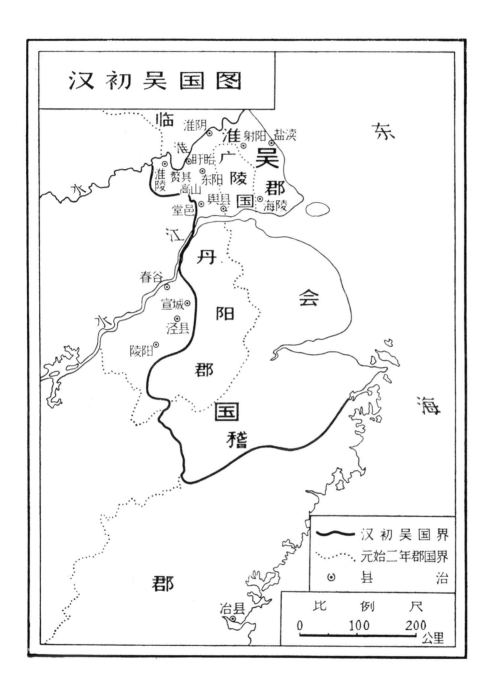

汉初吴国图

临

淮阴
淮
盱眙
淮
赘其
陵
堂邑

射阳 盐渎
淮 广
东阳 陵 吴 郡
高山 国
舆县 海陵

东

江
丹

春谷
宣城 阳
泾县 郡
陵阳 国
稽

会

海

郡

冶县

汉初吴国界
元始二年郡国界
县　治

比　例　尺

0　　100　　200
公里

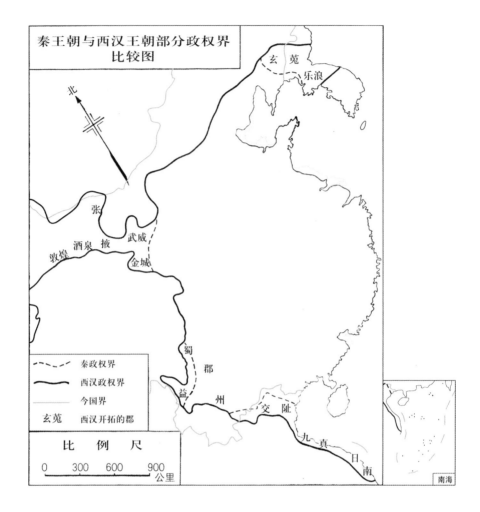

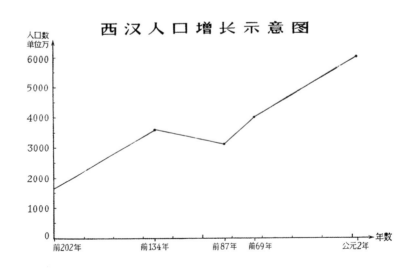

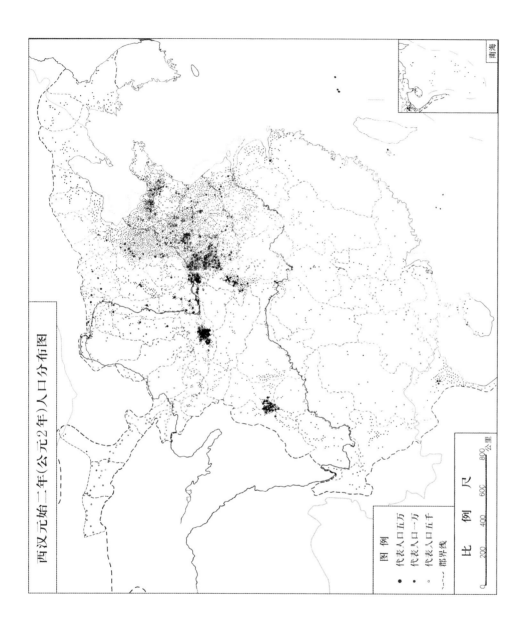

西汉元始二年(公元2年)人口分佈图

图　例
· 代表人口五万
· 代表人口一万
○ 代表人口五千
---- 郡界线

比　例　尺
0　　200　　400　　600　　800公里

南海

175

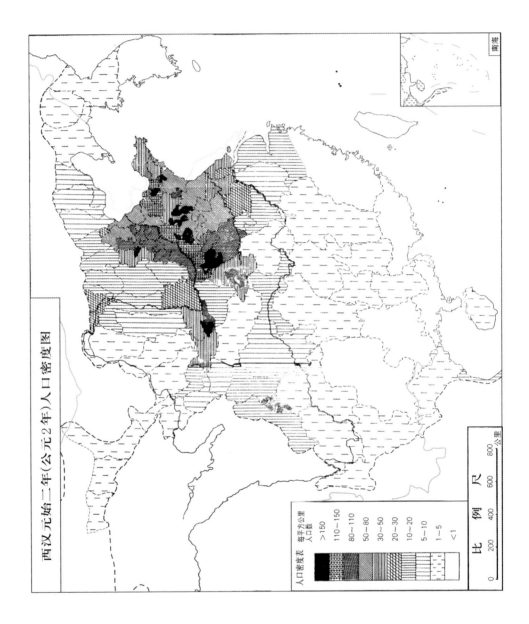

西汉元始二年(公元2年)人口密度图

人口密度表 每平方公里
人口数
>150
110～150
80～110
50～80
30～50
20～30
10～20
5～10
1～5
<1

比 例 尺

0 200 400 600 800 公里

南海

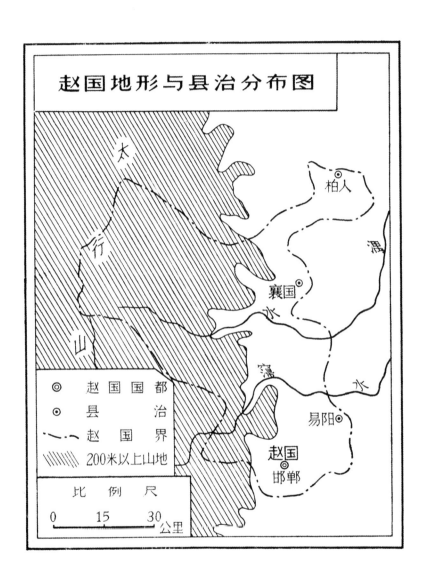

赵国地形与县治分布图

⊚ 赵国国都
⊙ 县　　治
·—·· 赵国界
▨▨▨ 200米以上山地

比例尺

0　　15　　30
　　　　　　公里

西汉盐铁工官及主要交通线分布图

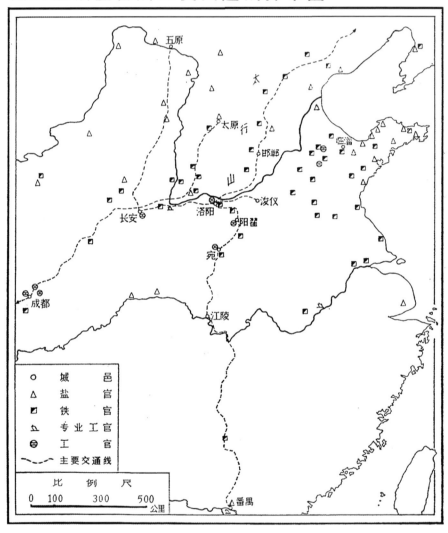

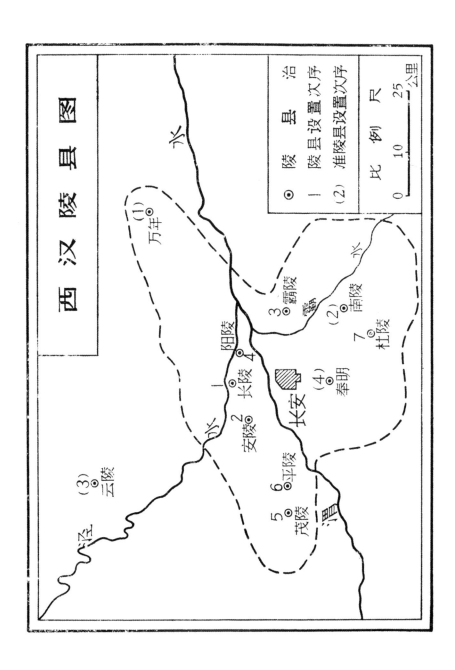

西汉陵县图

图例

陵　县　治　◎
陵县设置次序　1
准陵县设置次序　(2)

比　例　尺
0　10　25 公里

(1) 万年◎

陽陵
◎
4 长陵◎
3 霸陵◎
霸水
(2) 南陵◎
7 杜陵◎

长安
(4)
奉明

2 安陵◎

5 6 平陵◎
5 茂陵◎

(3) 云陵◎

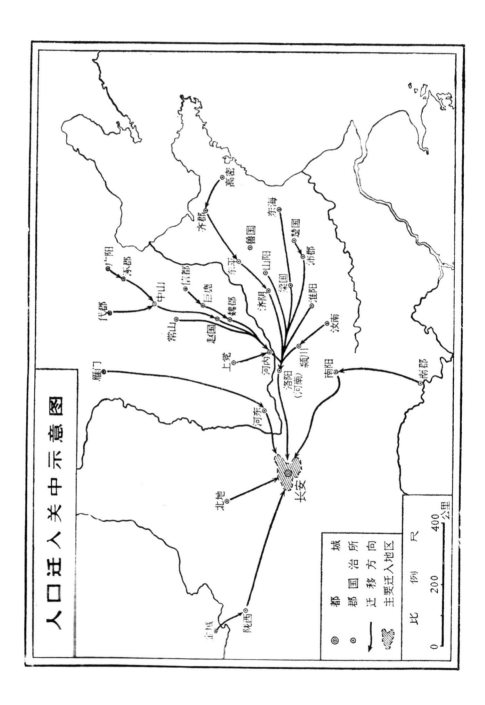

人口迁入关中示意图

中国移民史·导论

第一章

移民的定义和本书研究的范围

　　本章所要论述的移民的定义，主要是用之于本书。但由于迄今为止国内在移民研究中也还没有一个公认的定义，笔者自然希望这一定义能推广到中国移民史的研究领域，为同行学者和有关的研究人员所接受。

第一节　　"移民"一词现有的解释

一、古籍中的"移民"及其同义词的含义

　　"移民"一词最早出现在《周礼·秋官·士师》中："掌士之八成：……八曰为邦诬。若邦凶荒，则以荒辩之法治之。令移民通财，纠守缓刑。"[1]本意是在列举士师一职所负对士进行考核督察的八个方面，并作具体的阐述。在其中第八种情况下说明：如果邦中发生谷物歉收引起饥荒时，就应该采用救济的特殊措施，一方面可以让受灾百姓迁往谷物丰收、价格较贱的地区，另一方面可以从丰收地区调运谷物来救灾。这里的"移民"还不是一个专名，而是作为动词，即迁移人口。

　　另一处见于《管子·七法》："不明于决塞，而欲殴众移民，犹使水逆流。"[2]大意是说：一个当政的人如果不懂得疏导或堵塞河流的道理，却要调动人力或迁移人口，那就等于要让水倒流；因为如果不懂得堵塞河流的道理就进行了堵塞工程，并且让百姓迁入了河流堵塞后形成的耕地，那么除非能让河水倒流，否则难免不出事故。这里的"移民"也还是迁移人口的意思。

　　《周礼》与《管子》的成书年代至今还没有一致的说法，但一般都认为不会晚于战国后期，因此"移民"成为迁移人口的动词来运用，至少已有 2 200 多年的历史了。

1　《周礼注疏》卷 35，《十三经注疏》下册，中华书局 1979 年影印本，第 237 页。
2　戴望《管子校正》卷 2，《诸子集成》，上海书店 1986 年影印本，第 29 页。

与"移民"同义的一个词是"徙民"。"徙",也是迁移的意思。此词同样首见于《周礼》。

《周礼·地官·小司徒》:"五家为比。"《比长》:"比长各掌其比之治。……徙于国中及郊,则从而授之。若徙于他,则为之旌节而行之。若无授无节,则唯圜土纳之。"[1] 按郑玄等人的注释,这段话的大意是:每五家编为一个比。比长的职责就是负责这五家的管理。如果所管的居民感到不便,要从城里迁到郊外,或从郊外迁入城中,可以给他们办一个手续,向迁入地的官员说明他们并没有犯罪,只是感到不便而迁移的。如果居民要迁到其他地方去,就得给他们办一个旌节作为证明。如果迁移的人既没有办手续,也没有证明,当地的官员就应该将他们送到圜土中监禁。

类似的说法还见于《地官·邻长》,在"五家为邻"的编制下,"邻长掌相纠相授……徙于他邑,则从而授之"[2]。根据这里的规定,居民迁往其他邑时,应该由邻长给他们办证明。

《管子·四时》则直接使用了"徙民"一词:"其时曰冬,其气曰寒。……其事号令,修禁徙民,令静止。"作者认为冬天天气寒冷,应该禁止百姓私自迁移,使他们得到安定。这里的"徙民"仍然是动词的意义。

"徙民"一词作名词用,到《史记·平准书》中才出现:"其明年,贫民大徙,皆仰给县官,无以尽赡,卜式持钱二十万予河南守,以给徙民。"这里所谓徙民,也就是移民,即已经从内地迁至西北地区的人口。如果说这还只是作者自己的用语的话,那么在郦道元《水经注》的记载中就出现了当时社会上的习惯用语。《水经注》卷 4《河水》"又过蒲坂县西"一句下注云:"魏秦州刺史治,太和迁都罢州,置河东郡,郡多流杂,谓之徙民。"[3] 这就是说,至迟在公元 5 世纪初,人们已将迁居于外地的人口称为"徙民"了。

古籍中表示"移"或"徙"的另一个词是"迁",出现得也很早。如《尚书·盘庚》中就有"盘庚五迁,将治亳殷"及"盘庚迁殷,民不适有居"[4]这样的话。《尚书·多士》中载:"成周既成,迁殷顽民。"[5]"迁"字类似的用法在先秦典籍中出现得很多。

1　《周礼注疏》卷 12,第 80 页。

2　《周礼注疏》卷 15,第 105 页。

3　陈桥驿点校《水经注》,上海古籍出版社 1990 年版,第 68—69 页。

4　《尚书正义》卷 9,《十三经注疏》本,第 56 页。

5　《尚书正义》卷 16,第 107 页。

二、当代使用的"移民"及其同义词的含义

在现代汉语中,"徙""迁"比较罕用,一般都用"移民"。此词作动词用时释为将一部分人口从原居住地迁移至其他地方居住,作名词时就是指进行这种迁移行为的人(无论出于主动或被动)。但至今还没有见到一种确切的、权威的、得到公认的定义,像《辞海》中的解释就并不妥当:

(1) 迁往国外某一地区永久定居的人。

(2) 较大数量的、有组织的人口迁移。[1]

第一种是狭义的移民,或国际法意义的移民,专指国家之间的定居性人口迁移。

第二种是指一般意义的移民,但也有三点不妥之处:移民固然应有一定的数量,但不一定要有较大的数量;移民可以有组织,但自发性的移民也大量存在;有组织的迁移人口不一定以定居为目的,事实上也不一定在迁入地定居,有的只是流动人口,算不上移民。

由中国人编写的《英汉大词典》对"emigrant""emigrate""emigration""emigrator"这四个与汉语的"移民""迁移"对应的词的解释都是"移居外国(或外地区)"或"移居外国(或外地区)的人"[2],内容虽无明显错误,但过于简单,显然只适用于一般读者,不能作为专业性的定义。

我国台湾出版的《云五社会科学大辞典》第 11 册《地理学》对"移民"的解释为:

> 移民是人口动态的一种,"普通限于涉及有较长居住变更的人口迁徙",并非指任何一种的人口移动。如甲地人口移往乙地从事较长期的居留,这才叫做移民。从甲地的立场看,这是人口外移(emigration);从乙地的立场看,这叫人口内移(immigration)。就其迁徙所及的区域看,国与国间的人口迁徙名为国际移民;一国内部的人口迁徙名为国内移民,又可分为区域移民和农村都市移民。[3]

在国际英语辞典中最有影响的《新编韦氏大辞典》(Dorset & Baber:

1　上海辞书出版社 1989 年版,第 1973 页。

2　陆谷孙主编《英汉大词典》,上海译文出版社 1993 年缩印本,第 561 页。

3　沙学浚主编《云五社会科学大辞典》第 11 册,台湾商务印书馆 1974 年版,第 195 页。

Webster's New Universal Unabridged Dictionary，Second edition，1983)第593 页对 emigrante 的释义是：

> 离开一个国家、州或地区并居住于另一国家、州或地区；出于定居的目的而从一个国家或州迁往另一国家或州；与"迁入"一词意义相反。(to leave one country，state，or region and settle in another；to remove from one country or state to another，for the purpose of residence：opposed to immigrate.)

1980 年版《美国大百科全书》(国际版)对"human migration"(人口迁移，移民)一词的释义是：

> 广义的移民是指个人或团体有相当长的距离的比较经常性的迁移行动。这一定义中的"相当长的距离"和"比较经常性的"两个关键定语，因人们使用的标准不同，而有各种不同的解释。
>
> 在国际移民的统计中，一般把声称将在接受国居留至少一年的人列为移民，而不问其实际是否居留了这么久。但对迁入移民或一个国家内部移民的统计，要作国际性的比较就很困难，因为各国对移民的定义不尽相同。在美国，经常性迁移的定义实际上是由州或地方的法规确定的，如选举的居住资格。美国国家人口普查局收集在 12 个月的时间内改变原来地址的人的名单，如改变的范围不出一县就列为流动人口(mover)，如已超出一县范围则列为移民(migrant)。
>
> 尽管距离的意义一般是就地理角度而言，但也可由社会条件来决定。例如，一位农民迁至本县一座城市公寓所引起的他的生活状况的变化，可能比一个人从纽约一座公寓迁至旧金山一座公寓所产生的变化还大得多。一个人从东柏林迁至近在咫尺的西柏林，实际上却是社会制度的改变。考虑到这种短距离迁移的社会意义，大多数分析家同意，移民至少应有永久性的社区变更。[1]

---

1 《美国大百科全书》(国际版)(*The Encyclopedia American International Edition*)第 19 册，1980 年版，第 97—98 页。

1984 年版《英国大百科全书》的释义是：

> 移民通常是指居住地发生了经常性的变更的个人或团体。由于这一定义取决于"经常性"的含义,统计学者在收集移民数据时或多或少会作出各自的不同解释。例如,一个声明他的目的是在迁入国居留至少一年的人通常被列为移民。
>
> 各类专家还会对这一词的定义加上不同的限制,一些人特别强调出于强制的迁移不能包括在移民的概念中,尽管要确定一次迁移是否出于强制同样是相当不容易的。同样,一些社会学家将移民的概念限于从一种社会制度迁至另一种社会制度,但最成问题的是,现代人往往同时参与不同的社会团体,一些社会团体的成员只集中在小的地区范围内,而另一些团体(如罗马天主教)却遍于世界。因而,有些人在迁移后就不得不离开原来的社会团体,而另一些人却能够在新居住地找到他原来所属的团体。这就意味着,如果移民必须根据是否从一种社会制度迁入了另一种社会制度来确定的话,困难就在于所属团体转变到了什么程度才能算改变了社会制度。[1]

在拙著《简明中国移民史》[2]出版之前,国内虽也有以"移民"命名或专门论述移民的专著,如由田方、陈一筠主编的论文集《中国移民史略》[3],李德滨、石方著的《黑龙江移民概要》[4],中国中日关系史研究会编的论文集《日本的中国移民》[5]等,但都没有对"移民"的定义作出规定或进行过论述。另外一些著作用的是"人口迁移",如田方、林发棠主编的《中国人口迁移》[6]、石方著的《中国人口迁移史稿》[7]等。但"人口迁移"与"移民"的含义是有明显区别的,这在下一节中将作讨论。

需要强调的是,本书使用的人口迁移的概念与地理学界的解释稍有不同。《中国大百科全书·地理学》对"人口迁移(population migration)"释为："一定时期内人口在地区之间永久或半永久的居住地的变动。人口迁移的

---

1 《英国大百科全书》(*Encycloparpia Britannica*)第 12 册,1984 年版,第 185 页。

2 福建人民出版社 1993 年版。

3 知识出版社 1986 年版。

4 黑龙江人民出版社 1987 年版。

5 生活·读书·新知三联书店 1987 年版。

6 知识出版社 1986 年版。

7 黑龙江人民出版社 1990 年版。

形式为移民。"[1]这里的"人口迁移"即本书所说的"移民过程"或"移民迁移过程"。而本书所说的"人口迁移"却同时包含了《中国大百科全书·地理学》所定义的"人口流动(population flow)",即:"一般指离家外出工作、读书、旅游、探亲和从军一段时间,未改变定居地的人口移民。人口流动不属于人口迁移,流动的人口不能称为移民。"[2]

那么为什么不采用与上述《地理学》相同的定义呢? 主要也是受到历史的局限。因为对近代或当代的情况,要区分人口迁移和人口流动似乎并没有什么技术上的困难,但对古代的情况就不尽然,往往根本无法加以区别,所以我们只能将除了本书定义的"移民"以外的所有人口迁移和人口流动全部称为"人口迁移"了。

第二节 本书的定义

我们要确定的"移民"的定义当然要有其普遍性的意义,但本书将要论述的是中国历史上的移民,所以必须考虑这一特殊需要。

一般来说,移民是指迁离了原来的居住地而在其他地方定居或居住了较长时间的人口。任何参加了这一迁移过程的人都是这次移民中的一员,都具有移民的身份。但作为研究的对象或一种社会现象,移民一般都是指人口,即一群人或一个群体。因为除了极个别的特殊例子外,即使是以个人为单位的迁移,也可以归纳为某一类型的移民。

但根据中国历史上人口迁移的特点和本书的宗旨,我们为本书确定的移民的定义是: 具有一定数量、一定距离、在迁入地居住了一定时间的迁移人口。

下面分别从三个方面阐述这个定义的含义和确定的理由,并说明移民与其他迁移人口之间的关系。

一、移民的数量意义

中国有文字记载以来发生过的人口迁移的次数不胜枚举,有过迁移行为并符合移民条件的人口数以千万甚至以亿计,要把这些移民的次数和涉及的个人都记录下来并加以研究和论述是绝对不可能的。 即使我们能够把

---

1 中国大百科全书出版社 1990 年版,第 358 页。
2 同上书,第 367 页。

目前见诸记载的一切人口迁移的史实都整理出来,不仅对绝大多数读者来说缺乏实际意义,更难以从中了解这些迁移的类型和规律,而且就是对于专门的研究人员来说,也没有必要去研究历史上所有的迁移人口或移民。就像我们研究历史时既没有必要也不可能研究过去发生过的一切事情一样,研究移民史没有必要也不可能研究以往的一切移民现象或移民个人。

我们强调要有一定的数量,首先是考虑到一定的数量在很大程度上显示了移民的规律。

无论是目前所见的文字记载中涉及的移民数量,还是我们研究结果所证明的移民数量,都是非常悬殊的。例如,《史记·吴太伯世家》中记载周族首领古公亶父的长子太(泰)伯和次子仲雍从周原(今陕西岐山县一带)迁至江南,只提到他们两人[1]。族谱中记载的迁移者往往只是该族的始祖或某一代祖先。但《后汉书》和《三国志》称东汉初平元年(190年)董卓强行迁都长安时,就曾迫使首都洛阳及其周围的数百万人西迁。又如东魏天平元年(534年),高欢逼孝静帝迁都于邺城(今河北临漳县西南),《魏书·孝静纪》称被迁的有"四十万户",应该有100多万人口。据我们的研究,西晋末永嘉年间(307—312年)开始、唐朝安史之乱(755年)后和北宋靖康之乱(1126年)后的三次人口南迁都有100万以上至数百万的规模,明朝初年的大移民涉及的人口更多。

但是迁移人口的主流,或者说其中具有共同目的、方向、路线和类型的那一部分人口,却无不具有一定的数量,因而反映了当时人口迁移的趋势,具有一定的代表性。因为无论是哪一种类型的移民,如果只有个别人或很少数量的话,就不可能具有代表性。除了个别特殊情况外,也不会产生重大的影响。我们强调要有一定的数量,就是为了要在纷纭复杂的迁移人口中筛选出有一定代表性、能够反映一定规律的那一部分来。

其次,我们不得不考虑本书的容量。尽管本书将有6卷,约250万字,但要非常详细地论述中国历史上见于记载的全部移民过程却是根本不可能的。尤其是明清以来,仅仅是见于地方志和族谱中的移民就不计其数,因此我们只能选择其中很少的一部分。在其他条件大致相同的情况下,移民的作用和影响的大小,基本就取决于他们的数量了。数量作为我们的选择标准之一,就是基于这样的认识。

---

[1] 凡导论部分列举的史实或例证见于本书以下各卷各编者,不一一注明出处,请参阅具体论述部分。以下同。

我们所取的数量,是对特定的移民进行研究后的结论,而不是文献资料中的记载。由于历史上的人口迁移被记录下来的只是少数,能够保留到今天的就更少,所以我们不能以直接记载为唯一标准。有的迁移类型或过程有记载可考的只是个别事例,或者仅仅涉及相当有限的个人,但如果有确切的史料或研究成果足以证明是属于"一定数量"中的一部分,具有代表性,那就应该归入本书界定的移民。如太伯和仲雍的迁移,《史记》等史籍只提及他们二人,但实际上当时迁移的绝不止他们二人,而是一次数量不小的集团移民。又如汉武帝时派往西域的使者及其随员、征伐西域的军队中有不少人流落在当地,但在现存的西汉和东汉史料中并没有任何记载,直到数百年后《隋书》中才提到。尽管《隋书》的记载中也没有提供这些移民的数量,但从各方面的情况分析,我们还是可以肯定他们的数量是相当可观的。还有一些迁移过程虽然是以个人或少数人分散进行的,没有形成移民群体,但在相当长一段时间里却是经常性的现象,如在某一地区开发之初迁入的人口往往就有这样的特点;这自然也属于本书所要论述的移民。

不过我们只能用"一定的"这种模糊的概念,而无法规定一个具体的数字或数量范围。原因之一,是中国历史上的绝大多数移民运动当时就没有留下确切的数量统计。少数提及数量的,也往往是很粗略的,或者并不是真正的人口数字,如"百万""数万""万户""数千落""数百家"等。即便是这样的史料,无论是直接的还是间接的,能够搜集到的也是相当有限的,所以历史上大多数迁移人口是无法作精确的数量分析的。原因之二,是迁移人口的情况千差万别,决定其是否具有代表性的基本数量也是难以统一规定的。这既取决于迁移人口本身的数量、在当时当地总人口中所占的比例和所处的地位、迁移时间和迁入地点的集中程度、迁移距离的长短、对迁出地和迁入地的影响等等方面的情况,也要考虑史料记载和保存方面的因素,进行研究的可能性和必要性。正因为如此,我们对不同时期、不同地区、不同民族、不同类型的移民将采用不同的标准。一般说来,对早期的、边远地区的、非汉族的、跨国界或地区界的尽可能少遗漏,而对后期的(特别是明清以来)、中原地区的、汉族的、一个政权或地区内部的则取数量较大的。对其中无法作数量推断的那些,就只能根据笔者对史料的理解和判断来作取舍了。

在一般情况下,"一定数量"是就迁移人口本身而言。在特殊条件下,也要考虑其后裔的数量和影响的大小。在方志和家谱中往往会见到这样的记载:某地或某一家族成千上万人口都源于某一位或少数几位外来移民。对这种情况当然首先应该进行分析,因为有时并非事实。例如这些人口实际上并不是出于一姓一人,大批贫穷又无文化的移民在迁入地定居繁衍以后,往往会将自己的祖先或始迁祖附会于某一位可能迁入过当地的名人,甚至编造出这样一位人物来。当地的土著宗族,在人口繁衍并具有了一定的经济和社会地位后,也往往会把自己说成是某一位曾经流寓本地的著名人物的后裔。如海南岛上不少李姓人口都说自己是唐朝谪居崖州(治今海南岛琼州市东南)的宰相李德裕之后,这类记载常见于当地方志和族谱之中,实际都是出于附会。又如某地某族中这位或这几位移民正是当时大批迁入的人口中的一员,只是其他人没有留下记载,或者这位移民于该地该姓虽属个别,但就全国或一个地区而言却并非特例。

不过应该承认,历史上的确有个别杰出的移民对地区开发、文化传播、民族融合、疆域巩固作出过重大贡献,他们个人也在当地繁殖了不少后裔,这些当然应该列为本书的论述对象。不过这类移民一般都是在任或被谪居的官员、文人学者、宗教领袖、宗族或部族首领、巨商大贾等拥有权力、能力或财力的高素质移民。

最后还应该说明,上面讨论的定义是为本书的撰写而确定的,所以特别强调了"一定的数量"。但这并不意味着,没有"一定的数量"就不能算移民。即使是一个人,只要他迁移了一定的距离并在迁入地居住了一定的时间,也完全符合移民标准。所以,在确定其是否属于移民时完全不必考虑数量,而在研究或撰写移民史时,我们却不得不考虑数量。

二、移民的迁移距离的意义

与数量相比,有关移民迁移距离的记载要具体得多。因为无论史料记载多么简单,一般总还有关于移民迁入地或迁出地的记载,至少有一个大的范围,如关东、关中、河西、江南,或琅邪郡临沂县、陇西成纪,或南雄珠玑巷、山西大槐树、麻城孝感乡等。由于这些地名今天大多还能查考,所以可以大致了解这些迁移的距离,有作数量分析的条件。

要规定多长的距离才够得上"一定的"标准是相当困难的,但这样的规定还是必需的。迁移的距离与移民的数量一样,无论对某些具体的移民个人,还是对一场移民运动,都具有重要的甚至决定性的意义。如果迁移的距离过近,那么无论迁移人口的数量有多少,至多只对当地有影响,不会影响到周围地区,更不用说整个社会。以往人们在日常生活中由北街改住南街,东门迁到西门,乡下搬到城里,甲村移居乙村,此县徙于彼县,这样一类迁移是多得不计其数的。例如,随着家族人口的增加,居住区总要不断扩大;婚姻嫁娶即使范围有限,也不会都在原地。如果不加以必要的区别和限制,真正有意义的人口迁移反而会湮没在这些随时随地都在进行的人口流动之中了。

既然如此,为什么不确定一些具体的距离指标呢?因为这样做并不科学。

首先,我们研究近代或当代的移民,要取得某些移民或某一次移民的迁移距离一般不会有什么困难,但文献中对移民的迁出地或迁入地的记叙往往只是一个很大的地域范围。如秦汉时的关东,就是泛指今太行山以东、燕山山脉以南、淮河以北、渤海和黄海以西这样一个大的区域,如果史料中只记载了某次移民迁自关东,那么以哪一个地点作为迁出地,怎样来确定迁移的距离呢?如果迁入地也是这样一个大的区域,如江南、岭南,要确定具体的距离就更无可能了。

其次,尽管距离作为一个量化的指标是绝对的,但在决定移民的意义与影响方面却是相对的。就是考察迁移的困难程度,也不能仅仅根据距离一项,还应考虑自然地理和人文地理的条件。如平原之间的迁移与跨越高山、峡谷、江河、沙漠的迁移,就不能只用距离来衡量它们的难度。台湾海峡的宽度比从东南沿海地区到东南亚的距离要短得多,但由于复杂的水文和气候条件,在航海技术不够发达的情况下,从福建沿海驶往台湾的风险比远航东南亚还大。在政府允许、鼓励甚至资助下的迁移与在官方封锁禁止时的偷渡闯关,即使迁移的距离相差悬殊,也很难一概而论。

正因为如此,我们所确定的"一定的距离",并非局限于具体的里程,而是指不同的区域之间。首先是指大的自然地理区域之间,例如黄河流域和长江流域之间,华北平原与关中平原之间,青藏高原与四川盆地之间,等等。其次是指省与省之间,即省际。在省(行省、布政使司)这一级政区没有出现之前,则指一级政区如州、道、路等单位之间。再次是指范围较大的二级政区如郡、府、州之间;或者不同的地理小区域之间,如平原与丘陵、平原与山区、大江河的此岸与彼岸,等等。总之,在考虑绝对距离的同时,必须用是否跨不同的地理区域或行政区域来衡量。

对这些标准不能孤立地、绝对地看待,而应该进行综合的、全面的分析。例如清代的台湾,从康熙二十三年(1684年)至光绪十一年(1885年)这201年间都是福建省的属地,因此从福建大陆向台湾的人口迁移不能列为"省际",只是同一个省的"府际";而且两地的绝对距离也不算远。但谁也不会否认,这一类迁移人口的移民特征,其意义和影响远在一些省际迁移之上。

相反,有些省际迁移却并没有超越同一地理区域,与邻县间的迁移并无二致,如太湖周围的江苏、浙江之间,华北平原上的河北、山东、河南之间,江淮平原上的江苏、安徽之间,云贵高原上的云南、贵州之间,等等。

对人口从农村迁入城市,一般也限于来自其他行政区,而不包括由本县或本府的乡村迁入县城、府城一类的近距离迁移。如近代迁入上海市区的移民,一般是指来自上海县城以外的,如苏南、浙北各县及其他省区。在移民具体数量无法区分的情况下,则将论述的重点置于距离这一方面。

历史上有一些近距离的移民是随着渐进式的地区开发而推进的,当移民累积到一定的数量时,也会产生重大的影响,如新县的建立、产业区的扩大、文化区域的调整等。尽管这类移民的迁移距离是微不足道的,但他们的数量和作用是值得重视的,也是移民史的一部分,所以在篇幅允许的条件下,本书同样予以论述。

三、移民的居留时间的意义

我们之所以还要规定"在迁入地居留了一定的时间",是因为最终是否定居是区分移民与其他流动人口的主要界限。

在中国历史上的迁移人口中,有相当一部分人并不是以定居为目的,事实上以后也没有在迁入地定居。例如自秦汉以来直到宋代,大多数平民都必须承担兵役或劳役,必须离家去边疆、首都或其他地点服役若干时间。由于涉及全国绝大多数男性成年人口,这类迁移人口的数量不可谓不多,一次多达数十万或上百万的记载在史料中屡见不鲜;距离也不可谓不远,往往不下数千里,如汉唐时关东或江淮间的人到西域服役;但其中的绝大多数是定期返回的,而不是以定居为目的的,所以在一般情况下是不能归入移民之列的。不少论著把汉唐时在西北的戍卒和屯田都列为移民,而对这些人员是否在实际上定居不加区别,显然是与事实不符的。另外,像到外地赴任的官吏、游学或赶考的学人、流动经营的商人、派驻各地定期轮换的军队、有期流放的罪犯、从事季节性工作的工匠或农民、逃荒或乞讨而短期离乡的灾民等,尽管其中有些对象不乏数量大或距离远的特点,也不能视为移民。当然,在这些对象中的确包含了一部分真正的移民,因为其中有些人最终在迁入地或流动地定居了。但总的说来,这些人只占少数。更重要的是,他们已不再返回原地,与其他人的性质已完全不同了。

在判断迁移人口是否居留时,主要应根据实际,而不是名义、籍贯或者户籍所在。

例如不少朝代都有这样的情况：一些官员早已在京城定居，甚至已居住了不止一代，但在原籍还有住宅田产，或者户籍还在原地，籍贯自然更未改变。他们实际上已成为移民，不能因为与原籍名义上的关系就被当作流动或者临时外迁人口。如西汉时在首都长安及附近县居住的官员，只要没有正式迁入因建造皇帝的陵墓而设置的新县（陵县）的话，即使已在那里生儿育女、安家定居，也不能取得正式户籍。他们在法律上还是流动人口，在史书上也只记载为原籍人。明清时不少南方籍人士，实际上是随当官或游学的先辈生长在北京的，但习惯上还称他们为南方某地人。又如明清的徽州商人，有的已经在外地定居了几代，但往往还在原籍留有家属或房产田地，有的户口也登记在原籍，有的不时回乡扫墓省亲。我们如果因为他们与原籍的这些关系或根据他们自报的籍贯就认为他们不符合移民的条件，那就完全不符实际了。

还有一些迁移人口在一开始的确是候鸟型的，每年作季节性流动，但他们的主要生活时间和生活基础已经不在原地了。对这些人口也应该实事求是地承认他们已在迁入地居留的事实。像18世纪以后迁往台湾的人口中，相当一部分并没有立即定居。他们大多数单身前往台湾开垦耕作，在收获后返回大陆，次年春耕前再去台湾。随着开垦的成功和生活条件的改善，他们返回大陆的次数和时间逐渐减少，携带的家属也不断增加，大多数最终在台湾定居。类似的情况也发生在近代华北人口向东北的迁移过程之中。不少贫民都是单身闯关东的，有的每年春去冬归，有的在东北积累了一定的钱财后返回家乡，有的多次往返于两地；但多数人以后成为东北的定居人口。因此，在研究这类移民运动时，应该注意到这类特殊情况，尤其是在确定初期的移民数量时必须考虑到这些候鸟型人口。

我们没有使用"定居"这个概念，因为要确定"定居"的定义同样并不容易。定居不仅涉及迁入人口的居留目的和状态，也还有时间的长短问题。究竟多长时间可以算定居，是很难确定的。如果迁入一个地方居住了若干年后又迁移，究竟能不能算定居，中间居留了多少时间才能算定居，都有很多复杂的因素要考虑和衡量。与其再要对"定居"作出新的界定，倒还不如比较原则地定为"在迁入地居留了一定时间"为好。

一般来说，就迁移人口本人而言，是指迁入一个地方住下后直至终老没有再迁移；对于迁移对象的后代来说，至少居留了一代人。如在两汉之际，一些北方人士避居南方，到东汉建立并恢复了中原的秩序后，大多返回了北方。尽管这些人在南方居住了十余年时间，对迁入地不无影响，但不能归入移民之列。而东汉末年从北方迁入蜀、吴二地的人口,有很大一部分没能回到北方。其中有些人没有几年就死亡了,他们的下一代却居留在迁入地了,他们自然属于移民。到了魏灭蜀和西晋灭吴时,这些移民的后裔又有一部分被迁回北方,这也不影响他们的移民身份。北宋末年由黄河流域、江淮间迁入南方的人口,一部分人以后返回故乡;也有一部分人客死南方,他们的下一代迁了回去;前者不能算移民;后者本人算移民,但他们的下一代不算移民。如果他们的下一代再迁到南方,那么有可能列入新的移民。不过,除了少数人在史料中有如此详细的记载外,多数人的情况不可能有具体的反映;这些个别例子往往只是给我们提供一种移民类型,使我们能在确定一次移民运动或一个移民过程的规模时考虑到这些因素。

四、移民与其他类型的迁移人口之间的关系

根据我们确定的移民定义,移民与迁移人口之间的关系也就很清楚了。移民是人口迁移的结果,移民必定是迁移人口。但移民只是迁移人口中的一部分,或者说是迁移人口中符合一定的条件的那一部分,并不是所有的迁移人口都是移民。正因为如此,人口迁移历史的研究是移民史研究的基础。也只有对迁移人口进行深入的研究,才能从中筛选出符合移民条件的那一部分来。

中国历史上曾经大量出现过流民,尤其是在战乱时期和自然灾害严重的情况下。流民都是流动人口,因为他们或近或远都已经离开原来居住的地方。但流民的情况相当复杂:其中多数属于在原居住地就没有什么土地财产的贫民、佃农、奴婢等,他们对故乡较少留恋,如果他们在外乡获得了比原来好的生活环境,就会随遇而安,在当地定居;如果他们无法定居,一时又回不了故乡,他们就会继续流动,直到找到新的定居地或返回故乡为止。另一部分在故乡拥有一定的资产和社会地位的人虽然被迫离家,但始终持临时观点,一旦有可能就要迁回原居住地。但如果战乱长期持续,或者政权分裂,或灾情过于严重,他们就不得不长期侨居外地,实际上定居下来。对灾害流民,迁入地的政府一般都在灾害过后予以遣返,无法遣返时才承认现实,允许流民定居。对战乱移民,迁入地政府开始也作为难民进行临时安置,但在他们迁返无望的情况下,就改为办理入籍手续,纳入编户。如西晋末年开始南迁的北方人开始基本都安置在专门设置的侨州、侨郡或侨县中,他们自己也以侨民自居。但百余年后分裂已成定局,南方政权不得不实行"土断",将侨州郡县改为普通州县,将这些人的侨民身份改为正式居民。又

如北宋末南迁的北方人口，在南方被称为"流人"，他们自己也以流民、难民自居，政府还一度为流亡士人举行"流寓试"，使他们能在外乡参加科举考试。但在宋金和议达成，分裂合法化后，朝廷就采取措施让流人在迁居地入籍。可见流民虽然不等于移民，却在客观上造就了大批移民，是移民的重要来源。所以我们一方面要注意两者的区别，而另一方面却往往要从研究流民入手，从中发现真正的移民。

移民与民族迁移也是既有区别又有联系的。民族迁移至少应有两方面的特点：一是迁移人口基本上都是一个或若干个民族，一是迁移的结果是这个民族居住地的改变。就第一方面而言，可以是汉（华夏）族，也可以是非汉族；可以是农业民族，也可以是牧业或其他民族；可以是内地的，也可以是边疆地区的。第二个特点就规定了像游牧民族的季节性迁徙，或游牧地在周围的扩大和转移，或出于掠夺骚扰目的并返回了原地的南侵等，都不属于民族迁移。一个民族的部分人口在本民族的居住范围内从一地迁至另一地，无论距离多远，也不能称之为民族迁移。只有这些人口迁离了原来的居住范围，或迁入了其他民族的居住区，才可以列入民族迁移。所以民族迁移也是移民运动，只是迁移的对象有特殊性，因而迁移的方式和造成的影响也可能不同于一般移民。但多数移民不属于民族迁移，所以移民不能等同于民族迁移。

以往习惯于将西晋永嘉之乱后和北宋靖康之乱后的人口南迁称为民族迁移，其实并不十分确切，特别是后者。永嘉之乱后的确出现了大规模的民族迁移，但这不仅指汉族的南迁，也包括匈奴、鲜卑、乌桓（丸）、羯、氐、羌、卢水胡、丁零、高车、柔然、铁勒等各族的迁移，这些民族的聚居区大多经历了很大的变迁。汉族的南迁尽管不始于永嘉之乱后，但南迁却使汉族的居住区有了进一步的扩大，并更加深入到南方各地。从这一意义上说，南迁也可以看成汉族的一次迁移。可是南迁人口并不全是汉族，也包括一部分其他民族人口，南迁后汉族在中国北方依然是最主要的民族，所以这并不是一次典型的民族迁移。靖康后的北人南迁虽然也导致了南方汉族聚居区的扩展，但基本上是汉族地区内人口从一个地区迁往另一个地区。虽然有数百万女真人、契丹人、渤海人迁入北方，但汉族仍在人口总数中占了大多数。所以对女真等族来说固然是民族迁移，对汉人来说就谈不上是民族迁移，因此还是列入移民为宜。

在结束对移民定义的论述的时候，有必要再讨论一下我们与西方学者在确定移民定义方面的不同历史背景。1990年8月我参加国际历史人口委員会在马德里召开的学术讨论会,会议的主题是"1500 年以来的长距离人口迁移"。以 1500 年为界,显然是以 1492 年哥伦布发现新大陆从而开始了欧洲人对美洲的移民为一个阶段。对"长距离"的定义,尽管没有明确的规定,但从与会者的报告和发表的意见来看,主要还是指洲际或欧洲各国之间。从欧洲、美洲历史的实际出发,这样的界定当然是正确的,因为 1500 年以来欧洲的绝大多数国家领土范围不大,本国内的迁移距离有限。而中国历史上的情况就完全不同了,本书将要论述的移民尽管都是在中国的疆域范围之内进行的,但他们迁移的距离一般都超过欧洲多数国家之间的迁移,因此属于"长距离人口迁移"的范围是毫无疑问的。

由此我们想到,对移民定义的确定应该从研究对象的实际出发。西方的学者习惯于欧洲、美洲的实际,往往特别强调移民的国际特点,甚至以是否属于国际间的迁移为确定移民性质的唯一标准。在这种观点的影响下,国内有些学者也只重视历史上中国与外国间的人口迁移。讲到中国移民史,似乎只指向海外的移民这一类,或者就是一部华侨史。中国内部移民历史的研究长期以来没有受到应有的重视,与这种观念的存在不无关系。当然,我们丝毫不认为,目前对中国与外国之间人口迁移历史的研究已经相当充分了,事实上这一方面同样还有不少亟待进行的工作;但相比之下,中国内部的移民对中国历史的发展具有更加重大的意义,而这方面的研究处于非常薄弱的状态,应该放在更加重要的地位。而且,根据中国历史上人口迁移的实际来确定移民的定义,无疑会比完全按照西方学者的观念行事要合理得多。

第三节 中国移民史研究的对象和具体内容

中国移民史的研究对象,是发生在历史时期的中国范围内的移民。移民的概念已见上述,关于"历史时期的中国"所包含的空间和时间范围,在下面两节中将作专门的论述。这一点与当代移民的研究并无二致。就研究对象而言,中国移民史所要研究的与当代所要研究的移民问题也并没有本质上的区别。但由于受到客观条件的限制,也由于历史时期的一些特殊原因,两者在具体的研究内容上有所不同,深入的程度也不一样。

中国移民史必须研究的具体内容,或者说本书应该包含的内容,有以下三个方面:

一、移民的迁移过程

从总体上说,这是指曾经发生在本书所规定的时间和空间范围内的总的迁移过程,即所有的移民运动。我们应该把以往的移民运动作为一个总的迁移过程来考察,只有这样我们才能全面地认识移民的影响,因为每次移民运动都有其具体的影响,有的是相互抵消的,有的是互不关联的,有的却是彼此叠加的,对中国历史各方面造成的影响就是它们的合力或总和。

就一次具体的移民过程而言,应该研究的问题有:

1. 迁出地 即移民在迁移以前所居住的地点,或者可称为移民的出发地。这在当代移民研究中一般是不成问题的,但对历史时期的移民往往会有很大的困难。有的移民的迁出地只知道一个很大的区域,如关东、中原、西域、江南等,有的只有一个更模糊的概念,如漠北、南方、海外等。有的虽然知道一个具体的古地名,却无法查清它的今地在何处。还有一些移民的来源已经无考,目前找不到任何关于他们的迁出地的记载。我们当然要尽可能将迁出地落实到最小、最具体的范围,如果实在无法查清,也只能采用宽泛的概念,或者保留空白。

另一种情况更加复杂。有的迁出地史料中虽有明确记载,今地也不难考订,但却并不符合事实。如果我们不加分析就加以采用,就不能正确复原这种移民的过程,而且会得出错误的结论。例如,据《汉书·武帝纪》所载,元狩四年(前119年)迁往西北地区的移民迁自关东和会稽。如果这是事实,那就意味着会稽郡(约相当于今江苏南部和浙江北部)当时已开始输出移民,也就是说,会稽郡或存在着相对过剩人口,或发生了某种特殊情况,否则何以成为淮河以南唯一的移民输出地?但实际上这"会稽"二字并不是《汉书》中原有的,而是传抄过程中的衍文,事实上会稽当时并没有输出移民,当然也就不存在什么过剩人口或特殊情况。像这样的迁出地如果不弄清楚,势必影响我们对移民规律的认识,类似问题在移民史上并非个别。

即使记载没有错误,对某些迁出地也还要认真分析。例如有几次规模非常大的移民运动,史料所载或移民及后裔自称的迁出地,却往往是一个很小的地点。如明代由湖广(大致相当于今湖南、湖北二省)迁入四川的移民都自称是麻城孝感乡人,甚至说是江西麻城人或江西麻城孝感乡人;迁至安徽、湖北的移民都说来自江西瓦屑坝;迁入苏北的移民大多说原籍在苏州阊门外;云南卫所人口往往只知道祖先是从南京杨柳巷迁来;居住在华北平原的移民更有"家在山西大槐树(在今洪洞县城)"之说;南雄珠玑巷则是岭南众多移民所公认的始迁地;而宁化石壁寨是天下客家共同的发祥地。这些迁出地,大的不过是一乡一寨,小的仅一村一巷,甚至是一棵树,无论如何不可能迁出如此多的移民。其他邻近地区也不可能毫无移民迁出,更不可能不留下任何后裔。但这类传说却明明白白载于族谱、方志,世代流传于口碑,移民后裔深信不疑。因此我们既要从历史事实出发复原真相,又要从社会文化心理的角度对这种特殊现象作出合理的解释。

迁出地是移民实际出发的地方,而不是他们的籍贯或郡望。古人极重籍贯和郡望,尽管实际居住地早已改变,但籍贯并不一定改变,郡望更是永久不变的。所以我们在确定移民的出发地时,一定要根据他们的实际居住地或出发地,而不能简单地根据他们的籍贯或郡望。例如,永嘉之乱后,很多官僚士人都是从首都洛阳迁往南方的,而不是从他们的原籍出发的。琅邪王氏在洛阳当官任职已有几代,不少人是生在洛阳、长在洛阳的,他们南迁的出发地当然是洛阳,而不是今天的山东。十六国前凉的创始人张轨的籍贯是安定乌氏(今宁夏固原县东南),但他的上一代已经内迁,所以张氏的出发地是中原河南,而不是安定乌氏。唐朝的柳宗元是出生在江南的北方移民后裔,如果只了解他被称为"柳河东"(籍贯河东),就抹煞了他的移民后裔身份。南宋理学家胡安国籍贯福建,却是地道的"北方移民",因为他长住今湖北荆门,南渡后迁至湖南衡山。

2. 迁出地的状况 即移民在迁移以前所居住的地点各方面的条件,包括其自然地理如地形、地貌、水文、气候、灾害等状况,人文地理如经济、文化、人口、民族、风俗等状况,有关的历史事件如异族入侵、农民起义、社会动乱、赋税制度和土地制度的改变等。当然这些因素中有的对移民在迁移前的生产和生活并没有明显的影响,有的就起着很大的作用,都会因时间和地区的不同而异。所以那些与移民关系密切的因素,应该是研究的重点所在。

3. 迁出地对移民的推力 即导致移民迁移的直接和间接原因,或称为移民迁移的动力,也就是上述迁出地的状况中对移民的迁出起了一定作用的因素。一般说来,以下几种因素是比较重要的:(1)自然灾害的类型及其影响的剧烈、持久程度,当地官方和民间的抗御和救助能力;(2)社会动乱或战争的波及或影响程度、时间,地方当局对局势的控制能力,社会治安状况;(3)人口密度与周围地区及全国平均水平的差异程度;(4)经济水平与周围地区及全国平均水平的差异程度;(5)赋税负担、土地占有、人均耕地与周围及全国平均水平的差异程度;(6)异族人口所占比例或外来文化的影响程度;(7)气候、环境和生存条件的恶化程度或潜在的威胁。

这些因素是对移民整体而言,至于具体的个人的迁移原因必然要复杂得多。但我们不可能研究移民个人,除非是有代表性的例子。这些因素不一定同时都起作用,但也不是孤立的,如自然灾害与战争可能同时发生,治安的恶化会在异族迁入以后出现,经济发达可以缓解人口密度高造成的压力,社会安定情况下发生的自然灾害能得到较好的救济,诸如此类。另外,不同阶级、层次的人口对这些因素的反应也不相同,如上层和富裕人口对自然灾害有较强的应变能力,但比贫穷者更担心受战争动乱和异族迁入的影响;贫民不大会考虑气候、环境等方面的变化,在赋税负担加重、自然灾害严重时较多以迁移为应付的手段。所以在具体研究中必须作全面综合的分析。

在当代的移民研究中,这些推力大多是可以量化的,有具体的数据,所以能用数理统计的方法进行定量分析和比较。根据现有的史料,对中国以往的移民迁出地能够比较全面地列出若干种推力的已属不易,要作定量分析几乎没有可能。如自然灾害的强度和破坏程度、人口密度、各种经济指标、赋税额等很少能找到符合科学标准的数据,如果要硬套现代的什么模式或框架,不仅得不出可靠的结果,还可能南辕北辙,闹出笑话。因此,我们在论述移民迁移的动力时从实际出发,并不一定用推力这个术语或概念。

还有些因素,如宗教冲突,在世界上有的地区曾经是导致移民迁出的重要推力,但在中国的汉族地区却几乎没有起过什么作用。即使是在北朝、唐朝这样发生过灭佛、佛道之争的时期,宗教因素也没有成为移民迁出地的主要推力。不过我们在研究青藏高原、蒙古高原、西域(今新疆及中亚地区)的移民时,还是应该注意到佛教(含藏传佛教)、伊斯兰教的影响。至于其他一些因素如方言、宗族或血缘关系、风俗习惯、同乡等,主要是表现为迁入地的拉力,而不是以迁出地的推力出现。

4. 始迁时间　移民迁离原居住地的时间。如果有多批移民或迁移过程持续了较长的时间,则应指从首批移民迁离至最后一批移民迁离之间的时间。中国历史上有些类型的移民,尤其是那些下层民众的自发性迁移,延续时间很长,但很少见于史料记载。如由北向南、由平原向山区、由内地向边疆的开发性移民,见于记载的只是形成高潮后的情况,此前至多只能找到一鳞半爪,具体始迁时间只能作大略的估计。

5. 迁出时的数量　移民迁离原居住地时的数量。如果是距离较短、迁移时间不长、迁移过程比较顺利,这个数字基本上就是在迁入地定居的数量;反之则不一定。如在距离较远、迁移时间较长的情况下,移民既有在途中死亡或流散的可能,也有在途中生育或接纳其他移民参加的可能。迁移过程的顺利与否也有很大的关系,如在和平时期得到官方鼓励资助的移民,尽管路途遥远,途中时间较长,但由于有较好的准备,途中也能得到必要的安置,移民流散和死亡的数量不会太多。而在战乱条件下的迁移,移民能顺利到达终点的比例一般很低,在其中那些无目的的避难或逃亡中能到达终点的人数更少。由于以往大多数年代、大多数地区并没有留下可靠的人口数字,移民本身有数量可考的也只是极少的一部分,所以我们既无法直接了解移民迁离原居住地时的数量,也不能通过比较迁出地和迁入地的人口变化来推算迁移人口的数量。有时我们或许可以用一些间接的手段(详见下章研究方法)对有关的人口数量作出大略的估计或推测,但在多数情况下是没有这种可能性的。

由于缺乏基本的数据,现代移民研究或人口地理学上人口的迁移率等定量指标是无法测算的,往往连估计也非常困难。这就是本书在多数情况下不使用这些指标或术语的主要原因。

6. 迁移的方向、路线　自觉的移民,无论是出于主动还是出于被动,都有具体的目的地,有明确的方向。但不自觉的移民离开原居住地时并没有永久迁移或在其他地方定居的打算,至多只有一个临时性的目标或暂时居留的地点,有的甚至毫无目的,如灾民逃荒时只考虑何处可以生存下去,战争时的难民只求生命安全有保障。当然作为后人考察这些最终成为移民的迁移人口,他们的迁移方向还是客观存在的。无论他们在迁移的过程中发生过多少曲折、停留了多少时间,或者有过南辕北辙,去而复来,他们的迁移方向就是最终定居的地方对于原居住地的相对位置。

不论移民属于何种类型,迁移路线都是他们在迁移过程中的实际轨迹,即曾经经过的地点。在一次大规模的移民运动中,从同一地点出发并迁入同一地点的人也可能会走不同的路线,个别人更可能使用了与众不同的特殊路线。但在史料中,有关移民迁移的具体路线的记载是很少的,即使是像永嘉南迁、安史之乱后的南迁这样大规模的、长期持续的移民浪潮,有关移民迁移路线的记载也是零星的、不连贯的,更不用说下层民众自发性的移民了。所以我们在论述迁移路线时,往往不得不根据当时的交通路线、地理环境、地形地貌条件、政治和军事形势、经济开发程度等状况作综合分析,在此基础上进行合理的推测。

移民使用的交通手段应该是具体的,但现存的史料无法供给我们足够的依据。由于工业化以前交通工具比较简单,除了某些特殊情况外,一般交通工具的论证并无多少意义。因此我们主要应当弄清他们是取陆路、水路还是海路,走的具体路线是什么。如从山东半岛迁至朝鲜半岛,既能直接渡海前往,也可能从陆路绕道辽东;从江淮平原迁至今越南北方,既能由陆路南下翻越南岭而去,也可能是从长江下游出海,沿中国大陆岸线而西南航行。如果移民使用的交通工具不同一般或有特殊意义,或者使用了新的交通工具,如清末开始用轮船运送迁往东北和台湾的人口,从而提高了移民的速度,那还是值得作详细说明的。

7. 迁移距离(地理距离和社会文化距离) 指迁出地至迁入地的地理坐标差距。严格地说,应该是指两地间的直线距离。但我们更应该考察两地的实际距离,因为这才是移民们在迁移过程中的具体运动轨迹。了解实际迁移距离与直线距离间的差异不仅在于说明历史事实,还能够反映这次移民发生时的自然地理和人文地理环境。如在人类克服地理障碍能力很差时,他们只能选择比较容易穿越的地带,如平原、河谷、山口、高原、比较平缓的山岭、比较狭窄或平静的河流。这样他们的迁移线路不得不迂回曲折,实际迁移距离往往大于甚至数倍于直线距离。如在穿越秦岭的道路开凿之前,关中盆地与四川盆地间的交通必须绕过秦岭。处于关中盆地西缘的羌人是在到达黄河上游以后,再折向东南,循白龙江河谷经川西高原南下的。在翻越秦岭的道路开通以后,尽管"蜀道之难难于上青天",一旦需要,关中的人口还是能够大批直接南下,迁移距离大大缩短了。在战乱或分裂状态下,迁移的路线往往受到人为的阻碍,移民不得不绕道而行,实际距离也会因此而延长。一般说来,迁移的难度是与实际距离成正比的。但同样的距离也还有不同的通行条件,其难度与迁移难度也存在正比关系。

以上所说的都是地理距离。我们还应该注意到,人类社会普遍存在的地区差异使任何迁出地与迁入地之间都可能存在着社会文化距离。所谓社会文化距离,就是迁出地与迁入地之间在社会文化背景上的差别程度。这种距离是不能以里程来表示的,也不能简单地加以量化,但却是实际存在的,并且的确有程度上的不同。这种距离也很难根据某一方面,或用单一的指标来衡量,而只能将各种因素叠加后作一个综合的判断。当然社会文化距离与地理距离并非毫无关系,在各种因素都大致相同的情况下,社会文化距离与地理距离也是成正比的,即地理距离越远,社会文化距离也越远。各种因素都相同的情况几乎是不存在的,所以实际上两者并没有比例关系,也没有必然的联系。

而且,同样的因素对于不同类型的人口、不同时期所起的作用也是不同的,这就产生了不同的社会文化距离。如上层移民注重精神文化的差异,而下层移民则更关心物质文化的距离;不同的政权或政治制度对宗室、贵族、官僚来说是很大的距离,但对农民和贫民而言,只要能提供耕地和赋税豁免,他们就根本不会感到有什么距离;不同民族之间,特别是牧业民族和农业民族之间的距离是相当大的,在和平时期除非是被掳掠,汉人一般不会主动迁往牧业民族地区,但在战乱中就会有人到那些地方避难,罪犯、奴婢、逃兵等在汉族政权下无法生存的人也常常逃往少数民族地区。如在东汉末年、隋唐之际都曾有大批汉人迁往乌桓、鲜卑、突厥地区避难,东汉末聚居在南方山区的山越人中、南朝时分布很广的蛮族人中都有不少逃亡的汉人。

8. 迁入地的状况　对移民迁入地各方面情况的考察,与对迁出地的考察并无二致。这些情况自然并不是都对移民的迁入发生作用,起作用的也有大小之分。除非出于外力或强制性移民,迁入地的总体状况一般应比迁出地优越,否则就不可能成为迁入地。所以我们在研究或论述中,应该注意迁入地与迁出地各对应因素的比较,如两地的人口密度、人均耕地面积、丁银或地税额、气候条件,等等。

9. 迁入地的拉力　即迁入地吸引移民迁入及导致移民最终定居的因素。这包括上述迁入地与迁出地各对应因素的比较中有利的那一部分,不利的自然就不成其为拉力了。也有一些因素只是在吸引移民定居方面起作用,可以说是迁入地特有的拉力;有的在迁出地只能起到阻碍人口外迁的作用,但在迁入地却能起积极作用;因此拉力和推力并不是一一对应的。如宗族或血缘关系,在原居住地一般起着维系本族人口,使之保持稳定、不轻易迁移的作用。除非一个宗族的大部分人口一起迁移,否则就不会在迁出地产生一种推力。但在迁入地,宗族的因素却会起很大的作用,成为吸引外来同族人口就此定居的重要原因,完全是一种拉力。又如同乡对迁出地的土著人口来说,不会产生什么影响;但当迁移人口到达异乡时,当地有无同乡、同乡的数量、同乡所处的地位、同乡的态度等往往成为促使他们最终定居的决定因素。同宗、同乡在迁入地的定居和发展、生活条件的改善、事业的成功、社会地位的提高,都是对还留在原居住地的本族、本乡人口的一种强大的拉力。历史上大规模的、长期持续的移民运动往往产生这样一种结果:移民在迁入地的定居表现出强烈的地域性和宗族性,即相当多的移民是以原籍甚至原乡、原村为单位定居,或聚族而居的。如在明初迁山西移民于华北平原北部后,形成了很多以原籍县、乡为单位的聚落。闽南移民和客家移民在台湾的分布也相当集中,大陆同宗族的移民在台湾依然聚族而居。同乡人"闯关东"成功的事例一直是不少山东、河北人投身于移民行列的动力。

近代上海市区一些行业具有极强的地域性：广东人开百货店、当洋行买办，苏北人拉人力车、开理发店，徽州人开茶叶店、中药店，等等。现代作家茅盾曾回忆，20年代商务印书馆的茶房是清一色的南浔（今属浙江湖州市）人，就是一个很典型的例子。

10. 迁出地与迁入地以外的作用力　有些移民既不是迁出地的推力，也不是迁入地的拉力造成的，而是外力作用的结果。如历史上有些强制性的移民就是出于统治者的个人意志或一时好恶，开始时与迁出地的推力和迁入地的拉力可能并没有关系，但一旦实施移民，这一外力就转化为推力和拉力了：迁出地的地方官对迁移对象的强制执行就是压倒其他因素的推力，而迁入地的军政机构对移民的监督防范就是一种主要的拉力。没有这些措施，强制性移民就无法实行。如果迁入地根本不存在其他拉力，仅仅依靠这种强制力是绝对不能使移民定居的。一旦强制力减弱或消除，迁入的人口就会逃回迁出地，或远走他乡。如十六国后赵的石勒和石虎曾将数百万人口强制迁移至襄国（今河北邢台市）和邺（今河北临漳县西南）及周围地区，但在后赵覆灭后几乎全部迁离襄国、邺，没有留下多少定居的移民。还有一些移民尽管也是被强制迁移，但由于迁入地的拉力起了作用，他们由被迫变为自愿，成为真正的移民。如战国末年赵国的卓氏、程氏，亡国后被秦国迁至蜀地，当他们了解了当地丰富的铁矿资源后就主动争取定居，并因经营矿冶而成为巨富。很显然，促使他们定居的根本原因是迁入地本身的拉力，而不是秦国的强制力。

11. 定居的过程和数量　到达迁入地的人口，有的在居留了较短时间后又迁离了。根据本书的定义，这些并不属于移民，我们只把他们看成迁移过程中的人口，要到他们在其他地方居留较长时间后再列入那里的移民。

所谓定居的过程，一般有两方面的含义：一是实际上的定居，一是法律上的定居。实际上的定居是指迁入的人口在迁入地长期居住，不再有迁移的打算；或者虽无长期居住的愿望，但在实际上没有再迁移。这一过程并不需要很长时间，往往从他们一迁入该地就已经完成。例如永嘉之乱后跟随琅邪王司马睿从琅邪（今山东临沂市北）迁至南方的人口大多被安置在新设立的怀德县（治今南京市区鼓楼一带），他们一开始并没有定居的打算，但在实际上没有再迁移，他们的定居过程到迁入怀德县就完成了。但法律上的定居过程却长得多，因为除了由官方直接组织的移民以外，即使是完全合法的难民、流民，官方开始时一般是作为临时居留的人口来安置的，他们也以临时居留人口自居。如怀德县就是永嘉之乱后官方设立的第一个"侨县"，居住在那里的琅邪人是"侨民"。他们虽有合法的户籍,但不同于当地原来的居民;这种差别要到百余年后才消除。所以从法律上说,他们的定居过程长达百余年才完成。还有些朝代,移民的户籍被列为"客籍"或"客户",他们的社会地位、土地所有权、赋役负担等与土著居民还有不同,要到多年后甚至几代以后才能完全相同。非法移民在法律上的定居过程则更困难、时间更长,官方从禁止、驱赶到默许、承认并最终将他们纳入编户,往往要经过多次反复,甚至要经过流血冲突。如从明朝初年后陆续迁入荆襄山区这块禁区的流民,曾多次受到官府的驱逐,其中最严重的一次还造成大批被逐流民在途中死亡。直到成化十二年(1476 年),朝廷才派原杰前往招抚,将 4 万多人驱逐回原籍,其余近 40 万人被准予编入新设的郧阳府和附近各府户籍,成为合法移民。由于这一过程持续近百年,多数移民的实际定居过程早已完成,有的并已在迁入地住了不止一代,可见法律上的定居过程与实际定居过程之间存在巨大差距。

正因为如此,我们在计算定居移民的数量时,必须分清是指实际定居人口,还是指法律上的定居人口。前者是指到达迁入地后不再离开的人口数,后者是指得到官方承认并已取得合法户籍或得到合法居留权的迁入人口数。由于官方户籍统计数往往不反映未纳入登记或只登记为"侨户""客户"或"客籍"的人口,所以我们特别应该注意两者的区别,以便能正确分析移民的数量和状况。

12. **移民后裔** 即第一代移民到达迁入地后生育的子女及其后代。由于移民的过程往往持续很长的年代,在此期间移民人口的自然增长与新移民迁入的机械增长在同时进行,所以如果不将移民及移民后裔加以区分,就无法明确原始移民的数量,而得出模糊的、错误的结论。例如在一次持续了50 年的移民运动中,当最后一批移民到达迁入地时,第一批迁入的移民有一半以上的人已死亡,留下了他们的子女或第三代。在这 50 年中,移民是不断迁入的,每批的数量又不相同,所以在没有确切的数据的情况下,仅仅根据移民运动结束时的数量是不能计算出原始移民的数量的。在这种情况下,我们只能使用移民及其后裔这样的概念。如从北宋靖康元年(1126 年)开始的人口南迁一直持续不断,其中的高潮就有好几年,直到南宋末年(1279年)。如果我们推算出南宋末或此前某一年定居在南方的北方移民数量,那就是移民及其后裔之和,因为其中既有第一代移民,也包括了他们迁入南方后繁殖的人口。第一代移民的数量只与迁出地发生关系,但移民后裔的数量就与迁入地的状况和定居时间的长短有密切关系。在相同条件下,迁入越早、定居时间越长,后裔的数量就越多。

划分移民及移民后裔的唯一界线,就是出生地。凡是迁入前出生的都是第一代移民,在迁入地出生的就是移民后裔。如一对夫妻带着一个婴儿迁至某地定居,不久他们又生了一个孩子,那么第一个孩子属于第一代移民,第二个孩子就计为移民后裔,尽管他们之间是兄弟姐妹关系。当然在缺乏逐人登记的人口统计数的情况下,实际上并不可能作如此精确的统计,但这一理论概念还是必须明确的。只有这样,迁入时的移民数量或者说初始移民、第一代移民与移民后裔之间的差别才能明确。

在中国传统的家庭观念影响下,得到当时承认的移民后裔一般只指第一代移民的男性子孙及其子女,移民的女性后代如果出嫁到非移民家庭后,她的移民后裔身份就没有意义了,至多只能维持到她的有生之年,而不会影响她的子女。与此同时,非移民的女性嫁至移民(含后裔)家庭后,她就被视为移民家庭的一员,她的子女继续保持移民后裔的身份。所以移民及其后裔因婚姻而增减的人数大体是平衡的,仅在某些特殊情况下才会有较大的影响。如回族移民一般不许本族女性嫁给异族男性,而本族男性娶异族女性也要以对方皈依伊斯兰教为前提,本人及所生子女都属于穆斯林。

在推算第一代移民时,可以根据若干年后的移民及其后裔(或纯粹为移民后裔)及自迁入年代至此年间的年平均人口自然增长率来计算。如果迁入的移民不止一批,且在不同年代,就要作分段计算,即:

$$M = M1 \cdot R1^{Y1} + M2 \cdot R2^{Y2} + \cdots + Mn \cdot Rn^{Yn}$$

其中 M 为移民总数,M1、M2 至 Mn 分别为第一次至 N 次每次迁入的移民的数量,Y1、Y2 至 Yn 分别为各次迁入年代至本年间的年数,R1、R2 至 Rn 分别为各迁入年代至本年间的年平均自然增长率。如将这段时间内的年平均自然增长率视为一个常数,则 R1 至 Rn 都相等,计算时可用同一个 R。

二、移民的影响

移民的影响是多方面的,但主要的是直接和间接的两种,即作用于迁出地、迁入地及迁移途中的直接影响,对当时和以后社会各方面的间接影响。

对迁出地和迁入地的直接影响主要表现在以下这些方面的变化上:人口数量、人口密度、人口分布状况,人口的籍贯比例、土客比例、民族比例,人力资源如劳动力、兵力、各类人才,耕地面积和人均耕地数,赋役负担的总数和人均数量,粮食、其他农作物(含新引进作物)产量,商业、手工业及其他产业(含富有地方特色的产业),反映文化水平的各种指标(如科举人数、书院及在学人数、记录及传世著作数、书籍出版数、方志或正史中的入传人数等),风俗习惯,方言,宗教信仰及民间崇拜,等等。

对迁出地的间接影响表现为以上这些因移民迁离而发生的变化,又造成新的变化或连锁反应。如由于人口外迁减轻了人口压力,人均耕地面积增加或者产生了进一步开垦的余地,刺激了当地人口的自然增长率,使人口以比以往高得多的速度增殖。或者因为赋役的总量没有减轻,未迁走的居民的人均负担更重,从而引发了新的迁移。或者由于人口迁出过多,土地抛荒,劳动力不足,引来了其他地区的移民;土著人口成为少数,方言发生明显改变。

在大规模及持续的移民运动中,移民对途经地区在物质文化和精神文化的传播和影响方面也会产生直接的作用。但数量不多、时间不长的移民对途经地区的影响就不会很大,一般可不予考虑。如果有一定数量的移民已在途中居留,那么这一地点就被视为这些移民的迁入地,而不再作为途经地点。

我们将移民对迁出地、迁入地和途经地区之外的影响都看作间接影响,但这并不意味着间接影响不如直接影响重要。还有一些并非由一批或一时的移民所形成的作用和影响,即长期的、宏观的影响,我们也归之为间接的影响。这方面的论述自然不能置之于每次移民之后,每次移民也未必都有这方面的意义,所以只能分阶段或作总体的叙述。如移民对中国疆域的形成、汉族及中华民族大家庭的形成、地区开发、经济的发展、文化的传播、城市的形成与发展、人口的增长和分布等方面的影响,贯穿始终,往往不是某一次具体的移民过程所能说明,需要作宏观的观察。

三. 移民运动的规律

每次移民运动都有其具体规律,如什么条件会引起人口外迁,哪些人会外迁,一般迁到哪里去,什么季节迁移的人最多,单身迁移的多还是举家迁移的多,什么地方会吸引移民,吸引哪些人,什么条件适宜移民定居,官方的态度会起什么作用,土著的不同态度会有什么不同结果,等等。同样,每一阶段的移民也有其具体规律。这些当然应该在论述每次或每阶段移民过程时作必要的总结和归纳。

中国以往的移民总的规律,如移民阶段的划分,移民运动的周期性变化,移民性质和类型的划分,移民与中国历史的关系,移民与中国地理环境的关系等,则应该以整个中国移民史为基础来研究和总结。这对于考察今天的中国移民、展望未来的移民无疑具有重要的意义。

第四节　中国移民史的空间范围——历史时期的中国

对于今天中国的范围,当然不需要作什么讨论。但要说历史上中国的范围,就不是一个简单的问题,学术界的看法到今天为止也还没有完全统一。

谭其骧主编的《中国历史地图集》确定的原则是:"十八世纪五十年代清朝完成统一之后,十九世纪四十年代帝国主义入侵以前的中国版图,是几千年来历史发展所形成的中国的范围。历史时期所有在这个范围之内活动的民族,都是中国史上的民族,他们所建立的政权,都是历史上中国的一部分。"又指出:"有些政权的辖境可能在有些时期一部分在这个范围以内,一部分在这个范围以外,那就以它的政治中心为转移,中心在范围内则作中国政权处理,在范围外则作邻国处理。"[1]

本书基本上采用这一原则,即以 18 世纪 50 年代清朝完成统一之后、19世纪 40 年代帝国主义入侵以前的中国版图为历史中国的基础。具体说,在今天的领土之外,还包括西起帕米尔高原、巴尔喀什湖、北至蒙古高原、外兴安岭以内的这些地区。在此范围内的移民,不论属于什么民族,也不论其迁移于什么政权、什么地区之间,都应是本书论述的对象。

这一范围并不是绝对的,而是根据不同时期的历史事实有所变化,有时要超出这一范围,有时却不包括某一局部。例如,朝鲜半岛的一大部分曾经是汉朝的疆域,设置了正式政区;在论述汉代移民时,当然应该包括这一地区在内。又如在今天领土范围内的某些地区,在一段时间内的确无人居住,更没有移民,在论述该时期时就不必涉及那些地区。

由于本书的主题与《中国历史地图集》(以下简称《图集》)不同,使用的地域范围和名称不可能完全一致。主要的差异有以下两点:

第一,《图集》要显示中国在各个历史时期疆域政区的变化,而本书只是说明各个历史时期在中国范围内的移民,因此凡是当时不存在移民现象,或者虽然出现过移民但目前无法查考的那一部分地区就不会涉及。限于史料

　1　《中国历史地图集》总编例,载《中国历史地图集》第一册,地图出版社 1982 年版。

和现有研究成果,在多数时期本书都不可能以整个中国为范围;对早期,更只能以中原地区为主了。

第二,《图集》中的图幅一般都以某一标准年代为准,只显示该年的疆域形势和政区建置。各个朝代至多有三幅总图,即显示三个年代的情况。但疆域政区是经常发生变化的,移民也是随时在进行的,所以本书所论述的移民大多并不是发生在与《图集》所取的标准年代相同的时间,使用的疆域政区和地名就不一定与《图集》一致。

这一基本范围之外的地区,就是历史上的外国。发生在基本范围内外的移民,属于中国与外国之间的移民。对于这一类移民,本书一般只论述其在中国范围内的那一段。对发生在境外的部分只作简要的说明,而不一定追溯到起点或跟踪至终点,也不论及这些移民对境外的迁出地或迁入地产生的影响。

作这一限制首先是考虑到本书所规定的地域范围,其次是基于两项现实因素:一是目前我们还没有深入研究这类移民迁往境外以后部分的充分条件和足够能力,一是这方面的成果相对说来已经不少。与其重复其他学者已经发表过的内容,只作一些整理归纳,还不如集中在我们的主要地域范围为好。所以像匈奴西迁离开中国以后,中亚移民进入中国之前,东南沿海百姓"下南洋"或到其他国家之后,都不属于本书的基本内容。

第五节 中国移民史的时间范围

本书所确定的"历史时期",是从有确切文字记载的历史以来至本世纪前期。

中国古人类的历史以万年计,目前至少能追溯到170万年前的元谋人时代。可以肯定,在这样漫长的岁月里,由于人类适应自然的生存能力还非常有限,必然要经历无数次的迁移,其中也必定有很多符合本书所界定的"移民"。但是这类史前的迁移或"移民",一般只具有人类学方面的意义。而且在完全没有文字记载的情况下,要复原并进而研究这些迁移活动,即使不是完全不可能,也将是极其困难的。最新的考古发掘成果已经使我们对七八千年前的人类活动有所了解。根据文化遗址的特征、分布和异同的研究,我们也可以对某一系或部族人口的分布和迁移作出一些推断。由于考古发现毕竟还只是当时实际存在中的极小一部分,更由于没有文字记载,很多重大的发展变化还无法作出令人信服的解释。例如,浙江的河姆渡文化和上海的福泉山文化都存在着明显的断裂和退化阶段,但是我们却难以判断当地人口是发生过灭绝还是迁移。所以本书只能以有确切文字记载的历史为起点。

到目前为止,中国有文字(甲骨文)证实的历史始于商代(约公元前 16 世纪—公元前 11 世纪),在这以前是一个漫长的传说时代。我们不应该一概排斥传说记载,因为透过这些传说荒诞神秘的外衣,可以发现不少先民活动的轨迹,而且有的已被新的考古成果所证实。对于汉族以外的大多数民族来说,由于本民族长期没有文字,或者已经失传,所以传说时期要比汉族长得多,有的一直持续到近代。要研究涉及这些民族的移民活动时,对其传说的挖掘、鉴别和运用将是不可或缺的。同样,汉文史料中有关他们的记载也是必不可少的,其中有些材料仍是不少民族早期历史的唯一记录。如匈奴进入欧洲之前的迁移、南方一些少数民族由北往南和由平原向山区的迁移过程都只见于汉文史料,只能通过汉文史料来研究和证实。

本书将下限断在本世纪前期,而不是严格规定在 1912 年清朝结束或 1949 年中华人民共和国成立。这是因为考虑到,移民活动有其自身的规律,尽管它们必然受到人类社会变革的影响,却不一定与政权的更迭或者时代的终始保持一致。如果一定要根据传统的朝代体系或者通行的历史分期来划分,那就必定会将一些实际上持续不断的移民过程分割开来。例如从华北向东北的移民浪潮并没有由于清朝的灭亡而减弱或者停止,也没有与国民党政权在大陆的兴亡相始终;对这次移民运动的论述既不能以 1911 年为限,也没有必要拖到 1949 年。顺便指出,在本书内部的分期中同样如此,主要的根据也是重大移民运动的起讫。即使如此,还可能存在一些"跨时代"的移民,免不了要作交叉论述。

第二章

中国移民史的分期、历代移民的类型和特点

中国移民的历史同中国的历史同样悠久，也同中国的历史同样丰富。每个历史时期的移民运动当然免不了要受到特定时代的影响，但移民运动又有其内在的规律。每次移民运动，尤其是大规模的移民运动都有各自的特点，所以不能简单地根据社会性质和社会制度来分析移民运动的类型和特点。

但这并不意味着中国移民史不需要或不可能划分为若干阶段，也不是说中国历代的移民运动不需要或不可能归纳为若干类型。只是这类划分和归纳都必须从移民运动本身的特点出发，才能符合移民史的内在规律，真正起到正确解释移民历史的作用，有利于人们学习和研究中国移民史。

第一节　中国移民史的分期

近几十年来，中国史学界一般都将 1949 年前中国历史分为原始社会、奴隶社会、封建社会、半封建半殖民地社会等阶段；研究各种断代史、专门史、地区史的学者也往往严格按照这样的阶段来划分各自的研究领域。例如讲中国人口史、移民史也要分奴隶社会和封建社会，也要以鸦片战争划分古代与近代，并要总结各阶段的人口或移民规律。这里且不说中国史的这些分期本身是否正确，即使完全根据这样的分期，也应该考虑历史时期中国的地域差异和时间差异。简言之，整个中国不会同时从一个社会转变为另一个社会，从古代史阶段进入了近代史阶段也并不意味着社会的一切都同步发生了根本性的变化。实际上，在鸦片战争发生以后的很多年内，中国大部分地区的移民活动与此前并没有什么不同，《南京条约》的签订和上海等口岸的开放也没有马上引发稍具规模的移民。所以我们认为，如果离开了中国移民史本身的特点和规律，就不可能正确地为中国移民史分期。这与重视中国历史的分期、社会性质和社会制度对移民运动的影响并不矛盾，因为如

果不同的社会性质和社会制度的确对移民发生了重要的或决定性的影响，那么必定会在移民运动的特点和规模中反映出来，成为移民史分期的重要的或决定性的依据。

基于这样的认识，我们将中国移民史分为四个阶段。

一、第一阶段：先秦时期（公元前 220 年前）

由于史料的缺乏，目前对这一阶段的移民史的了解还相当有限，研究也很不充分，因此我们不得不借助于当时自然和人文地理条件的背景进行分析。

在生产力低下的条件下，气候因素对人类的生存和繁殖起着很大的作用。根据竺可桢等人的研究，从距今五六千年前开始，中国存在着大片温暖气候地区，广泛分布在从今东北北部直到长江以南的东部，内蒙古和青藏高原也同样偏暖。其中从相当于仰韶文化期到西周之间为最温暖的一段，西周早期平均气温有所下降，公元前 10 世纪时气候寒冷，但只持续了一二个世纪，到《春秋》所记载的时期（公元前 722—前 481 年）又趋温暖，并一直持续到公元前 1 世纪。当时的年平均气温一般要比现在高 2—3℃ [1]。所以，当时的黄河流域的气候最适宜人类的生存和繁殖，而其北方的气温偏低，作物生长时间较短；长江流域及其以南又过于湿热。

早期农业只能使用非常简单的生产工具，由疏松黄土构成的黄土高原和由黄土冲积成的华北平原容易清除原始植被，便于开垦耕种，所以黄河中下游是早期农业集中开发的地区。但黄河下游的河道还没有堤防的约束，经常泛滥漫流，降水量过大时平原低地容易受到水灾的威胁，因此黄河中下游之间海拔稍高的地区和一些台地、谷地更适合人类的居住和生产，并吸引着外来的移民。在这漫长的年代里，的确有不少部族从其他地区迁入黄河流域。例如关于夏人来源的说法就有四川盆地、东方海滨、东南沿海等多种，商人的来源也有东方和北方的不同说法，但几乎都肯定他们不是起源于黄河中下游之交地区，而是为这一带相对优越的地理条件所吸引才迁入定居的。还有不少以后分布在黄河流域之外的部族，也有来自黄河流域的传说。上述说法或传说虽然并不一定都符合事实，却反映了这里曾经吸引了众多移民并向外输送过大量移民的历史背景。

1　见竺可桢《中国近五千年来气候变迁的初步研究》，《考古学报》1972 年第 1 期；中国科学院《中国自然地理》编委会《中国自然地理·历史自然地理》第二章第一节，科学出版社 1982 年版，第 6—9 页。

当时人们的地理知识还很有限,所以在迁移时往往没有明确的目的地,对迁入地的要求很低,选择的余地也很少,一旦摆脱困境就会随遇而安,因此总的迁移距离不长,迁移的速度相当缓慢。从考古发现中可以看到,同一种文化类型在两个相距不太远的地方,时间差异往往会有上千年或二三千年,就是这种非常缓慢的迁移的表现。

这阶段的人口总量还很少,到末期估计不超过 3 000 万。这些人口大部分居住在黄河流域,但除了少数地方人口较密集外,大多数地区人口密度还很低;在黄河流域之外的地区人口更加稀疏。正因为如此,单纯出于人口压力的迁移一般还不存在。

随着国家的形成和制度的完善,政治和行政的因素引起的移民开始出现,如西周迁商的遗民、分封诸侯国造成的移民。只是限于当时的生产条件,特别是农业生产和粮食储备的条件,由一个政权组织大规模移民的可能性还不大,因而还只是作为特殊情况出现。在一个政权的有效控制区范围不大的情况下,也不可能出现距离很长的移民。

二、第二阶段:秦朝至元末(公元前 221—公元 1368 年)

这一阶段长达 1 588 年,经历了中国封建社会的大部分,其间有过几次长时期的分裂,也几度建立过疆域辽阔的统一国家。即使在分裂时期的割据政权,一般也实行集权统治,用行政或军事手段强制实施的移民始终不断,成为移民的一种重要方式。这种移民的迁入地往往是首都、边疆等政治、军事要地或若干与统治者有重要利益联系的地区,数量一般很大,迁移时间也很集中。

这一阶段移民的主流是北方黄河流域向南迁往长江流域及更远的地区,以及蒙古高原、东北、西北的牧业或半牧业民族不断进入黄河流域。从秦汉开始直到元末,这类移民潮流虽时起时伏,但始终没有停止过。在此期间,中国的经济、文化重心经历了一个从北方转移到南方的过程[1],北方和南方的人口比例也从初期的 8∶2 强转化为后期的 2∶8 弱[2]。南方的人口优势至此达到了极点。这一结果是由于南方经济文化发展、北方饱受战乱破坏所造成的,但北方人口的大批南迁无疑是更重要的原因。

---

1 这里所指的北方与南方的界线是淮河(含下游故道)、秦岭和白龙江。

2 关于南北的人口比例,详见葛剑雄《中国人口发展史》第十三章《人口分布的变化》,福建人民出版社 1991 年版。初期的比例系据西汉的数字推测,后期的比例关系已经考虑了户口数与实际人口的差异。

三、第三阶段：明初至太平天国起义爆发前（1368—1850 年）

在南方已成为全国人口最稠密的地区之后，由北向南的移民潮流不复出现，移民运动显示出两个新的特点。

第一，尽管明初曾由政府采用行政手段强制实行大规模的移民，但更多的是由政府倡导、组织或招募人口从相对稠密地区迁入稀疏地区和经济不发达地区，从此这类移民基本取代了强制性的迁移。清入关前对明朝统治区的掠夺性迁移和入关初期的强制性移民，可视为敌对政权间的例外情况。

第二，此期间中国的人口很快就再次突破了 1 亿，在明代后期增加到约 2 亿；明清之际虽有大幅度下降，但在 18 世纪就超过了明朝的纪录，达到新的高峰。当时不仅南方大部分地区人口已经相当稠密，就是北方的平原地带也已人满为患，因此无论南方还是北方，由平原向山区的迁移成了移民的主流。当中国的人口出现 4.3 亿的空前纪录时，内地绝大部分适宜开发的山区已经开垦殆尽，稍具规模的移民已经无处可迁了。

四、第四阶段：太平天国起义至 20 世纪上半叶（1851—1950 年）

太平天国起义和清朝的镇压使中国人口至少减少了 7 000 万左右，其中的大部分又发生在人口最稠密的长江中下游地区，却没有引起大规模的移民。因为长江中下游地区的人口密度仍然很高，依靠本地人口的迅速增长和相邻地区的就近补充，就足以满足恢复经济的需要。所以这阶段的移民只能是填补空白式的，即无论内地还是边疆，平原还是山区，只要还存在人口相对稀少的地方，周围的移民就会迅速地加以填补。所谓空白，并不一定是无人区或处女地，而是泛指任何能够多少安置移民的地区。在全国范围内，东北和台湾就是两个仅存的主要移殖区。面对帝国主义的侵略威胁，清朝政府终于全面开放了东北的封禁区，并且采取了一些鼓励向东北和台湾移民的措施，中国移民史上规模最大的移民运动由此开始。在较小的范围内，各地因天灾人祸而产生的人口相对稀疏地区也成为移民的目标。

在这一阶段中国始终缺少一个强有力的统一的政府，没有能够对向边疆和新开发地区的移民作出合理的规划，提供充分的支持，因而向东北等地的移民具有很大的自发性和盲目性，往往造成生态环境的破坏、资源的浪费和产业的畸形发展。在日本帝国主义侵占东北期间，对东北的移民更成为侵略者对中国的一种掠夺手段。

另一方面，帝国主义国家强行打开了清朝的大门，设立通商口岸以后，上海、天津等沿海城市和新兴的工矿城市吸收了大批农村和小城镇人口，从而形成了一股新的移民浪潮。同时帝国主义国家对廉价劳动力的需求和东南沿海地区日益增加的人口压力,使向海外的移民出现新的高潮。

五、各阶段内部的分期

除了这几个大的阶段以外,在每个阶段中也还可以分为若干具体的阶段。

一般说来,在没有发生严重的自然灾害、社会动乱或战争的情况下,不会出现大规模的、长距离的和集中进行的移民。在占中国主要部分的农业区和汉族区,正常情况下产生移民的机制并不发达。人口自然增长而产生的人口压力是逐渐地、稳定地增加的,由此产生的过剩人口,即使全部转化为移民,也不可能有太大的波动,可以按一定的方向和距离迁入大致固定的迁入区,直到这一迁入区相对饱和为止,而这往往需要数十年以上的时间。因为意外原因而成为移民的数量毕竟是非常有限的。牧业民族大多是"逐水草而居",季节性的迁移一般不会超出习惯性的范围。由于生产方式的限制,牧业民族人口成为移民的比例比农业民族更低。但是,一旦发生了在当时生产力条件下无法抗拒的自然灾害,无论农业民族还是牧业民族,稳定的迁移数量和范围都会突破。在社会动乱或战争爆发时,受影响地区的人口出于生存的目的,大多会设法迁移。这些天灾人祸如果持续时间较短,外迁人口中的相当大部分会返回原地;如果时间较长,多数外迁人口就会在迁入地定居,成为真正的移民。天灾人祸本身导致的人口耗减和人口外迁造成迁出地区人口密度的大幅度下降,使统治者在灾害过后出于恢复经济的目的会实施新的移民,而地广人稀的条件也会吸引一部分人口稠密地区的人自发迁入。

综观各个阶段的移民高潮,无不发生在严重的自然灾害、剧烈的社会动乱和战争的过程之中以及平息以后,尤其是天灾人祸同时爆发的时候。天灾人祸规模越大,影响的范围越广、持续的时间越长、灾区的人口越稠密,那么产生的移民一般也越多。秦末西汉初、两汉之际、东汉末三国初、西晋末至南朝初、隋唐之际、安史之乱后与唐后期、五代时期、北宋靖康至南宋初期、金末期、元末明初、明末清初、太平天国起义期间及失败后都是移民高峰,也都是划分各具体阶段的标志。

第二节　移民的基本性质——生存型和发展型

中国历史上的移民有各种类型,有其不同的特点,但就性质而言,却基本只有两种——生存型和发展型。

一、生存型移民

所谓生存型的移民,就是为维持自身的生存而不得不迁入其他地区定居的人口,或者说是以改变居住地点为维持生存的手段的移民行为。产生这类移民的主要原因是迁出地的推力,如自然灾害、战争动乱、土地矛盾、人口压力等,而不是迁入地区更好的生活环境、生产条件、发展机会等拉力或吸引力。移民的主要目的是生存,是离开原居住地,而不论迁入何处,或迁入地的条件。实际上,供这类移民选择的余地一般都很有限,往往只有唯一的迁移方向或地区。这类移民中的大多数是不自觉的,他们或者根本不愿意迁移,或者只有暂时迁离故乡的准备,只是迁移后的客观条件不允许他们返回故乡才最终成为移民。

中国移民史上大多数移民都属于这一类型,在第一、二阶段中更是占了绝大多数。例如汉族人口的南迁基本上都是出于生存压力,如北方的战争动乱、游牧民族的南下、地主豪强对土地的霸占、人口压力造成的土地匮乏、无法抵御的自然灾害、官府或豪强对赋税的追索等,都是迁出地的推力。即使是统治阶级上层人士也是如此,他们的南迁虽然也有维护自己政治地位和经济利益的考虑,但置于首位的同样是生命的保全。牧业或半牧业民族的南下或西迁的最初动因,往往也是生存,如本地严重的自然灾害,汉族政权对粮食、纺织品、茶叶、工具等必需品的限制和禁运,其他民族或政权的军事威胁,等等。用行政手段或军事手段强制迁移的移民,他们在原地本来并不存在生存的威胁,但却受到了来自统治者的威胁——抗拒不迁意味着生命的丧失。他们别无选择,当然也属于生存型。

二、发展型移民

所谓发展型的移民,就是为了物质生活或精神生活状况的改善而迁入其他地区定居的人口,或者说是以提高物质生活或精神生活的水平为目的的移民行为。产生这类移民的主要原因不是迁出地区的推力,而是迁入地区的拉力或吸引力。中国移民史上这类移民在数量上只占绝少数,但方式却相当多。早在春秋战国时就有一些人因为求学、求官、经商而离开家乡,在外地、外国定居。汉朝时,有人因为乐意过首都地区繁华的生活而千方百计寻求在长安入籍定居。历代都有一些官员选择首都附近或其他风景优美、气候适宜的地方定居,而不再返回故乡;也有不少文武官员因为就职、受封、升迁等原因而成为移民。还有一些在原地并没有受到生存威胁的人,为了获得更多的财富、过上更好的生活、建功立业以光宗耀祖、追求婚姻自由、提高学术水平等原因外出,最终在外地定居。

这类移民当然主要是官僚、地主、商人、士大夫、知识分子以及一些衣食无忧的平民,在第一、二、三阶段中更是如此。但在各个阶段都会有极少数富于远大志向和冒险精神的人,在并不面临生存危机的情况下,或者在自身的生存还没有充分保证的情况下,为了追求个人的理想、物质或精神生活的进步而成为移民,很多政治、军事、经济、文化、学术、艺术、宗教等方面的业绩就是在这样的条件下创造出来的。

三、生存型移民与发展型移民的关系

汉族及其前身的华夏系诸族较早选择了农业生产,以后又形成了长期延续的小农经济,安土重迁的观念根深蒂固;历代中原王朝的统治者也无不以农为本,以农立国,通过法律和行政手段将农民牢牢地束缚在土地上。所以,汉民族的移民一般都以生存型为主,发展型的较少。北方的游牧民族、半农半牧民族或狩猎民族由于本身的生产条件很差,平时就有经常迁移的习惯,因而在迁入地稍为有利的条件下就不惜迁离原地,匈奴人、鲜卑人、契丹人、女真人、蒙古人、满人的入主中原就是几次成功的发展型移民。

但是由于汉族人口众多,分布地域广,各地自然和人文地理条件千差万别,也不可一概而论。例如有迁移传统的客家人就较少安土重迁的观念,他们对迁移的态度比一般汉族农民要积极得多,往往为了自身的发展而选择前途未卜的迁移。浙江遂昌县的客家人钟氏家族中流传的一首《流迁诗》写道:"人禀乾坤志四方,任君随处立常纲。年深异境犹吾境,身入他乡即故乡。"内容相似的诗还广泛记载在其他客家人的族谱中,反映出客家人对迁移的一种豁达大度的气魄,完全看不到传统的安土重迁观念的影响。今天,客家移民遍布国内外,其中不少人获得了发展的成功。

虽然上述两种移民的性质有明显的不同,但实际上,在同一群移民中两者往往是同时并存的;在同一个迁移过程中两种移民也会同时存在。而且目的与后果并不一定统一,以生存为目的的移民可能得到巨大的发展,而意在发展的移民或许达不到目的,只能勉强维持生存,甚至无法生存下去。在移民史上出现过这样几种情况:

第一种情况是生存型移民取得了发展型的结果。如秦朝灭赵国后,卓氏被掳掠迁往临邛(今四川邛崃县),但卓氏善于冶铁技术,利用当地的资

源,很快就"富至僮千人,田池射猎之乐,拟于人君"。另有程郑,也是"山东迁虏",同样靠冶铁致富,"富埒卓氏"。又如西汉初将六国贵族之后迁入关中,齐国田氏之后很快在关中得到发展,成为最大的商业家族,"关中富商大贾,大抵尽诸田"[1]。在以后官府的强制迁移中,在因逃避天灾人祸而远走他乡的移民中,也不乏在迁入地发迹的事例。

这一类移民之转化为发展型,虽然也有偶然因素,但却有其必然,主要原因是这些移民本身具有发展的条件。如齐国的宗族田氏显然拥有大笔资产和经营理财的经验,而卓氏和程郑本来就掌握了冶铁技术,一旦获得丰富的矿藏资源,便如鱼得水,大获其利。更重要的是,这些移民在迁移的过程中并不以获得生存为唯一目的,而是积极寻求发展的机会。如卓氏被迁蜀地后,同行的人都"少有余财",用之于贿赂押送的官吏,以便安置在较近的葭萌(今四川广元市西南),而卓氏却因为了解地理状况,知道临邛一带资源丰富,商业发达,主动要求远迁临邛。

还有一些人虽然以俘虏的身份被迁入异族政权统治区,但凭借机会和才干取得了意想不到的成功。如唐朝的西泸令郑回被南诏俘虏,以后成为南诏政权的清平官(相当于唐朝的宰相),对南诏的发展起了举足轻重的作用。这样的例子在各政权、各民族的对峙中屡见不鲜。

秦汉以来获得成功的移民,包括近代开发东北、台湾及移殖海外获得成就的移民,不少人都是一无所有地离开家乡的,有的甚至只求生存,丝毫没有发财致富、出人头地的念头,但他们又无不具有异于常人的奋斗精神和知识技艺。这类移民的数量很少,可是对迁入地的政治、经济、文化和社会各方面却产生了巨大的影响。

第二种情况是生存型的移民潮中本来就包含了主动求得发展的移民。如在西汉向边疆的移民中,就有人为了建立军功而主动加入。在东汉末和西晋末的动乱爆发前后,都有人谋求南方或西北、东北的地方官职,以便保住自己的政治地位和财产,并趁机获得更大的利益。如西晋的张轨就是准备在大乱之中取得"霸者"的地位,才活动到凉州刺史一职的;其后张氏在河西建立前凉政权,传9世,延续了76年[2]。又如清代对台湾的移民基本上是生存型的,但其中也有少量移民以发展为目的。由于台湾在康熙二十二年(1683年)才设府,文化水平较低,在那里获得秀才的资格比在大陆容易得

1 《史记》卷129《货殖列传》。

2 《晋书》卷86《张轨传》。

多,所以福建漳、泉二府就有人因此而迁居台湾。如南安蓬岛郭氏在 100 多年间就有 19 人在台湾成为秀才[1]。

第三种是以发展为目的的移民造成生存型的移民。如某些统治者为形成分裂割据的局面,将相官员为了开疆拓土、建功立业,都必须驱使一批军民、部族、奴仆、俘虏、罪犯等随之迁移,并在迁入地定居。前面提到的张轨之迁居河西,东晋开国皇帝司马睿以琅邪王的身份迁往建康,当然都有其发展目的,但他们的大部分底层随员和被随迁的民众却只是出于服从命令或为战乱所迫。

还应该指出:生存的标准是相对的,并无绝对的指标。不同的阶级、阶层,不同的地区,不同的时期的生存临界线都可以有相当大的差距。正因为如此,有时就很难确定某一次移民运动和某一位移民是属于哪一类性质。有的是两者兼而有之,如先秦时代商(殷)人随着他们的都城而多次迁移。另外,移民的性质也是会转变的,例如在太平军攻打苏南浙西时,当地的地主逃往上海,开始只有避难的打算,但到了上海以后,发现投资现代工商业比经营农业更有利可图,就此定居于上海,成为城市资本家。这些人迁移的动因是生存,是出于迁出地的推力,但使他们定居的则是发展的目的,是迁入地的拉力。又如因自然灾害而迁入城市的灾民完全是生存型的,而且大多原来并没有定居的打算,但在天灾过后,一部分人发现城市有比农村好一些的生活条件或发展可能,就不再迁回原地了。

第三节　移民的主要类型和特点

以往三千多年的移民史涉及数十个政权、数十个民族或部族的数千万人口,要将他们归纳为有限的几种类型是相当困难的。我们为归纳对象选择的标准是四条:第一是人数,即见于记载或经过研究确定的移民数量,从中选择最多的几次;第二是持续时间,即从某次或某一类移民运动的开始至结束年代中,选取最长的几次或几类;第三是涉及范围,即移民的迁出地和迁入地本身的范围,必要时也考虑迁移过程所经过的地方,取其范围最广的几次;第四是影响,即移民直接的、间接的,精神的、物质的,当时的和长远的综合影响以哪几次为最大。

这四条标准都符合的移民自然必须列入本书研究内容;或者其中只要

1　见庄为玑等编《闽台关系族谱资料选编》摘录《蓬岛郭氏家谱》,福建人民出版社 1984 年版,第 177 页。

某一条相当突出，即使其他三条稍逊者也都作为一种归纳对象，以充分显示移民的主要类型。

归纳的方法则兼顾移民的性质、民族、迁移方向、迁移方式、迁出地和迁入地、迁移时间等几方面。根据上述标准和方法，我们将移民归纳为以下五种类型：

一、自北而南的生存型移民

公元前3世纪，秦始皇征发数十万人越过南岭山脉，征服了珠江流域的越族，在那里建立起秦朝的郡县。这支远征军主要来自黄河流域，经过几年激烈的战斗已有很大伤亡，但又得到中原移民的补充，从此就在岭南驻防定居。这次以开疆拓土为目的的军事行动同时成为一次自北而南的移民，其人数之多，距离之远、影响之大都是空前的。

进入西汉以后，从黄河流域向长江流域和南方各地的移民一直没有停止，他们的迁移都是零星的、缓慢的、无组织的。两汉之际曾经出现过一次人口南迁的浪潮，但持续的时间不长，而且多数人在北方恢复安定后又返回故乡，没有成为真正的移民。东汉末年至三国期间，由于北方黄河流域长期的战乱和自然灾害，而南方长江流域则相对平静，大批北方人南下避难，以北方移民为统治集团的蜀国和吴国的建立，使多数难民在南方定居。六七十年后的重新统一虽然使一部分官僚和上层人士迁往北方，却没有吸引多数移民回归。以后又出现了三次黄河流域的汉人南迁的高潮：从4世纪初的西晋永嘉年间（307—312年）到5世纪中叶南朝宋元嘉年间（424—453年）、从唐天宝十四载(755年)安史之乱爆发后至唐末五代，从北宋靖康元年(1126年)至南宋后期。这几次南迁几乎遍及整个黄河中下游地区，时间持续百年以上，移民总数都在百万以上。其中第三次南迁的余波一直延续到元朝，在蒙古、元灭金和南宋的过程中以及元统一政权建立后，逃避战乱和赋役的人还在源源不断流向南方。就是在这几次高潮以外的近千年间，北方人口向南方的自发的、开发性的移民也从来没有停止过。

从秦汉至元末由黄河流域向长江流域的自北而南的移民是中国移民史上最重要的一章，规模和影响远远超过了其他任何一类，这绝不是偶然的。

首先有地理环境方面的原因。前面已经提到，从商、周至秦、西汉，黄河流域年平均气温比现在高2—3℃，气候温和，雨量充沛，适宜人类的生存和生产。而长江流域则气温偏高，降水量太多，过于湿热，疾病易于流行，排除积水也很困难。黄河中下游大多是黄土高原或黄土冲积平原，土壤疏松，原始植被一般不太茂密,比较容易清除,在金属工具还没有普遍运用的情况下更容易开垦耕种。而长江流域地下水位较高,土壤多为黏土,原始植被相当茂密,初期的开垦非常困难,在缺乏金属工具时尤其如此。黄土高原的地形比较平坦,在水土流失还不严重时,沟壑很少发育,存在大片"原""川"(台地、高地或河谷平原);华北平原更是连成一片的大平原,有利于开发,也便于交通。而长江流域地形复杂,山岭崎岖,平原面积小,河流湖沼多,交通条件差。

正因为这样,尽管长江流域很早就产生了发达的文化,但总的开发水平和规模要落后于黄河流域。这一结果很明显地反映在人口分布上,到西汉末的元始二年(公元 2 年),黄河流域中自燕山山脉以南、太行山和中条山以东、豫西山区和淮河以北这一范围内的人口密度为每平方公里 77.6 人,其中不少行政区的密度超过每平方公里 100 人。这一地区的面积只占西汉疆域的 11.4%,而人口却占了 60.6%。关中平原的人口也非常稠密,长安附近地区的人口密度超过每平方公里 1 000 人。如果以淮河和秦岭为界,北方的人口占 80%以上,南方还不到 20%。南方不仅平均人口密度很低,而且还有很多地方基本是无人区,如现在的浙江南部和福建、广西和广东大部、贵州等地人口密度都还不足每平方公里 1 人。

人口分布的悬殊必定反映在人口与土地的比例关系上。在人口最稠密的关东和关中,到西汉后期已经有不少人均土地很少的"狭乡",这些地方土地开发已尽,在当时生产条件下已无法使人人有地种,也无法养活再增加的人口,出现了相对过剩人口。但在长江流域或以南地区,开发程度还很低,到处是有地可垦的"宽乡"。这一有利条件当然会吸引北方无地少地的农民南迁,所以西汉和东汉期间都有大批来自黄河流域人口稠密区的农民自发迁入长江流域,特别是中游地区。

在黄河流域发生严重自然灾害,当地又无力就地救济时,灾民就只能外迁。由于它的北方、西北和东北人多是游牧民族或非汉族的聚居区,自然条件也不理想,除了在战乱时期,灾民一般不会迁去,所以主要的流向还是南方的长江流域。关中平原的灾民大多越过秦岭进入汉中盆地及四川盆地,也有的越秦岭后往东南进入南阳盆地再南迁长江中游,或直接顺汉水而下。黄河下游地区的灾民一般从南阳盆地及江淮平原南下。灾民的南迁本来是临时性的,在灾害过后应该返回故乡。但南方自然条件的优越在东汉以后已经很明显,加上地多人少因而比较容易获得土地,必定会有一部分灾民就此在南方定居。如果灾害持续时间较长,一些灾民适应了南方的生活,也就不再回故乡。

从秦汉开始,黄河流域一直是政治中心所在。秦的首都在咸阳(今陕西咸阳市东北)。西汉建都长安,东汉迁至洛阳,末年曾迁长安和许(今河南许昌县东)。三国魏和西晋的都城在洛阳,西晋一度迁至长安。十六国和北朝期间主要的都城在长安、襄国(今河北邢台市)、邺(今河北临漳县西南)、蓟(今北京城区西南)、平城(今山西大同市)、洛阳等地。长安和洛阳是隋、唐、五代绝大多数时间的首都,最后才迁至开封,并为北宋所继承。金统一北方后以今北京为都,以后元朝建为大都。

政治中心所在的特殊地位引出了两方面的后果。

一是战争动乱特别多。异族入侵者如果仅仅为了掳掠人口财物,会满足于在边疆地区的袭击;而如果想成为中原的主人,就必然要以中原王朝的首都为目标。中原王朝只要不愿交出政权或无处可迁,就会不惜一切代价坚守。农民起义、改朝换代或统治阶级内部的权力争夺,也无不以夺取现政权的首都为最终目标。正因为如此,首都附近往往是战争规模最大、持续时间最长、波及范围最广的地方。黄河流域的战乱比长江流域多得多,造成的损失也大得多。

战乱发生后,百姓逃避的方向虽不止一处,但还是以南方为主。中原王朝无法在黄河流域维持时,也会将政治中心迁至南方,或者在北方的都城失陷后另建都城于南方。政治中心的南移不仅带动大量人口迁移,而且使移民中增加了皇族、官僚等统治阶级的上层人士和文人学士、艺人工匠等文化技术水平高的成分。即使仅仅出于偏安的目的,统治者也必须在南方发展经济,增强实力。文化素质较高的移民也能在南方传播先进文化,提高当地的文化水平。因战乱形成的南北分裂都要延续较长时间,南迁人口别无选择,只能在南方定居。待重新统一后,依然是政治中心的北方,对追求政治、经济和文化方面发展的人具有相当大的吸引力,因此会产生一些由南而北的发展型移民。但他们的数量有限,绝大多数北方移民的后裔已经定居于南方。

政治中心的另一方面的后果,是在相当长的时期内,黄河流域贵族、官僚、地主、豪强集中,土地兼并剧烈,赋税徭役负担重。不仅贫苦农民要获得土地、维持生计很不容易,就是中小地主也常常有破产之虞。所以即使没有发生什么自然灾害,也会出现大批因逃避赋役、丧失土地、破产、犯罪、避仇而离家的流民。而南方,特别是在开发不久的地方,赋役负担较轻,获得土地比较容易,其中还有不少"天高皇帝远"、官府暂时管不到或不纳赋税的地方。所以南方也是北方流民的主要去向。在特殊情况下，这类流民成为南迁人口的主体。如元朝初年，北方赋役特别繁重，加上长期战乱后经济凋敝，民不聊生，流民南迁者络绎不绝，以致官方不得不设立关卡稽查禁止。

自然因素再次对北方移民南下起了重要作用。随着年平均气温的逐渐下降，黄河流域早期开发的优势也逐渐转化为劣势。在农业人口大规模进入黄河中游从事开垦以后，本来就并不十分茂盛的原始植被很快就遭到破坏，水土流失越来越严重。一方面，大量泥沙流入黄河，造成淤积，中下游河床越填越高，水灾也越来越严重，下游经常决溢改道。每次决口或改道不仅直接毁坏大片农田和财产，还扰乱了水系，淤塞了湖沼，或者抬高了地下水位，加速了土地的盐碱化，造成长期难以消除的后果。另一方面，黄河中游的黄土高原因水土流失，沟壑发育，被切割得支离破碎，大片的原、川已不复存在，耕种条件越来越差。在没有原始植被保护、地形严重破碎的条件下，疏松的黄土又以更快的速度流失。在世界各主要的冲积平原中，华北平原本来就是比较贫瘠的一个。经过一段时间的耕种以后，土壤的肥力日趋瘠薄，更由于上中游已缺乏天然植被，新的淤积土地也缺乏营养物质的补充，形成恶性循环。

南方农业生产的不断进步，为日益增加的人口提供了越来越多的粮食。宋真宗(998—1022 年在位)时从占城国(今越南中南部)引入福建一种早熟耐旱的水稻。大中祥符五年(1012 年)，长江下游和淮河流域大旱，就从福建装运了 3 万石占城种分往旱区引种，以后逐渐在东南各地普遍推广。占城稻和其他早熟品种的进一步发展的影响是多方面的：它保证了两熟制的成功，提高了复种指数；弥补了越冬作物的收获与水稻的收获之间的间隔，解决了长期困扰农民的青黄不接；也使只能用泉水和雨水浇灌的高地和坡地得到利用，扩大了耕地面积[1]。

这些因素长期综合作用的结果，充分表现在元代人口分布的南北比例上。南方的户口数竟占全国总数的 85％，实际人口估计也在 80％以上[2]，这是中国人口史上南北人口分布比例达到的极点。由于这是以北方人口的大量外迁和耗减为前提的不正常现象，不可能长期保持。到明朝初年，鉴于长江沿岸、江淮之间和华北受战乱破坏后人口更加稀少的状况，朱元璋组织了大规模的由南而北的移民，同时也鼓励百姓自愿迁入人口稀少地区。元末

1　详见何炳棣《1368—1953 年中国人口研究》，第八章《土地利用与粮食生产》，上海古籍出版社 1989 年版。

2　详见《中国人口发展史》第十三章。

南方受战乱影响较小,人口密度较高,在北方充足的土地的吸引下,大批农民加入了移民的行列。今江西、浙江、江苏和安徽的南部都有移民输出,而江西是最大的移民输出区。

几百万移民的外迁,使南方赢得了一个宝贵的喘息机会,但人口的迅速增长很快使这一成果化为乌有。南方的人口不久就恢复到宋元时的数量,并在明朝后期创造了空前的纪录,超过了 2 亿。南方的平原、河谷和低山坡地几乎已经完全开发利用,不仅再也无法容纳北方移民,连本地人口也不得不向西南边疆、山区和海外寻求出路了。持续了 1 000 多年的人口南迁的终止,虽然是出于战乱和朱元璋的行政措施,但即使不发生这些事件,也已经接近尾声。以平原为主的粮食生产所能供养的人口总量距离极限已经很近,人们不得不从平原转向山区,中国移民史从此揭开了新的一页。

二、以行政或军事手段推行的强制性移民

这一类型的移民在中国源远流长,曾经相当普遍。按其被迁移的目的和方式,又可分为以下几类:

第一类是政治性的或控制性的。

相传商灭夏后,将夏的最后一个君主桀放逐到南巢(传说为今安徽巢湖市东北)。如果同时随之被迁移的人有相当大的数量的话,这应该是最早的一次以行政手段实施的强制移民。周灭殷商后,殷的遗民被从朝歌(今河南淇县)一带迁至宋(今河南商丘市),以后又被安置在新建的洛邑(今河南洛阳市)。春秋战国期间,这种将被灭的国君及其遗民迁至获胜一方便于控制的地区的做法是相当普遍的。秦始皇在灭六国过程中迁亡国之君及贵族于秦国的内地,就是这种做法的延续。

但秦始皇扩大了迁移的范围,从而在实际上开创了另一种移民——将政治上潜在的敌对势力迁入首都附近。秦始皇迁入咸阳的“天下豪富”有 12 万户,显然是六国贵族和地方豪强等有相当大经济政治实力的人物及其家属。西汉初开始不断从关东迁贵族、豪强、富人充实首都长安及其周围的陵县(因皇帝的陵墓而设置的县级政区),100 多年间移民及其后裔多达 120 万,几乎占当地人口的一半。三国之一的蜀国被灭后,包括后主刘禅及其家属在内的 3 万户被迁至洛阳和附近地区,文武大臣及地方豪强几乎收罗一空。晋灭吴以后同样如此,除吴主孙皓及宗族外,凡吴国在一定职位以上的人家,包括已故将领等家族,都被迁至洛阳或指定的其他地点。

此后,在东晋、十六国、南北朝期间,凡是一个政权被另一政权所灭,无

不随之进行一次规模不等的移民,亡国君主(如未被杀的话)及其家属、臣僚以至都城百姓,甚至某一重要地区的主要人口被迁至战胜国的首都或某一指定的地点,人数少者数十百户,多者数万至十余万户。

由于这类迁移已经成为惯例,所以有的统治者在出兵攻灭另一政权时,就已在首都给对方的君主造好了住宅,既表明宽大为怀,又显示有必胜信心。如北宋初赵匡胤先后灭了除辽和北汉外的全部割据政权,将各国君主都迁至开封,有的就安排在原来准备好的住宅。随着中央集权制和地方行政统治的加强,从唐以后已很少再需要同时迁移地方势力了,这类迁移的规模才大为缩小。除非对方的君主宗族已死亡失散、所存无几(如元灭金时),或者已事先逃跑(如元顺帝率臣僚从大都北迁),或者新政权继承了旧政权的首都(如清朝入关后继续建都北京),否则这类迁移还是必不可少的。由于涉及人数已不太多,影响远不如以往同类移民那样大。

第二类是掠夺性的。

这类移民的目的,既在削弱对方,也在增强己方实力,并利用所掠人口充作士兵、奴隶、工匠或农业劳动力。在敌对政权之间的战争中,当一方短期占领对方领土时,往往采用这一手段掠回人口。北方游牧民族或草原民族尚未以夺取中原为目标时,也经常在缘边地带掳掠人口,有时甚至深入内地。在迁移被灭政权首都人口时,往往也兼有掠夺的目的。从春秋战国时各国间的战争开始,敌对政权间的掠夺性移民相当频繁,在分裂阶段尤其如此,如十六国时期各国之间,西魏攻占梁的首都江陵以后。北方民族骚扰中原政权时对人口的掠夺也经常发生,有时达到很大的规模,如匈奴对西汉缘边地区,突厥对中原,契丹和辽对华北,蒙古和元对金国,后金和清对明朝北方,都曾掠走数十万至百万以上的人口。

第三类是惩罚性的。

传说中的尧将"四凶"流放到边远地区,说明在早期的氏族社会已有以流放作为惩罚手段的做法。战国后期,秦国已实行将罪犯迁往蜀地的法律,并规定其中部分人终身不得返回。秦、汉开始,有期或无期的流放已经成为一项正式的刑罚,列入法律条文。在专制社会中,统治者个人的意志往往比法律起着更大的作用,常常根据需要任意扩大这一类迁移的范围而造成大批移民。如秦始皇将贾人(商人)、赘婿(结婚后招入女方家庭的男子)迁往边疆,动辄数十万。汉朝一些大案,经常产生数万流放对象。朱元璋将江南富户迁往故乡凤阳,实行严格的管制,身份比平民还低。

这类迁移对象中的一部分人,可以定期或不定期返回原地,并不成为移民,具体比例因时而异。但另一部分就此在流放地定居,甚至还规定子孙都不许离开。统治者往往将流放与地区开发和巩固边防结合起来,以新开发地区和边疆为流放地。出于这样的需要,这类移民一般迁入的数量较大。由于这些迁移在实际上不同程度地促进了地区开发,有利于巩固边防,多少具有积极意义。纯粹惩罚性的移民则多选南方、西南、西北、东北等生活条件差的地方,这些人数量不多,多数有返回的机会;其中颇多官员、文人,对迁入地文化水平的提高起了一定的作用。如清初将汉族流人安置在东北,其中知识分子很多,他们对当地文化经济的发展起了一定作用,还留下了不少关于东北历史、地理、形势的有价值的记载。统治者对具有政治危险性的人物的迁移,则以与世隔绝为第一要求,所以处于闭塞山区、交通十分不便的房陵(今湖北房县)长期充当这样的场所。但这类对象的数量毕竟有限,而且死亡和迁回的比例极大,不会产生多少在流放地定居的人口。

第四类是民族性的。

早期人口多以民族或宗族为聚居单位,一般迁移也以民族为单位。以后,中原已成华夏(汉)族的一统天下,内部的移民不再有民族特点。但华夏(汉)族对周边民族地区的迁移,尤其是以行政或军事手段实施的,往往还是以民族为单位。西汉时迁越人于江淮之间及迁匈奴降人于西北边区,东汉迁南匈奴于塞内,东汉及魏晋迁羌、氐等族人口于关中,十六国期间后赵、前秦等政权将各族人口迁至都城附近,唐朝将突厥等各族降人迁至长安一带、将高丽民户迁于中原各地,辽将渤海人内迁,明初内迁蒙古降人等,都是这类性质。这类移民一般数量都不小,有时甚至超过百万。如果是安置在汉人不多的边远地区,被迁族人口又比较集中,迁入的民族还能保持相当长的时间,如东汉的南匈奴、十六国时诸族。而如果迁入中原内地,置于汉族汪洋大海中的少数民族很快就会消失,融合成为汉族的一分子。

第五类是军事性的。

一个政权为了加强自己的统治、巩固边防或达到某项军事目的,往往需要将部分人口迁至边疆或军事要地。军事性的移民,除了通过轮流征调兵役之外,还要有固定的人员或定居移民。由于那些迁入地一般生活条件较差,又有一定的危险性,仅仅依靠招募和资助还难以得到足够的人数,所以经常采用强制手段,或者就以罪犯充数。在中原王朝处于开疆拓土的强盛时期,这类移民最多,并常与边疆的地区开发结合起来,收到较好的效果。如西汉、唐朝前期、明朝前期等都曾大规模进行过这一类移民。而在国力衰退阶段时,大多只能组织少量纯军事性质的移民。战乱中的相持阶段或乱后的恢复阶段，这类移民也会与地方的经济恢复结合起来，以军人或解甲军人为主实行屯田，如三国的魏、蜀、吴都曾广开屯田。这类移民之是否成功、是否巩固，关键在移民是否能有安全的环境并能就地生产足够的粮食。否则，依靠强制手段集合起来的移民是不可能真正定居的。

尽管以上类型的移民都是出于行政或军事手段的强制，很少有自愿的，甚至有的在迁移过程中就已经造成了很大的损失，但只要与经济开发、特别是发展农业生产结合起来，符合实际需要，还是会产生积极的后果，如西汉初的实关中、中期的移民实边，曹魏的屯田，契丹和辽安置掳掠的中原人口，明初对江淮地区和华北的移民，通过建立卫所对边远地区的移民等。有的移民虽然在经济上付出了一定的代价，但对政权的巩固、政治中心的稳定、边防力量的加强和迁入地经济的恢复有重要作用。由于这类迁移往往过多考虑政治或军事利益，忽视经济和自然条件，造成长期难以解决的困难或无法消除的后果，如迁入人口超过当地可供粮食的能力，或者是迁出人口过多使迁出地的经济长期不能复原，或者是盲目开发加剧水土流失和环境的破坏。掠夺性的移民更不会顾及迁出地的利益和移民的命运，即使客观上产生一些成果，也是以生命和财产的巨大损失为代价的。强制性的移民必然引起被迁对象的不满和反抗，因而只有凭借强大的政治压力和军事实力才能完成。如果移民不能顺利定居，一旦压力消除，移民还会回流，成果不易巩固。

值得注意的是，在明朝以后，除了清朝入关前有过掠夺性的移民外，这类强制移民基本已成为历史。如著名的"湖广填四川"就没有采用强制手段，只是以优惠的条件鼓励官员和地主组织招募，以获得土地所有权或减免赋税来吸引农民参加。就是明朝初年的大规模移民也是强制与鼓励相结合的，相当多的移民是在这移民大潮的带动下，自发自愿迁移的。为什么明初的移民具有双重性质，成为中国移民史上由强制迁移向经济资助甚至完全听其自然的一个重要转折点？原因不是别的，就是人口数量所造成的压力。也就是说，从明朝中期以后，在中国内地已经很难找到大片的人口稀疏区供统治者进行大规模的强制性移民。另一方面，由于大多数地区的人口密度已经很高，即使遇到天灾人祸后出现人口下降，依靠自身的恢复和毗邻地区的补充，很快就会复原，没有必要从外地引入大批移民。一旦出现像清初四川那样一大片移民的乐土，无地少地的农民就会不远千里蜂涌而至，统治者只需稍加招募优待就足以掀起移民热潮。正因为如此，清朝对迁四川移民的招募政策没有持续多久，就已挡不住自发移民的洪流，最后不得不加以禁止。太平天国战争后,尽管长江下游平原人口锐减,但官方从外地引入移民的行动往往受到当地人民的强烈反对。面临这样的形势,统治者当然没有必要或者也不可能用行政或军事手段进行强制性移民,相反,他们已经不得不采取措施来禁止自发移民进入他们不容许进入的地方,如东北柳条边外的封禁地。19 世纪后期,清政府虽然对移民东北和台湾采取了一些鼓励措施,但即使没有这些行动,迫切需要获得土地和生计的过剩人口也会迅速填满这最后两大片移民的乐土。

三、从平原到山区、从内地到边疆的开发性移民

对丘陵、山区土地的局部利用早已开始,例如在东汉末年的战乱中,就留下了一些避乱人户移居山区耕种自给的记载[1]。陶渊明著名的《桃花源记》所反映的情景,也是在战乱年月中在封闭环境中对理想的农耕乐土的追求。但这些毕竟只是战乱条件下的特殊现象,在正常情况下,人类总是要选择自然条件较好的地方从事生产的。丘陵山区与平原相比,一般存在着气温低、日照时间短、灌溉不易、耕种不便、土地面积小、运输困难等缺点。所以除非有天灾人祸或其他特殊情况,在平原上的土地还没有充分开发利用之前,人们是不会转而开发山区的。即使有进入山区的,也只限于其中条件较好的局部,或者从事矿冶、采伐、养殖、狩猎等非农业生产。

黄河流域及其以北也有丘陵山区,但因气温低、干旱缺水,利用和开发更加困难。而且在相当长的时期内,长江流域和南方是北方过剩人口理想的移殖区。对北方无地农民来说,第一选择自然是迁往自然条件更好、土地富余的南方。

到明朝中期南方的人口突破一亿时,当地能够开垦的平原、缓坡地和低丘地基本都已加以利用。仅仅依靠平原上传统的农业已经无法养活众多的人口,更不能满足日益增加的人口的需要。开发山区成了必由之路,成千上万的流民已经不计效益和后果,自发涌入山区。

但长江流域山区的开垦也存在着难以逾越的障碍,由于坡陡、土薄,灌溉和保水非常困难,只能种植对水土肥要求不高的旱地作物。早熟稻尽管生长期较短、用水量较小,也只能在能保水的缓坡地或梯田栽种,无法扩大到山区。

1　如《三国志》卷 11《魏书·田畴传》:"遂入徐无山中,营深险平敞地而居,躬耕以养父母。百姓归之,数年间至五千余家。"辽东平定后,"畴尽将其家属及宗人三百余家居邺"。

从 16 世纪开始传入中国的美洲粮食作物番薯、玉米、花生、土豆及时地解决了这一难题。这些作物对土壤、灌溉、肥料的要求较低,完全适合干旱的山地种植,不会与水稻争地。人口的增加和平原地区的充分利用对山区的开发提出了迫切的需要,但使这种需要成为可能的却是这些作物。也有一部分山区的开发是从种植经济作物开始的,如栽种茶树、杉树、油桐、生漆、黄麻、靛青等曾经是一些人从平原进入山区的目的。这些种植业虽有很高的经济效益,但能容纳的人口不多,而且无法使他们做到粮食自给,所以一般只能在有一定余粮、经济比较发达的地区附近进行,对吸收和养活大批剩余人口还是无能为力。

明末的严重自然灾害和持续战乱大大削减了人口高峰,也推迟了向山区的移民。经过 17 世纪后半期的恢复,这一高潮终于在 18 世纪不可避免地再次到来。从秦岭到南岭,从长江流域到珠江流域,从浙闽丘陵到云贵高原,大片的原始森林被砍伐,天然植被被清除,一切可以利用的土地几乎都种上了玉米、番薯。立竿见影的好处和充足的粮食吸引来了更多的移民,也刺激着已经定居的移民以更快的速度增加人口。在越来越多人口的不断蚕食下,南方内地山区很快趋于饱和,到 19 世纪前期移民高潮已成余波。

由内地向边疆的移民至少可以追溯到战国时赵国在开拓疆域后向河套、阴山以南的移民和燕国向辽东和朝鲜半岛北部的移民,这类移民到秦汉时已经有了很大的规模。但这些移民行动只是出于军事和政治目的,并不是人口增加的必然需要。黄河流域人口稠密的局部地区人口的相对饱和,也可以通过相近地区间的调整加以消化。在南方的开发逐渐加快并取得成效以后,北方的剩余人口有了稳定的出路。两千多年来,对中原王朝构成的军事威胁主要来自北方(含西北、东北),对边疆移民也集中在河西走廊、河湟谷地、河套地区和辽东等地。正如上一节已经指出的,对这些自然条件并不太好又有战争风险的边疆移民,只能用行政手段强制实行。

但到 18 世纪前期,北方的人口已达到了空前的纪录,却不像南方那样有面积广大的山区可以容纳大量移民;一遇天灾,流民更难找到避难就食的场所。所以尽管清政府不断重申禁令,却挡不住百姓向东北的迁移。在 19 世纪后半期清政府对东北的封禁开放以前,自发的移民数量已经不小了。在内地巨大的人口压力下,移殖边疆已经无须强制,问题是如何找到既适合农业生产又可以容纳不断增加的人口的开发区。在开放东北的同时,内蒙古南部也开始放垦,接纳汉族农业移民。西北、西南边疆地区,台湾岛和其他适合耕种的海岛,也都成为毗邻地区输出人口的目的地。离人口稠密、人均耕地少的地区越近,接收的移民也越多,开发得就越快,如台湾岛。反之则由于移民一般有一个渐次推进的过程,往往先迁入人口相对稠密、开发程度相对较高的地区,而该地区的居民又进入下一层次,因此直接迁入的较少,速度也较慢。

边疆的开发也有一个平原到山区的过程,一般总是自然条件较好的平原先成为移殖区,以后从平原扩散到山区。如较早到达台湾的闽南人大多聚居于西部平原,而晚到的客家人缺乏选择的余地,只能进入丘陵山区。但这是就从事农业生产的移民而言,对其他产业的移民主要是根据自然资源和生产的条件来考虑迁入地点。如在台湾采硫磺、炼樟脑,在东北挖人参、开金矿、伐木材,这类移民有时也集中迁入,并有不小的数量,他们的移殖过程当然与农民不同。在近代工业和资本主义的生产方式在移民迁入区出现后,移民的分布和定居过程又经历了新的变化,如东北的工矿城市、港口就吸引了更密集的移民。

由平原向山区的移民基本上是一个自发的过程,不仅官方从未作过系统的计划,就连官僚地主也很少参与。移民绝大多数是既无资产又无文化的贫苦农民,少数是企图发财的无业游民,因而不可能作必要的准备和起码的投入,完全是盲目的、急功近利的掠夺性生产。在开发的过程中,自然资源、土地资源和生态环境都受到严重破坏,由此引起的水土流失还导致江河淤塞,水旱灾害频繁。这方面的恶果不久就引起了注意,有些地方政府作出了禁止流民进入或禁止开垦山地的决定。但无以为生的流民处处皆是,此地不准就转入彼地,不仅禁不胜禁,而且也根本无法禁止。庞大的人口对粮食生产提出的迫切要求,使中国不得不把扩大耕地以生产更多的粮食放在首位,而置生态环境的破坏于不顾。要全面衡量二者的得失是相当困难的,很可能是得不偿失,但由于在当时还不具备控制人口增长的条件,似乎也没有任何选择的余地。

边疆移民因受到禁区开放过程的影响,并非毫无规划,晚清对向东北和台湾移民的鼓励就是考虑到巩固边防的需要,伪满洲国时东北的"拓殖"首先要有利于日本帝国主义的侵略掠夺。但旧中国政府既不可能作出全面科学的开发规划,又无法解决日益增加的人口对粮食的需求,充其量只能作局部调整,边疆移民基本还处于自流自发状态。

四、北方牧业民族或非华夏族的内徙与西迁

部分牧业民族或非华夏族曾经与从事农业的华夏族共同生活在黄河流

域,直到春秋时期还是如此,如在今天的山西、河北、陕西,甚至山东、河南境内都广泛分布着戎、狄、胡、夷等非华夏人。随着华夏人口的增加和农业区的扩展,他们的容身之地越来越狭窄,其中一部分人被周围的华夏人所同化,这部分人中以原来就从事农业或半农半牧的为多。以渔猎和采集为生的民族有可能向南迁移或迁入黄河流域人口稀少的僻远地区,但坚持牧业的民族却只能向西、北两个方向迁移,因为只有那里才有适宜牧业的气候和大片不受农业民族影响的游牧场所。这样,羌、戎、胡、狄等族的主体都迁离了黄河中下游流域。战国时,秦、赵、燕等国在北界筑起长城,秦代和西汉又继续修筑,游牧民族与农业民族分割的势态基本定局了。

比起农业民族来,牧业民族抵御自然灾害的能力更弱,因此在严重的、大范围的灾害发生时,只能作长距离的迁徙。在与南方农业民族的交往和接触中,牧业民族得到了粮食、纺织品、金属等物资,以后又增加了茶叶和其他日用品,并逐渐养成了使用、消费这些物品的习惯。汉族政权则往往以断绝这类物资的供应为对抗手段,使牧业民族的生存受到威胁。

对牧业民族来说,南下或内徙是最便捷的途径,但当中原政权军事实力强大时就无法如愿。为了逃避自然灾害和敌方的军事打击,只能选择前途未卜的西迁。秦汉之际游牧于敦煌、祁连山之间的乌孙与月氏(支),因受匈奴的军事压力,于公元前2世纪先后迁到今伊犁河、伊塞克湖一带和伊犁河上游。在严重自然灾害的打击下,又迫于汉朝军队和南匈奴的联合进攻,北匈奴的一支自蒙古高原西迁中亚,以后又进入欧洲。崛起于蒙古高原的回鹘于9世纪灭于另一个草原民族黠戛斯,余众的主体西迁至今新疆和中亚,少数南迁的只能向唐朝的边将投降。

在中原政权军事失利和政局混乱时,牧业民族或逐渐移入内地,或随着军事入侵者大批进入黄河流域,甚至长江流域。由于汉族在文化、经济方面处于领先地位,加上生活和生产条件的改变必然导致这些牧业民族生活和生产方式的改变,内迁者的多数最终接受了汉族文化,逐渐融合在汉族之中。在本民族的政权灭亡、汉族政权重新建立以后,融合的速度更加迅速。凡是牧业民族的主体迁入汉族地区而又经历了较长时间的,几乎很少重新迁出。

五、东南沿海地区对海外的移民

中国的东南沿海,从杭州湾至雷州半岛,分布着一连串面积不大又互不连属的平原,在这些平原之间是丘陵或高山。在这些平原的背后,一条条东北至

235

西南走向的山脉将这些平原与中国内陆分割开来。这样的地形条件,尤其是在人类的生产力低下、榛莽未辟的情况下,使这些平原与内陆的联系受到极大的障碍,相互之间的陆上交往也存在很大的困难。所以,海上交通,特别是沿岸近海以及附近岛屿间的航行成为有效而实用的手段。

这些平原远离华夏文明的中心,这里的早期人民都是百越系的部族,秦汉以来虽然已逐渐被大批迁来的汉人所同化,但毕竟还不如内地汉人那样向往中原。这种非向心性甚或离心性的心态和习性因地域和地形条件的不同而异,一般说来以闽中南和粤东沿海最为突出。

这些平原的范围不大,农业生产的潜力有限。但由于海洋能提供鱼、盐以及其他丰富的水产品,对海外的贸易更能带来巨大的财富,所以对沿海人民具有比土地大得多的吸引力。东南沿海地区本来人口很少,西汉时又将在今浙江中南部和福建境内的越人迁走,福建几乎成为无人区;东汉末和三国期间的南迁、永嘉以后的南迁带来的移民,最初主要定居在今浙江北中部和江西北部,进入浙江南部和福建的还很少。直到唐朝安史之乱前,尽管福建的人口已经有了很大增长,但还没有出现地少人多的矛盾。在安史之乱后北方人口再次南迁的连锁影响下,唐末开始有较多人口迁入福建,经过五代期间和北宋前期的开发,到北宋后期,福建有限的土地要养活日益增加的人口已经显得相当困难。南宋时盛行杀婴之风,而福建是最严重的地区,不仅平民百姓和穷人这样做,连士大夫阶层和富人也是如此。残酷的杀婴现象在一定程度上缓解了当地的人地矛盾,但却不可能从根本上为相对过剩的人口找到出路。由于毗邻福建的浙江、江西的平原地区同样人满为患,不可能成为福建人口的迁入地区,移民只能从福建西南部进入人口相对稀少的广东东部。但广东东部的平原面积也不大,山区能够容纳的人口更加有限,所以这一出路所能维持的时间是不长的。在平原上的人口趋于饱和,耕地不足以供养本地人口,向内地和其他地区的移民又受到自然和社会因素各种限制的情况下,移殖海外必然成为主要出路。如果说对财富和物质的追求还可以被政治力量所压制的话,那么这种为生存而作出的抉择则是任何禁令都无法长期阻挡的。

东南沿海地区的这些条件与希腊和地中海一些岛屿的情况颇多相似之处,但有两点显著的不同。一是地中海周围的大陆间、岛屿间的距离较短,而从中国东南沿海到其他国家或地区的航程较长。作为一个内海,在地中海的航行比较安全,而从中国大陆出发通向台湾地区以及东南亚和其他地区的航线比较艰难复杂。二是地中海周围的大陆和岛屿早就存在着比较发达的文明,而中国东南沿海以外地区大多开发较迟,发达程度远低于中国大陆。

不过,对中国人移殖海外产生最大影响的还是中国统治者的态度。秦汉以来,东南沿海地区已经纳入中原王朝的疆域版图,汉族很快成为主要民族,汉文化随之取得了主导地位。从此,无论是一统王朝,还是地方割据政权,统治者都持以中国(中原)为中心的观念,实行以农为本的政策。统治者鼓励甚至强制百姓安土重迁,以便纳粮当差,永作顺民。他们鄙视一切异国和异族,自然反对百姓移居外国,成为异族。同时他们又对异国和异族存在着本能的戒心和恐惧,为了自身和本国的安全,往往会采取过于谨慎的做法,对正常的贸易和交往也加以限制或禁止,而毫不顾及经济上的巨大损失。统治者对出于各种原因移居国外的人都视为贱民、异类,甚至当作盗匪和叛逆,为此还制定过极其严厉的刑法。所以直到清朝晚期,多数官员对政府应该保护本国侨民还一无所知,或者根本不承认在国外的侨民也还是本国公民。即使在中国历史上比较开放、中外交流相当频繁的阶段,当时的政府主要也只是允许外国人来中国贸易、求学、游历或定居,而不是同时允许或鼓励中国人也到外国去。早在南宋时,福建有限的土地已经无法负担日益增加的人口,只是由于毗邻的广东还有开发的余地,便于福建人就近移殖。宋末元初的战乱推迟了新的人口高峰的出现,才使人口压力有所缓和。而明初实行海禁,清初执行迁界,都严格禁止百姓出海谋生;即使在明朝与清朝前期的其他阶段,官府也从来没有为移殖海外敞开过大门。结果是当地人均土地越来越少,平均生活水准越来越低,还使冒险出海的非法移民增加了不必要的生命财产损失。

统治者的态度不仅为多数信奉儒家礼教的官吏和文人所拥护,而且影响到社会各阶层甚至移民本身。所以,一方面根据东南沿海地区的地理、历史条件,我们可以断言,移殖海外的活动早已开始,并且始终在进行;另一方面我们却不得不承认,在相当长的时间内,这种迁移的数量和影响很有限,并且这些迁移大多没有见于记载。这固然是由于大多数移民原来的文化水平和社会地位很低,更主要的是因为中国官府和社会舆论对他们的鄙视。所以不少在侨居国创造了伟大业绩的杰出人物,在国内往往鲜为人知;在国外已经有了相当高社会地位的华侨领袖回国时还得花大笔钱财为自己捐一个体面的身份。

尽管如此,从 15—16 世纪开始出现了两种统治者无法控制的因素,大大加快了移民海外的进程。一是本地的人口压力。在明朝开国百来年以后,东南沿海那些平原和附近丘陵的人口急剧增加，趋于饱和。在经商、从事手工业、移民内地、扩大耕地等手段作用有限的情况下，在法律上依然属于非法的情况下，移殖海外便成了东南沿海大批贫民的主要出路。因此到 17 世纪后期，侨居东南亚的华人已有相当大的数量，在有些国家已经形成了人口数以万计的华侨聚居区。一是西方殖民主义、帝国主义国家对廉价劳动力和初级产品的迫切需求以及它们所采取的残酷无耻的掠夺手段。这些国家在殖民地利用华人劳工生产经济作物和矿产品，又使用华工从事本土的开垦和建设。鸦片战争以后，招募、诱骗、掠夺华工的规模和数量激增，华工的去向也从东南亚扩大到北美、南美、澳洲和欧洲，部分幸存的华工便成了在那些国家或地区的长期移民。在鸦片战争以前，起主要作用的是第一种因素，所以官方的禁令多少有点效力。此后则两种因素同时起作用，腐败的清朝政府就无能为力了。而且随着沿海口岸的开放，输出移民的地区已不限于闽粤沿海，通商口岸和列强某些据点也成为移民的集合地。移民仍以贫民为主，但也逐渐扩大到其他阶层，包括一些上层人士。

到 20 世纪中叶，中国在海外的侨民及外籍华裔已以千万计。由于这一迁移的过程经历了好几个世纪，所以除了在集中输出的一些地区和年份对缓解人口压力有较大作用外，对全中国早已极其庞大的人口总量来说，影响是很有限的。但中国的海外移民对所在国和中国本身的经济、政治、文化和社会等各方面的贡献和影响之大，已为举世所公认，是无法用他们的数量来衡量的。

第三章

研究中国移民史的意义： 移民对中国的伟大贡献

为什么要研究中国移民史？这是我们撰写这部《中国移民史》之前必须回答的问题，也是每一位读者想知道的问题。作为研究者和作者，我们是从三个方面着想的：

一是中国移民史研究的现状。到目前为止，无论是中国的学者还是外国的学者，对这个题目的研究还远远不够，还没有一部差强人意的中国移民史。关于这一点，我们在本书的前言中已经有所说明。

一是中国移民史研究的成果对发展相关学科的作用。在第四章将要讨论研究中国移民史的方法，其中的一部分是要借助于其他学科如考古学、历史地理学、地名学、语言学、社会学、文化人类学的方法。既然移民史研究可以运用这些学科的方法，那么移民史的研究成果也就能为这些学科所用。移民史研究成果的运用当然比这里为了说明研究方法而举的例子要广泛得多，可以毫不夸张地说，离开了移民史就没有一部完整的中国史，也就没有完整的经济史、人口史、疆域史、文化史、地区开发史、民族史、社会史。至于其他学科的研究中要运用移民史研究的成果，那就更不胜枚举了。

最重要的还是因为移民对中国的伟大贡献，只有认真地加以研究和总结，我们与我们的后人才能了解先民们的光辉业绩，并使之发扬光大。今天，我们中国能拥有 960 万平方公里领土和辽阔的领海，拥有 56 个民族和 12 亿人口，中国人能在海外拥有数千万后裔，全国各地能得到开发和发展，中国文化的传统能延续数千年而常新，中国文化能在世界上产生巨大的影响，无不与移民的贡献有关。这些方面的详细史实，将通过全书各卷作具体论述，这里先作一概述，以引起大家对中国移民史的重视。

第一节　移民与中国疆域

从中国历史上第一个统一的、疆域广阔的国家秦朝的建立开始，经过了近两千年的时间,终于在清乾隆二十四年(1759年)形成了一个北起萨彦岭、额尔古纳河、外兴安岭,南至南海诸岛,西起巴尔喀什湖、帕米尔高原,东至库页岛,拥有一千多万平方公里领土的空前统一的国家。这两千多年间的中国疆域主要是由两部分组成的,即中原王朝的疆域和边疆政权的疆域;无论哪一种疆域的巩固和扩大,都离不开移民的作用。

一、中原王朝的疆域与移民

公元前221年秦始皇灭六国之初,秦朝的疆域只有西起四川盆地西缘、甘肃和宁夏境内的黄河,东至于海,北起今宁夏和陕西的北界、阴山山脉的东段和辽河下游,南至今四川南部、五岭山脉。这不仅与清朝全盛的疆域规模相差甚远,就是比以后几个中原王朝的范围也小得多。疆域的开拓当然主要是依靠军事手段,但疆域的巩固却离不开来自本民族、本政权的人口,离不开中原移民所构成的稳定的基础。

公元前222年前后,秦朝就在今浙江南部和福建境内设置了闽中郡,但实际上只控制了郡治冶县(今福州市)及若干据点,此外都是越人的天下。秦朝一覆灭,越人君长就恢复自立,并起兵助汉。汉朝初建时,对这里的越人鞭长莫及,只得承认既成事实,封无诸为闽越王,统治今闽江下游一带;封摇为东海王,统治今瓯江流域。

到汉武帝元封元年(前110年),汉朝虽然取得了军事上的胜利,先后灭了东瓯和闽越,却因为无法建立起自己的统治基础,只能放弃已经获得的土地,将越人全部内迁。直到西汉后期,尽管恢复了冶县和回浦县(治今浙江台州市东南),但在一般人的心目中这一带还不是"汉地"。

三国时期,移民开始进入今浙江南部和福建北部,吴国设置了几个新县。西晋末年,大批南迁人口涌入长江三角洲,以后又有一部分移民进入福建,因此在东晋和南朝期间设在福建境内的政区又增加了。到隋时,尽管福建的人口依然很少,存在大片未开发地区,但基本上已是汉族移民及其后裔,中原王朝对这一地区的统治已经相当巩固。以后,除了五代期间有过三十多年割据外,再也没有与中原王朝分裂过。

公元前218年,秦朝的军队越过五岭,经过多年战争夺取了今广东、广西和越南东北一带,接着又把十多万戍卒和罪犯安置到岭南,让他们与当地越人杂居,以加速民族同化,扩大统治基础。秦朝在南越设置了南海、桂林和象郡三郡,主要的行政官员都由中原移民担任,移民成为秦朝在当地统治的基础。秦朝灭亡以后,来自真定(今河北正定县南)的移民赵佗于公元前206

年自立为南越王。公元前181年前后，赵佗又把疆域扩大到今越南北部和中部。尽管南越国的主要人口是越人，并且一度是一个不受汉朝管辖的独立政权，但由于汉族移民居于统治地位，对中原王朝还是具有很大的向往，愿意接受汉朝的统一。汉武帝元鼎五年（前112年），反对并入汉朝的南越丞相吕嘉发动叛乱。汉军分两路进攻，于次年攻入南越都城番禺（今广州市），将南越的疆域全部收入版图，设置了9个郡。统一以后，岭南和中原地区的人员往来和经济文化联系更加紧密，来自中原的地方官和移民传播推广了先进的农耕技术，帮助当地人民形成了更文明的生产和生活方式。从此，虽然在岭南也曾出现过短时期的割据政权，但绝大多数时间都是中原王朝疆域的一部分，这不能不归功于从秦朝开始的早期移民所奠定的基础。

河西走廊曾经是匈奴的游牧地，元狩二年（前121年）成为汉朝的疆域时，匈奴人不是被驱逐就是被内迁，这里的空白完全由内地汉族移民来填补。河西走廊的自然条件适合农业生产，移民获得了可靠的经济基础，粮食能够自给自足，大多成为稳定的定居人口。河西走廊东西长达1 000公里，实际上又分为若干不相连属的绿洲，所以很容易被拦腰切断。尤其是在受到来自北方沙漠的军事威胁时，中原王朝如果没有强大的军事力量就很难维持对走廊的控制。由于西汉时来自中原的农业移民已经成为当地的基本居民，尽管有时为游牧民族或非汉族所统治，农业社会的基本结构和文化特点却没有改变。

东汉末年，中原王朝陷于分裂，无暇顾及河西走廊，但那里的地方官还是维持着原来的局面，直到朝廷重新行使管辖权。东晋十六国期间，这里先后建立过几个割据政权，有的还是由非汉族建立的，但在此期间又有大批中原移民迁入，与中原的天然联系反而得到了加强，在文化方面也取得了空前的进步。唐朝安史之乱以后，吐蕃人占据了河西走廊。但军事的优势和政治上的镇压都无法改变数十万汉族人口的生活方式和对中原的向往，近百年后，终于在张义潮的率领下回归唐朝。

四川盆地的情况也是如此。战国后期，秦国灭蜀国后，由于无法留驻大批军队和人员，一度只能继续立蜀王的子弟为侯，秦国的统治很不稳定。但秦国从一开始就移民万家，此后又将大量六国旧地的人口和本国的罪犯移入蜀地定居，随着外来移民的增加，秦国的统治基础逐步扩大。西汉初年继续向蜀地移民，因此中原移民及其后裔已经成为当地人口的主流。秦汉时期，这里不仅是中原王朝稳定的后方，也是向西南地区进一步扩展的基地。

四川盆地与关中和中原其他地区都有崇山峻岭的阻隔，又居于长江上游,地势地形易守难攻。盆地内有充足的土地,气候适宜,物产丰富,有利于农业和手工业的发展。经济上的自给自足和地理上的封闭式环境,使四川盆地很容易成为割据政权的基地,建成独立王国。从东汉初的公孙述开始,占据四川自立的政权有好几个,有的延续了数十年时间。但它们都以中原政权的一部分或者是中原王朝的合法主人自居,很少有人真正要脱离中原政权。中原王朝也始终将它看作自己的一部分,不容许它长期独立存在。

云贵高原的情况就不同了。虽然早在秦朝时,中原政权就已经控制了不少据点,设置了一些行政机构;西汉时开"西南夷",在这一带设置了越嶲、牂柯、益州三郡;东汉时又设置了永昌郡;但是却始终没有进行过稍具规模的移民,而战国时楚国庄蹻带去的少量楚人又早已为当地民族所同化,因此当地的民族成分并没有随着这一地区被纳入中原王朝的疆域而改变。西晋以后,由于地方官治理不当,有的甚至残酷压榨当地民族,激起一次次反抗,有些政区已经名存实亡。到南朝梁太清二年(548年)侯景之乱爆发,宁州刺史奉命救援京师,离开治所;当地爨蛮的豪族乘机而起,在两年后脱离梁朝,从此今四川大渡河和长江以南就一直处于中原王朝的统治之外。这一带从唐天宝九载(750年)起成为南诏国的疆域,南诏以后演变为大理国,一直延续到1253年(蒙古宪宗三年,南宋宝祐元年)才被忽必烈所灭,重新成为中原王朝的一个行政区。

由于南诏和大理的主要人口不是汉人,而是白蛮、乌蛮、东爨、西爨等当地民族,所以唐宋统治者并不把这一范围视为自己应有疆域的一部分,只要他们不入侵,就不干预他们的独立存在。据说宋太祖赵匡胤曾用一把玉斧在地图上划定以大渡河为宋朝的南界,此事虽不一定当真,但宋朝对南方的经营从来不像对收复北方在五代时失去的燕云十六州那样重视却是事实。从这一角度看,明初及以后对云南大规模的移民就不仅仅是一种安置和开发,而是使疆域得到巩固的重大措施。实际上,正是从明朝开始,中原移民才成为云南的主要人口,尽管有过南明与清朝的对峙和吴三桂的叛乱,云南却再没有与中原政权分离过。

边疆地区大多原来是非农业区或者农业很不发达,当地民族从事游牧或半农半牧,或者从事落后、原始的农业生产,所以要依靠当地生产的粮食来满足中原王朝的驻军和行政人员的需要是不可能的。而如果从内地运输,由于距离很长,耗费很大,既是巨大的财政负担,又难保证稳定的供应。如果因此而减少甚至取消在当地的驻军或行政机构,那么对该地区的统治就无法维持。因此,从秦汉以来,各个中原王朝经常采取屯垦的办法,即以军队为主,安置一定数量的家属或流放对象,在驻地垦荒耕种。兵士平时生产,战时打仗,同时负守边与农垦之责。条件好、经营得法的屯垦点不仅能粮食自给,有时还有余粮;即使产量有限,也能减少内地的供应负担。由于有军事支援,这类屯垦点一般比较稳定。秦朝以后,在河套、河西走廊、西域(包括中亚)、西南边疆,历代的屯垦都有相当广泛的分布。

参加屯垦的对象,如士兵及其家属,罪犯或其他流放者,并不是定居的移民,他们根据一定的年限或条件轮流服役,到时就返回内地。但是任何一个稳定的屯垦点都会保持着大致相同的常数,实际上起着与移民类似的作用。而且在屯垦的过程中,总有一些人口从流动迁移转化为定居人口,如一部分有家属随行的戍卒或罪犯往往在期满后不再返回家乡,有时官府规定一部分人终身不得离开迁入的屯垦点。明代实行的卫所制度则规定军人的身份世代相袭,不能改变,军人家属必须随同迁往卫所,除了另有调动外不得离开卫所;这批人已经完全演变成屯垦或屯驻移民。

一个稳定的屯垦点还会吸引其他移民。例如自发移居边疆边区的移民一般都要寻找比较安全的地方安家落户,有军人驻扎或守卫的屯垦点往往是他们选择的地点。随着屯垦区人口的增加,必然需要商业、手工业和服务业人员。有较多军官或官员居住的地方,更需要消费、娱乐场所。因此除了会增加这方面的流动人口外,从事商业、手工业和服务业的移民肯定会相应地迁入。明代在北方和西北的一些卫所逐渐成为新的居民点,有的还成了相当繁盛的城市,就是明显的例子。

所以,这类军事屯垦与移民一样,对中原王朝疆域的扩大和巩固起了重要的作用。

二、边区政权的扩张和内迁

构成历史上中国疆域的另一部分是存在于中原王朝之外的边区政权,它们大多是由非汉族建立或统治的,疆域范围一般要比中原王朝小得多。但这些政权都是历史上中国的一部分,它们疆域的发展和巩固,对于中国疆域的最终形成同样是必不可少的条件。

以今天的青藏高原为例。在元朝以前,这里一直是藏族的前身吐蕃人的聚居地。当吐蕃成为元朝一部分时,吐蕃与外国的边界就成为元朝与外国的边界。从这一意义上说,吐蕃疆域的形成和巩固对元朝和以后各朝疆域的形成和巩固起了决定性的作用。在吐蕃统一青藏高原之前,那里存在着众多的部族和政权,因此7世纪初吐蕃首领松赞干布在征服其他部族的时候,也必然要采取措施,将本族或近支的人口迁移至这些部族的聚居区,以巩固自己的统治。相反,在 8 世纪后吐蕃的疆域虽然一度达到今新疆和甘肃,但又限于本族的人口数量和其他物质条件,却不可能向这些新占领的地区移民。所以尽管吐蕃依仗军事实力可以暂时统治人数大大超过自己的异族人民,却没有办法把这些地区变成自己稳定疆域的一部分。

正因为如此,一些边疆民族或游牧民族在建立自己的政权或向内地、农业区扩张时也同样重视运用移民这一手段。

以契丹族为例。在 9 世纪末的唐后期,契丹族只据有潢河(今西拉木伦河)和土河(今老哈河)一带,以游牧、狩猎、捕鱼为生,人数也不多;但到 10 世纪中叶的五代末年,它所建立的辽帝国已经拥有东至于海,西至河套以西,北至今黑龙江和克鲁伦河,南至今河北、山西北部的辽阔疆域;至 12 世纪初,辽的北界更推进到外兴安岭和石勒喀河一线,西界扩展到阿尔泰山以西。而契丹本族的人口,据估计最多不过 100 万,与如此广大的领土显然是很不相称的。辽帝国之所以能兴起并维持 200 多年,与其统治者及时进行了一系列移民是分不开的。

辽的移民有两个方面:一是本族人移民新占领区;一是不断将新占领区或临时占领区的人口迁入腹地或缘边地区。从契丹建国开始,就利用中原战乱不已的混乱局面,大量吸收汉族难民和中原政权的投降军民,同时还在入侵华北攻陷城邑时掳掠了大批汉人;辽国的汉族人口有数百万,数倍于契丹本族,大多是移民及其后裔。汉族移民不仅成为辽一般行政州县中的主要成分,大大促进了辽国和东北地区经济文化的发展,其中的优秀分子还为辽国典章制度的制定和社会的进步作出重大贡献,上层汉族移民及其后裔已经成为辽朝统治集团的重要组成部分。

还有一些边疆民族入主中原以后,其中心统治区已经远离原来的基地,为了实施有效的统治,就必须作相应的迁移。历史上几个曾经成功地统治了黄河流域以至中国南部的北方边疆民族都作过这样的迁移,有的民族从此离开了原来的聚居地区,在汉族地区开辟新的基地。十六国时期建立前秦的氐族、建立北魏的鲜卑人都作过这样的迁移。北魏孝文帝还力排众议,下决心迁都洛阳;鲜卑民族的主体完全迁入了黄河流域,不仅巩固了北魏政权对已有疆域的控制,也大大加快了鲜卑族与汉族融合的过程。尽管北魏本身因统治集团内部的争夺而灭亡,但它为中国北方与南方的重新统一奠定了基础。

蒙古统治者在灭金国、统治了黄河流域以后,开始重视农业生产,并立即发动了攻宋之战,以建立统一的大帝国为最终目标。随着统治中心的转移,蒙古族的主体从蒙古高原迁到了华北平原的北部。至元二年(1265年),又规定各路的达鲁花赤(行政长官)必须由蒙古人担任,于是一大批蒙古人随着这些地方官迁往全国各地。但蒙古人的数量毕竟太少,而元帝国的疆域又空前辽阔,绝对不可能仅仅依靠本族的移民,所以蒙古的西征军从西域(今新疆及中亚地区)、西亚和东欧带回大批工匠、炮手、兵士和平民。这些来自西域的各族人口作为蒙古人的同盟者广泛地迁入汉族地区,以扩大蒙古族统治者在各地的社会基础。

与蒙古人经过多年的杀掠才确定在中原建立长期的统治相比,满族统治者入主中原的计划显得成熟得多。由于有了入关前的充分准备和必胜的信心,当1644年吴三桂打开山海关的大门以后,近百万满族人就蜂拥而入,占据了北京和华北其他要地,满族的基地立即从东北转移到华北。以后,尽管清朝统治者通过争取汉族地主阶级的支持稳定了自己的政权,但还是将满族军队和平民驻守或定居在全国各地,控制着各个省会等重要城市。

总之,在不可能建立真正的民族平等的社会制度下,居于统治地位的民族要巩固本民族的统治一定要以本民族人口为基础,通过移民使本族人口的分布处于最有利的状态,以达到控制、镇压其他民族和守卫疆域的目的。中原王朝、汉族政权如此,边疆政权、非汉族政权同样如此。

三、中国疆域的定型与巩固

中国边疆各地区在历史上曾先后归入中原王朝的版图,或者由中华民族的成员所管辖。中国境内的各民族大多曾在同一个政权下相处,或者有过密切的交往。18世纪中叶统一的中国疆域的形成是各族人民共同奋斗的产物,是国内各地区生产力发展的结果,是清朝的政策顺应历史潮流而取得的成效,是历史进步的必然。

另一方面,中国疆域的巩固也存在着一些不利的因素。有些边疆地区虽然在历史上早已是中原王朝的一部分,但在清朝统一之前已有相当长的分离时期。某些民族的首领曾经激烈反抗清朝的征服,战争和镇压留下的创伤难以在短时间内得到愈合。边疆地区离开政治、经济中心大多路途遥远,在缺乏现代交通工具的条件下,要维持正常的联系有很大的困难。不少边远地区本地、本族的人口极少,存在着大片的处女地和无人区,防守和管理都非常不便。更严重的威胁是,到17世纪时沙皇俄国已经越过西伯利亚,进入远东,随时准备攫取中国领土。完成了产业革命,急于向外寻找原料、市场、劳力和殖民地的西方列强,有的已经到达中国的邻国,有的已经占有入侵中国的跳板,有的正在策划罪恶的鸦片贸易。

面临这样的形势,清朝政府完全有可能采取一些积极的措施,向边疆地区移民便是一项实用易行的政策。当时内地很多地方土地开发殆尽,移民边疆既能减轻内地的人口压力,又能增强边防实力,促进边疆的开发以及与内地的联系。但是,清朝统治者依然以天朝大国自居,盲目陶醉于"普天之下,莫非王土"和"四裔"称臣纳贡的幻想,根本不了解也不愿意了解世界形势,更不了解帝国主义国家的真实意图,在移民政策上采取了僵化、愚蠢的做法。

《尼布楚条约》签订以后,俄国势力不断向东扩张,大批俄国移民来到远东,到19世纪前期已经越过外兴安岭,到达中国黑龙江以北、乌苏里江以东的领土内。而清朝却重申并加强了在东北"封禁"的命令,使黑龙江和吉林两个将军辖区内长期人烟稀少,兵力严重不足,很多地方完全是无人区。《尼布楚条约》中将两国边界最东段乌第河以南一块列为"待议地区",并没有划定归属,但在俄国势力进入后,不经过任何谈判就占据了这一地区。库页岛一向是清朝的领土,但清朝只接受当地土人的朝贡,从来不加经营,更没有想到从内地向这一地区移民。乾隆年间,俄国和日本都侵入了该岛,开矿、捕鱼、建教堂,争夺了多年,作为这块领土主人的清朝却一无所知。1850年(道光三十年)俄国单方面宣布库页岛是俄国领土,清朝不闻不问,以致在1860年的《中俄北京条约》中规定岛上土人不再向清朝纳贡,实际上承认了俄国对该岛的吞并。1858年的《中俄爱珲条约》和1860年的《中俄北京条约》使中国丧失了黑龙江以北和乌苏里江以东的领土,但在条约签订以前,这些领土被俄国人侵占已是既成事实。近代中国大片领土的丧失固然有多方面的原因,但没有及时移民、改变这些地方人口过于稀少的状况,无疑是一个重要因素。

咸丰十年(1860年),清政府终于开放东北,加快了移民步伐。来自山东、河北、河南等地的移民源源不断涌入,到光绪三十年(1904年)东北的人口估计已有1700万,于是在光绪三十三年正式设置辽宁、吉林、黑龙江三个省。19世纪50年代,面对日本帝国主义的领土野心,清朝地方当局采取积极措施加速大陆对台湾的移民。台湾于光绪十三年(1887年)建省,当年的人口统计数达到320万。这两次移民迅速填补了中国领土上的局部空白,增强了地方实力,使这些地方与全国紧密相连。尽管此后日本和俄国侵略者一次次伸出魔爪,并一度霸占这些地方,但东北和台湾今天依然是中国领土神圣不可分割的一部分,这不能不归功于当年那千千万万栉风沐雨、艰苦卓绝的移民。

第二节 移民与中华民族

今天的中华民族是一个由 56 个民族组成的大家庭,是一个民族集合体。中华民族的组成有很多必然的原因,但各民族的移民在这一过程中所起的作用是非常重要的。

一、华夏汉族的形成和壮大

到 20 世纪 50 年代初,汉族人口在中国人口总数中已经占有绝对多数。根据 1953 年人口普查的结果,汉族占全国总人数的 93.94％。在此以前尽管缺少具体的统计数字,但可以肯定,汉族人口在数量上的优势已经存在相当长的时期了。在文化水平方面,汉族也占有总体上的优势;这一优势也已经存在了相当长的时期。汉族及其前身华夏族在数量和质量上的压倒性优势是怎样形成的? 这当然有多方面的复杂原因,但一个很重要的因素就是移民,即汉族人口通过移民过程扩散到原来的非汉族地区,同时将迁入汉族地区的非汉族移民以及新移殖区的原有非汉族居民融合到汉族中去。

汉族的前身华夏族并不来源于同一血缘部落,至迟到春秋时代,出自夏、商、周的三支后裔已经具有共同的民族心态,结成了一个民族共同体的雏形,并以"诸夏"自居,以区别于其他部落或部落集团。当时诸夏的分布范围集中于中原,即今陕西东部、山西南部、河南北部、山东中西部、河北南部;在此范围之外只有零星的据点。而且即使在中原,也有很多原有的或新从周边地区迁入的非诸夏民族。

到秦始皇时代(公元前 221—前 210 年),诸夏向西已经推进到陇东高原,向北到了河套、阴山南麓、辽河下游和朝鲜半岛的西北部,向东到了海滨,向南到了四川盆地、长江中下游;在更南的地区还移殖了一些地方,如闽江下游、珠江三角洲和珠江流域、云贵高原的若干据点。在诸夏推进到的范围内,黄河中下游和华北其他地区基本上已成为诸夏的一统天下。但在长江流域,一般还只占据了平原和交通线两侧,其余地方还非诸夏所有。

西汉期间,在汉朝郡县范围内的诸夏,包括已经同化于诸夏的其他部族,都以同一民族自居。随着汉朝疆域的扩大,汉人移民又进入了新的地域:至少有数十万人迁至河西走廊定居,另有数十万人继续充实河套和阴山以南地区,以辽东和山东半岛为主的移民进入朝鲜半岛的北部,四川盆地的移民南迁云贵高原。此外,在长江流域,汉人继续以平原和交通线为基地深入周围的非汉人地区。汉人从黄河流域向长江流域的移殖尽管是零散的、缓慢的,但却持续不断,所以到东汉时已经达到相当的规模,这又推动了平原地区汉人向周围的扩散。东汉时南方今江西、湖南境内的人口有大幅度的增加。长江中游的汉人与蛮族的冲突日趋激烈,就是这些移民活动的必然结果。

东汉末年至三国期间,长江下游的汉人(包括来自北方和江淮间的移民)全面控制了山区的山越人聚居区。虽然当时的主要目的是为了掳掠山越人口,但也为汉人向山区的移殖准备了条件。东汉末年,汉人一方面南下进入当时还是由残余越人所居的今浙江南部和福建,一方面也从海陆两路迁入岭南、海南岛和今越南的北部。

从西晋末年开始,汉人又一次从黄河流域向周边扩散。尽管汉人总的分布范围并没有什么扩展,在西南甚至还有所退缩,但却在此范围内进一步压缩非汉族的区域,实际上扩大了汉族的居住区。如迁入长江中下游和汉水流域的汉人大批进入原来由蛮族和越族人聚居的地方,所以经过东晋和南朝期间的不断移殖,这一带已经很少再有蛮族和越族的大片聚居区了。

从唐朝安史之乱后持续到唐末五代的汉族南迁,使汉族移民推进到岭南,并继续深入福建山区,因此到北宋初,五岭以南的平原地区已经成了汉人的一统天下。北宋后期开"梅山蛮",汉人进入今湖南中部的新化和安化一带,并继续迫使当地民族迁往西部山区。在南宋期间,随着北方移民的涌入和南方原有汉人的增长,非汉族的居住区更加缩小。

汉人向周边地区更大规模的推进是从明代开始的。以军屯为先导的移民广泛进入云南和贵州,逐步压缩当地民族的居住区和土司的辖境。清朝完成的"改土归流",就是以汉族居民在当地总体上的压倒优势为基础的。在汉人的全面推进下,到清朝后期,南方的非汉族都已退缩到山区,成为真正的"少数"民族。汉族对东北和台湾的移民在 19 世纪达到高潮,前者并一直持续到 20 世纪 40 年代。与此同时,进入内蒙古和西北其他地区的汉族移民也有可观的数量。总之,到 40 年代末,除了西藏以外,其他各少数民族聚居的省区都已有汉族移民迁入。

一般说来,汉族移民迁入的地区都适宜农业开发,这就为汉族人口提供了新的生存空间。根据我们的研究结果,移民在新开发区一般会有较高的自然增长率,所以汉族移民人口增加较快。另一方面,移民迁出地区由于人口的减少,人口压力减轻,人地矛盾得到一定程度的缓和,必定会刺激当地人口以比原来高的增长率发展,不久就会补充减少部分,并产生新的人口压力和新的移民。这两方面的作用都使汉族人口比其他民族的人口有更大的生存空间和更高的增长率,无疑是汉族人口数量成为中国和世界第一的一个重要因素。

汉族吸收迁入汉族地区的异族移民以及融合移殖地区原有移民的能力也是非常之强的。至战国后期,在秦、赵、燕长城以南黄河流域内的戎、狄、胡等非华夏族基本已被诸夏所吸收,不再作为其他部族而存在。以后不断迁入黄河流域的其他民族大多也先后被汉族吸收,重新迁出的人口很少,一个民族完整地迁回的更少。例如汉武帝时迁入江淮之间的越族,从西汉开始迁入并在东汉时扩大了迁移规模的匈奴人,东汉时迁入的乌桓人,西晋初开始不断迁入、到北朝时遍布北方的鲜卑人,唐朝时大量迁入中原的突厥、回鹘、昭武九姓、西域诸族、吐谷浑、党项、高丽、百济、契丹、奚人,只要没有再迁出的,无不融合于汉族之中。

在南方,随着汉族聚居区向山区和边远地方的扩张,当地原有民族的生存空间日益缩小。除了少数人迁离原地,向更南更深的山区转移外,多数人选择了与汉人共同生活的方式。由于南方的非汉民族基本也都从事农业或半农半其他产业(如采集、狩猎、养殖等),因而比较容易与汉人结为一体。汉族在经济文化上的先进地位和统治者必然实行的民族歧视政策,使大多数少数民族人民在取得了与汉族大致相同的经济地位以后,采用更改民族身份的方法来摆脱受歧视的处境。他们往往编造出并不存在的汉族世系,证明自己的汉族身份。实际上,历史上曾经在南方占优势的越、蛮、夷等族系人口,大多并没有从肉体上被消灭,而是转变成了汉族的一部分。

从本质上说,今天的汉族是以古老的华夏各族为基础,融合大量其他民族的产物。正是这些非华夏(汉)族人口的不断注入,才使汉族的人口以超过其他民族的速度增加,身体素质得到提高,经受住了无数次大灾人祸而越来越强大。在融合各族人口的过程中,汉族也有充分的机会吸取各族文化的精华,充实和发展本族的精神文化和物质文化。没有早期汉族向周边地区的移民,没有其他民族向汉族地区的移民,就没有今天的汉族,也没有今天的汉族在中华民族中的主体地位。

二、少数民族的发展和变化

今天被称为少数民族的汉族以外的其他五十多个民族,从加入中华民族大家庭的历史看,有三种情况:最近几个世纪从境外迁入的;自古以来就在当地生存发展的;居住区域有过较大变化或有过多次迁移的。

第一种民族有朝鲜族、俄罗斯族、京族、塔塔尔族等,除京族迁入于16世纪初以外,其余都是19世纪后迁入中国定居的。在我国的这些民族的人口都是移民或移民后裔,他们成为中华民族的一员正是移民的结果,移民对他们的意义自不待言。

第二种民族有藏族、高山族、黎族、壮族、布依族、侗族等。这些民族基本上都是在当地形成和发展的,它们的分布区在历史上虽然有过扩大或收缩,但主要的聚居区一直没有改变。移民对这些民族的意义当然没有对第一种民族那么大,也不是决定性的,但同样起了很大的作用。一方面,这些民族也有过不同规模的迁移,他们的成员有一部分曾经是移民,这些移民对本民族作出了不小的贡献。另一方面,这些民族也都不同程度地吸收了其他民族的移民,外族移民的迁入有利于它们的发展和进步。

其中,藏族是这一类民族中最典型的一个。藏族的祖先远古时就聚居于西藏雅鲁藏布江中游两岸,藏族的前身吐蕃早在7世纪初就在青藏高原建立了统一政权。在这以后,吐蕃曾经扩张到青藏高原以外的广大地域,内部也曾长期处于分裂状态,但直到近代,青藏高原始终是藏族的基本聚居区。

8世纪中叶至9世纪前期,吐蕃的疆域达到极盛:北界至天山山脉、居延海(今内蒙古额济纳旗境内),西界至葱岭(今帕米尔高原),东界至陇东和四川盆地的西缘。吐蕃还一度进入关中平原,占据唐朝的首都长安。尽管吐蕃以后又收缩到青藏高原,但本族人口作为统治民族迁移到高原以外,统治成百万的汉族农业人口和西域各族近百年之久,不能不给本民族以巨大的影响。在这一阶段中,还有大批汉人俘虏、工匠、艺人被迁入青藏高原,多数集中在吐蕃的都城逻娑(今拉萨市)。这些汉人中,除了极少数人逃离吐蕃返回中原外,都终老于此,或者繁衍后代,成为吐蕃的一分子。唐朝的使者刘元鼎曾经在逻娑欣赏到《秦王破阵乐》等典型的唐朝音乐歌舞,表演的艺人都来自中原。这至少证明了吐蕃人喜爱并保留着这些艺人及他们所表演的节目,否则就不可能在短期内作出这样的安排。汉族移民在文化、艺术和生产技能方面的优势必定为吐蕃所利用,这对吐蕃民族的进步无疑是大有帮助的。

近几个世纪来,藏族和蒙古族之间的移民,以及大批蒙古人长期居住在西藏,也对藏族的发展带来重大影响。16世纪初,喇嘛教(藏传佛教)已经在今青海流行,以后又传入蒙古地区。阿勒坦汗迎来了宗喀巴的三传弟子索南嘉错,尊为达赖喇嘛(三世),又将他迎至归化(今呼和浩特)传教。三世达赖死后,阿勒坦汗的曾孙被认定为转世灵童,立为四世达赖。1642年(明崇祯十五年、清崇德七年),蒙古和硕特部首领固始汗率军队进入西藏,配合五世达赖灭藏巴汗,驱逐了后藏的红教。1645年(清顺治二年),固始汗尊黄教领袖罗桑却吉坚赞为四世班禅(前三世出于追认),驻后藏札什伦布寺。这样,在宗教上由黄教统一了蒙古和西藏,在政治上却由蒙古统一了青藏地区。康熙年间,固始汗的曾孙拉藏汗继续控制着西藏,直到康熙五十六年(1717年)他在拉萨被准噶尔部所杀。在此期间,清朝派官员入藏协助拉藏汗管理地方事务,并于康熙五十二年册封五世班禅为"班禅额尔德尼",确立了清朝对西藏的统治。可见,藏传佛教在西藏地位的确立和巩固,西藏达赖喇嘛、班禅制度和政教合一体制的形成,清朝对西藏主权的继承,这些对近代西藏的发展起着决定性作用的历史事件,无不与蒙古移民有关。

第三种民族又可分为两种情况:一是本身就是以移民为基础发展起来的,一是在发展的过程中有过重大的移民活动。其中也有些民族是二者兼而有之的。

840年(唐开成五年),据有蒙古高原的回鹘汗国被黠戛斯人攻灭,回鹘人的大部分陆续西迁。其中主要的一支移居今新疆,在当地定居后逐渐由游牧转变为农业,又与当地民族长期结合,形成了近代的维吾尔族。另一支移居河西,被称为"河西回鹘",在10世纪曾以甘州(今甘肃张掖市)为中心建立政权;北宋初被西夏攻灭,迁至今甘肃、青海、新疆交界地区,15世纪以后陆续迁至今甘肃西部定居,成为近代的裕固族。今天分布在青海东南循化一带的撒拉族,就是在元代时由中亚迁来的撒马尔罕人与当地的汉、回、蒙等族长期融合形成的民族。近代的东乡族也是在13世纪迁入今甘肃临夏地区的一支信仰伊斯兰教的蒙古移民的基础上,结合当地汉、藏、回等族而形成的。

蒙古族的先民可以追溯到北方古老的东胡、鲜卑、契丹、室韦等族,而最初以蒙古自称的只是唐代室韦(一作失韦)中的一支,被称为"蒙兀室韦"。蒙兀室韦聚居于今额尔古纳河东岸,以后迁至今蒙古大肯特山一带。到13世纪初,以成吉思汗为首的蒙古·孛儿只斤氏家族统一了各部,建立大蒙古国,蒙古才开始成为各部的民族通称。此后,随着蒙古军事征伐的节节胜利,蒙古人遍布于中亚、西亚、东欧和中国各地,建立了钦察、察合台、窝阔台、伊尔四个汗国和元帝国。在四大汗国的蒙古人大多逐渐融合于当地民族。朱元璋建明朝,攻克元帝国的首都大都后,元顺帝率数十万蒙古人迁回蒙古草原,这批蒙古人和原来留在蒙古高原的本族人发展成为近代的蒙古族。在这样经常性的大规模的移民过程中,蒙古族不仅接受了其他许多民族更先进的文化,也吸收了不少其他民族的人口。

满族的前身女真人在历史上有过多次大规模的迁移,其主体一度迁至黄河流域,并融合于汉族。留在东北的女真人吸收了其他民族,在明代后期形成了满族。1644 年(顺治元年),满族人口的绝大多数随着清朝军队进入以北京为中心的华北地区,以后又扩散到全国各地,留在东北的满族人反而是极少数。入关的满人多数已与汉人杂居,本族人聚居区也处于汉人的包围之中,这使满族的文化状况发生了很大的变化:一方面是满族的文化水平大大提高,在文学、书法、绘画、戏曲、工艺等方面出现了不少人才;另一方面是除了个别地区少数人,都已通用汉语,与汉族在文化上的差异已经很小。

在第三种民族中,回族兼有以移民为基础、在发展过程中又有过重大的移民活动这两方面特点。构成回族的基础是 13 世纪迁居中国境内的中亚各族、阿拉伯和波斯信仰伊斯兰教的移民,也包括从 7 世纪以来就侨居在中国东南沿海一些港口、商业城市(如泉州)的阿拉伯和波斯人的后裔。这些人进入中国以后,又经过了无数次的迁移,在这过程中吸收了汉、蒙古、维吾尔等族的成分,人口数量增加很快。1953 年人口普查时,回族人口已有 356万,仅次于壮族和维吾尔族。由于长期与汉族交往或杂居,回族受汉文化的影响很深,已都使用汉语和汉文。但回族依然保持着本民族在心理状态、生活方式、风俗习惯、宗教信仰等方面的特点。

这三种类型民族的形成和发展的历史同样可以证明,移民对它们起着重要的作用。对其中的大多数民族来说,移民的作用是决定性的,或者是必不可少的。

三、多民族共同体的形成

今天的中华民族是一个多民族的共同体。中华民族并不是一个单一的民族,组成它的五十多个民族都保持着各自的民族特点,没有哪个民族已经融入其他民族。同时它又不是一个简单的按领土范围划分的民族集合体,而是彼此之间有着密切联系和共同利益的自觉的民族实体。

这个民族共同体的形成有内部和外部多方面的条件。就外部条件而言,一百多年来帝国主义列强对中国的侵略和由外部敌对势力所造成的生存压力,从反面促进了中国各民族之间的联系和团结,增强了中华民族的凝聚力。就内部条件而言,各民族为了追求自身的进步和幸福,争取民族平等和共同发展,越来越意识到巩固这个民族大家庭的重要意义,更加自觉地维护民族团结,在这过程中还逐渐形成和增强了中华民族共同的心态和观念。

尽管这个包含着五十多个民族的共同体要到18世纪后期清朝完成统一时才定型,最后一个成员朝鲜族要到19世纪后期才参加进来,但它的雏形可以追溯到中国历史上汉、唐、元这几个统一王朝,它的发展也离不开分裂时期各民族间的交往、迁移以及争斗。而在这两千多年间,各民族的迁移和民族间的相互移民起了特别重要的作用。

汉族是中华民族的主体和核心,这个核心至迟在西汉已经形成,此后就一直在人口数量和总体质量上占优势。这个核心的形成得益于华夏诸族向周围各地的迁移,也是非华夏各族经过与华夏的杂居而被吸收融合的结果。前面已经指出,汉族通过移民向周围的扩展和其他民族的加入,是汉族最终成为占中国人口90%以上、世界上人口最多的民族的主要原因。

移民的意义不仅在于使汉族和其他民族增加了人口,提高了质量;更重要的是表现在通过相互移民建立起来的精神和物质上的联系。这种通过移民建立起来的联系远远超过了一般的物资交流和人员来往,逐渐形成一种"你中有我,我中有你"的局面,在感情和观念上起着潜移默化的作用。在中国历史上,这样的事例举不胜举。少数民族迁入汉族地区或迁入汉人之中,年深日久与汉族人民会产生共同的感情;汉族迁入少数民族地区或少数民族人民之中,经过长期的共同生活后也会结成亲密的关系。

从公元4世纪初开始,匈奴、氐、羯、羌、丁零、卢水胡、鲜卑等族先后成为北方大小政权的统治民族,在此期间迁入黄河流域的少数民族就更多。汉人的一部分南迁了,但多数还是留在北方。经过200多年,到6世纪后期隋统一北方时,汉人与各少数民族间的界线已经很小,实际上形成了一种包容汉族与少数民族的"北人"。与其说在北方汉人与少数民族间存在差异,倒还不如说在"北人"与"南人"即南方汉人间存在更大的差异。到北魏中后期,鲜卑族的统治者及其汉族臣僚都已毫不怀疑本政权是中国的法统和传统文化的真正继承人,而南方的汉族统治者只是逃亡的"岛夷"。这种观念得到了唐朝的确认,当时官方编修前朝国史,已经将北朝与南朝并列。要是没有这200多年的民族共处,出现这样的观念和感情并得到汉族统治者的承认,是不能想象的。

从936年石敬瑭将位于今河北、山西北部的燕云十六州割让给契丹以后,这里的汉族人民就在契丹的统治之下。以后契丹人大量迁入,这里的幽州(治今北京市)和云州(治今山西大同市)还成为辽国的南京和西京,是大批契丹移民聚居的地方。同时,汉人、渤海人和其他少数民族的移民也继续迁入,形成了多民族杂居的局面。经过近 200 年的融合,到北宋末年,这些"燕人"对契丹统治者已经视同本族。因此当北宋联合女真人灭辽,以为可以利用燕人的民族感情时,就受到了燕人的批驳:"南朝每谓燕人思汉,殊不思自割属契丹已近二百年,岂无君臣父子之情?""谚语有之:一马不备二鞍,一女不嫁二夫。为人臣岂事二主,燕中士大夫岂不念此?"[1] 很明显,当地汉人在民族感情上已经与契丹认同,而不再认为自己的命运必定要依附于同为汉族人的北宋统治者。如果一定要说存在民族界线的话,那倒应该是燕人、契丹人与宋朝汉人之间,而不是燕人与契丹人之间。

汉族移民传入其他民族的农耕技术使不少民族由牧业、采集、狩猎转化为农业或半农半牧。到了近代,中国人口较多的少数民族,即使是原来的牧业民族也已经有了一定规模的农业。1953 年人口普查中人口超过 100 万的少数民族有壮、回、维吾尔、彝、苗、藏、蒙古、满、布依、朝鲜等 10 个,虽然程度不同,但在他们的人口中都有相当比例的农业人口,或者在他们的聚居区域内都有相当范围的农业区。即使是比较单纯的牧业民族,也已经离不开粮食、茶叶等农产品,更不用说来自农业区的其他产品。当然这些民族的农业生产并不都是由汉族传入的,但汉族移民却使大多数少数民族的农业生产水平取得很大的进步,汉族移民在少数民族聚居区从事农业生产起了推动和示范的作用。在近代工业还没有兴起时,农业无疑是最先进、最可靠的产业,对一个民族人口的增长和经济文化的进步有着重大意义。农业生产成为中华民族共同的物质基础,也是汉族所具有的强大凝聚力的来源,移民传播和推动农业发展是对中华民族的巨大贡献。

第三节　移民与地区开发

中国历史上的地区开发,是指在一个地理区域或行政区域内,在当时的生产技术条件下,自然资源(主要是土地)和人力得到比较充分的利用,经济发展,农业、商业、手工业生产由落后状态提高到全国平均水平或先进水平的过程。从 19 世纪后期开始,近代工商业在沿海城市和某些工矿区内兴起,这些地区的开发也是指它们的经济文化水平在全国所处的地位的提高。

无论根据哪一种标准,移民在地区开发中都起了重要的或决定性的

　　1　见《三朝北盟会编》政宣上帙八引马扩《茅斋自叙》。

作用。

一、移民与农业社会的地区开发

在生产主要依靠体力劳动的情况下,一定数量的劳动力是完成地区开发的决定条件。任何一个地区必须具有一定数量的人口,才能使多数可以利用的土地得到开垦。也只有人口增加到一定的数量,才能促使农业向精耕细作和多种经营方向发展。而商业和手工业既需要来自农业生产的剩余劳动力,又必须有具备一定消费能力的人口(特别是城镇人口)。所以,商业和手工业发达的地区,一般都是人口稠密的地区;而人口稀少,农业粗放的地方,商业、手工业也往往比较落后。

在人口数量不多、生产力又非常低下的情况下,人类早期的聚居地范围有限,而其余广大的地域都无人居住或人口很少。如果完全依靠本地人口的自然增长,要达到开发的程度显然需要非常长的阶段。甚至有很多地方因为缺少起码的人力而无法抵御自然灾害或外来的袭击,不仅得不到发展,而且人口濒于灭绝。而移民却能在短期内使迁入地的人口有很大的增加,为当地的开发提供基本劳动力,或者促使当地的农业向深度和广度发展。

移民不仅增加了迁入地的人口和劳动力,而且使当地人口和劳动力的素质得到一定程度的提高。因为历代移民的主流是从人口稠密区流向人口稀疏区,从经济文化发达地区流向较落后的地区,由中心区流向边远地区,由汉族地区流向非汉族地区。所以,一般说来,移民的生产技能和文化素质要比迁入地人口高,移民中的青壮年人口比例也较高,移民的迁入为当地生产力的提高创造了有利条件。

具有特殊技艺的移民对农业和手工业的发展往往起着决定性的作用,因此一些地方常常采取措施引进这类特殊的移民。边疆政权和少数民族政权经常通过掳掠人口的手段取得汉族工匠和艺人,统治者运用行政命令将各类工匠迁至首都,不发达的地区也会通过各种办法吸引有技艺的移民。

地区开发中一些重大的工程,如道路、堤坝、海塘、水渠等,往往需要集中大量劳动力才能建成;如果没有这些基本的工程,开发所必不可少的条件,如沟通联系、开辟丛林、排除积水、围海造田、水利灌溉等,就都不可能具备。在南方,由于平原面积狭小,扩大耕地的主要途径就是开辟丛林和山地,建造海塘拦海造地。今天成为沃野的珠江、韩江等三角洲,宁绍平原、浙南平原和福建各沿海平原,最初是海涂或海面,通过一次次修建海塘才逐步成为良田。福建沿海各地较大规模的围海造田和水利工程最早出现在唐后期,无疑与安史乱后北方人口的迁入有关;广东沿海围垦的扩大也得到北方人口南迁的促进。

移民的涌入使迁入地的人口以大大超过正常自然增长率的速度增加,按常规扩大耕地往往难以满足人口的需要,这就促使农业转向通过精耕细作提高单位面积产量的方向,也迫使越来越多的人投入手工业和商业。自唐代后期、五代至宋代,南方的商业和手工业有了很大的发展,沿海地区的商品经济、对外贸易更有长足的进步,无疑与北方人口不断涌入增加了人口压力有因果关系。

自发性的移民,即主要由于迁出地人口压力造成的移民,不会影响迁出地的经济发展;相反由于减少了当地的人口压力,缓解了人地矛盾,会有利于经济的恢复。即使是出于行政措施的强制移民,只要数量不太多,占原有人口的比例不太大,也不会对迁出地造成长期的影响。但在巨大的天灾人祸,尤其是战争条件下的生存型移民,或者是统治者不顾后果的强制性移民,就会产生迁出区人口过少,甚至成为无人区的结果。东汉末年江淮间百姓因害怕被曹操迁往北方,10余万户人口渡江南迁,以致长江以北至合肥之间,除了皖城(今安徽潜山县)外成了无人区,此后这一带的经济长期不能恢复。西晋永嘉以后、唐安史之乱以后、宋靖康以后的三次大南迁人口数量都在百万以上,对北方影响尤大。中国经济重心的南移固然有多方面的原因,但北方人口的流失,尤其是其中素质较高的那部分人口的流失无疑起了加速的作用。

二、移民与地区重新开发

由于战争、灾荒、瘟疫等天灾人祸的破坏,历史上不少已经有了相当开发程度的地区曾经出现人口锐减、土地荒芜、城市变成丘墟、经济遭受严重破坏的现象。这些地区面临着重新开发的任务,及时移民就成为解决问题的关键。大量史实证明,凡是能在短时期内完成重新开发,经济文化得到迅速恢复的地区,无不得益于及时的大量的移民。

从秦汉以来,黄河中下游地区一次次沦为战场,多次出现千里丘墟、荒无人烟的局面,但直到盛唐时代依然保持着全国经济文化最发达的地位。这固然有自然条件等多方面的原因,但与政治中心所在地的优越地位对移民的吸引和统治者实施强制性移民大大加速了地区重建有极大关系,而移民对首都地区的影响尤其明显。如秦汉之际的战乱使秦都咸阳成为废墟,西汉前期持续实施的移民则使新都长安迅速崛起。东汉末年,董卓曾经将首都洛阳一带的人口全部迁走,城市被彻底破坏,成为无人区。30 年后曹丕定都于此,完全依靠外来移民重建了洛阳,西晋继续沿用。西晋末年开始,洛阳又受到严重破坏,在战争中多次成为争夺对象,居民几乎荡然无存。至北魏孝文帝迁都洛阳,先后有近百万移民迁入,使洛阳得到空前的发展,成为当时中国最繁华最发达的城市。东魏初,洛阳的人口再次被全部外迁,城市再度荒废。隋唐时重新修建洛阳,又迁入大批移民,使洛阳再现辉煌。华北平原和江淮平原是元末的主要战场,明初人口寥落,地旷人稀。明太祖从江南和南方迁入数百万人口,明成祖定都北京后不仅将故都南京的数十万人口北迁,又从山西等地大量移民华北,使北京迅速确立首都地位,华北的经济恢复并超过了战前水准。

四川盆地再开发的过程也是很典型的例子。早就被称为"天府之国"的四川盆地到南宋时已成为全国人口密度最高的地区之一,经济发展也居前列,但南宋末年蒙古军进攻的战争持续了数十年,空前激烈和残酷的战争使人口锐减,到元至元二十七年(1290 年)登记到的户口仅 10 万户,致使四川在整个元代都恢复不了元气。元末明初对四川的移民规模很小,四川在整个明代的发展不大。但明末清初四川又遭到空前浩劫,人口损失殆尽,到处地旷人稀,很多地方无人居住。从顺治十年(1653 年)起,清政府发布了一系列招募移民、鼓励移民进入四川开垦的规定,并为移民提供了土地、赋税、入籍等各种优惠条件。持续一个多世纪的"湖广填四川"实际上是以湖广(今湖南、湖北)为主,包括陕西、江西、福建、广东、江苏、河南、浙江、安徽、贵州、广西等省人口的大迁移。道光三十年(1850 年)四川省实际人口已经达到3 200 万,仅次于江苏、安徽、山东而居全国第四。人口的迅速增加大大加快了重新开发的速度,不仅平原地区得到恢复,连盆地边缘的山地也都被利用,四川成为农业大省,并由移民迁入地转变为移民输出省。

合理组织的再开发性移民同时具有缓解人口稠密地区的压力,调节地区间过大的人口密度差距的作用,也有利于经济和文化的交流,所以在重建迁入地的同时,对迁出地也能有积极作用。但在严重战乱之后,各地人口一般都有大幅度耗减,经济受到很大破坏,统治者为迅速重建首都或自己的基地,不惜牺牲其他地区的利益,甚至采取掳掠手段,使人民付出沉重的代价。

三、移民与近代城市的发展

1840 年鸦片战争以后,近代工商业逐渐在中国沿海地带和内地少数地方兴起,上海、香港、厦门、青岛、大连、天津、沈阳、哈尔滨等新兴城市,从原来只有几万人或几千人的小城镇或村庄迅速发展成为重要的工商业城市。在这些城市的兴起和发展过程中,帝国主义强迫清政府开放口岸,西方资本主义生产方式和人员、资金、技术的输入只是外因,而国内移民大规模迁入却是主要的内因。

这些城市有的原来只是一个很小的聚落,即使原来是有一定规模的城市,以后的人口也大部分是由移民构成的。移民不仅保证了这些城市发展中所迫切需要的劳动力,还带来了各种人才和资金,形成了工人阶级、民族资产阶级和现代管理人员这些对中国近代社会具有重大意义的阶级和阶层,也形成了中国的民族工商业资本。因此,吸收移民的多少,移民的素质和移民带入的资本(有形的、无形的)等就成为中国近代城市发展的三项主要因素。

在以上城市中,上海之所以能发展成为人口最多、发展最快、影响最大的一个,正是由于在这三方面的条件都优于其他城市。上海的城市人口主要迁自江苏和浙江。这两省,特别是其中的长江三角洲地区,长期以来就是全国人口密度最高,经济文化最发达的地方,商业、手工业、农业均居全国前列。所以不仅有大量的富余人口可以输往上海,而且移民的素质较高,既有适应各种生产技艺、具备经营能力的劳动力和管理人才,也不乏拥有大量资本或土地的官僚、地主、富商。太平天国战争的波及,客观上又加速了江浙向上海的移民过程。正是这些有利条件,使上海迅速成为全国和亚洲最大、最繁荣的工商城市和金融中心,创造了世界城市发展史上罕见的奇迹。

第四节　移民与文化

文化——无论是物质的还是精神的——都是由人类创造的,也是依附于人类而存在的。地理环境的多样性和人类创造力的多样性使文化因地而异,因人而异,表现出强烈的地理特征。人口在空间的流动,实质上也就是他们所负载的文化在空间的流动。所以说,移民运动在本质上是一种文化的迁移。

人是文化最活跃的载体,在信息交流主要依靠人工传递的古代社会尤其是如此,文化传播一般都是借助于人的迁移和流动来实现的。即使是在科学技术非常发达的当代,人在传播文化方面的作用依然是任何技术手段所无法替代的。

当然这并不是说,所有的文化传播都是由本书所规定的移民来实现的,因为其他流动人口也在起传播文化的作用,个别杰出人物所起的作用可能会超过成千上万普通移民。但总的说来,由于移民数量多、居住稳定、居留时间长,可以为他们所负载的文化提供一个适宜的延续和发展的环境,因而往往能比流动人口发挥更大的作用。特别是在制度文化和物质文化的传播过程中,移民具有明显的优势。

一、学术文化

移民中的知识分子与迁入地的本土知识分子之间,在学术文化上总是存在先进与落后的差别或地区间的差别。在先进与落后之间,除非双方过于悬殊,一般总是先进带动落后,使落后进步。而学术文化的地域差异,则不可避免地引起两种或多种地区文化间的碰撞和冲突,引起学术思想、流派、风格的变异,最终必定会产生一种不同于原来任何一种的新地区文化。如果迁入地是新开发区或者本土文化相当落后,甚至无知识分子和学术文化可言,移民知识分子就会起到启蒙和培植的作用,使迁入地逐渐产生知识分子和学术文化的基础。但这一过程也不是简单地复制迁出地的文化,因为它总要受到迁入地的自然和人文地理条件的制约。

由政治中心吸引的移民,或随同政治中心转移的移民,一般都具有数量大、迁移时间和迁入地集中、文化素质高、经济实力强的特点,加上政治中心本身的有利条件,在传播学术文化方面的影响最大。如西汉初定都长安后,就从关东将战国时的贵族后裔和"豪杰名家"10余万人迁入关中,集中安置在长安及周围一带。移民数量估计占关中总人口的四分之一,在移民的定居区,他们所占比例更高。以后百余年间,这样的移民又进行了多次,到西汉末年,移民后裔已占关中人口半数以上。关东的齐鲁梁宋之地,是战国以来文化最发达的地区,出于当地上层的移民素质更高。由于移民在迁入地继续拥有政治、经济、文化上的优势,很快形成一些既有高官显爵又有学术地位的士族,关中著名的学者几乎都是移民或移民后裔,关中也成为全国两个学术文化最发达的地区之一。

永嘉之乱后的北人南迁是与政治中心的转移同步的,移民中不仅有大批中原的上层人士和知识分子,而且成为新政权的统治基础,东晋和南朝统治集团中的主要成员和当时有重大影响的人物,大多数是移民或移民后裔。这次北人南迁,成为东南学术文化鹊起的转折点。

大批北方学者的南迁给南方学术文化带来深刻影响,但从秦汉以来南方本土的学术文化也已有了一定的基础,加上南方与北方差异很大的地理环境和景观,都使以北方移民为主流的学术文化发生了新的变化。如移民后裔谢灵运的诗以描绘会稽、永嘉、庐山等地的山水名胜见长,开创了文学史上的山水诗一派。到南齐诗人谢朓时期,山水诗更趋成熟,而谢朓也是移民后裔。在其他文学创作、书法、绘画、音乐、雕刻等方面,也都出现了不同于北方的风格和表现形式。

北方移民定居集中的地区的总体文化水准因此而得到迅速提高,如原来默默无闻的京口(今江苏镇江市)一带一跃成为全国最重要的文化中心,人才辈出。其原因,正如谭其骧先生所指出的:"南徐州所接受之移民最杂,最多,而其后南朝杰出人才,亦多产于是区,则品质又最精。刘裕家在京口(镇江),萧道成、萧衍家在武进之南兰陵(武进)。……南徐州之人才又多聚于京口。今试于列传中查之,则祖逖范阳遒人,刘穆之东莞莒人,檀道济高平金乡人,刘粹沛郡萧人,孟怀玉平昌安丘人,向靖河内山阳人,刘康祖彭城吕人,诸葛璩琅邪阳都人,关康之河东杨人,皆侨居京口。"[1]

地区性的政治中心吸引或迁移的移民也具有同样的作用,只是作用的大小有所不同,这往往取决于这些地区中心本身的影响范围的大小和所处的环境。如东汉末至三国期间的蜀国、吴国,十六国期间的辽东、河西各政权,唐末、五代南方一些割据政权,都曾有不少移民迁入并集中在这些政权的中心区,不同程度地促进了当地文化的发展,像迁入河西地区的移民还为中华文化的延续作出了特殊的贡献。

但如果移民在迁入地的条件很差,政治上处于受控制或被歧视的状况,就不可能起这样的作用,也就毫无文化意义可言。如明初迁江南富户充实京师和凤阳等地,就是出于监视和惩罚的目的。被迁富户著"富户籍",与军户、匠户一样是世袭的,并规定如出现缺额要回原籍勾补。他们除了承担迁入地的徭役外,原籍徭役也不能免除。富户的身份一般还不如普通百姓,指望他们促进迁入地的文化发展是很难想象的。

中原汉族向周边民族地区的移民或周边民族的内迁,往往造成中原文化向周边地区扩散或周边民族汉化的结果,这也是移民运动传播学术思想文化的主要表现之一。

这一过程实际上在春秋战国时就已开始,到东汉后,北方游牧或半农半牧民族逐渐内徙,在关中、并州、幽州一带与汉人杂居,以后又广泛分布于黄

1　谭其骧《晋永嘉丧乱后之民族迁徙》,原载《燕京学报》第 15 期,1934 年 6 月;收入《长水集》上册,人民出版社 1987 年版。

河流域。经过长期的影响，到三国西晋时期，这些民族的社会上层，逐渐濡染中原学风，出现了一批尊儒习经、优游士林、精通汉文化的人物，汉族学术文化在非汉族中的传播达到前所未有的广度。

如南匈奴长期居于内地，其上层人士与汉族士大夫交往，形成学习汉族学术文化的风气，涌现出一批精通五经、熟知典章的人物。如匈奴左部帅刘渊，"幼好学，师事上党崔游，习《毛诗》《京氏易》《马氏尚书》，尤好《春秋左氏传》《孙吴兵法》，略皆诵之，《史》《汉》、诸子，无不综览"。匈奴北部都尉左贤王刘宣"好学修洁，师事乐安孙炎，沈精种思，不舍昼夜，好《毛诗》《左氏传》"。刘渊的儿子刘和、刘聪，族子刘曜等都博通经典，精研史籍，刘和习《毛诗》《左氏春秋》和《郑氏易》，刘聪、刘曜则尤好兵书。他们出入儒林，结交名士，一如汉族士大夫。刘渊被任命为北部都尉后，"幽冀名儒，后门秀士，不远千里，亦皆游焉"。其子刘聪，"弱冠游于京师，名士莫不交结，乐广、张华尤异之也"。他们一派名士风度，名声远在一般汉族文人之上。匈奴人原无尊老传统，更不讲孝，这时风气大变。刘渊幼年丧母，也如同东汉以来的士人那样哭嚎终日，极尽哀戚。对于这一举动，"宗族部落咸共叹赏"，说明孝道已普遍受到推崇。刘渊一族自称刘姓，建国号为"汉"，以绍汉相号召。建国之始，有郊祀、祖祭，建年号，称祥瑞，行大赦，职官设置也采取中原的体制；匈奴大臣上书，动辄征引《诗》《书》；刘聪即位，也假意辞让其弟，公卿们劝进。这些行为已与汉族政权无异。[1]

又如鲜卑，东汉末迁至辽东后与汉族杂居，由此深受汉文化影响，上层也出现了一批汉文化素质很高的人物。如慕容廆年少时就与幽州名士张华交游，并著《家令》数千言，教训子孙慎狱、敬贤、重农等。其子慕容皝亦"尚经学，善天文"，西晋末年曾率慕容氏贵族子弟从平原经师刘瓒学习儒家经典。西晋末年，中原战乱，大批士人流入鲜卑部族，著名者有河东裴嶷、代郡鲁昌、北平阳耽等，名士几十人被委以重职，于是"路有颂声，礼让兴矣"。到慕容皝建立前燕以后，"赐其大臣子弟为官学生者号高门生，立东庠于旧宫，以行乡射之礼，每月临观，考试优劣。皝雅好文籍，勤于讲授，学徒甚盛，至千余人。亲造《太上章》以代《急就》，又著《典诫》十五篇，以教胄子"。[2]

类似的情况在拓跋鲜卑南迁以后，氐、羌等族迁入关中和北方各地后也都发生过，并且在隋唐以后的历次少数民族的内迁过程中都曾出现。

1　以上据《晋书》卷 101《刘元海载记》、卷 102《刘聪载记》。

2　以上据《晋书》卷 108《慕容廆载记》、卷 109《慕容皝载记》。

在正常情况下,汉族人口,尤其是其中的上层和文化程度高的学者士人,不会主动迁往边疆地区和周边少数民族地区。但在战乱条件下,一部分汉人被掳掠到异族地区,还有一部分汉人为躲避战乱迁至边远地区,或者投奔周边民族以求庇护,在东汉末三国初、西晋末十六国时期、隋末唐初、唐后期五代、明末都曾出现过大量的这一类移民。由于没有选择的余地,上层人士和学者士人也毫无例外地成为移民的一员。这类移民对迁入地无论是汉族聚居的边远地区,还是少数民族地区的文化水准的提高,都产生了程度不同的积极作用。大批进入少数民族地区的汉人加速了这些民族所建立的政权的封建化、制度化;增加了这些民族的农业产业成分,甚至使这些民族由游牧过渡到半农半牧或以农为主;提高了当地的手工业技艺。制度文明和物质文明方面的这些进步,无疑也会引起精神文明各方面的变化和提高。

应该承认,无论是汉族迁入少数民族地区或边远地区,还是少数民族移入汉族地区,文化的影响和传播总是双向的。唐后期河北地区深受北方和西北少数民族移民的影响而出现"胡化",就是汉族同样会接受异族文化的明证。但由于汉族在人口数量和文化上的总体优势,特别是由于少数民族一旦脱离牧业迁入中原,建立在农业文明基础上的汉族文化无疑更适合他们新的需要,这就使匈奴、鲜卑、契丹、女真、蒙古、满族等进入中原的军事征服者,毫不例外最后成为文化上的被征服者。

从文化水准较高地区向较低地区的移民对迁入地的影响,并不一定立即产生直接效果,更多地表现在经过若干代以后迁入地文化水准的总体提高。

如西晋末年中原大乱时,在大量汉人南迁的同时,也有一批汉人或因道路隔绝无法南下,或因地理条件的便利而迁至河西走廊投奔张氏前凉政权。由于前凉和以后的几个政权大多能保境安民,避免了战乱的影响,移民中的学者士人生活安定,获得重视,得到了发挥才干的机会,致力于提高当地的文化水准。一百多年后,河西学者的造诣之高,已足以令中原学者瞠乎其后。北魏太武帝太延五年(439 年)灭北凉,大批学者东迁平城,成为北方儒家文化的主要来源。以后随着北魏都城的迁移,洛阳成为北方文化的中心,而北方文化最终成为南北统一后的主流。

值得注意的是,东晋和北朝时河西的著名学者虽大多是本地人,却都产生在中原移民迁入后的数十年之后。如略阳(治今甘肃秦安县东南)人郭荷出身经学世家,张祚(353—355 年在位)征至,迁居张掖东山。敦煌人郭瑀师事郭荷,"尽传其业……作《春秋墨说》《孝经错纬》,弟子著录千余人"。酒泉人祈嘉西至敦煌,"依学官诵书……遂博通经传,精究大义"。张重华(346—

353 年在位)征为儒林祭酒,"在朝卿士、郡县守令彭和正等受业独拜床下者二千余人"[1]。以后被北魏收罗的就有天水人赵逸,安定人胡方回、胡叟,敦煌人宋繇、张湛、阚骃、刘昞、索敞,武威人段承根、阴仲达,金城人赵柔,河内人(第三代移民)常爽等,其中刘昞是郭瑀的弟子,索敞是刘昞的助教[2]。已在平城的中原学者崔浩、高允对这批学者推崇备至,足见其声望和影响;这在西晋以前是不能想象的。

有些移民只是普通百姓,但因迁自较先进的地区,迁出地有读书的风气,也会对迁入地产生潜移默化的影响;或者因移民的迁入而促进了经济的发展,为文化的进步提供了物质条件。如明初迁入安庆地区的,是来自文化水准更高的徽州和江西籍移民。移民本身虽然没有产生突出的文化人物,却在二三百年后的明末清初造就了安庆地区杰出的人才如方维仪(1585—1668 年)、方以智(1611—1671 年)等。到清代更是人才辈出,如方苞、方东树、姚范、姚鼐、姚莹、张英、张廷玉、戴名世、马其昶、吴汝纶等都是全国知名的。尽管其中的方氏、姚氏出于明以前的土著,但这些学者赖以产生的环境却主要是由外来移民造成的。

明代的苏北主要是苏南、浙江及江西人的移民区,又以苏南人为主,移民原地的文化水平明显高于迁入地。嘉靖末年苏北兴化人李春芳夺得状元,后其子官至礼部尚书,李春芳曾祖明初迁自江南句容县。清代名画家郑板桥也是兴化人,先祖是洪武年间苏州移民。宝应县望族朱、刘、乔、王等均为苏州移民后裔。其中朱氏家族有朱应登于弘治年间中进士,其子嘉靖年间中进士,清代时子孙中有探花 1 人、进士 12 人、举人 21 人,堪称望族。

同样的例子在湖北也是俯拾皆是。明代最负盛名的公安派作家袁宗道(1560—1600 年)、袁宏道(1568—1610 年)、袁中道(1574—1623 年),虽以出生地湖北公安得名公安派,却也是明初江西移民之后。

二、制度文化

一般说来,制度文化是与物质文化一致的,农业民族、牧业民族、半农半牧民族都会形成与本民族的生产、生活特点相适应的社会制度。但另一方面,社会制度是在不断发展和进步的,农业民族如此,牧业民族也是如此。所以移民对制度文化的传播还是能起很大的作用。

---

1 见《晋书》卷 94《郭荷、郭瑀、祈嘉传》。

2 并见《魏书》卷 52 本传及 84《儒林传》。

　　秦统一后建立的中央集权封建统治制度,开始时只通行于它的疆域范围之内,而在一些新设置的郡中,往往只能推行到行政中心与主要交通线沿线。西汉以后随着疆域的扩展和汉人向周边地区的移民,其推行范围也逐渐扩大。但西汉时在非汉族聚居区新设立的"初郡"中还实行与其他郡不同的制度,直到清朝前期,西南少数民族地区还实行土司制度。清朝最终能够推行"改土归流",将少数民族聚居区同样纳入中央集权制度,固然与政治、军事上的优势地位有关,但大批汉族移民(包括军政人员)迁入少数民族地区是一个决定性的因素。

　　汉族移民迁入游牧民族区后,在传播物质文明的同时,也在制度文化方面作出了贡献。如西汉时因各种原因迁入匈奴的中行说、卫律等人,帮助匈奴建立了统计、书写、组织、军事调动等方面的具体制度。东汉后期开始迁入乌桓、鲜卑地区的汉族移民也使这些民族迅速摆脱部族奴隶制,建立起新的政治和军事制度。以后的突厥、回纥、吐蕃、南诏、契丹、女真、蒙古等族,都曾利用过迁入的汉族移民,并吸收其中的优秀分子加入本族的统治阶层,对原来的制度进行不同程度的改造。

　　当汉族移民占有相当大的比例时,这些非汉族政权还会建立起与汉族农业区类似的封建制度,或者对汉人与本族人实行不同的制度,在此过程中,汉人移民都起着决定性的作用。如契丹族建立辽朝后,将从汉族地区掳掠来或招降来的人口安置在滦河流域,"率汉人耕种,为治城郭,邑屋廛市如幽州制",于是"汉人安之,不复思归"[1]。以后,辽朝的中央机构还设置了两套制度和行政机构,分别用于统治本族及其他少数民族、汉族。汉人韩延徽、韩知古、康默记等人受到辽太祖的重用,他们根据契丹族的特点,成功地将中原政权的都邑、宫殿、礼仪、法律、文书制度移植到辽朝。

　　少数民族政权入主中原后,由于统治对象已变为人数大大超过本族人口的汉族,只能基本上采用汉族传统的制度。尽管这些政权尽力保持本族的传统,但由于其生产和生活方式已经因长距离的迁移而发生了根本的变化,最后都避免不了被"汉化"的命运,本族的制度也不得不作相应的改变。

　　如果移民包括统治集团,或者已经建立了自己的政权,他们就可能将迁出地的制度移殖到迁入地,并且长期延续。如河西走廊的汉族移民,经常能在与中原隔绝的情况下继续维持着一个农业社会;耶律大石率契丹人、汉人西征,在中亚建立西辽帝国,也将辽朝的制度带到了中亚。当然,随着地理

　　1　《新五代史》卷72《四夷附录》第一。

环境和统治对象的变化,任何制度都得作相应的调整。

无论是汉人迁入少数民族地区,还是少数民族进入汉族地区,制度的改变都必须适应物质条件和人口的民族基础,盲目地引进必定以失败告终,坚持不改也会使历史倒退。如西汉时西域的龟兹国王因仰慕汉朝的礼仪制度,也在国内仿照汉朝的衣冠、乐器、仪仗,结果搞得不伦不类,非驴非马。蒙古人进入中原之初,依然照游牧民族的方式行事,使北方遭受了一场空前浩劫。

三、艺术

1. 音乐舞蹈

周边民族的人口迁入为中原地区的音乐、舞蹈不断输入新的养料。由于民族之间艺术上相异的成分很多,不同性质的艺术交流往往导致艺术形式的重大变革和发展。

如汉代的西北地区有大量匈奴、羌、西域诸族迁入,这些民族的音乐风格对汉族音乐产生很大影响,形成具有浓厚胡乐色彩的边地音乐。汉代乐府中有赵、代、秦、楚之讴,其中代讴地位特别重要,就是因为代讴的胡乐色彩十分浓重,而代讴流行的范围就是以代郡(约相当今河北西北、山西东北及内蒙古兴和一带)为主的。代地音乐的代表作鼓吹曲和北方流行的军乐横吹曲都起源于游牧民族,但已为来自内地的汉族移民所改造,所以能在汉人中广泛传播。东汉以后,北方许多游牧民族逐渐向内地迁徙,到三国西晋时汉人与各内迁的游牧民族交流日益广泛,北方游牧民族的音乐"胡乐"就在中原广为流传。胡乐中最著名的胡笳曲在中原久盛不衰,留下了很多有关的文学作品和故事。

就对中国音乐影响最大的因素而言,西域人口的内迁最值得重视。前秦建元十九年(383 年),苻坚命大将吕光出征西域,次年征服龟兹,西域各国归顺。吕光用 2 万多匹骆驼载西域珍宝及歌舞艺人东归。从吕光所用骆驼数量看,带回的艺人不在少数。这些西域艺术家以河西走廊为基础,将以龟兹为主的西域音乐进一步传向中原。十六国和北朝期间,大批来自西域的移民迁入中原,其中不少人为经商、出使而来,定居在洛阳等地后成为贵族大贾,他们的社会地位和经济实力都有利于音乐艺术的传播。北魏太武帝拓跋焘(423—452 年在位)"通西域,又以悦般国歌舞设于乐署"[1]。北周武帝

---

[1] 《魏书》卷 109《乐志》。

宇文邕(560—578年在位)娶突厥公主为后,突厥又征集西域各国乐舞和艺人随之东来,其中有龟兹、疏勒、安国、康国等国音乐,"并大司乐习焉,采用其声,被于钟石"[1]。这一时期随同西域各国而传入中原的乐器,种类非常多。西域音乐和乐器的传入大大丰富了中原汉族音乐文化,西域音乐与汉族音乐的融合终于形成了富有新颖时代风格的盛唐音乐。

永嘉之乱后,大批中原人士南迁,中原音乐也随之南移,其中最著名的是清商乐,这本是曹操父子以民间古曲为基础谱成的新曲。迁入河西的移民也将清商乐传到那里,以后苻坚灭前凉时乐师被迁至长安,刘裕北伐占领关中后又被带回江南。至此,清商乐不再存在于北方。直到隋文帝灭陈后才又听到这种"华夏正声",实际上这时的清商乐已经糅合了南方的民间音乐,是南北音乐交融的产物。

各族的舞蹈也与音乐同时随着移民传入中原。以拓跋鲜卑族的迁移过程为例,在北魏前期的都城平城(今山西大同)的云冈石窟中,飞天和伎乐天形体粗壮,上身半裸,斜披胳腋,赤足,既显示出印度佛教艺术的影响,更具有游牧民族的审美特色:舞姿雄健有力,常有昂首挺胸收腹的体态,或推掌伸臂,或平展、斜展双臂,或托掌叉腰等;飞天的舞姿缺乏轻捷感,显得有些沉重,表明当时的人们似乎更欣赏雄壮豪健之美。但在迁都洛阳以后开凿的龙门石窟和巩县石窟中,伎乐天的脸型、服饰、舞具都更具汉族特点。如飞天变半裸上身、赤足为短衣、长裙曳地不露足的汉族女子传统服饰,面部及身躯由肥壮变为清瘦、窈窕,表情、舞姿改豪放为含蓄柔美[2],从而形成了一个汉族飞天的形象。飞天形象的变化与鲜卑人由北而南的迁移和汉化过程是一致的。

唐末、五代开始,契丹、党项、吐蕃、回鹘、女真等族移民频繁迁入中原,这些移民对中原音乐产生很大的影响。北宋末年,"番曲胡乐"的影响已经如此之大,以致京师开封"街巷鄙人多歌番曲,名曰异国朝、四国朝、六国朝、蛮牌序、蓬莱花等,其言至俚,一时士大夫亦皆歌之"[3]。到女真人建立的金政权统治中原之后,黄河流域的歌声乐曲更是一派"胡声"了。元人所造曲调采用的是北方流行之曲调,胡乐色彩浓重,其风格与流行于南方的曲调迥异。

蒙古族的舞蹈也从北方草原传入中原地区。元代有一著名舞蹈叫"倒

---

1 《隋书》卷14《音乐志》。

2 据王克芬《中国舞蹈发展史》,上海人民出版社1989年版,第165—166页。

3 曾敏行《独醒杂志》卷5。

喇"，其特色是顶瓯灯起舞，类似今蒙族仍然流行的传统舞蹈灯舞或盅碗舞的女子独舞。尽管蒙古人最终退出了中原，但他们所带来的舞蹈因其新颖别致、风格独特而长时期留在中原，"倒喇"到清代还在流行。

汉族人口的迁移，也会导致迁出地区的音乐、舞蹈向另一地区传播扩散。如秦汉时期对岭南的移民，导致了中原音乐、舞蹈在岭南地区的传播。1983 年发掘的广州象岗南越王赵眜墓中，出土了六个玉雕舞人，其服饰、舞姿大都有中原风韵。广州西村西汉早期墓出土的玉雕舞人，无论服饰、舞姿也都与中原出土的战国、汉代玉雕舞人相似。

在吐蕃与唐朝的长期战争中，不少汉人被掳掠到吐蕃，其中包括大批乐师、乐工，所以吐蕃在接待唐朝的使者时可以演奏全套"秦王破阵乐"。中原音乐在吐蕃的长期存在，必定会影响该地的音乐，融入吐蕃音乐。

2. 戏剧

戏剧的发展过程也与移民有密切关系。宋金时代的杂剧还只是一种名义上的"剧"，实际上是由歌舞、音乐、调笑、杂技等等杂凑而成。它不能前后连贯地叙述一个完整的故事。戏中人物虽然在表演故事，可是歌词还是叙述体而不是代言体，所以歌唱还没有和戏剧结合成一个整体。蒙古人入主中原后，中原地区那些难以了解的说唱形式的鼓子词、诸宫调和结构松散的杂剧不能引起他们的兴趣，于是一种歌舞兼备、有声有色的新型艺术应运而生，这就是元杂剧。和宋金戏剧相比，元杂剧结构谨严，每出戏一般分为四个折子和一个楔子，每四折叙述一个完整的故事。其曲调除采用唐宋曲调外，还杂有不少的"胡音"。唱词之间的衬字很多，有时衬字多于正文，使得词句流畅活泼，更为口语化，更易表达剧中人物的心情，实际上变为吟哦的格调。元杂剧虽然不是蒙古移民传入的，却是移民运动引起的民族之间文化碰撞的产物。由于其中含有大量蒙古人及其他游牧民族的音乐成分，因而受到蒙古人及其他族人民的喜爱。

靖康（1126 年）后，大批南渡的北方人迁入以浙江为中心的东南地区，北方的歌舞、杂剧随之南来。南宋末年，永嘉杂剧传入杭州，成为南戏。南戏综合了各种艺术手段的戏剧表演艺术。这些手段为表现故事、表达主题而相互结合、相间应用，形成唱白、舞及装扮等综合运用的表演艺术，具有以歌舞演故事的基本特征，已经是比较完整的戏曲形式。南戏的形成，一方面固然与永嘉杂剧的源头有关，另一方面与临安一带的北来移民的文化交流有相当密切的关系。

元灭南宋以后，元剧就侵入南方并压倒南戏。直到元代末年，南戏才得以复兴。元末及明代形成的各种声腔，是南戏和北方杂剧流传到新地之后土著化的结果。南戏系统以弋阳、海盐、余姚、昆山四种声腔最有代表性。弋阳、昆山两种唱腔的流传最为广泛，而弋阳腔的传播又可能与明初大移民有关。

弋阳腔至迟在元代后期已经出现，明初至明中叶，已遍布今之安徽、浙江、江苏、湖南、湖北、福建、广东、云南、贵州、南京、北京等地，并衍变为当地声腔。弋阳腔的传播时间与明初大移民时间可能是吻合的，或者说，在弋阳腔的传播过程中有明初大移民运动的发生，其传播路线很多是与移民迁移的路线一致的。

类似的例子还有凤阳花鼓。明初大批江南富户被朱元璋强制迁入凤阳。他们非常留恋自己的家乡，但受官府管制无法逃跑，便化装成乞丐，每年清明前后返回故里祭扫祖墓，而花鼓表演便成为沿途乞讨的手段。凤阳花鼓也就因此得以广泛传播。

在东南亚的许多华侨居住地区，流传着粤、闽沿海的许多地方戏，如福建的莆仙戏、梨园戏、高甲戏以及广东的潮剧、汉剧等。这是移民作为迁出地戏曲文化载体的典型事例。

四、方言

现代方言区的形成与历史时期汉人的移民过程有密切的关系[1]。

1. 北方方言（官话方言）区

西晋以前，北方方言与南方方言的分野大致在秦岭淮河一线。当时黄河中下游地区的北方方言内部大约比较一致，南方则存在各有特色的吴、楚、蜀等方言。永嘉之乱引发的汉人南迁，使北方方言大规模越过秦岭淮河一线而南下。移民集中分布在淮水（在山东为黄河）以南至浙江宁绍平原、鄱阳湖、洞庭湖以北地区及秦岭以南至四川成都之间，而以今江苏、安徽二省境内最为集中，其中又以建康（今南京）附近最为密集。结果是，北方方言在江淮间取得优势，在南京、镇江一带已与当地原有的吴方言相颉颃，奠定了今天江淮官话的最初基础。在湖北地区，北方方言也对楚语发生冲击，从而产生西南官话的雏形。

唐代安史之乱引起了北人南迁的第二个高潮，移民集中居住的地区主

1　以下参考了周振鹤、游汝杰《方言与中国文化》，上海人民出版社 1986 年版；周振鹤《现代汉语方言地理的历史背景》，载《历史地理》第 9 辑，上海人民出版社 1990 年版。

要是襄阳、江陵、武昌之间的湖北腹地，湖南的西北角，苏、皖二省南部及江西的北部和中部。这次移民加速了北方方言对湖北方言的同化作用，进一步确立了苏皖地区北方方言的地位，并奠定了长江中游西南官话的基础，形成与下游江淮官话不同的北方方言分支。

两宋之际的北人南迁是第三个高潮，移民大量集中于苏南和浙江。杭州、苏州等城中的北方移民高度集中，一度出现杭音与北音、苏音与北音对立并存的现象。经过几百年的发展演化，苏州的北音已经消融，但杭州的北音仍然顽强地保留着。这次南下的北人虽然数量较多，但吴语区的人口数量巨大，南下移民与土著比较仍属少数，所以北方方言仍不可能取代吴语。

滇、黔、川三地的官话方言形成于明代初年。经过宋金、宋元时期的战争，四川人口锐减。元末随明玉珍入川的一批移民来自湖北麻城、黄州一带，明初入川移民也以湖北人为主，其中又多为麻城籍。所谓迁自麻城的湖北人很多是江西籍，实际上对四川的移民来自湖北、江西两地。今日四川方言是明初湖北的西南官话混合江西方言以后向西传播的结果。自唐中叶南诏独立以后，在长达600年内，云南处于中原王朝的版图之外。到元代初年重新统治云南之前，这里已经没有汉语的地位。明代初年，中央政府通过调拨军队戍守屯垦实施了对云南和贵州二地的移民，驻守云、贵的军士以今苏、皖二省籍为主，因此使得昆明地区的方言与江淮官话有不少相似的成分。清代云、贵地区接受的移民主要来自四川、湖南和江西。江西方言通过移民作为媒介深刻地影响了西南官话。

清代及民国对东北的移民，使东北成为北方方言区的一部分。

2. 吴语区

三国时期的战乱使江淮之间的人口大量进入江南吴地，江淮之间的原有方言大约与北方方言接近，他们的迁入使南方吴语受到北方话的侵蚀。永嘉之乱后的移民，首先使得建康至镇江一带吴语消融于北方方言之中。东迁进入吴语的腹地的移民也给吴语区注入了许多北方语音因素，但吴语与北方话的差异仍然是巨大的。由于东晋南朝的政治中心设于建康，与吴语区毗邻，北方方言对吴语的渗透就比以前的时代更为有效。

从东汉末年开始，汉人从浙东平原南下，经浦城（今福建浦城县）到达闽北山区，这也是永嘉之乱后、唐末、两宋之际移民入闽的路线。所以浦城一直与吴语区保持联系，并一直是吴语区人民入闽的聚居地。比较今天浦城话与浙江吴语，可以发现它不仅与毗邻的浙西南接近，并且兼有浙北的特点。

吴语区的西南边界在江西东北部。江西在历史上长期被称为"吴头楚尾",说明其东部应该为吴方言区。只是由于以后北方移民迁入江西中部、北部,吴方言不断向东萎缩,目前仅存于上饶、广丰、玉山三县。

徽州地区是方言变化最大的区域之一。秦汉时代,当地是山越人的聚居区,自然是吴方言区。永嘉之乱后北人由芜湖一带迁入,他们的北方方言造成了对吴语的第一次大冲击。唐代汉人分别从北方、浙江及江西三个方向进入徽州,现代徽州方言大抵于此时形成。但徽州四面环山,徽州方言在一个较封闭的环境中发展,便与周围吴语的差异越来越大。

3. 湘语区

湘方言的最早源头应当是现已不存在的楚语。南朝宋时曾在今常德地区安置来自河南、山西的移民,形成湘北沅、澧下游的西南官话区。这是北方方言对湘语的第一次大规模侵入。

现代湘语分布在湖南的湘江和资水流域,大致以长沙为界,南北分为新湘语区与老湘语区。方言学家认为北片新湘语受官话的影响而有逐渐靠拢官话的趋势,这种影响至迟在安史之乱引发的北人南下大移民中已经出现。新湘语在这一时期已经萌芽,但其形成则在明清时期。元末战乱后,长沙地区 80％以上人口是来自江西中部的移民,操赣方言。赣方言语音的最大特点是无全浊声母,这恰恰是新老湘语差别的关键所在。但长沙地区周围依然是湘语区,以后逐渐侵蚀这一赣语区,终于形成没有浊声母的新湘语。

尽管江西人迁入长沙以南地区的历史很长,但却是一代一代的渐次迁入,即补充式人口迁移。在这种方式下,移民的方言容易被迁入地方言同化,所以长沙以南地区保留着浊声母,湘语形态相对古老。

4. 赣语区

西晋末年北人南下大潮波及江西北部,形成赣语的最初源头。唐代中期至五代时迁入江西北部和中部的大量移民像楔子一样,把吴语区和湘语区永远分隔开来。赣语就在移民聚居区内形成,但当时与北方方言的差别甚小。所以尽管五代至北宋有大批江西人迁入湘北、长沙一带和沅江中上游,却没有使这一区域也成为赣语区。

元末明初的大移民中,江西是主要的迁出地,赣方言不仅深刻地影响了湖南的方言分布,也对湖北、安徽甚至西南地区的方言产生很大影响。湖北东南地区至今仍是江西方言区,如武昌县南部就属南昌方言系统。与湖北东南部紧邻的是皖西南赣语区,以安庆为中心,包括今安庆地区各县及池州地区的东至县,与赣东北的语音类似。池州地区在明初也是一个与安庆方言相同的赣语区。太平天国战争后，江北移民纷纷渡江前来，因而沿江一带的赣方言消失。唯有在这一变乱中人口损失较小的东至，赣方言完整地保留了下来。

5. 客家方言区

唐及五代时期，一部分北方移民进入了赣南、闽西，地理障碍使他们与北方方言隔绝开来。尤其是闽西地区，有武夷山与赣南相隔，更与北方方言隔绝，在当地定居的移民形成了他们独特的方言。有的学者认为，这些移民使用的方言是客家话的源头。但是，由于他们与下一次更大规模的移民即两宋之际至南宋末年的北人南迁相隔了一二百年时间，移民数量也非后者可比，所以影响有限。南宋期间迁入赣南、闽西的移民数量多，居住集中，而当地土著居民数量少，居住分散，在这个相对封闭的环境中，一种为移民所共同接受的新方言客家方言终于在宋元之际形成，这一带成为客家方言的中心区。一直处于其他方言包围中的客家人，形成了顽强地坚持自己的方言的传统，因此在以后的移殖中始终保持着自己的方言，不轻易为其他方言所同化。

北宋后期，梅州客户已超过土著，虽然客户未必尽是客家人，客户中还包括了一部分迁入较早的移民的后裔，但说明外来移民的数量在当地人口中占有很高的比例。南宋时，赣南和汀州的人口开始向粤东迁移，粤东客家方言在此后逐渐形成。

明清时代，客家方言随着客家人的迁移而四处扩散。闽西、粤东客家人大批迁入赣南，使得自宋以来分别发展的几支客家方言相互融合。

迁入台湾、四川、湘东、浙南、海南以及广西东部的客家人都把客家方言带到了新居住地，并大多保留至今。客家方言因其拥有众多方言岛，成为汉语中最为人津津乐道的一种方言。

6. 闽语区

闽语区可分为几片：闽东片以福州为中心，是福建最早的置县之地，表明中原汉人最初是由海路抵闽的。魏晋时期，北方移民深入闽南，东吴政权在晋江口设县，说明移民也是由海路而来，然后以沿海河口为据点，向各河流的中上游渐次移殖，同时也扩大自己的方言区。从陆路移入福建的汉人越仙霞岭，经浦城、崇安进入建溪流域，形成闽北方言片。以后逐步推进到闽中，奠定闽中方言片的基础。另外一支移民在三国时由今江西经临川越武夷山进入闽西北，还有一些零星的移民是由今广东迁入的。这一区域的移民主要来自江西，自然使用当时江西的方言。但当地还有大批越人后裔，他们的语言对移民也会产生影响。由于移民方向和入闽的路线不同,形成古代闽方言中的闽东沿海和闽西北山地方言之间很大的差异。

唐后期和五代迁入福建的移民不仅数量多,居住集中,而且居于统治地位,这些移民又带来了他们使用的北方方言,并且产生很大的影响。类似的过程又在南宋重现。所以闽方言既受到自唐后期至南宋期间北方移民的共同影响,又保持了原来各片之间不同的特点。

闽语向福建以外地区的扩散是随着福建人的外迁展开的。从北宋后期开始,闽南人不断迁入广东,移民把闽南方言散布到广东东、西两端的沿海地带,并在珠江三角洲留下了一些闽南方言岛。一部分闽南人沿海向北迁移,使温州一些地方成为闽南方言区。清代闽南人大举迁台,构成台湾人口的绝对多数,闽南话遂成为台湾最重要的方言。有意思的是,一支原籍泉州的移民迁入并分布于赣东北、浙西南的上饶、玉山、常山、广丰、铅山的平原河谷地带,至今仍讲一口"异化"的闽南话。另一批闽南人与江西人混合,沿天目山北迁,至今在苏南溧阳、宜兴留下闽南方言岛。

7. 粤语区

岭南原是百越民族的居住地,秦始皇军事征服的结果是留下了 10 余万移民,他们所使用的语言成为今日粤语的先声。此后对于岭南的移民一直是渐次推进的,而且大多由北部相邻地区迁来,直接来自北方的不多。所以,外来移民的方言多为粤方言所融化,这也就是粤语保留古音特点和古词较多、而且内部分歧较小的原因。

五、宗教与信仰

宗教的传播主要通过教徒传道,并不一定需要由大规模的移民作为媒介。但移民的过程往往是某一种宗教或某种信仰的范围扩大或转移的过程,随着教徒的迁移,他们信仰的宗教也传播到新的地区。

1. 道教

道教最初形成于东汉顺帝时期(125—144 年)的青、徐滨海地带,其间沛国丰(今江苏丰县)人张道陵往四川鹤鸣山修道,创五斗米道,又称天师道,道教开始定型。传至其孙张鲁,在汉中建立了政教合一的政权达 30 多年。

东汉建安二十年(215 年),曹操率大军西征,张鲁投降,被曹操带回北方。数万户汉中人也被北迁,其中有大量教徒,将五斗米道传入北方。曹丕本人也信道,曾建了不少道观,度道士,道术也开始受到官方的重视。到晋代,道教开始向上层社会发展。琅邪道士孙秀,以谄媚赵王伦而飞黄腾达;

道士步熊投靠成都王颖，成为他的死党。一些高级士族都是道教信徒。如郗鉴，与其叔父郗隆及孙秀同为赵王伦的党羽，其二子均信奉天师道。永嘉之乱后南迁的北方上层移民中，道徒也不少，见于《晋书》记载的五斗米道信徒就有王羲之、鲍靓、殷仲堪等人。孙秀族人孙泰、孙恩也是南迁的五斗米道信徒；孙泰师事钱塘杜子恭，成为他的传人。杜子恭的信徒中有太子少傅、刺史、太守等高级官员和大量南迁士族，不少人显然是道徒移民的后裔。道教在士族和民间下层的传播，形成了孙恩起义的社会基础。

西晋末年，关中大乱，部分人口迁往河西地区。移民中的道士在河西后继续传教，其中的京兆人刘弘，拥有门徒千余人，连凉王张寔的左右都成为他的爪牙。随着势力的膨胀，刘弘甚至产生了取代张寔的野心，一些从关中来的道教徒也密谋推刘弘为王。张寔发觉后杀掉刘弘，而京兆道教徒、张寔左右的阎沙、赵仰等也袭杀了张寔[1]。这一道俗势力的流血冲突，反映了河西地区外来道徒势力之巨大。

2. 佛教

佛教是以西域为中介，在东汉时传入中原的。永平十年（67年），中郎将蔡愔等人于大月氏国遇沙门迦叶摩腾、竺法兰两人，并得佛家经卷，用白马驮还洛阳。汉明帝特建白马寺，让摩腾和竺法兰在寺中翻译经卷。此后，随着西域内徙人口的增加，一批高僧和佛教徒也移居中原。其中最负盛名的当属安世高、支谶、竺佛朗、安玄、支曜、康孟祥等人，他们多迁居于都城洛阳，从事佛经的翻译，加速了佛教的传播。

三国时期，西域人口的内徙过程仍在继续，随之而来的月氏、天竺、安息、康居等国的支谦、昙柯迦罗、昙谛、康僧铠等也先后到洛阳译经传教。不久，支谦因避北方战乱南下，迁居武昌（今湖北鄂州市），又转迁建业（今江苏南京），专事佛经翻译。同期在武昌或建业活动的僧人还有维祇难、竺将炎、康僧会等。西晋时西域高僧仍不断内徙从事译经，当时的洛阳和长安，寺院遍布，僧尼数千，佛教得到了大传播。

永嘉之后北人南迁，佛教徒也随之南来，其中最著名的有竺潜、支遁和慧远。竺潜（286—374年），永嘉初渡江，受到元、明二帝及丞相王导、太尉庾亮的尊重，以后隐居剡山30余年，哀帝时应召重回建康（今南京），在宫中讲佛经，其学说即所谓"本无"义。支遁，本姓关，陈留（今河南开封县南）人，在江浙一带游学，哀帝时也被召入宫中讲佛经，其学说，世称即色义。慧远，原

---

1 《晋书》卷86《张轨传》。

籍雁门楼烦(今山西原平县东北),东晋兴宁三年(365年)为避乱随师南下,渡江后入庐山讲学,倡导"弥陀净土法门",鼓吹死后可往生西方"净土"的说法,是为净土宗初祖。庐山成为当时与建康并称的南方佛教中心之一。

通过这样一批博学的佛教徒的大力传播,佛教越来越为统治阶级所崇尚,一般的文人学士也大都信奉佛教。南朝梁武帝,本是父祖相传的道教徒,做皇帝后舍道信佛。南朝佛教兴盛,寺庙林立,僧侣如云。"南朝四百八十寺"的描述绝非诗人的夸张。

3. 伊斯兰教和摩尼教

伊斯兰教在阿拉伯地区兴起不久就能传入中国,得力于在华进行贸易的阿拉伯和波斯商人。唐宋时先后以广州、泉州、杭州、扬州等地为对外贸易港口,并设有专门销售阿拉伯商品的市场。不少阿拉伯人在这些港口久居不归,成为移民。他们被称为"蕃客",居地被称为"蕃坊"。地方官府简选其中德高望重者为"蕃长",负责领导宗教活动,管理民事诉讼,联系贸易等,还经营穆斯林的公共墓地,建筑清真寺。实际上他们管理着一个穆斯林移民社会。

阿拉伯人向东方扩张,征服了中亚,并传入伊斯兰教。10世纪,伊斯兰教开始传入今新疆,至16世纪遍及整个地区。

13世纪,蒙古骑兵西征,占领了中亚及阿拉伯的一部分。大批中亚人、波斯人、阿拉伯人被征调东迁,大部分人被编入"探马赤军",镇守边疆。因此,伊斯兰教在他们的驻地今陕、甘、宁、青、滇等地迅速传播。东来的穆斯林商人的分布则更为广泛。元朝政府尊重穆斯林的信仰,各地普遍建立清真寺,伊斯兰教在中国得到空前传播。

摩尼教起源于古代波斯。公元六七世纪传入中国的新疆地区。以后又从新疆传入漠北的回纥,被回纥可汗尊为国教。另外,波斯的摩尼教徒也直接向中原传播,并在长安正式设置寺院。唐武宗于会昌三年(843年)下令灭佛,同时也革除摩尼教。以后佛教重新恢复,摩尼教却未曾再见容于朝廷。五代以后,摩尼教仅在民间流传。由于摩尼教的传播者回纥人绝大部分在9世纪中叶西迁,在中原传播摩尼教就失去了人口基础;而伊斯兰教却因为中亚、波斯及阿拉伯人源源不断地迁入中国而日益扩大了其传播范围;移民对宗教传播的作用于此可见。

4. 民间信仰

移民除了传播民间秘密宗教以外,更大量的是传播他们的信仰,主要是对俗神的崇拜。在众多的崇拜对象中,有与自然现象相关的自然神,有带着明显人间特征的英雄神、文化神,有被认为专门保护个人、家庭和公众安全的守护神,有被认为有特定职能的行业神和功能神;有些神是许多地方都有的,如雷公、风伯、门神、灶神、城隍、土地等,另一些神则是地方特有的,如妈祖、许真君等。不论是许多地方都有的神,还是某些地方所特有的神,都曾随着移民的扩散转移到其他地区,而后者表现得特别明显。

如妈祖,据说为福建莆田人,是五代时闽王统军兵马使林愿之第六女林默,得传道术,能通变化,驱邪救世,常于海上救危扶难,平波息浪,被崇奉为航海保护神。宋以后历代备受封赠,被称为"天妃"或"天后"。这本来是闽南沿海的地方神,以后随移民而扩大到新的地方,以至于海外许多国家和地区。闽南人大举迁台后,在台湾各地纷纷建立妈祖庙,致使今天台湾的妈祖庙多达千余座,数量超过其他任何一个地区。对妈祖的民间信仰,在客家移民集中的浙南山区也有发现。如浙江遂昌县有大小天妃(后)宫 5 处,最大的天妃宫在王村口乡,规模宏大,富丽堂皇。这些例子说明天妃(妈祖)成为福建人尤其是福建籍移民共同的地域崇拜,已失去航海保护神的内涵。移民所建妈祖庙或天妃宫除了用作祭祀外,还是他们共叙乡情或处理公共事务的场所。在商业中心所建的天妃宫,则是福建人的同乡会馆。

又如江西地方俗神许真君,名许逊,晋代道士,据说他在江西镇蛟除害,历来为江西人所崇祀。江西外出移民足迹所至,皆建有许真君庙,又称万寿宫,实际已成为江西会馆。

民族间的移民又会使对俗神的信仰出现地域变化。如关公本来是汉族人广泛崇拜的对象,但满族入关前就已崇奉关公,显然是从汉族移民那里吸收来的。清朝入关后把关羽的封号提升为"帝",当作包括满蒙各族在内的共同的保护神,所以关帝庙也随着满族驻军和屯垦移民扩展到边疆各地。

六、农作物及其栽培

农作物品种和栽培技术的传播离不开适宜的自然条件,但适宜当地条件的品种和栽培技术往往不会自发产生,而需要由外地传入,移民在这方面的作用是不言而喻的。另一方面,移民的迁入既加快了开发速度,也增加了粮食供应的压力,都在客观上促进了新品种、新技术的推广。

1. 水稻 小麦

古代南方的越人早就以种植水稻著称,随着越人的迁移,水稻种植区也发生变化。西汉建元三年(前 138 年)和元封元年(前 110 年),汉朝曾两次将在今浙江南部和福建的越人内迁至江淮之间,人数有 10 余万。越人迁入江淮后仍然维持原地的耕作方式,以种植水稻为生,形成江淮平原的水稻产区。越人中的一部分继续被迁往河东郡(今山西省西南),让他们在北方人无法耕种的渠田上种稻,但受自然条件限制,这一试验并未成功。

从东汉以来北人的不断南迁,也使南方的水稻生产有了根本性的变化。北方人给南方带来了精耕细作的栽培技术,改变了南方土著居民的粗放耕作。如西晋末年南迁的郭文,就曾隐居于吴兴大涤山(在今浙江湖州市境)中,以区种菽麦为生。区种法是一种在少量土地上投以密集的劳动并辅以其他高产技术的种植方法,这种提高单位面积产量的耕作技术不可能不对江南水稻生产发生影响。移民人口的大量增加和政治、军事活动的需要都对南方的粮食生产提出了更高的需求,促进了南方水利建设的发展,寿春的芍陂、会稽的镜湖被修复使用,许多地区陂堰的兴修,浙江沿海海塘的建造等,都有利于水稻生产规模的扩大。北方移民,尤其是大批贵族、官僚,不习惯籼米,他们希望吃到米质好的粳稻,促使太湖流域的水稻类型向粳稻方向发展。南宋初年的北人南下更加强了这一趋势,人为选择的结果使粳稻在太湖流域日益取得主要地位。

习惯于食用小麦的北方人的南迁,促使南方小麦产区不断扩大。上述郭文的事例,说明北方移民自己在南方生产小麦。东晋元帝大兴二年(319年),即东晋政权建立的第二年,麦的歉收就震动了朝廷,而在此之前几乎见不到什么关于南方种麦的记载,这证明当时南方小麦的生产已经有了一定的规模。刘宋元嘉二十一年(444年),诏令"南徐、兖、豫及扬州、浙江西属郡"种麦[1],可见麦区已扩大至今钱塘江西北的江南地区。自此以后,麦成为南方一种重要的农作物。

两宋之际的北人南迁,使麦的需求大为增加。庄季裕《鸡肋篇》说:

> 建炎之后,江、浙、湖、湘、闽、广,西北流寓之人遍满。绍兴初,麦一斛至万二千钱,农获其利,倍于种稻。而佃户输租,只有秋课,而种麦之利独归客户。于是竞种春稼,极目不减淮北。

这不仅说明南方小麦的种植面积扩大是受北人影响,而且种植者本身可能就是北方迁来的农民,即所谓"客户"。最重要的是种麦的收成不需交租,这对佃农客户十分有利,直到清代依然如此。这一惯例对于稳定南方小

　　1　《宋书》卷5《文帝纪》。

麦的种植是非常重要的。

到清代，随着东南人口由东向西的大迁移，东南地区盛行的双季稻向西部传播。如双季间作稻，先从粤东传至赣南会昌，继而传至龙泉（今遂川、井冈山二县市），又传入萍乡，嘉庆初年传至万载，与客家移民向江西迁移的路线完全一致。江西移民的外迁，又将双季稻传至四川等地。

2. 玉米　番薯

在各种农作物的传播中，与移民运动关系最密切的莫过于玉米和番薯。这是因为一方面这两种作物适宜于原来无法开垦的干旱山区，为移民提供了新的垦殖区。另一方面，移民的迁移又大大扩展了这些作物的产区。

玉米（又称玉蜀黍）在明代中期传入中国，但在长江中下游地区并未发展成有规模的产区，并未成为百姓赖以为生的粮食作物。清代前期，玉米种植开始向山地发展，立即显示出强大的生命力。在陕西南部山区，来自湖北、湖南、安徽、江西、四川等省的移民蜂涌而至，开垦后普遍种植玉米，使这一带很快成为主要的玉米产区。

安徽人在将玉米东传的过程中显得最为重要。乾隆年间，皖西大别山区已形成蔓延数百里的玉米种植区，最初的种植者极可能就是去陕南垦殖的安庆移民，他们将玉米种植带回安徽，又向东、南传播，扩大到皖南、浙西、赣东北山区。湖北移民则将玉米产区扩大到赣西北武宁县和义宁州北部的幕阜山区。

鄂西南及湘西玉米产区的形成也与移民有关，主要是改土归流后大量迁入少数民族地区的汉人，利用玉米作为开垦山地的主要作物。云贵情况与湘西类似，玉米集中产区也是主要移民迁入区。

番薯（又称甘薯、红薯、山薯、红苕、地瓜等）于明代万历年间（1573—1619 年）由广东、福建人分别从安南（今越南）、吕宋（今菲律宾）传入中国大陆，并率先在闽、粤二省形成大面积集中产区，成为主要粮食作物。

番薯传入赣南约在清初，首先种植的是福建迁入的移民。清前期推广到整个赣南山区，清后期成为主食之一。赣西北、赣东北山区的番薯产区也是闽籍移民传播的结果。传入湖南则始于平江县，由广东、福建客民种植，不久又随着客民推广到邻近县份，如巴陵、攸县等地。这些客民直接来自江西，实为闽粤人迁赣后的再迁移。闽粤移民在四川建成了规模可观的番薯产区，如在潼川府、资州等地，都是首先由闽粤移民种植，以后才为土著所接受。在广西，客家移民最集中的浔州府也是番薯产区。台湾是闽南沿海人口的移民区，所种番薯当由移民传入。浙江温州番薯产区的形成也与闽人的活动有关,其中的玉环岛正是清前期闽南人的迁入地,泰顺等山区县则为闽西客家移民集中地。以后温州人迁往浙西,番薯也随之传入。

3. 烟草　甘蔗

移民对于烟草、甘蔗等经济作物的传播贡献也很大。

明万历年间(1573—1619 年),烟草经闽、粤人引种后率先在闽、粤两省形成大面积的种植区。明末随移民传入江西南部,清初烟叶种植面积在瑞金迅速发展。闽人更多的还是从事烟草加工业,在瑞金一地即达数万人之多。清康熙年间(1662—1722 年),烟草种植向西推广至整个赣南。各县烟草中心产地也多为闽粤移民集中地,如兴国五里亭,雩都的银坑、桥头等地。

赣东北的烟草种植与加工也由移民经营。赣东北烟草以广丰最为著名,广丰烟叶的中心产区在西南部的关里一带,此地正处铜塘山边缘,是福建移民的主要定居点。上饶植烟稍迟于广丰,产地分布在铜塘山区边缘,也应是闽籍移民迁入的结果。赣东北的烟草加工业随之发展。清中期,玉山烟厂颇具声名,直到民国,玉山一县从事制烟业的闽籍工人、商人仍有五六千人以上。

雍正年间(1723—1735 年),江西瑞金客家移民傅沐荣在四川金堂县赵家渡植烟熬糖,金堂逐渐成为四川烟草最著名的产区。川东的云阳县,在清中叶有赖、卢诸姓闽籍移民引入种烟,到民国时还相当兴盛,是直接由闽籍移民建立的一个烟草种植区。移民种植烟草的范围甚至远达川西南的会理。

福建沿海是甘(糖)蔗传统产地,漳、泉二州尤为著名。明中期,闽南已经遍地种植糖蔗。明清之际,随着闽人迁入粤东,并操纵了蔗糖贸易,当地也开始大面积种蔗。

在清代前期,赣南形成了一个以雩都、赣县、南康三县中部沿江谷地为中心、面积达数百平方公里的甘蔗种植区,其西南沿章水延伸至大庾县东部河谷,其东北溯平江延伸至宁都、兴国,其南顺桃江延伸至信丰县中北部河谷,至今依然。中心地带的植蔗者大多是闽人后裔。

四川的蔗糖业也是客家移民创建的,中心在沱江和涪江流域,上引瑞金傅氏在金堂县植蔗熬糖就是一例。但在四川发展植蔗业的并不以金堂傅氏为最早,据称康熙九年(1670 年)内江梁家坝就开始自福建引种甘蔗[1],应是以移民为中介的。南溪县的甘蔗也是由广东移民传入的。

　　1　孙敬之《西南地区经济地理》,科学出版社 1960 年版,第 38 页。

闽南人移殖台湾,开辟了台湾的糖蔗种植区。

此外,在粮食方面还有马铃薯(土豆、洋薯),经济作物方面还有花生(落花生)、苎麻等,经济林方面有油茶、漆树等,果木方面有荔枝等,也都是由移民传播的。移民对中国经济作物区和经济林区的形成,对于新的旱地作物的传播,作出了非常重要的贡献。

第五节　移民与人口发展

这里所讨论的人口发展主要指三个方面,即人口数量的增加、人口地理分布的优化和人口素质的提高。研究移民与人口发展的关系,也就是要考察各类移民活动对这三方面的直接和间接的影响。

一、人口自然增长率的提高

移民是人口的一种机械流动,其直接结果是迁出地人口的减少和迁入地人口相应的增加。所以如果将迁出地和迁入地合并在一个单位统计的话,人口总数不会发生什么变化。问题是,这些迁移人口本身在迁入地定居后,其自然增长率是否会有所提高? 而在这些人口迁移以后,迁出地余下人口的自然增长率又会有什么变化?

历代移民的大多数都是从人口相对稠密地区迁入稀疏地区,从经济文化比较发达的地区迁入落后地区,从开发程度高的地区迁入开发程度比较低的或尚未开发的地区,从人均耕地少的地区迁入人均耕地较多的地区,所以一般说来,移民在迁入地可以比较容易获得耕地,具有开垦和耕种的能力,拥有经济文化方面的优势。在农业社会中,这些条件能使移民的物质生活得到不同程度的提高和改善。在完全依靠人力、畜力和简单工具进行生产的情况下,人力是扩大生产、获得更多财富的主要因素。所以只要不存在土地不足,人们就会千方百计繁殖人口,直到土地无法再满足新增劳动力的需要为止。正因为如此,移民在迁入地定居后,经过一段时间的辛勤开垦,一般都能获得充足的土地和比原来好一点的生活条件,于是人口的出生率就会提高。如果没有特殊情况,人口的自然增长率也就相应提高了。这种高增长率可以持续到出现新的人地矛盾为止,到那时,在人口压力的驱使下,又会开始一轮新的移民过程。在不受到天灾人祸影响的情况下,自北而南的生存型移民和由平原向山区的开发型移民就是这样渐次推进的。

由于移民迁入之初需要一段适应和调整的时间,无论是在新旧开发区,定居的过程都比较艰苦,加上移民人口中有偶率较低,性别比偏高,初期的人口增长率不会有明显的提高,甚至会下降。但开发成功、生活稳定后,人口增长的高峰就不可避免。第一阶段的长短取决于迁入地的开发条件和移民本身的状况。新开发区和开发条件较差的地区需要较长的时间,但因为余地大、容量大,此后的高增长也可以持续比较长的时间。已有一定开发程度的地区不需要较长时间,但由于已有了一定的人口密度,达到新的相对饱和的时间也不会长。单纯出于人口压力迁出的移民大多有一定准备,家庭结构和性别比大致正常;而因天灾人祸产生的移民往往毫无准备,无所选择,有偶率低,性别比高;两类移民所需要的时间就会相差很大。

游牧民族内徙后一般变牧为农,变流动为定居,生活条件比原来要好。如果成为统治民族,就更能获得种种政治和经济上的特权。因此,游牧民族,包括半农半牧、半狩猎半农耕等各类民族,在迁入农业区以后,人口增长率也会有较大的提高。当然有的民族也可能不适应迁入地的气候、地形等自然条件或农业民族的生活习惯,但如果无法取得适应的手段,他们最后只能选择迁出的道路。

由官方强制实施的移民,虽然主要是以首都等政治、军事要地和边疆为迁入地,但大多也符合上面所说的流动方向。而且统治者为了巩固这些军政要地,迅速达到增加人口、恢复和发展经济的目的,还会采取一些优待措施。因此尽管移民的迁移是出于强迫,但除了那些在原籍声势煊赫的豪强世族的生活水平可能不得不有所降低外,其余多数移民的实际生活水平是有提高的,他们的人口数量同样会在一段时间内有较快的增长。对边疆的移民,如果迁入地局势平静、自然条件较好,主管部门又能采取合理的措施,移民就能顺利定居和开垦,其结果与其他开发型的移民无异。只有完全出于政治或军事目的的移民和掠夺性的移民,由于根本不考虑迁入地的安置条件,或者一点不计较经济损失,甚至纯粹是为了获得劳动力和他们的财物,当然只会造成人口的耗减和增长率的下降。但是在经过初期的破坏以后,如果移民最终还是获得了比较适宜的条件,较高的人口增长率依然会出现。不过掠夺性的移民一般毫无物质基础,完整的家庭少,有偶率低,性别比高,需要很长的恢复阶段。其最终结果还取决于掠夺者的政策。如唐末五代至北宋初被契丹人和辽国掳掠去的大批中原人民,由于民族情绪的对立、军事行动的粗暴和生存环境的改变,在开始阶段肯定有较大的人口损失。但在契丹统治者将他们集中安置,按中原方式治理,并提供农业开发的条件以后,移民的生活得到改善,实际上已转化为开发型。由于躲避了中原的长期战乱,这些移民的人口增长反而超过了迁出地人口。相反,有的掠夺者只是为了获得奴隶或兵士,如蒙古和元初的多数将领那样,当然就不会出现积极的后果。

正如前面已经指出的,移民的迁出地一般都是经济文化比较发达、人口密度高、人均耕地少、人口压力比较严重的地区。从这些地区迁出人口,无疑会降低当地的人口密度,提高人均耕地数,从而缓解人口压力。移民虽然可以带走财物和土地的所有权,却无法带走土地本身,所以在迁出地的农民尽管不一定能获得土地的所有权,却可能得到土地的使用权。在这种情况下,当地人口的出生率得到刺激,人口会以更快的速度增加,迁出移民的空缺很快会被新增人口所填补。由于传统农业一般不需要集约管理和技术更新,所以当地人才随移民外迁,不会妨碍农业生产的发展,但对商业、手工业和文化、教育、学术、艺术等必然带来不利影响。但这类影响至多只会减少外来移民和流动人口,却不会使本地人口的增长减慢。秦汉时从关东移民关中,从西汉至元代(除发生战乱和严重自然灾害期间之外)黄河流域向长江流域的移民,明初从江南、江西向江淮之间的移民,从山西向北京和华北的移民,明清时的江西填湖广和湖广填四川,太平天国战争后周围地区向长江三角洲的移民,清朝后期华北对东北地区的移民,福建、广东沿海对台湾和海外的移民,一般都没有给迁出地区的人口增长带来较长时间的消极影响。

二、人口的合理分布

由于自然和人文地理条件的差异,也由于人们所从事的生产方式的不同,各地的人口分布不可能也不应该均衡。但是在特定的地理条件和生产方式下,人口的分布完全可以做到相对合理,即与当时主要的生产力配置基本一致。要做到这一点无非是通过这样几种手段:1.根据已经形成的人口分布状况,发展或调整生产规模与布局;2.根据现有的生产力配置,调节各地的人口自然增长率,使人口的规模逐渐与生产的规模平衡;3.增加运输能力,解决局部地区人口分布与生产布局不平衡造成的供应问题;4.组织人口迁移,调整人口分布,使之与生产力的配置相适应。

第一种方法面临的最大困难,是决定生产规模和配置的并不仅仅是人力,还得以可能利用的资源为基础。以中国传统的农业而言,必须有可以开垦和耕种的土地、适宜的气候条件。牧业同样需要有充足的牧地和适宜的气候。而且在人力和资源之外,毕竟还得有必要的生产资料,如种子、种畜、工具等。由于在相当长的历史时期内总人口量不大,在大多数地方还有大片富余的农田和牧地,传统农牧业又并不要求更多的投资,所以只要风调雨顺,有人力就能扩大生产,人口密度高的地区往往也是生产规模大、农业经济发达的地区。但是等到土地的利用达到当时生产水平的极限时,除非出现一场技术革命,否则就无法再满足日益增加的人口的需要。例如在西汉后期,黄河下游的关东地区很多地方已经人满为患,尽管适宜耕种的土地都已开发,但显然无法消除人口压力。南宋时的江南和福建尽管是全国生产水平最高的地方,但由于人口密度太高,农业生产的增长仍然赶不上人口增长的速度。为了尽可能扩大耕地,江南的很多江湖水面被围垦成农田,而江南和福建又是杀婴现象最严重的地方,这无疑都是人口压力相当大的反映。至于手工业和商业的发展,一方面也要受到原料和市场的限制,另一方面本身也要以农业所能提供的商品粮食为存在的基础,不可能缓解多少人口压力。

这还没有考虑一些当时人力无法抗拒的、突发性的因素,如严重的、持续多年的、大范围的自然灾害。这种情况一旦发生,即使原来得到平衡的人口生产布局关系也会打破,绝对不可能只用调整生产力配置这方面的办法予以解决。

第二种办法更难实行。尽管实际上人口的自然增长率早已受到了各地生产力水平的制约,就如前面指出过的,在移民迁出地与迁入地之间、同一个地区的不同时期以及同一氏族人口在不同时期的人口自然增长率会有不同的变化,但中国以往的人口观念绝不会接受限制生育的概念,更不用说会将这种限制付诸实践。再说,在现代科学技术产生之前,人类要控制或调节自然增长率还缺少有效的办法。所以我们在中国人口史上能发现的只是战争、饥荒、杀婴及危险性很大的原始避孕行为等消极的减少人口的手段,而不可能有积极的控制,更不可能作与现有的生产配置相适应的调节。

第三种办法其实是第一种办法的延伸,也就是用粮食等生活生产必需品的输送来调剂各地的余缺,弥补生产力配置的缺陷。但在没有现代交通手段的条件下,大量物资的长距离输送是相当困难的,耗费的人力物力往往超过物资本身的价值。当时最便利的运输手段是水运,但中国特殊的地形条件增加了水运的困难:西高东低的地势造成了大多数江河的东西流向,没有一条贯通南北的天然水道。早期全国性的政治中心和军事要地都在主要河流的中上游,而主要粮食产地却在下游。唐朝以后,经济重心已经逐渐转移到了南方,但政治中心和军事要地依然在北方。由于粮食等必需品的输送基本只能逆向水运或穿越不同水系由南向北运输，所以一般只限于供应首都和国防的需要。连接南北的运河虽然使不同水系间的航运成为可能，但运量不大，而且存在很大的负面效应。正因为如此，历代统治者花费很大力量维持的漕运，实际作用相当有限，而耗费已经不小。如西汉时常年由关东经黄河、渭河逆向水运至关中的粮食是400万石，但只够22万人一年的口粮，即至多只能解决关中十分之一人口的供应。明清时由南方输往北京的漕运也是国家大事，往往以暂时不堵黄河决口的代价来维持运河的畅通，但实际运量也不过数百万石，最高不超过1 000万石。粮食的大量储存和长距离运输既然相当困难，人口的分布就只能与粮食生产的分布相一致，以便就近获得供应。在两者发生矛盾时，主要采用改变人口的分布以维持就近消费的格局，而不是靠长距离的运输来弥补当地生产的不足。

只有第四种办法是唯一切实可行的。其主要手段，是通过人口迁移，一方面使人口的分布适应可耕地的分布，这既可以使耕地得到充分的开发和利用，又使剩余的劳动力有田可种；另一方面是使人口分布适应粮食的产地，尽量就近消费。前一种安排一般都产生了定居的移民，因为无论是新土地的开垦，还是抛荒地的垦复，都需要固定的、长期的劳动。移民获得土地后一般也可以维持比较长的一个时期，然后再因土地不足推动一部分人成为新的移民。后一种措施则可以是长期的，也可以是临时性的。例如在发生自然灾害、向灾区调运粮食又有困难时，统治者往往会让灾民到非灾区"就食"。这类迁移者大多不久就返回，留下定居的只是极少数。除去这类临时迁移，其他两种措施应该是形成人口合理分布的最有效的手段。

西汉末年（公元初），在其正式设置政区的郡、国的范围内，人口分布非常不均衡，密度相差悬殊。密度最高的济阴郡（约今山东菏泽、定陶、东明等县市）高达262（单位：人/平方公里。以下同），而最低的郁林郡（约今广西西部）仅0.56，相差468倍。60％的人口集中在面积仅占11％的关东，这一地区的密度平均约77.6。长江以南大部分地区却人口稀少，尤其是今浙江南部、福建、广东、广西、贵州大多还榛莽未辟，密度很低。所以，北方和南方的人口比超过8比2[1]。但到清朝末年，尽管全国人口分布依然是很不均衡的，却比公元初的分布要合理得多：人口的北南之比已缩小到4比6，密度最高的江苏省与最低的云南省之间相差不到28倍，人口相对稠密地区的范围

1　有关人口分布和密度的数据均据葛剑雄《西汉人口地理》第六章及《中国人口发展史》第十三章，以下同。

也已有江苏、浙江、安徽、山东、湖北、福建、河南、江西、广东、山西等省。

形成这样的布局当然有很多原因,但移民是一个非常重要的因素。由于自然和人文地理方面的差异,各地的人口增长率不会相同。但仅仅靠人口增长率的不同是不可能使人口分布趋于合理的。人口稀疏地区固然可以以比较高的自然增长率增加人口,但人口稠密地区的人口基数大,即使自然增长率较低,每年的净增数也会很多。在双方相差悬殊的情况下,要缩短差距需要相当长的时间。而且由于经济基础和资源方面的原因,有时差距会越来越大。天灾人祸的影响更难以估计。只有通过移民,才能迅速调整人口分布,促进人口的有效增长,这是其他任何手段所无法替代的。

1935 年胡焕庸先生在《中国人口之分布》一文[1]中提出的划分中国东南人口稠密区和西北人口稀疏区的瑷珲(今爱珲)腾冲线至今仍然基本适用,但从中国历史时期的人口分布来看,这一格局也是长期移民的结果,最早要到本世纪初才形成。因为在这以前,东北三省这一广大地区还没有得到充分开发,除了南部今辽宁省境内人口较多外,其余地方的人口还相当稀少。据光绪三十三年(1903 年)的统计,东三省人口约 1 500 万,其中半数以上居住在奉天(大致即今辽宁省)。所以中国东南的人口稠密区至多只能延伸到辽河下游,不能包括其北至瑷珲之间的地带。而更以前,长江流域内地山区的开发还没有完成,人口分布的空白依然广泛存在,东南稠密区之间也没有连成一片。

三、人口素质的提高

人口素质应包括身体素质和文化素质两个方面。虽然目前已可能采用具体的指标进行定量分析,尤其是在身体素质方面;但在对历史时期人口的研究中,由于连基本的数据也无法获得,还没有作定量分析的条件;所以我们只能作一些推论。

在身体素质方面,移民无疑有利于避免近亲、同族间的通婚,或仅在很小的区域内通婚,而在封闭的农业社会中,这本来是难以避免的。直到前些年,我国广大农村中婚姻的平均半径还非常小,在商品经济更不发达、交通更不方便、人们的文化水平更低下的古代就可想而知了。正是移民为异地居民之间或异族人口之间的通婚创造了条件。尽管无法作出定量结论,但大量事实足以说明,这些对于防止人口身体素质的退化、提高身体素质都是

　　1　原载《地理学报》1935 年第 2 期。

有益的。同时，移民的过程往往也是一个优存劣汰的过程。特别是在早期的或长距离的、战乱中的人口迁移中，能够到达终点并且能生存繁衍下去的，往往是体力和智力上的强者。经过一次移民，人口的素质就会得到一定程度的提高。

不可否认，人口的迁移或流动也传播了疾病，有时还会造成严重的后果，如历史上几次大疫无疑与疫区的灾民、饥民外流扩大了传染范围有关。如公元2、3世纪之交中原的大疫正好发生在南匈奴南迁并逐步进入今山西、河南、陕西以后；13世纪流行于欧亚大陆的黑死病和中国北方人口的大量死亡又与蒙古人的西征和南下同步，看来并非偶然的巧合。但人口的迁移和流动同时也传播了抵抗疾病的因素和方法，最终的结果还是积极的。

移民对于文化素质的提高也是有利的。无论原来的文化程度是高是低，为了要在迁入地获得生存和发展，移民不仅要保持和发挥原有的文化优势，还必须吸收当地文化中先进的或有利的因素。因此，在迁入地定居的移民的文化水准、生产技能一般都会比在迁出地时高。经常迁移的人较少狭隘的地域观念、乡土观念和保守思想，容易接受新思想、新观念和新技术。很多新作物、新工具、新方法的传播和推广就是由移民在迁移和定居的过程中实现的。与中国传统的终身困守在穷乡僻壤、安于现状、听天由命的小农相比，移民中毕竟要多一点开拓意识和冒险精神，并且有机会接受多种文化的影响，因此移民和移民后裔中出现更多的人才并不是偶然的。

第四章

研究中国移民史的基本方法和手段

在中国移民史上人数最多的是两类移民：一类是统治者运用官方的权力和财力加以引导、组织或者强制推行的，以及在社会的或自然的外力压迫下大规模爆发的；一类是下层民众为了逃避天灾人祸，维持生存，追求温饱而自发进行的。前者不仅数量大，迁移的时间地点集中，而且移民中往往包括大批贵族甚至帝王、官吏、文人以及随同的艺人、工匠、商人、将士、奴婢等，因而对迁入地的经济、政治、文化、社会等各方面都会产生重大影响。这些移民运动在史籍和其他文字资料中留下比较详细的记载，得到比较全面的反映，并且一向受到历史学家的重视，成为研究的重点，如西汉的实关中、移民西北边疆，永嘉乱后、安史乱后和靖康乱后的人口南迁等。后者则是无组织的、零散的、缓慢的，迁移的对象大多是底层的农民或贫民，他们的文化程度低，社会影响小，对迁入地区不会产生急剧的、巨大的影响。这类移民多数不见于史籍的直接记载，数量更不易推断。即使在一些发生过相当集中的移民的地区，往往也只能在地方志中留下一鳞半爪的痕迹。年代久远的，甚至已经没有片言只语可寻了。如明清时期南方由平原向山区的移民，由内地向边疆的移民。但是这类移民几乎随时都在进行着，由于持续时间长，涉及范围广，累计的总数就非常大。尤其是在边远地区、山区和其他处女地的开发，大多是由这一类移民进行或奠定基础的。

当然，我们很难说哪一类移民的意义更重大些，而且在不少情况下还很难将二者加以区别。我们也不能说对前者的研究已经足够了，但是对后者的复原和研究进行得实在太少却是人所共知的事实，也是有关学者们的共识。由于史料的缺乏，对后者的研究无疑更加困难。而且即使我们尽最大的努力，也只能发现其中的一小部分。可是如果缺少了这一部分，就不可能有完整的中国移民史，所以填补这方面的空白是本书无可回避的责任。对近代以前的移民过程，要运用文献研究以外的方法加以复原，或者通过实地考察来解决全部问题,大概是不可能做到的。因此,文献资料的收集和运用仍然是我们研究的主要手段。

第一节　文献资料

在文献资料的收集和运用方面,前人和当今的学者虽然已经尽了很大的努力,但却并没有挖掘殆尽。一方面,这是由于传统的检索方法的局限,对分散在一些非专门史籍中的资料还没有充分地利用。例如在唐宋人的传记、墓志铭、神道碑、序跋和诗词文章中就有不少有关个人或家族迁移的记载,是研究移民史的重要材料。另一方面,有些类型的史料尚未引起人们的足够重视,或者人们还来不及加以整理利用,如家(族)谱和地方志等。

一、官方史籍的记载

历史上一些重大的移民运动往往会在官方史籍中留下记载,有的还是唯一见于文字的记载。如传说中的夏都的迁移、商都的迁移就见于《竹书纪年》《尚书》等典籍,秦汉以来的规模较大的移民在二十四史、十通、明清《实录》等史籍中都有所记载。

这些文献资料无疑是非常重要的,往往成为我们最重要的或唯一的文献依据。由于官方史籍大多数是纂修于当朝或下一朝,基本都有原始档案或官方文件的根据,所以所载移民的迁移原因、时间、迁出地和迁入地等一般是可信的。特别是某一次移民的总的数量,除了这类记载外,就找不到其他史料来源了。如秦始皇迁天下豪富 12 万户于咸阳,汉高祖迁齐、楚大族、燕、赵、韩、魏之后及豪杰名家 10 余万口于关中,汉武帝时迁关东贫民 72 万余口于西北,要是没有《史记》《汉书》中的记载,现在就无论如何也不可能研究出这样具体的数字来了。特别是一二千年以前的移民,现在早已无踪迹可寻,在其他古籍和家谱、地方志中也找不到什么可信的资料,离开了官方史籍就无法查考。

但官方史籍的局限性也是很明显的。首先,作者所记内容自然以对当时统治者的重要性及有利无害为取舍的标准,因而所载移民一般只包括由官方组织实施或强制实行的,至多只记载了那些得到官方认可的自发移民,而不会包括大多数自发移民。甚至连官方实施的移民也只有十分简略的记载,或者只记录了其中一些片断。如明初的大移民涉及上千万人口和大半个中国,但在《明实录》《明史》等官书中只有寥寥数段,使后人长期忽略了这次移民运动的规模和范围。其次,官方所载移民情况往往有头无尾,只有皇帝下令迁某地多少人至某地,结果如何,究竟有多少人迁成了,是否真在迁入地定居了,书中再也找不到答案。再次,史籍在流传过程中产生的错漏脱讹在所难免,不能完全信从。如前面提到的汉武帝迁关东贫民于西北,《汉书》上就多了"会稽"二字,一些学者信以为真,认为西汉时江南已开始大规模输出移民,由此引出一系列错误结论。

二、其他古籍中的记载

其他古籍可分为三类:第一类虽非官方史籍,却是以官方的文献资料为主要依据而编纂或撰写的,这类书的价值与官方史籍的价值是相同的。唐以前的官方史籍传世不多,这类书就更加珍贵。有的虽然仅存残卷甚或片言只语,但还是能证实某一方面的问题。如《史记》《汉书》《后汉书》《三国志》的注文中和一些类书中所引的佚书,往往包含了重要的史料。第二类是已经著录的出土文献,如古代的墓志铭、神道碑、碑刻、石刻、题记文字等,相当大一部分已在出土后被收录进有关的著作。有的原物早已不存,但却留下了拓片或传抄的文字。有的原来仅见文字记载,以后又为新出土的原物所证实。如在鄂伦春旗嘎仙洞发现的鲜卑石室中的石刻文字就与《魏书》所载基本相同,这就证实了《魏书》这一部分的真实性,为确定早期鲜卑人的活动范围和以后的迁移路线提供了很可靠的根据。这类记载的价值与出土文物基本相同,尽管其中难免有一些文字错误,也可能有个别伪作,但绝大多数可当作第一手的史料。第三类是或多或少记载着与移民研究有关内容的各类古籍,如公私文件、日记、行记、游记、奏章、传记、神道碑、墓志铭、诗文、书信、序跋、题记、歌谣等。由于内容非常分散,获得有用的资料就如同沙里淘金,往往翻遍一部卷帙浩繁的著作,也不一定能找到一二句话。但正因为作者当时并非有意作正面或全面的记载,所以倒比较真实地反映了某一个侧面的情况。例如某人的传记中讲到他何年何月从何处迁至何处,很可能正好证实了某一次移民中的重要一支;一份奏章中报告的内容,可能就是一次移民的具体原因;一种游记记录的某地人文景观,足以证明该地移民的重要地位;等等。当然这类记载也有其局限,如诗文内容往往多夸张,行记、游记所记可能出于道听途说,传记、墓志因扬善隐恶而失真,诸如此类,必须在运用中加以注意。

三、家(族)谱

在现存的超过 4 万多种家(族)谱[1]中,每一种家谱一般都详细地记载了先辈在何时由何地迁到了何地,比较完整地反映了该家族迁移的历史。对于一些自发的、小规模的、分散的移民,有关的家谱可能已成为唯一的文字记载来源了。因为普通的一家一姓的迁移,对社会固然不会有什么大的影响,自然不可能有载诸史籍的价值;但对于该家族的后裔来说,却是一件极其重大的事情。即使对于那些大规模的、官方安置的、集中的移民,正史和其他史料的记载也往往失之粗略,缺乏具体而详确的叙述,更没有定量分析。究竟有多少人,从哪里迁到哪里,迁移的路线有哪些,多少人定居了,多少人又返回或迁走了,移民的成分有哪些,等等,大多是找不到答案的。尽管一二部、一二十部家谱也不一定找得到完整的答案,但如果能集中若干种有关同一次迁移的家谱,就有可能作出比较具体的分析。在这类资料积累到一定数量时,再运用科学的计算方法,就会获得相当可靠的结果。

家谱的局限性也是明显的。一般的家谱都要找出一位煊赫的祖宗,不是帝王、圣贤,就是高官、名人,甚至要追溯到三皇五帝。由于这些上古贵人基本都出在北方的黄河流域,要使本家族特别是不在黄河流域的家族与这些祖先联系起来,就只能编造出一段迁移的历史。

一部分家族的确是有过迁移的,但为了把他们祖先的迁移史附会于历史上确实存在的大移民,如永嘉之乱、安史之乱、靖康之乱后的北人南迁,所以具体的迁移时间、地点就不一定正确。由于这些迁移都是历史事实,所以人们往往会对这些家族的来源深信不疑。但因为这些家族的祖先实际上并不是那些移民运动中的迁移对象,所以如果轻信了这些家谱中的记载,就会影响我们对移民历史的正确复原。例如,不少客家人的家谱中都有本族的始祖是东汉末年或永嘉之乱后从北方迁至今闽南、赣南或粤北的,国内外的客家研究学者大多都以此为根据肯定这是客家人的第一次大迁移。但如果我们对公元 2 世纪末至 4 世纪的北人南迁作一个比较全面的考察,就不难发现当时南迁的浪潮所及还离闽南、赣南很远。即使有一些零星移民迁至这一带,也不足以形成一个能使自己长期不被周围土著居民融合的独立群体。事实是,客家人南迁并形成一个不同于土著居民的群体并没有那么早,客家家族谱中关于始迁祖的记载并没有可靠的史实依据,而是出于后人的附会。

1　据武新立《中国的家谱及其学术价值》(《历史研究》1988 年第 6 期)统计,国内外收藏的中国家谱有 42 993 种,其中部分是重复的。但据我们所知,散在民间又未经著录或收藏的也还不少,如江西、湖南、福建、山东等省散藏于民间的远比见于著录的为多。

另一些家谱中所载始祖的迁移时间并没有错,但地点和原因却不一定对。这是由于有些家族始迁到某地的祖先当时既没有社会、经济地位,更没有文化,有的甚至还是以罪犯的身份被强制迁去的。到了有条件修谱时,一个家族一般都已支派繁衍,人丁兴旺,并有了相当的社会地位和经济实力,有的还成了书香门第、官宦人家,子孙们即使对祖先的来历弄不清楚,也不能在谱上出现空白;或者知道祖先是如何迁来的,却不愿意留下不大光彩的记录。常用的办法,一是根据当地最主要的移民来源将本族的祖先当作其中的一员,一是将迁入时的目的或身份改得尽可能地体面。例如,苏北地区不少家谱都说祖先是明初由苏州或苏州阊门迁来的,其中大部分就不一定是事实,有的可以肯定不是来自苏州,而是迁自江南其他地方。主要原因是当时朱元璋的确曾从苏州迁过一批富户到苏北,这批人虽然被迫迁移,但毕竟有经济实力,文化水平也较高,自然成为苏北地区移民中的上层和主流阶层。迁自其他地方的零星或贫穷移民,当时既没有必要也不敢冒称来自苏州,但到他们的子孙发达后修家谱时,无论是弄不清祖先从哪里来,还是故意回避,写上祖先由苏州迁来都是顺理成章的事了。又如一些家谱称始迁祖是在明初"奉旨分丁""奉旨安插",或者是来某地当官、驻防的,实际上可能朱元璋根本就没有下过这样具体的圣旨,这些始迁者也不是什么官员或将军,所谓"奉旨"无非是流亡到此开荒定居后得到了官府承认被纳入编户,或者就是被绑着双手押送来的。

以上两种情况尽管在具体情节上有出入,该家族是移民后裔倒是事实,所以只要认真分析,再结合其他史料,还是可以大致弄清历史真相的。但第三种情况就根本不存在迁移的事实,家谱中的记载千万不可轻信。这主要发生在南方或边疆地区的少数民族中。随着汉族移民的增加和经济文化的进步,当地一部分少数民族家族也发达起来,但在封建社会民族歧视政策的影响下,要取得与汉族同样的社会地位还是相当困难的。所以有了一定的社会地位和经济实力的少数民族家族,就通过修家谱将自己的祖先说成是来自中原的汉族,如谪居的官员、从征的将士、流落的文人等。由于这也满足了汉族官员和士人的民族优越感,所以很容易得到他们的认可。如从唐朝后期起世居贵州的杨保族,到明初就编出了是北宋杨家将之后的谱系;不少广西的壮族家族都说祖先是宋朝随狄青征蛮而迁来的;清朝贵州独山学者莫与俦、莫友芝父子明明是布依族,却要说是迁自江宁。这一假象如果不识破,我们就会编造出根本不存在的移民史来。

四、地方志

现存的 8 000 多种地方志,绝大多数纂修于明、清及民国时期。这些方志在追溯历史及引用其他史料时往往会错误百出,但在记叙当地、当代的事件与状况时却大体是可信的。尽管也颇有详略失当之处,却保存了不少不见于其他任何书籍的史料。与家谱的记载相比,方志的史料一般更加集中、更加重要,大多是对该地方有相当影响的移民及有关情况。此外,方志中还保存着一些有价值的原始资料,如有关的文书、告示、诗文、歌谣,以及反映移民背景的记载,如风俗、方言、物产、会馆、祠庙、氏族、户口、赋役、地名,等等。有些资料的原物早已不存在了,就靠方志的记载或总结才得以保存至今。如方志中的"氏族"一门所依据的家族谱牒,今天一般已难收罗得如此齐全。尽管我们无法见到原本,但利用这一门的统计数还可以分析移民家族的来源、迁入时间、定居后的具体分布和规模。正因为如此,要研究明代以来的移民,就绝对离不开方志。仅仅依靠全国性的史籍和其他著作,就不可能取得具体可靠的研究成果。

近年来已经问世和正在编纂的新方志大多承接以前的志书,填补了数十年或百余年的空白。在编纂的过程中,各地搜集和记录了大量珍贵的史料。许多地方还利用地名普查和人口普查的资料和数据,编成了地名录、姓氏录、人口志、民族志、氏族志等实用的工具书。这些都为我们提供了新的资料来源。

在以上这些文献资料的收集和运用中,对间接的记载也应该予以充分重视。这是因为移民和人口一样,是社会、自然和人类自身活动的复杂产物,不仅有深刻的原因,也会产生其必然的广泛影响。所以有关其原因和影响的记载反过来也能用于复原移民史的某些片断,考察移民本身的过程、范围和数量等各个方面。

不过,文献资料毕竟是有限度的,直接的记载更是可望而不可及。即使作出更大的努力,文献资料中存在的巨大空白,特别是唐宋以前的阶段,显然还将是无法填补的。这就需要寻求非文献的研究方法,使用新的研究手段。

第二节　文献以外的研究方法

运用文献考证以外的研究方法,其原理与前者并无二致,只是适用的范围有所不同。这是由于移民的影响或痕迹有的本来就没有进入文献记载,有的虽曾进入却早已散佚了。但在一些相对闭塞、流动较少、发展缓慢的地区,以往移民的影响或痕迹依然不同程度地存在着,尤其是在风俗习惯、方言、宗教信仰、姓氏、地名、建筑形式、文物古迹等方面,有可能通过调查考察加以收集,并通过各相关学科的研究手段加以复原。由于这些事例或数据大多既零散又繁琐,而且分布不均、多寡悬殊,非有合理的抽样方法和缜密的统计手段不可。

文献记载与实地调查考察这两方面实际上是密不可分的,因为只有把这两方面的研究结果互为补充,互相印证,才能相得益彰。不进行实地考察固然无法弥补文献记载的不足,也不能使抽象的记录具体化;但如果完全脱离文献记载,实地考察的结果也不可能全面深入,更不可能与当时全国或更大范围的移民形势联系起来。

非文献的研究方法一般都要借助其他学科的研究手段和成果,主要有:

一、考古学的方法

主要是通过考古发现或鉴定的遗址、遗物及其地理分布来证实、否定或补充文献资料的记载。对离今天较近的移民运动有可能进行实地考察,因为在移民的迁入地或迁出地都可能找到能够反映移民现象的一些实物,并可能向移民本人或他们的后裔以及其他人员作调查,收集口述史料。例如对本世纪三四十年代向东北地区的移民作研究时,我们完全可以在东北各地或山东、河北等输出移民的地区找到移民本人、他们的子女后人以及直接间接了解迁移的具体情况的人,也可以发现很多第一手的档案文书、照片和实物。但对上古时代或数百上千年前的移民就无法作同样的调查,除了文献记载外就只能依靠考古研究的成果。

考古发现的遗物和遗址是当时社会和人们物质生活的一部分,尽管可能只是其中一个小小的片断,但毕竟真实地保存了这个片断,为我们正确复原历史事实提供了可靠的基础。例如,《后汉书·西羌传》中有这样一段话:

> 至爰剑曾孙忍时,秦献公初立,欲复穆公之迹,兵临渭首,灭狄獂戎。忍季父卬畏秦之威,将其种人附落而南,出赐支河曲数千里,与众羌绝远,不复交通。其后子孙分别,各自为种,任随所之。或为牦牛种,越嶲羌是也;或为白马种,广汉羌是也;或为参狼种,武都羌是也。

根据这一记载,羌人的一部分在公元前 4 世纪后期曾经有过一次大迁移,从渭河上游迁至黄河上游河曲地区,又南下直到今四川西部和云南。由于这段文字相当简略,有关这次移民的具体情况语焉不详,究竟是否可信不无疑问。但根据现有的考古发现,在今横断山脉地区、四川岷江上游和川西其他地区存在一种"石棺葬文化",具有明显的游牧民族特色,其渊源就是西北甘青地区的氐羌文化。这一文化的年代上限相当于西周晚期,而盛行于战国至西汉时期。这就证明,羌人的南迁确有其事,并且在西周晚期就开始了。

又如扬雄的《蜀王本纪》的佚文是目前传世最早的关于蜀地先民来源的史料,但其中羼杂着神话、传说的成分,加上内容残缺,很难作出合理的解释:

> 蜀王之先名蚕丛,后代名曰柏濩,后者名鱼凫,此三代各数百岁,皆神化不死,其民亦颇随王化去。鱼凫田于湔山,得仙,今庙祀之于湔。时蜀民稀少。
>
> 后有一男子,名曰杜宇,从天堕,止朱提。有一女子名利,从江源井中出,为杜宇妻。乃自立为蜀王,号曰望帝。治汶山下,邑曰郫,化民往往复出。
>
> 望帝积百余岁,荆有一人名鳖灵,其尸亡去,荆人求之不得。鳖灵尸随江水上至郫,遂活,与望帝相见。[1]

这里提到蚕丛、鱼凫、杜宇、鳖灵的来历,实际上是不同部落首领的迁移和消长,但仅仅依靠这几句话是很难作进一步推断的。而近年来对四川广汉三星堆出土文物的研究成果,使我们已有可能对其中一些部落的兴衰过程和大致时间作出新的判断,至少证明了扬雄的说法并非完全出于后人的附会和想象。

又如《史记》载周人古公亶父之子太(泰)伯和仲雍由今陕西迁至江南,在今无锡一带建吴国。到周武王克殷后,其五世后人虞仲又被封于中原今山西南部。但1954年在江苏丹徒烟墩山出土的《宜侯夨簋》上的铭文和周围地区出土的大批文物都证明,江南的吴国是在周康王时由山西的虞国分封出去的,其地先在长江北岸今江苏仪征一带,以后迁至丹徒附近,再由宁镇丘陵发展到以东的平原地区的。

---

1 严可均辑《全后汉文》卷53,中华书局1991年影印本,第414页。按"从天堕止朱提有一女子名利"句或断为"从天堕止,朱提有一女子名利",则以朱提为地名,但"堕止"义甚牵强。今断此句于"朱提"后,以朱提为树木名,非地名,而女子出处即"江源井",与汶山相去不远。

当然考古学的方法也不是万能的。考古研究的依据是出土或传世的遗址和遗物,但经过数百数千年自然和人为的破坏,能够保存到今天的遗址和遗物只是极少的一部分,并且因各地区间自然与社会条件的差异而多寡悬殊。如在西北人口稀少、气候干燥的地区,古代的遗址遗物保存较多,受到破坏也较少;而在东南人口稠密、气候湿润、地下水位高的地方,遗址遗物存在的可能性就要小得多。其次,古代遗址遗物发现的多少还取决于人们发掘的状况,已经发现的文物并不一定反映了它们存在的实际情况。至今没有发现或很少发现古代文物的地方不等于就没有或很少存在文物,更不等于说历史上就没有存在或很少存在过这些物品。可是考古研究却只能以已经发现的遗址遗物为根据,只能据已有的证据说话,所以即使是最完满的研究成果也不可能完全取代文献资料,不能运用于所有的历史时期或各个地区,更不能解决所有的问题。

除了某些特殊情况外,遗址遗物中的文字资料是相当有限的,所以根据考古研究得出的结论往往很难在时间、地点、数量、名称等方面作出精确的判断,需要与文献资料的研究结合起来,才能互相印证,相得益彰。

运用考古成果时,还应注意将遗址和遗物区别开来。遗址是不能移动的,据此判定的地理位置是不会错的。但遗物一般是可以移动的,其原因又极其复杂,所以遗物出土或发现的地点并不一定就是该物的原产地或原持有人居住的地方。例如春秋吴国的器物在当时楚国的地方出土,不能据此就断定吴国人曾经迁移到了楚国,或者曾经占领过这个地方,因为楚国人或其他人也可能将这些器物带到了楚国。而且有些器物是可以长期保存或使用的,这些器物的出土并不一定能为某一历史事件确定时限。如在某地出土的明代的瓷器很可能是清代的移民由外地带来的,不能因此肯定这里必定有明代迁入的移民。

二、人口学的方法

移民本身就是一种人口现象,属于人口学的研究范畴,人口学的方法用之于移民史研究自不待言。但在移民史的研究中,由于资料的不足,历史人口学的研究成果往往能起特殊的、决定性的作用。

在一个范围固定的区域中,人口数量的变化就决定于两方面:人口的自然增长和因迁移造成的机械增长。在不发生大规模的天灾人祸的条件下,一个地区在较长时期内的人口自然增长率不会有很大的变化;在自然和社会条件大致相同的情况下,地区之间也不会有很大的差异。根据这一原理,一个地区的人口实际增长率特别是地区之间和不同年代之间的比较,可以作为判断是否有过移民的根据,也可以用于推算移民的数量。

假定一个地区的常年年平均人口增长率或作为参照的同类地区同阶段的年平均增长率为 R_1,要进行研究的某一特定阶段的年平均增长率为 R_2,如果 R_1 与 R_2 有较大的差距,而在这一阶段又没有发生过重大的天灾人祸,那么就可以考虑该地属于移民迁入地或迁出地的可能性。例如从西汉元始二年(公元 2 年)至东汉永和五年(140 年)之间,零陵、长沙和桂阳三郡的人口年平均增长率分别达到 13.5‰、11.6‰ 和 8.3‰,而同期全国人口的年平均增长率估计不会超过 7‰,南方其他地区的年平均增长率估计不会高于5‰。据此可以断定,这三郡在这一百多年间有大批移民迁入,属于移民迁入区。

在此基础上,我们可以进一步推算移民的数量。设某一地区在特定阶段中的理论年平均增长率(即该地的常年年平均增长率或作为参照的同类地区同阶段的年平均增长率)为 R_1,就可求得该地在这阶段末的理论人口总数 P_1。以该地该阶段的实际年平均人口增长率为 R_2,即可求得在这阶段末的实际人口总数 P_2;或者可使用现成的实际人口总数 P_2。P_2 与 P_1 的差距就是该地在这一阶段间迁入或迁出的人口总数。如果这一阶段较长,如超过了一代(二三十年),那么对迁出来说,这是指迁出的人口的总数;对迁入地来说,是指迁入的人口与他们的后裔的总数。

这一判断似乎相当简单,但在运用时却必须十分谨慎,特别是不能将传统史料中的户口统计数不加分析地当作实际人口数来运用。上面所提到的人口年平均增长率必须是真正的人口增长率,而不能用户口增长率。历史上很多情况下的户口负增长实际上并不反映实际的人口变化,而只是户口隐漏越来越严重的结果。如果误以为凡是没有发生较大天灾人祸期间户口数量有较大幅度下降的地区都是人口迁出地区,那就是上了虚假的户口数字的大当了。同时还应注意数字的可比性,即在所研究的阶段中这些人口数据所代表的地域范围必须相同。由于历史上行政区划的变化有时十分频繁,在不能选择相同的地域范围的条件下,就应充分考虑这一因素产生的影响。

一个地区人口性别比的变化也能反映移民的特征。一般说来,在输出和输入移民都很少的地区,人口的性别比比较稳定,在短期内不会有大幅度的变化。但在移民迁入地,特别是移民占当地人口大多数的地区,人口的性别比会发生较大的变化,并且因移民成分和迁移条件的不同而有明显差异。移民的家庭结构和规模(户均人口)也有这样的变化特点。和平时期移民的性别比和家庭规模比较正常,战乱时的移民因残破家庭及单身较多,迁移途中死亡率高,所以在定居后性别比往往偏高或偏低,户均人口少。上层移民和官方资助的移民性别比和家庭规模比较正常,下层移民、自发的开发性移民、军事移民、由农村迁入城市的第一代移民中间男性人口的比例较高,单身多,户均人口少。迁出地区一般会产生相反的结果,但如果迁出人口在总人口中所占比例不高,这些结果不会有明显的影响。人口结构的这些变化规律反过来可能用以推测移民的状况,但由于历史时期基本上没有性别比统计数据,缺乏可靠的家庭规模数据,使这一方法在多数情况下只具有理论上的意义。

三、历史地理学的方法

移民史研究的很多方面与历史人口地理的研究是重合的,而历史人口地理是历史地理学的一个分支,所以历史地理学的多数研究方法完全适用于移民史研究。而且,同一切发生的历史时期的事件一样,移民史研究离不开具体的疆域、政区的范围和地理坐标的确定,也离不开历史时期地理环境的复原,这些都得借助于历史地理的研究成果。另一方面,历史上的移民既有适应地理环境的一面,也有促使地理环境——无论是人文的还是自然的——发生变化的一面。因此,通过复原历史地理环境及其发展变化的过程,有可能显示出移民过程及其影响的某些片断,弥补文献资料的不足。这里举两个例子:

政区设置过程的分析。在正常情况下,新的政区的设置与地区开发和人口的增加是一致的,因此分析某一地区中行政区域设置的过程和这些政区相互间的关系,就可以复原出该地区的开发过程,也就可能了解该地区内的人口迁移过程和方向。

谭其骧先生从行政区域的设置过程着手,论证浙江省的开发过程,就是一个成功的例子[1],也是移民史研究可以利用的成果。他的根据就是"一地方至于创建县治,大致即可以表示该地开发已臻成熟";"所以,知道了一个地方是什么时间开始设县的,就大致可以断定在那个时候该地区的开发程度已经达到了一定的标准。弄清了一个新县是从哪一个或哪几个老县分出

1　见《浙江省历代行政区域——兼论浙江各地区的开发过程》,原载 1947 年 10 月 4 日杭州《东南日报》,收入《长水集》上册,人民出版社 1987 年版。又见《浙江各地区的开发过程与省界、地区界的形成》,载《历史地理研究》第 1 辑,复旦大学出版社 1986 年版。

来的,也就大致可以肯定开发该县的动力,即最早来那里开垦的人民是从哪里来的。"根据浙江省各县设置的先后和析置所自,推断出省内移民的时间、过程和范围。在研究及复原相邻地区间的移民时,这种方法无疑是有其应用价值的。边疆地区、新开发地区行政区域的设置过程往往也是与移民的定居过程和数量增加一致的,所以也能应用这一方法。

迁移路线的复原。对移民的迁移路线,史料中往往缺乏具体的记载,即使是一些规模很大的移民运动也不例外,有关早期的移民迁移路线的记载更加简略。在机械交通工具问世之前,地理环境对人类的交通具有很大的制约性。尽管可能出现个别特殊情况,大多数移民的迁移路线还是会取在当时条件下克服地理障碍最便利的一条。因此我们只要复原出当时自然地理和人文地理环境,或者复原出当时的交通路线,再结合史料中的记载,就可能大致确定移民的主要迁移路线。要做到这一点,关键在于既要了解古今在地形、地貌、水文等自然地理景观的变化,也要充分注意到人文地理因素的影响。例如黄河下游的改道、海河水系的形成、长江三角洲地区水道和海岸线的变化都会使通过这些地区的交通线发生变化,运河的开凿或废弃、河堤和海塘的修建也会改变交通线和交通方式。

四、地名学的方法

移民的迁入地、迁出地以及迁移路线都涉及大量地名,这些地名的点、线、面的确定虽然主要通过历史地理的方法,但也离不开地名学的研究方法和成果。移民还导致地名的发展和变化,所以对这些发展和变化的考察又反过来可以用来发现或证实移民的事实。

物质生活和精神生活上的各种差异使不同地区、不同时期、不同民族的人们命名了各种不同的地名,其中一部分在读音、用字、意义、结构或命名方法上具有鲜明的地区、时代或民族特点。通过对这些特点的收集、归纳和分析,往往可以了解历史上某一类人口的分布和迁移过程。例如江南的很多古地名都以于、余、姑字开始,显然都是由古越人命名,证明这些地方曾经是越人的居住区。山东半岛在秦汉时还有不少以"不(音夫)"字开头的地名,这类地名的分布反映了此前土著民族的分布范围,也可以看出由西周分封而来的鲁、齐二国与土著的消长过程。在不同类型、不同时期的移民交错叠加的地区,这类地名往往成为判断不同移民群体的界线的依据。

古代的非汉族基本上没有留下系统的文字记载,现存的历史地名大多是用当时的汉语读音记录下来或翻译的。因此我们在研究时一定要注意区别地名不同的民族语源和方言来源，不能认为凡是同一个汉字的地名都出于同一来源，更不能望文生义，只用汉语的意义对非汉族地名作牵强附会的解释。有人把带有某一个汉字的地名都看成某国或某族的迁移所及，因而得出了与历史事实大相径庭的结论。

由专名和通名组成的地名，通名部分的不同往往直接反映了移民的结果。如按照明朝的制度，土著之民编为里，迁发之民编为屯，所以华北各地带屯的地名一般都起源于移民村落，一个地方里、屯的数量和比例大致能代表土著、移民的数量和比例。西南地区带屯、营、堡、旗的地名，往往与明清时的军事移民有关。各地的卫、所，基本上都是明代卫所制度的产物，可以追溯到明代的军事移民。专名部分的特点虽然没有那么明显，但也可以作为研究的线索。例如在"迁安""来安""归安"一类祈愿性的地名集中出现的情况下，一般都可以作为存在着移民聚落的佐证。

由于人们有将原来的地名使用于新迁入地的习惯，所以历史上出现过无数次地名搬家，原来在北方的地名以后出现在南方，本来应在沿海地区的地名却转到了山区，域外民族和少数民族的地名却在汉族聚居区落了户。原始地名的转移过程在很多情况下是与当地人口的迁移过程一致的，而且由于少量的、流动的人口一般不可能引起这种转移，所以一个原始地名转移的完成实际上就标志着一次移民运动的完成。如从甲地迁出的一批移民，如果他们只在乙地停留了一个短时期，或者其中有少量的人迁入了丙地或丁地，一般是不可能将甲地的地名转移到乙地、丙地和丁地的，要等到他们中的大部分在戊地定居后才有可能用甲地的地名命名他们的新居住地。在文献资料缺乏的条件下，这无疑又提供了一种有效的研究手段，使我们得以通过考察地名转移的过程来复原移民的迁移和定居过程。如商人喜欢将他们的部落首领居住的地方或都城称为"亳"，所以在黄河中下游留下了不少带"亳"的地名，以考古发现结合文献资料确定这些亳的存在年代或出现先后，就可以描绘出商人的移民过程。当然商人在迁移过程中居住过的地方不止这些亳，但我们可以肯定亳是数量较多、地位较高的商人比较稳定的、主要的定居地，研究这些地名比其他地点具有大得多的意义，也更符合我们所规定的移民的定义。

在原始地名出现过大规模的、系统的转移的情况下，这种方法就更加有效，有可能据此复原整个移民过程。最典型的例子是西晋永嘉之乱后北方人口南迁后，东晋在南方大量设置侨州、郡、县。这些侨州、郡、县不仅使用原来的行政区域名称，其居民也主要由原政区的人口构成。北方除了地处辽东的平州外，各州都在南方设置了相应的侨州、郡、县。这些侨置政区的设立过程和地理分布，基本上也就是北方移民的定居过程和地理分布；谭其骧先生《晋永嘉丧乱后之民族迁徙》一文就是运用这一原理的成功范例。根据这些侨郡县在南朝宋时的户口数，还可大致推算出这次移民的规模。

又如：明初的洪武、永乐年间曾多次将大量山西人口迁至华北，所以在今北京市郊县至今还保留着大量以山西地名命名的村落名称。如在今顺义县西北有绛州营、稷山营、河津营、夏县营、红(洪)铜(洞)营、忻州营，今大兴县凤河沿岸有石州营、霍州营、解州营、赵县营、留民营、沁水营、长子营、河津营、北蒲州营、南蒲州营、上黎城、下黎城、潞城营、屯留营、大同营、东潞州、包头营、山西营[1]。值得注意的是，凤河西岸还有北山东营，与文献所载永乐二年也有山东移民是一致的。全面调查这些地名的分布情况和规律，无疑能弥补文献记载的不足，有助于确定山西移民的具体来源和定居过程。

运用这种方法时，必须注意地名在转写、转译过程中的变化。古汉语的发音与今天不尽相同，不同地区、不同民族对同一个地名的发音也会有差异，在将非汉族的地名翻译或转写成汉语的过程中也会产生误差，原来不同的地名可能会变成相同的汉字，而同一个地名却会产生不同的译名，因此简单地根据汉语地名或今天的读音就会得出错误的结论。西汉张掖郡有一个骊靬县，而汉朝的史料如《史记》《汉书》《说文解字》等将大秦国(罗马帝国)称为黎轩、黎靬、犁靬、黎汙或丽轩等，所以长期以来人们都认为这个县的来历与大秦有关，甚至认为此县就是以大秦的眩人(杂技演员)或降人设置的；也有人认为骊靬是亚历山大的异译，所以此县应与亚历山大有关。但是在《汉书·匈奴传》中还载有一个匈奴的犁靬王，他曾在昭帝元凤三年(前78年)率4 000骑入侵汉朝的张掖郡，被击败后仅数百人逃脱，立下战功的义渠王被封为犁汙王。以后的骊靬县就在这一带，所以得名于犁靬王的可能性更大，而此县与大秦国的关系倒缺乏可靠的证据[2]。

在一个新开发地区，随着定居人口的增加和新的聚落的形成，必然会有新的地名陆续出现。在原来已有一定开发程度的地方，如果有大批移民迁入并且保持聚居的话，也会出现一批新的地名。正如前面已经指出的，新地名的出现可以视为一次移民运动完成的标志。明清时期，大批移民陆续迁入南方和西南山区，在那里建立了一个个居民点。这些居民点一般都以移

1　转引自尹钧科《明代北京郊区村落的发展》，载《历史地理》第三辑，上海人民出版社1983年版。

2　详见拙文《天涯何处罗马城》，载《往事和近事》，生活·读书·新知三联书店1996年版。

民的原籍为基础,所以如果能查清它们的建立年代和各自的移民来源,就为这一移民过程确定了时间和空间的范围。类似的情况也发生在台湾和东北的移民过程中,因此也可以由这一途径入手进行研究。

本书的作者之一曹树基在研究明清时期江西移民时,曾作过一次有益的试验。他利用计算机,以 Prolog 语言设计了一个追踪自然村原籍的系统,对江西奉新县丘陵山区的 1 148 个自然村进行原籍的追踪检索,并对所含的人口进行了统计,结果得出了明以前及明洪武、隆庆,直到解放后共 10 个时期按本县、本区、赣南、江西其他地区、福建、广东及其他省 7 项分类统计的原籍及人口数。当然,重要的前提是,对这些自然村的始建时间和移民来源的判断是正确的,否则任何结果都将不可信。曹树基的设计正是建立在对地名调查的正确性经过充分验证核实的基础上的。

对移民形成的自然村的统计和分析,还可以作为对移民作量化分析的基础。尽管自然村有大小之分,移民数量有多少之别,但在同一阶段形成的同类自然村如明朝永乐年间在平原地带形成的自然村的人口数量不会有太大的差别,可以大致作为同一个数量等级。但由于移民定居后的自然增长,不同阶段形成的自然村最终的人口数量是不同的。一般说来,形成的时间越早,人口数量越多。所以,如果我们掌握了一个地区内由移民构成的自然村的形成时间和数量,就有可能作出比较正确的数量分析。

五、语言学的方法

方言众多是汉语的一大特点,语言学家根据各种方言的基本特征及其地理分布,在汉语区划出了若干方言区和亚区。现代汉语方言区的形成与历史时期的移民活动有密切的关系,同样,历史时期的方言区也与此前的移民活动有密切的关系[1]。原始的方言区主要受到自然地理环境的制约,但当人口在不同方言区之间迁移时,移民就对方言区的变化起了重大的甚至是决定性的作用。来自其他方言区的移民对迁入地原有方言有影响取决于四个主要因素:

一是移民的数量,既包括其绝对数量,也包括其相对数量,即在迁入地总人口中所占的比例。数量太少的移民一般不可能对当地的方言造成明显的影响,只能被当地的方言所同化。数量稍多的移民可能会对原有方言造

1　有关这些方面的详细论述,参见周振鹤《现代汉语方言地理的历史背景》,载《历史地理》第九辑,上海人民出版社 1990 年版;周振鹤、游汝杰《方言与中国文化》,上海人民出版社 1986 年版。

成影响,使其发生一定的变异,但还不足以完全改变或取代原有的方言。只有数量相当大,如占压倒优势时,才能使原有的方言发生根本性的变化,或者能够用移民自己的方言取代原有的方言。但数量的标准不是绝对的,还要受到其他因素的影响。

二是移民的集中程度。所谓集中,既指居住地的集中,也应指迁入时间的集中,即足以在一个特定时期内产生使移民在迁入地的全境或某一局部占压倒优势的条件。有时迁入的移民绝对数量并不少,但由于居住分散,所以还是淹没在土著人口之中;反之,聚居的移民尽管人数不多,却能在局部地区形成自己的数量优势,或形成一个相当封闭的语言环境。同样,分散在很长阶段内迁入的移民,由于每年迁入的数量有限,所以也先后被当地方言融合,很难形成外来方言的优势。

三是移民的社会地位。移民的社会地位越高,文化经济上的优势越大,掌握的行政权力越大,他们的方言对当地原有方言的优势也越大。这一方面是由于社会地位高、文化经济先进或大权在握的移民不仅有强烈的方言优越感,而且可以利用自己的影响和权力来保持和推行自己的方言,至少可以不受到迁入地原有方言的强制同化。另一方面,土著居民为了迎合这些上层移民的需要,或出于对先进文化的仰慕仿效,或受到官方的压力,会改变自己的方言,甚至完全放弃原有方言,改而采用移民的方言。如在南宋的都城杭州城中,来自北方特别是首都开封的移民不但数量多,而且包括皇帝宗室、文武高官、富商大贾、文人学士等上层人士,使移民拥有至高无上的社会地位和经济、文化优势,天长日久,原有的杭州方言被一种新的、带有明显的开封话特色的方言所取代,以至时至今日,杭州话还是带北方味的半官话,与毗邻地区的方言完全不同。又如明朝随卫、所驻屯而迁入各地的军事移民,尽管一般数量不多,但由于居住地高度集中,在当地居统治地位,又有较严格的军事组织,所以他们的方言得以长期延续。客家人虽不一定有高于迁入地土著居民的社会或经济地位,但他们有强烈的方言意识,因此也一直保持着自己的方言。

四是移民的方言与迁入地原有方言间的差异。差异越大,语言上的冲突越激烈,不是"你死我活",一种方言消灭另一种,就是势均力敌,长期并存。而在差异不大的情况下,往往容易相互影响,使原有方言发生微小、缓慢的变化。

上述这些因素不是孤立存在的,也不是孤立起作用的。移民与迁入地的土著居民间的方言关系是如此,不同来源的移民群体间的方言关系也是如此。历史上和当代汉语方言区的形成与移民有如此密切的关系,那么通过对这些方言区及亚区的考察自然也可以反过来复原历史时期移民活动的若干片断。如上面提到了杭州的方言与北宋末开始的北方移民的迁入就是一个典型的例子。在缺少文献资料的情况下,方言往往能成为确定某次移民运动是否存在,移民来自何处,何时迁入等问题的重要证据。

汉语区中还存在一种"方言岛",即一个或大或小的地区内的人口使用一种与周围地区不同的方言。方言岛与移民的关系更加密切,特点也更明显[1],尤其值得移民史研究者重视。

六、社会学和文化人类学的方法

人口是文化最基础的载体,迁出地的文化通过移民这些载体传播到他们的迁入地。与方言一样,迁出地文化在迁入地会发生各种变化,或兴或衰,或存或亡。由于物质的、精神的文化现象异常复杂,传播和存在的条件迥异,所以有的很快消失,有的却能长期存在;有的天下皆然,有的却独此一家。我们要研究移民史,就得选择既与移民活动有因果关系,又能在较长时间内稳定存在的文化现象,利用社会学和文化人类学的方法进行考察和分析,作为移民历史的佐证。

在物质文化方面,民居的建筑形式是有代表性的。民居不同于官方建筑,后者是权力和制度的象征,所以必须有一定的规范;前者虽然也受到气候、地形、地势、建筑材料等条件的制约,但在形式上却比较自由,因此有鲜明的地方特色。这些特色往往会随着移民的迁移而扩大到他们的迁入地,并且保持相当长的时间;不同来源的移民会有各自的民居特色,一段时间内能在同一迁入地并存;但先进的、适应本地条件的民居形式最终会取而代之。如江南古越人住的是干栏式建筑,但北方汉人迁入后逐渐消失。唐宋时今湖南很多地方的民居是板屋,以后随着江西移民的迁入,板屋为砖房所取代。清代后期迁入广西桂平县的移民主要有广(州)肇(庆)派、嘉(应州)惠(州)派和闽派三大集团,也保持着各自的住房形式。

在精神文化方面,民间信仰和崇拜也是有代表性的。在众多的民间俗神中,有一部分是具有强烈的地方特点的,如妈祖、许真君、二郎神等。但移民打破了原来的信仰地域,将它扩大到了新的居住地,出于对这些地方神的

---

[1] 有关方言岛及其与移民关系的论述,参见游汝杰《汉语方言岛及其文化背景》,载《中国文化》第 2 期,生活·读书·新知三联书店 1990 年版。

崇拜而建立的宫观寺庙也出现在移民的迁入地。这类建筑物的出现不仅是某地移民存在的证据,而且说明他们已有相当的数量,并具有相当的经济实力。如万寿宫、萧公祠是江西移民的专利,妈祖庙或天妃宫是福建人或客家人的活动场所,玉王宫、寿福寺为湖南人所建,蜀王庙必定来自四川。城隍庙虽各地都有,但各个城隍爷却都是具体的人物,移民往往会将故乡的城隍爷搬到迁入地去,如18世纪时很多西南城镇的城隍爷都是四川、湖南、江西籍贯,这些城隍庙显然是移民所建。

民俗可说是物质文化和精神文化的混合,因此移民既要保持并传播其迁出地原有的风俗习惯,也不得不加以改变以适应变化了的物质条件。一般说来,受物质条件限制较大的日常生产和生活的习惯只能适应迁入地的环境,所以改变较快;而婚丧节庆、祭祀、禁忌等活动以及较少受到物质条件限制的某些生活习惯、称谓等往往能在迁入地保持很长的时间。所以,某种喜庆仪式、丧葬方式、禁忌、饮食癖好、装饰、称谓就能成为区别移民与土著、不同来源的移民、迁入先后的移民的标志。

由于我们需要研究的是历史时期的移民,绝大多数已不能通过实地调查的方法来加以考察,所以以上六个方面的方法一般也离不开文献资料的帮助,并且很难依靠某一种方法解决全部问题。尽管任何一种方法都有其局限性,但多种方法的结合、文献资料的研究与非文献资料的研究结合,就为我们提供了最大限度地复原移民历史事实的可能性。但是我们也应该清醒地认识到,历史毕竟是历史,总有一些历史事实是永远无法了解的,移民史也是如此。

（《中国移民史·导论》,选自葛剑雄著《中国移民史》第一卷,

福建人民出版社1997年版）

中国人口史·导论

表　目

第一章

人口与人口史

中国人口史研究的对象是中国人口的历史，我们首先必须明确的概念就是人口。

第一节 人口的定义

"人口"一词尽管出现很早，但当时的含义与此后长期沿用的含义、与现代"人口"的定义并不相同。

一、古代"人口"的含义

中国古代没有今天意义上的"人口"一词，"人"与"口"一般都单独使用，各有自己的含义。但在作"人"或"人口"解释时，它们的含义大致相同。不过在相对于表示家庭的"户"时，作为个体的人就被称为"口"，而不称为"人"。随着户籍制度的形成和确立，"口"成为一个法定人口统计单位，从最早的《汉书·地理志》中西汉元始二年(公元2年)户口数到清代的都是如此。

笔者曾利用香港中文大学中国文化研究所编纂的《先秦两汉古籍逐字索引丛刊》，检索其中已经出版的全部典籍(《周礼》《礼记》《大戴礼记》《仪礼》《周易》《尚书》《毛诗》《论语》《孟子》《春秋左传》《公羊传》《穀梁传》《尔雅》《孝经》《逸周书》《山海经》《穆天子传》《燕丹子》《尚书大传》《孙子》《尉缭子》《吴子》《司马法》《晏子春秋》《战国策》《商君书》《吕氏春秋》《韩诗外传》《孔子家语》《说苑》《文子》《越绝书》《吴越春秋》《古列女传》《淮南子》《春秋繁露》《汉官六种》《白虎通义》《法言》《太玄经》《盐铁论》《东观汉记》《潜夫论》《焦氏易林》《京氏易传》《新语》《申鉴》《中论》)，仅在徐幹的《中论》中找到了一处"非屈人口也"使用"人口"这个词。但查对原文后就发现，这里的"人口"原来并不是一个词。《中论·覈辩》："夫辩者求服人心也，非屈人口也。"[1]（辩论的要求是服人家的心，而不是为了要封住人家的嘴巴。）显然，这里的"人口"是"人之口"的简写。此后又在网上检索了先秦诸子，也没有新的发现，仅见于《老子》中的一处实际也与上述情况相同[2]，只是"人"与"口"字正好相连，而不是一个词组。

在《史记》卷56《陈丞相世家》中，有西汉初吕太后（刘邦妻吕雉）引用的一句"鄙语"（民间谚语）"儿妇人口不可用"（小孩子和妇女的话信不得）。这里的"人口"并不是一个词，而是与前面的"儿妇"相连的，还是"人之口"的意思。《史记》卷101《袁盎晁错列传》中的一段话"上初即位，公为政用事，侵削诸侯，别疏人骨肉，人口议多怨公者"，"人口"依然是指"人之口"，即大家的嘴的意思。

或以为将"人口"作为一个词组来用，最早见于《汉书》卷99《王莽传上》："羌豪良愿等种，人口可万二千人。"（羌族首领良愿等为首的部落，人口大约有一万二千人。）《汉语大辞典》"人口"条即引此句为例[3]。其实这是中华书局版《汉书》的标点错误[4]，正确的标点应该将这个逗号去掉，即"羌豪良愿等种人口可万二千人"。"种人"即"部族人"或"少数民族"，"口"是其数量。如果一定要将这句句子断开，也只能断在"种人"之后，即"羌豪良愿等种人，口可万二千人"。《王莽传》中提到的事件发生在公元4年，《汉书》此传的写成在公元1世纪后期，可见至迟在公元1世纪后期，"人口"作为一个词组还没有出现。《续汉书·天文志中》可以提供另一个例证，该志记载："明年（永元十二年，公元100年）二月，蜀郡徼外夷白狼楼薄种王唐缯等率种人口十七万归义内属。"这里的"人口"，"人"字前属，即"种人"；"口"字下属，即口数、人数。所以这里的"人口"也不是一个词，与作为人群解释的"人口"仍然是两回事。西晋司马彪的《续汉书》成书虽较晚，但《天文志》的内容一般直接来自原始档案，完全可以反映出公元1世纪末的情况，这与班固《汉书》中的用法是一致的。

将"人口"作为一个词组，并且赋予人群的含义，目前能找到的最早例证是西晋江统的《徙戎论》："今五部之众，户至数万，人口之盛，过于西戎。"[5]这一含义虽然还不是严格意义上的现代"人口"，但与现在一般的用法已很接

---

1 徐幹《中论》卷上，《丛书集成》本，商务印书馆1939年版，第13页。

2 《老子》第十二章："五色令人目盲，五音令人耳聋，五味令人口爽。"

3 《汉语大辞典》第一册，上海辞书出版社1986年版，第1034页左栏。

4 《汉书》卷99《王莽传上》，中华书局1962年版，第4077页。

5 《晋书》卷56《江统传》，中华书局1974年版，第1534页。

近。《徙戎论》作于西晋元康九年(299年),则"人口"一词出现的时间在公元3世纪后期。只是这一用法并不普遍,以至我们能在正史中找到的下一个例证只能是《魏书》卷60《韩麒麟传附子显宗》,韩显宗在北魏太和(477—499年)初的上书称:"及中州郡县,昔以户少并省,今人口既多,亦可复旧。"[1] 另一个例子出现的时间早于韩显宗说,即范晔《后汉书》卷88《西域传》:"蒲类……人口贫羸,逃亡山谷间,故留为国云。"[2]《后汉书》始撰于刘宋元嘉九年(432年)[3],至迟不晚于其被杀的元嘉二十二年(445年)。他写《西域传》当然会有所本,但我们现在无法肯定,他究竟是照录旧文,还是用了自己的话。如果是照录旧文,也难以断定那是何时的旧文,东汉时的还是此后哪一年代的?

不过由于江统的《徙戎论》载于《晋书》,而《晋书》修成于唐太宗李世民时,照例会因避他的讳而将"民"改为"人"。所以《徙戎论》的原文也可能是"民口",而不是"人口"。《隋书》卷24《食货志》就有这样的例子:"后周太祖作相,创制六官……司均掌田里之政令。凡人口十已上,宅五亩;口九已上,宅四亩;口五已下,宅三亩。有室者,田百四十亩,丁者田百亩。"[4] 从上下文可以看出,引文中的"人口"原来应该是"民口",所以下面才能省略为"口九已上""口五已下"及"有室者""丁者"。

我的怀疑从唐人杜佑编纂的《通典》中得到了证实。在刘昭《后汉书》注引皇甫谧《帝王世纪》中大禹、周成王时期和秦朝的人口数时分别举为"民口千三百五十五万三千九百二十三人","民口千三百七十一万四千九百二十三人","推民口数,尚当千余万",使用的单位都是"民口",但到《通典》卷7《食货七·历代盛衰户口》中,这三个"民口"都已改为"人口"。可见唐人虽未必按当时的避讳改前人著作,但自己编纂著述时肯定不会再沿用"民口",而必然用"人口"。由此也可见江统《徙戎论》的原文应是"民口",到唐初修《晋书》引用时才改为"人口"。而《魏书》卷60《韩麒麟传》和《后汉书》卷88《西域传》中"人口"一词究竟是魏收和范晔的原文,还是唐人所改,目前虽无确证,但也存在着这样的可能性。据此,可以认为,在唐以前,除了极个别的特殊情况外,一般不用"人口"一词,而是用"民口",即百姓或百姓家的口数。

从唐太宗时开始,"人口"一词取代了"民口",如司马贞在给《史记》卷85

---

1 《魏书》卷60《韩麒麟传附子显宗》,中华书局1974年版,第1341页。
2 《后汉书》卷88《西域传》,中华书局1965年版,第2928页。
3 依《后汉书》出版说明,第2页。
4 《隋书》卷24《食货志》,中华书局1973年版,第679页。

《吕不韦列传》"诸嫪毐舍人皆没其家而迁之蜀"作注释时就称:"家谓家产资物,并没入官,人口则迁之蜀也。"[1]这里的"人口"已经不能以"民口"代用,因为所指是舍人们及其家属。但由于官方的登记和统计系统使用的单位是户口,强调的也是户口,所以一般在论述地理或经济状况时,经常使用的词还是户口,而不是人口。

正因为如此,直到修于元代的《辽史》《宋史》和《金史》中,我们能查到的"人口"还是相当有限的。

《辽史》中有两例,即卷79《耶律阿没里传》:"阿没里性好聚敛,每从征所掠人口,聚而建城,请为丰州,就以家奴阎贵为刺史。"[2]同书卷49《礼志一》:"皇帝即位,凡征伐叛国俘掠人民,或臣下进献人口,或犯罪没官户,皇帝亲览闲田,建州县以居之,设官治其事。"[3]这两处所指的"人口",前者是从他国或他族掳掠来的,后者也是编户以外的被掠者或奴婢,与正常的"户口"都有严格区别。

《宋史》虽卷帙浩繁,仅发现一例,即卷273《李汉超传》:"霸州监军马仁瑀……多自肆,擅发麾下卒入辽境,剽夺人口、羊马。"[4]此处"人口"的用法和含义与上引《辽史》相同。

《金史》中查到的较多,计有:

卷1《世纪·始祖》:"乃为约曰:'凡有杀伤人者,征其家人口一、马十偶、牸牛十、黄金六两,与所杀伤之家,即两解,不得私斗。'"[5]此处的"人口"是一个统计单位,与现代的用法完全相同。而且由于下面有对应的"所杀伤之家",所以这里只能理解为这一家的"人口",而不是这一家人的"口"数。但这里是追述金朝先祖事迹,显然并非当时的实际用语,更不是规范的法定词语,所以并无"人"与"口"的区别,而是"人口"混用。从《金史》中仅此一例看,这只是一种偶然现象。

卷12《章宗纪四》:"乙未,诏核西夏人口,尽赎放还,敢有藏匿者以违制论。"[6]

卷17《哀宗纪上》:"八日,议放还西夏人口。"[7]

1　《史记》卷85《吕不韦列传》,中华书局1959年版,第2512页。

2　《辽史》卷79《耶律阿没里传》,中华书局1974年版,第1275页。

3　同上书卷49《礼志一》,第838页。

4　《宋史》卷273《李汉超传》,中华书局1977年版,第9334页。

5　《金史》卷1《世纪·始祖》,中华书局1975年版,第2页。

6　同上书卷12《章宗纪四》,第281页。

7　同上书卷17《哀宗纪上》,第380页。

卷77《宗弼传》:"赐宗弼人口牛马各千、驼百、羊万,仍每岁宋国进贡内给银、绢二千两、匹。"[1]

卷80《熙宗二子传·斜卯阿里》:"戊午,册为皇太子。封皇后父太尉胡塔为王,赐人口、马牛五百、驼五十、羊五千。"[2]

卷83《耶律安礼传》:"安礼长于吏事,廉谨自将,从帅府再伐宋,宝货人口一无所取。"[3]

卷134《外国传上·西夏》:"边吏奏,夏人已归城寨,而所侵掠人口财畜尚未还,请索之。"[4]

以上六例中的"人口"都有其特定含义,都是被掳掠者,至少不属于正常的编户。

卷85《世宗诸子传·永功附子踌》:"居汴中,家人口多,俸入少。"[5]此处虽出现"人口",但从文义判断,应断为"家人""口多",即家属口数多,而不是家庭"人口"多。

最能说明问题的是《金史》卷135《外国传下·高丽》中一例:"上使高伯淑、乌至忠使高丽,凡遣使往来当尽循辽旧,仍取保州路及边地人口在彼界者,须尽数发还……八年,楷上表,乞免索保州亡入边户……既而勖上表请不索保州亡入高丽户口,太宗从之,自是保州封域始定。"[6]此例当泛指"保州路及边地"时用的是"人口",而后面具体指保州而言时都用了"亡入边户"和"亡入高丽户口"。

至于在正式的统计制度中,人口从来就没有成为一个通用的词汇。除了上面曾举出的《隋书·食货志》中因避讳改字而形成的"人口"之外,在二十五史及《清史稿》总共15种《食货志》中,仅近人所编的《新元史》中出现过一处[7]。但《新元史》问世时,"人口"一词的现代用法已传入中国(详见下述),这一用法不足为据。

总之,尽管"人口"一词在史书中早已出现,但并非都能解释为"人群""一群人"或若干数量的人。由于自秦汉以来各朝各国基本都有户籍登记制

1 《金史》卷77《宗弼传》,第1756页。
2 同上书卷80《熙宗二子传·斜卯阿里》,第1797页。
3 同上书卷83《耶律安礼传》,第1872页。
4 同上书卷134《外国传上·西夏》,第2868页。
5 同上书卷85《世宗诸子传·永功附子踌》,第1905页。
6 同上书卷135《外国传下·高丽》,第2885—2886页。
7 据洪业等编《食货志十五种综合引得》,哈佛燕京学社引得编纂处编印,上海古籍出版社1986年重印本,第65页。

度,所以记载和统计人口的基本单位是"户口",而不是"人口"。在多数情况下,使用"人口"反而是一种特殊现象和一种例外,或者是指某些特殊的人群,如被掳掠者、俘虏、奴婢、异族等。

我之所以用先秦典籍作为检索对象,是为了追根寻源,找到最早的实例。选用正史,一方面当然是因为有现成的资源可以利用,另一方面也是考虑到正史的用法比较规范,不像文集、笔记那样成于众手,标准不一。而通过上海人民出版社制作的文渊阁《四库全书》光盘检索了十通,发现它们的用法与正史没有什么差异。

二、现代"人口"的定义

用"人口"一词来翻译西文中的 population 是现代人口学传入中国以后的事,显然是受到日文汉字译法的影响。据检索[1],最早的几例如下。

(1) 1898 年森本藤吉述,陈高第、霞骞校定《大东合邦新义》:"世界人口达四十亿,则地球上养人之谷必告其乏。"

(2) 1916 年《新青年》2 卷 4 号李亦民《欧美人种改良问题》:"第二部,人口之研究。"

(3) 1920 年《新青年》7 卷 4 号严智钟《数要多,质要好》:"自西历一七八九年,美国经济学者玛尔萨司氏,将他那研究人口问题的论文发表出来,大凡研究人口问题的人,都不免引证他的意见作为参考。"

可见"人口"一词的现代用法的确来自日本,至 20 世纪初方为中国学者所通用。

20 世纪前半期,中国的人口学家和相关学术界对"人口"的定义与西方学者并无二致。西方人口学界和国际学术界对人口的定义一直没有什么改变,1993 年第 15 版《大英百科全书》中"人口"一条的定义如下:

Population, in human biology and physical anthropology, the whole number of people or inhabitants occupying an area (such as a country or the world) and continually being modified by increases (births and immigrations) and losses (deaths and emigrations). The size of any biological population is limited by the supply of food, the effect of diseases, and other environmental factors. Human

1 承博士研究生周筱赟相助,又经汉语大辞典出版社徐文堪先生指点,谨致谢忱。

populations are further affected by social customs governing reproduction and by the technological developments, especially in medicine and public health, that have reduced mortality and extended the life span.

译文：人口或群体，就群体生物学与体质人类学而言，是指人的总数或者指占据了一个区域（如一个国家或全世界）并且不断受到增加（出生和迁入）和减少（死亡和迁出）而变动的居住者。生物群体的规模受到食物供应、疾病影响和其他环境因素的制约，人口更受到对增殖起作用的社会习惯和技术进步的影响，特别是使死亡率下降和寿命延长的医药和公用保健的影响。[1]

必须说明，英语中的 population 一词并不专指人类，也可以用于植物、动物，所以在同时列举生物时，就必须加上 human，即用 human population 以示区别。而中文中的"人口"自然只能指人类，用之于生物时一般应译为群体或群落。

1949 年后，中国人口学界根据当时苏联的人口学理论，将西方的人口学划为资产阶级学说，而突出马克思主义的人口理论，特别强调人口的社会属性，至 20 世纪 80 年代初依然如此：

> 马克思主义人口理论认为，人口是生活在一定的社会生产方式下，在一定时间、一定地域内，由一定社会关系联系起来的，有一定数量和质量的有生命的个人所组成的不断运动的社会群体。
>
> 首先，马克思主义人口理论与一切资产阶级人口理论的根本区别，就在于它如实地把人口看成是生活在一定社会生产方式下的社会群体，而不是独立于社会生产方式之外的超历史的抽象的生物群体。确定人口是社会群体还是生物群体的复杂性，是由于人口有两重属性……资产阶级学者或出于阶级偏见，或出于形而上学的观点，片面夸大人口的生物属性，并将其绝对化，因而不可能得出正确的结论……
>
> 但是，人口不仅有生物属性，更为重要的是有社会属性。因为作为社会生活主体的人与动物在获取生活资料的方式上有本质区别……人的本质是社会关系的总和，也就决定了人口的本质属性是社会属性，而

1　*The New Encyclopaedia Britannica*，Volume 9，15th edition，1993，p. 612. 译文系引者所译。

不是生物属性。[1]

此后，随着国际交流的增加和学术研究的发展，中国人口学者对人口的定义也有了更全面的界定：

> 构成社会生活主体并具有一定数量和质量的人所组成的社会群体。人口学最基本的范畴。它是在一定时间、一定地域内，与一定社会生产方式的社会经济关系相联系，进行其生命和生产活动的。人口永远处在不断的变动之中，这种变动是由人口的两重属性决定的。
>
> 人口具有自然的和社会的两重属性。自然属性是人口本身固有的特征。作为高等动物群体的人口，同其他生物群体一样，有一个以生物学规律作用为基础的通过个体的出生、成长、繁殖、衰老、死亡的生命过程，进行世代更替，并具有性别年龄特征和遗传变异等机能。自然属性对人口的数量和质量、人口性别和年龄结构、人口再生产周期和生命周期有重要影响。
>
> 人口的社会属性表现为其固有的社会特征：（1）人口的生命过程是在一定的社会生产方式下进行的。生活资料是人口存在和发展的物质前提，但它只有通过人们的劳动才能获得。人口在从事物质资料生产过程中，一方面与自然界发生联系，另一方面又在彼此之间结成一定的生产关系，形成一定的社会生产方式，从而决定物质资料的生产、分配、交换与消费，制约人口的数量和质量。（2）人口的繁育是在一定的婚姻家庭形式中进行的，家庭是社会的细胞，一定的婚姻家庭制度受社会生产方式的制约，社会通过婚姻家庭影响人口的数量与质量。（3）人口作为生产力的重要因素和生产关系的承担者，是社会生活的主体。[2]

显然，在对人口定义的界定上，中国学者与国际学术界之间并没有实质性的区别，至多只是侧重点的不同和用以解释人口现象的理论的差异。

第二节　人口史的学科定义

中国人口史是中国历史的一部分，是中国历史中的专门史。

1　刘铮主编《人口理论教程》，中国人民大学出版社 1985 年版，第 9—11 页。

　2　周清《人口》条目，载《中国大百科全书·社会学》，中国大百科全书出版社 1991 年版，第 227 页。

一、学科定义

人口史，简单地说就是人口的历史；说得具体一点，就是"对某一特定的地域范围内在全部或较长的历史时期中人口的规模、构成、分布和迁徙等方面的变化过程的记述"[1]。

上面列出的几个方面只是人口史所应该研究和论述的几个主要的方面，并不是人口史的全部内容，更没有包括某些人口史的一些特殊的内容。另外，人口最基本的特征及其自然和社会属性都已体现在这几个主要方面之中，没有必要再作专门的论述。而且，人口的特征及其两重属性也是因不同的时间和地域而异的，所以只有在具体的论述中才有实际意义；而影响这些特征和差异的自然和人文方面的原因，也只能在有了具体的作用对象后才能作具体的探讨。

我们所以要特别强调"某一特定的地域范围内"，是因为任何被称为"人口"的某一群体总是在一定的地域范围内生存和发展的，其迁徙和分布也是就一定的地区而言。离开了特定的地域范围，人口的数量就毫无意义。即使是指所有的人口，也必须说明其世界或全球的范围，以区别于其他特定范围。至于迁移，由于它本身就是指人口居住地点或范围的变化，自然更离不开特定的地域。所以人口史必定有其特定的地域范围，如世界、亚洲、中国、上海市、海南岛、东北地区、青藏高原等。对国家或国家内部的行政区域，如美国、中国、四川省等，则应说明它们的具体地域范围以及在不同历史时期的变化。对自然地理区域，如黄淮海平原、长江三角洲等，也必须划定明确的范围。

同样，强调"全部或较长的历史时期"，是因为人口史的研究对象不仅仅是存在于以往某一时刻的人口，而必须是存在于某一较长时段的人口，时间过短就不足以反映一个变化过程，更无法总结其规律。人口史所说明的不是以往某一时刻的人口状况，尽管它离不开一系列时刻的人口状况，但它要反映在一个较长的时期显示出的人口变化过程。人口通史的范围是全部历史时期，断代人口史或阶段性的人口史则选择历史上一个朝代或一个有明确时间界限的阶段。至于阶段的长短或年代的多少，则主要取决于所论述的地域范围或人口数量的大小及其重要程度。例如，对近代中国的人口而言，一二十年的一个阶段已经足以写出一部内容丰富的历史，也已具有足够的重要性。但对一个县或一个村落，如果没有非常特殊的人口现象或事件

1　葛剑雄《人口史》条目，载《中国大百科全书·社会学》，第242—243页。

发生的话,这样的时段无疑太短了。另一方面,时段的长短也受到研究条件的制约。如果不具备起码的资料或资料过于缺乏,即使对一个较长的时段也会无能为力,更不用说一个很短的时段。例如夏、商、周三代虽然超过千年,但在目前的条件下还很难写出一部人口史。就是在现代人口调查开始以前的历史时期,一般也只能选择百余年或数百年这样的时段。

根据人口的定义,进入文明社会前的古人口状况不属于人口史的研究范围。但在进入文明社会以后,各地还有相当长的时间不存在或未留下有关人口的直接或间接的、文字的或数字的记载,对这些地区那段时间内的人口状况,只能用人类学或考古学的方法加以研究,一般说这也不是人口史的范围。但在描述人口发展的起点时也必须运用这些成果。

人口的数量变化是人口研究的主要方面,因为这是人口其他方面变化的基础。但对人口史而言,特别是在现代人口调查进行之前,人口数量具有更加重要的,甚至是决定性的意义。因为一般来说,现代人口研究可以依靠现成的调查数据,尽管也需要对这些数据的可靠性和准确性进行鉴别和分析,但在此前却没有完全符合现代人口调查要求的数据存在,所以要确定或估计出当时的人口数字本身就是一项非常艰巨的任务。甚至在作出了种种努力以后,还不可能获得最基本的数据系列,以致无法进行进一步的研究。所以,对人口史或历史人口的研究来说,确定有关数据一般都是研究的主要部分和其他方面研究的前提。而且,为了获得这些数据,研究者不得不借助历史学的研究方法,主要是从历史文献而不是从原始数据(如果这类数据还存在的话)来获得人口数量的基础;研究者更注重于原始数据是通过什么样的制度取得的,怎样取得的,而不是不加分析地直接引用这些数据。

完整的人口史应该包括人口变化发展的各个方面,有质和量的分析。从人口发展变化的各个历史时期,分析变化的条件和性质,探索人口发展的规律性。在研究方法上,主要运用现代的统计科学和计算手段。但实际上,由于合格的数据和可供利用的史料的缺乏,到目前为止,还没有哪个历史时期有条件进行包括上述方面在内的全面系统的研究,有的方面完全无法进行研究,有些方面只能作非常粗略的概述,有些方面则期待更深入的研究。

二、人口史的类型

按照论述的时间、空间或内容的不同,人口史可分为不同的类型。

从时间上分,人口史有通史和断代史两种。

通史一般指从古至今,贯通古今。但受到现存史料和数据、现有研究手段和成果的限制，不同地域范围的通史在时间起点上会有很大的差异。在同一部通史中，如果其论述的范围较大，不同地区间也可以有差别很大的时间起点。例如这部《中国人口史》，个别史料丰富的地区，可以从先秦时代开始；一部分其他地区只能从公元初开始，而多数边疆和少数民族聚居区要更晚才能有实质性的论述。就局部地区而言，通史不通是不可避免的。断代史则是选择历史时期的某一时段，既可以根据传统的朝代纪元，如秦汉、唐代、清代，或选择某一朝代的某一阶段，如唐代后期、清代康雍乾时期等；也可以以公元纪年划分，如3至7世纪、20世纪前期等。前面已经说过，这一时段不应太短，否则就很难构成历史。由于传统的史料和数据大都对应于朝代，所以使用朝代为划分时段的标准有其有利的一面，也便于熟悉中国史的研究人员和读者使用。但传统的史料和数据往往不包括该朝代以外而此后属于中国的地域范围，甚至不包括该朝代疆域内的边疆地区和少数民族聚居区，所以应该特别予以注意，务必突破传统的窠臼，对因史料和数据的不足而无法覆盖的范围至少应有所说明。无论是通史或断代史，作者都必须明确规定自己的时间范围。即使是以朝代为范围的断代史，由于对朝代的起讫本来就存在不同意见，这样的规定也是完全必要的。例如，对西汉、东汉、南宋、明、清、民国的起讫，各类史书和工具书上也未必统一[1]。有时作者为了论述的便利或出于研究方面的原因，会对传统的朝代起讫作适当的调整，或者有若干例外。

以地域范围划分，人口史可以从整个世界到一个具体的地域范围。

就中国而言，可以有全国性的或地区性的。值得注意的是，由于人口史一般都涉及一段不短的时间，同一地域完全可能发生空间范围的变化，作者必须有明确的界定或说明。如一个朝代、一个行政区域，其疆域或辖境会不断变化。甚至一个自然地理区域，它的空间范围也会前后不一，如长江三角洲，沿海部分的陆地既在不断扩大，也有部分地段会坍塌缩小。有的地域概念是后人的规定，就更应该划定明确的界限。如历史时期的中国，如果完全根据当时人的概念就无法统一，更不能成为名副其实的中国史。当然，作者也可以用一个固定的地域范围，例如以今天的中国领土或某一行政区域的辖境为范围，但这样做在史料和数据的处理上也会有诸多不便。如某一府的属县中有若干县不属于今天的某省，如果一定要以今天的省界为范围，就

1　参见谭其骧《俗传中国史朝代起讫纪年匡谬》，《历史研究》1991年第6期；收于氏著《长水集续编》，人民出版社1994年版，第56—63页。

必须将这几个县的数据区分出去,在没有分县统计数的情况下,往往只能用平均数推算。但实际上各县的数据不可能是平均的,这样的方法用多了,必然会产生很大的误差。更大的错误产生在史实的判断上,如史料记载某省或某府发生过严重自然灾害,某省或某府的大部分属于作者论述的范围,一般说来,可以认为该范围也发生过严重自然灾害。但也可能这场灾害恰恰发生在目前不属于该范围的那少数县中,如果根据今天的地域范围,这样的判断就完全错误。由于历代疆域政区的变化极其频繁而复杂,同样的地名往往有完全不同的地点和地域范围,对不熟悉历史政区地理和古地名的人来说,充满了误区和陷阱,务必认真对待。

就内容或论述的对象而言,人口史也可以分为通史和专史。通史是论述作者规定的时间和空间范围内的全部人口现象,包括各民族、各阶层的各类人口;专史则只涉及作者规定的某些对象或类型,如人口数量、人口再生产(增殖,发展)、人口分布、人口迁移、人口构成,或某些特殊的人口现象,如杀婴、多妻、节育、流动等;如某些民族、阶层、人群,如汉族、少数民族或某一其他民族、客家人、流动人口、商人、僧尼、皇族等。

比较常用的断代人口史、区域人口史、民族人口史、专门人口史与人口通史及全国性的人口史之间没有本质上的区别,只是时间、空间范围的差异,但它们的研究对象和内容并无二致。不过,由于人口现象本身的多样性及其在不同的时间、空间范围内的差异,断代史、区域史、民族史或专门人口史往往有其值得重视的独特内容,如不同民族的婚姻、生育、家庭制度和生活、生产方式不同,相应的人口现象也会千差万别,有些现象往往是特有的。不同的地理环境和历史阶段,也会产生不同的人口现象。各个研究对象的客观条件也迥然不同,也给作者提供了不同的可能性。如清朝皇族留下了极其精确的、完整的人口登记和统计数据,某些家族有延续数百年的比较完整的男性人口数据,相应的研究就有可能进行。

第三节　人口史与相关学科的关系

学科之间总是既有联系,又有区别,特别是相关的学科之间。如果不注意这些区别,就会脱离本学科的主题,没有必要去涉足其他领域。反之,如果过于强调学科间的区别,割裂了相互之间的联系,就无法吸收相关学科的新鲜成果,更不可能在研究过程中融会贯通。各个学科、各个分支的具体研究对象虽然会有区别,但它们所采用的基础理论和基本方法是相同或相通的,所依据的事实、数据、信息是相同或相近的,完全可以打通。对于中国人口史这样一门并无长期积累、亟待发展的学科分支而言,更需要借助其他学科、其他分支的成果和方法,以推动自身的发展,同时也使已有的研究成果获得更广泛的运用。

一、人口史与人口学、历史人口学的关系

人口史(population history)所研究的对象和内容当然属于人口学(demography)的范畴,所以可以看成人口学的一个分支。由于人口学本身也是研究人口发展及其规律的[1],而发展和规律都需要有一定的历史内容才能加以论述或证明,所以人口史也可以看成是人口学的一个组成部分。但人口史的研究对象都发生在过去,属于历史时期,本身就是历史的一部分,所以也是一门专门史,可以当作历史学(history)的一个分支。毫无疑问,人口史的研究需要借助于人口学和历史学两方面的理论,使用两门学科的研究手段和方法。不过,这并不意味着每一种具体的人口史都同时属于人口学和历史学这两门学科,因为不同类型的人口史的侧重点是不同的,研究者的主观意识、学术背景和学科取向也是不同的,所以不同类型的人口史往往会被分别视为历史学或人口学的著作,作者也会有不同的学科追求,希望自己的著作属于哪一学科。更重要的是,由于年代与资料的差异,人口史对历史学的方法的依赖程度也是不同的。一个主要前提和关键性的因素,是被研究的阶段或区域是否已进行并具备了建立在现代人口普查基础上的数据。如果已经进行并保存着这类数据,就有可能以人口学的方法为主来进行研究;反之则只能主要依靠或借助于历史学的方法,因为在没有必要的统计数据的情况下,只有通过有关史料的搜集和考证,才能获得人口史研究的最起码的史实和根据,才能对当时的各种人口现象作出即使是最粗略的量化分析。至于对人口史研究所涉及的历史背景和影响人口数量或结构变化的各种因素,例如当时的社会和自然环境,生产和生活方式,与人口有关的调查统计制度,影响人口发展的政治、经济、社会、文化因素,如果我们不能借助于历史学现有的研究成果,就只能主要运用历史学的方法来自行进行研究了。

当然并不是所有的国家、地区或阶段都能通过历史学的方法来解决人口史研究中涉及的问题,这取决于史料的完整程度和内在质量,也受到现有

1　刘铮《人口学》条目,载《中国大百科全书·社会学》,第 246 页。

研究水平的制约。幸运的是,中国的史料相当丰富,从有文字记载以来基本是连续的,尽管在不同时间和空间的稀密程度和数量多少的差异极大。至于中国人口史的研究,尽管严格说来开始的时间并不早,延续的时间也不是很长,但近年来已经有了长足的进步,并且有很大的发展潜力。

人口史是一种专门史,它与相关的整体历史的关系就是专史与通史的关系,例如中国人口史相关的通史就是中国史,断代性或地区性的人口史相关的就是断代性通史和地区性通史。专史离不开通史,所以中国人口只能放在中国历史的大环境中研究。不了解中国历史,不研究与历史时期的人口相关的各种因素,如自然环境、地理条件、政治制度、人口政策、文化观念、社会习俗、户籍制度、赋税徭役、经济水准等方面,就不可能正确地理解各种人口现象,甚至连基本的事实也弄不清,起码的数据都无法估计。

另一方面,通史是由各种专史组成的,缺一不可。无论是通史、断代史和地区史,至少必须说明各阶段的人口数量(关于人口数量的重要性,以下另有专述),进一步还应论述各种人口现象,如人口的变化、分布和迁移等。如果一部历史书中没有这些内容,除非是出于无奈——实在找不到基本的数据,否则就是不合格的。历史是人创造的,是人的活动,作为一门学科的历史也是由人记载和研究的,一个具体范围如国家、地区的历史同样如此(当然未必限于本范围内的人)。如果连与人有关的基本数据和事实都不了解,甚至不愿试图了解,又如何能正确地描述和解释历史呢?但在人口史的研究尚未开展或者很不充分的情况下,通史中往往只能有意忽略一些基本的数据和事实,或者只能沿用错误的陈说。在 20 世纪 80 年代之前,中国通史和各种地方史中这类错误比比皆是,正是中国人口史研究落后的必然结果。

就时间范围而论,人口学也应该包括历史时期,即研究历史时期的人口发展及其规律,人口变量与社会、经济、生态环境等变量之间的相互关系。但是人口学不仅研究历史时期,还应包括当前,以至未来,并且一般来说都是以当前为主的,历史时期部分往往只是作为研究当代的背景,只是在涉及长时段的研究中才会将历史时期放在主要的地位。所以,为了突出重点,我们可以将专业研究历史时期的人口现象及其规律的人口学称为历史人口学(historical demography)。

历史人口学与人口史的关系,就像历史学与具体的历史一样。如果没有具体的历史,历史学不可能成为一门系统的科学。同样,要是没有人口史的研究,历史人口学也不可能有可靠的基础和科学的结论。但历史人口学无疑应更强调规律的总结和理论的构建,更注重整体性的研究,而人口史必须以涉及人口的各种历史事实和数据为基本研究对象,尽管也应注意寻求其规律和提高相关的理论水准。

历史人口学的研究对人口史来说,无疑具有指导性的意义。但由于历史人口学本身并不发达,目前还无法发挥这样的作用,反而有赖于人口史研究的促进。除少数国家或地区外,历史人口学一般还无法成为一门单独的学科。就是在这少数国家和地区,历史人口的研究领域也远没有覆盖其理论范围。究其原因,一方面是历史人口资料和数据的缺乏,使相应的研究无法进行,或者只能以离事实相去甚远的错误结论为根据去考察相关的历史。如北宋和金、南宋合计人口都已超过 1 亿[1],但宋朝人口不足 6 000 万的旧说一直是宋朝“积弱”的一个重要论据。另一方面则是人口学研究与历史的脱节,以致一般的人口学研究者忽视人口学必须包括的历史部分,或者一直沿用一些错误的历史概念。在以往中国的人口学研究中,这类错误屡见不鲜。例如,对中国人口发展规律的认识,常常建立在一些完全错误的人口数据之上,如以为中国的人口数量直到清朝才突破 1 亿,明朝的人口数量长期停滞不变,甚至不断下降等。对中国历史时期人口现象的解释,也充斥了错误的数据和概念,如大家庭、多子女、大起大落等。正因为如此,中国人口史研究对于中国历史人口学的发展具有更加重大的意义。在现阶段,这两个本来应该处于主从关系的学科完全可能相互促进,中国人口史能起更大的作用。

值得注意的是,由于一些人口学者不了解历史,或不重视历史,他们在进行人口学研究时往往根本不考虑历史时期的人口状况,更无法总结历史时期人口发展的理论与规律,或者长期沿用错误的数据和结论。这样的研究结果不可能客观地、全面地反映人口学的规律。还有些人口学者无视历史时期与当代之间的差异,一味用今天的眼光和当代的理论来考察历史时期,不顾及历史时期的特点和特殊性。这样得出的研究成果必然是片面的、主观的,建立在这些成果基础上的人口学既然并不完整,自然不具有科学性。

二、人口史与历史人口统计学的关系

历史人口统计学(historical demographic statistics)是历史时期的人口统计学(demographic statistics),其研究内容与人口统计学一致,是一门阐

---

[1]　何炳棣《明初以降人口及其相关问题(1368—1953)》附录五《宋金时中国人口总数的估计》,葛剑雄译,生活·读书·新知三联书店 2000 年版,第 363—365 页。并见《中国人口史》第三卷《辽宋金元时期》,复旦大学出版社 2000 年版,第 621 页。

述搜集整理反映人口现象的状态、变动过程及其与社会经济发展的数量关系的方法论学科。人口数量和对各种人口现象的量化分析是人口史的重要方面,而且由于历史时期有关人口的资料和数据的缺乏,人口的数量和量化分析往往具有决定性的作用,是进行其他方面研究的重要前提,所以人口史与历史人口统计学的关系非常密切,历史人口统计学可以成为人口史重要的组成部分,历史人口统计学的方法和成果都能为人口史研究所用。

人口统计学是由三个互相衔接、互相联系的部分组成的,即人口统计资料搜集方法,人口统计资料的汇总和整理,人口分析方法。毫无疑问,人口统计资料的搜集是全部研究的前提。历史人口统计学同样如此,只是时间限于以往。人口统计学形成于人口普查实施之后,所以其搜集方法主要着眼于通过人口普查(population census)获得的有关数据,也只有这些数据才可能进行汇总和整理,进而作人口分析。但现代意义的人口普查[1]只有200余年的历史,而此前的一切直接或间接的人口数据不可能完全符合现代人口普查的标准,因而不可能作为人口分析的根据。即使其中部分数据在经过适当的分析和处理后可以用于人口分析,也不可能满足现代人口统计学的全部要求。

例如,中国历史上最接近现代人口普查要求的户口调查是明初由朱元璋推行的,但种种迹象表明,这次调查既不是同时实施的,也没有能够在全国普遍进行,而且只留下了全国总数和省一级的总数,县一级的总数极其有限,目前所见最早的全国性户口数字——西汉元始二年(公元2年)户口数是由各级行政机构逐级上报的年度统计数,而且按照当时的户籍登记制度,三岁以下婴儿的漏报率必定会很高,少数民族、流动人口的漏登率也较高。金朝前期的户籍登记几乎覆盖全部人口,但并没有留下具体数据。至于其他绝大多数年份的户口数字,与实际人口数都有一定的差异,有的甚至完全不符合。在这种情况下,要完全运用人口统计学的研究手段是不可能的,例如在完全没有分性别统计数的情况下,对人口的性别比就无法作量化分析;在缺乏分年龄统计数的条件下,对年龄结构的分析和生命表的编制自然也无能为力。所以,历史人口统计学只能部分运用人口统计学的原理和方法,或

---

1 指在统一确定的时点,按照统一的调查表式、项目和填写方法,由政府组织对全国或一个地区的全部人口的社会、经济特征资料,逐人地进行搜集、整理、汇总、评价、分析和公布的全过程。它的特征是:(1)按人进行调查登记和汇总;(2)调查登记全国或规定地区范围内的全部人口;(3)严格按照标准时间的人口状况进行登记;(4)在政府的统一组织领导下,按照法令公布普查方案和调查表式进行普查;(5)组织工作的高度集中;(6)定期进行。参见沈益民《人口普查》条目,载《中国大百科全书·社会学》,第239页。

者只能参照人口统计学的原理作相应的研究,我们不妨称之为准人口统计学手段。但是,历史时期的绝大多数年代、绝大多数地区往往连这样一些数据都不存在,完全不能进行人口统计学的研究。

所以,在本书覆盖的年代中,只有从20世纪初的清朝末年开始才有可能运用历史人口统计学的方法,此前仅少数户口数字较完整和准确的年份和地区可以用准人口统计学方法作些研究,而其余绝大多数年代或地区只能用历史学的文献考证、现象描述和复原的方法。有些研究现代人口学和人口统计学的学者不了解这一情况,往往会指责人口史学者不作量化分析,认为人口史学者对古代人口的统计项目研究太少,完全是出于主观臆断。

并不是说,没有量化分析,不运用人口统计学方法就不成其人口史著作了。人口统计学当然离不开数据,但人口史就不必也不可能完全依靠数据,可能的现象描述和数量推断同样可以出色地反映历史事实。就像经济统计的论著离不开数据,但经济史著作并不完全是量化分析一样。在没有人口统计学所必需的数据的情况下,运用历史学及其他相关学科的研究方法,同样能够写出一部高质量的人口史。当然,这也是不得已的,因为历史不允许太多太长的空白。以中国为例,如果一定要从具有人口普查资料的年代写起,中国人口史只能开始于20世纪,显然不符合学术研究和现实的要求。我们当然应该重视量化分析的作用,但也应该清醒地注意到,迄今为止的人类历史大都还是无法进行量化分析的,在可以预见的未来也不会有太大的改变,但历史学作为人文学科的一个重要组成部分已经存在了数千年,并且继续在量化以外的领域蓬勃发展。因此,人口史的研究固然应该充分重视具体数据和量化分析,但完全不必以数据之有无为前提,或为数据所左右。

三、人口史与社会史、经济史的关系

人口学与社会学(sociology)、经济学(economics)有密切的关系,但对三者之间的关系,学术界有不同的看法,有其学术的、历史的和现实的原因。对此,刘铮作过这样的概括:

> 在美国,多数人口学家都把人口学视为社会学的重要组成部分,甚至是根本。因此,不少人口学研究机构都设于社会学系之下。但也有不少学者是从发展经济学的观点研究人口问题的。在欧洲、日本、苏联等国多数学者把人口学更多地与经济学联系在一起。英国的人口研究所设于伦敦经济学院之下,法国国立人口研究所设置于法国劳动部之

下，前苏联著名人口研究机构设于莫斯科大学经济学系之下，日本大学的人口研究所也设于经济学系之下。中国从 20 世纪 50 年代马寅初提出新人口论起一直到 70 年代人口学的恢复和发展大都是在经济学的背景下进行的。这与中国所面临的人口问题主要是人口增长过多过快和经济落后的矛盾相关。由于人口增长过多过快而导致粮食问题、就业问题、住宅问题、教育问题非常尖锐。因此，从理论和实践上探索研究是否应该控制人口增长，也是从人口增长与经济增长这一现实矛盾出发的。70 年代以来中国的人口学研究机构都设于经济学系或学院之下是有其历史原因的。还有的学者认为，人口学已具有与经济学、社会学相并列的学科条件，它应成为一个与经济学、社会学相分离而独立的学科。[1]

所以，我们在讨论人口史与社会史（social history）、经济史（history of economy）的关系时，大可不必拘泥于这些母体学科之间的现实关系，而着眼于它们自身的联系。

历史时期的人口现象和人口活动都是在一定社会环境中产生和进行的，也离不开当时的经济活动，从这一角度讲，人口史与社会史、经济史的关系是密不可分的。但是，从历史时期的实际情况，特别是从中国的历史看，无论是社会环境和经济活动，都不能构成影响人口现象和人口活动的全部或决定性的因素。

人口的生存和发展、一切人口现象和人口活动固然都具有社会性，也离不开一定的社会环境，但同样离不开这些人口赖以生存的自然环境。特别是在生产力相当落后的时代，自然环境对人类生存和发展所起的作用往往大于社会环境，有时甚至起着决定性的作用。这是一个跟现代人口学与社会学之间不同的因素，所以也影响到人口史与社会史这两门学科的关系。另外，就影响的程度而言，一个社会的生产力越发达，越现代化，其社会化程度也越高，人口的社会性越强，社会环境对人口的影响越大。而在古代或现代社会之前，社会化程度受诸多因素的制约，对人口的影响要小得多。例如，在一些高度分散的人群中，人口本身的生物特性对人口现象和人口活动会起更大的作用；对完全丧失人身自由的人群（如奴婢、罪犯）和部分失去人身自由的人群（如戍卒、佃农），社会性作用或者并不存在，或者远远不如法律、制度、人身依附、谋生手段等政治和经济因素那样重要。正因为如此，人

1　刘铮《人口学》条目，载《中国大百科全书·社会学》，第 247 页。

口史不应该也不必要成为社会史的一部分。

同样,历史时期的人口现象与人口活动同当时的经济状况和经济活动有密切的联系,但还受到大量经济以外的因素的影响,包括前面提到的社会因素。古代和近代前的很多人口现象和人口活动是无法用单纯的经济因素来解释的,当时的人口也不仅仅是作为经济生活的一部分而存在的。例如,对中国古代人口数量的增减有重大影响的赋税徭役制度,与其说是一项经济制度,不如说是一项政治制度。深受儒家学说影响的宗族观念、生育观念和人口伦理,也不能完全用经济因素来解释。历史时期的经济开发固然与人口,特别是与人口的数量和迁移有密切的关系,但也不是纯粹的经济活动。例如,如果从经济因素分析,关中早已丧失了作为全国性政治中心和人口密集地区的条件,北京也未必具有首都的经济实力,大量人口集中在这些地区并不是经济活动的需要,反过来,由于要保证这些人口的粮食和物资供应,还给全国经济带来了很大的消极影响。当然这样的人口分布和由此形成的人口密度和人口压力,必然会给整个经济格局带来重大影响,应该看作经济史中的一个重要的、某种情况下甚至是决定性的因素,但两者之间的关系不是唯一的和绝对性的。所以,经济史与人口史的关系也不应该是主从关系。

四、人口史与历史地理学的关系

历史地理学(historical geography)的研究对象是历史时期的地理状况,包括历史自然地理和历史人文地理[1],历史人口地理(historical population geography)是其中的一个分支。人口史与历史地理学的关系包括两个方面:一是人口史与历史人口地理的关系,一是人口史与历史地理学整体的关系。

历史人口地理学的研究对象与人口地理学完全一致,只有时间范围的差异。人口地理学着重研究人口空间分布和地域差异的变化规律,基本内容是:人口数量及其地理分布,人口构成及其分布,人口自然变动的地区差异,人口迁移,人口的城市化,人口的合理容量等[2]。这些都应该是历史人口地理学的研究内容,只是由于历史时期缺乏一些最基本的数据,所以其他一些方面目前还无法研究。例如在缺少城市人口数字的情况下,连确定人口的城乡比例都很困难,研究城市化就没有必要的基础。在缺少详细准确的

1　一般均如此划分。但笔者认为还应包括历史社会地理,详见葛剑雄《面向新世纪的中国历史地理学》,载《面向新世纪的中国历史地理学——2000 年国际中国历史地理学术讨论会论文集》,齐鲁书社 2001年版,第 1—9 页。

2　参见程潞《人口地理学》条目,载《中国大百科全书・社会学》,第 232 页。

人口构成数据和分地区统计数字的条件下，对人口构成的研究也很难进行。再如，准确的数据对人口容量的研究来说是不可或缺的，在连起码的数据也不具备时，人口容量的研究也只能付诸阙如。历史人口地理的研究范围都可以包括在人口史之内，只是历史人口地理学更注重人口的空间分布和地域差异，侧重点有所不同。

历史人口地理学与人口地理学另一个重要的差别是，后者一般可以直接利用现成的人口普查数据或相关的研究成果，而前者一般只能利用人口史的研究成果。如果没有这类成果，或者其质量不高，研究者就不得不自己先进行这方面的研究，否则历史人口地理学的研究就成了无本之木，无源之水。所以，人口史的研究成果是历史人口地理学的前提和必要条件。

人口史与历史地理学的整体关系，就像历史学与历史地理学的关系一样。任何历史时期、任何地区的任何人口都生活在特定的地理环境内。与现代或当代地理环境不同的是，历史时期的地理状况，特别是其中的人文地理状况，基本已经无法通过实地考察的手段加以复原，只能依靠历史地理学的研究成果。对一些与地理环境关系特别密切的方面，如人口分布、人口迁移等，如果研究者不了解当时的地理条件，就不可能得出正确的结论。例如古代一些人口相当稠密的地方今天往往已经相当贫瘠，人口密度还不如当年；而今人口稠密、经济发达的南方地区，在相当长的历史时期内不仅人烟稀少、贫穷落后，而且被中原人视为畏途。如果我们了解了这些地区的历史地理状况，就不难理解这些现象的必然性。

当然，人口史研究的成果对历史地理学有关分支的研究同样是相当重要的，或者可以提供决定性的证据。既然人口是自然和人类社会的产物，一定数量的人口及人口以一定方式的分布和迁移，也在一定程度上反映了特定的地理环境。由于并非所有的年代或地区都拥有充足的文献资料，人口方面的证据往往能起很重要的甚至是决定性的作用。例如在研究历史时期的海陆变迁时，史料中的记载一般都相当模糊，即使有些零星的里数，也难以复原出具体的海岸线。而依靠钻孔分析的办法对较短时段和具体地区往往也无能为力。对一个遗址，考古学能提供一些出土文物作为证据，但一部分器物是可以移动的，不能据以作出时间的推断[1]。但如果我们能结合当时的人口分布，特别是居民点的分布，就可以对不同沿海地区的成陆年代作出

1　例如，在一些遗址发现的器物完全可能与该遗址的年代不同，如在一个清朝居民遗址中完全可能发现明朝的陶瓷器皿，因为这些器皿可以随着人口迁移而流入。如果根据这些器皿的存在就断定该遗址形成于明朝，就会得出错误的结论。

比较正确的推断。因为一般来说，人口的定居或聚落的形成是一个地方成陆并且已经相当稳定的证据。另外，在生产力不发达和小农生产方式的条件下，人口数量也在很大程度上反映了一个地区的地理环境。人口数量的变化还可以作为推断历史时期气候变迁、灾害程度和植被分布等方面的重要指标。

第二章

中国人口史的研究领域和具体内容

　　中国人口史的性质决定了这个学科的研究领域和具体内容,但"应该"与"可能"之间并非完全统一,作者的旨趣也会对研究的范围或侧重点产生影响。所以有必要确定一个基本的研究领域和具体内容,以便在客观条件允许的情况下,使我们的研究范围和深度尽可能达到基本要求,同时也为这门学科的进一步发展确定一个基本的目标。

第一节　中国人口史的空间范围

　　人口总是与他们所生活的空间范围联系在一起的,任何人口都是指处于特定的地域内的特定的人。中国人口史所要研究的,是中国过去的人口,当然也必须限定在特定的空间范围——过去的中国,或称之为历史时期的中国。

　　有的中国人口史论著就以今天中国的领土为其研究范围,即只研究在今天中国领土范围内的以往的人口,而无论这些地方是否属于当时的中国,也不问在此范围之外的当时中国领土上的人口。这样做的便利之处是不必考虑历史时期中国疆域的变化,由于研究的空间范围固定,不同时期的人口数字也具有可比性。但这样做的不科学性也是显而易见的,因为历史上的中国并不限于今天中国的领土,即使只讲历代中原王朝直接管辖的地区,也包括了不少今天已经不属于中国的部分。例如,西汉后期曾经在今朝鲜半岛北部设置郡县,与大陆上其他政区没有什么差异,在《汉书》卷28《地理志》所载元始二年(公元2年)的户口数也包括这些郡县在内。越南的大部分作为中原王朝的正式行政区域长达1 000余年,直到15世纪初还有20年时间是明朝的交趾布政使司(相当于省)。元朝中书省的辖境不仅包括整个蒙古高原,而且北至今西伯利亚。黑龙江以北和乌苏里江以东以及今新疆境外100多万平方公里的土地是19世纪后半期才被沙皇俄国掠夺去的,而现在的蒙古国直到 20 世纪初还是清朝和中华民国的一部分。至于历史上由非汉民族建立的政权,或在边疆地区建立的政权,几乎都曾有一部分疆域是在今天中国的范围之外。如果我们以今天中国的领土为限,那么连历史上的中原王朝的人口都无法统计完整,更谈不上反映出包括边疆地区和汉族以外各民族在内的全部中国人口了。

大多数中国人口史的论著和工具书往往以历代中原王朝代表中国,其原因除了或多或少受到封建正统观念的影响外,更多的是出于数据运用的便利,因为如此往往只需照用史料中现成的户口数字。但它们的作者没有考虑到(至少没有说明)中原王朝的疆域与中国领土的差异,也没有深入了解这些数据的实际意义。实际上,除了清朝中期自 1759 年至 1840 年这 81 年外,没有哪一个王朝的疆域能够包括今天中国的全部领土在内,就连历史上最强盛的帝国也毫无例外。如元朝以前的中原王朝都没有管辖过西藏,所以无论它们的户口调查进行得如何彻底,统计得如何精确,都不可能统计到西藏的人口。又如清朝才开始在台湾岛上设置行政区划,所以此前历朝的户口数字不可能包括台湾岛上的人口在内。显然,这种方法也不能准确反映历史事实。

当然并不是这些论著的作者都没有注意到这些问题,但在缺乏权威的论著的情况下,具体确定历史时期的中国范围时,往往会遇到史料的不足和判断的困难。所幸《中国历史地图集》的出版从根本上解决了这一难题,该图集明确规定了历史时期的中国的范围:"十八世纪五十年代清朝完成统一之后,十九世纪四十年代帝国主义入侵以前的中国版图,是几千年来历史发展所形成的中国的范围。历史时期所有在这个范围之内活动的民族,都是中国史上的民族,他们所建立的政权,都是历史上中国的一部分。""有些政权的辖境可能在有些时期一部分在这个范围以内,一部分在这个范围以外,那就以它的政治中心为转移,中心在范围内则作中国政权处理,在范围外则作邻国处理。"[1]本书即以此为确定空间范围的基础。

这样的处理方法符合人口史研究的需要,也符合中国的历史事实。例如,如果以今天中国的领土为范围,越南自然属于国外。但今天越南的大部分从公元前 3 世纪末开始就是赵佗所建南越国的一部分,到公元前 112 年汉武帝灭南越后,就是西汉交趾刺史部的三个郡——交趾、九真和日南。以后虽然政区建置时有变革,但到公元 10 世纪初为止的千余年间始终是中原王

---

1 《中国历史地图集》总编例,载《中国历史地图集》第一册,地图出版社 1982 年版。

朝的正式行政区域。在此期间,当地人口的大部分与中原王朝的其他部分一样,纳入户籍登记,承担赋税徭役,从西汉至唐代的各项全国性统计数中一般都包括这一地区的数字。中原的人口不断向该地区迁移,尤其是在黄河流域发生战乱的情况下,这里就成为来自北方的难民暂时栖身的地方,其中一部分人就此定居。这一地区与中国其他地区相互存在政治、经济、文化、军事等方面的人员来往,如任官、公务、服役、流放、驻军、出征、求学、经商、探亲、旅游、传教等不胜枚举。如果自西汉至唐代的人口史不涉及今天越南这一部分,不用说整个国家,就是一个政区都无法保持完整,对其人口数量、人口分布、人口迁移等都无法进行全面的论述。这丝毫不影响越南在此后的独立的历史,当越南成为一个独立政权之时起,中国的人口史就不能再包括它在内了,如宋代的人口史就不能再包括已经独立的越南政权。毫无疑问,一个地区是否与其他地区属同一政权,其独立与否,必定会使双方在人口现象上产生或多或少的差异,所以将是否属于历史上的中国作为是否列入中国人口史的论述范围并非仅仅是一项政治标准,而是实际的需要。以越南为例,在其成为独立政权之前,其人口现象虽有地方特色,但与相邻的今广西、云南不会有太大的区别。而在独立以后,由于政治上的隔离,人口流动和迁移相应减少,经济和文化交流也不如以往频繁,有时还免不了兵戎相见,时间一长,双方人口间的差异性自然会越来越大,而共同性越来越弱。类似的情况还有朝鲜、蒙古。这些国家的人口史当然应该追溯到它们曾经是中国中原王朝一部分的那一阶段,这与中国的人口史必须包括它们的那一阶段并不矛盾。如果中国的人口史不写这些地区的那一阶段,我们在研究或了解那一阶段的中国人口史时,岂不要同时齐备越南、朝鲜、蒙古的人口史才行吗?

这样的处理方法也能完整地显示中华民族的人口形成和发展的过程。今天中国的人口是由56个民族组成的整体,这些民族的大多数历史上曾经是中原王朝的一部分,还有一些民族自己建立过政权;多数民族早已同属一个政权,还有一些民族是近代才加入到中华民族大家庭中来的。今天一些跨国民族,在历史时期大都是生活在中原王朝的版图之内,或者是生活在自己建立的政权之内的。按照上述空间范围,绝大多数民族的人口史就能得到比较完整的论述,而不致受到今天国界的局限。中国今天的主体民族汉族也是民族大融合的产物,它的一部分源头就在今天的国境之外。所以,从历史事实出发,将历史时期中国的范围当作一个整体,无疑能更全面地反映中华民族的人口形成和发展的过程。

不过应该指出,写人口史与画历史地图毕竟是两回事,所以中国历史地图所确定的疆域只是人口史理论上应该包括的范围。对这一范围内的某一具体地区,能不能进行人口史的研究和论述,还取决于两方面的因素。第一,是否有人口存在。直到今天,国内还有一些地方,如沙漠、高山、原始森林、沼泽等,不适宜人类生存或至今无人居住,古代这样的地方更多。这类无人区对人口史自然缺乏意义,只需说明它们的范围即可。例如,历史上中国的北界一度包括今俄罗斯的西伯利亚,直到北冰洋。但西伯利亚的南部就人口稀少,其北部当时更完全是无人区。所以我们对该阶段中国北疆人口的研究,至多只能限于其中一些居民点,甚至连这些居民点的人口状况都无法研究。第二,是否有人口史料留下,无论是直接的还是间接的。如果没有任何史料,或者史料太少,以至在现有条件下无法复原出当时最基本的人口现象,这类地区也只能保留空白。由于史料的不足,在可以预见的未来,这类空白都是无法消除的。这些空白区甚至包括在中国历史上一些相当重要的地区,尽管它们对中国历史意义重大,缺乏它们的人口状况实属遗憾,但我们还是无能为力。

总之,中国人口史实际能够进行研究和论述的范围比理论上的空间范围要小得多。这种情况是世界各国的普遍现象,相比之下,中国的人口史料还是相当丰富的,所以能够涉及的实际范围也比较接近其理论范围。

第二节 中国人口史的时间范围

从理论上讲,中国人口史所涉及的时间,应该从历史上的中国这一空间范围内出现和形成人口开始,直到本书撰写时为止。

那么中国最早的人口是什么时候出现和形成的呢?

目前在中国境内已经发现古人类遗址的有云南元谋、北京周口店、安徽和县、陕西蓝田、重庆巫山等处,一般都有几万年至几十万年的历史,而以元谋人年代最为古老,有170万年,巫山人则尚无定论。根据这些古人化石能保存到今天并被发现这一事实,我们可以推断,当时生活在这些遗址的人必定已经有了相当的数量,至少不是个体。但人群不等于我们所要研究的人口,尽管人口是由人群构成的。从现有的研究成果还看不到这些人群有什么社会生产方式,也还没有构成什么社会群体,所以这些古人类生活的时代不属于人口史的研究范围,而是应该由古人类学来研究的。

原始社会中的人虽然已经结成了一定的群体,但还是没有一定的社会生产方式。他们的运动也过于频繁，远远不符合生活在"一定地域内"的条件，所以原始社会也不属于人口研究的时间范围。

根据目前的考古学和历史学研究结果，夏朝的存在已经确定无疑，所以夏朝所统治的人群已生活在一定的社会生产方式下，有了大致稳定的地域范围，有了相当大的数量，并且由国家机器控制着，完全符合作为人口的各项条件。所以从理论上说，中国人口史应该从夏朝写起，有的学者已经作了这样的尝试[1]。但至今尚未发现属于夏代的文字，能够得到证实的夏代史料和史实毕竟太少，即使要对夏代的人口状况作一些极其粗略的推测，也是相当困难的，并且无法用其他手段加以检验。

约存在于公元前 16 世纪至前 11 世纪的商朝是中国历史上第一个有确切文字记载可考的国家，使用于商代的甲骨文是目前所知中国最早的文字，存世的甲骨文中就有有关人口的资料。但这些史料对于人口史的研究来说，还是远远不够的，所以目前对商代人口也只能作些零星的描述。

可见并不是所有存在过的人口都有条件进行研究，即使是商代以后的社会，甚至是近代社会的某一年代或某一地区，如果缺乏最基本的研究条件，还是没有办法进行实际研究。以往的人口现象是不可能重现的，我们不可能直接调查和考察这些人口现象，只能依靠当时人自觉的或不自觉的、直接的或间接的记载。在一定程度上，我们也可以利用后人对这些记载的研究成果，包括对原始记录的复述或加工的结果。在原始记录已经不复存在的情况下，这类结果同样是十分重要的，有时甚至已是唯一的来源，当然使用这些资料应该特别谨慎，需要作细致的鉴定和分析。

以中国人口史的一项主要内容人口数量而言，进行研究的基本条件就是当时已经进行过人口调查，并且留下了足够的记录。当然这里所说的人口调查并不一定是严格意义上的现代人口普查，也可以是指能在事实上反映人口数量的其他调查统计数字，如中国历代的官方户口数、民间的家谱中记载的人口资料以及历史文献中的其他有关数据。本来就没有进行过任何形式的人口调查固然不具备研究的条件，进行过而没有留下任何记载同样无法进行研究。有证据表明，中国最早的人口调查在商代已经开始，但由于至今还没有发现任何有关记载，更找不到一个有明确地域范围的人口数据，目前对商代人口数量的探索都无法超过推测的界线。

总之，中国人口史的实际时间范围的上限要比理论的上限晚很多年，只

1　如宋镇豪《夏商社会生活史》第二章《人口》，中国社会科学出版社 1994 年版。

能取决于客观存在的研究条件。或许随着考古发现的增加和研究手段的进步，这一上限在今后会有所提前。

正因为如此，这一上限会因具体内容而异，因具体对象而异。比如说对人口数量变化的研究，由于现存最早的全国性人口统计数出现在公元初，一般只能从公元初开始。通过回溯研究，可以大致推算到公元前3世纪，但再要往前推算可能性不大。一些论著对此前的春秋战国时期，甚至更早的夏、商、西周的人口数量作了估计，但由于缺乏最基本的数字根据，推测的成分极大，对其正确性也缺乏验证的手段，所以没有多少实际运用的意义，更大意义上倒是研究手段的探索。对人口分布及其变化的研究必须依据分地区的人口统计数，至少是分地区的人口估计数，所以不仅难以提到公元初之前，而且对此后缺少分地区统计数的阶段也同样很难进行。但现有的史料对公元以前的人口迁移已经作了记载，其中一部分还比较完整地记录了人口迁移的出发地、迁入地、迁移的规模、大致路线、迁移的原因等，而且每次人口迁移有其相对的独立性，可以进行个别的研究，所以对人口迁移的研究的时间上限就可以比人口数量和人口分布早一些。

中国历史的发展存在很大的地区不平衡性，这一特点必然反映在历史时期人口调查的有关的史料记载上。一般说来，经济文化发达的地区、中原地区人口调查开始得较早，留下的资料较丰富，而经济文化落后的地区、边远地区人口调查开始得晚，很少或没有留下什么资料。如黄河下游地区从公元2年起就有了户口统计数，而台湾要到18世纪才有户口统计数字，有的边远地区更要晚至1953年第一次全国人口普查时才有比较准确的人口数字。要对全国各地划出一个统一的上限显然是不可能的，实际上也做不到。

中国历史的发展还存在很大的民族不平衡性，这一特点也必然反映在各民族的人口调查和有关的史料记载上。生产方式和社会形态的不同造成了人口发展本身的差异，也造成了人口调查和有关记载方面的差异。游牧民族一般不需要也不可能实行农业民族那样严格的户口登记制度，农业民族的迁移和定居的概念对他们来说完全不适用。中国历史上的非汉民族绝大多数没有自己的文字，或者虽有过而早已失传。今天这50余个少数民族中，也有一部分直到20世纪40年代末还没有本民族的文字，也不使用其他文字，所以他们的历史完全靠口耳相传，对他们历史上的人口数量大都找不到任何记载。因此到目前为止，对历史上大多数非汉民族的人口现象，只能根据汉文史料中极其简略的记载作些说明或推测。这种状况在可以预见的将来也不可能有多少改变，所以对很多非汉民族的人口历史的论述不得不留下长时期的空白。

至于中国人口史的下限，当然应该到离本书问世较近的阶段为止。本书从实际的需要与可能出发，将下限定于 1953 年。这是考虑到 1953 年进行的全国人口普查是中国除台湾省以外第一次最完整的人口普查，得出了最准确的全国人口数据，而此前从 1911 年开始的历次人口普查都没有能够包括那么大的范围，达到那么高的精度，所以我们很难找到不需要进行校正或推测的数据。因此，1953 年是划分中国人口史的重要转折点——此前的研究还不存在人口统计学的基础，更多的是运用历史学的研究方面，对人口现象只能作历史性的描述；而此后的研究已经有了完整而准确的数据，可以充分运用现代人口统计学的理论和方法，进行分析、统计和预测。另一方面，让历史和现实保持一定的距离，或许更能如实地反映历史的真相。在一定的时间后，人们可以比较容易摆脱各种现实因素的影响和干扰，得出更客观的结论。例如，20 世纪 60 年代的"三年自然灾害"期间人口的非正常死亡曾经是一个禁区，但自从 80 年代初国家统计局公布了数据以后，相关的研究就有了比较可靠的基础，今天要写这一段历史就能比较客观。此外，有关 1953 年后的中国人口已经有了不少专著和论文，各类数据也相当齐全，读者可以另行查阅，不会因为本书不包括这一阶段而有太多的不便。当然从中国人口史的完整出发，我们还是期待着在本书之外另有一本专写 1953 年后的中国现代人口史。

但是应该指出，历史与现实毕竟是有区别的，任何历史著作不可能也不应该一直延伸到当前，人口史也不例外。尽管从理论上说，过去即历史，但实际上历史有其特殊性，其中之一就是对历史现象的观察和研究需要一定的时间距离和关系距离，也需要等待一种历史现象发展到一定的程度或者进展完毕，以保持它的完整性。中国历史"生不立传"和后一朝为前朝修史的传统，一定程度上体现了这样的原则。要写抗日战争或"文化大革命"中的人口变化，在抗日战争或"文化大革命"正在进行期间是无法进行的，就是在这场战争或"文革"刚结束时，由于历史的真相并未充分暴露，有关的文献资料尚未公布，有利害关系的人物依然在起作用，合格的历史是写不出来的。又如，20 世纪以来，尽管不断遭遇天灾人祸，尤其是在前半期，但中国的人口始终在以高于以往的增长率增长，出现了历史上从未出现过的一种增长模式。然而这一模式的发展趋势还有待证实，这一模式的完整的发展过程还没有结束，所以写这一段历史为时过早。这并不等于说我们对最近这些年的人口状况不需要研究，但根据学科分类的原则，这些是人口学或当代的人口学及其相关学科、各个分支研究的范围,而不是人口史的研究对象。

第三节 中国人口史的研究内容

前面已经说过,人口史的研究内容与人口学并无二致,只是时间上的差异。但同时也已指出,由于基本数据和史料的缺乏,研究手段的局限,并非历史时期所有的人口现象和人口活动都有进行研究的基本条件。根据我们多年来的研究实际和已有成果,本书主要集中在以下几个方面。这当然只能反映我们现有的水平和认识,并不意味着中国人口史只能包括这些内容。

一、人口的数量变化

一定数量的人才能成为人口,人口数量本身的意义是不言而喻的。形成1万人口与形成1亿人口所需要的客观条件是完全不同的,人口本身的能动作用也不可能是一样的,并且也不是简单的比例关系。另一方面,1万人口所起的作用与1亿人口所起的作用也是不能相提并论的,在人口的质量相同的情况下更是如此。

人口数量的变化与社会发展之间存在着相互联系和相互依存的因果关系,这并不是简单的决定与被决定、作用与反作用,而是复杂得多的双向关系。人口数量的变化同样受到自然条件的影响和制约,但由于人类对自然条件的需要和索取远远没有达到极限,这种作用一般来说也不是决定性的。

人口是自然、社会和人类本身能动作用的复杂产物,人口数量的重要意义在于:它集中反映了人类利用自然环境、从事物质生产、通过一定的社会结构实行管理和控制的能力。以中国历史上的人口数量为例,清代的人口在18世纪初恢复到1.5亿以后,保持了100多年的持续增长,在19世纪中期达到4.3亿的空前高峰。这就证明了在这一阶段,在清朝疆域范围内已经生产出足以供养4.3亿人的粮食和其他必需的物资,创造了能维持这些人口的精神生活的文化环境,建立起了管理和控制这数亿人口的社会结构和行政体系。一般说来,凡是人口持续、稳定增长的时期,都是自然灾害较少、生产发展迅速、社会秩序比较安定的时期。反之,人口大幅度、急剧地下降无不是严重的自然灾害或战争动乱引起生产停顿破坏、社会秩序混乱的必然结果。

但是这并不是说,人口数量绝对反映了自然、社会或人类自身发展的水准,更不是社会发展的唯一标准。道理很简单,不同生活水平、不同思想观念、不同历史时期、不同社会地位的人口对物质生活和精神生活的要求是不同的,因而同样数量的人口对物质和精神生活的要求可以有相当大的差距,他们利用自然条件的能力会有非常大的不同,对社会结构或社会制度也会有完全不同的选择。例如,美国的人口到达 1 亿时与中国的人口达到 1 亿时,无论在生产方式、生活方式、社会结构、政治制度等等方面都迥然不同。西汉末年的人口数量与同时存在于欧洲的罗马帝国不相上下,但它们在自然条件、生产方式、生活方式和社会形态上的差别也是显而易见的。当今欧洲一些发达国家的人口正在逐渐下降,当一个国家的人口数量下降到它历史时期某一年代的同样数量时,又有谁会认为,这两个相同数量的人口具有相同的意义呢? 即使在同一个时代的同一个国家内,对同样数量的人口来说,要享受奢华的生活和仅仅维持生存所需要的物质条件可以有天壤之别。

正因为如此,所以一方面我们肯定人口数量的重要意义,承认一定数量的人口既是社会发展的一个重要标志,又是推动社会发展的必要条件。特别是在生产力不发达的古代,人口数量具有特别重要的意义。另一方面,我们又不能把人口数量当成唯一的、绝对的指标,把人口数量的增加当成社会发展的主要因素或唯一动力。这并不排斥在某一个具体地域范围或某一个具体时间阶段中,在其他条件基本不变的情况下,人口数量的增加或减少可能对社会变革发生主要的甚至是决定性的作用。但是可以肯定,仅仅是人口数量的变化不可能使社会产生根本性的进步或无法恢复的倒退。

人口是不断运动的,在一般情况下,即使没有机械流动,人口的数量也在不断发生变化,所谓"静止"人口只是指在某一统计阶段间的数量保持不变,如每年、每若干年,并不等于在此阶段间的每一时刻都是同样的数量。而且这种在现代发达国家才可能出现的人口现象在中国人口史上并没有什么先例。中国历史上也出现过人口零增长的时代,但这大都只是人口由增长转变为减少之间的短暂停滞。

在通过人口普查、人口抽样调查或日常统计获得的可靠的人口统计数据齐备的条件下,确定人口数量并不是困难的工作。因此对这一阶段人口数量的研究主要不是确定人口具体数量的多少,而是探索人口数量变化的过程、规律、变化趋势以及引起变化的原因,进而预测未来的人口数量。但是在不具备这一条件的情况下,确定人口的数量就成为最基本的研究任务。因为如果我们根本不了解某一时期的人口数量,或者掌握的是错误的数据,其他方面的研究就会毫无基础，无从做起，或者只能得出错误的结论。现代的人口学者往往不理解历史人口学者为什么要花那么大的精力、那么多的时间去考证和研究历史时间某一阶段的人口数量，问题就在于他们几乎不会遇到类似的困难，至多只要研究人口普查数据的误差率。这类误差率即使再大，在研究历史人口时也基本可以忽略不计。

尽管中国的人口调查开始于公元前16世纪的商朝，但要到公元初才留下全国性的户口统计数字。由于户口登记和统计的主要目的是征收赋税、征发徭役，所以登记和统计的重点只是人口中与赋税徭役有关的那一部分，其结果便是户口统计数据往往不包括全部人口。清朝康熙五十一年（1712年）以后，虽然户口登记与赋税征收已经不再有直接的联系，但由于赋税制度的长期影响和户籍管理体系的不完备，户口数字与实际人口存在差距的状况仍然没有改变。光绪三十四年（1908年）开始实行的人口调查的目的和要求已经与现代人口普查一致，但由于种种原因，直到1953年第一次全国人口普查为止，中国还没有能够真正进行过人口普查。无论是1712年以后的户口记录，还是1908年以后的人口资料，尽管其中不乏比较可信的数字，但都不能不加分析地作为实际人口数字来使用。

在很多年代和不少地区，就连这样的数字也不具备。这就需要从浩如烟海的史料中广泛搜寻，详加考订，通过大量间接的途径，尽可能得出大致的估计。但实际上，还有相当大一部分历史阶段、相当大一部分地区，无法取得这样的结果，那就只能保持空白。在可以预见的将来，这类空白还将是无法填补的。也正因为如此，人口数量的变化在一般情况下应该以数据来表示，但在特殊情况下却只能用文字来描述。

二、人口的再生产过程

人口的发展，包括人口的数量变化和质量变化，都是人口再生产的结果。在一个地域范围明确的空间内，人口的数量和质量的变化还受到人口的机械增长即人口流动（迁入和迁出）的影响。但如果不存在人口流动，人口的变化就完全取决于人口的再生产。在20世纪中叶前的中国，即本书论述的时间和空间范围内，与其自身庞大的人口数量相比，流动人口这一因素基本可以忽略不计。而从先秦至现代的大多数年代，中国与外界基本不存在人口的迁入和迁出。正因为如此，对中国人口史而言，人口的再生产具有特别重要的、决定性的意义。

人口再生产就是人口新一代出生、成长和老一代衰老、死亡这一不断重复继续的过程,它通过更替来实现人口的延续和更新。其结果不仅反映在人口的数量,也反映在人口的质量。举个最简单的例子,一代人的寿命延长或缩短直接关系到同时存在的人口的数量的多少,也关系到这一代人生育后一代的多少,但人的寿命和生育能力,就离不开人口的质量,所以数量的变化也是质量变化的反应。但在缺乏原始统计数字的情况下,对人口质量的分析是相当困难的,所以在人口史研究中一般只能偏重于人口的数量,甚至完全无法顾及人口的质量。

当代的人口再生产结果一般是用人口再生产率来显示的。所谓人口再生产率就是一代妇女所生的女儿数同这代妇女人数之比,所以又称为人口繁殖率,它表示平均一个妇女一生中生育的女孩数。具体还分为粗再生产率(又称总再生率)和净再生产率,前者表示平均每个妇女生育的女孩数,而没有考虑这些女孩在到达母亲生育她们的年龄时的死亡因素;后者则是扣除女孩在到达母亲生育她们的年龄时的死亡数后,平均每个妇女生育的能接替生育的女孩数。与此相关的是平均世代间隔,即母亲一代生育女儿时的平均年龄,或者说母亲一代和女儿一代平均间隔年龄[1]。

人口再生产率的计算必须有年龄组生育率(1 岁组或 5 岁组),然后将各年龄组生育率合计,得出总和生育率(包括男孩和女孩)。将总和生育率乘以出生中女婴比例(一般取 0.485)就得出粗再生产率。将各年龄组生育的女孩数乘以女孩活到母亲生育自己的年龄时的生育率,扣除死亡人数后即为净再生产率。各年龄组扣除死亡数后的生育率(或生育人数)用母亲年龄组中值进行加权平均,所得结果即平均世代间隔。在统计数据齐备的条件下,这 4 项数据是不难计算出来的,但就研究历史时期的人口而言,却存在着无法逾越的障碍——在 20 世纪之前,中国根本不存在人口分年龄组统计数,更不用说年龄组生育率。所以,如果采用当代的计量方法,中国历史时期的人口再生产是绝对无法进行研究的。

不过,如果我们不研究人口再生产的过程,就不可能从人口学的角度来检验现存有历史时期的户口数字,大致确定它们与实际人口数量之间的关系。由于中国历史时期基本不存在真正的人口统计数字,这一过程是不可或缺的。既然如此,我们不得已而求其次,只能采用分析构成或影响人口再生产过程的各个相关要素的替代办法,以便从尽可能多的角度来估计或描

---

1 本段据马淑鸾《人口再生产》、王维志《人口再生产率》条目,载《中国大百科全书·社会学》,第 258—259 页。

述人口再生产的过程和幅度。这些要素是：家庭规模、婚姻状况、生育状况、各种死亡类型等。确定这些要素固然是出于研究的必需，但也不得不考虑现有史料和数据的现实。

1. 家庭规模

即每个家庭的平均人数。家庭有不同的类型，用于人口再生产过程的合适家庭是核心家庭，即一对夫妻和他们未成年的孩子。核心家庭规模的大小直接关系到人口再生产率，也可以反映人口再生产过程中的不少方面。一般说来，核心家庭的规模大就意味着这对夫妻的初婚年龄早、他们的寿命相对较长、生育的孩子多、这些孩子在婴幼儿期间死亡少。否则就相反，初婚年龄晚必定使这对夫妻在有效育龄期间不能生更多的孩子，夫妻中如有一方早死会使生育中止，婴幼儿死亡增加自然使存活至成年的孩子减少。

幸运的是，《汉书·地理志》所载的西汉元始二年（公元 2 年）的户口数中就有户和口两项，只要通过简单的计算就能知道全国的和 103 个郡、国的每户平均人口数，甚至还有 5 个县的户均口数。此后的历代户口数，无论是全国性的，还是地方性的，多数同时有户和口两项，可以计算出户均口数。这些数据可以构成近 2000 年的全国性及不同政区的户均口数系列，这在世界上是独一无二的。不幸的是，自西汉末年以来的家庭，虽然绝大多数是小家庭，却并不是纯粹的核心家庭，一部分是复合家庭，或者是不完整的核心家庭。例如在一对夫妻加上他们未成年的孩子之外还有一位或两位上一代，或者是一对老夫妻和一对小夫妻，或者父母只剩下一人加上他们未成年的子女，或者再加上他们不完整的上一代。少数是由不止一个核心家庭组成的大家庭，如两个或三个兄弟组成的核心家庭加上他们的父母，甚至更大。在考察家庭规模时还必须注意一种特殊现象，即多妻家庭。在多妻家庭中，夫妻一代的数量至少是三人，或者更多，他们未成年的子女则情况各异，既有数量颇多的，也完全可能根本没有。由于无法推算具体的比例，所以到目前为止我们还不可能确定其中的核心家庭究竟占多少百分比。而且，由于户口统计的主要目的是为了赋税或赋役的征集，所以其中户或口的含义在多数情况并不等于实际的家庭和该家庭的人口数。尽管如此，这些数据还是相当重要的，对家庭规模的研究，特别是比较研究还是很有意义的。例如，在同样的户口和赋税制度下，同一个政区在同一个朝代的前后不同年代会有不同的户均口数，不同地区的户均口数会有明显的差异。分析影响户口统计的各种因素，去除假象，我们还是可以获得重要的人口学信息。例如,有些地区户均口数的增加正好与开发的过程相吻合,一些地区间户均口数的差异足以反映自然和人文地理环境的差距,某些异常的户均口数能找到合理的解释[1]。

2. 婚姻和生育状况

婚姻与人口再生产的关系首先表现在有偶率,即已婚的女性人口占全部女性人口的比例。一般来说,如果其他条件都相同,则有偶率越高,同一代妇女的总繁殖量越高,人口增长率也越高;反之则相反。有偶的概念当然主要是指通过合法的婚姻获得配偶,但对人口学研究来说,更重要的是事实上的婚姻,而不问其是否履行了婚姻手续,或是否合法。有偶率一般都只计算女性人口,因为在正常情况下人口中的性别比是大致平衡的,而且即使性别比很高(这种情况在中国历史上屡见不鲜),男性人口大大多于女性人口,繁殖的方式也只能通过女性有偶并生育来实现的。如在一个高性别比的人群中,即使有偶率高达百分之一百,必然还会有男性找不到配偶。由于这些男性已不参与人口再生产,他们的存在只对这一代人的数量起作用,所以在考虑人口再生产过程时可以忽略不计。相反的极端例子是,在某些年代大量男性人口由于出家为僧或托庇寺院、长期从军或服役、因天灾人祸大量死亡等原因,造成大批妇女无法婚配,这种现象也可以通过妇女的有偶率低得到反映。由于史料和基本数据的缺乏,历史时期的有偶率基本都无法计量。但史料中不乏有关现象的描述,可以据以分析或推算。例如对寡妇的再婚,不同时期或不同地区会有不同的态度,甚至截然相反,或严格禁止,或予以默许,或加以鼓励,甚至采取强制手段迫使寡妇改嫁。这固然有文化和民族方面的背景,但更多的是出于现实的需要,要通过这种特殊手段来提高妇女的有偶率,以促进人口再生产。

从理论上说,上述有偶率既包括了合法和非法的婚姻,也包括了不存在任何婚姻状态的两性交合。但对中国人口史而言,后者的比例是很低的,以至完全可以忽略不计。因为仅仅出于男性性生活需要的嫖娼宿妓不会导致女方的生育,其他婚外的性生活如果导致生育,即使女方不可能在家庭中取得合法的"妾"的地位,其婴儿一般也会被男方家庭承认为非婚生子女,特别是男婴,女婴则很可能被溺杀。正因为如此,从研究人口再生产过程的角度计算,这类生育也可以看作非法婚姻的产物。

---

1 如何炳棣注意到《金史》卷47所载宗室人口户均高达163.50人,但除去奴婢后,每户平均人口仅为5.77,因而是相当精确的。见何炳棣《明初以降人口及其相关问题(1368—1953)》附录五《宋金时中国人口总数的估计》,第363—365页。

其次是妇女的初婚年龄,这也是人口再生产的一项决定性因素。理论上说,妇女初婚年龄越低,生育的时间延续越长,总再生产率越高。当然,初婚年龄不能低于妇女具备生育能力这个极限,否则就毫无意义,像中国以往普遍存在的童养媳、娃娃亲、指腹为婚和某些政治性的联姻,就不具有再生产率的意义。从西汉以来的历代都有法定初婚年龄,却没有具体的婚姻登记记录或统计数据。由于对法定初婚年龄只是规定了一个下限,而除了某些特殊情况[1],对上限并没有什么规定。所以即使在法定初婚年龄为 13 岁的朝代,也不排除有妇女到 30 岁以上才结婚的可能性[2]。即使在同一时代和同一地区,由于不同社会阶层、文化背景、民族、区域之间的差异,妇女的初婚年龄也可能有很大的差异,很难根据一般性的描述来推算当时的平均初婚年龄。在史料中也可以找到一些人物初婚年龄的记载,但绝大多数都是男性,而作为统计指标的女性却极其有限。即使就男性而言,虽然绝对数量不少,却还不足以构成抽样调查最低要求的样本。作为历史人口研究的重要资料来源的家谱,恰恰在这一点上存在无法弥补的缺陷,除了清朝的玉牒这样的个别例外,一般都不记载家族成员结婚的年龄和时间。因此对 20世纪以前的中国人口,我们不可能进行初婚年龄的量化分析,充其量只能作一些描述和推断。而在一些西方国家,自 16 世纪以来就有相当详细的结婚登记资料,尽管这些数据不可能覆盖全部人口,但其数量和精确度已足以满足抽样调查的要求。

从人口再生产的角度,研究初婚年龄的目的,就是为了计算妇女的生育率。根据现代人口统计,如果妇女的初婚年龄平均为 20 岁,并且性生活未中断,一直保持到育龄结束,平均可以生 7.5 个孩子,繁殖率为 7.5。如果婚龄推迟至 26 岁,其他条件不变,繁殖率就降低为 5.25,仅前者的 70%。如果初婚年龄提至 20 岁以前,繁殖率自然更高。不过根据婚龄确定的繁殖率只具有理论意义,即假设为妇女从结婚开始正常的性生活一直没有间断,直到育龄结束。但实际存在的各种不利因素会使妇女的生育延缓、暂停以至中止,一般都达不到理论上可达到的数字。在古代中国存在的一些特殊因素,更应引起我们的注意。

1　如西汉惠帝时曾下诏,规定女子至三十以上不嫁,要按五倍收取人头税,实际上是对婚龄上限的规定。见《汉书》卷 2《惠帝纪》。

2　北周武帝、唐玄宗和北宋天圣年间法定婚龄为男子十五岁,女子十三岁,为中国历史上最低。但在杜甫《负薪行》诗中就可发现"夔州处女发半华,四十五十无夫家"这样的描述。见《全唐诗》卷 221,中华书局 1960 年版,第 7 册,第 2335 页。

妇女在育龄没有结束时就死亡,她的育龄就提前结束。妇女在怀孕和生育过程中的死亡率很高,从西汉起就有"妇人免乳大故,十死一生"的说法[1]。直到新法接生推广之前,妇女大都在完全缺乏卫生和医疗条件下频繁怀孕和生育,在此期间自然更容易感染其他疾病,危及自身性命。对妇女的歧视更加严重地反映在对待孕妇、产妇身上,一般都以迷信习俗出现,如不许产妇在家中生育,视孕妇、产妇为不祥而加以种种限制,视生下畸形婴儿或怪胎的妇女为妖而加以迫害以至杀害。迷信和落后的接生方法又使产妇的死亡率增加。妇女在育龄期间其配偶的死亡,至少也要使生育暂停。如果妇女不再改嫁,这也就是她生育的结束。在人均寿命很低的条件下,这种现象是相当普遍的。如果考虑到男性人口因战争、灾害、劳役、刑罚等因素遭遇到的非正常死亡的概率比妇女高得多,妇女人口中的寡妇比例有时会相当高。除非政府采取强制措施,寡妇中总有相当一部分人不会再婚。

古代的生育间隔比现代要长得多。一般来说,妇女在哺乳期间不会再怀孕生育。由于物质条件差,营养普遍不良,婴儿的哺乳期往往长达三年[2],所以妇女的生育间隔至少要三年。这不是中国的特殊情况,工业化以前的西方同样如此。秦汉时就有乳母,即哺乳期间的妇女为他人的婴儿哺乳,其中一部分在哺乳结束后继续抚养该婴儿。担任乳母的妇女一般都会因此而延长自己的生育间隔,继续抚养哺乳对象的乳母的生育一般就此结束。在现代婴幼儿保育系统——如托儿所、幼儿园及代乳品——形成之前,乳母一直是一部分贫苦妇女的职业,她们的服务对象也包括平民百姓,所不同的只是数量和占妇女总数的比例。

在现代性知识传播和相应的性治疗手段普及之前,性功能障碍对生育的影响比今天要大得多。在今天完全可以得到治疗或改善的性功能障碍,在古代中国就会蒙上一层神秘迷信的外衣而长期存在。一般都将不育归咎于妇女,对出于男性方面的原因一般不会受到注意,更难加以改变。在多妻制度下,妇女不育是男方纳妾的正当理由,但在男方存在性功能障碍的情况下,结果必然是更多妇女生育能力的浪费。一些拥有大量后妃妻妾的帝王贵族出现"无后"的结局,一般都是他们本人性功能障碍所致,却使比他们多

---

1 《汉书》卷 97《外戚传上·孝宣许皇后》。

2 中国古代的礼制认为,子女为父母服丧三年就是为了报答母亲哺乳三年的恩情。类似记载颇多,如《论语·阳货》:"子生三年,然后免于父母之怀,夫三年之丧,天下之通丧也。"《十三经注疏》本,中华书局 1980 年影印;《礼记·内则》:"食子者三年而出。"见《礼记正义》卷 28,《十三经注疏》本;刘向《说苑·修文》:"子生三年,然后免于父母之怀,故制丧三年,所以报父母之恩也。"据刘文典《说苑斠补》卷 19,云南人民出版社 1959 年版。

很多倍的妇女丧失了生育的机会。

古代中国的徭役制度规定,绝大多数男性人口在成年期间都要有相当长一段时间离家服役。直到明清时,随着以钱代役制度的普遍实施和人头税的最后取消,这种情况才得到改变。在徭役制度下,除了少数享受特权的贵族、官僚及其家属以外,符合法定年龄的成年男子都必须服兵役或劳役,离家去边远地区服若干年的兵役,或每年离家服一个月或若干日子的劳役。兵役和劳役一般不计路途的时间,所以实际离家的时间比法律规定要长得多。遇到横征暴敛、严刑峻法的皇帝,或处于开疆拓土、大兴土木及国家危亡的阶段,征发徭役的比例会大大高于正常的规定,服役的时间会大大延长。像陈胜、吴广这一群应征的平民要从淮河以南到今北京一带报到,即使他们的服役时间不长,步行往返就得花去几个月的时间,何况在大一统朝代服役的距离往往更长!根据秦朝的法律,没有按时报到的处罚是死刑,要是陈胜、吴广不带头暴动,这批人的妻子从此就会成为寡妇。"可怜无定河边骨,犹是春闺梦里人"[1],就是古代无数在家中苦苦守候的妇女的真实写照。

由于妇女不能随便离家,又负有侍奉公婆、抚育子女的责任,丈夫外出做工、经商、求学、流亡等一般都是单身外出。不少朝代都有中低级官员赴任不得携带家属的规定,在首都的中低级官员一般也不能合法地迁入家属。由于交通不便、返乡困难、假期有限等原因,造成夫妻长期分居,育龄妇女减少以至完全丧失了生育机会。这种情况到近代依然存在,如山西在外埠经商的人,在家乡结了婚,生了孩子,就离家远行,等发了财后才回家养老[2],这类家庭中妇女的生育率当然会很低。

以"孝"为核心的儒家伦理和以此为基础制定的法律,从总体上说是促进早婚、早育、多育的,但也有推迟和妨碍正常婚配和生育的一面。如儒家学说提倡在直系长辈的丧期禁止婚姻娱乐,并产生了相应的法律。《唐律·户婚中》就规定:"诸居父母及夫丧而嫁娶者,徒三年,妾减三等,各离之。知而共为婚姻者,各减五等。"即使受了刑事处罚,婚姻还得解除。直到清朝,尽管处罚稍轻,基本规定却没有改变。如果父母接连死亡,子女最长必须有六年不得结婚。西汉文帝之前,国君或皇帝治丧期间禁止民间嫁娶,文帝临终时才下令取消[3],但此后仍有此类规定,而且贵族官僚自动停止嫁娶的现

---

1 陈陶《陇西行》其二,《全唐诗》卷746,第21册,第8492页。

2 据费孝通《生育制度》第7章《居处的聚散》,北京大学出版社1998年重印本,第174页。

3 《汉书》卷4《文帝纪》:"遗诏曰:'……其令天下吏民,令到出临三日,皆释服。无禁取(娶)妇嫁女祠祀饮酒食肉。'"

象也很普遍。《唐律·户婚中》还规定:"诸祖父母、父母被囚禁而嫁娶者,死罪徒一年半,流罪减一等,徒罪杖一百。"祖父母、父母被拘留期间,子女、孙子女不能结婚,否则至少要挨一百大板。直到明朝,才有条件地允许子女在居丧期间嫁娶,但原有法律并未完全废止[1]。法律还禁止在父母丧期生育,《唐律·户婚上》就规定:"诸居父母丧生子,及兄弟别籍异财者,徒一年。"由于父母的死亡并非都能预测,在父母死亡时已经怀孕的情况是很难避免的。而且由于父母的丧期长达三年,在还不具备有效的避孕手段的条件下,这实际上是禁止三年丧期内的性生活,因而难以人人遵守。为了逃避法律的惩罚,人们在丧期生育后大都偷偷溺死婴儿,增加了婴儿死亡率。这项禁令直到明初才由朱元璋加以废除[2]。

但是法律的规定只是最低限度的要求,忠实信奉和实践儒家伦理的人必定还会更自觉或更大程度地实行这类准则,所以一些人不仅会严格执行居丧期间不婚嫁、不过性生活的规定,甚至会扩大到父母生病、祖先的忌辰、皇家的丧期等,或者纯粹出于个人修养的目标而控制性生活。有些人则是受到迷信习俗的影响,如认为某些日子不宜接触女性、不宜性交或不宜生育等。种种迹象表明,至迟在明朝中叶,在经济文化发达、人口稠密的江南地区,自觉避孕已在一些妇女中流行,并且收到了实效[3]。但由于这些方法并不科学,且有一定的危险性,所以一方面未必能如愿以偿,另一方面也增加了妇女及婴儿的死亡率。

再次是特殊的婚姻形态,即一夫一妻制以外的婚姻形态。

最普通的是一夫多妻制,这是自先秦至民国期间都存在的现象,并且得到法律的承认和保护,只是程度上不同而已。多妻制是儒家礼制的一部分,并且已经法律化,得到法律的保护。法律和制度对不同身份的男子拥有妻妾的数量作了规定,如先秦时的标准是:天子有"六宫、三夫人、九嫔、二十七世妇、八十一御妻"[4],"诸侯一娶九女","卿大夫一妻二妾","士一妻一妾"[5]。秦和西汉初规定皇帝的妻妾分为皇后、夫人、美人、良人、八子、七子、长使、

---

1 正德《明会典》卷22《户部七》:"弘治二年,令有讦告服内成婚者,如亲病已危,从尊长主婚,招婿纳妇,罪止坐主婚,免离异。若亲死,虽未成服辄婚配,仍依律断离异。"据《四库全书》本。

2 《纪录汇编》卷4《御制孝慈录》,《景印元明善本丛书十种》,商务印书馆1938年版。

3 这方面最系统的研究成果,见李伯重《堕胎、避孕与节育——宋元明清时期江浙地区的节育方法及其运用与传播》,载《中国学术》第一辑,商务印书馆2000年版,第71—99页。

4 《周礼注疏》卷1,《十三经注疏》本,第642页。

5 《白虎通义》卷下,《四部丛刊》本,商务印书馆1936年版。

少使八级。到汉武帝时已增加到十四级[1]，后宫更多至数千[2]。但是法律和制度往往形同虚设，更限制不了皇帝，所以皇帝的后宫多至数万的并不少见。贵族官僚也无不"逾制"，姬妾数十上百的记载比比皆是。如明朝法律规定郡王一级可纳四妾，但一位庆成王就创造了一百个儿子都长大成人袭封爵位的纪录[3]。如果加上女儿和子女有成年前的死亡，这位郡王至少要生两百个子女，一妻四妾无论如何是不够的。明清时对平民百姓纳妾的法律规定很苛刻，一般必须到40岁还没有儿子才符合条件。但实际上，只要养得起，谁都可以拥有三妻四妾。多妻制的结果是实际有偶率的降低，因为一部分"有偶"的妇女根本不能有性生活的机会，更不用说生育，例如皇帝后宫中的大部分妇女，多妻者的失宠妻妾；另一部分则只能部分发挥其生育功能，离她们的理论繁殖率相差甚远。

另一类是一妻多夫，见于记载的并不多，特别是在汉族中几乎未发现有统计意义的事例存在。但在某些少数民族中一度很普遍，如旧时代藏族的平民，由于差役的时间很长、负担很重，家庭的成年男子中必须经常有人当差，往往弟兄二人或三人合娶一位妻子。在兄弟轮流当差的情况下，这位共用妻子实际上只是轮流当各人的妻子，她的生育能力当然可以得到充分地发挥，但也不会超过理论上能达到的极限。

还有某些地方的特有风俗，如借妻生子，即用协议的方式允许自己的妻子与其他男子同居一段规定的时间，在此期间内生育的子女都归对方男子所有，期满后返回原来的家庭。近代浙东等地都有这样的情况。从人口再生产的意义上，这一类型与前一类型并无二致。

在先秦时代，母系社会的残余依然存在，所以还有"知母不知父"的现象。如《汉书》卷1《高帝纪》还为刘邦的出生编了一个故事：刘母在湖边躺着休息，梦中与神相遇。这时天色昏暗，雷雨大作，去找刘母的刘父见到有一条龙在上空盘旋。刘母醒来就有了身孕，以后生下刘邦。这个故事与周人的始祖后稷的母亲在野外踩上巨人的脚印后受孕如出一辙，都是在野外受孕，都不知道父亲是谁。尽管都是对帝王的神化，但如果是在母系社会的残余完全消灭之后的年代，至少也会编成天神或真龙降临在家中了。

在一些经济、文化比较落后的地区，或某些少数民族中，对偶婚的确立

1 《汉书》卷97《外戚传序》。
2 同上书卷72《贡禹传》。
3 《明会要》卷4《帝系四》，中华书局1956年版，第52页。

时间更晚。如南方的骆越人，直到公元初的西汉末年还"无嫁娶礼法，各因淫好，无适对匹，不识父子之性、夫妇之道"，处于群婚状态。九真太守（辖境相当于今越南中部沿海一带）任延"乃移书属县，各使男年二十至五十，女年十五至四十，皆以年齿相配。其贫无礼娉，令长吏以下各省奉禄以赈助之。同时相娶者二千余人"[1]。九真郡当时只有 16 万多人口[2]。除去中原移民及其后裔、城市居民外，骆越族的人口估计不会超过 10 万，一次就有 2 000 余对配偶成亲，而且男、女年龄的上限分别达到 50 岁和 40 岁，可见原来群婚现象的普遍。

还有一些特殊的婚姻方式，如当代还存在于云南宁蒗县、四川盐源县交界处泸沽湖摩梭人的阿注婚，应该是一些民族古老婚俗的遗存。

不过由于汉族及其前身华夏诸族和中原王朝直接统治的人口早已占了中国人口的大多数，其他民族及中原王朝直接管辖外的人口中延续这类婚俗的人口数量也不多，所以对历史时期中国人口再生产的影响极其有限。

3. 婴幼儿死亡率

各类死亡率都减少了人口增长，但在人口再生产的过程中，婴幼儿的死亡率具有更直接的影响。

中国古代没有留下任何婴幼儿死亡的数量记载，实际上，在没有实行新法接生和住院生育的条件下，对婴幼儿死亡率根本无法进行统计。在中国的传统观念中，出生不久的婴儿并不被承认为完整的生命，所以一般对婴儿的死亡都认为无足轻重，以致到 20 世纪前半叶，专业人员在村镇中调查婴儿死亡率还会遇到相当大的困难。也正因为如此，20 世纪前半叶的统计资料精确度很差，地区与年代之间的差异也相当大。如据 1936 年《中国经济年鉴》，1919 年全国性的婴儿死亡率是 400‰，1928 年是 250‰。据 1938 年民国内政部《卫生年鉴》，1936 年和 1938 年十八省区的平均数分别为 156‰和138.5‰，而其中的绥远省竟高达 429.9‰。1925 年广州的调查结果甚至达到 555.0‰[3]，但 1930 年中国家庭调查得出的婴儿死亡率却只有 110.7‰[4]。不过直到新法接生已比较普及的 1954 年，全国婴儿死亡率仍有 138.5‰[5]，所以一般估计 1949 年以前中国的婴儿死亡率应在 200‰左右。20 世纪前的

1 《后汉书》卷 76《循吏传·任延》。

2 《汉书》卷 28《地理志下》。

3 《中国（华）医学杂志》第 33 卷。转引自袁永熙主编《中国人口·总论》，中国财政经济出版社 1991 年版，第 168 页。

4 《中国（华）医学杂志》第 41 卷。转引自袁永熙主编《中国人口·总论》，第 168 页。

5 《中国人口资料手册（1989 年）》。转引自上揭书，第 169 页。

中国物质条件更差,并且完全没有新法接生,加上杀婴、溺婴的现象更加普遍,所以有理由推断中国古代的婴儿死亡率至少应有 250‰,某些时期或某些地区可能高达 500‰。

在考察中国古代的婴儿死亡率时,杀婴是一个必须充分注意的现象,并且可以得到大量史料的支持。秦汉以前的杀婴往往与迷信习俗联系在一起,例如在婴儿降生前先要卜吉凶,吉则留,凶即杀[1]。还有很多其他禁忌,如某些月份、某些日子或某些时辰出生者不吉,与父母同一天生日的不吉,婴儿出生时有某些异常现象的不吉,都在被杀或被弃之列[2]。某些少数民族更有杀死头胎婴儿的习惯,如羌人[3]。这类行为的内在原因,是在物质条件无法满足日益增加的人口的需要而又缺乏有效的避孕手段时,人类对自身发展的不自觉地、消极地限制,也是原始人类通过对婴儿的自然选择进行优胜劣汰的做法的延续。世界上多数民族都有过类似的经历,直到近代,在一些原始民族中还存在用杀婴来限制人口增长以适应生存条件的习惯[4]。

早在春秋战国时,杀婴的习俗就被重男轻女的意识加强了。至迟到战国后期,已经形成了"产男则相贺,产女则杀之"[5]的风气。人头税的征收,特别是以幼儿为起征点时,也成为加剧杀婴现象的经济因素。如汉武帝将口赋的起征年龄由七岁提前到三岁,又增加了税额,造成百姓极大的负担,以致"生子辄杀"[6]。

此后,这两种因素始终在起作用,只是程度上有所不同。当男尊女卑的观念作用更大时,杀婴往往限于女婴。但在经济压力严重时,杀婴就不会有男女之别。如北宋时的江南和东南沿海经济发达地区由于土地开垦殆尽,

1 《史记》卷 127《日者列传》:"产子必先占吉凶,后乃有。"

2 《后汉书》卷 65《张奂传》:"其俗多妖忌,凡二月、五月产子及与父母同月生者,悉杀之。"王充《论衡·四讳篇》:"俗有大讳四:……四曰讳举正月、五月子,以为正月、五月子杀父与母。"应劭《风俗通义》:"不举开生二十……不举寤生子,俗说:儿堕地便能开目视者,谓之寤生;举寤生了,妨女母……不举父同月子,俗说:妨父也……。不举生髭须子,俗说:人十四五乃当生髭须,今生而有之,妨害父母也。"

3 《汉书》卷 98《元后传》载尚书劾奏王章罪状:"又知张美人体御至尊,而妄称引羌胡杀子荡肠。"所谓"羌胡杀子荡肠",即羌人认为第一胎婴儿有可能不是父亲的血统,故而要将其杀死,以保证父系血统的纯正。

4 如澳大利亚的阿龙塔人(Arunta)在母亲还需要抚养一个较大的孩子时会毫不犹豫地杀死新出生的婴儿,班格隆人(Bangerrang)、纳林耶里人(Narrinyeri)和库尔奈人(Kurnai)为了避免母亲同时带两个孩子而把小的孩子杀掉。在非洲的部族中,分娩时脚先着地的婴儿要杀掉,有的部族则杀死双胞胎,还有的部族视先出上边牙齿的小孩为不吉而杀掉。见 E. A. Wrigley: *Population and History*(《人口与历史》),pp. 42 - 43,McGraw-Hill Book Company,New York,Torronto,1971.

5 《韩非子·六反》,据陈奇猷《韩非子集释》,上海人民出版社 1974 年版,第 949 页。

6 《汉书》卷 72《贡禹传》。

"不举子"之风盛行。如"岳鄂间田野小人,例只养二男一女,过此辄杀之"[1]。黄州"贫者生子多不举,初生便于水盆中浸杀之"[2]。今苏南、皖南、赣北一带,"男多则杀其男,女多则杀其女,习俗相传,谓之薅子,即其土风。宣歙为甚,江宁次之,饶、信又次之"。今浙江的"衢、严之间,田野之民,每忧口众为累,及生其子,率多不举"[3]。严州甚至殃及幼儿,"一岁之间,婴孺夭阏,不知其几"[4]。福建的情况更触目惊心:"闽人生子多者,至第四子则率皆不举,为其赀产不足以赡也。若女则不待三,往往临蓐,以器贮水,才产即溺之,谓之洗儿。"[5]而且无论贫富,都无例外,"闽之八州,唯建、剑、汀、邵武之民,多计产育子,习之成风,虽士人间亦为之,恬不知怪……富民之家,不过二男一女,中下之家,大率一男而已"[6]。明清期间,杀婴现象仍相当普遍,直到民国时亦未绝迹,只是程度上不同而已。

4. 疾病死亡率

青年夭折的原因可以说大都是由于疾病,但中老年人的死因却很难在疾病与衰老之间加以区别。在食物不足、营养不良的条件下,生命的衰老必然会提前,而抵御疾病的能力也会随之而下降。但直到20世纪前期,中国一些省区才进行死亡的病因调查,而在此前往往连病因正确分类都相当困难,更无论量化分析了。

在各类疾病中,死亡率最高的是恶性传染病。在缺乏科学预防和治疗的条件下,传染病的传播畅通无阻,常常会造成数量惊人的死亡,成为影响死亡率的最主要因素。如发生在2、3世纪之交的东汉建安年间的大瘟疫,曾经使数以百万计的人口死亡,不少家族因之而断绝,很多地方人烟消失。著名的医学家张机(仲景)宗族200余人,不到10年间死了三分之二,其中大部分死于伤寒[7]。建安二十二年(217年)的大疫,使在文学史上被称为"建安七子"的七位文学家死了四位[8]。与战乱同时爆发的瘟疫必定会使更多的人丧生,如窝阔台汗四年(1232年)蒙古军队围攻金朝的汴京,城内外死者以百万

---

1 《苏轼文集》卷44《与朱鄂州书》,据《三苏全书》,语文出版社2001年版,第12册,第353页。

2 《东坡先生志林》卷5,《丛书集成》本,商务印书馆1939年版,第24页。

3 《宋会要辑稿》刑法二之五八、一四七,中华书局1957年影印本,第7册,第6524页、6569页。

4 吕祖谦《东莱集》卷3《为张严州作乞免丁钱奏状》,《四库全书》本。

5 王得臣《麈史》卷上《惠政》,《丛书集成》本,商务印书馆1937年版,第14页。

6 杨时《龟山集》卷17《寄俞仲宽别纸》其一,《四库全书》本。

7 张机《伤寒论》卷首:"余宗族素多,向余二百。建安纪年以来,犹未十稔,其死亡者三分有二,伤寒十居其七。据《四部丛刊》本,商务印书馆1937年版。

8 曹丕《与吴质书》,《昭明文选》卷42。

计,解围后大疫,"凡五十日,诸门出死者九十余万人,贫不能葬者不在是数"[1],可见实际死亡数不止 100 万。历来可考的大疫不下百次,虽不一定都如此严重,但每次都会造成大量人口的死亡。

近代的调查数字也证实了一些恶性传染病极高的死亡率,如云南楚雄府在清同治年间的鼠疫中,疫点的死亡率高达三分之一至二分之一。其中澂江县死者约占总人口的三分之一,江川县 2 万多人中死了 8 000 多人。据估计,云南在当时爆发的回民战争中死亡的人数,70%死于鼠疫。疟疾、痢疾、霍乱的传播也会造成很高的死亡率,如太平天国战争期间安徽、浙江、江苏都曾爆发过这些传染病,成为战争期间最主要的死因,致死人数大大超过战争的直接杀伤[2]。

历史时期的各次全国性的或大范围的大幅度人口下降,因传染病引发的死亡一般都是主要原因之一。

中国的传统医学和养生之道在一定程度上减低了疾病和衰老的死亡率,但即使不考虑传统医学和养生之道本身的局限,也还存在着两种无法克服的困难:一方面能够得到治疗的人在总人口中占的比例极低,绝大多数人是一辈子都得不到医药治疗的;另一方面,"死生有命"的信念和因果报应之类的迷信思想使一些人根本不相信医药的作用,因而会拒绝治疗。儒家的道德教条也会使不少人在传染病面前白白丧生。虽然直到近代人们才弄清传染病的产生和传播的原因,但至迟在汉代,一般人已经懂得隔离病人是防止传染的有效方法。可是这种做法被儒家教义的信奉者指责为"不孝不仁",强制家属与病人共同生活的官员被称为"循吏",不惜冒感染的危险而尽孝悌之责的人备受赞扬。至迟到南北朝时,人们已经知道对传染病可能的感染者应该回避,家中有人患病的官员可以不上朝,不办公。但一些出于愚忠的官员也会加以指斥,甚至明令禁止。这类愚昧无知的"壮举"不仅白白断送了无数人的生命,而且使人们对传染病的认识和防治大大推迟了。

1 《金史》卷 17《哀宗纪》上。

2 本段内容据博士生李玉尚提供。详见李玉尚、曹树基《咸同年间的鼠疫流行与云南人口的死亡》,《清史研究》2001 年第 2 期;昆明市卫生防疫站《昆明市鼠疫流行史及流行因素调查报告》,内部印行本,1957年;鼠疫调查组《嵩明县鼠疫流行史及流行因素调查报告》,内部印行本,1957 年;澂江县卫生防疫站《关于鼠疫流行情况的调查报告》,内部印行本,1957 年;江川县卫生防疫站《江川县鼠疫历史自然因素社会因素调查总结》,内部印行本,1957 年;滇西鼠疫调查组《云县鼠疫流行史调查访问资料》,内部印行本,1958 年;曹树基《鼠疫流行与华北社会的变迁(1580—1644 年)》,《历史研究》1997 年第 1 期;李玉尚《民国时期西北地区人口的疾病与死亡——以新疆、甘肃和陕西为例》,《中国人口科学》2002 年第 1期;李玉尚《传染病对太平天国战局的影响》(未刊稿)。

19世纪后期开始传入中国并逐步得到推广的现代医药学为传染病的防治提供了有效手段,逐步建立的公共卫生系统也对传染病的防治作出了巨大贡献。正是由于传染病死亡率的大幅度下降,才使中国人口开始了一个根本性的转变。

5. 战争死亡率

战争对人口死亡率影响最直接的因素是战争期间的直接杀伤,造成人的死亡或残废。古代一些战争的规模很大,死亡数很多,持续不断的战争更是如此。例如,战国后期至秦统一,大小战争延续数十年,见于记载的死亡人数至少有三四百万人。有人据《史记》等史籍的内容作过统计,秦国自献公二十一年(前364年)至始皇十三年(前234年)斩敌兵首级共计170余万[1]。一次死伤数十万人的战争在历史上屡见不鲜,小规模的战争则从未断绝,由此而累积起来的死亡数也相当多。但是在只有原始武器或冷兵器的时代,杀伤能力比拥有现代武器时要小得多,因为当时无论一方拥有多大优势,总要受到体力和杀伤范围的限制。而在新式武器,特别是具有远距离破坏力和杀伤力的武器得到运用后,战争中的死亡数就大幅度增加,例如枪、炮、军舰等武器的使用使太平天国战争的双方和平民的死亡人数较以往的战争大为增加。但直接伤亡仅仅是战争对人口影响的一方面,或者说只是较次要的一面。

士兵的主要来源是农民。青壮年从军,老弱妇孺下田,是战争期间的常见现象。军队往往征调畜力,史书中一次动用数万头至十数万头牛马的记载并不少见,这自然会使对农业生产的破坏雪上加霜。正如西汉时人在《盐铁论·散不足》篇中所说的,"一马伏枥,当中家六口之食,亡丁男一人之事",畜力与人力具有同样的重要性。士兵从粮食的生产者变成消耗者,使本来就有限的商品粮更为紧张。战场或军队的驻地往往距粮食产地很远,又需要大量人力、畜力从事运输,有时沿途消耗的粮食比运达目的地的数量还要高好几倍。关于这一点,现代人一般想象不到,其实却是一项巨大的消耗。对此,北宋的沈括作过相当精确而具体的计算:

> 人负米六斗,卒自携五日干粮,人饷一卒,一去可十八日(米六斗,人食日二升。二人食之,十八日尽);若计复回,只可进九日。二人饷一卒,一去可二十六日(米一石二斗,三人食,日六升。八日,则一夫所负

 1 王玉哲《有关西周社会性质的几个问题》,《历史研究》1957年第5期。

已尽,给六日粮遣回。后十八日,二人食,日四升并粮)。若计复回,止可进十三日(前八日,日食六升。后五日并回程,日食四升并粮)。三人饷一卒,一去可三十一日(米一石八斗,前六日半,四人食,日八升。减一夫,给四日粮。十七日,三人食,日六升。又减一夫,给九日粮。后十八日,二人食,日四升并粮);计复回,止可进十六日(前六日半,日食八升。中七日,日食六升。后十一日并回程,日食四升并粮)。三人饷一卒,极矣。若兴师十万,辎重三之一,止得驻战之卒七万人,已用三十万人运粮,此外难更复加矣(放回运人,须有援卒。缘运行死亡疾病,人数稍减,且以所减之食,准援卒所费)……若以畜乘运之,则驼负三石,马、骡一石五斗,驴一石,比之人运,虽负多而费寡,然刍牧不时,畜多瘦死。一畜死,则并所负弃之。较之人负,利害相半。[1]

即使根据如此理想的调度,要出动 14 万战斗部队,另配 7 万后勤辎重,也必须有 60 万人运送粮食,全部行动时间不得超过 31 天。以每天行军 40公里(这大概已接近连续行军加战斗行动的极限了),活动半径不能超过 600公里。这同中国历史上一些大战比起来,实在有点微不足道。秦朝的军事行动北至河套,南至珠江流域,而主要的粮食供应地是黄河下游地区。可见"千里负担馈饷,率十余钟致一石"[2]并无什么夸大的成分。汉代的军队不止一次到达蒙古高原的西部和中亚的费尔干纳盆地,主要的粮食来源依然是黄河下游的关东。唐朝的主要粮食供应地已逐步南移至江淮平原和江南,但对北方和西北的征伐更远逾汉代。至于作战人员超过 14 万人的战役,在历史上也是相当普遍的。

军人与运送粮食和物资的民夫大都是青壮年男子,他们长期离家必然会使配偶减少受孕和生育的机会。即使是未婚男子,也会使相应的妇女推迟婚龄或缺少配偶,同样降低了生育率。这些男子的死亡意味着他们的配偶生育的终止或暂停,同时使他们的老人、儿童因缺少赡养而死亡或者缩短寿命。他们本人意外死亡的增加以及平均寿命的缩短,则更在情理之中。

战争必然造成物质破坏,如销毁或损坏粮食、财物、建筑物、森林、道路、桥梁、水利设施等。人为制造的决堤,不仅直接造成生命和财产的损失,而且对农业生产、交通运输、河道水系带来长期不良影响。战争中烧毁的木材

1　沈括《梦溪笔谈》卷 11《官政一》,据胡道静《新校正梦溪笔谈》,中华书局 1957 年版,第 126—127 页。
2　《汉书》卷 24《食货志下》。

往往远远超过天然森林每年正常的蓄积量,战后必将导致新的砍伐,一次次战争使中国的森林覆盖率越来越低,这些都间接地造成死亡率的增加。

战争期间由于死亡的人畜得不到及时处理,往往导致瘟疫流行,增加新的死亡。平民因躲避战祸,不得不流离失所,由此而造成的饥饿、疾病使死亡率增加。而流亡中的妇女的生育率肯定会下降,孕妇、产妇、婴幼儿的死亡率也会增加。如果说我们对古代战争期间发生的此类情况还只能推测的话,近代战争期间的记录就提供了具体的例证。如太平天国战争中的安徽宁国,据曾国藩报告:同治元年,"暑疫大作,疫疾殁者十之二三,患病者十之三四,其能出队者不及四成。宁郡初克,遗民降将不下二万人,商贾及居民入城者数千人,两月以来,兵民疫死者二三万人。行路者面带病容,十居八九,城内外五六里臭腐不可堪忍。沿路尚有尸骸,有旋埋而掩埋之人旋毙者。城河三里许,漂尸蛆生,或附船唇而上,城中之井及近城河水臭浊不可食,食之者辄病"[1]值得注意的是,曾国藩提到受瘟疫传染而死的人中,既有他自己的将士,也有太平军的降兵,还有当地遗民和外来商人,而尚未掩埋或不及掩埋的尸骸以及严重污染的环境无疑助长了传染病的传播。曾国藩的说法还可以得到当地人士的证实:"庚申(咸丰十年)之乱,徽人之见贼遇害者,才十之二三耳。而辛酉(咸丰十一年)五月贼退之后,以疾疫亡十之六七。盖去其家已十阅月,草间露处,虽大雨雪无所蔽。魂魄惊怖,无所得食,日夜奔走而不得息。当是时,家室流亡之苦,与夫屋庐残毁之痛,犹未暇计及也。比贼退,各还其家,惊悸之魄既定,顾视家中百物,乃无一存,而日食之计,一无所出,或骨肉见掠于贼,渺然不得其音问。愁苦之气郁于其中,而兵燹之情动于其外,于是恤然病矣。又贼未退以前,乡村粮食已尽,往往掘野菜和土而食。贼既退,米价每斗至二千钱……于是饥饿而毙者亦不可胜计。"[2]难民在物质和精神上所遭遇的困境,如饥饿、疲惫、恐惧、寒冷、露宿、不卫生和环境的污染等,无疑都加快了瘟疫的传播速度和危害程度。

战争期间如果同时发生自然灾害——此类情况几乎都会出现——后果就更不堪设想。由于行政管理瘫痪,交通受阻,缺乏必要的物资和人力以及统治者无暇旁顾等原因,灾民得不到及时和有效的救济,灾情得不到及时的控制,会造成比平时严重得多的损失。而在缺粮的条件下,俘虏和平民生存的希望就更小。因为战争的各方为了保存实力,减少争夺仅有的一点粮食

---

1 《太平天国史料丛编简辑》第 6 册,中华书局 1962 年版,第 220 页。
2 黄崇惺《凤山笔记》卷下,《近代史资料》1963 年第 1 期。

的对象,往往将占领区内的俘虏或平民大批地屠杀。如秦汉之际、两汉之际、十六国时期、唐末五代、蒙古灭金、明清之际的四川等,在战争中都曾出现大规模的集体屠杀,将领及统治者的残酷固然难逃罪责,严重缺粮也是原因之一。

战争造成的死亡率当然与战争本身的规模、波及范围、持续时间、激烈程度等因素有关,也因其性质不同而异。一般来说,游牧民族掠夺性的战争对平民杀戮较多,异族入侵的初期因缺乏长期统治的准备以及民族感情的对立而多用屠杀手段,目的不明的农民暴动和民族冲突都有很大破坏性。相反,统一战争,尤其在其后期,胜利一方为了自身的长远利益,对平民和俘虏多加保全,破坏程度较轻。蒙古进入中原灭金和西夏的过程中曾实行残酷的屠杀和掠夺,而以后元朝在灭南宋时比较注意保持社会的安定和保全生命财产,就是很好的例证。被侵略而保守乡土的一方一般不会主动制造破坏,但在完全绝望时也会采取自杀性质的行动。如唐朝安史之乱后死守睢阳的张巡在城中食尽后不惜杀妾,让将士吃她的肉,"乃括城中妇人,既尽,以男夫老小继之,所食人口二三万"[1]。又如明清之际,江南抗清将领往往不惜玉石俱焚,不许百姓出城逃生,最终同归于尽。

6. 灾害死亡率

中国东部的气候主要受季风影响,经常造成降水不均,形成水旱灾害。历史上小范围的灾害几乎年年都有,大范围的、持续的水旱灾害也相当频繁,每次都使一定数量的人口死亡,或者造成物质财富的破坏,使人口的增长率降低。

水灾对人口的直接影响是灾害本身造成的死亡,如大量降雨造成的积水、内涝,山洪暴发,黄河等河流的泛滥、决口、改道,都可能使一些人被淹、被冲走而死亡或伤残,特别是具有突然性的山洪与河堤决口漫溢。黄河下游由于河床长期淤积大量泥沙,早已成为河床高于两岸土地的"悬河",一旦破堤决溢,每次都会造成生命的大量损失。在各种自然灾害中,因突发的水灾所直接造成的死亡人数为最多,历史上洪水使数万人以至数十万人丧生的例子并不少见。长期旱灾会使当地人饮水困难,大范围、持续的旱灾最终使水源完全断绝,人口渴死。但旱灾直接致人于死的现象并不多见,往往是间接造成的。风灾造成建筑物倒塌或毁坏、车船倾覆,导致人员伤亡,或者溺死,特殊情况也会使很多人死亡。如南宋残余与元朝的最后一仗以全军

1　《旧唐书》卷187下《张巡传》。

覆灭告终,原因之一就是突然刮起的大风,在海上溺死和自杀的人数超过 10 万。其他如冰雹、霜冻、严寒、酷暑等灾害直接造成的死亡一般都极少。但这些灾害都会严重影响农业生产,洪水积水稍长、持续干旱、蝗灾等完全可能使庄稼颗粒无收,其他灾害也都可能造成不同程度的减产,由此而形成的饥荒往往产生比灾害本身更严重的后果。旱灾发生时,如果有一定的粮食,灾民至少还能走出灾区,不至于渴死。如果粮食断绝,即使不饿死也会渴死。所以,大范围的、持续的旱灾造成的死亡最为严重,饥荒又是致死的主要因素。正因为如此,铁路、公路、轮船等现代交通工具出现后,灾区外的粮食和救济物资得以及时运入,灾民也有可能在短期内撤离灾区,使灾害造成的死亡率大大降低,这也是自 19 世纪后期开始出现根本性的人口转变的原因之一。这些灾害往往会相互影响,如旱灾会引发蝗灾,酷暑助长旱灾,水灾和旱灾都会导致传染病流行,历史上几次大幅度的人口下降往往是多种天灾与人祸叠加的结果。

地质灾害如地震、泥石流、滑坡、山崩等直接致死的人数有限,因为这些灾害往往发生在人口稀疏的地区或无人区。而且由于绝大多数建筑比较简陋,只使用土坯、草、竹、木,而较少使用砖瓦石料,因地震引起的建筑物倒塌而致死的人数不多。但特殊情况下也会造成惊人的损失,如目前世界上所知死亡人数最多的地震灾害就是明朝嘉靖三十四年十二月十二日(1556 年 1 月 23 日)陕西华州的大地震,死亡人数至少有 83 万[1]。

有的灾害在今天已基本没有什么影响,如雷击。但在完全没有科学知识和防护设施的年代,也会在多发地区造成不少损失。在笔者的记忆中,直到 20 世纪 50 年代初,故乡浙江的镇上还经常能听到雷击致死的新闻。

7. 刑罚导致的死亡率

刑罚导致的直接和间接死亡是显而易见的,在肉刑为合法刑罚期间更是如此。由于专制社会的刑法往往极其严酷,法外施刑的现象又相当严重,由此而增加的死亡率在总死亡率中经常会占相当大的比例,遇到酷吏暴君更是如此。

如《汉书》卷 23《刑法志》称:"自昭、宣、元、成、哀、平六世之间,断狱殊死,率岁千余口而一人……今郡国被刑而死者岁以万数,天下狱二千余所,其冤死者多少相覆,狱不减一人。"这里提到的"千余口而一人"的比例,是指判处死刑者在全国总人口的比例。但作者所称的东汉中期,"郡国"每年被

---

1 据《中国历史地震图集·明时期》,中国地图出版社 1986 年版,第 82 页。

杀的人数以万计。这里的"郡国"应该是泛指全国,而不是指一个郡或国,但不应包括朝廷直接处理的,所以实际被处死的人数每年应有数万,占总人口的 1‰以上。

史书中所记载的死刑人数往往已被大为缩小。如《宋史》卷 199《刑法志一》引燕肃奏称"天圣三年(1025 年),断大辟二千四百三十六";嘉祐五年(1060 年),李绚也称"一岁之中,死刑无虑二千余"。实际远远不止。如同志载真宗时蔡州一次就有 318 人应判死刑,幸而州官从轻处理。此事得到真宗的肯定,并即派官员到各地巡视,规定对百姓因饥饿抢粮者不作"盗"处理。可见此类现象相当普遍,每年岂止杀"二千余"人?再从《宋史》卷 200《刑法志二》透露的情况中也不难想象实际情况:

> 是时,州县残忍,拘锁者竟无限日,不支口食,淹滞囚系,死而后已。又以己私摧折手足,拘锁尉砦。亦有豪强赂吏,罗织平民而囚杀之。甚至户婚词讼,亦皆收禁。有饮食不充,饥饿而死者;有无力请求,吏卒凌虐而死者;有为两词赂遗,苦楚而死者。惧其发觉,先以病申,名曰"监医",实则已死;名曰"病死",实则杀之。

这些犯人都没有算在"二千余"名死刑犯中,其数量显然更多。

又如明太祖时,仅胡惟庸、蓝玉一案就杀了 4 万多人,超过当时总人口的 0.5‰。如加上当年的其他死刑,也应超过 1‰。明宣宗时遣送 117 名犯人戍边,到达时只剩下 50 人,其余都在途中死亡,超过一半[1]。可见实际因刑罚而死者远不止正式判处的死刑犯,徒刑犯的流放和服刑过程中都会有很高的死亡率。从上引《宋史·刑法志》所述可以看出,未决犯或临时拘押的人员中,很多人未及判决就已丧生。

此外,直到清朝末年,还存在着由民间或家族执行并得到法律默许的死刑,如家族可以将"忤逆不孝"的成员活埋、溺死、勒死甚至活活打死;主人"失手"将奴仆打死,只要打的部位是"臀腿"就可以不承担法律责任。土司、土官及部族的头人都握有对所属人口的生杀大权,一般都不受外界的干预。

8. 其他死亡率

由于本来就不存在基本的统计数据,对以上这些因素,迄今为止都还难

---

[1] 《明史》卷 94《刑法志二》。

以进行量化分析。但通过对这些因素的逐一分析,至少能使历史文献中的某些说法得到印证或加强,有利于我们了解各历史时期人口再生产过程的基本事实。同时在无法区分哪些是女性的死亡率,哪些是男性的死亡率时,对死亡率作综合性的考察也是唯一可行的办法。

幼儿与儿童死亡率

除了婴儿死亡率外,成年前的死亡率也是一项必须考察的因素。由于营养不良及医药手段的落后,在成年之前,尤其是 1 岁至 5 岁年龄组的死亡率也是比较高的。除了天灾等原因外,人为的因素起了很大的作用。前面已经提到,杀婴往往会扩大到幼儿。在遭受天灾人祸或受到饥饿威胁的情况下,人们为了维持家中的主要劳动力的生存,常常不得不牺牲尚无谋生能力的孩子,尤其是对"传宗接代"不起作用的女孩,任其饿死或抛弃。当然如果仅仅局限于出卖,还不至于直接造成人口的减少,但在普遍饥馑时,是很难找到买主的,所以最大的可能还是抛弃后任其死亡。史书中还不时能见到"易子而食"的记载,反映了一种极其残酷却不得不实行的逃生手段。

酒精、药物等中毒引起的死亡

饮酒在中国的历史,比现有户口调查资料的年代要长得多。虽然史料中有不少帝王、官僚、名流饮酒过度的记载,但具有这样物质条件的人本来就只占总人口的少数,所以其后果基本可以忽略不计。实际上由于没有基本的统计数或统计办法,也只能不加考虑。

因为想长生不老、延年益寿,或迷信神仙而造成的药物中毒也会增加死亡率。如魏晋六朝士大夫服用寒食散、丹药,帝王大臣服"长生不老药""仙丹",迷信者服用金丹、神药、仙方等。即使是贫民或穷人,或受迷信影响,或因无力求医,也会使用这些物品以致中毒死亡。但由此而直接致死的人占总人口的比例毕竟很小,并且其死因往往相当复杂,难以单列。

清朝中期以后,鸦片的流传在一些地区和阶层中造成较大影响,肯定增加了死亡率。但因吸食鸦片而致死的过程也相当复杂,当时又未进行过死亡原因的调查或死亡案例的登记,在缺乏基本统计资料的情况下,也只能作为一项因素来考虑。

当代的研究已经证明,某些饮食习惯、某些食物和生活环境中的某些成分如放射性物质、一些稀有元素会导致或诱发癌症及其他致死疾病,造成很高的死亡率。但对历史时期这一方面的研究还缺乏最起码的条件。根据现有资料,在某些地区有可能对 19 世纪后期至 20 世纪前期作一定的定量分析,一旦有了这类成果,或许能推算或估计至更早的年代。

三、人口的流动和迁移

产生人口数量的地域性差别的内在原因,是不同地区人口自然增长的不平衡性。即使两个地区的初始人口完全相同,但由于自然增长率的不同,随着时间的推移,两者的差异就会出现,并且可能越来越大。不过在正常情况下,不同地区人口的自然增长率也不会过于悬殊,所以尽管这是一个经常性的、普遍存在的因素,但由此而产生的结果要在比较长的时间内才会显示出来。

人口迁移,即人口的居住位置在空间的移动,是产生人口数量的地域差别的外部原因。与人口自然增长不同的是,人口迁移具有很强的时间性和地区性。在某一段时间,对某一地区能产生迅速的、巨大的影响,在短时期内使人口分布发生明显的变化。

这两种因素往往是相互影响的,在一个范围固定的区域内,如果人口增长到一定的程度就会出现相对饱和,或者使生产或生活条件恶化,这就必然会产生对外迁移的推力。另外一些人口增长缓慢、人口稀少、有开发余地的地区可以为更多人口提供生产和生活的条件,对外来移民具有拉力。而人口的迁移使迁入地区的人口数量提高,从而改变了人口的地域分布。对新开发地区,人口迁移的影响就更大,很多地方的初始人口完全是由移民组成的。

毫无疑问,自然条件对人口的迁移起着重要的作用,早期尤其是如此。但从本质上说,人口迁移也是一种社会现象,而不是人类对自然条件的生理性反应。一方面,只要有一定数量的人口,纯粹对自然条件的选择就不存在了。另一方面,自然条件也不再是迁移的唯一的或者主要的动因或选择了。战争、动乱、赋税、刑法、行政命令、经济利益、生活水平、风俗习惯、思想观念、人际关系、民族成分、文化背景、宗教信仰等,都可以是人口迁移的动因或选择,至少与自然条件具有同样重要的地位。例如,迫于战争的迁移往往无暇顾及其他方面的条件,为了逃避赋税或刑罚的人不惜迁入异族或边远地区,统治者为了巩固自己的统治可以不顾客观条件强制移民,出于对异族统治的恐惧会不考虑经济利益而逃避,求官者以政治中心为目标,经商者以经济都会作基地。总之,不管是自觉还是不自觉,人们在进行迁移行为时,都会受到各种社会因素的制约,即使是为了逃避自然灾害时也同样如此。

在迁移人口中,意义最重要的是移民。中国人口史上的移民,是指那些在迁入地定居的及居住了一定时间的迁移人口[1],无论他们的迁入地是在历

---

1 有关移民的定义及有关讨论,详见葛剑雄《中国移民史》第一卷第一章,福建人民出版社1997年版。但读者应注意该书中的定义有一定的特殊性,主要适用于该书本身,与通用的概念稍有区别。

史时期的中国境内还是境外,也无论他们的迁出地是中国境内的其他地方或中国境外。但是,一般性的人口迁移,如逃荒、季节性外出工作、经商、从军、求学、仕宦、行医、游历、躲债、避祸、乞讨、啸聚山林、流浪等种种临时性的、短期的流动人口,有时也会有很大的数量,产生巨大的影响,所以也是研究的对象。

对人口迁移的研究应该包括:

一是迁出地状况。含人口的迁出地,迁出地的状况,迁出地对迁移人口的推力。

二是迁移的对象。含迁移的对象,迁出时的数量,在迁出地的地位和影响。

三是迁移的过程。含迁移的时间,迁移的方向和路线,迁移的距离,迁入或定居的时间,迁移的动因,迁移的对象和数量,迁移的性质,迁移的过程,定居的过程或者再迁移的原因。

四是迁移的影响。直接的影响,是指人口迁移对迁出地、迁入地及迁移途中所发生的,如对人口数量、人口密度、人口分布状况,人口的籍贯比例、土客比例、民族比例,人力资源如劳动力、兵力和各类人才,耕地面积和人均耕地数,赋役负担的总数和人均数量,粮食和其他农作物的产量,商业、手工业及其他产业(包括富有地方特色的产业),反映文化水平的各种指标(如科举人数、书院数及在校人数、见于记载及传世的著作数、书籍出版数、正史及方志中的入传人数等),风俗习惯,方言,宗教信仰及民间崇拜,等等。间接的影响,表现为以上这些因人口迁移所发生的变化所造成的新变化或连锁反应,如因人口减少、压力减轻、人均耕地增加而刺激人口增长;或因赋税问题没有减少使未迁人口的负担加重,从而引发新的迁移;或因迁出人口过多而造成土地抛荒、经济衰退,而又吸引其他人口迁入;土客比例发生变化引起方言和风俗习惯的变化等。

这些都是理论上应该具备的、理想的研究范围,但实际上很少有哪一次移民或人口迁移的过程能够如此完整地得到研究,因为不可能找到如此完整的资料或数据。而且,对一般性的人口迁移而言,未必每一方面都具有重大意义,有所忽略是完全正常的。

只是本书有一特殊情况:作者中的三位——吴松弟、曹树基和我就是《中国移民史》第一至第六卷[1]的作者。由于移民部分的大多数内容已在《中

　　1　葛剑雄主编《中国移民史》第一至第六卷,福建人民出版社1997年版。

国移民史》中作了论述,因而在本书作了省略,只在必要时作些概述,其余均请读者参阅《中国移民史》。

四、人口的结构

即表示在一定地区、一定时点内人口总体内部各种不同质的规定性的数量关系,或者说是在一定的时间和空间范围内一个人口群体中各种不同成分所占的比例。它又称人口构成。之所以要特别强调一定时间和空间范围,是由于人口本身是在随时发生变化的,其结构也在不断变化,既不会长期保持不变,也不可能重演复原。人口的结构一般包括人口的自然结构、人口的社会结构和人口的地域结构三个方面。这一概念并无古今之别,只是在具体成分的内容上会有所不同。

1. 人口的自然结构

即根据人口的生物学特征划分的内部差异性,主要有性别结构和年龄结构。

性别结构是指男性和女性人口各自所占的百分比。虽然严格说来,在男性与女性之外,还有一种两性人,但其数量极少,在统计上可忽略不计。在全部人口的性别登记齐备或人口普查数据齐全的情况下,计算出人口的性别结构会毫无困难。但在没有分性别统计的人口数据时,对人口性别结构的研究就无从入手。尽管中国的户口调查开始很早,但一直没有进行系统的性别统计。从居延汉简和传世的早期户口登记资料看,每户人口的登记是完整的,包括女性人口,并且有明显的性别标识。在江苏连云港尹湾汉墓出土的西汉成帝永始三年(前14年)或稍后东海郡的年度人口统计数中,有男女分性别的统计,并且有与上一年对比的增减数[1],这说明根据当时的上计制度,分性别的统计数应该是每年上报的户口数的一部分。据此也可以肯定,在秦汉时期,中央政府拥有全国人口的分性别统计数。但不知何故,从班固的《汉书·地理志》开始,就没有收录全国人口的分性别统计数,而只有一个人口总数。或许正因为班固开了这样一个先例,以致在全国性或地区性的户口统计数据中区别男女,直到清代还没有成为通例,方志中分列男女口数的也是少数。由于女性一般不承担赋役,即使法律规定必须列入统计,实际上也会被忽略,而上司对女性人口的隐漏一般至少会默许,或许以为这样可以使下属集中精力查清真正承担赋役的人口数量。在明清方

1　连云港市博物馆《尹湾汉墓简牍释文选》,《文物》1996年第8期。

志中,不时可以见到一些非常可笑的、不可思议的男女口数,就是这种现象的反映。而这些数字能公然编入方志,传之后世,说明当时的官方和士绅学者完全了解它们的实质,已经见怪不怪了。

有人注意到有的朝代存在着不同统计口径的数据,所以试图通过总人口与"丁"数之间的差距来推算女性人口数量,其实并无可能。因为这两项数字都不可能准确,特别是"丁"数,由于依法和非法免除赋役的人口并无定额,因时因地而异,蓄意隐漏的比例更无法推算,即使勉强提出了一个数字也无法作任何验证。

对女性人口的遗漏和忽略也是家谱的明显缺点,所以除了个别例外,建立在家谱统计基础上的性别比一般也是偏高的,大都不符合实际情况。有人也注意到这一背景,所以参考其他统计资料作了一定的修正。但修正到什么程度却很难掌握或验证,如果修正过多,还不如根据常识来推断,那么原始资料就毫无意义了。

应该指出,在不具备分性别登记的人口统计数的情况下,不可能存在正确的性别结构数据和性别比。有人主张《周礼》中《夏官·职方氏》所载各州的男女性别比是我国最早的性别结构记录,是毫无事实根据的:

扬州	二男五女	荆州	一男二女	豫州	二男三女
青州	二男二女	兖州	二男三女	雍州	三男二女
幽州	一男三女	冀州	五男三女	并州	二男三女[1]

《周礼》虽在一定程度上反映了一些周朝的制度,但并不是实录。"九州"既不是西周的行政区划,也不是战国时的实际存在,所以即使战国时期存在一些人口性别结构的资料,将它们拼凑为根本不存在的政区单位后也不会再有实际意义。而且,从现代人口统计的知识来判断,这样的性别比也是无法接受的。在各方面条件相似的区域间会有如此大的性别结构差别也是不可思议的。这一记载的真正价值在于,它多少反映了作者对当时各地男女结构比例的直觉印象,证明当时存在着性别比不平衡,并且很多地方是女性多于男性。

准确的性别比是建立在准确的性别结构数据的基础上的,即男性人口与女性人口之比,以每100女性人口相应的男性人口数为单位。根据现代人口资料的统计,全世界绝大多数民族初生婴儿的性别比为106左右,即每出生100个女婴,就会相应出生106个男婴。但婴儿出生后存活的情况差别很

　　1　《周礼注疏》卷33,《十三经注疏》本,第862—863页。

大,所以整个人口的性别比就会有很大的差异。在始终缺乏全国性的性别结构数据的条件下,目前还无法推算出历史时期中国人口的性别比。但在某些阶段的局部地区,特别是明清以来的某些地区,在方志或其他史料中的数据或资料足以大致估计出人口的性别结构后,或许能推算出该地区该阶段人口的性别比,并以此作为估计其他阶段、其他地区人口性别比的参考。

在无法对性别比进行量化时,根据史料中的描述,结合其他相关方面的情况,也可以对性别比的可能性作些分析。从古代的血缘观念出发,只有男婴才有可能成为家庭的继承人,为本家庭增加人口和劳动力的任务也只有男子才能完成,所以在普遍存在的杀婴现象中,主要的对象是女婴,存活的婴儿中必然男性高于女性。而且在成年以前,女孩的死亡率也会高于男孩,因为在经济困难,二者不可得兼时,多数家庭会优先保存男孩。生活富裕、有社会地位、多妻的家庭同样会杀死女婴。虐待女孩,一方面是重男轻女观念的影响,以多生女孩为耻,妻妾间争夺先生男孩的机会时也会殃及女婴;另一方面是因为女儿出嫁需要一笔嫁妆,意味着本家庭财产的外流,多育女孩必然会减少本家庭的财产。所以可以肯定,在成年以前的人口中,男性多于女性。但在成年以后,男性因为要服兵役或劳役,从事较繁重的劳动,在社会和家庭中承担主要责任,离家外出的机会较多,遭受刑罚的可能性大,病死或非正常死亡的比例比女性高得多。在遭受饥饿的情况下,青壮年男性的生存能力一般不如妇女。妇女则仅在怀孕和生育的过程中有较高的死亡率。比较而言,男性的死亡率更高,所以从中年开始的年龄层中,女性逐渐多于男性。总的来说,人口的性别比应该是比较高的,总人口中的男性多于女性。20 世纪二三十年代的几项局部地区的调查数据表明,当时的性别比一般在 112.17 或 120 以上[1]。一般来说,古代的性别比可能更高。

人口的年龄结构是指一定年龄段人口在总人口中所占的百分比,或者每一年龄的人口在总人口中的百分比。无论哪一种,都必须以分年龄或分年龄段的人口调查为基础,它的前提是人口年龄本身的统计数字。对中国历史人口而言,除了个别特殊现象,直到 1953 年第一次全国人口普查之前,都没有完整的、准确的年龄登记或分年龄组统计。

首先是制度上的原因。尽管从秦朝开始户籍登记就包括年龄一项,但直到清康熙五十一年(1712 年)为止,登记的目的都是为了征集赋税徭役的需要,都注重于男性人口与纳税服役年龄相关的几个关键年龄。例如唐朝

1　参见陈达《现代中国人口》,天津人民出版社 1981 年重印本。

集中在十九、四十九、五十九、七十九和八十九[1]这五个年龄,被称为"五九",因为它们与二十岁成丁、五十岁免除劳役、六十岁起为老人、八十岁和九十岁享受特殊优待是直接相关的。户口统计制度严密的金朝也是如此,规定的登记标准是:"男女二岁以下为黄,十五以下为小,十六为中,十七为丁,六十为老。"[2]这类规定自然使官民双方都特别重视这些关键的年龄,但同时产生了两种可以想象的后果,一方面是官民双方的舞弊、隐瞒、弄虚作假都集中在这些年龄段,以致登记的结果恰恰在这些关键年龄上误差最大,甚至完全不符合实际情况。方志和其他史书中最常见的"丁"或"丁口"数,尽管从理论上说是一定年龄段的男性人口数,实际上在多数情况下只是一项赋税指标,完全无法用之于人口年龄结构的研究。另一方面,对其他年龄的男性或不登记年龄的女性人口,就会予以忽略,甚至完全胡编乱造。所以,按我们目前的了解,从整体上研究中国历史人口的年龄结构是完全不可能的。由于人口的平均预期寿命是以分年龄组统计数(生命表)为依据的,因此要对中国历史时期的人口作出比较精确的平均预期寿命计算也是不可能的。

还应该注意到,尽管有过上述分年龄的统计数,但大都并没有保存下来。今天我们在正史、政书、类书等古籍中完全找不到全国性的、完整的分年龄人口统计数,只是偶然可以发现一些特殊年龄层人口的统计数,如清康熙二十五年(1686年)各省上报80岁以上的老人有169 830人,其中90岁以上的老人有9 996人,21人在100岁以上;雍正四年(1726年)全国70岁以上老人有1 421 652人[3]。但由于这类数据的产生往往是与政治目的联系在一起的,如用以歌颂太平盛世、皇恩浩荡等,并且也会与一定的物质利益(如对老人的优待或赏赐)联系起来的,所以未必可靠,既可能存在虚报,也可能会有漏登。而且没有比较完整的分年龄统计数,这样一项孤立的单项数据对人口年龄结构的研究来说,其意义是相当有限的。

目前发现的最早的地区性人口分年龄统计数是前述尹湾汉墓出土的西汉成帝永始三年(前14年)或稍后的东海郡《集簿》所载,该郡"(年)八十以上三万三千八百七十一,六岁以下廿六万二千五百八十八,凡廿九万六千四百

1　《大唐六典》卷30《县官吏》:"若五九,谓十九、四十九、五十九、七十九、八十九……皆亲自注定,务均齐焉。"据三秦出版社1991年影印本,第531页。

2　《金史》卷46《食货志一》。

3　见孔尚任《人瑞录》、纳兰性德《渌水亭杂识》。转引自何炳棣《明初以降人口及其相关问题(1368—1953)》,第250—251页。

五十九"[1]。明清方志中往往有男、妇、成丁、不成丁,或多少岁以上的老人数的记载,如果这些数据的含义明确,准确性可以接受,就可以用作年龄结构的研究。虽然这些数据相当粗糙,并且一般只区分 16 岁以下、56 岁或 60 岁以上这样简单的组别,但如果用以与现代人口年龄结构模式进行比较,还是可以得出一些有价值的、有一定量化分析的结论。

研究年龄结构最重要的资料来源还是家(族)谱,根据最完整的族谱如清朝皇室爱新觉罗家族的玉牒,可以进行非常精确的人口年龄结构的分析和研究。但家(族)谱有其自身的缺陷,一般无法提供现代人口统计所需要的分年龄组统计数据,详见本卷第三章第二节之四。

对历史人口作年龄结构的分析和研究,还必须注意技术方面的问题。古代的年龄计算并不精确,除了上面提到的由赋税、政策等经济因素造成的虚报或瞒报外,还有其他习惯性因素和文化程度的影响。如古代习惯用虚岁,小孩生下来就是一岁,过了农历年就是二岁,过了自己的生日就是三岁,而实际上刚满一岁。一个人庆祝六十大寿时,一般都是刚到五十九岁生日。在先秦时期,各国的历法尚未统一,岁首的时间也不同,不同地区、不同阶层人口的年龄计算肯定有不少的差异。在一些文化落后的地区和民族间,往往只能根据一些周期性的自然现象,如某种天象、某种植物的生长过程、某种动物的出没及洪水、雨季与干季、温暖交替等来计算岁数。古史中一些人物寿命长得出奇,原因之一就是当时缺乏规范的年份计算方法。

2. 人口的社会结构

即依据人口的社会特征,来划分各类人口在总人口中所占的百分比以及相互之间的比例关系。现代人口结构主要包括阶级结构、民族结构、文化结构、语言结构、宗教结构、婚姻结构、家庭结构、职业结构、部门结构等[2]。

对中国古代的人口来说,有些方面意义不大。如宗教结构,由于中国的绝大多数人缺乏严格的宗教观念,在古代中国影响最大的宗教——佛教和道教——对其信众并没有认定身份的手续,又不作登记,即使在当时也根本无法统计究竟有多少人信仰佛教或道教。所以至多只能对某一宗教或局部地区作些研究,如一些民族全体信仰伊斯兰教,其成年人口总数即信仰人口。天主教、基督教传入中国后,对其信众有较详细和准确的统计。又如文化结构,是指不同教育程度人口所占的比例,对中国古代人口,充其量只能

1　《尹湾汉墓简牍释文选》。

2　周清《人口结构》条目,载《中国大百科全书·社会学》,第 235 页。

统计出一些科举人数和官办学校的人数，而这些大都是官方人为规定的名额，并不反映教育程度的实际状况，离进行文化结构研究的条件距离太远。至于阶级结构的研究虽然意义重大，实际却难以进行。即使能够解决阶级划分的难题，也无法复原出某一阶级的人口数量，还不如对人口的职业结构多下些功夫。所以，在中国人口史的研究中，应将人口结构研究集中在以下几个方面。

职业结构

首先要确定几种通用的职业作为划分标准，然后才能考虑各类职业人口的数量以及所占比例。中国古代一般以"士农工商"来划分身份，但要以职业划分的话，至少应分为：

农业人口——农民和他们的家属，由于农民的家属大都同样从事农业劳动，至少是辅助性劳动，完全丧失劳动能力或不从事农业劳动的人极少；雇工及其家属；所有以经营农田为主的地主及其生活在农村的家属、经营管理人员及其家属、生产性和服务性的奴仆及其家属（地主或许完全不从事生产或经营管理，但其主要收入来自农业）；官营或国有农田、牧场的管理人员和雇工及其家属。

工商业人口——商业（含服务业）主及其家属，商业职员、店员、雇工及其家属，工业（含手工业）主及其家属，工业管理人员、雇工及其家属，官营企业的管理人员、雇工及其家属，小商贩。

官吏——各级文武官员、吏胥及其家属，官办机构人员和官办学校教职员及其家属，包括领取俸禄的荣誉性官员、离职或退休官员，但不包括不领取俸禄的或摊派性的基层行政人员，如里长、甲长等。

军人——各类职业军人，不包括轮流服役的士兵和临时征发的人员，但经常保持的军队总数应该计入。

职业宗教人口——僧尼、道士、神职人员，寺庙、道观、教堂及附属机构的专职雇员、雇工、杂役[1]。

皇族宗室——登记在册的皇室和皇族成员。

教师和学生——私立学校的教师或私塾师，官私学校的学生。

其他特殊职业者——宦官（太监）、宫女、游民等。

这样的划分主要根据特定的人口所从事的主要工作或经济来源，而不

---

[1] 雇工、杂役的情况比较复杂，但往往与以上人员同样享受免役特权，或在户籍登记中列为同类，故仍列于此项。

是他们的社会地位或在这一人群中的层次。例如地主与农民、大商人与小店员,他们的社会地位和经济地位自然完全不同,从事的工作也不同,但他们的经济来源都一样,都是农业或商业,所以还是作为同一类型。高级官员与衙门的差役有天壤之别,衙门低级差役的身份类似贱民,连子孙报考科举都会受到影响,但他们从事的工作是政府行为的一部分,他们的合法经济收入完全来自政府,他们的数量多少也完全取决于政府,因此还是只能划分在官吏一类。皇族宗室内部的政治地位、经济地位也是迥然不同的,但在大多数朝代,他们都享有一定的特权,并且以朝廷发给的俸禄为主要生活来源。古代的知识分子的身份也很难认定,职业知识分子很少,大都分属官吏、农业人口、教师和学生。如明末著名的旅行家、探险家、地理学家徐霞客,就目前所知,他的主要经济来源还是他在家乡的土地,只能与地主一样划为农业人口。一些著名的科学家、学者、诗人的主要身份是官员,只能划入官吏一类。就个案而言,会有一些很难划分的人物,如李白,做官拿俸禄的时间很短,显然不属于官吏;没有当过教师或学生,他也不能算这一类;有人曾撰文认为他的主要经济来源是从商,但似乎没有为学术界所普遍接受,将他划为商业人口又不妥当。但是本书提出这样的划分是着眼于宏观的人口结构分析,完全不必纠缠于这类个案难题。

不过,更大的困难还在于作了这样的划分后,又如何来确定各类人口的数量及他们在总人口中所占的百分比。以古代最主要的职业即农业、工商业而言,迄今为止我们还没有发现什么可供运用的统计数据,一般只能作一些非常粗略的估计。对官吏一项,有的朝代留下了一个定额,或者有某些年代的具体数字,但这只是理论上或某一年代的数字,即使在同一朝之内,官吏数也会不断变化,而且往往会大幅度突破初期的限额,因此要确定真正的官吏数量,也不能死抱着这一定额。以中国古代行政制度的发达,这些数据本来都曾存在,只是由于年代久远,天灾人祸,或前人不重视保存,现在已是可遇不可求了。偶有发现,就能解决不少问题,例如前引的尹湾汉墓出土的西汉成帝时东海郡《集簿》,就载有非常详细的各级官吏统计数:

> 县邑侯国卅八:
>
> 县十八,侯国十八,邑二,其廿四有城(堭)。
>
> 郡官二……乡百七十,□百六。里二千五百卅四,正二千五百卅二人。亭六百八十八,卒二千九百七十二人。邮卅四,人四百八。如前。
>
> 县三老卅八人,乡三老百七十人,孝弟力田各百廿人,凡五百六十

八人。

吏员二千二百三人：

大守一人，丞一人，卒史九人，属五人，书佐十人，啬夫一人，凡廿七人。

都尉一人，丞一人，卒史二人，属三人，书佐五人，凡十二人。

令七人，长十五人，相十八人，丞卅四人，尉卅三人，有秩卅人，斗食五百一人，佐使亭长千一百八十二人，凡千八百卅人。

侯家丞十八人，仆行人、门大夫五十四人，先马、中庶子二百五十二人，凡三百廿四人。[1]

这一数据不仅可使我们了解该郡当时的各类官员数量、比例，也可以作为推断全国其他行政区官吏数量的参考，如该郡平均每个县级单位的官吏是 58 人，其中含平均每个侯国专属官吏约 19 人。当然，由于政治、经济、文化各方面的差异，不同地区、不同政区的官吏数量可能会有差异，但毕竟不会太大。明清时代留下的史料、档案还是相当丰富的，类似的资料不难找到，只是应该了解实际情况与制度规定或官样文书中的差异有多大。

一些特殊职业人口虽然在总人口中所占的比例不大，但有时却有可资利用的数据，如某些年份的太监、宫女人数，宗室人数等。有些职业在正常情况下数量不多，在总人口中所占比例很低，但在特殊情况下会有异常增加，如北魏时自帝后以下无不佞佛，加上寺院人口可享受免除赋税徭役的特权，职业宗教人口迅速膨胀。

在缺乏分职业人口普查数据的条件下，对人口职业构成的研究很大程度上只能建立在分析、估计、推断的基础上，而不是量化分析。只是在资料比较齐全的某些阶段、某些地区、某些职业人口才有可能作比较类似现代人口职业构成的研究。

民族结构

指一个总人口中不同民族人口所占的百分比以及它们相互之间的比例关系。

就中国古代人口而言，这取决于两个方面，即不同民族身份的认定以及在此基础上各民族人口数的确定。前者是后者的前提，如果连不同民族的身份都无法认定，就谈不上各民族人口的统计。但这恰恰是研究中国历史

1 《尹湾汉墓简牍释文选》。

人口的民族构成中一个很大的难题，因为在近代以前，中国长期以来的主体民族——汉族，对其他民族的概念是相当模糊的，往往一概当成"蛮夷"，或者大致分为"东夷、西戎、北狄、南蛮"。当然，汉族并非完全不区分其他民族，对一些与汉族接触较多，或内迁的少数民族，见于史书的名称也不少，但这些名称往往很不确切，或将不同的民族混合为一族，或把一个民族分为两族，张冠李戴，指鹿为马，不一而足。如果说在汉族聚居区以外的其他民族多少还能找到一个名称的话，迁入内地或渐趋同化的少数民族的身份就更难确定了。特别是事后的记载，往往有意无意将汉族以外的民族的存在忽略了。由于汉族以外的其他民族绝大多数从来没有文字记载，或者它们的文字记载早已湮没，基本上没有留下本民族的历史人口记录。现在对一些民族人口的估计，其唯一依据就是相关的汉文史料中的数字。基于那些民族自己没有进行过人口调查或户籍登记的事实，这些数字显然是出于当时汉族官方或学者的估计，其准确性很难保证。其中一些游牧民族的流动性很大，活动范围很广，根据"带甲数十万"之类描述，是很难对其人口数作出估计的，哪怕是十分粗略的估计。

而且，民族结构的研究不是单一或某些民族的研究，不在于查清若干个民族的人口数字，而是要对一个总人口的不同民族的构成作出分析和论述。所以即使推算或估计出了个别民族的人口数量，也还是难以达到民族结构研究所应有的标准，至多只能讨论汉族与其他民族之间的比例关系及其消长这一方面。

语言结构

指使用不同语言的人口在总人口中所占的百分比及相互间的比例关系。对中国古代人口而言，语言结构有两方面的内容：一是指不同的语言，一是指不同的方言。

中国历来是个多民族国家，在历代中原王朝的疆域之外、历史中国的范围内居住着更多的少数民族，各民族大都有自己的语言。当然，由于不同的民族可能使用共同的语言，有的同一民族内也使用不同的语言，所以民族结构不等于语言结构。但民族结构是研究语言结构的基础，所以对语言结构研究的困难与民族结构是同样的。

中原地区早就形成共同的文字，公元前 221 年秦始皇实行"书同文"，统一和规范了文字的书写方式，逐步形成了一个以中原王朝的疆域为主，包括周边一些少数民族地区，朝鲜、越南和日本等周边国家在内的汉字圈。在这个大范围内，汉字是通用文字，是统一的，但人们使用的口头语言多种多样，并且在不断发展和变化。周边国家和少数民族地区的人口,他们的口头语言大都并不是汉语,但汉族和一些生活在汉族聚居区中的少数民族,使用的口头语言是汉语的不同方言。

方言的形成至少可以追溯到春秋战国时期。公元前614年,当秦国的军队与魏国的军队相遇时,就需要有懂得双方语言的人进行沟通[1],说明当时秦国与魏国已使用不同的方言。《孟子》中还讨论了这样一件事,一位楚国的大夫想让他儿子学习齐国话,是找一位齐国人教呢,还是让楚国人辅导?[2]一个更明显的证据,就是2200年前汉高祖刘邦将他的儿子刘肥封为齐王时,就下令根据方言区来确定齐国的范围:"食七十城,诸民能齐言者皆予齐王。"[3]既然齐国七十城的范围内的百姓都说"齐言",那就意味着这一范围之外的人是说其他方言的,否则如何区别"齐言"和非齐言?可见经过春秋战国,已经以主要的诸侯国为基础形成了多种方言。公元初,扬雄编成《輶轩使者绝代语释别国方言》(简称《方言》)一书,对当时存在的各种方言词汇作了记录和解释。根据《方言》的记载,结合其他资料,当代学者认为在西汉末年已经存在13个方言区,即秦晋、郑韩周、梁和西楚、齐鲁、赵魏之西北、魏卫宋、陈郑之东郊和楚之中部、东齐与徐、吴扬越、楚(荆楚)、南楚、西楚、燕代。此后直到现代,汉语区域内始终存在着众多的方言区和方言亚区,并且随着人口的迁移而不断变化[4]。在这些方言区中往往还存在着一种"方言岛",即在一个方言区中,有一小块地方的人说一种与周围人完全不同的方言。

如果不考虑临时性的流动人口,居住在各方言区或方言岛内的人口就是使用这种方言的人口数量,所以只要能确定方言区或方言岛的分布范围,就能进而求得人口的方言结构。在无法得到使用各种方言的人口的数量时,只能用方言的地域结构来代替,并以此为基础,在可能情况下对某些方言人口作些量化分析。

婚姻结构

指各种婚姻状态的人口在总人口中所占百分比以及相互间的比例关系。这一部分内容与前面列出的婚姻状况有部分是重合的,但就结构而言,

---

1　《左传·文公十三年》:"秦伯师于河西,魏人在东。寿余曰:'请东人之能与夫二三有司言者,吾与之先。'使士会。"据《春秋经传集解》卷9,上海古籍出版社1988年版,第487页。

2　《孟子·滕文公下》:"孟子谓戴不胜曰:'……有楚大夫于此,欲其子之齐语也,则使齐人傅诸?使楚人傅诸?'"

3　《史记》卷52《齐悼惠王世家》。

4　参见周振鹤、游汝杰《方言与中国文化》,上海人民出版社1986年版;周振鹤《现代汉语方言地理的历史背景》,《历史地理》第9辑,上海人民出版社1990年版。

更强调对各种婚姻状态进行量化分析,并进而确定它们各自所占的百分比。

现代人口中有四种婚姻状态:未婚、已婚、丧偶、离婚。中国古代人口的婚姻状态大致相同,但有一些具体情况应加以注意。在未婚人口中包括一些特殊的群体:宦官(太监)和绝大部分宫女,宫女中能得到皇帝宠幸或由皇帝赐给其他男性的机会极少,被释放出宫的人也未必有婚姻机会。没有"从良"(嫁人)机会的娼妓,尽管她们有频繁的性生活,却没有生育机会。在实行宫刑期间被阉割的男性和被破坏了生殖能力的女性,在特定时期这类人的数量也相当多,如五代时小小的南汉国中竟有近 2 万名宦官[1]。由于宗教信仰而终身未婚的人数,在某些时期或某些民族中也会达到很高的比例,如北魏正光以后,百姓为逃避繁重的赋役,登记为僧尼的人数达到 200 万[2]。北周武帝灭佛时,还俗的僧尼达到 300 万[3]。这些人虽然未必真正信奉佛教,但婚姻必定会受到影响。藏族与蒙古族皈依藏传佛教(喇嘛教)后,大量男性人口成为喇嘛,大多数人终身处于未婚状态。已婚状态当然是就实际而言,包括广泛存在的多妻现象。

但由于缺乏必要的统计数据,要对婚姻结构进行量化分析也是极其困难的,至多只能对局部地区的某一阶段作一些粗略的估计。

家庭结构

指各类家庭人口在总人口中所占百分比以及相互间的比例关系。前面已经提到,核心家庭是最基本的家庭类型。核心家庭中的一部分是不完整的,即夫妻中缺少一人,或没有子女。但古代更多的是复合家庭,即一个核心家庭加上其直系亲属,或者是两个以上的核心家庭合而为一。如一对夫妻及其未成年的子女加上丈夫的父母,或其中之一。但只有少数丈夫入赘的家庭才可能包括妻子的父母或其中之一。又如三代同堂的家庭,包括一对老夫妻或其中之一,两对以上的小夫妻加上他们未成年的子女。以上两种情况都还可以包括已成年而未分居的子女。至于四世同堂或更多代同堂,实在是凤毛麟角,可以忽略不计。此外还有单身家庭,即单身成年男性或女性。

古代家庭中有两种特殊现象值得注意:一是非血缘的"户",一是"户"中包括的非家庭成员。

1　《新五代史》卷 65《南汉世家》,中华书局 1974 年版;吴任臣《十国春秋》卷 60《后主本纪》,中华书局 1986 年版。

2　《魏书》卷 114《释老志》。

3　释道宣《广弘明集》卷 10,《四部丛刊》本,商务印书馆 1926 年版。

纯粹非血缘的家庭在一般情况下数量极少，主要是僧户、道户，如万历《绩溪县志》所载明洪武四年与洪武九年的僧户和道户，其户均口数分别为3.04、2.52和1、1.50，这些户当然是由非血缘关系的僧尼或道士组成的。另外还有由单身主人与奴仆、雇工、徒工组成的"户"，以及单身军人组成的"户"，或其他相互间都没有血缘关系者组成的户。这类"户"尽管数量有限，但还是应该将它们从正常的家庭中区分出来，因为它们对于人口再生产是毫无作用的。

"户"中包括非家庭成员的现象就很多了，如家庭中的奴仆、工匠、雇工、学徒等以及寄居在家的单身管理人员、宾客、幕僚、非血缘亲戚、友人、塾师、警卫等。对前一种人，在户籍制度松弛的情况下，主人一般都会尽可能隐匿少报，但在户籍制度严密时就不得不全部或部分申报。这类特殊户的口数一般都要高于正常的户，如万历《绩溪县志》所载洪武四年、洪武九年的军户的户均口数分别为7.58、7.03，而匠户的户均口数也分别为6.39、6.29，都大大高于该县民户和儒户户均4.3—4.6的水平。而金朝的宗室户包括其奴婢的户均口数更高达163.50。这些家庭中的非血缘人口对人口再生产同样是不起作用的，而且一般情况下也不会组织自己的家庭，所以也应该将他们从这些家庭的成员中剔除。

一些享有豁免赋役特权的官僚、贵族往往会将一些贫困民户纳为自己的"荫户"，或者把贫民纳入自己的户中，将这些民户对国家的赋税负担转为对他们的负担。出于规避和节约赋税的原因，有些富户会采取避免分家的办法，以减轻或规避劳役摊派[1]，有的地方会出现由几个没有血缘关系的家庭组成多达二三十口的"大户"的现象[2]。这些特殊的户与复合家庭或聚族而居的大家庭具有本质上的区别，后者是多少具有血缘关系的同胞、同宗，至少是同族，而前者不仅毫无血缘关系，甚至根本不在一起生活。这类大户同样应该从正常的家庭中剔除，或者将它们还原为正常家庭的规模。

由于在20世纪以前从未进行过家庭结构的调查，根本没有任何家庭结构的统计资料，所以不可能采用当代的研究方法和标准。利用家（族）谱可以建立一些样本，但除了家谱本身对女性人口和儿童的遗漏这一致命弱点外，一种家谱所代表的一族一地的家庭结构模式往往比较单一，在总人口中缺乏代表性，无法据以作总体性的归纳和分析。唯一可以利用的是分地区

1　万历《常州府志》卷4。

2　胡世宁《胡端敏公奏议》卷3《定册籍以均赋役疏》，光绪十九年浙江书局刊本；嘉靖《陕西通志》卷33。

的户均口数,但前提是这一数据的可靠性,即是否真正反映了人口数量的实际。如果排除了这一障碍,充分考虑了前面提到的那些特殊"户"的影响,根据各地户均口数的不同,结合反映当时家庭状况的史料,还是可以通过不同的户均口数的比较,推断出不同地区不同的家庭结构,并进而推断各地不同的人口增长率。当然,这类结果也是相当粗略的,并且完全可能存在地域上的空白。至于时间,只能与现有数据所代表的年代同步,其他没有数据的年代一般只能空缺。

3. 人口的地域结构

即依据人口的居住地区来划分,主要有人口的自然地理结构、人口的行政区域结构和人口的城乡结构。

人口的行政区域结构

指各个不同的行政区域的人口所占总人口的百分比以及它们之间的比例关系。广义的人口行政区域结构不仅指人口数量,也应包括人口的各项其他指标。

在行政区域制度历史悠久的中国,几乎所有的户口统计数都是以行政区域作为统计单位的。如存世最早的一项全国性户口统计数——《汉书·地理志》所载西汉元始二年(公元2年)户口数——就是按照当时的行政区域分郡(或同级的国)统计的,少数是按县统计的。在《史记》和《汉书》的几种《侯表》和《诸侯王表》中,也保存着很多侯国(县级单位)和若干王国(郡级单位)的户口数。此后的地理志、总志、地方志和其他史料中的户口数,几乎都是以行政区域作为统计单位的。但正如前面屡次提及的,在大多数情况下,户口数并不等于人口数,所以这些数据一般只能称为户口的行政区域结构。要获得真正的人口的行政区域结构,就是如何将这些户口数转化为实际人口数。如果做不到这一点,人口行政区域结构只能付诸阙如,广义的人口行政区域结构更依赖于各项统计数据。

此外,还应注意历代行政区域之间的变化关系,才能作正确的分析和比较。由于变化的频繁和复杂,同名、同地的行政区域都可能发生治所的迁移、辖境的盈缩、隶属关系的改变;同名异地、同名异时、同地异名、同时多名等现象相当普遍。稍有不慎就会影响对人口的行政区域结构的分析和理解。

人口的自然地理结构

指各个不同的自然地理区域的人口所占总人口的百分比以及它们之间的比例关系。人口的自然地理结构是以自然地理区域为基本单位的,因此能直接反映自然地理环境与人口数量和人口的其他指标之间的关系。与行政区域相比,自然地理区域一般更加稳定,大都长期不变,有利于进行长时段的比较、观察与分析,用以探求人口与地理环境之间的关系。大致产生于战国后期的《禹贡》"九州"说,尽管不是大禹时代或成书当时的实际,但反映了当时学者对统一后全国性行政区划的设想,其中一些州的境界明显是根据自然地理因素确定的。《史记·货殖列传》及《汉书·地理志》所附《域分》和《风俗》中划定的区域,相当一部分都符合自然地理区划。

由于统治者在设置和划分行政区域时也注意到"山川形便",一部分行政区域与自然地理区域是基本重合的。但"山川形便"只是行政区域设置的原则之一,而不是唯一的或主要的原则,所以对人口自然地理结构的研究并非人口行政区域结构的研究所能替代。不过由于历代的户口都是按行政区域来统计的,所以只能通过间接的方法,即首先确定所要研究的自然地理区域,然后根据相应的分政区人口统计数计算出该自然地理区域的人口数量或其他各项人口指标。如果一个自然地理区域包含了一个或若干个政区的全部,问题相当简单;但如果只包括某一个或若干政区的一部分,就必须将该政区的人口分解。如果处理不当,必定会增加误差。由于自然地理区域之间往往有很大的差异,如山区与平原,沙漠与绿洲,分水岭的两侧,一条大河的两岸,海峡两岸等,要比较准确地划分属于两个或更多自然地理区域的一个政区内的人口,任何人都未必有把握,特别是在相互间差异较大的情况下。

人口的城乡结构

指居住在城市的人口与居住在乡村的人口在总人口中所占的百分比以及它们相互间的比例关系。在具备了人口普查资料或相应的数据的情况下,了解这一结构并无困难,但对中国人口史来说,在确定城市与乡村的标准、确定各自的人口数量两方面都存在着不可逾越的障碍,尤其是后者。

在中国历史的不同阶段、同一阶段的不同政权或地区,确定城市与乡村的标准并不容易,因为情况差别很大。例如,以秦汉以来最稳定的行政区域——县级政区为例,即使在同一时期,县与县之间在人口数量和管辖范围上也相差悬殊,一个县的人口可以多至数十万,也可以少到只有数百千余人。那些人口最少的县,即使全部人口都住在县治,也不能说是一个城市,甚至不如别地方的一个乡、村。而在人口稠密地区,大量县以下的聚落的人口远远超过那些县。当然可以用一个最简单的标准,将所有的聚落都算作城市,但新的矛盾同样无法避免:县还能基本见于记载,聚落的记载却相当有限,尤其是在宋朝以前。何况聚落之间同样存在很大的差别,聚落与乡、村之间也未必有明显的区别。

历史上留下的户口数一般都是以县或县以上政区为单位的,除了少数方志可能有县以下单位的户口或人口统计数。所以在一般情况下,我们能了解的只是一个县辖境内的户口数,包括县城、县以下的聚落和乡村,却没有任何区分。有人以首都或大都市所在的县的人口数作为这个城市的人口数,就是没有注意到这一点。实际上,无论这个城市占全县人口的比例有多高,总不可能完全包括该县的人口,因为总有一部分人居住在城市之外。例如西汉的首都长安在西汉末年有"户八万八百,口二十四万六千二百"[1],但长安县的范围不止长安城,所以这 24 万多人中肯定有一部分是住在长安城外的,他们怎么能算城市人口呢?类似的情况在估计洛阳、开封、北京、南京、杭州等城市的人口时都曾出现过。但是另一方面,首都等一些大城市的人口也可能根本没有包括在所在县的户口数中,如韩光辉的研究证明,明朝直隶顺天府的宛平、大兴两县,也即北京城所在地,其户口统计数中没有包括京师城内的人口,而明朝中后期北京城内的人口约有 84 万之多[2]。在他的启发下,笔者发现,明朝南京城内的人口也没有计入城市所在的上元和江宁这两个附郭县[3]。但在没有充分依据的情况下,对这些县中城乡人口比例的划分只能根据其他史料作大略的估计。

元朝或许是一个仅有的例外,因为它设立过专门管理城市人口的机构——警巡院、录事司和司候司,据《元史》卷91《百官志七》载:

> 录事司,秩正八品。凡路府所治,置一司,以掌城中户民之事。中统二年,诏验民户,定为员数。二千户以上,设录事、司候、判官各一员;二千户以下,省判官不置。至元二十年,置达鲁花赤一员,省司候,以判官兼捕盗之事,典史一员。若城市民少,则不置司,归之倚郭县。在两京,则为警巡院。独杭州置四司,后省为左、右两司。

在《元史》卷17《世祖纪》中还载明,至元三十年(1293 年)全国共有"录事司百三,巡院三"。但稍加分析,却并没有提供有价值的数据。因为录事司

---

1 《汉书》卷 28《地理志上》。
2 韩光辉《北京历史人口地理》,北京大学出版社 1996 年版,第 90—92 页。
3 葛剑雄《中国人口发展史》,福建人民出版社 1991 年版,第 239—240 页。

的设立并不是根据城市人口的多少,而是严格按照行政区的级别,即只有路、府的治所才能设立,而路、府以下的州只能设置司候司。从中统二年(1261年)的规定看,至少有一部分路府治所城内的人口还不到二千户。如以每户五口计,人口不足一万。在路、府以下的县治中,县城人口超过一万的绝非个别,但却没有设立录事司的资格。甚至少数县以下的聚落的人口也可能超过某些录事司所辖的人口。所以即使我们能够知道录事司所辖的户口,也不能包括全国的城市人口在内。其次,由于制度上的原因,录事司的设置没有户口数的上限,杭州原来有四个录事司,后并为两个,这并不意味着杭州城市人口的减少,而是制度上的调整。而且杭州一度设立四个录事司,已经是首都以外最大的例外了,某种程度是南宋杭州规模的延续。嘉兴路所辖户口比杭州还多,城市人口肯定不止杭州的四分之一,但一直只设一个录事司。所以录事司所辖城市人口的下限和上限都是无法确定的,难以用它来估计元朝的城市人口数量。

所以,对20世纪前的人口史研究而言,总体性的城乡结构研究目前还只能停留在描述和估计的阶段,不可能进行精确的计量分析。当然,在资料齐备或特殊条件下,作个案研究还是有可能的,如前面所举的韩光辉对明代北京地区人口研究的结果,就对北京城内的人口作出了估计,从而为确定北京城区与郊区人口的比例关系提供了可靠的根据。根据方志中的一些数据,结合其他史料,或许能对局部地区的城乡比例作出估计或推断。

五、人口的分布

作为人口过程在空间上的表现形式,人口的地理分布对人口的发展变化同样具有重要意义,因此人口的分布及其变化也应该是人口史的主要内容。在一定的时间内,一定数量的人口总是生活在特定的空间范围之中。不同的地区一般都有数量不同的人口,这种差异不仅表现在历史上不同的政权或民族区域之间,也显示在同一政权或民族区域内部的各政区或更小的地区之间。而随着人口自身的发展过程和影响人口发展的各种因素的变化,人口的空间分布也必然不断发生变化。所以,人口分布总是有阶段性的,体现人口分布的态势和数据都有其特定的时间意义。

人口分布与人口结构在论述的对象与数据的运用上往往会是重合的,但两者的侧重点不同。前者是强调人口过程在空间上的表现形式,即特定的人口与其存在的空间范围的关系,而后者则强调这一特定人口内部各种人口数量、指标或现象的比例关系。例如，当我们从人口分布的角度讨论一个省的人口时，主要着眼于这些人口在该省的空间范围内是如何与更小的空间范围联系在一起的，譬如与各个县、各个乡镇。其结果可以用一幅人口分布图来表达，即每一块小空间范围（如县、乡、镇）上画几个点（以一点代表若干人口）。空间范围划得越小，结果越精确。然后再研究形成这种分布格局的自然、人文、社会及人口本身的原因，进而探索其规律。而当我们从人口结构的角度讨论这个省的人口时，主要着眼于那些县、乡、镇的人口数量或其他人口指标在全省总人口中占多少百分比以及它们之间的比例关系。形成这种人口结构的原因与人口分布的原因应该是一致的，但如果两者之间采取不同的下一级空间范围，譬如一个采取县级，一个采取乡镇级，在原因的详略上就会有所不同。质言之，人口分布侧重于地理学角度，人口结构侧重于人口学角度，在人口史研究时可以兼顾，也可以根据实际可能仅涉及其中一方面。

正如人口本身并不是单纯的自然的或地理环境的产物一样，人口分布也不是一种纯粹的自然现象，而主要是一种社会经济现象。这样说并不是否认自然条件对于人口分布的作用，实际上在人类的早期往往不得不被动地选择和适应自然条件，但是在人类不同的生产方式出现以后，特别是人类社会形成以后，对自然条件的选择和利用就不会离开人类自身的要求，例如农耕人口选择定居的条件必然会从适宜作物栽种考虑，而牧业人口肯定要根据是否能够放牧和载畜量大小来确定自己的活动范围；前者会在选定的区域内生活相当长的时间，而后者一般不久就会迁徙。即使是在这样的区域的内部，即使是在自然条件大致相同的地方，人口的分布也不可能均衡。早期的部族首领的住地，以后诸侯的都、邑，政权的首都或政治中心，一定会比自然条件和它们相似的农村和原野居住着更多的人口。

生产的发展和生产方式的改变一般都会引起人口分布的变化，而一定地域范围内人口数量的分布又对生产的发展和生产方式的改变起着重要作用。当长江下游还处在"火耕水耨"阶段的时候，到处地广人稀，人口密度远低于黄河流域和全国平均水平。但在农业开发成熟以后，就成了全国的经济重心所在，人口密度遥遥领先。随着商业和手工业的兴起，大批人口由农村进入城市和城镇，到明清时期，长江下游地区的城镇人口在总人口中所占的比例已居全国之冠。但与此同时，由于人口激增，土地开发殆尽，商业和手工业能容纳的人口也有限度，产生了大量剩余劳力，人口源源不断迁往全国各地。直到现代工商业出现并得到发展以后，上海和其他城市才对劳动力提出了空前的要求,流入上海等城市成了本地区人口迁移的主要方向。上海的自然条件并没有发生什么变化,但新的产业使它从一个普通县城一跃而为全国乃至亚洲最大的城市,在清末人口已经超过100万。同样,东北成为中国的粮仓和重工业基地,数千万人口的迁入是一个重要的先决条件。

当然,人口分布与生产力的发展和生产方式的改变并不是十分简单的因果关系,因为人口分布作为一种社会现象,与其他各方面的条件还存在着复杂的关系。例如,人们长期形成的某些观念,尽管不一定符合客观实际或适应生产发展的需要,却往往对人口分布产生很大的影响。中国小农经济条件和宗族观念形成的安土重迁的思想,往往成为合理地、及时地调整人口地域分布的阻力;长期生活在一个地方而形成的特殊生活方式、风俗习惯以及地方感情,也不会随着客观条件的改变而迅速转变。这种人口分布变动中的滞后现象或惰性是普遍存在的,因此往往需要强有力的推动作用甚至强制措施,如自然灾害、战争动乱、行政命令等才能加以克服。

广义的人口分布不仅是指人口数量的地域差别,还应该包括人口过程的各个方面——人口的再生产、人口的结构、人口的质量等方面的地域差别。例如人口的出生率、死亡率、增长率、初婚年龄、家庭规模与结构、性别比、年龄结构、民族结构、职业结构、身体素质、文化素质等,它们的分布都不可能是完全均衡的,大都会因地而异,或者有明显的地域性差别,特别是在中国这样一个大的范围之内。这些地域性的差别当然都应该是人口分布研究的对象。

要进行这类研究的前提,是有比较完整的分地区统计数据。统计数据越详尽,研究成果越能精确。例如,在具备县一级的统计数据时,得出的结论必定会比只有省一级统计数据时精确。但对研究历史时期的人口过程来说,在多数情况下,连这些方面的一般状况都缺乏最基本的资料,要考察它们的地域差别就更不可能。因此,到目前为止,这类研究基本还无法进行,本书只能限于有数据可资利用的若干例子。

即使只对人口数量的地域差别进行研究,往往也缺乏基本的条件,因为反映数量的地域差别的最科学的标准,也是分地区的统计数据,而不是没有定量分析的文字描述。比如在历史文献中可以看到很多关于某地人口稠密、某地人口稀少的记载,但不同时代、不同地区的不同个人使用的标准是完全不同的,如果没有具体的数量,就无法进行判断或比较。清朝人称为"地广人稀"的地方可能比汉朝人认为"地狭人稠"的地方的人口密度还要高,而西北方志中誉为繁华都会的城市,实际人口可能还远不如江南县志中只记录了地名的小镇。尤其是人口分布中的特殊现象,只能通过定量分析才能发现并加以解释。例如要说明政治中心对人口分布的影响,就必须有生产者或其他地区性行政中心人口数量以及当时一般分布状况的数据。西汉后期首都长安周围 100 多平方公里内的人口密度高达 1 000(人/平方公里),而当时全国的平均密度只有 14.63,最高的济阴郡也不过 261.95。这些数据就充分显示了行政因素的作用。这是再详细的记录、再传神的描述所无法取代的。不幸的是,能够作出这样的定量分析的,只有极少数"样本",因而在多数情况下,我们不得不以更大的地域范围,如一个省,甚至南方、北方,作为分析的单位。

六、人口理论、人口思想和人口政策

直到 20 世纪中期,中国还没有形成比较完整的人口理论,因此对中国人口史而言,不存在人口理论的研究对象。当然在研究中国人口的过程中,我们可以运用外国的或此后才在中国形成的人口理论,但中国人口史本身是没有必要研究出现在它的研究领域之外或研究阶段之后的内容的。

对中国人口史发生作用的人口思想,是指历史文献中记载的有关人口的总体性论述和基本观点。在现存的历史文献中,可以发现从春秋战国至 20 世纪中叶,包括管仲(《管子》)、孔子、墨子、老子、商鞅(《商君书》)、韩非,西汉的晁错,东汉的王符(《潜夫论》)和徐幹(《中论》),宋朝的苏轼和宋元之际的马端临,明朝的丘濬和徐光启,清朝的洪亮吉和汪士铎,近代的马寅初等,曾对人口的增殖、人口的迁移与适度增长、人口与耕地的关系、生产人口与非生产人口的结构、人口危机、控制人口、重视人口统计等各方面作过阐述或论证。不过在这些人中,真正作为人口思想家或人口学家名世的人大概只有马寅初,至多再加上一位汪士铎,其他都只是在论著中有所涉及。他们这些思想有的在当时和以后并未引起重视,直到今人研究时才被发掘出来;有的并没有转化为相应的人口政策,没有发挥实际作用。作为一种人口史专著,本书限于研究对当时的人口产生了具体影响、发挥了实际作用的人口思想。

人口政策是指统治者或政府调节、指导、规定人口发展变化所采取的手段和措施,并通过行政手段加以贯彻和实施。人口政策有广义和狭义、直接和间接之分,按照中国人口史,主要是指统治者或政府所采取的影响人口的生育率、死亡率、人口的年龄结构、家庭结构、婚姻状况、人口素质、人口迁移和人口分布而采取的政策,以及对与人口的数量和状况有关的政治、经济、

文化、社会方面的政策。这些政策一般可有以下几方面。

1. 调节人口自然增殖的政策

这类政策一般都是用行政手段促进、鼓励甚至强制人口增殖。最常用的政策是鼓励早婚、早育、多育。如汉高祖七年(前200年)曾下诏,"民产子,复,勿事二岁"[1],即免除产子户主两年的徭役,作为对增加人口的奖励。东汉章帝时不仅将免役时间延长到三年,并免除一年人头税,还增加了对孕妇的奖励[2]。类似的政策此后还不时实行,只是具体规定有所不同。特殊情况下还专门奖励多生女儿的家庭,据说西汉的淮南王曾实行优待有女儿的家庭,以致国中长期女多男少[3]。又如西晋武帝咸宁元年(275年),因大批将士找不到配偶,下诏对有五个女儿的家庭给予免除赋税的优待。这项政策延续到太康元年[4],估计此时将士的需求已经得到缓解。在急需增加人口的情况下,甚至采取强制措施。战国时越王勾践曾规定国民凡男二十岁、女十七岁不嫁娶,父母要受处罚[5]。西汉惠帝六年(前189年)还正式颁布法令:女子年龄在十五岁以上至三十岁还不出嫁者,按五倍征收算赋(人头税之一)[6]。西晋武帝进而规定:女子满十七岁父母还不将其出嫁的,由官府配婚[7]。北齐后主竟下令将"杂户"中二十岁以下、十四岁以上的未嫁女子统统集中起来婚配,家长敢隐匿者处死[8]。北周建德三年(574年)曾将男女的法定婚龄降至历史最低点,即男十五岁、女十三岁,并规定鳏夫寡妇也必须及时婚配[9]。唐朝开元二十二年(734年)、北宋天圣年间也曾将合法婚龄降到同样标准。自南宋至清朝的法定婚龄也一直是男十六岁、女十四岁。唐太宗不但下诏规定男年二十、女年十五以上,包括鳏夫寡妇在内都要及时婚配,还作为地方官奖惩的考核指标:"刺史、县令已下官人,若能使婚配及时,鳏寡数少,量准户口增多,以进考第。如其劝导乖方,失于配偶,准户减少,

---

1　《汉书》卷1《高帝纪下》。

2　《后汉书》卷3《章帝纪》:元和二年诏:"令云:'人有产子者复,勿算三岁。'令诸怀妊者,赐胎养谷人三斛,复其夫,勿算一岁,著以为令。"

3　《汉书》卷28《地理志下》:"初淮南王异国中民家有女者,以待游士而妻之,故至今多女而少男。"

4　《晋书》卷3《武帝纪》:咸宁元年"二月,以将士应已娶者多,家有五女者给复"。太康元年"冬十月丁巳,除五女复"。

5　赵晔《吴越春秋》卷10《勾践伐吴外传》,江苏古籍出版社1999年版,第156页。《国语》卷20《越语上》略同,上海古籍出版社1978年版,第635页。

6　《汉书》卷2《惠帝纪》。

7　《晋书》卷3《武帝纪》:泰始九年"冬十月辛巳,制女年十七父母不嫁者,使长吏配之"。

8　《北齐书》卷8《后主纪》,武平七年二月辛酉。

9　《周书》卷5《武帝纪》:建德三年春正月癸酉,"自今以后,男年十五,女年十三已上,爰及鳏寡,所在军民,以时嫁娶"。

以附殿失。"[1]但统治者为了一己的私利,有时也会采取完全相反的政策,如西晋武帝为了在百姓中广选后宫,曾下令全国停止嫁娶[2]。但这最多在当年推迟了一些人的婚龄,使短期的出生率有所降低,一旦禁令解除,就会得到补偿。又如随着儒家礼教的强化和人口压力的增大,寡妇守节的行为越来越受到重视,明清时表彰"节妇"已是官方的经常性政策。这类政策会给寡妇的再婚造成障碍,特别是对中上阶层的寡妇,从而使出生率有所影响。但由于这些寡妇在育龄妇女中所占比例很低,而民间和底层社会对寡妇的再婚并不禁止,甚至会加以强制,这样的政策更多是着眼于道德教化,而不是减少生育。相比之下,合法的多妻制造成了大批妇女生育能力的浪费,同时也使相应的男子终身无偶,使人口的出生率下降。

还有如下一些间接的政策。

控制家庭的规模。商鞅在秦国实行变法时,规定"民有二男以上不分异者,倍其赋"[3]。为了避免交两倍的赋税,儿子长大成人就必须与父母分家,独立生活。实在没有能力娶妻的,只能给人家当赘婿[4]。这种习俗不仅为汉朝所延续,实际也是中国古代统治者的通行做法,尤其是在以户为赋役征收单位的情况下,保持和鼓励小家庭的政策都是统治者所乐意采取的。尽管从东汉以后,"三世不分财""四世同堂"逐渐成为士大夫崇尚的目标和朝廷倡导的目标。直到明清时代,皇帝还会对个别全国闻名的聚族而居的大家族予以表彰。但这正说明这类家庭是极少数,官方的表彰主要是从提倡伦理道德出发,不会产生什么实际的影响。而且并没有证据说明,这种聚族而居的大家庭在户籍登记上也是合为一户的。从秦汉至清户籍统计中"户"的规模始终维持在五口上下看,官方的基本政策是一以贯之的。

安置流亡,整理户籍。在战乱或灾害结束后,统治者往往会采取分配无主土地,或允许百姓自由垦复荒地,给予借贷粮食和生产工具,免予追缴原欠赋税,取消奴婢或罪犯身份,迁入规定地区发放安家费等各种方法,使流民重新编入户籍。这样做虽不会直接增加人口,但由于流民的生活水平和社会地位都得到一定程度的改善,人口增长率也会随之提高。在天灾人祸之后或朝代的初期,由于人口锐减,经济凋敝,统治者急于恢复,常常采取此

1　《唐大诏令集》卷110《令有司劝勉庶人婚聘及时诏》,商务印书馆1959年版,第569—570页。

2　《晋书》卷31《武元杨皇后传》:"泰始中,帝博选良家以充后宫,先下书禁天下嫁娶,使宦者乘使车,给骖骑,驰传州郡。"

3　《史记》卷68《商君列传》。

4　《汉书》卷48《贾谊传》:"故秦人家富子壮则出分,家贫子壮则出赘。"

类政策,也收到一定效果。而在人口相对饱和或土地矛盾尖锐的情况下,这类政策就不再实行,或者已名存实亡。

禁止杀婴。早在汉代,有的地方官已经采取严厉措施,严禁杀婴,甚至规定与杀人同罪。[1] 此后这类禁令常见于史籍记载,如宋朝曾多次制定法令严禁民间"生子弃杀",宋高宗时甚至规定"杀子之家,父母、邻保与收生之人,皆徒刑编置"[2]。但这类政策的实效是很令人怀疑的,因为直到 20 世纪前期,民间的溺婴现象一般都不会受到法律的追究。

优待老人。规定在一定年龄以上的老人不再承担赋役或赋税,一定年龄以上的老人能领取若干物质补助,或者给予一定的社会地位以示尊重。但除了免除劳役一条具体实行外,其他优待措施规定的年龄标准一般是 70 岁以上,甚至只优待 90 岁以上,往往形同虚设,实际受惠者极少。

民族间通婚的政策。春秋战国时中原地区还有很多非华夏族系杂居在华夏诸族之间,而父系社会下的男尊女卑已形成习惯,所以对女性的民族成分并不在意,只要她们能为本族生儿育女即可,所以不少国君、贵族的母系都有异族血统。汉朝的政策对国民与异族通婚不加限制,与异族所生儿子同样能成为家庭合法的继承人。如苏武在匈奴时曾与"胡妇"生子,名通国,晚年因嫡子犯罪被杀,宣帝特意将通国从匈奴赎回,继承他的爵位[3]。武帝时金日磾以被俘匈奴王子身份成为显贵,此后金氏成为著名世族[4],可见也已与汉人通婚。魏、晋和北朝期间,民族间通婚更加普遍,至北魏孝文帝实行汉化政策时,曾亲自为他六个弟弟娶陇西李氏、代郡穆氏、荥阳郑氏、范阳卢氏这些汉族名门之女为妻[5]。这类政策一般都有利于民族间的融合,也有利于人口的增殖,但更有利于统治民族,以致损害其他民族、少数民族的人口增长。如元朝规定蒙古人为第一等,享受最好的待遇,凡与蒙古族通婚的,无论男女,均改为蒙古族。但明朝又禁止蒙古人"本类自相嫁娶",而只能与"中国人"(汉人或已汉化的外族人)通婚[6]。清朝则不许满族与汉族通婚,直到末年才解除禁令。

1　如《后汉书》卷 77《酷吏传·王吉》:为沛相,"生子不养,即斩其父母"。同书卷 67《党锢传·贾彪》也有类似事迹。

2　黄淮、杨士奇编《历代名臣奏议》卷 108 范成大上奏,《四库全书》本。

3　《汉书》卷 54《苏建传附子武》。

4　同上书卷 68《金日磾传》。

5　《魏书》卷 21 上《献文六王传·咸阳王禧》。

6　万历《大明会典》卷 20《婚姻》、卷 163《蒙古色目人婚姻》,台湾新文丰出版公司 1976 年影印本,第 1 册第 367 页、第 4 册第 2287 页。

在实行这些总体上有利于人口增长的政策的同时,另一些政策却在起着相反的、更大的作用,减少或阻止了人口增长,增加了死亡率。这类制度主要有:

一是赋税制度。在赋税征收以人为单位时,起征点的降低会造成很大影响。如汉武帝将人头税的起征点从七岁降低到三岁,贫民因无法承担必须以货币交付的人头税,"生子辄杀"[1]。在以户为单位征收赋税时,贫民子女为了避免增加新户又常常推迟婚期。历代的贵族、官僚、科举出身者都享有形式不同的减免赋税的特权,有的还可以荫庇其他人成为"荫户"。由于国家对赋税总的需求不会减少,当这类不承担赋税人口的比例增加时,加在一般民户头上的负担肯定会加重,因此必定会有更多的人寻求隐匿户口,逃避赋税,形成恶性循环。历代都有不少人户为了逃避赋税而成为隐匿户或者实际上的流民,但他们的情况并不相同:一部分人的生活与其他百姓完全相同,只是转而向庇护他们的官僚地主交纳赋税。另一部分人则经常处于颠沛流离之中,这部分人口的增长率必然受到影响。对僧尼的优待也会导致消极影响,由于僧尼不服役,不得生育,所以当僧尼的人越多,人口增长率就越低,服役的人数越少。僧尼人数一般很少,影响不大。但在帝王佞佛、信佛成风,或赋税太重、百姓不得不"假慕沙门,实避调役"[2]时,对人口增长的影响就会相当严重。秦汉以降的兵役、劳役使大多数成年男性人口必须有一段时间外出服役,使已婚者的性生活中止,未婚者的婚龄推迟,都起了降低生育率的作用。宋代以后,以钱代役流行,至明代实行"一条鞭法"和清朝的"摊丁入地",加上明清时兵民分户,才最终消除了这一不利因素。

二是刑法制度。古代的刑法制度在惩处刑事罪犯、维持人伦道德、稳定社会秩序方面起着积极作用,有利于人口的增长。但在多数情况下对平民的刑罚既严又滥,法外施刑的现象相当普遍。官僚地主非但享有不少豁免,实际还拥有行刑特权。20世纪以前施行的刑罚中,死刑直接导致人口减少,间接造成配偶停止或中止生育,老幼失去赡养。肉刑造成肢体或器官的伤残、肉体的损伤或痛苦,缩短寿命,增加死亡率;其中的宫刑直接使受刑人丧失生育能力。监禁及徒刑,包括强制劳役,则因监狱、流放地及劳作场所生存条件恶劣,死亡率必然很高,同时也影响这些人的配偶的生育率。法外施刑的情况从未得到过有效禁止,由此也造成不少意外死亡或伤残。直到20

---

1 《汉书》卷72《贡禹传》。

2 《魏书》卷114《释老志》。

世纪初,地主对佃农、主人对奴仆、家族长对其成员施加刑罚甚至处死,大都不会受到法律追究。而对统治集团内部的争权夺利、民众反抗暴动、文字狱一类"谋反大逆"案件往往大事株连,滥杀无辜,夷三族、夷九族,一次杀数千至数万的案件也屡见不鲜。在政治斗争激烈、暴君执政、酷吏横行、社会动荡、文网森严的环境下,因刑罚造成的直接、间接的死亡数和由此增加的死亡率是相当惊人的。

三是维护"孝道"而制定的一些法律推迟了正常婚配和性生活,如父母、祖父母丧期不许婚姻,甚至在国君丧期也不得嫁娶等。居丧期间不得生育,除减少了出生率外,还往往造成实际出生的婴儿被溺杀。

2. 境内人口迁移的政策

如果从相传夏朝的最后一个君主桀在夏灭后被商人放逐到南巢算起,政治性的迁移政策在中国可谓源远流长,成为各个王朝和地方政权惯用的手段。如周灭殷商后,殷的遗民被从朝歌(今河南淇县)一带迁至宋(今河南商丘),以后又被安置于新建的洛邑(今河南洛阳)。春秋战国期间,将被灭的国君及其遗民迁至获胜一方便于控制地区的做法相当普遍。秦始皇在灭六国过程中迁亡国之君及其贵族于秦国内地的做法,就是这种政策的延续。秦始皇起又扩大了迁移范围,开创了一种新的政策,即将政治上潜在的敌对势力和富户迁入首都附近,不仅便于控制,又加强了政治中心的实力,使这项政策增加了经济意义。至西汉,"强干弱末"不仅是移民政策,也成为基本国策。此后从三国时的魏灭蜀、西晋灭吴,直到北宋初灭五代各国,凡是一个政权被另一政权所灭,无不随之进行一次规模不等的移民,亡国君主(如还在的话)及其家属、臣僚、都城百姓,甚至某一重要地区的主要人口,都会被迁至战胜国的首都或某一指定的地点,人数少则数十百户,多则数万至十余万户。唐以后则因中央集权制对地方的控制已大为加强,已很少需要同时迁移地方势力,这类迁移的范围才限于被灭国的君臣及其家属。在分裂割据时期或敌对政权之间,当一方短期占领对方领土时,往往采用这一政策,将其人口迁回本土,既削弱对方,又增强己方实力。北方游牧民族与草原民族尚未以夺取中原为目标时,也经常在缘边地带掳掠人口,有时还深入内地,规模也很大。如匈奴对西汉缘边地区,突厥对中原,契丹和辽对华北,蒙古和元对金,后金和清对明朝北方,都曾掠走过数十万至上百万的人口。

传说中尧将"四凶"流放边远地区,实际上是反映了早期氏族社会已有将流放作为惩罚的做法。战国后期,秦国已实行将罪犯迁往蜀地的法律,并规定其中部分人终身不得返回。秦汉开始,有期或无期的流放已成为一项正式的刑罚。但统治者往往任意扩大流放对象,如秦始皇将贾人(商人)、赘婿迁往边疆,人数有数十万。历代一些大案往往会产生数万流放对象。朱元璋将江南富户迁往故乡凤阳、首都应天(今南京),实行严格的管制。这类政策也会与经济开发相结合,罪犯可以以迁代刑,迁往指定的地点(一般是边远地方)定居后就能免刑或减刑。华夏(汉族)对周边人口的迁移往往会以民族为单位,如西汉时迁越人于江淮之间及迁匈奴降人于西北边区,东汉迁南匈奴于塞内,东汉及魏晋迁羌、氐等族人口于关中,十六国期间后赵、前秦等政权将各族人口迁至都城附近,唐朝将突厥等各族降人迁至长安一带,将高丽民户迁于中原各地,辽将渤海人内迁,明初内迁蒙古降人等。由于大都是集中迁移,数量不少,有时甚至超过百万。出于加强自己的统治、巩固边疆或军事要地的目的,各个政权一般都有鼓励或强制迁往边疆或军事要地的政策。在招募或资助还不能达到目标时,经常会采取强制手段,或者就以罪犯充数,或者扩充军人数量,与屯垦相结合。

纯粹经济开发性的移民一般不需要政府组织,更不必强制,因为随着人口压力的增加和人地矛盾的加剧,人口稠密、开发程度高的地区的剩余人口总是在自发地迁往人口稀少、土地充裕的地区。但政府会采取引导和鼓励的政策,如早在西汉初,景帝就曾下诏允许百姓由"狭乡"迁往"宽乡"[1]。在战乱之后急需恢复,或政府对开发有所侧重时,也会实行优惠政策,以鼓励向那些地区的移民。如清初进行"湖广填四川"时,朝廷就颁布政策,规定官民组织移民入川定居达到规定数量,就授予荣誉性或实际官职,迁入四川的移民可以获得安家费资助、减免赋税、垦地所有权并合法入籍。晚清至民国初年,政府对迁往东北、内蒙古、台湾、西北等边疆地区也制定了各种鼓励政策。

另一方面,出于国防、治安、粮食和物资供应、宗教信仰等原因,甚至只是出于统治者的私利,又会制定政策,限制移民进入首都或某些特定地区,设立封禁地区。一般来说,历代的首都都不允许自由迁入,有的还将禁止外来人口迁入或定居的范围扩大到首都周围的地区。对已经迁入的人口也不许改变户籍登记,不能合法取得迁入地的户籍。或者禁止由首都等特定地区迁出人口,以维护中央对地方的优势。边界一带一般也划为禁区,经特许的人员才能进入。一些名山、宗教圣地及容易成为"盗匪巢穴"的荒僻山区也往往会由官府命令禁止开荒和迁入。清朝入关后,将东北广大地区列为

1　《汉书》卷 5《景帝纪》景帝元年。

封禁区,还特意设置以"柳条边"为主的防御系统。清初郑成功以台湾为反清复明基地后,清朝曾实行"迁海",将自山东半岛至广东沿海居民全部后撤,并禁止出海。清朝统一台湾后,为防止反清活动,也曾多次禁止大陆居民迁台。

3. 国际移民政策

直到清朝后期,对本国居民移民国外始终是限制或禁止的。出于各种原因而移居国外的人都被视为贱民、异类,甚至被当作盗匪或叛逆,为此还制定过极其严厉的刑罚。此前的政府一般不承认侨居国外的人还是本国公民,更没有保护侨民的意识。明朝以前,对外国人迁入中国一般都没有什么限制,自汉朝至元朝都有不少外国人侨居中国,唐朝、南宋和元朝在一些外国人集中的地方设有专门的管理机构。但清朝对外国移民实行严格限制,能够取得合法居留的人数相当有限,外国商人也只能在固定的地点交易。鸦片战争后才逐渐放松。

对人口政策的研究首先当然应该查清它们的原文,了解它们的原意,但还必须了解这些政策是在什么历史背景下制定的,出于什么目的。更重要的是要了解这些政策究竟是如何执行的,收到了什么实效,在执行过程中发生了哪些变化。由于中国地域辽阔、人口众多、情况复杂,各地间的差异很大,加上长期中央集权的专制统治造成法令和政策名实脱离,实际情况往往与书面记载根本不同,不同时间、空间的差异更大,必须具体考察分析。

从理论上说,人口史的研究还可以包括其他一些方面,如人口素质等。但实际上,在缺乏必要的统计数据的条件下,这些方面是无法进行研究和论述的。例如,对人口素质的研究一般要采用人口生命素质指数(physical quality index),其三项基本指标是婴儿死亡率,1 岁时平均预期寿命,识字率。但直到 20 世纪中叶,还没有在全国范围内进行过这三项指标的普查。因此像这类目前还没有条件进行研究的方面就暂不列入,但这并不意味着中国人口史不应包括这些方面,并且也不影响在有条件的情况下,对局部时期、局部地区进行一些具体的研究。

第三章

研究中国人口史的基本方法和资料

本章所论述的基本方法和基本资料,主要出于本书的研究过程,是作者对中国人口史研究的总结。但也包括作者对学科理论的探讨,即根据中国人口史的学科理论,探讨所应该采用的基本方法和可以运用的基本资料,包括由于种种客观原因,我们在目前的研究及本书的撰写过程中未能采用的。

第一节 研究中国人口史的基本方法

近年来,虽然已有多种中国人口史的专著问世,但作为一种专门史研究,毕竟时间有限,体系尚未完整,方法也不够成熟。中国人口史又有它一定的特殊性,并非其他专门史的方法都能适用。作者在研究中国人口史和撰写此书的过程中作了一些尝试,希望能为今后的研究提供参考。

一、历史学方法

由于在20世纪以前中国未进行过现代意义的人口普查,没有留下完全符合现代人口统计学要求的数据和资料,我们今天进行人口史的研究主要只能依靠非人口统计性质的历史资料。另一方面,要了解历史时期的人口所生活的自然环境和人文环境,要了解影响这些人口生存和发展的各种因素,主要也只能依靠历史资料。这就决定了中国人口史最基本和最主要的手段是历史学的研究方法。

既然是历史学的研究方法,与其他专题或类型的史学研究就没有什么大的区别,但就人口史的研究而言,需要特别注意以下几个方面。

1. 史料的收集和鉴别

前面已经提到,中国现代意义上的人口普查只能从20世纪初,即清末宣统年间的人口调查算起,此前留下的任何有关人口的数据,严格说来都不符合人口普查资料的要求,即使是调查得相当完整而准确的户籍登记数据,至多也只能看作"准人口普查资料"。所以 20 世纪前的中国人口史研究所依据的都只是史料，自然只能用历史研究的一般原理和方法进行收集和鉴别。

史料的收集当然应该尽可能详细、客观、完整，做到巨细不漏，特别是具体的户口或人口数字。除了直接史料和明显的数据外，还应注意收集间接的记载和数据。例如与人口活动有较大关系的土地面积、农作物和工业品的产量、商业贸易量、赋税额度和实际征收数、城市或市场的规模，特定人口或阶层（如军人、奴婢、戍卒、官员、流民、僧尼、皇族、侨民、少数民族等）的数量，人口赖以生存和繁殖的自然环境（如地形、地貌、植被、气候、灾害等），与人口再生产有关的记载（如婚姻、家庭、宗族、生育、疾病、风俗习惯、生活方式、生产方式及人际关系），有关的法律法规和习惯做法等。有一些看似无关无用的资料，只要它们有助于描述或说明与人口史各方面有关的内容，也都应该在搜寻之列。在数字化技术和电脑检索日益发达、突飞猛进的年代，要不了多少时间，传世的史料大概都可以进入检索系统，搜寻直接的史料（如包含"人口"二字的）将轻而易举，瞬息毕具。但收集间接的史料却不会那么容易，很大程度上取决于搜寻者的眼光和鉴别能力。

史料的收集并不限于原始史料，还应包括前人和今人的研究成果。由于人口史的研究涉及面广，相关方面不可能都由作者自行研究。当然，这也是通史或其他专门史研究所应该采取的方法，但对于像人口史这样还很不成熟的专业来说，吸取现有研究成果具有更重要的意义，所以必须特别重视。同时也要注意，切忌先入为主，或仅仅根据个人的观点作出判断和选择。特别是对一些并非来自原始或直接史料，而是出于研究者推算、估计而得出的数据，尤其应取慎重态度。不能因为正好符合自己的观点，或与自己的设想或推算一致，就不问其来源或正确与否。

2. 与人口有关的制度、名词术语的复原

在这一方面，何炳棣对 1368—1953 年中国人口的研究早已树立了典范[1]。他的主要贡献之一，就是指出了，要复原以往"人口"（户口）数据的真相，首先必须从研究相关的制度入手，弄清楚那些数据是在什么制度下产生的。在这一前提下，很多以往无法解释的现象就能得到合理的解释，很多看似离奇的事实或数据也就真相毕露了。

制度的复原需要注意两个方面：一是与人口调查有关的制度，这是目前所见一切"人口"数据的来源和标准；二是影响人口本身的制度，即与真正的

　　1　详见何炳棣《明初以降人口及其相关问题(1368—1953)》。

人口的状况和变化有关的各种制度性因素,如婚姻、家庭、赋税、刑法等。

在此基础上,才能正确理解与人口有关的名词和术语的真正含义。由于上述各种制度的影响,有关的名词和术语的真实含义早已不是它们字面上的意义,并且会随着制度的变化而改变,也会产生新的含义。何炳棣对明清人口的研究就是从"丁"的含义突破的,令人信服地证明了"丁"不是成年男子的代名词,而是一种赋税单位。在任何情况下,对史料中出现的"户""口""丁""丁男""人丁""户口人丁""男妇""大小男妇""家""落"等都必须先理解它们的真实含义后才能加以运用,并且应该非常小心地注意它们因人、因时、因地而出现的差异。

3. 数字的分析——综合考虑影响人口生存和发展的因素

接触到任何数字时,都不应忘记史学的优良传统,首先必须追根寻源,使用最原始的出处。由于与人口有关的数字一般都很大,如全国性的户口数往往是数千万至数亿,在传抄与印刷过程中最容易出错,所以还必须进行版本的校勘,至少应选择可靠的版本,以免因误从版本错误而导致无效劳动,甚至得出错误结论。但更重要的是,应将这些数字放在当时当地的历史环境中去加以考察,这正是历史学者研究人口史的优势所在。

二、人口学方法

人口史的主要研究对象是人口,当然应该充分运用人口学的研究方法。凡是在历史时期存在相应的研究对象的,当代人口学的方法是完全适应的。当然,由于20世纪以前的中国一般不存在符合当代人口研究的数据,首先需要通过历史学的方法将相应的文献和数据转换成基本符合规范的数字和论述,但对它们还必须用人口学及人口统计学的原理进行验证和分析。有的史料或数据,从其来源及传播过程看是无懈可击的,但完全不符合人口学的原理和人口统计学的规律。例如,一些年代间户口升降幅度之大,远远超出了正常人口的增长率或死亡率;又如某些年代或某些地区的家庭规模会大得异乎寻常,但在另一些年代或地区又会小得出奇;另一些记载也完全违背人口学的常识,显然属于夸大性的描述。对这样的数据或史料,就不能因为它们出于正史或名人笔下就轻易信从,而应该以人口学原理作科学分析,结合有关史料,作出正确的判断。有些内容,从表面看并没有错,例如大家庭、大家族,不仅反映在统计数字中,还可以找到大量的史料作为佐证。问题在于我们不是要作社会史、家庭史的研究,而是要作人口史的研究,而对人口史而言,"家庭"应该区分为核心家庭与复合家庭,家庭的人口也应该是指其真正的人数,而不是作为赋税单位的统计数。这样去理解史料中的大家庭或小家庭,问题就能迎刃而解,史料也能得到恰当地运用。还有一些人口现象是古代所特有的,或者其程度远远超过了现代相应的现象,如杀婴、多妻、早婚等,也应运用人口学的原理加以解释,运用人口统计学的方法加以估计。

人口学的方法可以弥补一些史料的不足。如根据比较可靠的数据推算出来的出生率、死亡率、人口自然增长率有一定的适用范围,可以用来推算缺损的数据,或者确定一个数字的上限或下限,鉴别现有数字的可靠性。如在一个年代人口数的基础上,如果能估计出该年代前后的大致年平均增长率,就能推算其前后不同年代的人口数量。知道了两个年代的人口数字,可以推算此期间的人口增长率和各年代的具体数字。当然,这样做的前提还是原始数据已经过处理,比较可靠,同时对当时当地的人口状况已经有了大致的了解,特别是掌握了其中的特殊情况。否则,就可能出现相当危险的错误。譬如我们研究 1953—2000 年的中国人口,如果不了解在"三年自然灾害"期间曾经出现严重的人口非正常死亡,只是根据数字来推算,尽管最终的结果只是年平均增长率略为下降,实际却会画出一条完全不同的人口增长曲线。而如果我们了解了这一基本事实,即使对这几年的负增长率无法作确切估计,但至少会充分考虑这一因素造成的影响,结果肯定会准确得多。历史时期不为人知,或虽然知道却无法估计其程度的因素实在太多,所以在运用人口学的计算方法时,应尽可能多地收集各种数据,并尽可能缩短数据的时间间隔,增加其空间密度。

运用人口统计方法进行数据重建时必须十分谨慎,数字宜粗不宜细,时间范围宜短不宜长,空间范围宜大不宜小。研究者必须明白,根据史料和直接的人口数据(如户口数)推算或估计出来的人口指标,再精确也是无法与人口普查数据相比的,一般只能用于较大地域范围、较短年代的估计。如果一味求精、求细,如将地域越分越小,将年代越拉越长,表面看似乎精确了,实际可能产生的错误会更多更大,离实际越来越远。如我们根据一个比较可靠的全国性人口数来修正原有的分省统计数,或者推算一个二三十年前后的数字,大致不会差很远;如果用来推算府州一级甚至县一级的数字,或者用来推算一二百年前后的数字,肯定会出现严重错误。而且这类经过反复推算的数据,由于没有办法得到客观的验证,在学术上并无多少价值,严谨的学者也不会加以引用。

三、社会学方法

除了个别例外,一切人口现象都可以说是社会现象,所以完全可以用社会学的方法加以研究和解释。正因为如此,人口史研究的很多方面与社会史研究是共同的,可以使用同样的资料,也可以运用同样的研究方法。所不同的只是,社会史研究注重于被研究的人口现象对社会各方面的影响,而人口史研究则侧重于这些人口现象对人口本身的作用。例如,李伯重的《堕胎、避孕与节育》[1] 一文列举和研究了宋元明清时期江浙地区各种节制生育的措施,并证明实施这些措施的人口目的在于"共保富裕",即将节制生育当作在江南这样一个人口稠密、经济发达、耕地开发殆尽、生存压力严重的环境之下维持较高生活水准的手段。人口史研究完全可以采取他的方法或直接运用他的成果,只是最终的目的还是要落实到这些措施对人口本身产生了什么直接或间接的结果、什么当前的或长远的影响。

抽样调查是社会学一种基本的研究方法,同样适用于人口史研究。但必须有一定的随机性,也需要必要的样本数量,才能保证结果达到必需的精确度。当然,原始数据本身的准确性是不可或缺的前提。但历史时期的人口与人口有关的数据往往达不到这样的条件,或者达不到最低要求的精确度。在这种情况下,只能听其自然,而不应该为抽样而抽样。

四、历史地理学方法

历史地理学的研究方法,除了地理学的手段外,主要还是运用历史学的研究方法,因此与历史学方法并无二致。

1. 历史时期不同空间范围的界定

一切人口都是在一定的空间范围中生存和活动的,历史时期的人口就是在以往的特定的空间范围内生存和活动的。不确定这些特定的空间范围,对历史时期的人口就无法进行研究。这些空间范围,如历代的行政区域、自然地理区域、人文地理区域,是有现成的历史地理研究成果可以利用的,人口史的研究者自然不必另起炉灶,自己从头做起。例如,我们要研究清朝嘉庆二十五年(1820年)的人口,就可以利用《中国历史地图集》中相应的地图,来确定每一个政区的人口生存的空间范围。但是在大量情况下,未必有相应的成果可供使用,人口史的研究者不得不运用历史地理学的研究方法,首先复原出自己所需要的政区或特定区域的范围。例如,我们要研究

1　李伯重《堕胎、避孕与节育——宋元明清时期江浙地区的节育方法及其运用与传播》。

清朝其他年份的人口数据或状况,就得知道该年的政区或自然、人文区域所指。比较简单的办法,是先了解该年的政区与现成的成果(如《中国历史地图集》上嘉庆二十五年地图)之间有什么不同,如果没有什么不同,就可以大胆运用;如果有不同,就要查清两者的差异。例如要研究清初江南省的人口状况,如果我们了解清初的江南省就是嘉庆二十五年的江苏省与安徽省之和,就可以直接利用《中国历史地图集》中这两省的地图。又如要研究清末东北三省的人口状况,我们同样可以利用《中国历史地图集》中盛京、吉林、黑龙江三个将军辖区的地图,因为这三个省就是由将军辖区改置的,只是要除去被俄国割占的黑龙江以北、乌苏里江以东部分。但如果研究的范围是呼兰府和绥化府,那就必须自己查找相关的资料来确定,因为这是清末新设置的政区,嘉庆二十五年的地图上自然不会有。不过,如果查清了呼兰府的治所就是原来的呼兰县,其辖区应在该县周围,而绥化府位于呼兰府的东北,还是可以在嘉庆地图上确定相应的范围。

当代的人口也是与特定的空间范围相关的,如北京市的人口与北京市的辖区相关,河南省的人口存在于该省的范围之内。但由于这些政区或区域不可能随时发生变化,一般都很稳定,即使有调整也能及时了解,人口学者只要稍加注意,大可不必亲自作这方面的研究。但对人口史的研究来说,强调空间范围的不同概念,强调它们随时都在发生的变化,具有特别重要的意义,因为历史上任何一项人口数字、任何一种人口现象都是与特定的空间范围联系在一起的,否则就毫无意义,或者会导致完全不同的概念。而二三千年间的变化积累在一起,就显得极其繁杂,非具有一定的历史地理知识或研究手段不可了。例如司马迁在《史记》卷 129《货殖列传》中曾提到“江南卑湿,丈夫早夭”,这是一种重要的人口现象,说明当地的男性人口寿命很短,至少要比中原地区的男性人口短得多。这个“江南”是指什么地方呢?原来秦汉时的江南是指今长江中游的南岸,大致相当于今江西、湖南一带,而不是指江苏、安徽的长江以南部分。那一部分当时被称为“江东”,因为长江至今安徽境内后折向东北,由中原而来成了渡江而东。如果误解了“江南”,无疑就会将“丈夫早夭”的现象张冠李戴,并会产生一系列连带的错误。同样,“江南”所代表的地域范围自秦汉至当代也发生了很大变化,它可以是指一个特定的行政区域,如唐朝的江南东道、江南西道,清朝的江南布政使司(省),也可以是一个以这些政区为基础的人文地理区域或自然地理区域,还可以是一个范围并不明确的习惯性区域。要正确理解与“江南”相关联的人口数据或人口现象,当然离不开了解相应的“江南”所代表的空间范围这一前提。

2. 行政区域与人口分布、人口结构

在中国历史上,行政区域或行政机构的设置,一些行政制度的建立,人口是一项经常性的、重要的因素。例如,一个新开发地区要设置为县,或恢复县的建置,达到一定数量的登记户口数是必不可少的条件。清代一些县分为二县,"同城分治",主要原因就是户口和赋税量的增加,而不是辖境的大小。西汉时县的行政首长分为"令"和"长"二级,区别就在于县辖户口是否超过一万户,超过的就称"令",否则就只能称"长"。选拔人才、推荐官员往往也与人口有关,如东汉永元十三年(101 年)曾下诏:"其令缘边郡口十万以上岁举孝廉一人,不满十万二岁举一人,五万以下三岁举一人。"[1]说明 10万、5 万是两个主要的标准,也说明当时的边郡中人口多的超过 10 万人,而人口少的不足 5 万人。这一关系有利于我们判断人口的变化发展趋势,在缺乏具体数据时显得更为重要。东汉初曾大规模裁撤县级政区,建武六年(公元 30 年)撤销了 400 余县,原因就是"户口耗少"[2]。尽管我们无法了解当时裁撤的具体标准,但撤并的县数接近总数的三分之一,足以说明当时人口耗减的严重程度。史料中从西汉元始二年(公元 2 年)至东汉中元二年(公元 57 年)间没有一个现成的户口数,能够有这样一项指标就弥足珍贵。又如唐朝安史之乱后北方人口大幅度下降,南方的户口数虽然也普遍减少,但如将元和二年(807 年)与天宝元年(742 年)的户口数相比,今江西境内却不降反升。这一特殊现象是否可信?是否数字有误?当然值得怀疑。但正是在这段时间内,江西新设了两个府(信州府、宣州府)[3],这说明当地的户口确有较大幅度的增加。

中国古代有一些类型的政区是专门为少数民族设置的,明确这些政区的性质和范围,对研究当时的人口的民族结构和分布是很有意义的,多数情况下,这是唯一可以找到的线索。例如西汉规定,在少数民族聚居的地方设立"道"[4]。虽然少数民族未必都居住在道内,但设立道的县肯定是少数民族的聚居地区。类似的政区还有西汉的西域都护府;东汉的西域都护府以及使匈奴中郎将、护乌桓校尉、护羌校尉、东夷校尉等驻所[5];三国魏的西域长史府、匈奴中郎将、护鲜卑校尉、护乌丸校尉、东夷校尉等驻所;西晋的西域

---

1 《后汉书》卷 4《和帝纪》。
2 同上书卷 1《光武帝纪下》。
3 李吉甫《元和郡县图志》卷 28《江南道四》,中华书局 1983 年版,下册,第 678、681 页。
4 《汉书》卷 19《百官公卿表上》:"有蛮夷曰道。"
5 使匈奴中郎将、护乌桓校尉、护羌校尉、东夷校尉的设置目的是监护内迁或缘边的少数民族,其驻地或在这些民族的聚居区中,或附设于离其聚居区不远的其他政区驻地。三国魏的情况与此相同。

长史府、东夷校尉驻所；唐朝的都护府、羁縻都督府、羁縻州、羁縻县；宋朝的羁縻州、县、峒以及羁縻部族和不设羁縻州部的土著部族区（如罗民、罗殿、自杞、特磨道等）；金朝的部族节度使、群牧所；元朝的宣政院（总制院）、西南的宣慰司、宣抚司和安抚司，设有蛮夷军民长官的洞寨、部、族、甸、处等；明朝的奴尔干都司、羁縻卫所，西南的宣慰司、宣抚司、安抚司、长官司等各级土司，乌思藏都指挥司、朵甘都指挥司、俄力思军民允帅府；清朝的伊犁将军辖区、乌里雅苏台定边左副将军辖区及所属喀尔喀蒙古四部、科布多参赞大臣辖区、唐努乌梁海、西藏办事大臣及达赖喇嘛辖区和帮办大臣及班禅额尔德尼驻地，卫、藏、喀木、阿里四区，西宁办事大臣辖区，青海厄鲁特、玉树四十族（后改二十五族），内蒙古六盟、套西二旗、归化城土默特、察哈尔，西南的各级文武土司等。这些特殊政区都是少数民族聚居区。

3. 地名考证与人口迁移、人口分布

地名考证是历史地理研究的主要手段之一，在人口史研究中也有用武之地。除了用之于历史政区位置、地域范围和存在时间的考证外，地名本身对人口就有其特殊意义。如历史上不同地区、不同时期、不同民族的人口命名了各种不同的地名，其中一部分在读音、用字、意义、结构或命名方法上具有鲜明的地域、时代或民族特点。通过对这些特别的地名的收集、归纳和分析，往往可以了解历史上某一类或一族人口的分布和迁移过程。例如江南很多地名都是以于、余、姑开头，显然都是由古越人命名的，证明这些地方曾经是越人的聚居区。山东半岛在秦汉时还有不少以"不"（音夫）字开头的地名，这类地名的分布反映了此前土著民族的分布范围，也可以看出由西周分封而来的鲁、齐两国与土著人口的消长过程。

由专名和通名组成的地名，通名部分的不同往往直接反映了移民的结果。如按照明朝的制度，土著之民编为里，迁发之民编为屯，所以华北各地带屯的地名一般都起源于移民村落，一个地方里、屯的数量和比例大致能代表土著、移民的数量和比例。西南地区带屯、营、堡、旗的地名，往往与明清时的军事移民有关。各地的卫、所，基本上都是明代卫所制度的产物，可以追溯到明朝的军事移民。专名部分的特点虽然没有那么明显，但也可以作为研究的线索，例如在"迁安""来安""归安""宜安"一类祈愿性的地名集中出现的情况下，一般都可以作为存在着移民聚落的佐证。

由于人们自古以来就有将原来的地名使用于新迁入地的习惯，所以历史上出现过无数次地名搬家，原来在北方的地名以后出现在南方，本来应在沿海山区的地名却转到了山区，域外民族和少数民族的地名也会在汉族地区落户。原始地名的转移过程在很多情况下是与当地人口的迁移过程一致的，在文献资料缺乏的情况下，这无疑提供了一种有效的研究手段，使我们得以通过考察地名转移的过程来复原移民的迁移和定居过程。如商人喜欢将他们的部落首领居住地或都城称为"亳"，所以在黄河中下游留下了不少带"亳"的地名，以考古发现结合文献资料确定这些"亳"的存在年代或出现先后，就可以描绘出商人的迁移过程。在原始地名出现过大规模的、系统的转移的情况下，这种方法就更加有效，有可能据此复原整个移民过程。最典型的例子是西晋永嘉之乱后北方人口南迁，东晋在南方大量设置侨州郡县。这些侨州郡县不仅使用原来的行政区域名称，其居民也主要由原政区的人口构成。除了地处辽东的平州外，北方各州郡都在南方设置了相应的侨州郡县。这些侨置政区的设立过程和地理分布，基本上也就是北方移民的定居过程和地理分布[1]。根据这些侨州郡县在南朝时的户口数，还可大致推算出这次移民的规模。又如，明初的洪武、永乐年间曾多次将山西人口迁至华北，所以在今北京市郊区还保留着大量以山西地名命名的村落名[2]。在大兴的凤河西岸还有一个"北山东营"，与文献所载永乐二年（1404年）有山东移民迁入是一致的。全面调查这些地名的分布情况和规律，能弥补文献的不足，有助于确定移民的具体来源和定居过程。

4. 地理环境的复原

人口是自然、社会与人口自身的产物，与地理环境有着密切的关系，特别是在生产力很低的条件下，地理环境对人口的生存和发展往往具有决定性的作用。历史时期的人口生活在当时的地理环境下，但以往的地理环境，无论是人文地理环境，还是自然地理环境，与今天都已有了一定的差异，有的甚至已有了非常巨大的变迁。显然，我们只有首先复原相关时期的地理环境，才能正确理解当时人口赖以生存和发展的条件，才能正确理解形成当时人口的数量变化、人口的结构、人口的分布、人口再生产的方式和结果等方面的一些主要原因。

五、人类学方法

体质人类学的方法对于研究历史时期人口的体质状况及其发展过程、人口的种族特征和差异等方面都是非常有利的，只是有关历史人口的资料

1 　详见谭其骧《晋永嘉丧乱后之民族迁徙》，原载《燕京学报》第15期（1934年6月）；收于同著《长水集》上册，人民出版社1987年版。

2 　尹钧科《明代北京郊区村落的发展》，《历史地理》第3辑，上海人民出版社1983年版。

和数据太少,地下出土的古人遗骸不仅相当分散,而且数量也很有限,多数年代不明,要进行系统的研究存在着难于克服的困难。

文化人类学的研究方法对考察人口的再生产过程如婚姻、家庭、生育等方面,微观的人口结构、人口分布、人口迁移等方面,以及与人口有关的其他方面如生活方式、聚落形态、民间信仰与崇拜、民俗等方面几乎完全能够重合,都可以借鉴和运用。但文化人类学的研究更注重于个案的深入分析和过程的细致观察,对人口史研究而言,就必须确定这些个案在一个人口整体中的代表性和百分比,而这往往是相当困难的。

以上这些方法并不是排他的,完全可以根据实际的需要与可能,用其所长,避其所短,加以综合性地运用,并在运用中不断创造出新的方法。这些方法也不是唯一的,人口史的研究者还应该不断吸取其他相关学科的新经验,采用它们的新方法。特别要注意打破学科的界线,关注科学技术的进步。例如遗传学家已经从基因研究入手,提出了中国人源于非洲的新证据;随着基因研究精度的提高,基因分析肯定能用之于研究中国人口史中的人口迁移、人口结构等方面。

由于人口史需要研究的对象存在于历史时期,除了少数例外,一般都已不能通过实地调查的方法进行考察,所有这些方法的运用都必须以历史文献和其他历史信息为基础,所以难免出现更大的局限性。尽管如此,依靠多学科、多方法的结合,充分运用文献的和非文献的证据,就能最大限度地复原人口历史。

历史毕竟是历史,历史事实的某些方面是永远无法了解的,历史的真实只是我们永恒的追求,而不可能是一项具体的成果,中国人口史也是如此。

第二节　研究中国人口史的基本资料

前面已经提及,在20世纪之前的中国,由于从未进行过真正意义上的人口普查,所以研究人口史的主要依据不是人口普查的结果,也不是以统计实际人口为目的的调查资料或数据,而是其他文献资料和数据。除了户口数字和家谱中的记载比较直接外,其余大都是间接的资料。但从20世纪开始,区域性的和全国性的人口调查资料和数据逐渐增加,并最终取代了传统的户籍登记和户口统计。

一、户籍资料

中国到清朝末年才进行第一次现代意义上的人口普查,此前的人口史研究主要只能依靠历代的户籍资料,即通过当时的户籍登记制度而产生的户口数据以及有关统计资料。清末以前,见于正史、实录、政书、地理总志、地方志、类书以及其他各类官私书籍中的户口数,都是由当时的各级政府通过户籍制度登记和记录下来的。如果不了解某个朝代户籍制度的具体情况,不了解当时的户口数是怎样获得的,有什么特殊的含义,要正确理解和运用这些户口数是不可能的。

有些人不懂得这一点,不了解户口数在大多数情况下不等于实际人口数这个前提,盲目迷信历史上的户口数据,认为具体数字总不会是凭空捏造出来的,所以一提到中国历史上的人口数就照抄旧书中的户口数,今天在不少涉及中国历史人口数的论著和工具书中看到的往往就是这些数字。自从梁方仲的遗著《中国历代户口、田地、田赋统计》一书[1]出版以后,不少人把它当成历史人口统计的数据库,不加分析地直接引用,却毫不注意作者的本意。还有些人迷信地方志中的户口数,认为当地记载的数字必定比外地的或全国性的可靠。近年来,不断有人尝试用新的计算技术作为研究中国人口史的手段,他们的方法不可谓不新,技术不可谓不精,但对这些原始数据却不懂得分析和鉴别,只会毫无例外地输入电脑,结果如何,那当然可想而知。

正因为如此,中国人口史上一些长期流行的错误说法继续被广泛地重复,甚至被称为"新发现"。例如,认为中国的人口直到 12 世纪才突破西汉末年的 6 000 万,直到 18 世纪才突破 1 亿大关;宋代每户平均仅 2 口上下的户口数居然与实际人口基本相符;明代的人口长期徘徊在 6 000 万左右;清代前期出现过人口激增的"奇迹",等等。为了证实这些结论的正确性,只能千方百计找来一些并不可靠的史料,或者求助于某些"新理论"。

但是另一方面,一些学者特别是一些西方学者,认为中国历史上的户口数是一笔糊涂账,毫无利用价值,因此不屑一顾。一些人口学家往往用现代人口统计学的标准来衡量这些户口数字,以为没有一项符合标准。按照他们的看法,以往的人口现象是无法重复的,人口统计学的回顾调查只适用于一个不太长的年代,对漫长的历史时期无能为力,似乎只能让中国历史人口永远保持空白了。但这不是中国的特殊现象,在现代人口统计付诸实施之前,世界上没有哪个国家会有完全符合人口统计学要求的人口统计资料,连早期的人口普查资料也是很不完全、很不精确的。今天西方早期人口史研

1　本卷引用该书,据上海人民出版社 1980 年版。

究所依据的主要资料也只涉及 16 世纪以后的教区受洗、婚礼、葬礼登记等，并不一定包括全部人口的资料，也只限于少数地区。即使在成绩最突出的法国，著名的 1670—1870 年期间的抽样调查资料也是以 17 世纪的教会登记资料和 19 世纪的民间登记资料为依据的。既然西方的人口史研究可以涉及现代人口普查实施以前的阶段，并没有因此而成为空白，为什么对中国的人口史资料要提出如此苛刻的条件呢？

对中国历代户口资料不应该盲目迷信，但也不必弃之不用，关键在于如何正确地理解和认识它们的价值和作用。以下几个方面尤其值得注意。

1. 历代户口资料的时间与空间空白

将现有的全部中国历史户口资料汇集起来，就会发现它们存在着很大的时间与空间的空白。造成这些空白的原因主要是两个方面：一是历史上在这些时间或空间内本来就没有进行过户口登记，当然就不可能留下什么统计数字；二是虽然当时当地进行过户口登记，但由于种种原因，这些统计数字没有能保存到今天，或者至今尚未被发现[1]。

从时间上说，从人口调查开始的商代到公元初这 1 000 多年间，至今未发现任何可靠的人口总数的记载，仅战国后期的个别地点有一些粗略的户数或口数，西汉初年和中期留下了一些王国和侯国的户数。从公元初开始的 1900 余年间的户口总数也疏密不均，有的数字之间间隔太长，有时却近千年间没有一个比较可靠的数字。如从西晋太康元年（280 年）至隋大业五年（609 年）这 320 多年间，就找不到一个同一年代的、包括各主要政权在内的户口数。就某一局部地区而言，这样的空白就更大了，因为有分地区统计数的年份相对更少。例如在公元初至 6 世纪末之间只有三个年份有全国性的分政区统计数，两个年份有局部的分地区统计数；整个明代没有留下一个同一年份的省以下分政区的统计数，唯一能看到的是见于《大明一统志》和顾祖禹《读史方舆纪要》中的分县"里"（明代基层行政单位，标准的"里"应由 110 户组成，但实际上大多数里并不符合标准）数，而且这些数字并不一定是同一年的。

从空间范围来说，今天我们需要研究的是历史时期的中国，至少是今天整个中国，而历代各个政权所登记和统计的户口数只限于自己的疆域，或者只限于自己疆域中设置郡县（或州县）、直接征收赋税的区域。而历史上尽

---

1 这种可能完全存在。例如一些古代文书，包括户口资料在内，可能至今仍埋藏在地下，尚未被发现。近年在长沙出土了大量三国吴时的简牍，据报道属于官府文书档案，已整理出版部分包括一些与人口、移民有关的材料。已经出土的居延汉简中就有不少户口资料。

管有好几个朝代的疆域非常辽阔,其中还包括了大片今天已不属于中国的土地,但除了清朝乾隆中叶以后到鸦片战争间的一段时间,没有一个政权能够覆盖中国今天的全部领土。如西汉末年统计户口的范围约 400 万平方公里,除去现在已在境外的朝鲜、越南部分,今天的中国领土就有近 600 万平方公里的范围未包括在内。唐朝的疆域虽然很大,但当时青藏高原是吐蕃的领土,唐朝的历次户口统计就不可能包括这一部分。元朝的疆域几乎包括了今天中国的全部领土,但元朝进行经常性户口统计的范围却大大小于它的全部疆土。明朝在大部分时间内,其行政区域北尽于长城,西止于嘉峪关,它的户口资料不会反映今天的内蒙古和新疆地区。台湾到康熙二十二年(1683 年)才由清朝设府,此前大陆政权的户口统计数自然不会包括台湾的人口在内。

历代中原王朝对边疆或少数民族聚居的地区一般采取不同于内地汉族地区的统治方法,往往不直接征收赋税,所以也不登记或统计户口。如西汉虽已在西域设置了都护府,控制了今新疆和相邻的中亚地区,但并未与其他郡国一样列入全国户口统计系统,所以仅在《汉书》卷 96《西域传》中记了各国的人口数,也没有注明具体年代,显然只是通过西域都护府收集统计所得,而不是像内地那样逐年统计上报。两汉对在其疆域内的西南夷、蛮、越、羌以及内迁的匈奴、鲜卑人户一般也都未进行户口登记。元朝虽已将西藏纳入版图,但由于该地区由宣政院(总制院)管辖,实行与内地不同的赋税户籍政策,所以元代留下的户口数中还是没有包括西藏地区。唐、宋时西南地区的大多数羁縻州、县,明朝和清朝前期的大部分土司也一直没有列入户口调查的范围。

今天中国拥有的 50 多个少数民族,其中绝大多数已经在中国这块土地上生活和繁衍了很长时间。中国人口史当然不应该不包括这些民族的人口史在内,但由于历史的原因,汉族以外的各民族大都没有留下历史上的人口数字以及有关的记载,在汉文史料中也找不到能够说明问题的材料。随着少数民族的历史资料的发掘和整理的开展,以及研究水平的提高,有些民族的人口史的某些方面可能会有所进展,如近年来对历史时期藏族人口的数量已经有多种研究论著问世。但由于大多数少数民族缺乏户口数字或其他资料,中国人口史的这一部分只能付诸阙如。

历代户口资料在时间和空间上的空白,只有极少部分是可以通过其他途径来弥补的,根据现有资料并运用现代人口统计学的方法可以复原某些年份的人口数,如根据一些比较可靠的年代的数字回溯若干年前的人口数,根据条件相似地区同时代的户口数来推测空白地区的人口规模，或者根据一些间接数据如兵力、粮食产量、耕地面积、某些生活必需品的消费量等进行推算，但是得出的结论一般不可能十分精确。而且即使如此，能够填补的空白也是相当有限的。这是中国人口史研究无法回避又无法改变的事实，每个研究者必须有清醒的认识；同时在自己的研究成果（包括普及性的读物）中必须使用明确的概念和必要的说明，实事求是地告诉读者。例如，我们可以说公元 2 年的汉朝约有 6 000 万人口，而不是当时相当于今天中国境内有 6 000 万人口，或者简单地说公元 2 年的中国有 6 000 万人口，因为一则当时并不存在中国这样一个国家或者中国这样一个户口统计的地域概念[1]，二则汉朝的户口数只包括今天中国的大部分，而不是全部。又如，在运用清朝的户口数时，应注意其中绝大部分仅统计了各直省，即所谓内地十八省；东北和新疆一般最多只包括其中设置了民政机构的地区，西藏和内外蒙古就完全没有。直到光绪三十四年（1908 年）普查全国人口时，才在理论上包括了整个清朝的领土，但至民国元年（1912 年）整理发表的结果中，不少边远地区和少数民族聚居区的人口还只是出于估计。而且由于此前台湾省已被日本侵占，全国人口数中并不含台湾。

2. 户口数字本身的错漏

历史上的户口数与实际人口数之间的差异，大部分是由当时的制度造成的，这将在下一点中作详细讨论。但是也有一部分差异，即使按照当时的制度也是不应该出现的，这主要应归结于生产力的不发达和物质条件的限制。即使统治者下了最大的决心，要使户口数十分精确也是相当困难的，因为在登记、传递、汇总、抄录、计算、保存等各个环节都可能产生差错。由于这些过程一般都无法重新进行，加上人口数量本身在不断变化，这些差错是很难得到更正的。从西汉开始，一个中原王朝的户口调查数量一般有数千万至上亿，范围有几百万至上千万平方公里，县级单位上千，离首都远的达万里之遥。即使在现代技术水平和交通条件下，也只有采取特殊的措施才能避免重大差错。例如，大多数朝代给每次户口调查规定了统一的截止时间，但实际上是很难做到的。边远政区或者是提前进行，或者不能在限期内完成，遇到天灾人祸就更难保证。统计方法方面的错误只要不违反常识，一般是无法发现的。即使上级发现了，也来不及往返检查、核对，不是将错就

1　当时的"中国"一般指中原或汉朝经济文化比较发达的中心地区，如《史记》卷 129《货殖列传》所称的"中国人民"就是指中原人或中心地区的人民。

错,就是擅自修正了。

户籍资料卷帙浩繁,不易保管,水渍霉烂、虫蛀鼠啮都难以避免,平时又很少有人使用,反而不如其他档案那样受人重视,失散或破坏后往往不会及时发现。一遇战乱,数量庞大的户籍更无法顾及,只能任其销毁。所以到新一朝修前朝历史时,大都已经找不到前朝完整的户籍资料了。如晋朝的旧户籍到梁时还留下东西二库,但"既不系寻检,主者不复经怀,狗牵鼠啮,雨湿沾烂,解散于地"[1]。明朝的户籍"黄册"都贮存在南京后湖,有相当严格的保管制度,但照样鼠患严重,"每曝册,发其下,多鼠伏死"[2]。而在明朝亡后,总数达 200 万册的黄册很快散失殆尽。可见,现在见于史册的户口数字难免不是出于这类残缺的资料。

各类资料在长期传抄和翻印的过程中,数字比文字更容易产生错误。人们在处理一长串枯燥无味的户口数字时产生错误的概率,比在处理多少有些意义或连贯性的文字时要高得多。而且,文字中的错误,即使找不到其他证据,也可以作"理校",即根据一般规律及研究者的经验作出判断,但数字中的错误一旦产生,至多能发现其错,却再也无法加以纠正了。在现存的户口数字中有一些不可思议的现象,如与周围各方面条件都相似的政区,户口数竟比邻区高很多倍;有的地区平均每户竟高达数十口,而全国平均每户不足六口;同一个地区相隔若干年后的数字竟然完全一样,等等。我们当然可以肯定这些数字有误,但究竟错在哪里,准确的数字应该是什么?恐怕永远是一个谜了。

3. 户口数与实际人口数的差异

如果说上述情况还是比较容易被人们认识和理解的话,那么户口与实际人口的数字差异就不容易弄清,甚至一些专门研究人员也往往将两者混淆起来,或者明知两者有差别却无法区分。中国人口史研究中的很多错误就是由此而引起的。

我们需要了解或研究的是人口,而史料能提供给我们的大都是户口,这是因为除了清朝末年开始以全部人口为调查对象外,以往任何一次调查都是以户口为对象的。户口是当时的政府按照规定的标准登记了的人口,如果这一标准包括男女老幼、士农工商、军人、僧道等全部人口,执行部门又进行得完全彻底,那么户口数就等于人口数,反之就并非如此。事实上,从西

1　杜佑《通典》卷 3《食货三·乡党》,中华书局 1988 年版,第 59 页。
2　谈迁《枣林杂俎·智集·逸典》,《笔记小说大观》第 32 册,江苏广陵古籍刻印社 1984 年版,第 10 页。

汉以来的统计数几乎全部是户口,而且大都并没有包括全部人口。

正因为如此,尽管户口是否等于或接近于实际人口与当时的行政效率和吏治不无关系,但主要却取决于户口制度的效益目标,或者说登记户口的具体标准。户口调查的主要目的是征集赋税,所以赋役制度往往决定了户口调查的重点所在和精确程度。古代的赋役一般包括劳役(兵役、力役)和税收(货币、实物)两个方面。劳役往往能用税收按一定比例代替,并最终被合成单一的税收。赋税的征收中的主要项目,有时是以户为单位的,有时却是以口为单位的,或者是同时采用户和口两种单位的。劳役的征发对象,在正常的情况下会有一定的年龄和身体条件,并限于男性。任何时候又都存在着一些确实无力承担全部或部分赋役的户或口,以及按照政治特权、社会地位或习惯做法能享受不同程度优待或豁免的对象。毫无疑问,与当时赋役征收有关的项目必然就成为户口调查的重点,而其他方面会被忽略,其中一些甚至会被完全删除。

西汉的赋役有田租、口赋和更徭三项。口赋的征收对象是七岁以上的全部人口,武帝至元帝间一度改为三岁起征[1]。更徭的征发对象是全部成年男子[2],按法律能享受优免的对象很少,因此留下了丞相的儿子同样到边疆服役的记载。但田租则不可避免地要与户发生关系,并且诸侯王、列侯的分封以及行政区划的调整都是以户为单位的。所以当时的户口调查是户、口并重的,并对所有人口(更确切地说,是三岁或七岁以上的人口)都不容许遗漏,这就是西汉末年的户口数大致与实际人口数相符的主要原因。

但从东汉开始,豪强大族的势力越来越大,部曲、私属、荫户盛行,相当一部分农民成为地主豪强私人剥削或庇护的对象,他们的户口大都被隐匿下来了。还在开国的光武帝时,就普遍出现了少报田产、非法占有土地房屋和谎报年龄以获得免除劳役的现象。而首都所在的河南郡和皇帝的故乡南阳郡,情况尤其严重,涉及大批宗室大臣。光武帝杀了一批人,却无法深究[3],因为南阳的豪强正是他的主要支持者。在以后朝廷与豪强的抗衡中,砝码越来越倾向豪强一边。因此,尽管东汉的制度依然是户、口并重,但隐漏失实的程度已大大增加。东汉期间虽然西北时有战乱,但黄河流域基本恢复到了西汉极盛时的水平,南方的开发有了很大的进展,可是户口总数却

1　西汉时,民自七岁至十四岁每年出口赋二十钱,武帝加为二十三钱,又将起征年龄自七岁提前为三岁。见《汉书》卷7《昭帝纪》元凤四年如淳注及同卷72《贡禹传》。

2　关于西汉的更徭制度,参见钱剑夫《试论秦汉的"正卒"徭役》,《中国史研究》1982年第3期。

　3　《后汉书》卷22《刘隆传》。

从来没有突破西汉原有的水平,应是隐漏失实所致。

从三国至隋唐,一方面是由于长期战乱和分裂割据造成的户口数与实际人口数的巨大差距,另一方面是由于赋税征收逐渐变为以户调为主了,所以户的调查已成为朝廷最关心的项目,口数反而居于次要地位。北朝和唐朝的户口统计数中往往缺少口数,正是这种现象的反映。

在实行户调或均田制的情况下,尽管也存在占有大量土地的地主豪强,但绝大多数农民的土地占有量不会超过官方授予的标准,因此土地量同户数之间还有大致的比例关系。自唐朝中叶以后,均田制已趋于废止,尤其是入宋以后,私有土地日益增多,土地占有更加不均,土地量已不可能通过户数来推算了,而且土地量的调查统计对国家赋税征收的重要性已经不亚于户口数的统计了。但另一方面,劳役还是以户为单位征发的,而且其对象是成年、身体正常的男子,即"丁";所以户和丁依然是户口调查的重点项目,而每户中丁以外的其他人口,如妇女、儿童、老人、残疾等以及依法享受免役特权的人口的统计就变得无关紧要了。这就不难理解,为什么宋朝的户口统计数中会出现平均每户最多不超过 2.6 口,最低仅 1.45 口这样不可思议的现象。

由于赋税负担不断加重,逃避赋役的人户也不断增加,而其中相当一部分是隐匿在有势力的官僚地主门下。这就使未逃亡的人户负担更重,又促使更多的人户逃亡。到了明朝中期,这已经成了国家财政和吏治的头号难题,成了社会无法医治的痼疾,在一贯经济发达的地区尤其如此。但是隐瞒土地毕竟不如隐瞒人口那样容易,因此以占有的土地为征收赋税的单位比以户口为单位要有效得多。这种形势发展的结果是明朝中叶"一条鞭法"的实施,以后又演化为"摊丁入亩",使土地调查成为征收赋税的主要依据。到了清朝中期,户口调查最终从赋税制度中独立出来,逐步成为真正的人口调查。

正因为户口调查在多数情况下离不开赋税制度,所以对户口调查中所使用的术语的真实含义,必须结合当时的赋税制度,才能正确理解和运用。"丁"就是最典型的例子。

所谓"丁",从理论上说,即是指符合服役年龄、身体正常、不享受免役特权的男子。由于人口的性别、年龄结构有一定的规律,残疾和享受免役特权的人的比例相对不高,丁与总人口按理应该有一定的比例关系,并且其数量的变化必然与总人口的数量变化成正比。但实际上,由于丁轮流服役已经逐渐为以钱代役所代替,这种代役钱最终又成了税的一部分而并入土地税中。在这一演变过程中,"丁"在多数户口统计资料中已不再具有上述理论上的意义,而只起到了赋税单位的作用。所以明清时户口资料中的若干丁,大都即等于若干两银子或若干石谷子。方志中的丁数不但会有"半",有分数,甚至会有小数点后的十几位数,这从丁的本来意义出发是绝对无法解释的。

地方官为了在逃避赋税现象严重的情况下保持统计上的平衡,或者为了避免上级无休止的加征,或者为了满足贪赃的私欲,上报的数字一般都低于实际。为了与这个数字一致,丁数以至户数也就相应减少了。这种现象一直延续到"摊丁入亩"以后,因而出现了进呈朝廷的统计材料(黄册)与实际征收的名册(白册,实征册)不同,真正征收的结果又与名册不同的怪事。而朝廷与各级官府所关心的只是能收到多少税,户籍和地籍是否符合实际情况已经变得无关紧要。在这种情况下编造出来的户籍资料当然丝毫不能反映人口数量变化的实际,绝不能作为人口调查或人口研究的根据。明朝200多年间的户口总数不仅没有增加,反而常常有所减少,显然并非事实,而只是上述假象的反映。

从赋税制度与户口调查的关系上,也可以看出,在康熙五十一年(1712年)实行新增人口"永不加赋"之前,隐漏户口是主要倾向,因为地方官隐漏户口即意味着可以减少上缴的赋税,贪官可以中饱私囊,又能缓和同地方豪强的关系;清官则可以减轻地方的负担,避免上司新的摊派。百姓少报户口或丁口,甚至整户逃避登记,就能少交或不交赋税。当然这些都是违法行为,一旦朝廷或上司追查就可能受到处罚、丢官,甚至丧命。但是当这种现象相当普遍时,朝廷就无可奈何;一旦成为惯例,适当比例的隐匿就合法化了,至少能得到默认,还会被当作清官为民请命的事迹加以歌颂,如实申报的人反而成了别有用心,哗众取宠,于公于私都吃大亏。百姓中的逃亡或隐匿户大都是出于无奈,只能不计后果。而且其中大部分只能依附于豪强地主门下,接受他们的剥削,无非是两害相较取其轻。真正敢于大量隐匿人户的是豪强地主,但地方官奈何他们不得,他们的行为得到了官府实际上的承认。

虚报户口的现象同样存在,但比起隐匿来就显得微不足道。地方官虚报户口的目的无非是为了显示自己的政绩,或者是为了迎合上司或朝廷的好大喜功,或者是为了掩盖灾情或自己的失职,以便获得额外的提升或逃避应得的处罚。但这样做同样是要冒犯法风险的,而且虚报的结果必然是赋税的增加,必须对百姓进行超量剥削,肯定会引起地方绅民的不满和抵制,所以虚报只能是局部的、短时间的现象。

虚报中有一些特殊情况。例如在灾情报告中一般都夸大受灾人数，以便获得更多的赈济。在户口本来有隐匿的情况下，有时受灾人数甚至超过了当地原来的户口总数。但深知其中奥妙的上司绝不会如数放赈，总要砍上一刀。而这些虚假的灾民数不久也会被各种借口抵消。又如，由于有的朝代对边疆地区归入户籍的当地民族也不征赋税，所以地方官经常虚报有多少"蛮夷"或"种人""内附""归顺"，以取悦于朝廷，骗取赏赐，结果使这些单位的户口数高于实际。有些朝廷个别边疆政区户口特多，大概就是这样造成的。但这些也同样是局部现象，对全局影响甚少。

强调赋税制度的作用，并不意味着其他因素不起作用。如吏治的效率不同，在同样的赋税制度下也会产生不同的结果。西汉的户口数比较准确，当然与吏治效率较高有关。明太祖的严刑峻法和讲究吏治，也肯定是明初的户口登记制度达到近于完满的重要原因。

即使在户籍与赋税脱钩以后，依然存在着户口不实的现象，这说明赋税的因素也在起作用。如地方官敷衍塞责，任意造册。清朝嘉庆年间就曾发现今湖北的应山、枣阳等县每年增加的人口都仅五六口至二十余口，而且连续几年数目完全相同[1]。由于妇女社会地位卑下，不少家族常常少申报妇女，特别是少申报女童，而官府对漏报女口往往不闻不问。由于赋税制度的影响根深蒂固，也由于长期专制统治造成的官民对立，百姓尽管已经知道户口调查与赋税无关，往往还是认为以少报或漏报人口为宜。清末宣统年间的人口调查就在不少地方引起关于增税的猜测，因而招致百姓的抵制或隐瞒。而在少数经济文化发达、得风气之先的地方，有人又将它同选举与划分选区、竞选议员联系起来，因而出现了虚报。

总之，只有根据各个时期、不同地区的具体情况，结合赋税和户籍制度进行具体分析，才能正确理解各个户口单位和数据的特定含义及其与实际人口数之间的关系。

4. 书面制度与实际制度的差异

熟悉中国古代史料的人大概都会有这样的感觉：浩繁同贫乏往往是并存的。一部正史，少的数十卷，多的几百卷，分量不可谓不多。往往连如演滑稽戏一样的禅让和劝进过程也要照录那三劝三让的表文和诏书，连仪仗队戴什么帽子、穿什么衣服、拿什么器具、唱什么颂歌都会记载得一清二楚，

---

1 《清朝文献通考》卷 19《户口考一》。

内容不可谓不详;可是真要查什么有关国计民生的重大制度,却往往语焉不详,有的只在有关的"志"中讲上三言两语,有的却要在有关人物的传记中才能看到梗概,有的仅仅出现在本纪末尾的"赞"中,更有的遍检全书竟毫无踪影。一些著名的政治家和高官要员的文集虽多达数十百卷,但除去歌功颂德和官样文章争奇斗巧的文字游戏外,能反映当时实际的政治、经济、社会情况的内容却往往并不多,而涉及具体制度的记录更是少得可怜。当然,这也造成了中国史学家的高度耐心和沙里淘金式的钩稽史料的本领,待到人们将好不容易才搜集到的史料汇总起来,却经常发现史料之间竟会有不少无法解释的矛盾,或者依然只能说明某项制度的局部方面。

像户籍制度的具体内容和执行情况,照理是关系到国家兴废治乱的大事,但在不少朝代的史料中却找不到多少有用的资料。所以,尽管古今中外的史学家已经作了大量研究,有关中国历代户籍制度的很多具体情况直到今天还无法讲清。

但这还只是问题的一方面。另一方面是,即使弄清了官方的、正式的、书面的制度,是否就等于掌握了这项制度的实际情况呢? 显然未必,因为人们不能不注意到几种有趣的现象。一是可以肯定存在着某些与制度的官方定义完全不同的实际做法,如前面曾经讨论过的"丁"的实际意义同它的法定的理论定义之间的差异。二是可以发现不仅以往某些朝代的户籍制度难明真相,就连当时的人都会感到莫名其妙。例如,盛唐的户口不如西汉,宋代平均每户人口特少,明代的户口数逐年下降等,当时的学者就已经提出了疑问。可是他们对于真实情况的了解程度,居然并不比后世人多,往往也只能作些猜测和估计。甚至连并不糊涂的乾隆皇帝也会把"丁"与"口"数放在一起比较,得出了完全违背事实的结论。三是照理说时代越近,史料越多,应该越能查清事实,了解真相。但事实却往往相反,不少秦汉的制度基本查清楚了,唐宋以后有些制度却反而弄不清。清朝离我们最近,留下的史料也最多,可是人们对清朝一些制度却至今不得要领。所以人们不得不承认:像户籍登记这样一类重大制度,既有一套官方的、法定的、成文的规定,又有一种实际通行的、得到法律实际认可的、不成文的习惯做法。前者见于记载,却不一定起实际作用;后者不见于记载,却真正得到了执行。对前者,尽管我们同样还有很多弄不清楚的地方,但毕竟可以找到一些史料依据。对后者,或许人们永远无法了解真相。重要的是,我们必须知道存在着这样一种现象,才不致上官样文章的当。

不少学者把一些朝代户口数的"混乱"和户籍制度的"破坏"归咎于统治

阶级的腐败。此话貌似有理,实际上却并不公允。一个朝代可以说它有某个时期或某些皇帝、官僚是腐败的,总不能说它从头到尾所有的统治者都是腐败的,否则它怎么能维持百来年以至二三百年? 在专制统治下,统治者如果真要做成什么事,即使再不得人心,总还是能取得一定的效果的。要进行现在这样的人口普查固然办不到,但要大致查清有多少户口还是做得到的;要精确到十位数、个位数不可能,要精确到百万位数、千万位数总不该有什么困难吧! 而且户口是否与实际人口相符,并不是治乱的标准,也不是社会进步还是倒退的标志,更不是统治者有没有腐化的尺度。唐朝的开元、天宝年间和清朝康熙、雍正与乾隆前期的户口数与实际人口都有相当大的差距,难道因此就能说它们比西汉末年还要混乱、落后、腐败吗? 所以,我们必须承认,有些时期的户口数并不能简单地说是混乱,而是存在着我们不了解的实际登记和统计的方法;有些制度也并不是什么破坏,而是采用了我们不了解的具体措施。以宋代的户口制度为例,如果一定要从"混乱"和"破坏"的角度看问题,就无法理解。对宋代户口数中每户口数特少的原因,有人解释为出于逃避赋役目的而析户。如果真是这样,以每户平均 5 口计,在宋代最高每户平均 2.6 口的情况下,全国每家都要分成两户;在每户最低为 1.45 口的情况下,全国每户都要分成三户以上;这怎么可能? 一个时代总不至于人人犯法,如果当时非法析户的人家占总数的一半,那么这些人家每户必须分为四至七户,才能出现上面这样的平均数,这又怎么可能呢? 要是真有那么大的比例的"非法",倒说明实际上并不算非法。所以笔者认为宋代的实际制度应该是每户只要求登记其中一部分人口,例如其中承担赋税的人口,或者根据某种标准必须登记的人口,所以才会三百多年一贯如此。只是由于官方并无明文规定,以致连当时的学者也认为反常,后人就更无法解释了。

相传明清时管钱粮的师爷都有三本账:第一本是给自己看的,是真实的数字,但绝对保密;第二本是给县官看的,数字已经减少,但却能自圆其说;第三本是为县官上报用的,数字更加减少,但能与以往上报的数字保持连贯。从史料记载看,这一传说大致是可信的。县官一般不知道第一本账,知道了也无法深究,因为他要同师爷合作才能上报第三本账。不仅贪官如此,清官也必须如此,不少清官还以敢于少报户口而受到绅民的歌颂和舆论的赞扬。上一级的府和更上一级的省大致也是如此行事,只要使征集到的赋税与朝廷的需求能够大体维持平衡就行。而一旦朝廷不敷使用,各级官员与其清查户口改变上报数字,从而实际上承认自己以往的无能和欺骗,还不如在现有的数字上普遍提高赋税额度。如果今天我们能够看到师爷们的第一本账,可以肯定,尽管它们不会像现代人口普查那样准确,但与实际人口中的相关部分(如成年男子数)是不至于相差很大的。

总之,在户口登记和统计是以征集赋税为主要目的的情况下,其结果肯定不等于全部实际人口。有时会比较接近,大都存在着程度不同的差距,必须结合当时的赋税制度来观察分析。因此,要查清当时法定的户籍制度,更应该注意复原当时实际起作用的制度和措施。只有这样,历代的户口资料才能发挥其应有的作用,具有历史资料的科学价值,否则就真会是一笔糊涂账。同时我们应该明确,研究和了解人口史应该是全面的,不能仅仅着眼于一个总数或具体的数量。所以这些户口数尽管不代表实际人口数量,但只要使用得当,在说明人口发展过程的某些方面时,还会具有参考和比较的价值,并非毫无用处。

前面已经提到,由于赋役制度的不同,有些朝代的户籍登记是户与口并重,并且基本上包括了全部人口的。如果在这些阶段又有强有力的君主推行有效的吏治,在当时实行户口登记和统计的范围内,户口数字与实际人口数字就可能非常接近。西汉的大部分时间、金代中期和明代初期的户口数就大致反映了它们的直接统治区内的实际人口数量。在户口登记与赋役征集逐步脱钩后的清代,尽管乾隆六年至四十年(1741—1775 年)的户口登记还很不完整,却已经接近登记区的实际人口了。而从乾隆四十一年至道光三十年(1850 年)间的户口数大致就能作为登记区内的人口数来使用。这就是说,对公元初、12 世纪末、14 世纪后期和 18 世纪后期至 19 世纪前期中国的大多数人口还是可以通过户口数字作出定量分析的。这几个阶段比较可靠的人口数量还可以作为我们回溯或检验其他阶段、其他地区人口数量的参照系。如 12 世纪末金朝统治区内约 5 400 万人口的事实,就可用于推测 12 世纪初北宋北部的实际人口和同期南宋境内的人口数量,成为否定宋代的“口”数就是人口数的铁证[1]。

还有一些朝代或阶段的户口数字中,有一部分数据也是可以利用的。如宋朝的口数与实际人数相差甚远,但户数却大致可靠。一个很有说服力的证据是,北宋的户数与金代的户数、南宋的户数与元朝平江南以后统计到的户数是能够衔接的,而口数却是绝对矛盾的[2]。所以,如果我们用宋代的

1　见何炳棣《明初以降人口及其相关问题(1368—1953)》附录五《宋金时中国人口总数的估计》,第 356—375 页。

　2　详见葛剑雄《宋代人口新证》,《历史研究》1993 年第 6 期。

户数来估计当时的人口数量,分析人口的地理分布和人口密度,还是可以得出比较可信的结论的。

就是对宋代的口数,也存在着不同的统计口径。现存的口数绝大多数是其中承担赋役的部分,但也有少量的基本包括了全部人口的口数散见于地方志或其他著作。这些数字不仅能比较客观地说明该单位的实际人口,还有助于我们理解宋代的确存在着两种或多种统计口径的事实。例如,研究宋代人口的学者几乎都引用过李心传《建炎以来朝野杂记》中的一段话:"然今浙中户口,率以十户为十五口有奇,蜀中户口,率以十户为三十口弱。"[1]可是却没有注意到,就在同书同集的卷18《荆鄂义勇民兵》条中,李氏又说:

> 荆鄂义勇民兵者,绍兴末所创也……其法取于主户之双丁,每十户为甲,五甲为团……至乾道间(1165—1173年),举七县之籍,主客佃户凡四万二千余户,计十万余丁……绍熙四年(1193年)冬……时鄂州七县,主客户六万六千六百三十二,口三十一万四千八百九十四,而民兵之籍,总为万五千二百有一人,是荆鄂二郡,率四五家有一人为兵也。[2]

这里两种口径一清二楚:乾道年间的丁数是平均每户2.38(以10万计)以上,绍熙年间的户均口数是4.73,民兵数是平均每4.38户一名。再对比一下,《宋史》卷88《地理志四》载崇宁元年(1102年)鄂州七县户均口数是2.41,与乾道年间的户均丁数大致相同,而马端临《文献通考·户口二》所载绍熙四年(1193年)南宋全境的户均口数依然是2.26,与这里的户均口数迥异。所以鄂州绍熙四年的口数应该是真正的口数,至少是相当接近实际的;而《宋史》《文献通考》以及乾道年间的数字只是"丁"数,即承担赋役的人数。

我相信通过认真的发掘和分析,类似的证据还可以找到更多。现存的历代户口数字中还是大有文章可做的,说这些资料是我们一项珍贵的遗产是毫不夸张的。

二、人口调查资料

从理论上说,从清康熙五十一年(1712年)实行新增人口"永不加赋"以

---

1 李心传《建炎以来朝野杂记》甲集卷17《财赋四·本朝视汉唐户多丁少之弊》,《丛书集成》本,商务印书馆1936年版,第3册,第257页。

2 同上书卷18《兵马·荆鄂义勇民兵》,第3册,第266—267页。

后,户口登记已经与赋税征收脱钩,户口统计已经成为真正的人口调查了。但实际上,户口不实的现象继续存在,赋税以外的因素依然在起作用,如地方官敷衍塞责,任意编造。另一方面,这一类户口数字并不是采用符合人口统计的方法调查出来的,而只是根据历年申报登记的数字。而且由于不如赋税统计数那样重要,朝廷与上级政府都不会再有非常严格的督促检查制度,即使地方官廉明勤政,也只是作为例行公事。由于没有采用同时的、逐人登记的办法,离现代人口普查的要求差得很远。

清光绪三十四年至宣统三年(1908—1911 年)进行的人口调查,是由中央政府的内务部统计司向各省发出普查的标准表格和详细指示,以全部人口、全部男性人口及学龄儿童为调查对象,并在全国统一进行的。无论这次人口调查的结果如何,是否真正或全部符合普查的要求,这毕竟是中国历史上第一次现代意义上的人口普查。对这次普查的评论和结果的分析有各种意见,详见本书第六卷[1]。侯杨方对这次调查的结果基本持肯定态度,这项数据也成为他推算 1910 年中国实际人口的基础。在此前后若干年间,一些接受了西方现代人口统计理论和实践的学者已经在局部地区按现代方法进行了人口调查,他们的结果散见于地方志中。

此后直到 1953 年期间,中国产生了各种人口统计数据,有全国性的,也有地方性的;有官方实施调查的,也有学术团体、宗教团体或私人进行的;有中国学者调查的,也有外国学者或中外学者共同调查的。中央和地方政府、邮局、海关、医院、公共卫生机构、教会、慈善机构、大学、研究机构、学术团体、学者个人、报刊都发表过各种人口调查的结果。由于 1949 年前的中国实际上从未得到真正的统一,军阀混战,外患内乱不绝,官方进行的全国性人口调查基本都有名无实。其他方面对中国总人口的估计也因受到种种局限,或者出于各种偏见或误导,人都有很大误差。但区域性的调查由于较少受到外界干扰,往往由专家学者亲自组织,采用现代的科学方法,结果较为可信,特别是小范围的调查更为精确。部分调查已经包括人口数量以外的其他人口指标,如性别比、出生率、死亡率、婴儿死亡率、平均预期寿命、人口结构、识字率等。这些都为人口学、人口统计学和人口史的研究留下了极其珍贵的数据和资料。但这类区域性人口调查都是分散或自发进行的,大都集中在某些地区或某些年代,集中在汉族人口。在这半个世纪间的中国,无论是时间范围还是空间范围,这些调查所占的比例都很低,留下了大量无法

1　《中国人口史》第六卷《1910—1953 年》,复旦大学出版社 2001 年版。

填补的空白。另外,有些数据和资料散见于地方性的报刊或出版物,或者没有正式发表,还有待于深入调查和收集。

三、地方志

就资料来源和性质而言,载于地方志中的户口数也属于官方户口数字的范畴,其基本特点与全国性的官方户口数据并无二致。现存的地方志接近 9 000 种,绝大多数都是官修的,即使是少数私人修的,基本也都是根据官方的档案或资料。尤其是地方志所记录的户口数字,则无论官修私修,除了民国方志中有一些当时人口的实际调查结果外,其余几乎全部是采用官方户口数字的。因此,前面所说的官方户口数据的种种不足和弊病,地方志中也都有。有些人不了解这些,把方志中的户口数字直接当成人口数据,不加分析地运用,其结果是可想而知的。

不过这并不等于地方志中的户口数字没有用处,实际上方志中的户口数字还是有其特有的功能,只要运用得当,就能发挥其他资料所无法替代的作用。

1. 一般特点

方志户口数字的数量多,年代多。现存方志基本都是明代以来的,以明代为例,能见于《明实录》记载的全国性户口数虽较多,但洪武年间(计 31 年)只有 2 年,嘉靖年间(计 45 年)只有 5 年,万历年间(计 47 年)只有 1 年,崇祯年间(计 17 年)全缺,而方志中的户口数字要丰富得多,覆盖了明代的大多数年代。尽管这些数字都不是全国性的,但在资料空白的情况下,多少具有参考价值。

方志中的户口数有各级行政区的统计数,有的还有县以下单位的统计数。这是方志户口数最大的优点,因为其他系统的户口数字至多只以一级政区(州、道、路、行省、布政使司、省)或二级政区(郡、州、路、府)为统计单位,极少有统计到三级政区(县、直隶州、厅)的,更不会有县以下单位的数字。而在方志户口数字中,县是最基本的单位,一些方志还有县以下的单位,如里、乡、坊、图、都、保、村等的分区统计数,或者虽然没有具体的户口数字,却有这些单位建置的详细记录,这为了解当地人口的分布状况提供了可靠的根据。

方志户口数字中可能含有各项分类统计数。一般正史、政书、会要、实录等都只有户和口两项数字,以及一些按赋税类型分列的项目,如课户、不课户、主户、客户,连分性别统计都极少。而方志中可以找到很多男、女、儿童的分类统计数。尽管对这类数字的应用要非常谨慎,但毕竟给我们提供了重要的资料。有的方志还有分职业的户口统计,对我们研究当时的人口职业构成,研究当时的社会生活很有帮助。如明万历《绩溪县志》卷3载有该县洪武年间分职业的户口统计数,整理如下表。

表3-1 明洪武四年、九年绩溪县分职业户口

职 业	洪武四年(1371年)			洪武九年(1376年)		
	户	口	户均口数	户	口	户均口数
军	386	2 925	7.58	547	3 845	7.03
匠	262	1 675	6.39	285	1 794	6.29
民	9 074	36 588	4.03	9 045	36 629	4.05
儒	36	146	4.06	36	146	4.06
佛	25	76	3.04	25	63	2.52
道	4	4	1.00	4	6	1.50
合 计	9 787	41 414	4.23	9 942	42 483	4.27

从上表中,不仅可以了解明代初年皖南地区社会职业的构成,还能掌握不同职业的一些社会特征,如民户和儒户每户平均约4口,结构正常;军户和匠户都偏高,显然是合并计算了奴仆和徒工的结果。从佛户和道户的户均口数甚少看,当地的佛寺规模很小,道观更少。

此外,某些方志还载有一些特殊的项目和相关的人数,如移民、少数民族、某些氏族、某些行业的人数等,都有一定的参考价值。

2. 使用中应注意的问题

由于方志有其特点,所以除了应注意官方户口数字的一般性质外,还应注意以下几种情况。

资料的原始性

有人以为方志都是在本地修的,大都还是本地人修的,所以其资料的原始性应该不成问题,其实却未必。一般说来,当地人收集当代的资料大都是第一手的,具有原始性,但收集过去的资料就不一定能找到第一手的。户口数字比起文字资料来更易散失,户籍档案就更难保存。在现有的明、清、民国方志中往往有不少前代的户口数字,对这些数字就不能够轻信,更不能随便当成第一手资料。因为从目录学的分析可以肯定,明清修志时,传世的宋元方志已经寥若晨星,能从旧志中抄录前代户口数字的机会很少,能直接利用当地户籍档案的可能性更是绝无仅有,因此这些数字基本上都是从正史或其他史书中抄来的。在传抄过程中,最常见的错误是错抄或漏抄。如果原书已佚,抄下来的东西自然也有价值;如果原书还在,为什么要舍第一手

资料不用,而用这第二、第三手资料呢? 由于修志人的学术水平大都很有限,所以在传抄时还会犯另外一些错误。一是不问年代。正史中的户口数一般有具体年代,但抄者往往只看朝代,不注明年代,后人运用时,又误以为是该朝代的其他年代,或者以为作者、抄者另有所本。二是张冠李戴。将正史中与本地目前地名相同的单位都当作本地,实际上有的根本不在本地,有的虽即本地而辖区已有很大差异。三是简单分割。有时史料中只有上一级政区的数字,抄录者往往采用平均计算的办法。如某郡辖 5 县,本县的前身是其中之一,于是就将某郡户口数除以 5。而实际上这 5 县相差很大,或者本县仅一部分属该郡,另有一部分属其他政区。如果作者、抄者把这一过程交代了,问题还不大,而大多数却并没有交代,使人弄不清这数字从何而来。四是盲目复原。有的方志往往会出现该政区设置前的户口数,如某县置于清代,方志却有明时该县有多少户。很明显,这些都是作者复原的产物,根据无非是本县当时属某政区,占某单位的几分之几,然后再平均计算出来的。由于作者对沿革过程和具体界线很难完全查清楚,这种复原往往有很大程度的主观性和片面性。以上这类数字自然都不能当成原始资料。

资料的特殊性

方志是某一具体地方、具体时间或时期的记录,其中的户口资料自有其特殊性。因此我们不能仅仅满足于掌握了历史上某一朝代、全国性的户籍制度特点,而必须以当时当地的情况作具体分析。如明朝的户口数字一般都只登记了一部分人口,但明初一段时间的户口登记却相当全面,因此洪武年间的,尤其是当时南方的户口数比较可靠。下面两表可以反映出明代方志中所载户口数前后的不同性质。

从这两表中,我们不难看出这样一个变化的过程:随着户籍越来越脱离人口的实际,数字也越来越离奇。户口总的趋势是越来越少,户均口数更是少到了完全不可信的程度。而洪武时的户口数,户均口数就比较正常,户数反而最高,反映了登记比较完整的特点。

表 3－2　明代新昌县历年户口数比较

年　　份	户	口	户均口数
洪武十四年(1381 年)	11 012	68 472	6.22
成化十二年(1476 年)	4 801	16 300	3.40
万历六年(1578 年)	7 350	13 023	1.77

资料来源:万历《新昌县志》卷6。

表 3-3　明代上海县历年户口数比较

年　份	户	口	户均口数
洪武二十四年(1391 年)	114 326	532 803	4.66
永乐十年(1412 年)	100 924	378 428	3.75
弘治十五年(1502 年)	93 023	260 821	2.80
隆庆六年(1572 年)	113 985	192 967	1.69

资料来源：万历《上海县志》卷 4。

但这种情况又是因地而异的。虽然总的说来洪武年间的户口数比较准确,但在使用某一单位的数据时又应具体分析。表 3-4 多少能说明一些问题。

表 3-4　明洪武年间部分府县户均口数

地　点	洪武年份	户	口	户均口数	资料来源
常熟县	四年	62 285	247 104	3.97	嘉靖《常熟县志》卷 2
	九年	61 211	263 414	4.30	
	二十四年	67 077	284 671	4.24	
岳州府	洪武年间	70 867	282 224	3.98	隆庆《岳州府志》卷 7
尤溪县	二十四年	22 282	70 317	3.16	嘉靖《尤溪县志》卷 3
尉氏县	二十四年	3 874	40 691	10.50	嘉靖《尉氏县志》卷 1
鄢陵县	二十四年	5 270	15 434	2.93	嘉靖《鄢陵志》卷 3
偃师县	二十四年	3 961	29 125	7.35	弘治《偃师县志》卷 1
莘　县	二十四年	1 612	11 836	7.34	正统《莘县志》卷 2
临朐县	二十四年	13 078	110 593	8.46	嘉靖《临朐县志》卷 1
青州府	二十四年	213 533	1 689 946	7.91	嘉靖《青州府志》卷 7

这些户口数字大多数是洪武二十四年(1391 年)的,可是每户平均口数的差距极大,最低的县仅 2.93,最高的县达 10.50,相差 3 倍有余。而且这两县都是河南的属县,各方面条件相近。前者鄢陵县的户均口数明显偏低,不是数字本身有错误,就是户口有严重隐漏;后者尉氏县户的规模显然太大,除了数字本身的问题外,应考虑是否存在并户的现象。对其他偏高或偏低的单位也都应加以分析。比较常熟县相差 5 年的两组数字,后一组显得更加合理。就数字本身而言,后一次应来自质量更高的调查。总之,不能因为某一时期的户口数一般比较准确,就认为所有该期间的数字都可靠。

资料的真实性

像上面列举的数字从常识或逻辑就能发现问题,但也有的时候从数字本身看似乎相当完整、合理,人们往往因此而忽略了对这类数字的考查。其实,资料的真实性不一定反映在数字表面,应该联系当时当地的户籍和赋役制度、经济、政治、文化、社会、民族等多方面的状况进行综合地分析。对这些状况,方志中一般都有所记载,尽管不可能就此找出正确的数字来,却完全可以发现存在的问题。例如,在一个没有发生严重的天灾人祸,也没有大批人口外迁的地方,户口数字持续下降或者突然大幅度减少,可以肯定是一种假象。在一个并非新开发又没有增加很多临时人口的地区,过高的性别比必然意味着妇女的大量漏登。在经济发达的汉族农业区出现过大或过小的家庭规模,几乎都有户籍和赋税制度方面的原因。

四、族(家)谱资料

国内外收藏的中国族(家)谱数量很多,尽管目前还没有编成完整的目录,但几个主要的收藏单位都有上万种至数万种,散落在民间的更多,传世的家谱和族谱估计接近 10 万种。这些族(家)谱是研究中国历史人口的重要资料来源,特别是研究明清人口史的主要数据库。

1. 族(家)谱资料的独特作用

一部典型的、完整的族谱应该登录了该家族全部成员的姓名,生卒年月日,婚姻状况(婚龄、配偶),子女(其中男性应有完整的记载,女性一般登记到出嫁时间及其配偶姓名或概况)等,因此可以据以整理出该家族人口的生命表,计算出这些人口的平均预期寿命、出生率、死亡率、性别比、有偶率、初婚年龄、生育率等现代人口统计学所必需的基本数据。

目前所知最完整的族谱大概要数清朝皇族爱新觉罗氏的族谱——《玉牒》了。据李中清与郭松义的调查和研究:

清代《玉牒》从顺治十七年(1660 年)始修,直至清亡后的 1921 年(即宣统十三年末),统共修了 28 次,记录了从太祖努尔哈赤父系开始,到民国初年止的皇族子孙名字,共 20 余万人。这样延续 300 来年不间断的人口资料,那是任何一姓一族家谱所没有的。《玉牒》资料的可贵之处,还在于包含的内容十分广泛、全面。如男性本身宗支、房次、名字、生卒年月日时,封爵、职位、母父姓、外祖姓名任职,妻室嫡庶,以及任官履历等项;女性财记父名,行次(第几女),生母姓氏,生卒年月日时,外祖姓名、任职,出嫁年月,夫婿姓名、职官、卒年等。此外,有关过继、继承关系等项,也都一一作了载录。清朝当局为编纂《玉牒》,还规定了各种户口登录制度,留下了众多的有关册籍。

清代皇室宗谱之所以收存如此完整,记录内容又如此详尽,最主要的当然是因为有皇家的特殊地位。凡其子弟,从出生时起,历婚嫁,直至老死,按着与皇帝关系的亲疏和地位高低,都能享受一定的政治、经济好处。因为有好处,人们便乐意按制呈报,不至于瞒骗隐漏。再就是有一套严密的管理制度,规定呈报的项目,届时必须申详登录,"迟误不报",或"报不以实",其"首领"便要"从重治罪"[1]。为了落实对皇家族人的管理,还任命了族长、总族长,又专门建立宗人府一级机构。宗人府虽不参与中枢政务,但它位列内阁、军机处之前,是个体隆位崇的法定政府部门。采用如此手段,将政权和族权的力量结合在一起,掌管族人一应事务,其他任何一个家族都无法做到,从而也在很大程度上保持了登记内容的正确可信性。[2]

可惜这样完整而典型的族谱是绝无仅有的,连稍为完整一些的族谱在总数中所占的比例也是很低的。一般的家谱都会缺少一些项目,如女性人口不全,婚姻状态中不记初婚年龄或配偶的年龄,只登记子而不登记女,漏载夭折的儿童等。女性和儿童的漏登是族谱的通病,多数族谱相当严重。对此,长期利用家谱资料进行明清时期家族人口研究的刘翠溶称之为族谱的三点"不可弥补之缺陷":

第一,大多数的族谱不记载女儿。这种"不书生女"之谱例原由欧阳修所定,后来的族谱虽不一定完全遵循,然对于生女的记载多有缺失,姑不论这是否反映传统重男轻女的心理,于今看来,对于历史人口研究则无疑地造成了无法弥补的缺陷。在我们已经整理的族谱中,有的虽记载生女人数,却未将她们列入世系或记其出生年月,因此无法知道她们在出生排行中的次序,这就使生育率的估计只能以男儿为基础。第二,族谱不记家族成员的结婚年龄或日期。这个缺陷使我们无法借以得到较精确的,或至少是较令人满意的估计,来探讨中国传统社会中

1　原注:见乾隆《宗人府则例》卷1。

　2　李中清、郭松义主编《清代皇族人口行为和社会环境》前言,北京大学出版社1994年版,第2页。

人们的婚龄以及结婚至第一次生育的间隔。第三,大多数的族谱虽注明某子殇或早世,然多不将殇者列入世系并记其生卒年月,有的族谱甚至在凡例中明言"殇者不书";"十五岁而下死者不特书"。虽也有族谱强调"幼殇必书",这并非一般常见的情形。这种对于婴儿与孩童死亡记录之缺失,使我们无法运用族谱来探讨婴幼儿死亡率的问题。[1]

但即使这些并不十分完整、不够典型的家谱也是相当珍贵的,因为它们至少比官方户口资料来得完整、真实些。

这是由于修家谱的目的就是为了显示本族的兴旺发达、源远流长,以此告慰祖宗,昭示后代,所以家谱对本族人口绝不会故意遗漏,也不可能随便虚报。当然也会有个别特殊情况,如因犯了谋反大逆一类罪行,或干了有碍门风的坏事的族人会被开除出族,从而丧失载入族谱的资格,对不在本地的族人也可能漏登。但这类人毕竟相当有限,由此而产生的误差不会太大。对生卒年、婚姻的时间和子女数量等数字,由于大都是根据经常性的记录或本族、本支的申报,加上有族规、辈分、排行等约束,一般也是真实的。家谱中记载的各种数据总的来说都比官方的登记要准确,而且没有任何一种现存的史料中会有那么多、那么详细的人口统计数据。

族谱也是研究人口迁移的重要依据。虽然正史和其他史料中也有不少关于人口迁移的资料,但一般只记载了由官方安置或认可的、大规模的、比较集中的迁移,而对那些自发的、规模不大的、分散的迁移就很少提到。后者同样是中国历史人口迁移的重要组成部分,而且由于持续时间长、迁移人口的总量并不比前者少,对历史的影响也是不容忽视的。即使是对前者,正史和其他史料往往也只有极其简略的记载,缺乏具体而详确的叙述,更缺乏定量分析。例如对历史上几次大的南迁,只是记了一个大概。看了这些史料后,人们会产生一个移民规模很大、人数很多的印象,可以知道移民大致是从黄河流域迁到了长江流域,但究竟有多少人,从哪里迁到了哪里,迁移的路线有哪些,多少人定居了,多少人又继续迁移了,多少人返回了,移民的成分是什么,如此等等,大都是中国找不到答案的。但族谱对各自家族的来源,一次次迁移的过程、原因和结果等都有非常具体的记录。因为普通一姓一族的迁移,对社会固然不会有什么大的影响,自然不可能有载诸史籍的价值,但对于该家族的后裔来说,却是一件极其重大的事情。尽管一二部、一

1　刘翠溶《明清时期家族人口与社会经济变迁》第一章,台湾"中央研究院"经济研究所1992年版,第5页。

二十部族谱也不一定找得到完整的答案，但如果能集中若干种有关同一次迁移的族谱，就有可能作出比较具体的分析。当这类资料积累到了一定数量时，再运用科学的计算方法，就会获得相当可靠的结果。这方面的作用，也是族谱以外的任何其他史料所无法替代的。

由于族谱中还有很多其他方面的资料，如经济方面，记录了该家族的集体田产数量、分布、收益以及该家族经济上的兴衰，有时还录有具体的数字和契约；文化方面，记录了该家族的家庭教育、科举、人才、技艺以及有关著作；制度方面，记录了该家族的组织系统、族规、婚丧嫁娶的礼仪制度、管理方法等。所有这些，为研究影响该家族人口增殖和发展的各种因素提供了可贵的资料。

一般史书中虽然也不乏这些方面的记载，但都是以某一政区或某一时期总的情况为记叙对象的，不可能非常具体。而对其中的一些特殊事例，如果无法确定它们的代表性如何，就很难用于定量分析。例如对各地的杀婴现象，特别是杀女婴，虽然有不少记载，但通过这些材料我们只能知道此风在很多地方盛行，或者知道一些极端的例子，如"生女辄杀"，家中只留"二男一女"或"一男一女"等，究竟杀女婴到什么程度，各地又有多大差异，是无法了解的。而如果能找到一些记载女性人口的族谱，进行性别比的统计，就可以得出比较可靠的定性结论。如果有多种不同地区、不同类型的族谱，结论必定会更加可靠。在此基础上，利用族谱所提供的经济、文化、政治、家族等方面的背景材料，进一步探讨产生这一现象的具体原因，也会比一般性的抽象分析更有说服力。此外，像寡妇守节或改嫁、核心家庭的规模等问题，离开了族谱的资料，也很难作深入的研究。

2. 族谱资料的局限性

但是如果因此而认为只要充分利用族谱资料就能解决中国人口史的一切问题，那就未免太乐观了。同户口统计数一样，现存的族谱也有很大的局限性。除了上面提到的三个缺陷外，还存在时间、空间及人口覆盖面上的空白。

现在传世的族谱大都是清代和民国时期修的，明代的已经不多，此前的基本没有。所以族谱资料一般只能用于研究17世纪以后的人口史，少数情况下可以上溯到13世纪，个别还可以推得更早些。

明清以后修的族谱中也记载了不少明清以前的内容，有的甚至是从三皇五帝说起的，这些大都并不可信，或者不具有人口史资料的价值。例如有的族谱载有从大禹或周文王开始的世系，但稍一分析就不难发现完全是胡编乱造的。有的族谱载有追溯得很早的世系，即使可信，这类只有每一代一个名字的世系图也没有什么研究的价值。

中国的族谱起源于先秦，但盛行于魏晋及隋唐，这是适应了门阀制度的需要。官修的谱牒是为了使氏族等级制度化，所以必定要为皇室、外戚、贵族、勋臣找出神圣显赫的祖宗，以证明其血统的高贵和门第的上品。为了达到这一目的，不惜篡改或者编造历史，有时到了十分愚蠢可笑的地步。只要找到同姓的圣贤、帝王、名流，就不管是否一家，只按时间先后排列，统统认作本姓本族的祖宗。如萧氏是唐朝的贵族，出了 10 个宰相，所以不仅自称是帝喾之后，而且也是西汉大功臣、丞相萧何和大学者萧望之的后代。为了把萧望之同萧何联系起来，就把他列为萧何的六世孙。但是这两位大人物都是《汉书》列传的对象，萧望之显贵的时候，萧何的子孙还在袭封他的酂侯爵位。如果萧望之真有本朝首任丞相这样一位高贵的祖宗，他是绝对不需要也不会保密的，何至于《汉书》一字不提，直到几百年以后的唐朝才让后代们发现呢？这种拙劣的手段自然瞒不过别人的耳目，当时的学者颜师古就曾在《汉书》卷 78《萧望之传》的注释中予以驳斥。但当事者出于私利却我行我素，以至于到欧阳修作《新唐书》时依然载入《宰相世系表》。

在专制时代，这种门第观念根深蒂固，官修的谱书如此，私修的族谱也是如此。所以明明是南方土著，却非要找一个北方的显贵作祖宗；明明是边疆的少数民族，却非要说成是汉族某名门之后。为了使这些说法显得合理，又不得不编造出根本不存在的世系和迁移史。编造的主要手段，是将本族的迁移史附会在一些人所共知的历史事件或历史人物身上。例如南方的家族可以说成是西晋永嘉或北宋靖康年间由北方南迁的，也可以说成是唐朝某位宰相获罪谪居后留下的后代，还可以说成是宋代某位将军"征蛮"时带来的将士定居于此的结果。这些事和人大都是确实的，但附会上去的对象却是无中生有、死无对证的。所以族谱中从这些名义上的始祖到实际上的始祖之间的世系和经历基本上是不可靠的，千万不能妄信。

传世的族谱在地域上、民族上也是不平衡的。近代经济、文化发达的地区如江苏、浙江等省，以及外来人口较多或家族观念较强的地区如湖南、江西、安徽、福建等省族谱很多，而一些经济、文化比较落后，人口相对稳定或以外迁为主的地区族谱就不多，边疆和开发时间太短的地区族谱更少。少数民族中仅受汉族文化影响较深的民族，如回族、壮族、满族[1]、蒙古族、土家

---

1 除清朝皇族的宗谱和官修的《八旗满洲氏族通谱》外，满族民间自康熙年间起修族谱，以后延续不衰，现散在辽宁省民间的尚有数百部。见李林《满族宗谱研究》，辽沈书社 1992 年版。

族等修有族谱,而大多数少数民族没有族谱。

还应该看到,即使在族谱修得很多又保存得相当完整的地区,族谱也不可能覆盖全部人口,因为修族谱一般要有两方面的条件:一是本家族在当地的人口中已有了一定数量,人口太少了既修不起来,修了也不见得光彩;二是本家族在经济、政治、文化各方面已经有了一定的地位,才有财力和资格修族谱。所以族谱中一般不会包括本族中流亡在外又穷困潦倒的分支,家族过于分散的移民不可能各自修谱,而同家族人口较多的移民也要等到在迁入地站稳脚跟并有了一定的经济实力之后才会修族谱。如清朝后期和民国初期大批迁入东北的贫穷移民当时基本上都没有在东北修族谱,清朝后期内地各省间的移民一般也还来不及在新定居地修谱。

由于族谱所登录的是同一家族的人口,所以尽管内部也会有嫡庶、尊卑、贫富、强弱的差别,但总是有比较共同的或相近的经济基础、社会地位和生活习惯,只能代表当时和当地人口中的某些阶层或其中的一部分。例如在一个地位显赫、经济富足、人丁兴旺的家族中,虽然也会有穷人,但一般不至于流离失所,也不至于无力嫁娶。一个文化程度较高的家族,即使经济窘迫,一般也不会有什么人从事商业,非不得已不会迁往他乡。同时,族谱中所登录的人口一般都在同一个地方,集中在一乡一县,至多在邻县邻乡,有很大的地域限制,不可能代表很大的范围,或者能肯定有普遍意义。有时同一个县里,平原上的家族同山区的家族的人口统计数字就会有明显的差别。人们常常可以发现,有的家族在几百年的时间里已由一对始祖繁衍至数万人口,而在同样的时间内另一个家族的一对始祖只留下了几百名现存的后裔。所以采用族谱中的人口统计资料必须有一定的数量和科学的抽样方法,采样太少或抽样不合理都不可能得出可靠的结论。但是并非所有的时期、所有的地区都能获得符合科学抽样所必需的最低限度的合格族谱,甚至在多数情况下难以符合起码的要求,对这一点应有充分的估计。

3. 族谱人口资料的运用和研究成果

族谱中的人口统计资料的重要性早已引起了近代学者的注意。梁启超就曾指出:"欲考各时代各地方婚姻平均年龄、平均寿数,欲考父母两系遗传,欲考男女产生比例,欲考出生率与死亡率比较","恐除族谱家谱外,更无他途可以得资料"[1]。社会学和人类学家潘光旦也很重视族谱在人口、社会学研究中的作用,他的《明清两代嘉兴的望族》等著作都曾利用过族谱中的

---

1 梁启超《中国近三百年学术史》,东方出版社 1996 年版,第 404 页。

资料。

不过真正利用族谱中的资料作人口统计学的研究还要推袁贻瑾为最早。袁氏在 1931 年就利用广东中山县李氏族谱的记载,对该家族在 1365—1849 年间的 3 748 名男性和 3 752 名女性作了统计,计算出这些人在不同时期 20 岁时的期望寿命[1]。

此后至今,又有一些中外学者作过类似的尝试,成绩最大的无疑当推我国台湾的刘翠溶和美国的李中清。

刘翠溶自 20 世纪 70 年代开始利用族谱中的人口资料进行研究,至 1991 年的 10 余年间共利用族谱 50 种(其中 49 种已将相关的资料全部建立电脑档案,50 种已建立家庭重组资料档案),包括河北 4 家族、河南 2 家族、山东 4 家族、江苏 10 家族、浙江 13 家族、安徽 3 家族、江西 3 家族、湖北 2 家族、湖南 3 家族、广东 5 家族、福建和台湾各 1 家族,观察的人数包括男性 147 956 人,女性 113 464 人,重组的核心家庭 42 785 个。运用族谱中的人口资料,刘翠溶研究了以下方面:

家族人口的社会属性,特别是男性人口的社会属性。

家族人口的婚姻:婚姻状态及其变化,夫妻年龄的差距,鳏寡的情形和结婚年龄。

家族人口的生育:长子出生时之父母年龄,生育间隔,生育率的两种估计(以婚内生子率为限,以每人平均生子数为准)。

家族人口的死亡:成年人口的死亡率,死亡率变化之探测(以成年男子平均死亡年龄为准),未成年男性死亡率之探测(以记录的殇者为准)。

生育和死亡的季节性:出生和死亡的季节性,死亡年龄与季节。

家族人口的成长:男性人口成长的动态,人口的迁移,人口的真实成长率。

人口条件对家庭结构的制约:由世系图可见的各种家庭形态,人口因素与家庭形态。

家族的功能与社会经济活动:修谱与建祠,家族公款的经营,其他活动。[2]

应该承认,刘翠溶已经最大限度地利用了族谱中的人口资料,除了某些家族或地方性的特殊现象外,能够研究的方面已包罗无遗。当然,诚如她自

1　袁贻瑾《1365—1849 年一个华南家族的生命表》,载《人类生物学》1931 年 5 月号。(I. C. Yuan: *Life Table for A Southern Chinese Family from 1365 to 1849*, *Human Biology*, May 1931.)

2　详见刘翠溶《明清时期家族人口与社会经济变迁》。

己所说:"相对于庞大的中国人口而言,这些样本也只是大海中之点滴。"从地域分布来看,陕西、甘肃、云南、贵州、广西及东北各省这些汉族聚居区还没有抽取样本。如果能选择更多的样本,并尽可能覆盖各个不同的地域,结果将更加科学可信,并且有可能发现一些至今鲜为人知的特殊现象。

李中清及其合作者曾利用辽宁一些地区的清代族谱作过人口统计学的研究,但他们用力最勤、成绩最大的还是利用《玉牒》资料对清朝皇族的人口行为所作的研究。至1992年,他们所建立的"宗人府档案"电脑资料库已经录入了8万人。

五、其他资料

除了在地方志、地理总志、正史、政书、类书中比较集中收录的户口数字外,在其他史料中也可以发现一些户口数字。在档案、文书、诗文、书信、日记、游记、行记、碑刻中,也能收集到一些人口数字,还能找到不少反映人口状况的资料。这些资料大致可以分为如下三类。

1. 来源于官方户口统计数

尽管我们见到的史料中可能并没有说明来源,但可以肯定,凡涉及人口数字的内容基本上还是来自官方的户口统计数。例如,一位县官写文章说他管的县里有多少人,总是根据他自己的上报数,不会去重新清点实际人口,更不会取材于他的师爷那本秘密账。一位文人路过某地时记下了当地有多少人,一般也是以当地人提供的数字为准,或者凭自己的印象估计,绝不会是自己调查所得,而当地人提供的数字当然只能根据官方的统计数,或者是凭印象估计的,绝不会自己去调查一下。公文档案中的数字更脱离不了官方户口数字系统的影响,充其量只能用于校勘或补充户口统计数。如果这类数字正好可以弥补户口统计数的空缺,那当然还是有用的,但不能寄予过高的期望。

人们往往有一种误解,认为当时当地人所记载的人口数字总是可信的,至少不会离事实太远。其实,即使不考虑记载者个人方面的原因,就是从技术上说,也未必如此。因为当人口达到一定数量后,如果不经过逐人的清点或调查,就是在现场也难以估计正确。例如,面对一个挤满人的广场,不同的人可以估计出完全不同的人数,何况对一个城市,或一个县、府?要是没有现成的数字可以依据,又没有进行调查统计,怎么可能提出正确的数字来?

2. 户籍系统以外的数据

这类数据虽然不是出于官方的户籍系统,但由于种种原因也并不可靠。

在灾情报告中,多数地方官会夸大受灾的人数,以便获得较多的赈济。如乾隆四十年(1775 年)就出现过湖北十九县上报请求赈济的灾民数超过当地总户口 10 万的怪事[1]。但有时为了减轻自己失职的罪过,地方官或主管官员也会故意隐瞒或少报受灾人数。所以,如果要根据受灾人数来推测当地总人口,必须充分注意报告的背景和报告者的立场。

在报告或记载战争伤亡数时,获胜的一方会夸大对方的损失,而失利的一方又经常掩盖自己失败的程度,或者谎报对方的兵力。如果信从这些片面的数字,得出的结论就不符合实际。如研究匈奴史的学者一般以《史记》《汉书》的《匈奴传》中冒顿单于时代(相当于秦末汉初)有"控弦之士三十余万"来推算匈奴的人口。但他们似乎没有注意到,在有关此后匈奴与汉军的战争的记载中,匈奴的兵力从未超过十几万。看来这"三十余万"明显是被夸大的,真正的原因是刘邦曾出动三十万大军征匈奴,结果却在平城(今山西大同一带)被冒顿包围,汉朝方面记录对方的兵力自然不能比汉军数量少,所以才留下了"控弦之士三十余万"的记录。但是以这样一个虚假的数字来估计匈奴的人口,怎么可能得出可信的结论呢?

出于歌功颂德的目的,对本朝、上司或称颂对象所管辖的人口数量总会说得多一些,以显示其强盛或英明;而提到前朝、敌国或贬斥的对象时,又常常故意压低数字,以证明它已是末世亡国或政令不修。如在一些歌颂地方官德政的文章中,经常会有在他治理下户口增加了多少的说法,但实际情况如何是很值得怀疑的。史书中关于前朝或敌国在天灾人祸中的死亡数往往也失之夸大,不能轻信。

3. 描述性的资料

中国古代的文人学者一向重人重事,却不重其数量;喜欢艺术夸张,却不善于实际调查;形象思维发达,但缺乏实证精神。所以即使在应该非常严谨的正史或专志中,也不乏这类记载。如讲到人口的增减时,往往使用"死者过半""十不存一""百无其一""十室九空""户口倍增""岁增万户""烟火万家"等,或者只是一些描述性的词句如"白骨盈路""饿莩载道""人相食""家给人足""大有年""户口繁盛"等。作者即使不是故意夸大,也肯定没有调查过具体数字,所以千万不能当作实际的数据或比例。如果认为"十不存一""十室九空"就是人口减少了 90% 以上,"户口倍增"等于人口翻了一番,那倒反而是误解了作者的真意。如果因为看到某县官的"去思碑"中说他"莅任

1　《清高宗实录》卷 993,中华书局 1985 年影印本,第 297 页。

三载,户口倍增",就得出这个县的人口年平均增长率达到了 260‰,那就上了无聊文人的大当。这类文字对文学研究或许会有用处,但它们的史料价值至少要打一个很大的折扣。

不过,尽管存在着数量和定量分析上的缺点,中国古籍中对各种人口现象的描述性资料是非常丰富,也是相当有价值的。

例如对杀婴现象的记载,自先秦至民国期间都能找到,除了一般性记叙杀婴的存在外,还涉及杀婴的原因、手段、程度、后果、官方和民间的反应、防止措施、地区性差异、时间性差异等各方面。尽管缺少具体数量的调查和分析,但也不乏重要的信息。如苏轼称:"岳鄂间田野小人,例只养二男一女,过此辄杀之。"[1]杨时指出:"闽之八州,惟建、剑、汀、邵武之民,多计产育子,习之成风,虽士人间亦为之,恬不知怪……富民之家,不过二男一女,中下之家,大率一男而已。"[2]这些都很具体地反映了北宋后期这些地区的状况,为进行定量分析提供了重要的依据。

1　《苏轼文集》卷 44《与朱鄂州书》,据《三苏全书》,第 12 册,第 353 页。

2　杨时《龟山集》卷 17《寄俞仲宽别纸》其一,《四库全书》本。

第四章

本书的几点结论

　　《中国人口史》的其他各卷[1]都已出版，由我撰写的第一卷《导论、先秦至南北朝时期》最后出版，原因之一是我希望先看到各位同人的成果，特别是他们对各自负责的阶段的总结，以作为我撰写导论中这一部分的参考，并希望尽可能与他们的结论基本保持一致。作为出于同一主编的同一套书，这似乎是不成问题的，但实际上却并非如此。一方面固然是由于各卷是独立成书、文责自负的，作为主编，我只对全书提出一个总的设想和要求，和各位作者讨论他们提出的一些问题，并起一些协调作用。尽管我曾于十余年前在上揭《中国人口发展史》中斗胆提出过一些看法，但在同人们进行深入研究之后提出的新观点、新结论面前，我的判断能力就不足以充当裁判了。特别是当两位作者的意见差距较大时，我的原则一般都是鼓励他们坚持各自的立场，我认为只有这样，我们的研究才能深化。另一方面，虽然多数作者已经经过十多年甚至更长时间的研究，但比起中国人口史的广泛性和复杂性来，我们的了解还是有限的，理解还是不深刻的。特别是在我们已经作过的研究工作中，也还有不少无法确定的成分。例如，对认识人口发展过程最重要的指标——人口数量，除了少数是比较可靠的原始数据外，绝大多数是或多或少经过研究者修正、加工、复原、推算或估计出来的，以此为基础的结论自然很难说得上绝对正确。所以我得出的几点结论只能是我自己对中国人口史的看法，未必能代表全部作者。当然我的结论的基础大部分就是他们的研究成果，从这一意义上说，如果他们认同我的看法，这就是大家的共同意见。

1　即冻国栋所撰第二卷《隋唐五代时期》，吴松弟所撰第三卷《辽宋金元时期》，曹树基所撰第四卷《明时期》，曹树基所撰第五卷《清时期》，侯杨方所撰第六卷《1910—1953年》，复旦大学出版社2000年至2002年出版。

第一节　研究中国人口史的意义

关于人口史与中国人口史的学科意义,上面已经有了较多的论述。作为一门学科,不论其现实意义和实用价值如何,都有其存在和发展的理由,这是无须多言的。至于一门学科的实际意义,包括它对其他相关学科的作用,对现实社会所能作的贡献,甚至它能产生多大的经济效益,最重要的还是该学科建立和发展起来后的实践,而不是理论的阐述和预设的目标。

就本书的读者而言,要理解研究和了解中国人口史的意义,最好的办法还是耐心地看完全书,或者选择自己最感兴趣的部分。只有通过具体的人口历史事实,才能真正理解研究和了解这些史实的意义所在。此外,至少还应该对相关学科的基本内容有所了解,才能体会到人口史研究成果对它们所起的作用究竟有多大。例如,要理解人口对中国历史的意义,即人口因素对中国历史进程的作用和影响,必须比较熟悉中国历史,至少应了解那些受人口影响较大的因素或史实。我们不可能让一位完全不了解中国文化的读者理解历史时期的中国人口对当时和现在的文化究竟产生了多大的影响,具体表现在哪里。

任何单一的因素,无论多么重要,都不能构成历史的合力,都只能在历史过程中起有限的作用。即使在某些时期、某些地区、某些场合会起决定性的作用,也有赖于其他因素的配合,何况这样的机会并不是经常存在的。人口因素尽管非常重要,其本质也不会例外,既不是唯一的,也不是排他性的。某些学者往往习惯于无限夸大自己所从事的学科的作用,以为只有这样这门学科才能得到重视和发展,其实适得其反。真正有价值的研究是使一门学科的研究对象回到它的实际地位,恢复其历史真相。不仅要说明它能起什么作用,起了多大的作用,而且要说明它不能起哪些作用,实际上没有起哪些作用。后者的作用丝毫不亚于前者。实际上一些长期流行的谬说,正需要通过后者来纠正。例如,不少学者以为近代中国的动乱产生于人口压力,实际过程却相当复杂,至少并非决定于当时当地的人口数量。又如,一定数量的人口固然需要一定面积的土地,但中国的疆域并非随着中国人口的增加而扩大,也不是一个越来越大的过程。

为了突出中国人口史研究的重要性,我们可以说,中国历史进程的每一阶段都离不开当时人口的作用,一部中国史离不开人口史;但我们绝不能说人口因素决定了中国历史,一部人口史就等于中国史。

对当代的中国人口和人口学研究来说,中国人口史是一个不可或缺的部分,尽管不少现代人口学者还没有认识到这一点。离开了中国人口史,对当代中国人口和人口学(包括人口思想、人口理论)的研究是无法取得完整的、科学的成果的。

人口发展是一个延续的过程,但又是不能重复的,不仅人口数量和分布始终在变化,迁移不断在进行,就是人口的质量也一直在发展之中。即使在一个固定的地域范围内人口始终保持不变,也不能说那里的人口没有发展,因为人口的质量不可能毫无变化,人口与外部条件的关系更不会没有改变。正因为如此,对历史时期人口现象的研究并不能用对当前的人口研究所替代,对人口发展历史的研究也不能用对近代或现代人口发展的研究所替代。尽管我们在人口史的研究中也要参考或运用近现代人口研究的成果,但这都是在充分估计到两者差异的前提下进行的。人类对人口过程的自觉记录和科学研究跟人类本身的历史相比,为时极短。世界公认的近代人口普查始于1790年,不过210余年历史。即使从冰岛1703年的普查算起,也刚300年。在中国,人口普查到清光绪三十四年(1908年)才开始,到1953年才真正完成了第一次全国人口普查。建立在近代人口普查资料基础上的现代人口学研究的对象一般只是最近这一二百年间的人口现象,在中国更是局限于20世纪后不足百年的短时间内。但依靠中国丰富的历史记载,我们至少可以对公元以来2 000年间的人口发展历史进行研究。这对于我们了解中国人口的历史背景、人口变化和发展的长期规律无疑有着不可替代的作用。

在研究人口发展与外部条件的关系方面,一些偶然因素和长远变化是无法通过当代人口研究来探讨或考察的。例如对气候的长期变化与人口发展的关系,百年或千年一遇的自然灾害对人口的影响等问题,现代、人口学还很少有进行科学观测、积累资料数据的机会,而对历史时期人口发展的研究却能提供不止一个例证。如目前所知世界上死亡人口最多的破坏性地震是明朝嘉靖三十四年十二月十二日(1556年1月23日)陕西华州(今华县)的8.0级地震,至少造成83万人死亡[1]。已知黄河最大的洪水发生在道光二十三年(1843年),三门峡洪峰流量达到36 000立方米/秒,12天洪水量119亿立方米,相当于500年一遇。而20世纪内最大的1933年三门峡洪峰流量是22 000立方米/秒;1958年在河南花园口实测到的洪峰流量是22 300立方米/秒,12天洪水流量86.8亿立方米,只相当于50年一遇。如果要研

1　据《中国历史地震图集·明时期》,第82页。

究黄河大洪水对人口的影响,道光年间那一次无疑有更重要的意义。

中国人口史的研究对世界人口、人口学和人口史的研究也具有重要的、无可替代的意义。根据现有的研究成果,在历史时期中国的人口数量[1]一直在世界人口总数中占有很高的比例,列如表 4-1。

表 4-1 不同年代中国人口占世界人口的比例

公元年代	世界人口[2]		中国人口[3]估计数(亿)	中国人口所占比例(%)
	最高估计数(亿)	最低估计数(亿)		
1	3.27	1.70	0.60	18.35—35.29
200	2.56	1.90	0.25	9.77—13.16
600	2.06	2.00	0.55	26.70—27.50
700	2.07		0.58	28.02
1100	3.20	3.01	1.25	39.06—41.53
1200	4.00	3.48	1.36	34.00—39.08[4]
1400	3.74	3.50	0.75	20.05—21.43
1600	5.79	5.45	1.90	32.82—34.86
1700	6.79	6.10	1.94	28.57—31.80
1800	11.24	8.14	3.40	30.25—41.77
1850	14.01	10.91	4.34	30.98—39.78
1900	17.62	15.50	4.10	23.27—26.45

从表中可以看出,中国人口占世界人口总数的比例一般在 20%—30% 之间。公元 200 年正值东汉末年,接近人口低谷,出现了 10% 左右的最低比

---

[1] 对历史时期中国的范围可以有不同的理解和界定,由于本节所论述的主要是历史时期由中国中原王朝直接统治的人口的问题,所以仅以当时的中原王朝为范围。

[2] 历史时期的世界人口数并无略为精确的统计数据,目前采用的都是各家的估计。潘纪一、朱国宏《世界人口通论》(中国人口出版社 1991 年版)收集的有:刘洪康《人口手册》(1988 年),麦克伊夫迪和琼斯《世界人口历史地图册》(1978 年),瓦连捷伊等《马克思列宁主义人口理论》(1978 年),《不列颠百科全书》第 7 版各版以来,乌尔拉尼斯《世界各国人口手册》(1978 年),布鲁克《世界人口》(1985 年),马尔库宗《马克思主义人口理论》(1974 年),联合国《人口年鉴》(1970 年),卡尔·桑德斯《世界人口》(1936 年),威尔柯克斯《美国人口统计研究》(1940 年),南亮三郎《人口思想史》(1972 年),库尔斯《人口地理学导论》(1980 年),宋健《人口控制论》(1985 年),梅里克《世界人口转变》(1986 年),刘铮《人口学辞典》(1986 年),杜兰德《世界人口估计:1750—2000》(1967 年)。本表即取这些数据中的最高和最低估计数。

[3] 据本书第一至第六卷相关章节结论。一些年份无现成数据,则由笔者作了大致推算。

[4] 由于在本书出版前,对 1100 年和 1200 年中国人口数的估计一般偏低,早期往往直接采用户口数,因此这两个年代的世界人口估计数也都偏低。本表在采用本书的估计数后,没有对世界人口估计作相应的调整,所以中国人口所占比例偏高,1100 年实际比例可能在 35% 左右,1200 年比例则在 30% 左右。

例。而 1850 年稍后是 20 世纪之前中国人口的高峰，占世界人口的百分比高达 35％左右。

这样一个庞大的、占全世界人口很大比例的人口在以往 2 000 多年间的变化和发展，以及由此引起的相关因素的变化和发展，不仅对世界人口史，而且对世界历史本身，都曾发生过重大的影响。目前世界上人口史研究水平最高的国家也只能追溯、复原至三四百年前的局部人口，中国人口史的研究成果对研究世界人口史和世界史研究的作用是不言而喻的。

第二节　怎样认识中国人口发展的周期和周期性

历史研究由于涉及的时间范围一般都较长，所以都希望从长时段的史实中寻求规律性。以往的人口史研究者往往会谈及中国人口发展的周期和周期性，在一些探索人口历史规律的论文中尤其如此。

一、现有论著对"周期说"的论述

在已经出版的几种中国人口史专著中，问世最早的赵文林、谢淑君《中国人口史》在带总结性的第十三章《人口波动律》中专门列有第四节《人口的周期性下降》[1]，作者认为：

> 四千年间中华大地上人口上升的趋势不时被打断，以致形成了二十七个大大小小的波段。如果每隔或长或短一段时间之后，同一地理区域的人口总数就要下降一次，而且能证明这种周期性的下降是必然的而不是偶然的，那么人口波动上升就可看作是一种规律。当然这种规律并不反映人口的贫富差别和阶级构成，它只是人口再生产的一种规律。

在将人口下降区分为"绝对的下降"（由于死亡人数超过出生人数而造成总人口下降）与"相对的下降"（迁出人数超过迁入人数而造成总人口下降）后，作者指出：

> 引起总人口数周期地下降的原因是多方面的。同一地理区域的人

1　赵文林、谢淑君《中国人口史》，人民出版社 1988 年版，第 558—572 页。

口下降有三种具体情况：一种是灾害性的下降。过去我国所有的人口下降都是灾害性的。第二种是工业性下降，即由于工业经济的发展而引起的下降。这在国外已有个别国家(如德国)开始出现。第三种是计划性下降，即由于社会实施计划生育而产生的下降。这在全世界都还没有出现过。

接着，两位作者"逐一论证它们的必然性"，所以结论是十分明显的。

笔者在《中国人口发展史》第十一章《人口数量变化的特点》中则强调了阶段性：

> 从人口数量的变化可以清楚地看到阶段性的特征。
> 第一阶段：自商、周、秦至公元初的西汉末年，人口增加到约 6 000 万。第二阶段：自东汉至八世纪中叶的盛唐，人口增加到约 8 000 余万。第三阶段：从中唐经五代，至北宋期间的十二世纪初人口突破 1 亿，在十三世纪初达到近 1.2 亿。第四阶段：经过宋末元初和元明之际的动乱，明初人口仅约 7 000 万，但至十七世纪初又增加到接近 2 亿。第五阶段：明末清初的人口下降在十七世纪初得到恢复，至十九世纪中叶达到 4.3 亿的高峰。第六阶段：从本世纪五十年代开始，目前还在继续，中国的人口已从 5 亿多增加到了 11 亿以上，达到了有史以来的最高峰。[1]

王育民的《中国人口史》提出了"中国封建社会人口发展的五个阶段"：即(1) 战国、秦、汉时期出现人口增长的第一个高峰；(2) 魏、晋、南北朝时期人口从急剧下降到缓慢回升；(3) 两宋时期出现人口增长的第二个高峰；(4) 元、明至清初人口发展迟滞；(5) 清乾、嘉、道时期出现人口增长的第三个高峰。[2] 这与笔者的划分基本相同。由于他归纳的下一个特点就是"各封建王朝的人口发展并不存在统一模式"，显然是不赞成周期性规律说的。

姜涛的《中国近代人口史》出版于王书之前。此书的主题虽然是近代，但作者对"周期说"的肯定却不限于近代，他在"引言"中说：

1　葛剑雄《中国人口发展史》，第 263 页。
2　王育民《中国人口史》，江苏人民出版社 1995 年版，第 23—36 页。

中国历史上人口的发展,表现为相当典型的周期波动性。即随着一个王朝的兴起,中国的人口就会有一段以较高速度增长的时期;然后增长速度逐渐减缓,人口也逐渐达到该周期的峰值;再后即因种种天灾人祸引起社会危机的总爆发,造成人口在短时期内大幅度地锐减,并跌落到谷值;此后随着动乱的平定(大都是建立起一个新的王朝),人口也重新走向恢复,进入下一个发展周期。中国近代人口的发展,并没有从根本上摆脱这种周期波动的影响。近代中国人口的低谷,约在 1870 年前后。由此上溯到 17 世纪中叶,亦即清初,包含了一个完整的人口周期——清时期。而 1870 年之后,亦即清末到民国时期,则是一个新周期的初始阶段或过渡环节——这一新周期方兴未艾,现在尚不足以窥见其全豹。[1]

二、中国人口的发展是否存在"周期"

其实,笔者早在撰写《中国人口发展史》时就对"周期说"产生了怀疑,但当时还没有找到自以为正确的答案,所以只强调了阶段性,而回避了"周期说"。经过这十余年的思考,特别是在各位同事完成了各阶段人口史的研究以后,现在再来讨论这个问题,自信比较有把握了。

什么是周期?《汉语大词典》的解释是:(1)事物在运动、变化的发展过程中,某些特征多次重复出现,其接续两次出现所经过的时间叫周期。(2)物体作往复运动或物理量作周而复始的变化时,重复一次所经历的时间。[2]

第 2 条解释是专指物理现象,这里可以忽略。按照第 1 条的解释,人口史的"周期"存在的前提,应该是指人口变化的某些特征多次重复出现的现象。从中国人口史来看,的确存在着一些多次重复出现的特征:在人口数量经过一次较大幅度的下降后,会出现　段人口增长较快的阶段,以后人口增长逐渐减慢,在达到一个高峰后急剧下降。从有比较确切的人口数据可考的年代算起,从秦汉之际开始至两汉之际,从两汉之际至东汉末年,从隋唐之际至唐末五代,从北宋初年至金元之际,从元明之际至明清之际,从清初至太平天国战争结束,这些阶段间的人口变化基本上都符合这样的特征。

但是如果我们再深入地分析一下,情况就不是那么简单。

1　姜涛《中国近代人口史》,浙江人民出版社 1993 年版,第 2 页。

2　《汉语大词典》第十册,汉语大词典出版社 1992 年版,第 1001 页。

首先，由于史料的局限，到目前为止，我们对中国人口数量变化过程的研究还有很多空白，所以上面提到的比较典型的重复出现的特征离覆盖全部历史时期还有很大的距离。例如，先秦的人口数量是如何变化的，从商朝至秦朝间有没有这样的"周期"，目前还只能凭想象，并没有可靠的数字根据。从西晋至隋朝这 300 余年间也是如此，尽管就其中某一局部地区或局部时间而言，我们可以推断出现过这样的"周期"，却无法复原出实际状况。如前燕、前秦、敦煌地区的割据政权、东晋、梁、北魏，可能都或长或短地出现过这样的"周期"，但它们的疆域往往有很大的变化，流动人口所占的比例也非常大，即使将来能够复原出它们人口变化的具体数字，也不会具有"周期"的典型性。何况在可以预见的将来，这种可能性几乎不会存在。而且如果将全国作为一个整体，就很难用这样的"周期"来解释。由于处于分裂状态，南北对峙或分裂割据的政权之间的人口变化不可能同步，或者正好相互抵消。

其次，这类"周期"只是一个总的趋势，实际情况要复杂得多，即使在一个比较典型的"周期"内，具体过程也不会完全符合典型特征。如西汉时期在经过约 70 年的持续增长后，从汉武帝中期开始出现了大幅度的下降，而在恢复到原来的高峰后，人口的增长就已相当缓慢，到第二个人口高峰形成后就进入一个急剧下降的阶段。又如唐朝前期的人口增长速度到安史之乱前就已放慢，而安史之乱就已使人口迅速从高峰跌落，以后虽有缓慢的增长，却再也没有恢复到原来的高峰，而且又经过多次反复，直到五代结束才进入下一个阶段。北宋初至金元之际与西汉的情况颇相似，北宋末的靖康之乱使第一个人口高峰消失，但此后的缓慢增长又造成了第二个人口高峰，直到金元之际的人口锐减。从清初开始的"周期"只能终止于太平天国战争结束，因为从那时开始直到现在，中国的人口始终处于增长率不等却基本是持续的增长之中。严格说来，这一个"周期"已经是不完整的了。

这些"周期"的跨度都在 200 年以上，由于史料和数据的缺乏，我们现在所了解的变化过程是相当粗糙的。以今律古，它们内部变化的复杂程度是可以想象的。例如，从 1949 年底至 1989 年底，中国大陆的人口增加了57 024 万，增长 105.27%，年平均增加人口 1 426 万，年平均增长率为18.14‰。但实际上，1958 年的增长率就从 1957 年 29.05‰降到了20.74‰，1959 年又降至 18.38‰，1960 年更低至 -14.88‰，当年人口净减少 1 000 万；1961 年的年平均增长率还是 -5.26‰，人口总数又减少了 348万。到 1962 年，才重新出现 21.80‰的年平均增长率，人口总数恢复到 1959

年的水平[1]。短短的 5 年间实际上已经历了一个变化周期。尽管我们可以肯定,在古代不可能出现变化如此大、时间如此短的周期,但在 200 多年间出现类似这样的小周期是完全可以的,可惜我们知之甚少,更难作出量化分析。

再次,从 19 世纪末开始,中国人口的变化出现了前所未有的特点,即无论出现怎样的天灾人祸,人口的增长几乎没有停止过。如果从太平天国战争结束的 1865 年算起,这一过程已经进行了 100 多年,目前还在继续。据当代人口学家乐观估计,中国人口的增长大概要延续到 2030 年,方能在 16 亿左右稳定下来,以后再缓慢下降。很明显,如果说这是一个新“周期”的话,这是前所未有的,完全不同于以往任何一个“周期”。对于这个新“周期”的特点,我们还刚刚在认识。对于它的未来,尽管已经有了种种预测,但都有待事实来证明。

最后,如果要从时间长度上来考察这些“周期”的话,就更难以找到共同性了。在中国历史上,当人口重复出现谷底和高峰,持续增长—增速放慢—锐减这一过程所需要的时间并不相同,甚至会相当悬殊。所以说,即使存在着这样的“周期”,每个“周期”的时间也是不同的。如果再考虑变化幅度的因素,那么即使是时间跨度相同的“周期”,其高峰和谷底也不会完全相同。

根据这样的分析,我们可以得出如下结论。

第一,对公元前 3 世纪以前的人口数量变化是否存在周期性的特点,目前还无法确定。从公元前 3 世纪至公元 19 世纪 70 年代之间也同样存在一些空白的时段,局部地区的空白就更多。

第二,从公元前 3 世纪至公元 19 世纪 70 年代之间,人口数量的变化的确出现过几次周期性的变化,即从一个人口谷底开始,以较高的增长率持续增长,此后增速减慢,逐渐达到一个新的高峰,然后急剧下降,直到一个新的谷底。但是,这些周期既没有同样长的时段,也没有同样的波动幅度,而且,周期与周期之间并不一定是连续的。

第三,从公元 20 世纪开始,中国的人口数量变化进入了一个新的阶段,出现了前所未有的特征,目前还无法证明它的周期性。

第三节 从 20 世纪开始的人口转变

从 19 世纪末开始,中国人口经历了前所未有的、在世界上也没有先例的

---

1 袁永熙主编《中国人口·总论》,第三章《中国人口总量的变化(1949—1989)》,第 82—84 页。

巨大转变。这一转变至今仍在进行,要对它作出结论或许还为时过早,但肯定是中国人口史上崭新的一页,恰好是本书的终结。

一、人口转变的事实

对 20 世纪之初的中国人口数量的估计,本书两位作者曹树基与侯杨方之间观点稍有不同,但对从 19 世纪末至 20 世纪中叶人口变化的趋势的看法并无二致[1]。由于除了 1953 年及其以后的数字外大都出于作者的估计,或者已经过作者的修正和调整,所以不同作者的研究结果完全可能产生差异。

经曹树基修正后的数据是:中国的人口总数,1880 年为 38 438.9 万,1910 年为 43 604.2 万;1851—1879 年间的人口年平均增长率为 - 6.17‰,1880—1909 年间的年平均增长率为 6.00‰,1910—1953 年间的年平均增长率为 7.00‰。由于他估计 1851 年(即太平天国战前的人口高峰)为 43 608.7 万,可以认为,到 1910 年已恢复到了前一个高峰的水平。

侯杨方的估计是:1911 年时的中国人口总数为 4.1 亿,1936 年年初为 5.3 亿,1946 年年初时为 5.2 亿。1911—1936 年间的人口年平均增长率为 10.27‰,1936—1946 年为 - 1.33‰,1946 年初至 1949 年底为 8.00‰,1911—1953 年为 8.24‰。

他们最大的差异是对 1910—1911 年人口总数的估计,但即使是按侯杨方较低的估计,也可以得出太平天国战后至 1910 年间人口始终在增长的结论。侯杨方还肯定,1936—1946 年间出现的人口负增长主要是由于战争所造成的非正常死亡大量增加,而不是出生率的降低。正因为如此,他的结论是:

> 20 世纪上半期,随着现代公共卫生与医疗技术、现代交通工具由西方引入中国,并逐渐从城市向乡村、由沿海向内陆的普及和传播,中国开始了流行病转变和人口转变,即死亡率开始逐渐下降,其中主要是流行病造成的死亡率下降。从短期来看,在建立了公共卫生和医疗制度的地区人口平均预期寿命比其他地区为高;从长期来看,平均预期寿命也在上升。中国人口平均预期寿命稳步上升的趋势,直接导致了人口增长速度的提高,使得在战乱与灾荒频繁的时期,中国人口也能以较高

---

1 详见《中国人口史》第五卷,第十六章第一节《清代中期至 1953 年的人口增长》;《中国人口史》第六卷,第十章第三节《笔者对中国人口的估计》。

的速度增长。换句话说,如果没有战乱与灾荒所造成的人口直接死亡和间接死亡,以及生育率的下降,人口增长的速度将更加高。这种情况表明,至少从20世纪20年代开始,中国人口已经开始了人口转变,进入了人口转变的第二阶段,即向高生育率和死亡率正处于下降过程的转变,人口增长速度开始加速。

……

几乎所有研究中国人口转变的论著总是将中国人口转变的期限划定在1949年以后,但人口的变化进程并非是戏剧性的,它是一个无法用政治事件截然断开的长期和连续的过程,是与科学技术特别是医疗技术和公共卫生制度的建立和发展分不开的。1949年中华人民共和国成立后,由于大规模的战争已经结束,公共卫生制度在一个强大的、具有高度动员能力的政权推动下以更加迅猛的速度发展,促使了死亡率进一步地下降,人口转变的进程进一步加快,中国人口开始了更为迅速的增长,这一阶段的人口增长实际上是20世纪上半期中国人口增长的自然延续,而并不是另一阶段的突然变化。[1]

本书其他各卷的论述都已证明,在19世纪末以前的2 000多年间,中国人口再生产的基本模式是高出生率—高死亡率—低增长率,所以较长时段的年平均增长率不会超过7‰,只有在带有恢复性质的阶段才能达到10‰—12‰,高于此增长率的情况是罕见的特殊现象。而且,从明朝中期的16世纪开始,中国人口的增长率已明显减慢,1776—1819年和1820—1850年的年平均增长率分别只有4.72‰和4.19‰[2]。但在接连发生太平天国战争、西部的战乱和光绪大灾后,1880—1909年间的年平均增长率依然能达到6‰,在二三十年间就恢复到了上一个高峰。据本书第五卷,太平天国战争中作为主要战区的江苏等七省人口死亡7 330万,如加上广东、山东、陕西等省,死亡人口会更多[3]。云南在1865—1872年间人口损失超过270万,大都为战争期间鼠疫所致;陕西在战乱和灾害中累计损失710万,甘肃损失1 455万,新疆损失34万[4]。所以我们有理由相信,中国人口再生产模式的转变从19世纪80年代已经开始。只是连绵不断的天灾人祸、内乱外患使非正常死

1　《中国人口史》第六卷,第十四章第三节《中国的人口转变与人口争论》,第610—611页。

2　《中国人口史》第五卷,表16-3,第707页。

3　详见《中国人口史》第五卷,第十一、十二章,其结论见第553页。

4　详见《中国人口史》第五卷,第十三、十四章,其结论见各节末。

亡率大量增加,因而增加的出生率和减少的死亡率被掩盖了。如甲午战争、义和团运动、八国联军入侵、军阀混战、国共内战、日本入侵、抗日战争、解放战争,还有 1920 年北方大旱、1928—1930 年华北与西北大饥荒、1931 年江淮水灾、1938 年黄河花园口决堤、1942—1943 年中原大饥荒等,都曾造成大量人口死亡。这与侯杨方将这一转变开始的时间"至少"定于 20 世纪 20 年代并不矛盾,只是可以在他研究的基础上作进一步的探求。

二、人口转变的原因

发生这一转变的主要原因,侯杨方归纳为:(1)现代医疗与公共卫生体系的建立;(2)救灾和救济体系的建立;(3)现代交通,主要是铁路和公路系统对救灾与移民所起的积极作用[1]。这些因素虽然到 20 世纪初才发生明显的效益,但大都发端于 19 世纪末。如在 1863 年就有 17 名医生雇于在英国人管理下的中国海关。1874 年在中国的西方传教士中受过现代医学训练的人只有 10 名,到 1882 年至少已有 74 名,1886 年,中国医学传教士协会成立。1882 年李鸿章选派 8 名留学生赴美接受现代医学教育,随后一批不很正规的现代医学教会学校在杭州、苏州、沈阳、广州、北京、福州、烟台、南京等城市建立,培训出一批中国医师。1873 年中国的海港开始对进出口船舶进行检疫[2]。

应该指出,在上海等西方列强设有租界的通商口岸,这一过程开始得更早,实际效果也更大。如在上海,1844 年初英国人开办了仁济医院,1858 年由美国基督教圣公会创办了同仁医院,1864 年由天主教圣文生·保罗修女团创办了公济医院,1884 年由美国基督教会创办了西门妇孺医院。在慈善事业和公共卫生方面也是如此,如法国天主教会于 1855 年创办了育婴堂,1869 年迁至徐家汇,即延续至解放初的徐家汇圣母院育婴堂。英、法租界在设立不久就开始建造排水排污设施,并很快影响到华界。1883 年由英商设立的杨树浦水厂开始供应自来水。此外现代交通的作用也不可忽视,如 1843 年上海就开港,不久西方的新式轮船就由此进入长江和内河,连接沿海各口岸。1862 年美商旗昌洋行于十六铺开设码头,停靠申津(上海—天津)、申汉(上海—汉口)轮船。这些航线在救灾与移民中所起的作用无疑也是有利于人口转变的积极因素。

1　详见《中国人口史》第六卷,第十四章第二节之三《影响中国人口转变的正面因素》,第 587—610 页。

　2　详见《中国人口史》第六卷,第十四章第二节之三《影响中国人口转变的正面因素》,第 587—610 页。

另外一些因素也开始对中国的人口转变起促进作用，尽管在一开始它们的影响都是有限的。如天主教和基督教信众的增加在一定程度上减少了杀婴现象，现代思想观念和科学技术的传播消除了一些愚昧无知的旧习，资本主义工商业的发展和城市人口的增加也有利于死亡率的降低。

正是由于这一人口转变的出现和延续，才使中国人口从根本上摆脱了以往经常出现的周期性变化，进入了一个新的阶段。

不幸的是，由于中国历代的户籍和赋税制度的影响过于强大，而现代政治制度又过于软弱，加上中国实际上的分裂割据，所以尽管在 1908 年就开始进行第一次现代人口普查，但直到 1953 年的全国人口普查得出比较精确的人口总数之前，历次人口调查得出的数字始终低于实际。"正是由于 20 世纪上半期缺乏可靠的、连续性的人口统计，以致很少有人意识到中国的人口实际上正在快速增长，即使当时主张节制生育（birth control）、控制人口的人也并没有意识到这一点；而在另外一方面，认为中国人口处于衰减状态，主张增加生育的论点甚至一度成为了国策。"[1]赞成并公开宣传人口不足论、指斥马尔萨斯的人口理论为毒害的有以孙中山为代表的政治家和以梁启超为代表的思想家，而主张控制人口、节制生育的是吴景超、李景汉、马寅初、陶行知、乔启明等专业学者，两者的社会影响相差悬殊，而后者的观点本来就与中国的传统观念不符，自然更难为一般政府官员和民众所接受。因此，尽管由当时最重要的社会学家、人口学家组成的人口政策研究委员会于 1941 年达成共识，并推动国民党第六次全国代表大会于 1945 年 5 月通过决议，正式承认节制生育为合法，但在当时的条件下不仅未能付诸实施，连在学术界和思想文化界也没有受到重视。

1953 年人口普查的结果公布后，不仅大大超过了国内各方面的预料，也令国外研究中国问题的专家颇感意外，以致一些人对普查的可靠性提出了怀疑。但此后的历次人口普查早已证明，1953 年的普查结果基本准确。但在震动之余，中国的绝大多数人把人口的快速增长归功于新中国建立后的巨大进步，作为社会主义制度无比优越的象征，却极少有人注意到实际上早已开始的人口转变，所以对中国人口继续以每年 20‰以上的速度增长报之以欢呼。1957 年马寅初提出的"新人口论"受到猛烈批判，固然有政治上的原因，但即使当时允许作自由讨论，马寅初也未必能得到多数人的拥护。在学术界，受过西方现代人口学教育的人口学、社会学、民族学、经济学界人

---

[1]　《中国人口史》第六卷，第十四章第三节《中国的人口转变与人口争论》，第 611 页。

士,包括马寅初本人,都曾深受马尔萨斯人口论的影响,传播过马尔萨斯的理论和观点。本来这批人是最容易意识到和理解中国已出现的人口转变的,却因马尔萨斯已成臭名昭著的资产阶级代表人物而受到牵连,自顾不暇。较年轻的学者或者正致力于宣传苏联式的马列主义人口理论,或者根本不了解中国人口历史和人口转变的事实,自然会对马寅初的理论义愤填膺。而一般民众特别是占人口绝大多数的农民,当然接受不了马寅初提出的晚婚(男 25 岁、女 23 岁)和每对夫妻生两个孩子的主张。

第四节 人口过剩、人口爆炸和人口压力

中国历史上是否存在人口过剩? 什么时候开始出现人口过剩? 讨论这些问题的前提是事实和概念。首先必须弄清中国人口发展过程的各个方面的事实,例如当时究竟有多少人口,否则自然会有不同的结论。《中国人口史》各卷的内容就是笔者现在讨论的依据。其次是讨论的各方对"人口过剩"和"人口爆炸"必须有共同的定义,才能确定它们是否存在过。

一、人口过剩的定义和事实

在查阅了有关的论著和工具书后,笔者发现,几乎难以找到一种同样的定义,而争论各方所用的定义实际上是不同的。

例如,李中清与王丰近年出版的《人类的四分之一:马尔萨斯的神话与中国的现实(1700—2000)》一书认为在这三个世纪中不存在人口过剩:"尽管中国人口从 1750 年的 2.25 亿持续增长到 1950 年的 6 亿和今天的 12 亿以上,但人口过剩的阴影似乎一直只是一个神话。"他们进而提出:"中国之所以逃避了人口过剩,是因为这样两种人口—经济过程:一是社会层次上的因果过程,即人口增长促进技术革新和随后的经济增长;二是在个体家庭层次上的反馈圈,即经济条件的变化促使人们改变其人口行为,从而调节其生育率,以及在较小程度上调节死亡率。"[1]

本书第五卷作者曹树基对他们的结论提出质疑,首先也是从定义入手的。曹树基发现李中清、王丰在此书正文中没有对"人口过剩"进行定义,但从注文中转引他人的论述可以证明,他们将马尔萨斯和李嘉图的人口过剩

---

[1] 李中清、王丰《人类的四分之一:马尔萨斯的神话与中国的现实(1700—2000)》,生活·读书·新知三联书店 2000 年版,第 50 页。

定义为"平均产量低于最低生存线，从而使得死亡率上升，或婚姻推迟，人口增长受到抑制的临界点"；又引用联合国粮农组织规定 1 600 卡路里为最低生存水平线，显然他们认为此线之下则为过剩[1]。而曹树基对"人口过剩"提出的原则是：

> 其一，生活资料的增长速度赶不上人口增长的速度，生活水平降低。
>
> 其二，生活水平不变或提高，但不可再生之资源急剧减少或生态环境急剧恶化。
>
> 其三，某一区域的人口必须通过向外迁移才能达到生存的目的。如果还存在人口外迁的区域，人口过剩便是区域性的。如果外迁的区域都不存在，人口过剩则为全局性的。
>
> 其四，为争夺资源发生大规模的械斗或战争。[2]

同样，曹树基对李中清、王丰的此书所依据的事实，特别是对中国人口数量变化的把握提出了批评。他的结论当然会不同："中国清代的人口过剩是一个区域过程。在农业区域，经历了过剩—缓解—过剩的演变模式……商业区域的人口增长表现为几乎是恒定的低增长。这类区域的人口变动不受区域内部资源的影响，由战争、瘟疫和饥荒构成的灾难对人口行为的作用并不明显。""由于中国农业区域的广大，马尔萨斯对于中国人口抑制方式的总体描述，是正确的。"[3]

他们所讨论的阶段是清时期，特别是 1700 年以后，而笔者要讨论的是本书所覆盖的全部时期，曹树基提出的"四个原则"显然无法适用。在缺乏比较全面的（即基本能覆盖各个不同的时间和空间范围，至少应有代表性）定量分析的情况下，要在不同的历史阶段间比较生活水平是否下降，要判断不可再生之资源是否急剧减少或生态环境是否急剧恶化，即使不是完全不可能，也是毫无意义的。至于古代发生过的大规模械斗与战争，有的虽系以争夺资源为借口，实际的需要程度却往往无法判断，或者很难与其他因素区别开来。

---

[1] 笔者同样反复阅读此书的有关章节，也未发现作者对"人口过剩"的直接界定，故只能采用曹树基的归纳。
[2] 《中国人口史》第五卷，第十九章，第 864 页。
[3] 同上书，第十九章，第 882—883 页。

因此,我不得不制定自己的标准:绝对的人口过剩是指人口在原来的生存空间中已无法维持最低限度的生活,已经出现因饥饿造成的死亡或濒临死亡。相对的人口过剩是指人口在原来的生存空间中产生了资源不足的感觉,或者感受到了生存威胁,产生了外迁的动力。

在这个定义中,"原来的生存空间"是不可或缺的前提。因为原来的生存空间如果改变了,无论是扩大还是缩小,都意味着资源和生存条件的改变,在这种条件下讨论同样数量的人口是否已经过剩还有什么意义?一些研究者往往忽略这一前提,如在讨论清朝前期与后期的人口变迁时,不考虑这些人口实际生存空间的扩大。例如,自19世纪60年代起,数以千万计的人口迁往东北和内蒙古,要研究那些移民的迁出地是否存在人口过剩,就离不开这一事实。

我强调的是"实际生存空间",而不是理论上的疆域或政区。一个国家或一个行政区域的范围并不等于在这一范围内的人口的实际生存空间,如在一个新设置的县中,开始时人口集中在县城一带和交通线两侧,以后扩散到县内的平原,最后进入县内的山区直至将所有可以开发的土地全部开发,将一切可以利用的资源全部利用。如果以该县的全部辖境为研究的范围,我们可以说在以上整个过程中都不存在人口过剩,但如果以人口的实际生存空间为研究的范围,从人口由县城一带扩散到平原上时,相对人口过剩已经存在。尽管该县的辖境从来没有发生过变化,但并不意味着人口的生存空间也没有变化。同样的道理,对中国而言,我们不能仅仅考虑它的疆域有没有变化,而应该研究每一具体阶段中国人口的实际生存空间。

绝对人口过剩或相对人口过剩的存在,只肯定这样的事实,并不涉及产生的原因。如无法维持最低限度生活可能是天灾造成的,也可能是人祸所致;或许出于自然原因,或许出于社会因素。而感受到生存威胁,自然会因人而异,因时而异,并没有一个绝对的指标,所以是相对的。即使就绝对人口过剩而言,由于人口的身体和精神素质上的差异,造成人口因饥饿而死亡的条件也会有所不同。不受其他因素影响的人口模式根本不存在,所以离开了实际原因的讨论至多只具有经典意义[1]。

根据这样的定义,我的结论是:在中国人口历史上,始终存在着相对人

---

[1] 如法国人口学家罗兰·普列萨在他主编的《人口学辞典》中对"人口过剩"定义为"在某一区域内的人口数超过适度人口数的状况,或比较通俗地说,与某一区域内高人口密度相对应的是资源不足以保证各个人适当的甚至最简朴的最低生活水平的状况";但又指出"适度人口的提法和这个概念一样是有些学院式的"。见《人口学辞典》,高元祥等译,上海辞书出版社1989年版,第188页。

口过剩,绝对人口过剩也经常存在于局部地区。这些例子在我们的书中比比皆是,不必重复。此外,在我与吴松弟、曹树基合著的上揭《中国移民史》中,也有大量事实可以证明,对移民的推力主要来自迁出地的绝对和相对人口过剩。早在战国时代就已经存在地区间人口分布的差异,一些人口稠密的地方才被称为土狭民众。如商鞅就曾说:"秦之所与邻者三晋也,所欲用兵者韩魏也。彼土狭而民众,其宅参居而并处,其寡萌贾息民,上无通名,下无田宅,而恃奸务末作以处;人之复阴阳泽水者过半。此其土之不足以生其民也,似有过秦民之不足以实其土也。"[1]如果说商鞅的说法还是出于招徕外来移民的目的,那么汉景帝元年(前156年)的诏书就说得更明白了:"间者岁比不登,民多乏食,夭绝天年,朕甚痛之。郡国或硗狭,无所农桑系畜;或地饶广,荐草莽,水泉利,而不得徙。其议民欲徙宽大地者,听之。"[2]这说明当时在汉朝的一部分郡、国中,既存在着绝对人口过剩,以致年轻的百姓因饥饿而夭折;也存在着相对人口过剩,人多地少地区的居民迫切要求外迁,却受到政府的限制,所以景帝才下诏允许百姓迁往土地和资源充足的地区。

此后至今,类似的例子不胜枚举,完全可以证明这样的绝对人口过剩和相对人口过剩是始终存在的,只是由于中国人口的实际生存空间是在中国境内不断扩大的,而不时出现的人口下降又在很大程度上缓解了人口过剩造成的压力,才使人口过剩的危机一次次推迟或消弭。

二、人口爆炸的定义和事实

至于人口爆炸,同样必须确定它的定义。所谓"人口爆炸论",是第二次世界大战后流行于西方的一种对世界人口发展的悲观主义的观点,认为当今世界面临着"人口爆炸"的危机,并认为"人口危机"必将导致"资源危机""粮食危机""生态危机",现代世界人口增长已超过了土地和自然资源的负载力[3]。即使将"人口爆炸"当作一个中性的术语,它至少也应该同时包括两方面的因素:一是具有爆炸那样的瞬间性,即人口的增长率很高,因此在短期间积累起很大的增幅;二是数量大,净增的人口总数相当庞大。如果这一高增长率仅仅发生在数量不多的人群中,或者只限于很少的区域,或者庞大的人口只是缓慢地增长,显然都不符合"爆炸"所描述的人口现象。

根据这一概念,在清朝以前的中国从来没有出现过人口爆炸,因为本书

---

1 《商君书·徕民》,据高亨《商君书注译》,中华书局1974年版,第117页。

2 《汉书》卷5《景帝纪》。

3 参见吴忠观《人口爆炸论》条目,载《中国大百科全书·社会学》,第227页。

的第一至第四卷已经证明，即使是在恢复期或持续增长期，人口的年平均增长率一般也只有 7‰ 左右，较短期间内可能保持 10‰—12‰，能够达到 20‰ 的年份是相当有限的。而据曹树基的研究，1644—1851 年，中国人口的年平均增长率只有 4.9‰。这一增长速度不仅低于唐代前期，更低于北宋前期，也低于南宋前期。虽然清代前期一个世纪的人口增长速度较快，然其年平均增长率仍不足 7‰[1]。

但曹树基从人口累积的数量已够庞大这一点出发，认为"从这个意义上说，用'人口爆炸'来形容清代前期的人口增长，又有其合理的成分"。他还引述了保罗·艾里奇(Paul R. Enrich)等人的一种形象的描述："用来说明这个特征的一个典型例子，就是池塘表面水草每天翻一番，而且依据测算，能在 30 天内把整个池塘都盖满。现在的问题是水草在 29 天内将把池塘盖住多少？答案当然是水草在 29 天内恰好把池塘盖住一半。然后水草数量再翻一番，第二天盖满整个池塘。这个例子说明，指数的增长隐含着令人大吃一惊的东西。"[2]曹树基认为，"这个令人吃惊的东西便可用'爆炸'来概括"，"很显然，中国人口的增长自 1949 年以来，已经进入水草生长的第 29 天。也可以说，清代的人口增长表明中国人口增长处于水草生长的第 28 天"[3]。

不过，这一生动的比喻还是应该放在中国人口长时段的历史来理解。首先，这是将一个漫长的变化浓缩到一个短时间来显示的，所以人为地形成一个相当突然的概念。实际上，我们所考察的中国人口史并不是从这个"池塘"的第一天开始的，因为几个有较大幅度人口增长的时期至多只是翻了两番。如西汉，200 余年间从约 1 500 万增加到了 6 000 多万；清朝从初年至太平天国战前的近 200 年间还来不及翻两番；在 1949 年后的 40 余年间才以最快的速度翻了一番，却再也没有翻第二番的机会。所以我们在历史上看到的现象都已是"池塘"的最后一两天，绝不是一个从接近于无变到爆满的过程，不可能产生如此大的震动。其次，即使是 1949 年后，这最后"一天"也长达 40 余年，而在中国历史上往往长达 80—100 余年，并不是一个非常突然的过程。再次，这个"池塘"的大小不是固定不变的，池中水草的分布也不是均衡的，尤其是在水草最密的部分，生长的速度远不如水草稀的部分。这又在一定程度上削弱了变化的突然性。

1　《中国人口史》第五卷，第十九章，第 835 页。

2　原注：〔美〕保罗·艾里奇、安妮·艾里奇《人口爆炸》，张建中、钱力译，新华出版社 2000 年版，第 3—4 页。

3　《中国人口史》第五卷，第十九章，第 836—837 页。

所以,除了最近的半个世纪具有某些类似"人口爆炸"的特点外,中国人口历史上不存在人口爆炸。因此,中国人口的增长从来没有出现过"大起",而只有"大落"。以往学者习惯上所说的"大起",实际只是持续增长的时间较长,所以积累成较大的数量而已。

三、人口压力与中国的治乱

至于人口压力,当然是始终存在的,但必须确定它的含义和衡量的标准,才能进行讨论。人口压力是与人口有关的论著中经常出现的名词,但大家的用法比较随意,似乎并没有一个明确的定义。我认为,人口压力,应该是指人口对社会系统和自然系统所产生的影响的程度。

人口对社会系统的物质部分的影响,主要表现在该社会系统能否向这些人口提供必需的食物、生活设施和生活用品,充足程度,舒适程度。为了论证的方便,可以将人口密度(人/平方公里)作为一项基本指标。这一人口密度是绝对的,即多少人生活在多大的范围内。在其他条件相同时,人口密度越大,对社会系统的压力也越大,两者之间成正相关性。但实际上,简单的人口密度并不能代表人口压力的大小,因为其他条件,包括人口本身在内,是不可能完全相同的,因而社会系统受到的压力还受到很多因素的影响。从人口方面来说,不同的人口结构会有不同的生产力,如不同的年龄结构、不同的人口素质会有不同的结果,人口数量多未必能生产得多,人口少也未必能自己供养自己。从社会方面来说,同样数量的人口在不同的生产方式或生产关系、不同的管理方式、不同的社会制度下,也会有不同的生产力。上述关系和程度是可以量化的,可以计算或估计出人均占有的食物、生活设施和生活用品的数值,一般来说,数值越高,社会受到的人口压力越小。但另一些因素与人口的主观意识有关,既无法量化,也难以进行比较,如人口的自身满意程度、安全感、人口内部是如何分配这些食物和必需品的。同样的物质条件,对有的人口来说已经相当满足,普遍具有安全感,对社会形成不了压力,但对另一类同样数量的人口而言却会感到贫乏,从而引起不安和骚乱,对社会造成巨大的压力。同样的物质条件,在分配公正的条件下,能使人口的绝大多数的生活得到保证,感到满意,而在分配不公的条件下,却会使一部分人无法维持生活,或使一部分感到不满,从而引发动乱,对社会形成紧张的压力。

人口密度也是人口对自然系统的影响程度的一项主要指标。在其他条件相同时,人口密度越高,人口对自然系统的压力就越大。但自然系统本身条件各异，存在着巨大的差异，如不同的地形地貌、不同的水文、不同的气候、不同的植被、不同的矿藏和其他资源。即使人口的生产能力完全相同，在不同的自然条件下肯定会有不同的生产成果。为了体现自然条件的差异，更科学地反映人口密度的影响，人口地理学采用了"比较人口密度"的指标，即将总面积中沙漠、冻土、山岭、热带丛林等不宜农业生产的部分扣除，然后计算出人口密度。不过，比较人口密度仅仅适合于反映农业民族（或者以农为主的人口，或者完全封闭的人口）的影响程度。对以其他产业为主的人口来说，不宜农耕的地方，或许正是黄金、钻石、有色金属、石油、木材等资源较丰富的场所。在贸易便利的条件下，资源也可以换来食物和生活必需品。所以"比较人口密度"还应考虑宜农以外的因素，譬如包括资源的综合指标，才能更科学地反映自然系统的实际。但再科学、再精确的比较人口密度也离不开人口自身的条件，不同的生产方式、不同的生产力完全可以产生不同的结果。即使都从事农业生产，同样面积的土地和自然环境下，产量可以相差十倍以至百倍。消耗同样的资源，不同的产业完全可以创造出有天壤之别的财富。在一块本来十分贫瘠的土地上完全可以使一群高密度的人口生活得非常舒适，同时保持着良好的生态环境，而同样面积的富饶土地可能生活着数量少得多的一群穷人，并且在日益破坏生态的平衡。

如果将人口密度作为人口压力的指标的话，这只能称之为绝对人口压力指标，它的实际意义并不大，在很多情况下根本无法反映人口压力的实际。在不同条件下，运用不同的"比较人口密度"，即充分考虑自然系统、社会系统和人口自身的各种条件确定相应的加权值，才能得出比较符合实际情况的"相对人口压力"，或者作出综合性的比较。在研究人口压力对历史的影响时，着重考察"相对人口压力"才有实际意义，才能得出正确的结论。

不少历史学者注意到了人口压力对中国社会的影响，注意到了人口数量与社会治乱的关系。特别是近代中国的人口问题，如人口突破4亿对中国社会究竟意味着什么，太平天国运动的发生与人口压力有什么关系，人口对中国近代的内乱外患起了什么作用，如此等等，都已引起学者的关注和争论。从表面看，历代王朝的内乱外患经常发生在人口达到或恢复到一个高峰以后，鸦片战争、太平天国以后的一系列社会动乱似乎也是如此，但稍加分析就能看出，事实并非如此。

清嘉庆二十五年（1820年）有比较可靠、完整的分政区户口统计数，又有相应的历史政区资料可以利用，比较容易计算出人口密度。道光三十年

(1850年)的户口数则是太平天国战争爆发前的最后一个全国性统计数字，也是清朝大多数府州的人口最高纪录。找出这两年全国人口密度最高的府州，是很能说明问题的。

我在撰写《中国人口发展史》时，还只能依靠梁方仲在《中国历代户口、田地、田赋统计》一书中的数字，而梁书有关嘉庆二十五年的人口密度又来自黄盛璋《清代前期人口分布图说明》附表《人口分布数据》（油印本）。尽管梁氏说明："'密度'一栏，经过核算后，改动了原油印本十几处计算未尽精确或打印错误的数字"[1]，但在没有精确的历史地图的条件下，对这些府州面积的测算还是会有很大的误差。现在据本书第五卷中计算的人口密度表，选取1851年人口密度高于300人/平方公里的府州列表如下。

表4-2　1820年和1851年人口密度最高的府州

单位：人/平方公里

序　号	府　州	面积（平方公里）	人口密度 1820年	人口密度 1851年	所属省
1	苏州府	6 762	873.7	967.6	江苏
2	嘉兴府	3 209	874.1	962.9	浙江
3	太仓州	2 317	764.8	850.7	江苏
4	江宁府	7 781	675.0	800.0	江苏
5	松江府	4 157	633.1	701.2	江苏
6	绍兴府	9 544	565.0	666.6	浙江
7	海门厅	1 270	566.9	622.8	江苏
8	常州府	7 328	531.7	601.7	江苏
9	太平府	3 188	463.9	542.7	安徽
10	镇江府	4 619	475.2	537.8	江苏
11	杭州府	7 318	436.9	494.4	浙江
12	湖州府	6 194	414.6	469.3	浙江
13	宁波府	5 937	396.8	444.8	浙江
14	通　州	6 863	408.1	442.7	江苏
15	安庆府	14 800	369.1	432.4	安徽
16	临清州	2 404	450.9	420.5	山东

[1]　梁方仲《中国历代户口、田地、田赋统计》，第279页。

续　表

序　号	府　州	面积 （平方公里）	人　口　密　度		所属省
			1820 年	1851 年	
17	宁国府	11 490	298.8	348.1	安徽
18	蒲州府	3 784	293.1	331.7	山西
19	池州府	9 767	282.1	329.7	安徽
20	泉州府	8 232	297.5	328.4	福建
21	许　州	4 481	289.9	323.1	河南

表中的面积数是由满志敏根据 1987 年版《中国历史地图集》第八册的分幅图用电脑测算的,人口数是由本书第五卷的作者曹树基核定的,因此是目前最可靠的数据。对比之下,发现这一表格果然比我原来用的数据[1]更符合历史事实,对"人口压力"的影响也能作更合理的解释。

在统计出的 21 个单位中,江苏占 8 个,浙江占 5 个,安徽占 4 个,山东、山西、福建、河南各占 1 个。分别属于江苏和浙江的苏州府、嘉兴府各居榜

---

[1]　据梁方仲《中国历代户口、田地、田赋统计》一书甲表 88 列出的人口密度大于 300 人/平方公里的 29 个府州级单位如下:

清嘉庆二十五年(1820 年)人口密度最高府州

单位:人/平方公里

府　州	所属省	密　度	府　州	所属省	密　度
苏州	江苏	1 073.21	武昌	湖北	394.53
嘉兴	浙江	719.26	金华	浙江	369.48
松江	江苏	626.57	沂州	山东	363.56
绍兴	浙江	579.55	凤阳	安徽	345.68
庐州	安徽	563.11	漳州	福建	327.13
东昌	山东	537.69	宁国	安徽	326.98
太仓	江苏	537.04	临江	江西	325.86
宁波	浙江	523.26	临清	山东	322.64
镇江	江苏	522.54	莱州	山东	321.33
成都	四川	507.80	泉州	福建	317.52
杭州	浙江	506.32	池州	安徽	316.62
湖州	浙江	475.21	颍州	安徽	314.89
常州	江苏	447.79	许州	河南	309.17
蒲州	山西	423.88	广州	广东	306.84
太平	安徽	410.96			

首,1820 年人口密度高于 500 人/平方公里、1851 年高于 600 人/平方公里的 8 个地区由江苏、浙江两省包揽。在前 14 个单位中,只有安徽的太平府是唯一的非江苏、浙江单位。值得注意的是,江苏省 1820 年和 1851 年的人口密度(人/平方公里)分别已达 382.2 和 434.6,而浙江省也分别达 272.1 和 301.3,均为全国之冠。

这就是说,在太平天国战争爆发前,江苏和浙江两省是中国人口最稠密的省份,而以长江三角洲为中心的江苏南部和浙江北部是全国人口最稠密的地区。这一地区自五代以来就一直是全国人口最稠密的地区,但恰恰是经济文化最发达、生活最富裕舒适的地区。到清朝中期,尽管耕地早已得到充分开发,人均耕地面积远少于全国平均水平,赋税负担为全国最重,却没有发生过什么稍具规模的农民起义或破坏性的暴乱。原因无非是两方面:精耕细作的高产农业提供了充足的粮食,发达的商业、手工业、服务业养活了大批非农业人口。从南宋时的"苏常熟,天下足"到明朝后期的"湖广熟,天下足",尽管长江三角洲地区已经不再是全国商品粮的主要产地,并且本身也要从湖广输入粮食,但商业、手工业和服务业创造的产值使当地人口不仅有足够的财力购买粮食,而且能用于其他消费性支出,这反过来又刺激了商业和服务业。而为了保持自己相对富裕的生活,自明朝开始江南已经出现了自觉与不自觉的控制人口的倾向和具体措施,使人口增长率有所降低,绝对人口压力也有所减低。要是仅仅根据人口数量或人口密度来衡量的话,江浙两省特别是其中的苏南、浙北应该是全国人口压力最大的地方,比爆发太平天国战争的广西和广东,兴起义和团的山东和直隶(北京、河北)不知要高多少倍!可是事实恰恰相反,苏南、浙北始终是全国最富裕也最安定的地方,不用说与太平天国、捻军、义和团等的发生毫无直接关系,就是在以后也没有发生什么稍具规模的农民起义或社会暴乱。

在其他省的人口密度最高的府州也是如此,也都是该省范围内最富庶的地区,并且都拥有农业生产以外的优势。如安徽的稠密区包括除徽州府以外的整个皖南和长江北岸的安庆府,不仅农业比较发达,而且有便利的交通和繁荣的商业。而徽州虽以徽商闻名,拥有的财富应该更多,只是因地处山区,生存空间有限,大量人口外迁,所以无法进入人口最稠密的行列。山东的临清是著名的沿运河城市,这一地区的繁荣无疑得益于运河,而不是传统的农业,所以能在相对贫穷的山东一枝独秀。但由于临清过于依赖于运河,随着运河运输的逐渐衰落,临清已显露了败象的端倪——尽管在 1851 年还厕身于人口最稠密的府州之间,但在其他各府州的人口普遍增长的这 30

年间,它的人口密度(人/平方公里)却已从 1820 年的 450.9 下降到了 420.5,是这 21 个府州中唯一的例外。福建的泉州、山西的蒲州和河南的许州虽不像其他人口稠密区那样富甲全国,但都是兼有农业、副业、商业,又得交通便利的优势,所以在本省也可名列前茅。

在这些人口稠密区的内部也存在着贫富的差别,但并不与绝对人口密度成比例关系。如果说一定要从绝对人口密度入手加以比较的话,倒有一定的正相关性,即人口密度最高的单位往往是最富的,而绝对不存在负相关性,即不存在人口密度越高就越穷的情况。这些府州中也没有一个是太平天国的发源地,与以后的捻军或义和团在地缘上也不存在什么关系。

可见绝对人口密度高并不等于相对人口密度也高,更不等于相对人口压力大,"人口压力"只能这样来理解和分析。人口压力虽然不可避免要影响社会的发展和自然环境,但并不是人多了就一定会穷,一定要乱,一定得破坏自然环境。在同样的自然资源条件下,不同的经济模式或生产方式完全可以供养数量不同的人口,过不同水平的生活。中国历来的人口稠密区一般都是经济文化最发达的地区,也是生活水平最高的地区。相反,人口稀少地区倒基本是经济文化落后、生活水平不高的地区。大规模的农民战争和社会动乱虽然不一定产生在人口最稀疏的地方,但却从来没有在人口最稠密的地区爆发。

据此,我们也可以肯定,中国历史上的治乱与人口数量没有直接的关系,更不是与人口的数量和密度成正比或反比。

第五节　中国人口发展变迁的决定性因素

本书的作者在各卷的总结部分基本上都讨论了对该阶段人口的发展变迁起重要作用的因素或决定性的因素,探讨了人口与相关的自然和社会因素之间的关系。吴松弟在总结辽宋金元时期南北人口发展模式的不同时,对人口、资源、环境和生产力之间的关系作了分析:

> 在传统社会,任一地区人口的发展,几乎都受到资源、环境和生产力发展水平的制约。对外移民无疑是人口稠密地区争夺资源的表现方式,没有可以对外移民的空间,就意味着只能利用本区域的资源,人口的增长势必要受到限制。环境不仅包括区域内部的生态环境,也包括周边环境和区域内部的社会环境。如果生态环境朝着不利于人类生产

生活的方向发展,势必要不同程度地抵消生产力所取得的进步,成为制约人口发展的因素。社会环境主要指王朝政治经济政策的变化,在以农业为国民经济基本部门的传统社会,任何王朝都不可能不重视农业,区别仅仅在于对待工商业尤其是民间工商业的政策……一定的生产力水平,决定着人类对自然资源的开发利用程度,因此,同一地区在不同的生产力水平下,当地资源可以供养的人口数量有所不同。[1]

这里他抓住了与人口关系最密切的三项基本因素——资源、环境和生产力,揭示了它们之间相互制约的关系。如果我们进一步深入下去,同时又将这些关系简化,就不难发现,各种自然的和社会的因素——天灾人祸——完全可以在控制和减少人口方面起重大的甚至是决定性的作用,但人口的增加却完全取决于人们赖以生存的食物和最基本的物资的数量,其中最重要的还是食物。生存的其他方面如衣、住,多少有一些弹性或替代性,如衣服可以延续使用,在夏天或气候暖和的地方不必为保暖着想;房屋可以长期居住,有条件的地方也可选择穴居如住窑洞。但食物却很难找到代用品,也没有多少弹性。现代医学知识已经说明,一个人的生存必须获得最低限度的热量,低于此数值,人是无法长期生存的。热量的不足也会导致寿命的缩短、性成熟的推迟、性功能的衰退、生育能力的下降。所以,可能会有少数人因节约而少消耗食物,但从整体来看,人口数量与最低限度的食物之间的比例关系是无法改变的。同样,少数人可能因为富足而浪费食物,或者通过酿酒等办法多消耗粮食,但在生产力低下和食物供应不足的情况下,这类人的数量极其有限。而且,在食物普遍短缺的条件下,统治者会采用行政手段对酿酒等过度消耗粮食的方式加以限制,或完全禁止。这类禁令在中国史书上屡见不鲜。即使存在富余的食物,在工业化之前,由于储存和运输方面的困难,食物的保存期较短,运输距离不可能很长,因而很难作多年的或大范围的调剂。

人口数量与可能获得的食物的比例关系适用于任何人口群体——农业、牧业、商业、手工业、狩猎、采集,皇室贵族、官僚吏胥、地主、士人、军人、僧尼、巫师等,无论汉族、非汉族,也无论他们生活在什么地方。所不同的只是,一部分人自己生产或收集食物,另一部分人依靠他人提供的食物为生。农业人口当然可以依靠自己生产的粮食来供养,就是牧业人口,虽然主要以

1　《中国人口史》第三卷,第十四章,第655页。

肉类和乳类为生,也需要通过交换、贸易来换取必要的粮食,特殊情况下也可通过抢掠。我曾向蒙古族人作过调查,据告即使是纯牧民,也不可能完全不食用谷物。早在公元前 1 世纪,匈奴就已种植杂粮[1],当然是为了满足自身的需要。依靠海洋资源为生的渔民虽然也食用一部分海产,但同样离不开粮食,他们的生存部分取决于能否用海产品换取粮食和生存的必需品,但前提是存在着交换或贸易的可能性,否则渔民人口会因得不到足够的食物而减少,或者不得不改业为农民,如果存在这种可能的话。对于自己不生产食物的群体来说,无论是因为从事其他产业,或者是因为统治者、地主的身份而不必自己从事劳作,但他们毫无例外需要获得食物,只是他们是通过钱财购买或是通过政治特权征收而已。

这种比例关系并不限于人口的居住范围,而应该包括这些人口的食物供应区。政治、经济的中心地区和地少人多的地区,可以通过从外地征调或购买粮食来解决食物的来源。至迟在秦和西汉时期,以首都长安为中心的关中已经离不开关东的漕运,明清时大运河的主要功能就是给北京运送江南的粮食,而人口稠密、商业和服务业发达的苏州地区每年要从湖广等地购买大批粮食。但由于运输不易,商品粮价较高,加上人口稠密地区的人口过剩的压力,推动那里的人口迁往人口相对稀少的地区或未开发地区。2 000多年来,生存型的移民,即为了平衡食物供求关系的人口迁移,始终是移民的主流。这类移民中的大部分是迁往他乡从事农业生产,少部分是"就食",即就地获得粮食供应。在中国境内还存在着没有开垦的土地,或者土地还没有得到充分利用的条件下,这是缓解以至消除局部地区的人口压力最有效的办法,因为开荒的成本一般很低,加上统治者给予的优惠政策,如在几年内免征赋税,贷予种子、农具等,一个成年人很快就可以生产出超过自己需要的粮食,这也使移民迁入地的人口会以更快的速度增加,直到形成新的过剩人口,从而对食物产生新的需求。

这样的循环必然需要不断扩大耕地,其结果之一是残存的牧业区收缩以致最后被消灭。先秦时黄河中游地区还有相当发达的牧业,不少地方是半农半牧区,甚至以畜牧著称。但到秦汉时,形成产业的畜牧业几乎已不再存在,这一带成了单一的农业区。东汉以后,随着北方游牧民族的迁入和农业人口的锐减,半农半牧或以牧为主的生产方式才重新出现。但到盛唐时

1　《汉书》卷 94 上《匈奴传》:"会连雨雪数月,畜产死,人民疫病,谷稼不熟,单于恐。"颜师古注:"北方早寒,虽不宜禾稷,匈奴中亦种黍稷。"说明匈奴栽种粮食也有相当规模,所以在受灾后才会引起单于的恐慌。

又恢复成为单一的农业区。到清代中后期,黄河中下游的土地已经无法供养不断增加的人口,本地的耕地早已没有扩展的余地,于是大批农民涌向河套和内蒙古南部开垦,进一步压缩牧业区。结果之二是开垦的条件越来越差,由平原、河谷转入丘陵地带甚至山区,还大量围垦湖沼江河。这一过程的近期效果是耕地扩大,粮食增产,人口繁殖,但长远的后果却往往相反。秦汉时对黄河中游的移民和开垦,宋代以来南方的围湖造田,18世纪以后对长江中下游丘陵山区的盲目开垦,都曾造成了严重的水土流失,导致江河淤塞,减弱了调节和宣泄的能力,以致洪涝频繁。这些扩大的耕地和由此生产出来的粮食是以过度地消耗资源和在总体上破坏生态环境为代价的,由此带来的后果实际上抵消甚至超过了收益。即使从人口数量来说,前期的人口增长往往为后期的人口下降所抵消,显示出人口—资源—环境之间不可抗拒的均衡制约关系。

增产粮食的另一途径是提高单位面积的产量,这一般必须通过改善排灌条件,改良耕作方法和农具,采用新品种、新作物,增施肥料,防治病虫害等来实现。例如大型水利工程的建设,铁制农具的普遍使用,畜耕的推广,耕作制度的改善,早熟、抗病、高产品种的采用,两熟制的扩大,甘薯(番薯、红薯)、玉米、花生、土豆等高产耐旱作物的引种等,都大大提高了粮食产量,从而使人口有了新的增加。中国历史上几次大的人口突破无不与农业生产革命性的进步导致粮食大幅度增产相关,充分显示了食物与人口数量的比例关系。战国至西汉的农业进步,如牛耕与铁制农具的运用和普及,使西汉末年的粮食产量足以供养6 000万人口。宋代突破1亿人口,无疑得益于南方农业的开发和水稻新品种的推广。明清时期耕地面积的扩大和新作物的普及,终于满足了4亿人口的食物。天灾、动乱、战争等原因可以破坏农业生产,从而推迟人口高峰的到来,但任何人口奇迹的出现只能建立在农业生产大发展带来更多的食物的基础之上。

由于历史时期的中国一直是一个自给自足的生存空间,粮食和食物的进出口可以忽略不计,即使到清朝末年,进出口所占的比例依然很低。人口与食物产量的正相关性或比例关系就非常典型。这样说并不是否认社会文化环境对人口数量变化的影响,但各种人为的因素都离不开人口的物质基础。例如统治者为了迅速增加人口曾采取过各种办法,甚至像商鞅勒令每个家庭在子女成年后及时分房,汉惠帝对晚婚的妇女处以罚款,唐太宗公开命令寡妇限期改嫁,或者将法定婚龄提前,在一段时间或一定程度上固然促进了人口增长,却不可能超越农业生产发展的限度。而对人口增长不自觉或自觉的抑制,如早期人类通过迷信、禁忌对婴儿的自然淘汰,宋代福建普遍存在的杀婴,明清江南出现的避孕节育,某些家庭内部的人口控制等,最初的原因也是食物的不足,只是在基本的生存条件得到满足以后,才逐步提高到对比较富裕生活的追求。

由此得出的结论是,马尔萨斯提出的三个著名的人口命题[1]同样适用于工业化前的中国。但是由于中国内部还存在着继续扩大耕地和增加食物产量的余地,尽管这是以透支资源、恶化生态环境为代价的,但直到 19 世纪前期,中国还有能力消化它的过剩人口,所以并不存在单纯出于人口压力而产生的社会动乱和国内战争,人口压力往往只是其中一个重要因素。

从 19 世纪末中国开始人口转变时,马尔萨斯所无法预料的因素逐渐出现了:安全有效的避孕和节育手段,人们自觉控制人口的意识。与此同时,科学技术和生产力的发展、地区和国家间的贸易使食物和基本生活资料的增产已足以适应人口的增长。今天,我们完全可以告别马尔萨斯了,但这并不等于马尔萨斯没有存在过。

第六节　人口增长的不平衡性

由于中国历史悠久,疆域辽阔,民族众多,人口庞大,所以无论是在整个历史时期的不同时间范围,还是在同一时间内的不同空间范围,或者在同一时间、同一空间的人口中的不同群体之间,人口增长都存在着明显的不平衡性。

一、人口增长的群体不平衡性

在笔者于 1982 年发表《略论我国封建社会阶级人口增长的不平衡性》[2]一文之前,这一点似乎还没有引起学术界的重视,至少没有发现就此专题发表的论文。笔者以为这是中国人口史的一个重要特点,并且对中国历史的演变起着持续的、有时是举足轻重的作用。不过在当时,笔者着眼于不同阶级之间的差异,通过多年的研究,发现这样的差异不仅存在于阶级之间,实际上广泛存在于不同的群体之间。即使是在同一阶级,不同的群体之间也可能存在显著的差异。

1　人口的增加必然受生活资料的限制;当生活资料增加的时候,人口总是增加;较强的人口增殖力,为贫困的罪恶所抑制,因而实际人口同生活资料保持平衡。

2　葛剑雄《略论我国封建社会各阶级人口增长的不平衡性》,《历史研究》1982 年第 6 期。

当然,就汉代至清代构成人口大多数的两个阶级地主和农民而言,其人口增长速度在多数情况下存在很大的差距,由此产生重大影响。

由于地主特别是官僚地主及其家庭成员享有政治、经济和社会特权,生活条件一般比较优越,又能全部或部分免除兵役、劳役,逃避或减轻刑罚,一般都能早婚、早育、多育。由于物质条件优厚,又有物力雇佣乳母,婴幼儿成活率较高,生育间隔较短,人口的平均寿命较高。普遍多妻或多妻率高使他们的人口增长更加迅速,绝后或无后的可能性比农民要少得多。多妻现象和拥有妻妾的数量在历史上虽有减少的趋势,但即使在专制社会的晚期,无后纳妾与丧妻再娶对地主阶级来说也是完全正常的事情,而历代农民终身未娶的比例都很高,更不用说丧妻后的再婚。农民因物质生活条件极差,非正常死亡机会多(如在服役、服刑中),婴幼儿死亡率高,部分人因经济原因不得不晚婚或终生独身,所以农民的平均寿命和人口增长率都比地主阶级的要低得多。

这一论证虽然难以找到定量分析的支持,因为迄今为止我们还完全无法找到这一类统计数据,但不同的经济和文化水准的人口会有不同的死亡率,则直到近代中国还是如此,这已为实际调查的统计数据所证明,下表即一例。

表 4 - 3　1931—1934 年江苏省江阴县农村人口贫富别死亡率

年　　度	普通死亡率(‰)				婴儿死亡率(‰)			
	富有者	安舒者	贫穷者	合计	富有者	安舒者	贫穷者	合计
1931—1932	26.5	39.6	45.6	42.8	161.3	219.8	198.2	203.4
1932—1933	32.3	31.0	39.6	36.1	275.9	240.2	239.2	241.8
1933—1934	33.9	49.3	56.0	52.0	379.3	373.5	403.4	309.3
1931—1934	30.9	39.9	47.4					

资料来源:民国实业部《中国经济年鉴》第三编第二章 B,商务印书馆 1936 年版,第 33 页。

该表的数据所反映的是 20 世纪 30 年代的情况,应该承认,由于社会的进步,贫富之间的差距已经有所缩小,至少在政治和社会特权方面的差距比专制社会已大为减少。调查地江苏江阴是中国经济文化比较发达的地方,与经济文化落后、环境封闭的地区相比,这类差距更小。所以这项统计数据是很能说明问题的,可以肯定,在专制社会中地主与农民两个阶级在各方面的差距势必更为严重。

人口增长方面的差异不仅反映于不同阶级之间,更存在于某些特殊群体与普通人口之间。如历代的宗室都是这样一个特殊群体,他们的人口增长率往往是当时总人口增长率的很多倍。以西汉宗室为例,如其开国皇帝汉高祖刘邦兄弟 3 人加上他们的妻妾以 50 人计,到西汉末年的元始五年(公元 5 年)已有宗室 10 万余人[1]。从汉初(前 201 年)到公元 5 年这 206 年间,他们的人口至少增长了 2 000 倍,年平均增长率高达 38‰以上。而同期的总人口仅增长了约 4 倍,年平均增长率仅 7‰。又如宋代的宗室,从北宋初宋太祖兄弟三房开始,到南宋淳熙八年(1181 年)已有 21 666 人,而且还没有包括靖康之乱后留在北方和漏登的一部分[2]。如果起点也以 50 人计,这 221 年间的年平均增长率至少有 28‰。而同期总人口增长估计不过 4 倍左右,年平均增长率不会超过 7.3‰。再如明朝的宗室,如果洪武元年(1368 年)也以 50 人计,至隆庆三年(1569 年)已增加到 28 000 多人[3],人口增加了 560 倍,年平均增长率也高达 32‰。而同期总人口的增长不足 2 倍,年平均增长率仅约 4‰。当然这是三个极端的例子,一般地主家庭还不可能增殖得如此之快。但即使作一个保守的估计,地主家庭人口的年平均增长率比农民家庭高 1 倍,其后果就会非常严重。

由于地主及其家属不仅不直接从事农业生产,而且也很少从事经营管理、改进技术一类劳动,还占有大批非生产性的奴婢和从事非农业劳动的工匠杂役,所有这些人口就同社会上其他还不具备或已丧失劳动力的人口一样,成为农民的供养对象。两者之间必须有一个适当的比例,社会的供求关系才能平衡。当前者的增长率为后者的一倍或更高时,用不了多少时间,农民就会无法供养这些人口,这一供求关系就不可能再维持下去。

问题在于,在中国专制社会阶段,这一矛盾始终无法通过正常的途径加以解决,因而成为社会的痼疾,最终影响历史的进程。

从理论上说,要解决这一矛盾只能有如下四种可能性。

第一是迅速增加农民人口,使之赶上地主及其附庸人口的增长速度,以保持平衡的供求关系。但一方面人口增长有其客观规律和必要条件,并非帝王个人意志所能左右;另一方面,在奖励人口增殖的条件下,地主人口往往增加得更快,足以抵消农民可能的增长;所以要迅速增加农民人口是绝无可能的。

第二是提高劳动生产率,也即提高农民的供养能力。但在手工作业的

1　《汉书》卷 12《平帝纪》。
2　李心传《建炎以来朝野杂记》甲集卷 1《上德·三祖下宗室数》,《丛书集成》本,第 1 册,第 24 页。
3　《明会要》卷 4《帝系四》,第 61—62 页。同书引王世贞说,嘉靖二十九年宗室已近 3 万。

条件下,农业生产率的增长很难赶上正常的人口增长率,更无法超过。在人口增加到一定程度时还遇到了耕地开发殆尽的困难,连维持农民自身的增殖都已发生问题。

第三是加重对农民的剥削量。但这是有限度的,因为农民如无法维持其最低限度的生活,人口增长率就会下降,可供剥削的总量会减少,或者农民会以暴力相反抗,造成社会动乱。

第四是缩减地主人口,降低他们的生活水平,这是最有效的办法,但统治者一般是不愿意采取的。降低生活水平在理论上可以为统治者所接受,缩减人口、减少增殖则连理论上也与统治者的利益相悖。事实上,统治者往往采取相反的措施,造成地主人口的恶性膨胀。

如宋朝优待士大夫,官僚地主子孙繁衍,人口剧增。为了安置日益增多的地主后代,又大量扩充官吏名额。自太平兴国(976—983年)初至天圣元年(1023年),中央官吏的数量增长5倍多[1]。仁宗时宗室吏员受禄者15 000余人,不受禄但允许自行生财的官吏数量就更多了。三班院最初吏员不到300人,真宗时增加到4 200余人,仁宗时更高达11 000余人。真宗时一次裁减各路冗吏就有195 800人之多,未裁者当然要几倍于此。地方官甚至有短时期内增加5倍的记录[2]。恩荫官僚的子孙从小就能得到入仕的资格,这反过来又刺激了官僚地主大量增殖人口,形成恶性循环。

又如明代的宗室,尽管在政治上受到严密控制,经济上却享有各种特权,完全由朝廷供养。据《明史》卷116《诸王传》载:"明制,皇子封亲王,授金册金宝,岁禄万石,府置官属。护卫甲士少者三千人,多者至万九千人……亲王嫡长子,年及十岁,则授金册金宝,立为王世子,长孙立为世孙,冠服视一品。诸子年十岁,则授涂金银册银宝,封为郡王。嫡长子为郡王世子,嫡长孙则授长孙,冠服视二品。诸子授镇国将军,孙辅国将军,曾孙奉国将军,四世孙镇国中尉,五世孙辅国中尉,六世以下皆奉国中尉……禄之终身,丧葬予费。"因此近支宗室几乎能无限增长,所以无不竞相生育,一位郡王终于创造了有一百个儿子长大袭爵的纪录[3]。明朝的宗禄一直是朝廷难以负担的包袱,嘉靖四十一年(1562年),"天下岁供京师粮四百万石,而诸府禄米凡八百五十三万石。以山西言,存留百五十二万石,而宗禄二百一十二万。以河

---

1 李攸《宋朝事实》卷9,《丛书集成》本,商务印书馆1936年版,第2册,第139页。

2 据蔡美彪等《中国通史》第五册,人民出版社1978年版,第121—122页。

3 《明会要》卷4《帝系四》载:"晋王第三子庆成王,生一百子,俱长成;长子袭爵,余九十九人并封镇国将军。"

南言,存留八十四万三千石,而宗禄百九十二万。是二省之粮,借令全输,不足供禄米之半"[1]。这些最终自然都加在农民头上。

因此,这项最有效的措施只能由外力来强制实行。

在遭受自然灾害时,因地主对付意外事故的手段比农民强,所以受到的影响较小,这样的人口增长不平衡性只会加剧。而在发生政治动乱、内部战争或者外族入侵时,地主受到的打击更大,不少人会失去权力、地位、土地和财产。一旦丧失特权,地主的生存能力就远不如农民,所以地主人口减少的比例比农民的减少比例会高得多。当新秩序恢复时,旧地主的人口减少了,而新地主的人口还来不及大量增加,新旧地主在总人口中所占的比例下降到了较低的水平。加上由于总人口的减少缓和了人地矛盾,人口内部的结构比例和人口与土地的比例都调节到了比较合理的程度。历史上几个强盛稳定的朝代如汉、唐、明、清都出现在大规模的战乱和人口锐减以后,看来绝不是偶然的。不过由于这种人口增长不平衡的因素依然存在,这种局面维持的时间总是有限的。

这种不平衡性在古代社会是始终存在的,但总的趋势是程度逐渐减轻。例如多妻者的比例和妻妾的数量逐渐减少,必定会使地主人口的增长率有所下降。随着物质生活和医药卫生条件的改善,人口的平均寿命和出生率会不断提高,也就缩短了两种增长率的差距。不同地区、不同宗族的地主家庭也会有种种不同,所以在具体考察某一时期时,应作全面综合的分析。

这种不平衡性也存在于其他人口群体之间,如各种不同的阶层、职业、身份、宗教信仰的群体之间,在人口增长的模式和幅度方面也会具有相当大的差距。但由于这些群体的数量往往不如地主与农民这两个基本群体,因而对整体的影响要小得多。另一方面,对某一类群体在整个社会中的代表性必须有正确的估计,才能确定这类群体对总体人口变化的影响。如李中清等对清朝皇族人口的研究[2],无疑具有很高的学术价值和理论意义,但由于清朝皇族过于特殊,既有政治、经济、文化方面的,也有社会和民族方面的特殊性,所以对其代表性的估计必须十分谨慎。

二、人口增长的民族不平衡性

这一特点最明显地反映在汉族与少数民族之间。

1 《明会要》卷43《职官十五》引御史林润言。

2 李中清、郭松义主编《清代皇族人口行为和社会环境》前言,北京大学出版社1994年版,第2页。

根据 1953 年人口普查的结果,汉族占全国总人口的 93.94%,少数民族只占 6.06%。从中国人口发展的过程看,可以肯定,历史上汉族及其前身华夏诸族在总人口中所占的比例一开始并不高,更不可能占绝大多数。1953年这样的构成是各民族间人口增长长期不平衡的产物。由于缺乏各民族在历史时期人口增长率的统计数据,要确切地说明这种不平衡性存在的阶段和程度是不可能的,但是要证明它的存在却并不困难,因为在史料中可以找到大量有关的事实。这种不平衡性最明显地反映在汉族和少数民族之间,以下几个方面可以证明。

首先,当汉族的前身华夏诸族开始形成的时候,即使在黄河中下游地区也还存在着大量其他部族。从史料记载看,非华夏族的人口并不少,以致常常对属于华夏族的一些小国构成威胁,有的小国甚至被他们所灭。在武器落后的情况下,没有一定数量的人口优势一般是不易取胜的,这说明在一些局部地区,华夏人的数量还不如其他部族。在黄河中下游之外,华夏族就更是极少数,而大多数地区还是非华夏人的一统天下。但到了战国时期,中原的华夏人已占了压倒优势。到了秦汉时期,中原的非华夏人几乎绝迹。要是非华夏人与华夏人的增长速度大致相同的话,就绝不会出现这样的结局。

其次,在中原以外地区,尤其是在南方,非汉民族的人口数量很大,而汉族人口一开始基本上都处于少数。如岭南,在秦以前是越人的天下,秦始皇虽然迁入了十数万军民,并且不断补充妇女,以增加汉族移民的后裔[1],但到西汉初年赵佗自立为南越王时,显然越人在数量上仍占有相当大的优势,所以赵佗自称"蛮夷大长老夫",而在南越的西部和南部,几乎全部是越人[2]。又如,今云南境内尽管早在西汉时就设置了郡县,开始有汉人移殖,但当地非汉民族的部族统治一直没有解体,并长期延续,说明外来汉人即使有行政权力和军队的支持,却还不足以完全控制他们,人口数量的优势无疑是在非汉族方面。从 8 世纪中期到 13 世纪中期,当地的非汉族作为地区政权的统治民族长达 500 余年。蒙古宪宗四年(1254 年)灭大理国,建云南行省,但原国王段氏还是被封为世袭总管,国王以下的各级地方行政官员也基本如旧,可见当地的民族构成并未因政权更迭而发生多大的变化,所以云南境内汉人占多数的局面最早也要到明朝才出现。有些地方形成这样的局面的时间

1　《史记》卷 118《淮南衡山列传》。
2　同上书卷 113《南越列传》。

还要更晚。汉族人口在一个地区所占比例提高的原因之一是外来移民,甚至完全依靠外来移民的增加,但是如果汉族在全国范围内的人口比例普遍提高,就只能是自然增长率高于其他民族的结果。

从一些少数民族人口数量的大致推测也可以说明问题。藏族及其前身吐蕃的基本居住区一直是青藏高原,与其他民族或地区间的人口流动很少。8 世纪末吐蕃政权极盛时,在青藏高原的吐蕃人至少已有 100 多万,而同期汉人估计不超过 7 000 万。到 1953 年,中国的汉人已经有 5.4 亿多,几乎是当时的 8 倍,而藏人只有 277.56 万,不过当时的 2 倍左右。还有一些最终灭绝了的民族,必定有相当长一段时期内人口不断递减,与汉族人口的不断增长不可同日而语。

人口增长的不平衡性同样存在于其他民族之间,其严重程度不亚于汉族与少数民族之间。但从中国历史时期影响人口增长的各种因素分析,这种现象的存在有其必然性。

一个民族的人口增长包括两个方面:一是本民族人口的自然增长,一是其他民族人口被融合或同化为本民族。前者是真正的人口再生产,后者只是民族认同,对总人口数量没有影响,因为另一个民族增加的人口正是这一个民族所失去的,但这也是人口一种社会性特点。在以往 2 000 多年间,汉族在总体上都处于有利地位。

就地理环境而言,汉族及其前身华夏诸族很早就占据了中国境内在当时生产条件下地理环境最优越的部分——黄河中下游。在该地区内,华夏诸族又占据了条件最好的平原、台地和河谷;而非华夏族不得不退居丘陵山区。以后汉族在向四周扩展的过程中,也无不以平原、谷地、盆地或水陆交通要道为首要目标,然后再向周围发展。所以早在西汉时,在今天国境内阴山山脉和辽河下游以南、青藏高原和横断山脉以东的范围内,汉族占有地理条件最优越的地区的格局已经形成。这一区域是东亚大陆最适宜农业生产和人类生活繁衍的部分,一般海拔不超过 1 000 米,集中了中国绝大部分可耕地,处在大多数河流的中下游,除利用天然降水以外,还可以利用这些河流汇聚的上游来水,并享有运输的便利。由于基本都属于北温带,所以在近 3 000 年的气候变化中,始终没有超出农作物生长和人类生活所能忍受的幅度。尽管历史上自然灾害记载不断,一些持续多年的特大灾害也造成过非常巨大的破坏,但从来没有出现过全国性的毁灭性的灾害。这是连成一片的 300 余万平方公里的辽阔区域,在并不先进的农业生产条件下也足以供养数千万人口。随着生产水平的提高,最终满足了四五亿人口的基本需求。由于回旋余地较大，在天灾人祸面前始终能够保持恢复和发展的基础。

相比之下，其他一些民族就没有这样好的条件。如藏族（吐蕃）长期生活在平均海拔 4 000 米以上的青藏高原，高寒、干旱、气候多变、日温差大。现代医学研究已经证实，在这样的条件下，人类尽管也能够生存下去，但高原病随之增加，人口的粗死亡率、婴儿死亡率都与海拔高度成正比。又如在新疆地区，由于气候干旱，降水量少，绿洲的面积往往取决于当地能获得水量的多少，人类的生存范围相当有限。如遇到作为水源的河流改道，或者降水减少，不仅农业生产无法进行，连人的生命都难以维持。有些一度相当繁荣的民族逃脱不了迁移或灭绝的命运，这种恶劣的自然条件起了主要作用。生活在蒙古高原的民族，如匈奴等，曾经不止一次举族迁徙，驱赶他们的并不是汉族的军队，而是气候的异常变化所造成的严重自然灾害。

一般说来，生活在气候温和、降水充足、地形平坦、海拔不高地带的民族，由于生活和生产条件较好，人口的自然增长率较高。在过于寒冷的地方，大多数农作物无法生长，或者生长期过长，人类维持正常生活要耗费较多的能量，性成熟也较迟。海拔高、气候多变、干旱地区也有类似的困难。所以在这些地区的民族的人口自然增长率都较低。炎热地带虽然作物生长迅速，人类的性成熟期也较早，但疾病容易流传，在医药卫生条件落后的情况下，往往会造成非常严重的后果。因此那里的民族尽管繁殖率较高，但死亡率也很高，在类似的生产方式和技术条件下，人口的自然增长率比温带的民族要低。突发性的、持续的、异常的灾害对落后民族会产生严重的影响，甚至能使之灭绝。

就生产方式而言，华夏族在早期也从事过渔猎、畜牧和采集，但较早学会了农耕，并且逐渐成为以农业为主的民族。而其他一些民族虽然也同样掌握了农耕技术，却没有摆脱畜牧业，或者还是以畜牧业为主。这当然与华夏族较早生活在宜农地区有关，但这又反过来促使华夏人保持和争夺宜农地区，作为自己的活动基地，以满足人口的生存和发展。在春秋时黄河流域的华夷之争中，非华夏人所关心的似乎并不是宜农的土地，而是财富和其他战利品，显然他们依然满足于丘陵地带的渔猎和采集生活，这就注定了他们最后只能在迁徙、加入华夏族或者灭绝中作出选择。农业生产为人口提供了比较稳定的粮食和生活必需品的供应，也使从事农业生产的人口选择了定居生活。与从事游牧或者其他产业的民族相比，农业民族的生活条件相对要安定舒适,人口的平均寿命会更高,再生产过程会更快,这已被现代统计数据证明[1]。发展的结果自然是汉族(华夏)的人口大大超过其他民族,而这又驱使汉族不断扩大自己的生存空间,以满足新增人口的需要。民族间这种差距是相对的,所以在其他民族之间也存在着这样的差异和发展过程。

在从事农业以外的产业的民族中,一般来说,能够定居的民族在人口增长方面的条件又比处于流动或经常迁徙中的民族为优。在中国民族史上,我们还没有发现专门从事商业、手工业、采矿业的民族,但可能某些民族中从事这些产业的人数较多或比例较高,如古代西域某些国就以善于经商闻名。对商业人口也要作具体分析,如坐商(即固定经营的商人)和从事手工业大致对人口再生产不会有明显的影响,但外出经商和采矿业肯定要起消极作用,前者会减少人口的总生育率,后者必定会增加人口的非正常死亡率。当然,即使是从事同样产业的民族也还有先进与落后之分,不可一概而论。

文化因素也起着不同的作用。长期稳定的农业生产不仅为汉族提供了充足的物质基础,也产生了相应的精神文明,形成了适合于社会的政治制度、文化艺术、道德规范、思想意识、社会风尚和生活方式。凭借着庞大的农业人口所积聚起来的物质财富,汉族也拥有了在当时东亚大陆最先进的精

1　如张天路《民族人口学》(中国人口出版社 1989 年版)第 129—130 页引"1984 年华北地区人口发展战略讨论会"论文内容:

1981 年蒙古族牧区、半牧区平均预期寿命

地　区	平均预期寿命(岁)			e_0 差值女—男	死亡率(‰)			婴儿死亡率占总死亡率之比(‰)
	合计	男	女		粗死亡率	标准化死亡率	婴儿死亡率	
牧　区	64.68	63.80	66.10	2.30	6.30	8.14	62.88	20.7
半牧区	67.00	66.50	67.00	1.35	6.50	7.73	41.94	13.9

1981 年新疆各民族人口平均预期寿命

民　族	平均预期寿命		婴儿死亡率(‰)	
	男	女	男	女
维吾尔族	55.51	56.04	165.0	141.0
汉　族	69.93	73.19	38.8	28.3
哈萨克族	62.63	63.32	84.8	71.8
回　族	70.82	72.44	33.8	27.6
蒙古族	59.21	61.43	80.1	74.4
柯尔克孜族	58.72	60.34	161.0	177.0

神文明,这种优势一直保持到了日本明治维新之前。所以,以汉族农业文化为主导的中原王朝对其他农业民族具有非常强的吸引力,农业和在农业生产基础上产生出来的文化成为汉族融合其他民族的手段,也成了维系民族联合和国家统一的纽带。相比之下,牧业民族难以在物质和精神两方面与之匹敌自不必说,就是南方的其他农业民族也因为人力有限、生产水平落后而缺乏抗衡的实力。

早在公元初,汉族就结成了一个5 000多万人的群体,这就不仅牢固地树立了对其他民族的优势,而且使任何进入这一区域的其他民族不得不面对汉族的汪洋大海。不管是以武力手段强制入侵的,还是以和平方式迁移来的,也无论是游牧民族还是农业民族,一旦在汉族地区定居,或者成为汉族的统治者,就绝对无法抵制汉族的物质文明和生活方式的引诱,也找不出任何足以对抗的精神武器,最终只能成为文化和民族上的被征服者。

应该承认,汉族在与其他民族交往的过程中,一些积极的传统对扩大本民族人口和实力起了重要作用。尽管汉族很早就歧视其他民族,春秋时就开始强调所谓"夷夏之防",但一般只注重文化方面的差别,并不追究血统上的根源。所以划分"夷""夏"的主要标准是文化,而不是血统,因此"夷"只要学习和掌握了"夏"的文化,就完全可以变为"夏"。魏晋时入居中原的匈奴人中,有的已经因精通儒家文化而得到汉族上层人士和知名学者的赏识。直到近代,一些西方人士因精通中文、取中国姓名、服中国衣冠而赢得了包括保守派在内的中国人的好感。这当然也反映了汉族妄自尊大的一面,但与世界历史上那些非本民族血统不认,甚至不惜从肉体上消灭异族的民族相比,无疑要进步文明得多。

在与其他民族通婚方面,早期的华夏人并无什么禁忌。西周和春秋战国时就可以找到不少国君和贵族娶异族女子或者本人为异族妇女所生的记载。由于汉族早已形成强烈的宗族观念,对本族男子娶异族妇女比汉族女子出嫁异族更容易接受。即使不能接受异族妇女作为正式的妻子,也不妨碍接受她所生的子女,以利传宗接代和家族人口的繁衍。西汉时,张骞出使西域,被匈奴俘获后,娶了匈奴妻子,生了孩子[1]。苏武被匈奴扣留后坚贞不屈,但同样可以有"胡妇",并产一子,以后又获准以这个儿子作为自己合法

1　《汉书》卷61《张骞传》。

的继承人[1]。张骞和苏武都是当时忠于汉朝的典型,苏武的爱国精神和民族气节更是备受赞誉,丝毫没有受到与"胡妇"通婚的影响。这说明汉族与异族通婚,特别是娶异族妇女,是被普遍接受的。在南北朝和隋唐,汉族与异族的通婚更是正常现象,连皇帝也是如此,如隋文帝的皇后独孤氏、唐太宗的皇后长孙氏都是鲜卑人。此后只有北宋和明朝有过在局部地区禁止汉族与少数民族通婚的规定,清朝末年以前制定过满族与汉族之间不许通婚的法令,而且即使在这些阶段,汉族与异族的通婚还是存在的。

从华夏到近代的汉族,作为一个民族从来没有把某一宗教当作本族统一的信仰,历史上各个汉族政权也从来没有实行过政教合一。虽然也曾出现过由于某位皇帝笃信佛教、道教,因而有较多的人出家为僧为道;或者因为民户的赋税过重而寺院却能享受优待,以致不少百姓或真或假当了僧尼;但这些人在总人口中的比例一般是很低的,而且这种特殊情况存在的时间都不长。总之,宗教因素在汉族的人口发展史上没有起多大作用,而积极增加人口的思想一直占据着主导地位。

但对另一些民族而言,宗教对人口的增长无疑起了很大的抑制作用。例如藏族的前身吐蕃早就信仰藏传佛教,自15世纪以来,宗喀巴创立的黄教(格鲁派)逐渐成为主流,蒙古族、门巴族、裕固族、土族等也先后接受了藏传佛教。由于喇嘛在总人口中占了相当大的比例,终身不婚的男子大大增加,导致妇女的无偶率相应提高。由于民众的宗教观念强烈,宗族观念淡薄,没有或者很少有"传宗接代"的生育愿望,所以藏族、蒙古族的人口出生率一直很低。而信奉伊斯兰教的回族却因为受到教义的鼓励,早婚,早育,多育,不虐待婴儿,始终维持着较高的出生率。为了防止本族人口的流失,还规定回族女子不许嫁给汉人,而汉人女子只有信仰伊斯兰教并服从回族风俗后才能成为回人的妻子。中国的回族刚形成时人数远不如蒙古族,而到1953年人口普查时,回族人口已有355.93万,居少数民族中第三位,大大超过了蒙古族的146.93万,也超过了国内外蒙古族人口的总数。

处于统治地位的民族可以凭借政治权力提高本民族的政治、经济地位,制定种种有利于本民族的法律和规定,甚至以剥夺或损害其他民族特别是被压迫民族的利益为手段来提高本民族的人口增长率。在没有建立起真正的民族平等的社会制度以前,这种现象是不可避免的,但是存在的程度却是因时因族而异的。如元朝把全国人口明确分为蒙古人、色目人、汉人和南人

　　1　《汉书》卷54《苏建传附子武》。

四等,蒙古人享受最好的待遇,而南人处于底层;又规定凡其他民族男女与蒙古人结婚的,一律算为蒙古族,这些无疑都有利于蒙古族人口的增长。到了明朝则制定法律,规定蒙古人和色目人只能与"中国人"(汉人)通婚,禁止"同类自相嫁娶"[1],实际上是强制他们与汉人同化,限制他们本族人口的增殖。所以蒙古族人口在经过元代的急剧增加后,在明代出现了大幅度的下降。类似的过程也在满族重演,从清朝入关时不过数十万,到清末满族人已增加到 500 多万,增加了近 10 倍,比同时期汉族人口增长速度快得多。而在辛亥革命以后,一方面由于作为统治民族特权的丧失使人口的自然增长率有所降低,另一方面又有不少满族人出于种种原因改变了民族成分,以致1953 年人口普查时统计到的满族人口只有 242 万。

政治因素的有利方面也可以当代为例。1949 年以后,中国政府实行民族平等的政策,并且采取积极措施帮助和鼓励少数民族增加人口,发展经济和文化,因此各少数民族的人口增长率一般都有提高,1964 年以后已经明显高于汉族。除了自然增长外,也有一部分人是由原来登记的汉族或其他民族恢复为本民族的。1978 年后,政府进一步落实对少数民族的政策,制定了恢复或改正民族成分的处理原则,更加快了民族演变的过程,一些少数民族人口剧增。如在 1982 年,四川省石柱县只有土家族 21 人,而到 1984 年末已增加到 226 987 人,两年半间增长了 10 809 倍,从而成立了土家族自治县。辽宁省的满族从 1982 年人口普查时的 198 万增加到了 1984 年末的276 万,平均每年递增率高于 180.7‰,因而在 1985 年新建了三个民族自治县[2]。

历史上一些人口较少、经济文化相对落后的民族往往采用军事手段掠夺其他民族的人口。那些被掠人口一般都充当奴隶或劳动力,有的依然保持原来的民族身份,有的就被强制改变民族成分。例如匈奴从秦朝开始就不断从内地抢掠人口,直到西汉中期,始终保持着一批被称为"秦人"的中原人,从事筑城、打井、农耕等游牧民族不习惯的劳动。这些人能够保持"秦人"的身份,显然是由于匈奴人需要他们的技艺,所以只能让他们聚集在一起,并能代代延续。那些直接被匈奴人掠为奴隶的人大概就没有这样的资格了,结果当然就成了匈奴的一员。吐蕃强盛时,也不断从中原、河西和其他占领区掳掠人口,送回青藏高原当奴隶、工匠,以后大都成为吐蕃人。汉

---

1   万历《大明会典》卷 20、卷 163,台湾新文丰出版公司 1976 年影印本。
2   张天路《民族人口学》,中国人口出版社 1989 年版,第 85—86 页。

族统治者在急需增加人力,或者出于贪欲,有时也从事这类掠夺。三国时的孙权和隋炀帝派兵远征台湾,就是为了掳掠当地的人口。孙权还在江南自己的统治区内一次次捕捉数以万计的山越人,编入军队或充实民户。武力掠夺并强制同化的直接后果是本民族人口的大量增加,如明清以来四川、云南大小凉山的彝族奴隶主不断大批掳掠周围的汉、纳西、普米、傈僳、白、傣等族人口为奴隶,被掠者及其后裔统统被强迫成为彝人。因此,四川凉山地区的彝族人口从清雍正六年(1728 年)的 0.6 万—0.7 万,增加到 1910 年的 29 万—30 万,182 年间增长了 42 倍,平均每年递增 20.9‰; 1949 年又增加到 60 万,平均每年递增 17.9‰[1]。但是这种畸形的增长是以其他民族的巨大损失以至灭绝为代价的,对生产力和社会财富的破坏就更大。

婚姻和生育制度的差异必定会对人口增长产生直接的影响。包括汉族在内的各个民族都经历了一个发展变化的过程,但由于时间的先后和进程不同,在同一时期内就会出现明显的差异。一些特殊的婚俗和生育制度反映了古代社会的残余,一般来说都不利于人口的增长,但由于它们的存在适应了一些民族一时的需要,或者限于客观条件无法加以改变,往往会长期延续。如藏族在历史上曾长期存在一妻多夫制,直到 20 世纪 50 年代民主改革前还占相当大的比例,一方面造成已婚妇女生育率不高,另一方面又产生婚龄妇女的"过剩",人口的出生率大大降低。还有的民族实行内婚制,有的范围很小,例如只限于某一教派、某一阶层、某一家族之内,甚至同一血缘,结果不同程度地造成人口体质和智力的退化、婴幼儿死亡率的增加。其他一些婚姻习俗如"从妻居""不落夫家""走婚制"等对人口增长也都有一定的消极影响。经济文化水准低的民族,其妇女在生育过程中往往不仅得不到起码的医疗卫生条件,而且还受到各种迷信落后的习俗的影响,导致孕妇的死亡率和婴儿死亡率都相当高。

由于历史资料的缺乏,我们已经很难考察各个民族在不同历史时期的具体情况,但从一些少数民族直到近代还存在这些现象看,可以肯定这些因素曾经产生过很大的影响,而所受影响的时间长短、程度大小的不同,又使各民族的人口增长出现了不同的结果,显示了巨大的不平衡性。

1　参见胡庆钧《明清彝族社会史论丛》,上海人民出版社 1981 年版;本书编写组《凉山彝族奴隶社会》,人民出版社 1982 年版。

三、人口增长的时间与空间不平衡性

从公元 2 年的 6 000 多万人口增加到 1850 年的 4.3 亿多人口,中国人口的年平均增长率是很低的,只接近 1‰。即使算到 1953 年,年平均率也高不了多少。但在这近 2 000 年间,人口并非平稳增长的,而是多次出现过较高的增长率和更高的负增长率,就是以往大家习惯说的"大起大落"。因此就某一具体阶段来说,人口的年平均增长率远高于 1‰,而在另一些年份人口又会急剧减少。

例如,西汉 200 余年间,人口的年平均增长率约 7‰,其中前期数十年间可达 10‰以上;明朝在 1400—1600 年这 200 年间,人口的年平均增长率在 4‰上下;清朝在 1700—1850 年间,人口的年平均增长率约 5‰。此外,一些朝代都有一段增长率较高的阶段,如东汉在公元 57—105 年、唐朝在 705—755 年,宋朝在 1006—1100 年间,实际人口的年平均增长率都在 7‰—10‰之间,有些年份可能还会更高。

这说明,在社会比较安定,经济得到恢复和发展,自然灾害不太严重的情况下,较长时期内的人口年平均增长率可以达到 5‰—7‰,较短时期内可以达到 10‰—12‰,更短的阶段可能接近 20‰。不过,当人口基数突破 1 亿后,较长时期的年平均增长率已呈下降趋势,很难再突破 5‰了。前面已经指出,20 世纪开始的人口转变自当别论。1953 年后的年平均增长率都大大高于历史上人口增长的黄金时代,即使在实行计划生育 20 多年后的今天,中国人口的年平均增长率还很难降到 10‰。可见历史上的所谓"大起",其增长率并不高,只是因为持续了较长的年代,才能积累起一个可观的增幅。

另一方面,自然灾害、政治动乱、战争等因素不仅会使人口增长率降至零,而且会导致大幅度的负增长,造成人口大量减少。户口统计中常会出现这样的现象,经过战乱后的户口数不足原来的一半,甚至不到十分之一。当然这种数字的虚假成分很大,不能当成信史看待,但人口锐减却是无可否定的事实,已为本书作者们的研究所证实。

两汉之间的十多年间,实际人口减少了约 42%。秦汉之际的降幅不低于此。

东汉后期已有 6 000 多万人口,经过三国、晋、十六国、南北朝的长期战乱,到 400 年后的隋朝才恢复到接近 6 000 万。此期间虽然有几次人口已回升到 4 000 万—5 000 万,但其中有多次人口下降超过一半。

隋末的战乱使人口剧减,唐初的实际人口估计不足原来的一半。唐朝从安史之乱开始,出现了多次人口下降,最初的一次降幅可能接近三分之

一。中间虽有过几次回升,但到五代时又有大幅度下降,因此到北宋建立时人口不足盛唐之半。

南宋与金合计人口已超过1.4亿,但元朝时人口最多不超过9 000万,减少了5 000万,其中北方原金朝和西夏境内在26年间减少了80%以上,平均每年下降超过60‰;南宋境内估计也损失了约1 000万人口。而明初的人口只有7 000多万(含残元所有),又损失了近2 000万。

明清之际的人口下降大致在顺治末达到谷底,跌幅估计达40%,从崇祯元年(1628年)以降的27年间,平均每年下降19‰。清朝至1850年人口已达4.3亿,此后经过太平天国战争等一系列天灾人祸,损失人口不下1亿。

相比之下,这种"大落"的速度比"大起"要快得多。最快的增长率可能连续多年在20‰以上,但处在"大落"期的负增长率完全可以每年超过50‰,所以数十年、上百年增长积累起来的人口,可以在一二十年间丧失殆尽。可见"大落"是确实存在的,但延续的时间一般不会太长,往往集中在一二十年甚至几年间。

但社会毕竟是在进步的,即使同样处于"大落"期,前后的情况也并不相同。早期的跌幅动辄一半以上或三分之一,后期就低得多。早期的"大落"往往持续多年,一次次相接,后期一般时间较短,复原较快。而从19世纪末期开始,即使同时出现天灾人祸,除了个别年份外,人口几乎始终处于增长之中。

人口增长的时间不平衡性还反映在人口完成一次倍增所需要的时间的长短。公元2年前的情况目前还无法估计,从公元2年的6 000多万到13世纪初达到约1.2亿,在1200年间翻了一番;到18世纪70年代总人口已超过2.4亿,翻一番的时间不到600年;而到1851年总人口已突破4.3亿,不到100年又翻了一番。从1953年的5.8亿开始,40年里又翻了一番。人口倍增的时间越来越短,这是不争的事实。但正如前面所指出的,在1850年以前,随着人口总量的增加,人口增长率是逐渐降低的。所以导致人口倍增时间缩短的主要原因,不是人口增长率的提高,而是"大落"的减少和缩短,即人口负增长的幅度逐渐降低,而人口负增长出现的年份越来越少。

西方学者往往持这样的观点:中国的人口始终是在持续增长的。实际上,除了19世纪末以来的这一阶段外,历史上的人口增长都呈现出时间上的不平衡性,只是当后人作宏观观察时忽略了其内部的差异,或者只是简单地取了一个阶段间的平均增长率而已。

人口增长的空间差异,即同一时间内人口增长的地域性差异。事实证明,在中国人口史上这一差异性是随时存在的,只是强弱程度的不同而已。由于缺乏分年度、分地区的人口增长率,我们很难通过具体数字的比较来说明这种差异性,特别是在早期。但通过相关数据的分析,还是可以作出这样的判断的。

最早的例证可以从《汉书》卷 28《地理志》所载西汉元始二年(公元 2 年)的户口数获得。根据分郡国的户数和口数,可以计算出各郡国每户的平均口数,以州为单位列表如下。

表 4-4　西汉元始二年各州户均口数

州　名	户均口数	州　名	户均口数
交　趾	6.37	徐　州	4.56
荆　州	5.38	扬　州	4.51
豫　州	5.18	司　隶	4.40
朔　方	4.98	青　州	4.37
兖　州	4.76	并　州	4.28
益　州	4.67	幽　州	4.22
冀　州	4.57	凉　州	4.02

资料来源:《汉书》卷 28《地理志》。

当时全国平均每户 4.67 口,但最低的凉州每户平均只有 4.02 口,而最高的交趾每户平均有 6.37 口,后者比前者多出 50%以上,比全国平均数也高出 36%。以郡或国为单位的统计数差距更大,如交趾郡高达 8.07,淮阳国为 7.24,广平国为 7.10,而敦煌郡为 3.42,广阳国为 3.41,梁国竟只有 2.75,高低之差在 1 倍以上。家庭规模的差距如此之大,即使考虑到其他非人口因素,至少也可以说明这种差距是客观存在的。既然如此,各地的人口增长率也会有很大的差异。

我们还可以选择清朝在 1820—1851 年、1851—1880 年这两个阶段来作一比较,见表 4-5。以省为单位的统计数据显示,在第一阶段这 30 年间是普遍增长的,但增长率的差异很大,最高的四川达 25.04%,云南达 23.07%,而最低的甘肃只有 7.87%,江西为 8.68%。第二阶段这 29 年间变化剧烈,升降不一,增长率最高的四川达 23.74%,而跌幅最大的甘肃竟下降了 73.91%。如果我们在府州一级或县一级进行比较,差距无疑会更惊人。这些当然雄辩地证明了在同一时期里,各地的人口增长是很不平衡的。

造成这种人口增长的空间不平衡性的原因是多方面的。

　　首先是因为中国国土辽阔,自然条件存在很大的差异。在人们的生产和生活很大程度上受到地理环境制约的条件下,不同地理环境下的人口会有不同的人口增长率,是非常自然的结果。

表 4 - 5　1820—1880 年分省人口数与人口增长的比较

人口单位:万

省　别	1820 年	1851 年	1880 年	1851 年比 1820 年增长(%)	1880 年比 1851 年增长(%)
江　苏	3 943.5	4 471.9	2 949.1	13.40	− 34.05
安　徽	3 206.8	3 738.6	2 139.2	16.58	− 42.78
浙　江	2 733.5	3 027.6	1 602.9	10.76	− 47.06
江　西	2 234.6	2 428.6	1 331.6	8.68	− 45.17
湖　南	1 898.1	2 180.9	2 251.2	14.90	3.22
湖　北	1 948.2	2 218.7	1 896.6	13.88	− 14.52
福　建	1 654.5	1 840.7	1 416.7	11.25	− 23.03
广　东	2 140.5	2 385.9	2 644.7	11.46	10.85
广　西	946.1	1 096.2	1 259.2	15.87	14.87
云　南	1 029.9	1 267.5	1 164.5	23.07	− 8.13
贵　州	747.8	879.4	1 025.4	17.60	16.60
四　川	2 356.5	2 946.5	3 646.1	25.04	23.74
直　隶	2 308.2	2 705.5	3 158.7	17.21	16.75
河　南	2 749.8	3 077.1	2 621.8	11.90	− 14.80
山　东	3 232.6	3 558.5	3 897.8	10.08	9.53
山　西	1 433.9	1 583.8	882.7	10.45	− 44.27
陕　西	1 213.0	1 326.9	707.5	9.39	46.68
甘　肃	1 760.5	1 899.0	495.5	7.87	− 73.91

资料来源:《中国人口史》第五卷,第十六章。

　　其次则是各地的人文地理环境同样存在很大的差异。如不同的民族会因为生活和生产方式的不同,人口再生产的方式也不同,必然会导致人口增长率的差异。同一民族间也会因所居住的地域不同,而形成不同的风俗习惯,也会影响人口再生产的方式。

　　再次,在这两种因素综合之下发生的天灾人祸,如异常气候等自然灾害、饥荒、瘟疫、社会动乱、战争等所及的范围或大或小,影响也或大或小,或有或无。即使是全国性的天灾人祸,也有受害程度的不同,而且以中国之大,总有不受影响的地方。在这种情况下的空间差异会表现得非常强烈,形成巨大的反差。

表4-5显示的两种情况是很有典型意义的。1820—1851年这一阶段各省之间还只是增长率高低的不同,可以代表一个人口普遍增长的阶段。此期间虽然也有局部的自然灾害和鸦片战争等天灾人祸发生,但总的来说,对人口的增长还没有造成多大的影响。各省间人口增长的差异当然也有人口迁移的因素,但增长率最高的四川省已经由人口迁入转为迁出,该省能有全国最高的增长率,主要应该是人口自然增长率高的结果。而甘肃人口增长最低显然也不是人口外迁所致,也是本地人口增长缓慢的反映。第二阶段则是另一种类型,1851年以后,太平天国、捻军、陕甘和云南回民战争、山西和陕西等地的大旱等,大都是中国历史上罕见的天灾人祸,凡是受波及的地区人口无不急剧下降。尽管有些地方已经经过十多年的恢复,却依然远远低于前一阶段末的人口数量。但在未受波及的四川、贵州等地,大致保持着前一阶段的增长幅度,连不无影响的直隶、山东、广西等省也只是增幅稍有下降。

限于史料,我们能够找到的具体数据相当有限,并且往往不够具体,但已经足以证明人口增长的空间差异的存在。人口增长的空间差异和时间差异是同时存在的,所以我们在研究和认识中国人口发展规律的时候,必须充分认识这一特点,才能正确把握中国人口增长的具体规律。

第七节 人口与中国疆域及外部世界的关系

从公元初的6 000多万人口到19世纪中期的4亿多人口,如此庞大的中国人口对外部世界究竟起过什么作用? 在中国历代中原王朝疆域的变迁中有过什么影响? 是否曾经对邻国和世界构成过威胁? 中国人口中有多少人、以何种方式移殖境外? 有些人曾经想当然地作过各种回答,还有人甚至把匈奴人和蒙古人对欧洲征服的"黄祸"同中国的人口联系起来,发表耸人听闻的言论,一度成为西方列强侵略中国的依据。但实际上,并没有人将中国人口与历史的有关方面结合起来,作过严肃认真的研究,当然也就不可能产生什么值得一提的结论。

现在本书已经对中国人口各阶段的数量和变化作了可能的估计和论述,对中国历代疆域的变迁也有不少论著可资参考,对中国人口与中国疆域之间究竟存在什么关系,已经不难作出结论了。

一、秦汉时期

公元前 221 年秦始皇统一六国,又经过了多次扩张,至公元前 210 年秦始皇去世时,秦朝的疆域达到了空前的范围[1]。秦朝的疆域包括了战国后期七国旧地的全部,但一部分是新从其他民族手中夺取的。

大约在公元前 222 年至前 221 年间,秦军在平定楚国的江南和越国旧地后,就进入了今浙江南部和福建,征服了当地的越人政权,设置了闽中郡,以冶县(今福州)为郡治。但秦朝的控制点显然相当少,所以在如此广大的区域内没有设什么县治,而且在秦亡以后整个闽中郡地就又重新为越人所有了。

秦朝的新疆域包括岭南地区,即南岭以南今广东、广西和越南的东北部,是百越诸族的聚居地,战国时还不是楚国的领土。根据《淮南子·人间训》的记载,秦始皇的动机是"利越之犀角象齿翡翠珠玑",因此命尉屠睢率五十万军队分五路南征。由于越人以丛林为依托奋勇抵抗,三年中秦军死伤数十万,连尉屠睢也在越人夜袭中丧生。所以到秦始皇三十三年(前 214 年)才又征发"诸尝逋亡人、赘婿、贾人"[2],同年设置了桂林、象郡、南海三郡,基本结束了军事行动。驻守岭南的尉佗要求秦始皇遣送三万未婚妇女,作为士兵的配偶,但只获得了一万五千人[3]。

在西南,秦朝以成都平原为基地,向西、北两方面扩张到了今大渡河以北和岷江上游,占据了邛、笮、冉、駹等部族地区;向南又整治开通了一条"五尺道",从今四川宜宾延伸到云南曲靖,并在沿线控制了不少据点,设置了一些行政机构。但由于投入的兵力和派驻的人员有限,统治并不巩固,所以在秦亡后就都已经放弃了[4]。

在西北,秦始皇于三十二年(前 215 年)派蒙恬率三十万军队赶走了河套一带的匈奴人,第二年在阴山以南、黄河以东设置了九原郡,管辖新设的 34 个(一说 44 个)县[5]。但这些地方本是战国时赵国的旧地,连秦始皇令蒙恬筑起的万里长城,实际上也是以战国时秦、赵、燕三国已筑过的长城为基础的。由于匈奴是游牧民族,以往曾不时侵入内地,秦朝的措施主要还是出于军事上的防卫目的。

1　关于中国历代疆域变迁的概况,详见葛剑雄《中国历代疆域的变迁》,商务印书馆 1997 年版。

2　《史记》卷 6《秦始皇本纪》。

3　同上书卷 118《淮南衡山列传》。

4　同上书卷 116《西南夷列传》。

5　同上书卷 6《秦始皇本纪》。

秦始皇时代的人口总数应该超过 4 000 万,但在经过战国末年长期的战争之后,人口数量已经有了很大幅度的下降,所以当时普遍存在的是劳动力的不足,而不是人口压力。正因为如此,秦始皇在大规模征调民众服劳役和兵役时不得不采取残暴的强制手段,而且已显得捉襟见肘,如对征南越的军队派不出更多的增援和补给,在设置新政区后也无法迁入更多的移民[1]。秦亡以后和西汉初年,秦朝的新领土丧失殆尽,西南和南方全部为当地民族夺回,或建立了实际上独立的政权,一个重要的原因就是来自秦朝的驻军、行政人员和移民数量太少。就是在中原移民集团掌握了政权的南越国,还得依靠当地的部族首领,沿用越族习俗[2]。秦朝曾有一些人从山东半岛及东南沿海地区迁往朝鲜半岛和日本列岛,但他们大都是出于逃避秦朝统治的目的,或者是长期海洋迁移传统的延续,并不是迁出地人口过多的结果。

西汉初期疆域的收缩,直到汉武帝时代(公元前 140—前 87 年)才告结束。经过数十年的征战和经营,汉朝的疆域在武帝后期达到极盛。汉朝的扩张是从收复秦朝故地开始的,但结果超过了秦朝领土的范围。汉朝的西南界扩展到今高黎贡山和哀牢山一线,南方则增加了海南岛和今越南北部、中部,东北的辖境南到朝鲜半岛中部江华湾一线,西北从匈奴和羌人手中夺取了整个河西走廊和湟水流域,并进而控制了天山南北,直至今巴尔喀什湖、费尔干纳盆地和帕米尔高原。

但由于扩展太快,新设的建置过多,兵力和财力都不能适应,加上地方官的苛政引起了当地民族的反抗,一些政区又撤销或缩小了。如撤销了在朝鲜半岛的两个郡,其余两郡也缩小了辖境;放弃了在海南岛的政区,机构和人员全部撤回大陆。这种状况一直维持到西汉末年。

西汉初的人口估计在 1 500 万—1 800 万之间,在武帝初的元光元年(前134 年)增加到约 3 600 万。武帝中期开始,人口出现了多年的停滞和负增长,到末年(前 87 年)下降至 3 200 万。此后增长恢复,到西汉末年(公元 2年)达到约 6 000 万的高峰。此时西汉不计西域都护府辖地的领土面积约400 万平方公里,人口密度为 14.63(人/平方公里,以下同),则武帝初的人口密度估计在 10 左右。因此,从总体上说,西汉的扩张与人口压力毫无关系,否则就无法解释为什么开疆拓土的行动发生在人口远非最多的阶

1　本节中有关移民历史和相关情况的叙述,详见葛剑雄《中国移民史》第二卷,以下不再注明。
2　《史记》卷 113《南越列传》。

段,而在人口接近高峰时非但没有再采取任何扩张领土的举措,反而会有所收缩。

汉武帝在北方和西北的军事行动,基本上都是从打击匈奴的实力出发的。所以尽管曾多次深入蒙古高原,但一旦战役结束就退守长城一线,稳定的领土没有超过秦朝的范围。河西走廊的获得也是匈奴战败投降的结果,由于该地具有断绝匈奴与羌人的联系和连接西域(今新疆和中亚)的战略地位,控制并加以巩固是一种必然的选择。同样,在羌人的故地湟水流域设置政区,主要也是军事上的需要,而不是出于经济利益。西汉在西域的军事行动,基本上都是为了与匈奴争夺控制权,是对匈奴战争的延续。唯一的例外是大宛的用兵,这是个别招摇生事的汉朝使者挑拨的结果,而汉武帝以为大宛不堪一击,将出兵的美差交给了宠妃李夫人之弟李广利,以便他能立功封侯。这场历时四年、付出了十多万人的生命和无数牲畜物资等惨重代价的战争,搞得国库空虚,天下骚动,得到的只是千余匹"天马"的战利品[1]。汉武帝在西南的多次用兵,目的有三:一是换取大宛、大夏、安息等国的"奇物";二是用金钱买通大月氏、康居等国,在军事上牵制匈奴;三是扩大领土,使不同风俗、不同语言的各族纳入版图,显示自己"威德遍于四海"[2]。正因为如此,这类战争在当时就受到普遍的反对,以致武帝也不得不下诏罪己,停止了在边疆的军事行动和在轮台(今新疆轮台一带)的屯戍[3]。

西汉初年的文帝时期,晁错提出过"徙民实边"的建议,但其着眼点主要是利用内地的罪犯和贫民充实边疆,并不是内地人口太多。武帝时,人口相对稠密的关东在灾年出现了大批流民,安置困难,于是新开拓的西北边疆成了移民的最佳场所。到昭帝始元二年(前85年)为止,迁入的移民累计有80多万,定居于河西走廊和今内蒙古南部、陕西北部、宁夏、青海东部。由于移民的迁移和定居完全依靠朝廷提供的粮食、种子和物资,使朝廷多年的积累耗费一空。移民的巩固也完全靠法律和强制手段维持,自由迁入受到限制。所以尽管在武帝以后的七八十年间关东局部地区的人口密度增加,人地矛盾更加突出,却再也没有实施向边疆的移民。在西南,官方也没有组织对新拓领土的移民,大都只是四川盆地内的居民自发地向南扩散。与此同时,汉朝在南方却不止一次地弃地移民,在征服东越、闽越后都将当地越人迁至江淮之间,造成今浙江南部和福建全省长期近于无人状态;在撤销海南岛的政

1　《汉书》卷6《武帝纪》,卷61《李广利传》,卷96上《西域传·大宛国》。

2　《史记》卷123《大宛列传》。

　3　《汉书》卷96下《西域传·渠犁》。

区时,也将愿意内迁的人全部迁走。

还必须指出,西汉对西域的控制主要是依靠声威,而不是使用军队。由于补给线太长,就地生产的粮食数量有限,当时不可能在西域维持过多的驻军和行政人员,常驻人员不过六七千人[1]。东汉对西域的控制几度中断,在其得以维持的阶段,常驻人员比西汉还少。除了少数因种种原因流落在西域的人以外,汉朝的移民从未越过河西走廊西端的玉门关。

除了西南局部地区以外,东汉的疆域从未超过西汉的范围,尽管东汉的人口峰值实际上并不低于西汉。而今高黎贡山和哀牢山以外的土地设置为永昌郡,只是当地民族归属的结果,从未发生过战争。而且东汉期间,匈奴、羌、乌桓、鲜卑和西域诸族开始内迁,最终演变为魏、晋、南北朝持续数百年的大规模少数民族内迁。

二、隋唐时期

公元 589 年隋朝灭陈后,它的疆域并没有恢复到西汉时的幅员,其东北以辽河与高丽为界;南方虽一度灭了林邑国,但不久就已退至北纬18°一线。此后隋朝从东突厥人手中夺回了河套,把边界扩展到阴山以北;又从西突厥夺取了今新疆哈密地区。大业四年(608 年),隋炀帝趁吐谷浑被铁勒打败之机,灭了吐谷浑,取得了它的故地,其范围东起青海湖东岸,西至塔里木盆地,北起库鲁克塔格山脉,南至昆仑山脉,这是以往各朝从未设置过正式行政区的地方。但这些疆土的开拓有的只有军事上的意义,有的存在的时间很短。如与东突厥的界线虽划定在阴山以北,但隋朝的行政区实际仍未出阴山山脉的范围[2]。吐谷浑首领到大业末年就又复国,在今青海境内所建政区到唐朝时也未恢复[3]。

隋朝人口最多时估计为 5 600 万—5 800 万,还没有突破西汉的记录,其直接统治的范围与西汉大致相仿,但经过数百年的开发,南方容纳的人口比西汉时有了大幅度的增加,所以并不存在人满为患的问题。相反,在隋炀帝穷兵黩武的情况下,到处出现田园荒废的景象。正因为如此,隋朝对新辟土

1　《汉书》卷 96 上《西域传》称,武帝时"轮台、渠犁皆有田卒数百人,置使者校尉领护,以给使外国者"。设置西域都护后,"于是徙屯田,田于北胥鞬,披莎车之地"。可见屯田的规模不大。又据《汉书》卷 94 下《匈奴传》:王莽始建国三年(公元 11 年),驻于西域的戊己校尉的属官陈良等胁迫吏士数百人杀戊己校尉,"胁略戊己校尉吏士男女二千余人入匈奴"。则戊己校尉的部属和家属不足三千人,西域都护府的规模应大致相当。

2　《隋书》卷 29《地理志》;谭其骧主编《中国历史地图集》第五册,地图出版社 1982 年版。

3　同上书卷 83《西域传·吐谷浑》;谭其骧主编上揭书第五册。

地,除了实行军事控制外,无法实施有效的移民。如对吐谷浑旧地,虽又"置郡县镇戍",却只能"发天下轻罪徙居之"[1],人数显然是相当有限的。

隋末唐初,突厥势力南侵,连首都长安也受到威胁。因此,尽管黄河流域还没有修复战争的创伤,全国人口不足 3 000 万,唐朝还是不得不发动了对突厥的反击。在贞观四年(630 年)灭东突厥,贞观二十一年又灭薛延陀,疆域达到了贝加尔湖以北。以后又灭西突厥,辖境远至中亚。

唐朝的疆域,最西曾经到达过咸海之滨,最北曾包括西伯利亚,最东一度拥有萨哈林岛(库页岛)和朝鲜半岛的大部分。但是这并不是说唐朝同时拥有过这样大的疆域,而且达到最远点的时间是非常短的。例如,控制咸海以东是在龙朔元年(661 年),但到麟德二年(665 年)就撤到了葱岭,实际只维持了 3 年。而那时还没有灭高丽,东部的边界仍在辽河一线。开元三年(715 年)唐朝又扩展到葱岭以西,但东部的安东都护府已退到辽西。天宝十载(751 年)怛罗斯一仗败于大食(阿拉伯帝国),唐朝的疆域又退回到葱岭。北方自灭薛延陀到仪凤四年(679 年)突厥再起也只有 32 年时间,唐朝就又撤至阴山山脉以南了。总章元年(668 年)年底灭高丽后置安东都护府,但到咸亨元年(670 年)其治所就从平壤迁至辽东,不久又迁至辽西,高丽故地基本丧失。

在研究唐朝的疆域与人口的关系时,以下三个方面是必须注意的,也是很能说明问题的。

唐朝的疆域扩张与人口增长并不是同步的,当人口达到高峰时,极盛疆域已成过去,这与西汉的情况相似。隋唐之际的人口谷底估计在武德五年(622 年),约为 2 200 万—2 300 万。此后以年平均 8‰—12‰的增长率增加(包括因自境外迁入而增加的部分),至安史之乱前的 755 年达到 7 000 万的高峰。而唐朝在北部推进到极点时的人口约 2 700 万,在西部获得最大疆域时的人口约为 3 000 万,在朝鲜半岛设立安东都护府时的人口不会超过 4 000 万,都离高峰甚远。而在人口达到 7 000 万的天宝盛世,除了今新疆乌鲁木齐及其以东一带有一些正式的州县,其设置正式行政区域的范围基本没有超出西汉的范围。

唐朝在新辟的领土基本都设置都护府和都督府,或通过羁縻府、州、县的形式进行统治。羁縻政区的首长绝大多数都是由其原来的首领世袭的,不纳赋税,除已迁入内地的以外也不领朝廷俸禄[2],当然也不接受唐朝的常

1　《隋书》卷 83《西域传·吐谷浑》。

2　谭其骧《唐代羁縻州述论》,载《纪念顾颉刚学术论文集》下册,巴蜀书社 1990 年版,第 555—569 页。

驻机构和人员,不会有什么移民迁入。唐朝存在时间较长、较稳定的六个都护府中,安南的辖区是西汉以来的旧地;安东所管的大都也是辽西的旧地;安北一度辖有今蒙古和西伯利亚,但到垂拱二年(686 年)后即迁至今内蒙古;单于原辖阴山、河套一带,至圣历元年(698 年)后并入安北;只有北庭和安西两个存在时间最长,辖区又基本都是新辟。这些都护府都没有为唐朝的人口提供多少扩展的余地,因为除了常驻的军队和行政人员以外,由内地迁去人口极少。迁入西州(今新疆吐鲁番一带)和庭州(今乌鲁木齐一带)的主要是罪犯,在都护府和镇的驻地如安西(今库车)、北庭(今吉木萨尔)、疏勒(今喀什)、焉耆等处主要由戍卒实行屯垦。安史乱后,这类迁移也基本结束了。

相反,伴随着唐朝扩张的是大批边区和境外民族的内迁。如东、西突厥被灭后,有数十万人迁入唐朝,定居在首都长安的就曾有一万户,河套和今陕西、山西北部都是安置突厥人较多的地区。高丽被灭后,三万多户百姓被迁至江淮以南及山南、京西诸州,其中一部分以后迁回辽东,但不久又被迁至陇右、河南。百济的贵族和百姓被迁于辽东、徐州、兖州等地。山东半岛沿海有很多新罗人居住。此外,回鹘、铁勒、西域诸族、吐谷浑、吐蕃、党项、契丹、奚等族几乎都有不少人内迁。唐朝的军队,从将领到士兵,都有大量来自边疆和境外的人员。

总之,在唐朝的疆域达到极盛时,其人口还没有超过西汉;而当其人口达到高峰时,绝大部分人口居住的范围与西汉的疆域相仿;迁入唐朝的人口远远超过唐朝向边疆地区的移民。

三、宋元时期

宋朝的领土比唐朝小得多,其北界已退至今山西的河曲、岢岚、原平、代县、繁峙和河北的阜平、满城、容城、霸州及天津市区一线,西北与西夏以今甘肃兰州、靖远、宁夏同心及陕西北部的白干山一线为界,西南今大渡河以南的川西南、黔西和云南是大理国境。可是就在北宋境内,由初期的约 3 000 万人口增加到了后期(11 世纪初)的 1 亿左右。

北宋对辽和西夏基本都取守势,即使主动用兵也没有改变过双方的稳定界线。对大理也从未采取过军事行动,宋太祖以玉斧划大渡河为界的传说虽不尽可信,但宋朝方面希望维持现状却是事实。唯一的例外就是神宗熙宁四年(1071 年)至徽宗大观二年(1108 年)间对吐蕃的战争,结果是恢复了唐朝的旧地,扩大到今乌鞘岭以南的湟水流域、大夏河流域和洮河流域,设置了熙河路。这次战争发动于宋朝的人口接近高峰之际,但无论从目的与后果看,都与内部的人口压力无关。从军事行动的倡议者和指挥者王韶向皇帝所上的《平戎策》可以看出,其首要目的是夹击西夏,"欲取西夏,当先复河、湟,则夏人有腹背受敌之忧";而当时"诸羌瓜分,莫相统一"的形势对宋朝有利,应加以利用。同时王韶还认为这一带"土地肥美,宜五种者在焉"。结果,宋朝在军事上固然节节胜利,但经济上却背上了包袱,"熙河虽名一路,而实无租入,军食皆仰他道"[1]。在这种情况下,自然更不可能从内地迁入人口了。

不过,由于人口数量达到了空前的纪录,宋朝的人口压力的确日益增大,尤其是在南方人口稠密地区。经过两宋之际的战乱,当南宋与金双方进入稳定对峙的阶段,南北的人口就又攀上了新的台阶,13世纪初合计达到了1.4亿,南宋人口到端平二年(1235年)已在6 000万以上。早在北宋中期,江南和东南沿海地区的杀婴之风就已相当严重,发展到不分男女,见于记载的就有今湖南与湖北相邻一带、苏南、皖南、赣东北、浙江和福建各地。福建因山多地少,缺少开发余地,杀婴之风最甚,连富人和士大夫家族也都"计产育子","富民之家,不过二男一女;中下之家,大率一男而已"[2]。

但宋朝并未出现任何向外扩大生存空间的言论或行动,如果对辽、西夏、金、蒙古、元的政策可以用"积弱"来解释,那么就是在南宋期间也从未对大理采取过军事征服这一点,只能证明当时的君臣的确没有动过这方面的脑筋。对与日俱增的人口压力,主要是通过增加粮食产量和开发山区来缓解的。宋代的最高垦田数约有7.2亿亩,"这一数额不仅前代未曾达到,即使是后来的元明两代也未超过此数额"[3]。宋太宗时开始在南方水稻产区扩种麦豆类作物,同时在江淮之间推广水稻,以充分利用地力,防止水旱灾害的影响[4]。真宗时从福建引入早熟耐旱的占城稻种,在长江下游和淮河流域推广;还在宫中试种,让百官了解新品种的效益[5]。这些措施对南方农业的进步产生了巨大影响。福建的梯田出现在宋代,就是农业生产向深度发展的证明。另一途径是将原来是少数民族聚居的山区辟为新的政区,以安置移民,扩大耕地。如北宋后期,在原来属"梅山峒蛮"居住并被禁止与汉区交通的地方筑二城,置新化县,"得主、客万四千八百九户,万九千八十九丁。田

---

1 《宋史》卷328《王韶传》。

2 杨时《龟山集》卷17《寄俞仲宽别纸》其一,《四库全书》本。

3 漆侠《宋代经济史》上册,第一章,上海人民出版社1987年版,第59—60页。

4 《宋史》卷173《食货志上一·农田》。

5 《宋史》卷8《真宗纪三》,卷173《食货志上一·农田》。

二十六万四百三十六亩"[1]。此后,对湖南西部和南部少数民族地区和山区的移民显著增加。

成吉思汗与蒙古诸王的西征给中亚、西亚和欧洲人留下了难以消除的恐惧,但西征的动因来自蒙古族本身,与宋、金、西夏、大理等政权的人口状况毫无关系,而且西征大都发生在这些政权被灭之前。西夏和金分别亡于1227年和1234年,此前的1218年蒙古哲别的军队灭西辽,1219年成吉思汗发动第一次西征,1221年又有哲别与速不台的西征。1235年蒙古军开始攻宋,同年拔都出兵西征,1253年又有旭烈兀的西征,1254年蒙古军灭大理,同年征服了吐蕃。到1279年南宋残余势力最终被消灭时,西征早已结束,庞大的大蒙古帝国已经分裂[2]。在蒙古的军事征伐中固然利用了女真、党项、契丹和汉族等的人力和物力,但这些都是被俘虏和掠夺的结果。同样,在灭西夏、金、大理、南宋的过程中,也有大批来自中西亚和欧洲的人员被充当将士、炮手、工匠和官吏。

西夏和金灭后,境内的人口锐减至1 000余万,仅及原来的五分之一弱,是中国人口史上罕见的浩劫。灭宋14年后的至元二十七年(1290年),元朝境内的人口总数仅6 000余万,只有13世纪初的一半。当时北方人口大批南迁,大片土地荒无人烟,亟待垦复。所以,元朝建立后对高丽、安南(今越南北部)、占城(今越南南部)、日本、缅国(今缅甸)、爪哇(今印度尼西亚爪哇岛)的侵略,只是蒙古军队好战传统的继续,境内的人口只是为统治者提供了兵力而已。元朝的人口峰值估计约9 000万,远不如宋、金合计之数,而且元朝期间的人口增长也比较缓慢。蒙古西征与元朝对各国的侵略战争客观上留下了一些中国移民,但都是出于战争或控制的需要,或者是战败的结果,并非积极主动的人口迁移。而迁入中国的中西亚、欧洲移民数量更多,以后大部分在中国定居。

四、明清时期

与元朝相比,明初的疆域已缩小了很多。而在明朝期间,自永乐(1403—1424年)以后也始终处于退缩之中。

明初曾继承元代的建置,在朝鲜半岛设有屯驻军队的卫、所,但至洪武

---

1 《宋史》卷494《蛮夷传二・梅山峒蛮》。

2 韩儒林等《元》条目,载《中国大百科全书・中国历史》,中国大百科全书出版社1992年版,第1426—1432页。

二十五年(1392 年)李氏高丽奉行亲明政策后,即将这些卫、所撤至鸭绿江以北,从此鸭绿江成为中国和朝鲜的界河。永乐七年(1409 年)在东北女真等族地区设置了奴尔干都司,辖境直到外兴安岭以北。永乐九年征服苦兀,更扩大到萨哈林岛(库页岛)。至宣德十年(1435 年)都司撤销,其下属的羁縻卫、所虽继续存在,但控制已大为削弱。后期由于满族的崛起,明军节节败退,直到退至山海关内。明初的北界曾在今内蒙古的西辽河、沙拉木伦河至阴山山脉、贺兰山一线,但宣德以后逐渐退到了长城一线。西北一度拥有的元朝全部疆土,也陆续放弃,最终后撤至甘肃的嘉峪关。安南发生内乱后,明朝于永乐五年(1407 年)在安南设置交趾布政使司,正式列为国土,至宣德三年(1428 年)撤销,人员全部撤回。明朝在今缅甸、泰国和老挝境内设置的三个宣抚司和六个宣慰司(三宣六慰),在中期后不断受到缅甸东吁王朝的进攻,一度全部落入缅甸之手。经反击,仅收回了"三宣"和"六慰"中的一慰——老挝宣慰司。应该说明,这些疆域的变化都只涉及少数民族聚居的地区;而在越南设立政区的时间仅 22 年,其间还有多年的反抗和镇压。所以明朝并没有向这些地区移民,原有人口的生存空间并没有扩大。

但明朝的人口却在不断增长。经过明朝初年的经济恢复和大规模的移民,14 世纪末的人口已经回升到 7 000 万以上。与户口统计数上的停滞和倒退相反,实际人口始终在持续增长,到 17 世纪初接近 2 亿大关,创造了中国历史上的新纪录。当时人的各种记载表明,明朝中后期一些地区的人口已经相当稠密,人口压力也已相当严重,地少人多地区的人口大量外流,平原地区的人口纷纷迁往西南边疆和山区谋生[1],福建和广东沿海一些人陆续向海外移殖[2]。

尽管我们可以看到很多有关明朝中后期尖锐的社会矛盾和人满为患的史料,以致当时一些人已经对前途表示悲观,感叹一场浩劫在所难免,却从来没有发现有什么用领土扩张来缓解人口压力或以对外战争来解决社会矛盾的言论,更找不到任何行动。因各种原因迁离明朝领土的人数量也并不

1　这方面的记载,见谢肇淛《五杂俎》、王士性《广志绎》等。如王士性在《广志绎》(中华书局 1981 年点校本)卷 4《江南诸省》中指出:"杭(州)城北湖州市,南浙江驿,咸延袤十里,井屋鳞次,烟火数十万家,非独城中居民也。又如宁(波)、绍(兴)人什七在外,不知何以生齿繁多如此。""绍兴、金华二郡,人多壮游在外,如山阴、会稽、余姚生齿繁多,本处室庐田土,半不足供。""江、浙、闽三处,人稠地狭,总之不足以当中原之一省,故身不有技则口不糊,足不出外则技不售。惟江右(江西)尤甚……故作客莫如江右,而江右又莫如抚州。余备兵澜沧,视云南全省,抚人居什之五六。"

2　有关向海外移民的论述,除见笔者《简明中国移民史》外,并据朱国宏《中国的海外移民——一项国际迁移的历史研究》,复旦大学出版社 1994 年版。

多,而其中最大的一部分是被鞑靼、瓦剌和后金(清)掳掠出去的。其中被后金(清)掠至东北的人口估计近 100 万,不过那时距明亡已为时不远,除了造成生命财产和社会生活的破坏以外,起不了什么积极的作用。明朝人主动移殖境外在法律上是被禁止的,所以逃亡至蒙古诸部内的汉人都属"或因饥馑困饿,或因官司剥削,或避罪"。据估计,隆庆、万历间(1570—1582 年)蒙古境内的汉人达 70 万[1],其中主要的还是被掳掠者及其后裔。向海外移民,包括迁往当时尚未设置政区的台湾岛,规模更小,而且大部分是在明亡后进行的。与庞大的人口总数相比,因外迁而减少的人口数量实在显得微不足道。

清朝的疆域在乾隆二十四年(1759 年)平定天山南路后达到极盛,北起萨彦岭、额尔古纳河、外兴安岭,南至南海诸岛,西起巴尔喀什湖、帕米尔高原,东至库页岛,面积超过 1 200 万平方公里。

还在 1644 年入关以前,清朝已经拥有了整个东北和内蒙古。到顺治十六年(1659 年)消灭明朝在大陆的残余势力,又获得了明朝的全部领土。这两部分构成了清朝疆域的主体。清朝与准噶尔的战争开始于其首领噶尔丹对漠北喀尔喀蒙古三部的吞并和对漠南的侵扰,由于准噶尔实力强盛,幅员广大,对清朝构成极大的威胁,因而清朝除了彻底击败并予以消灭外别无选择。从康熙二十九年(1690 年)至乾隆二十四年,战争断断续续进行了近 70 年。但清朝的目标并没有扩大到准噶尔之外,所以当清军平定天山南路后,中亚的巴达克山、霍罕(浩罕)、布鲁特等纷纷要求归附时,清朝并未接受,而是在边境立碑规定了边界。从历史上看,这一界线也没有超过汉、唐疆域的范围。

明清之际的天灾人祸特别是持续多年的战争,使中国人口又一次遭受巨大的损失。实际上,在康熙二十九年,全国人口仅 1 亿多,远未恢复到明朝后期的水平。10 年后估计增长到 1.5 亿,在完成统一的乾隆二十四年(1759 年)刚突破 2 亿。此后清朝的领土再也没有任何增加,但人口数量却持续上升,在太平天国起义前夕的道光三十年(1850 年)达到了 4.3 亿,比 1759 年不止翻了一番。在这样空前巨大的人口压力下,清朝的统治者不仅丝毫没有想到要开疆拓土,也没有有效实施边疆地区的开发,如对新疆地区虽有一定规模的移民,但大都属于军事驻屯和罪犯流放,到 1850 年为止总数不超过 50 万。就连长期封禁的东北也还没有正式开放,对台湾的移民也受到各种限制,对海外的移殖更被视为非法。所以尽管中国人的生活水平越来越下降,但 4 亿多人口完全是依靠本国生产的食物供养的。这不仅得益于中国传

1　宋迺工主编《中国人口·内蒙古分册》第二章(四),中国财政经济出版社 1987 年版。

统的以农立国的观念和成熟的农业生产体系,也受惠于新引入的玉米、甘薯、土豆、花生等作物。正是这些作物的推广,使原来无法利用的山地和旱地得到开发,从而养活了成倍增长的人口。

中国对海外移民的高潮出现在1840年以后,有人估计在1840—1911年间迁出的人口在1 000万以上。但每年平均20万的数字只占4亿总人口的0.5‰,除了对集中输出的地区会有较大影响外,在缓解全国人口压力方面所起的作用是极其有限的。这些移民中的大多数是被作为"契约劳工"和廉价劳动力而输出的,他们在迁入地处于社会的底层。清朝政府虽然已经承认准许国人出洋做工,但在1912年中国政府颁布第一个保护华侨的法令之前,从未承担起保护本国侨民权益的义务。正因为没有祖国政府的支持,海外华人在这一阶段始终处于受排挤、打击和迫害的状况,他们的社会地位与他们所作的贡献,他们在当地人口中的比例,都是完全不相称的。所以尽管在某些国家和地区,华侨的数量在当地人口中已相当多,但他们与中国在政治上毫无关系,完全处于所在国政府的治理之下。有些西方人根据欧洲移民在海外殖民的经验,仅仅按照华侨的数量或占当地人口的某种比例就作出毫无依据的推断,如果不是别有用心的话,也是十分可笑的。

至此,我们可以作出如下结论。

第一,从秦始皇建立中国第一个统一的中央集权国家,到清朝的疆域达到极盛,中国本身的人口压力从来没有成为向外扩张的原因,也不是开疆拓土的动力。

第二,虽然中国的人口从数千万增加到了19世纪中期的4亿多,但都是依靠本国生产的食物供养的,从未产生过向境外寻求生存条件的企图,因而中国的人口数量从来没有构成对外部世界的威胁。

第三,历史上出现过的对外国、外族的战争和侵略,是统治者穷兵黩武的结果,与当时的人口数量没有必然的关系。

第四,近代以前对海外的移殖,大都不是由于中国国内迁出地的人口压力,数量也相当有限。19世纪中期后的海外移民虽然主要是出于人口压力的驱使,但对缓解中国总的人口压力并无显著作用。

(《中国人口史·导论》,选自葛剑雄著《中国人口史》第一卷,
复旦大学出版社2005年版)

论文粹编

统一分裂与中国历史

统一和分裂是中国历史的一个从未间断的过程,今天依然是中国政治生活中无法回避的矛盾。传统的史学观从来没有正确地解释过这一过程,几十年来的中国史学家也未能做出科学的、令人信服的结论,教条主义、"左"的政策和学术专制更使这方面成了事实上的禁区。无须讳言,对这个问题的讨论具有强烈的现实意义,但正因为如此,史学工作者更应该承担起自己的职责。

一

"溥(普)天之下,莫非王土"的观念至迟在西周晚期已经形成了,但当时的"天下"和"中国"一样,只是指黄河中下游为主的中原地区,并不包括今天中国的大部分,更不是指真正的世界。

托名大禹、成书于战国后期的《禹贡》所划定的九州范围和"五百里甸服,五百里侯服,五百里绥服,五百里要服,五百里荒服"的国家模式虽然只是学者们对统一国家的设想,并不反映当时的实际状况,却表明了这种统一观是以华夏族为主体,以中原为中心,以农业区为范围的,具有相当大的局限性。与此大致同时的驺衍提出的"大九州"学说,虽然承认中国只占天下的八十一分之一,却又认为各州之间都有"裨海环之,人民禽兽莫能相通",实际上还是一种封闭性的观念。

随着人们地理知识的扩大和中外交流的开展,在中国之外同样存在文明社会的事实越来越难于否定。秦汉以来关于西方昆仑、瑶池和西王母以及东方海上三神山一类神话恰当地弥补了中国中心说的漏洞——中国之外的文明属于神灵世界,而中国之内的现实世界只是愚昧落后,一片混沌。

二千多年来,尽管汉族或中原王朝的疆域不断扩大,并最终包括了今天的整个中国,但直到鸦片战争以前,这种统一观和世界观依然没有发生本质的变化。正因为如此,人们以中国为世界的中心和主要部分,确信此外再也不存在更文明、更强大、更富饶的国家了,对外部世界采取漠视、蔑视的态

485

度。王朝的军事控制虽然一次次达到相当大的范围,但设置行政区进行直接统治的兴趣却一直停留在农业区中,甚至连兴起于北方的牧业民族,在入主中原后也毫不例外。长期形成的对牧业区和边疆地区的忽视,不仅使中国丧失了在外敌入侵前巩固周边的有利时机,而且使统治者和相当一部分国民对边境的沦丧异常冷漠。这就不难理解,为什么清末在新疆、台湾建省时还有不少人反对。

仅仅根据"中国""天下""四海""寰宇"等词语,而不看到前人认识上的局限,或者用今天的理解来加以解释,是不能正确认识中国的统一过程的。

直至今天,我们对中国历史上的和现实的统一问题还缺乏全面的、正确的认识,往往不能摆脱传统观念的束缚。例如人们在理论上都承认各民族共同缔造中国的历史事实和今天各民族的平等地位,但实际上却习惯于站在汉族或中原王朝的立场上看问题,以所谓"华夷之辨"来认识中国历史上的疆域,以"炎黄子孙"来代表中国人民,人们过于陶醉于祖先的伟大,把"声威所及"同实际疆域等同起来,甚至拼凑出一个从未存在的极盛疆域来满足"爱国主义"的需要,使人们对早已丧失的领土产生不切实际的幻想。某些人依然以"天朝大国"自居,无视中国在世界上的实际地位,甚至把封建专制集权当作讴歌的对象;人们反对分裂,但往往无视历史上长期存在的分裂或分治状态,讳言实际存在的可能导致分裂的因素。这些片面的、错误的认识使我们无法实事求是地总结中国形成统一国家的历史经验,也无助于今天实现并巩固国家的统一和民族的团结。

二

要正确地判断中国历史上是统一还是分裂,有几个概念是必须弄清的。

第一,王朝不等于中国。当春秋出现"中国"这个词时,只是指处于黄河中下游即中原地区的几个诸侯国。随着秦汉的统一,"中国"的概念逐步扩大,常等同于中原王朝的主要统治区或较发达的地区。但由于这只是一个地域的、文化的概念,所以始终没有明确的标准。清朝后期,中国开始成为国家的代名词,但传统的"中国"的含义继续通行。直到中华民国成立后,"中国"才成为它的简称,代表整个国家。

因此,历史上所说的中国不等于今天意义的中国,也不等于某一王朝,而除了清朝之外也没有哪一个王朝的疆域能够包括今天的全部中国。判断历史上的统一自然离不开王朝的统一,但我们站在今天中国人民的立场上研究历史就不能把王朝的统一等同于中国的统一。当西周末年的臣民唱起

"溥(普)天之下,莫非王土"的颂歌时,我们能说中国统一了吗? 当明朝筑起长城时,我们能说明朝的疆域就是中国吗?

第二,王朝起讫不是统一的始终。不少王朝始建时只是众多割据者中的一员,至多只是其中最强大的一员。同样,许多王朝的后期已经陷于分裂,国君只拥有名义上的统治权,或者已经只据有很有限的疆土。在王朝中期,往往会发生战争动乱,出现地方割据。所以,以几个一统王朝存在的年代来统计中国历史上的统一时期是不符合历史事实的。刘邦受封为汉王或称帝都不是分裂的结束,汉献帝的在位也不意味着统一的继续,不能因为唐朝的延续而否认安史之乱后的割据状态,也不能因为北宋的建立而无视辽朝的存在。

第三,名义上的归属不等于实际上的统一。历史上的称臣纳贡情况相当复杂,其中一部分的确是归属关系的确立,但大多是有名无实。有的是小国与大国的关系,如独立后的朝鲜、越南;有的是战败国与战胜国的关系,如西汉后期的匈奴与汉朝;有的是以朝贡为名义的通商贸易,如西域或中亚与中原王朝的交往;凡此种种都不能作为被统一的对象,有些更是中原王朝一厢情愿的记载,如明清时所谓"西洋朝贡诸国"。乾隆时还称英国使臣马戛尔尼为"朝贡",只能表明统治者的无知和妄自尊大。

第四,王朝统治范围之外的政权和地区不等于分裂。已经统一了的政权分为几个,或原来属于该政权的一部分脱离了、独立了,可以称为分裂,但从来就不属于该政权管辖的政权或地区的存在就谈不上分裂。中原王朝的疆域是逐渐扩大的,并且时有盈缩,直到清朝中叶之前,如在元朝之前,青藏高原一直是由吐蕃及其先人建立自主政权或自治的;在清朝之前,大陆上的政权还没有有效地管辖过台湾,该岛或由土著民族自治,或由大陆移民及外来侵略者控制。这些当然都不能称为分裂,只能看作自治或分治。

基于以上的标准,我作出的统计是:

如果以历史上的中国最大疆域为范围,统一的时间只有八十二年,即从1759 年乾隆平定天山南北路至 1840 年鸦片战争败后割让香港。

如果以基本上恢复前一朝的疆域,维持国内的和平安定作为标准的话,统一时间约一千年。[1] 严格来说,这一千年间还有若干年由于国内的动乱,很难维持真正的统一,如明朝崇祯后期。

以公元前 221 年秦始皇灭六国至 1911 年清朝覆灭为计算阶段,第一标

1　指公元前 214—前 206 年,公元前 108—22 年,36—184 年,280—301 年,589—616 年,630—755 年,1279—1351 年,1382—1654 年,1683—1830 年,1865—1911 年。限于篇幅,具体理由不能一一列举。

准的统一时间占总数的百分之四,第二标准占总数的百分之四十八。从有比较确切纪年的西周共和(公元前841年)算起,前者占百分之三,后者占百分之三十七。如果从传统的夏、商、周算起,比例就更低。

当然,由于统计的标准不同,这项百分比还会有不同的结果。但有一点是可以肯定的,即在以往的二千多年间,绝大部分时间内中国存在着不止一个政权,相当长的时间内处于分裂可分治的状态。这一历史事实并非是"支流""倒退"所能概括的,而是中国历史不可缺少的另一方面,同样是历史的必然。

三

中国历史上的统一、分裂和分治大多是诸方面条件综合作用的产物,但人们顺应历史规律在扩大和巩固统一的范围、延长统一的时间和消除分裂的因素方面能起很大作用。

(1)地理条件虽不是唯一的,却是重要的条件,在生产力不发达的历史早期尤其如此。

中国文明的起源是多元的,但当时优越的地理条件使黄河流域成为最发达、最集中的地区,统一从黄河中下游开始绝不是偶然。统一的扩展一般也选择自然条件相对优良、交通便利、地理障碍不难克服的地区,中原政权向周围的推进大致符合这一规律。

中国的农业有悠久的历史,在中原地区很早就成为近乎唯一的产业,历来的中原王朝无不以家立国,因此在疆域的扩张上总是以是否适宜农耕为主要标准。这就使汉族或中原政权缺乏向牧业区扩展的动力,而牧业民族则有可能打破农牧业的界线,中国真正的统一都是由牧业民族或统治了牧业民族的北方民族实现的,这绝非偶然。

(2)历史上各中原王朝的人口尽管绝对数量很大,但由于农业生产的进步和相对充足的土地资源,在清朝中叶以前还没有出现人口相对饱和的压力,所以大多满足于内部的和向南方的开发,对北方和西北的移民难于戍守或巩固。清朝后期的人口压力导致向东北、台湾和西北等地的大规模移民,巩固了中国的边疆。

汉族相对先进的文化对周围民族产生巨大的吸引力,汉族对异族在文化方面的宽容又促进了以汉族为主体的民族融合。军事上的征服者毫无例外成为文化上的被征服者,农耕区的扩大又使很多民族成为汉族的一员,因而汉族成为任何全国性政权的主要成分,成为统一的基础。

（3）传统的农业以一家一户的自给自足为基础，对外界的需求和依赖很少。闭塞、保守的农民渴望风调雨顺、国泰民安，但对统一并无热情；相反，为了减轻徭役负担，他们无不反对军事扩张，欢迎地方割据。

商业和手工业离不开流通和交换，它们的发展又促进了城市的兴起和交通运输的开发。虽然在总体上看，商业和手工业一直未占重要地位，但在加强地区间联系和促进统一方面还是起了很大的作用。商人、手工业者和城市居民对物质文明和商品经济的追求是促进统一的积极因素。

稳定的农业和亿万驯服的农民是统一王朝赖以维持的基础，但自给自足的地方经济加上相对独立和封闭的自然环境又成为分裂割据或自治、分治的地方有利条件。地区间发展的不平衡带来的政治中心与经济中心的分离，为统治者控制更广大的区域乃至全国提供了可能。

（4）以郡（府、州）县为基础的多级行政区域制度适应中国的农业社会，有利于中央集权，在巩固统一政权中起着重要作用；但并不一定适用于以牧业为主、人口稀少、交通困难或非汉族聚居的地区。历来的中原政权在边疆和少数民族地区实行与汉族、农业区不同的制度，在维持中央政权有效控制的前提下保持原有制度，允许民族自治，尊重宗教信仰，给予经济资助。成功地实施这种"一国多制"的政策是统一政权得以维持和巩固的必要条件。

（5）尽管经济交流和文化传播对统一能起积极作用，但实现统一、扩展疆域和结束分裂的主要手段还是军事征服或以军事实力为后盾的政治措施，往往需要付出相当沉重的代价。这些行动的结果，从长远的历史发展来看，大多是积极的，但在当时往往会产生消极作用，引起当地民众的剧烈反抗。也有的结果完全出于偶然，无论当时或以后均无进步可言。

四

历代的统一政权，尤其是清朝的统一，无疑对现代中国和中华民族的形成作出了重要贡献，但分裂时期的政权或分治、自治的政权也曾发挥过各自的作用。对统一和分裂这一极其复杂的历史现象不能采取简单的、图解式的划分，而应该对它们产生的经济、政治、文化等各方面的过程来加以考察，但不能用今天的标准或西方的标准来作出评价，不能离开当时的具体事实，尤其不应该脱离中国长期存在的小农经济、宗法社会和中央集权的特点。

（1）由于农业只需维持简单的再生产，商业和手工业的利润也很少转化为资本，社会的剩余财富除为富裕阶层所享用外，基本集中在统治者手中。这些财富的主要用途是：

兴建水利,修筑道路、桥梁等公共交通设施,储备粮食和物资以应付天灾人祸。在这些统一政权方面,由于地域广阔,人力物力充足,便于统一调度和调剂,因此一般能取得较好效果,分裂政权一般作用较小。

维持军队和军事设施。分裂政权为了自身生存和战胜敌对政权,往往需要保持超量的军队,而统一政权也可能穷兵黩武,耗资巨额军费。

修建宫殿、陵墓、衙署,供养贵族和官僚,粉饰太平,炫耀国力。统一政权在这方面造成的浪费一般都超过分裂政权。

建筑寺庙,供养僧道,用于宗教活动。这取决于统治者的信仰程度和该宗教在国民中的普及程度,与统一或分裂无直接关系。

(2)统一政权和分裂政权基本都实行中央集权统治,并无本质上的区别。但由于分裂政权辖境缩小,各地与政治中心的距离大大缩短,行政层次减少,客观上提高了行政效率,部分克服了疆域过于辽阔、政权过于集中所带来的困难。在实行劳役和兵役时,百姓能就近服役,负担有所减轻,便于根据实际情况实行比较合理的政策,避免了全国"一刀切"造成的损失。统一政权以政区为治理单位,但政区划分并不完全合理,有的纯粹出于皇帝私利,于国计民生不利,而分裂政权为求自立,疆域大多符合地理条件,经济上能自给,于开发有利。

(3)统一政权往往以近畿及西北边区为重点,集中大量人力、物力,而对经济发达地区实行超量榨取,限制了当地可能的发展;对落后、边远地区缺乏资助,使这些地区长期得不到开发。在分裂状态下,经济发达地区摆脱了沉重的赋税负担,经济优势得到发挥,人民的生活相对有所改善;落后地区也可能获得一定数量的移民,包括有行政治理能力、有较高文化水平和生产技能的人才,加上政治、军事上的压力,经济开发会大大加快。因此,经过分裂阶段后重新统一的政权,产业和人口的分布往往更趋合理,地方经济更加发达,在较短的恢复后会达到新的水平。

(4)在游牧民族或落后民族入侵以及出现内乱的情况下,一部分分裂政权起到了保存先进文化的作用。它们的存在也使入侵民族有足够的时间适应新的环境,调整政策,最终接受汉族文明,直接继承它们所保存的文化。历史上几次游牧民族南下时,都经历了或长或短的分裂时期。而当游牧民族最终消灭残留的分裂政权时,它本身已经大致完成了向农业社会统治者的转变,成为传统制度和文化新的保护人。

(5)统一政权强调文化和思想的统一,抢先以儒家学说为主的教育。长期的封建统治和思想灌输使大一统的观念和正统观念根深蒂固,所以即使在分裂时期,统治者也无不以正统自居,以恢复统一为号召;非汉族统治者也同样如此。在世界的文明大国中,中国是唯一能保持历史的延续、文化的一致和疆域的稳定的国家,这些观念的深入是一个重要因素。但由于产生的消极影响阻碍了社会的进步和自由,到近代更成沉重的包袱,也是必须正视的。

而在分裂时期,统治往往无暇旁顾,放松对思想文化的控制;为了增强国力,无不寻求新的学说,任用新人。旧的权威衰弱了,新的权威尚未树立。群雄割据的局面使知识分子可以挑选主子或寻求庇护所,所以有可能出现思想活跃、学术繁荣、人才涌现的局面。

五

对历史采取实事求是的态度是取得正确的经验才识的前提。我们不必讳言以往统一政权的弊病,但必须看到,产生弊病的并不是统一本身,而是专制的集权制度。我们也不能否定以往分裂时期所取得的进步,但必须看到,进步的原因并不是分裂本身,而是专制的集权制度被削弱的结果。所以只要深化政治改革,实行民主制度,就完全有可能在维护统一的条件下消除集权的弊病,在避免分裂的前提下使各地得到充分的开发,在保持民族团结和社会秩序的同时让各族人民享受高度的自由。

只有改变以小农经济为主的经济基础,打破以地区为单位自给自足的观念,大力发展商品经济,建立全国以至全世界的合理流通供应关系,才能铲除分裂割据、闭关自守的思想和物质基础。只有改变中央集权的体制,逐步向地方放松、分权,最终实行真正的地方自治和民族自治,才能最大限度地调动各地、各族的积极性,实施最佳的发展方案,彻底消除集权的弊病。

中国的历史已经证明,统一政权完全可以实行不同的制度,而且可以存在相当长的时期。尊重中国的历史和现状,以一国两制或一国多制的方式完成统一是明智的抉择。不仅台湾、香港、澳门可以有不同的制度,大陆(内地)也应该允许在基本制度不变的情况下实行不同的具体制度。事实上,各特区、海南省已经这样做了。即使宪法所规定的基本制度,通过民主的合法程序也可以作必要的修改。

如果真正实行了广泛的民主和健全的法制,公民的言论、出版、从事学术研究的自由得到保证,思想自由不受干涉,真正的思想解放和学术繁荣就必然会出现在统一的国家中,而这些成果又将使国家更加富强。

历史发展的规律使我们深信,等待我们的不是"合久必分,分久必合"的轮回,中国将走向统一。但这不是"溥(普)天之下,莫非王土"式的专制,中国人民将不愿意、也不必付出这样的代价,而是获得民主和自由。

（原载沈一之主编《理论纵横·社会文史篇》,河北人民出版社 1988年版）

地图上的中国和历史上的中国疆域

——读谭其骧《中国历史地图集·前言》和《历史上的中国和中国历代疆域》感言

先师谭其骧先生在主编和修订《中国历史地图集》(以下简称《图集》)的三十多年间,一直无法回避一个重大问题——这套地图集需要显示的从原始社会到清末的"中国"有多大的范围?以什么为标准,在地图上如何表示?在当时,这不仅是前所未有的学术难题,更面临着政治上的风险,特别是在"文革"期间和"心有余悸"的年代。

到《图集》终于开始分册修订,即将公开出版时,他在《总编例》中正式确定了这一原则:

> 十八世纪五十年代清朝完成统一之后,十九世纪四十年代帝国主义入侵以前的中国版图,是几千年来历史发展所形成的中国的范围。历史时期所有在这个范围之内活动的民族,都是中国史上的民族,他们所建立的政权,都是历史上中国的一部分。这套图集力求把这个范围内历史上各个民族、各个政权的疆域全部画清楚。有些政权的辖境可能在有些时期一部分在这个范围之内,一部分在这个范围以外,那就以它的政治中心为转移,中心在范围内则作为中国政权处理,在范围外则作邻国处理。[1]

在此前的 1981 年 5 月,谭先生在北京出席"中国民族关系史研究学术座谈会",在会上作了一个题为《历史上的中国和中国历代疆域》的报告,比较详细地谈了他确定这一原则的根据和想法。但据他的报告整理出来的文章却迟迟未能问世,直到 10 年后才发表[2],后收入《长水集续编》,在先生去世

1　谭其骧《中国历史地图集·总编例》,《中国历史地图集》第一册,地图出版社 1982 年版。
2　载《中国边疆史地研究》1991 年第 1 期。

后的 1994 年出版。

众所周知,《图集》在正式出版时尽管由谭先生作为主编署名,但一直是由中国社会科学院及其前身中国科学院哲学社会科学部主办,由一个专门设立的"重编改绘杨守敬《历代舆地图》委员会"(简称"杨图委员会")指导,由中央主管部门审定的。《图集》所依据的原则、观念和处理办法必须与官方立场一致,作为一位历史学家和历史地理学家,谭先生所能做的是如何在官方所划定的空间最大限度地尊重历史事实,使这些政策化的原则找到恰当的史料根据,得到合理的解释。

但实际上,谭先生连自己确定的(也是经主管部门批准的)原则也无法完全遵守。例如唐安南都护府的南界、隋唐的北界等,只能放弃自己根据史料作出的判断,根据领导的裁决定稿。直到 1982 年,他坚持增加一幅公元820 年吐蕃(藏族的前身)分幅图以显示其最大疆域的主张,有幸"上达天听",由胡耀邦批示"同意",才得以实现[1]。

另一方面,谭先生的认识与观念也离不开他所处的时代,特别是《图集》编绘、修订的阶段,即 1955—1988 年的中国——经历着"肃清胡风反革命集团""整风反右""大跃进""反右倾""拔白旗""社会主义教育运动""中苏论战""无产阶级文化大革命""批林批孔""反苏修"(苏联修正主义)及"拨乱反正""解放思想"等政治运动,都曾直接或间接影响甚至左右着《图集》,甚至具体而微的某一条线、某一个点的确定、移动、增加或删除。当时对"严格尊重历史事实"的理解,是尽可能找到"政治上"有利的史料,或者对史料尽可能作对我方有利的解释。而对重大的"政治原则",是无法越雷池一步的。如对台湾的画法,尽管谭先生的主张最终被接受,但《图集》的出版因此被推迟了五六年,经过胡绳(中国社会科学院院长)、胡乔木(中共中央政治局委员)的努力并获得三位中央书记处书记(包括国务院总理、外交部部长)圈阅方能实现,而作为主编的他也不得不同意作某些变通。否则,就像他曾经悲观地预测,在他的有生之年会看不到《图集》的出版。

谭先生在晚年,曾不止一次与我谈及编绘《图集》的往事,也提到他提出"历史时期的中国"与"中国疆域"处理原则的艰难与无奈。我曾告诉他,质

1　详见拙著《悠悠长水——谭其骧后传》,第二章《编绘〈中国历史地图集〉》(下,续《前传》),华东师范大学出版社 2000 年版。"文革"后半期,国务院总理周恩来指定外交部副部长余湛主持审定《中国历史地图集》编稿,条约法律司人员具体联系。以下有关《中国历史地图集》的叙述并见此章及《悠悠长水——谭其骧前传》,第十二章《编绘〈中国历史地图集〉》(上),华东师范大学出版社 1997 年版。以下不再一一注明。

疑或反对他的意见的人两方面都有,有人认为《图集》所画的"历史时期的中国"超出了实际因而太大了,也有人指责这个"中国"的范围太小了,例如6世纪后的高句丽、高丽应该包括在内。他叹息道:"我是没有办法了,今后看谁能解决吧!"

地图上的"中国"

有关地图的记载可以追溯到夏代,相传直到东周还珍藏在周天子宫中的象征九州的九鼎,就已将各州的主要地理要素铸在鼎上,具有原始地图的功能。现在最早的地图实物,是1986年在天水放马滩一号墓中出土的七幅绘在松木板上的地图,约绘制于战国秦惠王后期(公元前4世纪初)。显示范围更大的地图则是1973年在湖南长沙马王堆三号汉墓中发现的一幅绘在帛上的地图,其主区已包括今湘江上游潇水流域、南岭、九嶷山及附近地区。这些区域性的地图,无论是传世的还是仅见于记载的,都比较精确具体,因为它们都有具体的功能和直接的用途,甚至事关国计民生。如刘邦抢先占据秦朝的首都咸阳后,萧何深谋远虑,立即接管了秦朝的地图与档案,使刘邦了解"天下厄塞,户口多少,强弱之处"[1],其中大部分信息显然来自地图及其附录。这一传统为后世的同类地图所继承,所以在采用现代制图技术之前,无论是以"计里画方"绘成的地图,还是山水画式的写意地图,制图者的主观意图总是希望显示实际的地形地貌、人文景观以及它们之间的关系,至多对其中某些要素作些夸大或缩小[2]。

但如果是画一张全国地图或"天下"地图,就必须服从"天下"的概念,即"溥(普)天之下,莫非王土","中国"居于"天下之中"。本朝或前朝的疆域政区都要画出,但"天下"的边是画不到的,本朝或"中国"以外的属国、蛮夷、化外之地、要荒之地就可以随意处理了。既然非声教所及,不画无所谓。但如果画了也无不妥,总不出"天下"的范围,而且能说明王朝的影响无远弗届。

例如汉武帝听了张骞的汇报,得知黄河发源于于阗(误以今塔里木河为黄河上游),即"案古图书"(查考古代地图及附录文字),将源头的山脉命名为昆仑。而当时今塔里木河流域还不在汉朝的管辖之下。

又如唐贾耽绘《海内华夷图》,"中国以《禹贡》为首,外夷以《班史》(《汉书》)发源",包括"左衽"(非华夏诸族)地区。按其比例尺计算,该图的范围

1　《史记》卷53《萧相国世家》。

2　本文有关中国古代地图的叙述,据拙著《中国古代的地图测绘》,商务印书馆1998年版。以下不一一注明。

东西有三万里,南北则在三万里以上,都已超出了当时唐朝的疆域。

《混一疆理历代国都之图》(现藏于日本龙谷大学)于明建文四年(1402年)以李泽民《声教广被图》(1330年前后)和元末明初僧清濬的《混一疆理图》为底本绘制,《大明混一图》(现藏于北京故宫博物院)也属同一系统。《混一图》不仅几乎包括整个亚洲,而且也画出了非洲[1]。"混一疆理"不过是"天下"的同义词。此图的绘制在郑和航海之前,所反映的地理知识显然来自元朝与蒙古汗国时代,也包括阿拉伯人地理发现,但画入"大明混一"之图显然被认为是理所当然。

直到清乾隆二十五年(1760年)至二十七年间画成的《乾隆内府舆图》还是如此,该图西面画到了波罗的海、地中海,北面画到了俄罗斯北海,尽管在清朝疆域以外没有标出多少地名,却依然体现了乾隆皇帝与臣民的天下观念。

正因为如此,这类地图历来被当作政治符号,即皇帝"受命于天,奄有四海"的象征。官方绘制的地图被当成国之重宝、皇家珍秘藏于金匮石室,其内容也被蒙上神秘色彩。如果说春秋笔法是历代正史的传统,那么在全国性的或天下的地图的绘制过程中,"春秋绘法"就更不胜枚举了。

如果说,中国古代的这类官方地图完全可以自娱自乐,秘而不宣,以致外界既没有看到的机会,更不可能也不敢加以评论的话,《图集》却从一开始就被赋予难以承受的政治使命。由于这是时任北京市副市长的吴晗在中共和国家主席毛泽东询问时建议实施并得到毛泽东批准的一项任务,《图集》无疑必须在政治上绝对符合中共的路线和国家政策,在学术上必须能体现国家水平和主流的共识,而在名义上却是实际上并不存在的"中华地图学社"、虽存在而不能署名的"编绘组"以及署名为"主编"而并无全权的谭其骧的成果。

吴晗一开始的建议是"重编改绘杨守敬《历代舆地图》",为此而由中国科学院哲学社会科学部专门成立的委员会也以此为名。但很快就发现政治上的巨大障碍——《杨图》只画历代中原王朝,甚至连一些中原王朝的疆域也没有画全,要按这样的地图改绘出来,岂不显示中国的疆域要到清朝乾隆后期才形成? 如何证明辽阔的边疆地区"自古以来"就是属于中国的呢? 连中国自古以来就是"统一的多民族国家"也会受到质疑和挑战。

于是"重编改绘"的名称虽还沿用,实际却成了新编一部中国历史上全

1 〔日〕海野一隆著、王妙发译《地图的文化史》,香港中华书局2002年版,第50页。

部少数民族政权和分布区域在内的中国历史疆域政区的地图集。但由此而产生的困难是前所未有、难以想象的。此前虽有包括"华夷"的地图,对"夷"至多写上一个名称,根本不必顾虑其准确性,更不会置于与"华"同等地位,而现在必须体现民族平等和共同缔造中国疆域。也就是说,对中原王朝以外的政权,特别是非汉族(华夏)的政权必须以与中原王朝同样的规模画出它们的疆域政区图,但可以作为根据的史料却相差悬殊,或者根本找不到直接记载的材料。例如有关古代西藏的汉文史料相当有限,有的朝代只是重复抄录往年的记载;近代的英文资料倒不少,却因政治原因而无法全部运用。由于藏文中也难觅确切可靠的记录,精通藏文的藏学专家也束手无策。谭先生曾专门向阿沛·阿旺晋美请教,也没有获得什么线索。

在"普(溥)天之下,莫非王土"的年代,中原王朝的边界爱画到哪里就画到哪里,甚至可以根本不画界线,以表示天朝大国的疆域"无远勿届"。但到20世纪50年代就没有那样自由了。尽管中国与大多数邻国的边界形成于近代,尽管不少边界都标为"未定",却都可以追根溯源,因而从一开始就得小心谨慎。这不仅是因为邻国都成了主权国家,不像当初有的还是藩属国,有的尚未建立政权,有的还是未开发或不宜开发的无人区。更麻烦的是,这些邻国已分属不同的政治阵营,或为友,或为敌,或亦友亦敌,或由友而敌而头号敌,亦或由敌而友而好友。学术障碍固然不易克服,但还有路可退,实在画不了可以保持空白,或只画出少量地名,或不画界线,政治上的障碍却只能服从政治,稍不谨慎就会招致批判,在"文革"中甚至会因此而被打成"牛鬼蛇神",成为"反革命"。

例如,《图集》中外蒙古与其以北地区是由南京大学历史系编绘的,两汉图幅将坚昆、丁令(零)的北界作为历史时期中国的北界,有一段画在苏联境内的安加拉河以南,即所谓南线;隋唐图幅以契骨、黠戛斯的北界为中国北界,有一段画在安加拉河一线,即所谓北线。两线原都已获得外交部审查通过,谭先生在汇总时,觉得前后不统一,画在北线并无可靠的根据,所以将隋唐图也改成画南线,而从元图开始仍画北线。《图集》第五册(隋唐五代时期)出版后,一部分已经发行,地图出版社发现这一册与元明图的画法不同,认为是"严重问题",就于1977年4月8日通知新华书店上海发行所,第五册暂停发行,听候处理。5月5日又通知已发行的全部收回,未发行的待修改后重新印刷。并于16日报告外交部,要求对北界的处理作出决定。谭先生反复查阅史料,更确定对这些部族的北界画在今安加拉河并无确凿证据,因为这些部族都是游牧民族,其占有地区或活动范围本来就没有明确的界线,所以不能因为元朝吉利吉斯的北界画在这一线,就一定要将隋唐的北界也定在那里。他与同人去南京大学协商,讨论了一整天,双方依然无法一致,只能提交外交部审定。自 8 月 2 日起,外交部召集双方与地图出版社、民族研究所、中央民族学院、历史研究所、近代史研究所、地理研究所、历史博物馆等单位相关人员,先后开了多次不同范围的会议,于 20 日作出最终决定,隋唐图也采用北线。到了今天,我完全可以肯定,外交部之所以采纳北线,并非因为持此主张的人多,或者余湛副部长能作出学术判断,而是因为这条界线是画在当时苏联境内,而"苏修"(苏联修正主义)正是比美帝国主义更危险的头号敌人。将历史时期中国的疆界尽量北推,自然是政治正确,并符合"国家利益"。

另一个例子是朝鲜。由于历史和现实种种因素的纠缠,这无疑是《图集》最难处理的关系之一。对此,谭先生专门作过说明:"历史上的高丽最早全在鸭绿江以北,有相当长一个时期是在鸭绿江、图们江南北的,后来又发展为全在鸭绿江以南。当它在鸭绿江以北的时候,我们是把它作为中国境内一个少数民族所建立的国家的,这就是始建于西汉末年,到东汉时强盛起来的高句丽,等于我们看待匈奴、突厥、南诏、大理、渤海一样。当它建都鸭绿江北岸今天的集安县境内,疆域跨有鸭绿江两岸时,我们把它的全境都作为当时中国的疆域处理。但是等到 5 世纪时它把首都搬到了平壤以后,就不能再把它看作中国境内的少数民族政权了,就得把它作为邻国处理。不仅它鸭绿江以南的领土,就是它的鸭绿江以北辽水以东的领土,也得作为邻国的领土。"[1] 当时确定这一原则,是经过反复讨论的,最终也得到了外交部的批准。高句丽的主体由今中国境内扩展到朝鲜半岛全境,而在此后相当长一段时间内继续拥有今中国境内辽河以东的一大片土地,高句丽及其后的高丽与中原王朝的关系也并非一成不变,这些过程都相当复杂,但地图上必须描绘为清晰的点、线和颜色(如中国与外国的不同基色),高句丽由中国的基色变为外国的基色必须有明确的界线。即使能分为若干阶段,每一阶段之间还是要有明确的界线及不同的性质。因此这一原则尽管不是无懈可击,却也是权衡利弊后不得不采取的适当办法。

不过,我们不妨假设一下,如果 20 世纪 70 年代中国与朝鲜不是处于一种特殊的关系,如果朝鲜不属于"社会主义国家",外交部会批准这样一种处理方法吗?果然,到了 20 世纪 90 年代,有人认为《图集》从 5 世纪起将高句

　　1　谭其骧《历史上的中国和中国历代疆域》,《长水集续编》,人民出版社 1994 年版,第 8—9 页。

丽画成外国是"严重的政治错误",损害了国家利益,随之而实施的一项耗费巨资的"工程"据说具有"重要战略意义"。对《图集》中高句丽的处理办法本来就有不同意见,重新进行研究或作出结论完全是正常的学术活动,就是观点偏激些也无可厚非,但一定要与政治联系起来并等同于国家利益就属耸人听闻。因为即使在 5 世纪后的地图上继续将高句丽画成中国境内的政权,将隋朝与唐初对高丽的征服解释为国内镇压叛乱,也改变不了此后朝鲜半岛最终脱离中国的历史,更不会对今天的中朝、中韩关系产生任何积极影响。反之,保持《图集》的画法绝不会引起或加剧中朝、中韩间的冲突,更不会对中国的实际利益带来丝毫影响。

可是,直到今天,总还有人出于种种原因,或者纯粹是无知,会千方百计夸大历史地图的作用,《图集》一再被曲解或不恰当地利用,即使谭先生还在世,肯定也只能徒唤奈何。

《图集》虽然是一套由 8 册、20 个图组、304 幅地图(不计不占篇幅的插图)、约 7 万个地名构成的巨型地图集,但仍然是一种传统的纸本印刷的普通地图集。加上《图集》采用"标准年代"的编绘原则,即同一幅图中的地理要素都以存在于同一年代或大致相同的年代为取舍标准,所以每一幅地图所显示的"历史中国"只能是某一年或某几年至多十多年这样一个阶段内的"中国"的范围。例如唐朝画了三幅总图,也只能分别显示总章二年(669年)、开元二十九年(741 年)和元和十五年(820 年)的疆域和形势。如果再多画几幅,当然能提供更多的史实,使读者能更全面地了解唐朝疆域的变化。可惜在纸本印刷地图的年代,技术上是不可行的。即使到了数字化、信息化的年代,也还受到原始史料的制约,不可能将古代疆域的变化过程完全复原重建。

采用标准年代的编绘原则后,《图集》的科学性得到提高,基本保证了历史地图的本质,即在同一图幅所显示的是同一时间存在的地理要素及其分布,却产生了一个新的矛盾——未必能显示某一朝代理想的"极盛疆域",而这不仅是传统史学家所追求的,也是当代的政治需要。而实际上,即使是一个强盛的朝代,也很难找到这样一个十全十美的年代,正好在其四至八到都达到最大的范围。还是以唐朝为例,它控制咸海以东的乌浒河(今阿姆河)和药杀水(今锡尔河)流域是在龙朔元年(661 年),但到麟德二年(665 年)就撤到葱岭,实际仅维持了三年,而那时尚未灭高丽,东部的边界仍在辽河一线。开元三年(715 年),唐朝又扩展到葱岭以西,但灭朝鲜后在当地设置的安东都护府已退至辽西。天宝十载(751 年),唐将高仙芝的军队在怛罗斯

（今哈萨克斯坦东南江布尔城）被黑衣大食（阿拉伯阿拔斯王朝）击败，唐朝的疆域又退至葱岭一线。北方自贞观二十一年（647年）灭薛延陀，置燕然都护府，辖有今内蒙古河套以北、蒙古国、叶尼塞河上游及贝加尔湖周围地区。但到仪凤四年（679年）突厥再起，就撤至阴山以南，也只维持了32年[1]。如果一定要画出一幅东西南北都达到极点的唐朝地图，除了将不同的年代混杂一起，别无良策，"文革"期间定稿出版的"内部本"上的总图正是这样画出来的。以往的正史和传统的史书也是这样写的，并且长期为人们所津津乐道，也在教科书中沿用。

但一些重大的疆域变化的确因不在标准年代而无法显示，而由于《图集》的巨大影响，客观上也使这类史料越来越鲜为人知。例如明朝初年在平息了安南（今越南）的内乱后，于永乐五年（1407年）在其全境设置交趾布政使司，下辖17府、47州、157县，同时设置都指挥使司，下辖11卫、3所。至宣德二年（1427年）全部撤销，恢复安南的属国地位。《图集》第7册明时期的两幅《明时期全图》分别选了宣德八年（1433年）和万历十年（1582年），第一幅图选用宣德八年，自然不可能出现六年前已撤销的交趾布政使司和都指挥使司。至于为什么不选用宣德二年之前若干年，为什么不能另附一幅交趾布政使司辖地的插图，我没有问过谭先生，他也未主动谈及，但我可以肯定，正是因为那时中越之间存在着"同志加兄弟"的关系，既然对方讳言这段历史，或者是作为本民族抵抗"北方侵略"的光荣历史加以宣扬，中国方面还是不提为宜，以免引起双方的尴尬。

历史学界与民间对这样的处理并不完全认同。谭先生的老友张秀民先生虽以研究中国印刷史著称，对这段历史的研究却情有独钟，对于永乐四年（1406年）统兵平定安南的张辅极其崇拜，称之为民族英雄。张先生对《图集》不画明交趾布政使司及其他有关越南的画法深为不满，多次与谭先生争论。到20世纪70年代末中越交恶，张先生再次提出改图，谭先生却表示：既然当初这样定了，这样的画法也不违反历史事实，就不能因为现在两国关系变了就再改变，否则还要历史地图干什么？

历史上的中国

对于在《图集》中为什么要确定"历史上的中国"的范围，谭先生有过具

1　本文有关历代疆域变迁的叙述，据拙著《中国历代疆域的变迁》，商务印书馆1997年版。以下不再一一注明。

体说明：

> 首先，我们是现代的中国人，我们不能拿古人心目中的"中国"作为中国的范围。我们知道，唐朝人心目中的中国，宋朝人心目中的中国，是不是这个范围？不是的。这是很清楚的。但是我们不是唐朝人，不是宋朝人，我们不能以唐朝人心目中的中国为中国，宋朝人心目中的中国为中国，所以我们要拿这个范围作为中国。
>
> 这不是说我们学习了马列主义才这样的，而是自古以来就是这样的，后一时期就不能拿前一时期的"中国"为中国。举几个例子：春秋时候，黄河中下游的周王朝、晋、郑、齐、鲁、宋、卫等，这些国家他们自认为是中国，他们把秦、楚、吴、越看成夷狄，不是中国。这就是春秋时期的所谓"中国"。但是这个概念到秦汉时候就被推翻了，秦汉时候人所谓"中国"，就不再是这样，他们是把秦楚之地也看作中国的一部分。这就是后一个时期推翻了前一个时期的看法。到了晋室南渡，东晋人把十六国看作夷狄，看成外国。到了南北朝，南朝把北朝骂成"索虏"，北朝把南朝骂成"岛夷"，双方都以中国自居。这都是事实。但唐朝人已经不是这样了，唐朝人把他们看成南北朝，李延寿修南北史，一视同仁，双方都是中国的一部分。[1]

谭先生的意见说得很明白，他确定的"历史上的中国"是今人的概念，并非历史时期各个阶段，或者同一阶段的不同的人都一致、都认同的。既然要用这样一个概念来确定《图集》必须显示的范围，就一定要有一个前后一致、基本稳定的空间，因此才有了"十八世纪五十年代清朝完成统一之后，十九世纪四十年代帝国主义入侵以前的中国版图"这样明确的规定。现在有些人不了解谭先生这样做的目的和原因，从不同角度批评"历史上的中国"这样的规定，基本上都是文不对题。例如有的人说，历史上"中国"的概念是不确定的。不错！但如果《图集》的主编和编绘者也"不确定"，那这些地图怎么画呢？

其实，中国的概念在其产生和发展变化的过程中，本来就是客观性与主观性并存的。

就客观性而言，也存在着四个不同的概念：

1　谭其骧《历史上的中国和中国历代疆域》，《长水集续编》，人民出版社1994年版，第2—3页。

政治性的中国,指政权和国家。最初的"中国"是指众多的国中处于中心、中央、中间区域的国,即"国君所居之国",商朝和周朝的首都、国君直接统治的地方。但东周时天子权威丧失,形同虚设,诸侯相互兼并,强者称霸,主要的诸侯国渐渐以中国自居,并从黄河流域扩大到长江流域和相邻区域。到秦始皇灭六国建秦朝,秦的首都和中心区域固然是中国,到时候秦朝的疆域也可以称为中国了。此后,从西汉直到清末,各个朝代的疆域都可称为中国,只是随着该政权统一和开发范围的扩大而扩大。但是中国还不是各朝代的正式国名国号,如清朝的正式名称是大清、大清国。正因为如此,"中国"还没有一个统一的、被一致接受的政治概念,具有不确定性。清朝人使用"中国"时,既可以包括满洲、内外蒙古、新疆、西藏在内的全部疆域,也可以只指内地十八省,甚至连云南、贵州等边疆省份也可以不在其内。另一方面,明清时的朝鲜、越南等藩属国也以中国自居,以属于中国一部分而自豪。鸦片战争后国门渐开,在与外国的交往中,中国作为一个国家的概念逐渐巩固,到清末基本形成。1912年中华民国建立,"中华""中国"成为中华民国的简称,"中国"最终正式成为我国的名称。

民族性的中国,指汉族及其前身诸夏、华夏诸族,以及受汉族影响深而基本被同化的其他民族。按照这个概念,非汉族的聚居区属夷狄、蛮夷、四裔或外国,不属于中国。随着汉族由聚居的黄河中下游地区扩大到南方和边疆,包括在此过程中大量非汉族被融合,作为民族概念的中国也随之扩展。由于古代区别华夏和夷狄的标准一向是文化,是礼,而不是血统,夷狄一旦接受了华夏文化,就能"由夷变夏"。虽然就局部区域和局部时间而言,也存在"由夏变夷"的过程,即原来的"中国"成了非"中国",但总的趋势是民族概念的中国范围越来越大,覆盖的人口越来越多。

文化性的中国,指汉族或华夏文化区,特别是汉字文化圈。文化概念的中国与政治概念的中国并不一致,例如在相当长的历史阶段中,汉字是朝鲜、越南、琉球的官方文字,或者是当地唯一的通行文字,但在中国疆域内部,蒙古、西藏、新疆等地的通行文字却不是汉字。文化概念的中国也不一定与疆域的扩展同步,例如西南的大部分虽从秦汉以来就纳入版图,但大多要到改土归流、置府县、设学校、开科举后,才获得文化上的认同。

地域性的中国,等同于中原。早期二者完全通用,如司马迁《史记·货殖列传》所用的"中国人民"即"中原人"的同义词。中原,自然是以一个朝代的疆域和首都为坐标的,一般是指首都或政治中心一带。但由于并非行政区划的代名词,所以往往没有明确的范围。今河南固然是最老牌的、无可争议的"中原",陕西、山西、河北、山东等地也未尝不能称"中原"。在分裂时期,主要的政权都将自己首都一带称为中原。不过,由于主要朝代的首都不出黄河中下游的范围,中原的概念一般也就在其中。

但是就主观意识而言,中国的概念不仅存在着时间、空间的差异,就是在同一时空范围中,不同的群体或个体完全可以有不同的理解或解释。正因为如此,论者尽可以不认同谭先生所确定的"历史上的中国"的概念,但如要运用或讨论《图集》,就必须以这个"历史上的中国"为范围,为标准。

历史上的中国疆域

对《图集》中所画出的中国疆域是否准确,是否符合史料的记载,是否符合客观事实,在学术上有不同意见是完全正常的,也需要时间的检验。特别是其中不少图幅编绘、定稿于"文革"期间,工宣队(工人毛泽东思想宣传队)、造反派、红卫兵当家做主,谭先生被剥夺了主编的职权,是"一批二用"的"资产阶级反动学术权威",协作单位的教授、专家也都处于这样的地位,形成了一些荒唐离奇的错误;或者为了突出政治、"反帝反修""国家利益"的需要,完全不顾历史事实,违背实事求是的精神,故意制造了一些"新发现""新突破"。在"文革"结束后的修订中,大多数错误已经纠正。但由于工作量太大,修订的时间有限,遗漏了一些错处,加上当时多数作者还心有余悸,思想还不够解放,有些处理原则和办法还囿于陈规旧说,并未完全做到实事求是。"'文革'中被无理删除的唐大中时期图组、首都城市图和一些首都近郊插图,被简化为只画州郡不画县治的东晋十六国、南朝宋齐梁陈、北朝东西魏北齐周、五代十国等图,以及各图幅中被删除的民族注记和一些县级以下地名,若要一一恢复,制图工作量太大,只得暂不改动。"[1]年过七旬的谭先生和一支经历十年浩劫青黄不接的团队,对此也只能徒唤无奈。

但在重大原则上,谭先生对中国疆域的处理是经过深思熟虑,始终坚持的。

长期以来,出于政治目的,史学界对今天中国境内的疆域一直强调"自古以来",似乎中国从夏、商、周以来一直是这么大,似乎不找到一点"自古以来"的证据,一个地方归属于中国就失去了合法性。其中最敏感的地方就是台湾,由于谭先生坚持实事求是,以史料史实为根据,"文革"期间成为重大的"反革命罪状",受到严厉批判斗争。在修订过程中,他对台湾的处理方案

1　谭其骧《中国历史地图集·前言》,《中国历史地图集》第一册,地图出版社 1982 年版。

多次被主管部门否决，《图集》的出版也因此而推迟了好几年。直到中央领导过问并签阅，才涉险过关。但谭先生坚持认为：

> 台湾在明朝以前，既没有设过羁縻府州，也没有设过羁縻卫所，岛上的部落首领没有向大陆王朝进过贡、称过臣，中原王朝更没有在台湾岛上设官置守。过去我们历史学界也受了"左"的影响，把"台湾自古以来是中国的一部分"这句话曲解了。台湾自古以来是中国的一部分，这是一点没有错的，但是你不能把这句话解释为台湾自古以来是中原王朝的一部分，这是完全违反历史事实，明以前历代中原王朝都管不到台湾。有人要把台湾纳入中国从三国时算起，理由是三国时候孙权曾经派军队到过台湾，但历史事实是军士万人征夷洲（即台湾），"军行经岁，士众疾疫死者十有八九"，只俘虏了几千人回来，"得不偿失"。我们根据这条史料，就说台湾从三国时候起就是大陆王朝的领土，不是笑话吗？派了一支军队去，俘虏了几千人回来，这块土地就是孙吴的了？孙吴之后两晋隋唐五代两宋都继承了所有权？有人也感到这样实在说不过去，于是又提出了所谓"台澎一体"论，这也是绝对讲不通的。我们知道，南宋时澎湖在福建泉州同安县辖境之内，元朝在岛上设立了巡检司，这是大陆王朝在澎湖岛上设立政权之始，这是靠得住的。有些同志主张"台澎一体"论，说是既然在澎湖设立了巡检司，可见元朝已管到了台湾，这怎么说得通？在那么小的澎湖列岛上设了巡检司，就会管到那么大的台湾？宋元明清时，一个县可以设立几个巡检司，这等于现在的公安分局或者是派出所。设在澎湖岛上的巡检司，它就能管辖整个台湾了？有什么证据呢？相反，我们有好多证据证明是管不到的。
>
> （台湾）为什么自古以来是中国的？因为历史演变的结果，到了清朝台湾是清帝国疆域的一部分。所以台湾岛上的土著民族——高山族是我们中华民族的一个组成部分，是我们中国的一个少数民族。对台湾，我们应该这样理解：在明朝以前，台湾岛是由我们中华民族的成员之一高山族居住着的，他们自己管理自己，中原王朝管不到。到了明朝后期，才有大陆上的汉人跑到台湾岛的西海岸建立了汉人的政权。……一直到1683年（康熙二十二年），清朝平定台湾，台湾才开始同大陆属于一个政权。[1]

　　1　谭其骧《历史上的中国和中国历代疆域》，《长水集续编》，人民出版社1994年版，第10—11页。

但这种机械的、教条的观念根深蒂固,无处不在,以致在解释任何一个地方"自古以来"就属于中国,总是采取实用甚至歪曲的态度,只讲一部分被认为是有利的事实,却完全不提相反的事实,使绝大多数人误以为自古以来都是如此。

例如新疆,只说公元前60年汉宣帝设立西域都护府,却不提王莽时已经撤销;东汉时"三通三绝",以后多数年代名存实亡,或者仅部分恢复;只说唐朝打败突厥,控制整个西域,却不提安史乱后唐朝再未重返西域;只提蒙古征服西辽,却不提元朝从未统治整个西域,中原王朝对西域的统治要到乾隆二十四年(1759年)才重新实现。对于清朝来说,西域的确是新的疆域,因此才会有"新疆"的命名。谭先生还以云南为例,虽然汉晋时代是中原王朝统治所及,但是在南朝后期就脱离了中原王朝。到了隋唐时候,是中原王朝的羁縻地区,不是直辖地区。到了8世纪中叶以后,南诏依附吐蕃反唐,根本就脱离了唐朝。南诏以后成为大理。总之,从6世纪脱离中原王朝,经过了差不多700年,到13世纪才由元朝征服大理,云南地区又成为中原王朝统治所及。

不过,谭先生特别强调:"我们认为18世纪中叶以后,1840年以前的中国范围是我们几千年来历史发展所自然形成的中国,这就是我们历史上的中国。至于现在的中国疆域,已经不是历史上自然形成的那个范围了,而是这一百多年来资本主义列强、帝国主义侵略宰割了我们的部分领土的结果,所以不能代表我们历史上的中国的疆域了。""为什么说清朝的版图是历史发展自然形成的呢?而不是说清帝国扩张侵略的结果?因为历史事实的确是这样。……清朝以前,我们中原地区跟各个边疆地区关系长期以来就很密切了,不但经济、文化方面很密切,并且在政治上曾经几度和中原地区在一个政权统治之下。"

虽然作为学生和助手,我完全理解谭先生无法突破政治底线的苦衷,但我不得不指出这种说法的局限性,并且实际上存在的无法调和的矛盾性。从秦朝最多300多万平方公里的疆域到清朝极盛时期1300多万平方公里的疆域,不能一概称之为"自然形成",不能因为最终形成了疆域如此辽阔的国家,就将以往一切侵略和扩张视为统一、进步。秦始皇征服岭南,汉武帝用兵西域,唐朝灭高丽、突厥,蒙古人建元朝,清朝灭明、准噶尔,尽管客观上促成统一,为中国疆域的最终形成准备了有利条件,但无不属于侵略扩张,未必有正义可言。但另一方面,在尚未形成国家和民族平等的观念,尚未形成现代国际法和国际关系之前,全世界能够存在和发展下来的国家,特别是其中的大国，无一不是侵略扩张的产物，中国岂能例外？1840年前的中国疆域之所以比较稳定，一个主要的有利因素是地理环境的封闭性，以致在工业化以前的世界缺乏打破地理障碍的能力。尽管如此，唐朝的军队也在中亚受挫于阿拉伯军队，以后伊斯兰教在新疆取代佛教，葡萄牙人实际占据了澳门，西班牙人、葡萄牙人、荷兰人占据过台湾和澎湖。沙俄依靠侵略手段掠夺了中国大片领土，但这也不能不说是"自然"的结果。在中俄雅克萨之战并导致《尼布楚条约》签订后，清朝应该了解俄国人的真实意图，而且有足够的时间和能力移民实边，却继续实施对东北的封禁，以致俄国人进入黑龙江以北和乌苏里江以东如入无人之境，至今一些俄国史学家还声称俄国人是这片"新土地的开发者"，而非中国领土的掠夺者。但在清朝对东北开禁，鼓励移民，设置府州县，建东三省后，俄国与日本尽管仍然处心积虑要占据东北，却未能得逞。这岂不也是"自然"的结果吗？至于一定要强调边疆或少数民族地区与中原王朝的联系，有些事例不仅显得牵强，并且与前面对台湾与大陆关系的论述自相矛盾。

从谭先生一生的经历和他学术思想的发展看，他是始终与时俱进的，也总是在超越前人，并希望我们这些学生能超越他。如果他还在世的话，相信他早已会突破这些局限，所以我的放胆狂言一定会得到他的宽容、理解和鼓励。

（原载《河南大学学报（社会科学版）》2012年第5期）

全面正确地认识地理环境对历史和文化的影响

地理环境对中国历史和文化的影响,是学术界长期注目的课题,但又是研究得很不够的薄弱环节。为了便于大家讨论,我先谈三点意见。

一、要不要研究和讨论地理环境对历史和文化的影响

自从对《河殇》和类似的作品进行批判以后,研究和讨论地理环境对中国历史和文化的影响似乎成了禁区,好像一谈地理环境就是别有用心,强调地理环境就是地理环境决定论。其实,只要我们对《河殇》稍加分析,就不难发现,《河殇》的作者并不真正懂得地理和历史,更不了解历史地理,所以他们对地理环境及其影响的论证不仅缺乏说服力,而且在很多地方并不符合事实。比如他们讲得最多的黄色文明和蓝色文明,竟一直追溯到公元前3世纪的战国末期,把秦灭楚作为黄色文明对蓝色文明的毁灭。从这一点出发,又把海上交通的发达与否作为衡量一个国家或地区开放与否的唯一标准。于是中国的封闭状态就不是明清以来的问题了,而是早在秦汉时代已经如此了。

要讲地理环境对历史的影响,首先必须了解和尊重历史,了解和尊重历史时期的地理环境。在公元前3世纪时,在生产力还相当落后的当时,从总体上说,黄河流域和长江流域究竟哪一地区的地理环境更优越?哪一地区的经济文化更发达?稍具历史和地理常识的人是可以得出正确的答案的。中国历史上从来就是黄河流域拥有政治和军事的优势,以黄河流域为基地或占有了黄河流域的政权一次次地战胜长江流域的政权,而以长江流域为基地进而统一大半个中国的只有朱元璋一人,以沿海或海岛为基地则充其量只能维持短时期的割据,郑成功在台湾和福建沿海地区维持数十年的割据政权大概是最成功的例子了。如果一定要简单地用黄色文明或蓝色文明来解释,就根本无法理解。

濒海或环海的地理环境并不一定等于优越的条件,更不会自然产生先进的文明。海洋只是提供了一种交通联系的场所,海上航行也不过是一种

507

交通联系和传播文明的手段,但如果根本不存在一种文明发源地,海上航行就绝不会自然地带来文明。

地中海沿岸是早期文明的重要发源地,对沿岸的大多数国家和地区来说,通向这些发源地的最便利的手段是航海。正是在这样的前提下,航海的发达与否就成为衡量一个国家或地区开放与否的标准,也是一个国家或地区兴衰成败的重要条件。但东亚的情况却完全不同,在相当长的历史阶段,以黄河中下游为中心,以后又扩大到长江流域的中国中原王朝是经济文化最发达的地方,是文明的中心,不仅是周边地区,而且是朝鲜半岛、日本列岛、东南亚和印度支那半岛等地人民仰慕和学习的目标。从总体上讲,这种状况一直维持到日本的明治维新。在这种条件下,处于中国沿海的地区,向中原开放或向海外开放究竟哪一个更重要,向中原学习和向海外学习究竟哪一方面更重要,应该是不言而喻的。但对日本这样的岛国来说,就一定要向本岛以外寻求文明的来源,航海的衰退或断绝就意味着封闭和倒退。

一个国家或民族的开放当然应该是全方位的,但在一定的历史阶段和一定的地理条件下,总有一个或若干个主要的方位,即向着当时最先进的文明的方位。这既取决于本身的地理环境和生产力水平,也取决于世界上其他国家或民族的发达程度。在公元前后一段时间内,中国是世界东方的文明中心,西方则以罗马帝国为中心。在当时的生产力条件下,通过陆路沟通与西方的联系就是开放的主要手段。实际上,在先秦和秦汉时期,从今天的四川、云南通向境外的交通线以及由河西走廊穿过新疆进入中亚的交通线都是对外开放的重要途径,都是以世界另一个文明中心为终点的。陆上的丝绸之路是沟通东西方联系的道路,也是古代中国对外开放的道路,这应该是毫无疑问的。所以长安尽管地处内陆,但在相当长的时期内,它的开放程度远远超过国内其他地区,也超过了沿海地区。

所以《河殇》的错误并不在于它谈了地理环境,或者它重视了地理环境的影响,而是不了解或者故意无视地理环境的变迁,曲解了地理环境的影响。如果因为出了《河殇》,我们就不能再谈地理环境,不能再研究地理环境对中国历史和文化的影响,不仅是因噎废食,而且还会使《河殇》一类错误说法长期流传,也会使很多似是而非的误解长期存在,对理论和实际都是有害的。

面向 21 世纪的世界,面对国际的风云变幻,正在走向进一步改革开放的中国更应该重视对世界的和本国的具体地理环境的了解和研究。但对实际的重视不等于理论问题的解决,不解决理论问题,实际上的重视就既缺乏自觉性,也不可能上升到理性的认识。所以,我认为研究和讨论地理环境的影响是亟待开展的课题,理论问题是不容回避的。

二、怎样理解地理环境的作用

有关"地理环境决定论"的讨论在国内外已经进行过很多年了,我自己对这个问题也反复地考虑过。根据马克思和其他革命导师的论述,结合地理学史上的论争,我认为地理环境的影响不能简单地划分为决定或不决定两种,而应该有一个全面的认识。

要讨论这个问题,首先应该对"地理环境"有一个共同的定义。《中国大百科全书·地理学卷》中"地理环境"一条(陈传康撰)下的定义是:"生物,特别是人类赖以生存和发展的地球表层。"又指出:"地理环境可分为自然环境(或自然地理环境)、经济环境(或经济地理环境)和社会文化环境。……上述三种环境各以某种特定的实体为中心,由具有一定地域关系的各种事物的条件和状态所构成。这三种地理环境之间在地域上和结构上又是互相重叠、互相联系的,从而构成统一的整体地理环境。"

我认为这一界定是准确的,也是全面的;但是我们在具体讨论时还要注意一点区别。在人类产生之前,地理环境就已经存在了,不过那时只有自然环境。在人类产生以后,完全单纯的自然环境就不存在了,因为人类的活动总会或多或少地改变自然环境。也就是说,毫无人类影响的严格意义上的自然环境已经不复存在了。但在人类漫长的早期,人对自然的影响毕竟是极其有限的,所以我们还是可以把地理环境主要当作自然环境。随着人类生产力的发展,经济环境和社会文化环境逐渐形成,并且越来越起作用,到了近代,就更难以将这三者区分开来了。当然,地球表层的人口分布和生产力布局是很不平衡的,即使在今天,世界上也还有如南极、北极、青藏高原那样受人类活动影响较小或可以忽略不计的个别地区。正因为如此,在中国历史上,在部分时间或地区,我们所要讨论的地理环境只能是广义的,即上面提到的三种环境;而不是狭义的,即自然环境一种。

从马克思主义的哲学观点看,地理环境就是存在,是物质,是人类本身赖以生存和发展的基础,当然也是人类的意识或精神的基础。因此,从本质上和总体上说,地理环境对人类和人类社会所起的作用是决定性的。

这样的决定作用主要表现在四个方面:

1. 为人类的产生、生存、发展、消亡或离开这个环境提供了物质基础。
2. 决定了这个环境中的一切生物(包括人类)及其活动(包括人类社

会),都不可避免地有一个产生、发展以至消亡的过程。

3. 在这个环境中的一切物质和由物质产生的能量既不能增加,也不会减少,只能是各种形式的转化或传递,除非来自这一环境之外(例如其他星球)或者离开了这一环境。

4. 人类的一切活动必须顺应这一环境的内在规律,在此前提下利用这一环境,根据自己的需要进行、加速、延缓或制止物质的某些转化和能量的某些传递。

但是,在具体的时间和空间范围中,在具体的人和物上,地理环境一般只起着加速或延缓的作用,而不是决定性的。因为人类对地理环境的利用远没有达到极限,尽管这一极限是客观存在。也就是说,尽管地理环境提供给人类的条件是有限度的,但只要人类还没有超越这一限度,就能够拥有相对无限的活动余地。这与上述四个方面丝毫没有矛盾,而是完全一致的,因为在起着决定作用的同时,地理环境也给人类的发展保留着相应的广泛的自由:

1. 它并没有规定人类从产生到消亡的具体过程、方式和时间。

2. 它也没有确定物质和能量的转化和传递的具体过程、方式和时间。

3. 人类只要不违背它的内在规律,完全可以根据自己的需要利用这一环境,实现对自身有利的物质转化和能量传递。

迄今为止的人类历史和人类创造的全部文化或者全部精神和物质的文明,都是在地理环境所提供的条件下产生的,都离不开地理环境的影响。但是,人类对地理环境的利用从来没有达到极限,今天离极限也还相当遥远。而且,不同地区、不同时期的人们对地理环境的利用的程度存在着相当悬殊的差异,利用的方式迥然不同,这就是为什么人类的历史和文化会如此丰富多彩、千差万别,也就是为什么在大致相同的地理环境中在不同地区和不同时期人类的活动会出现不同的结果。

同样的地理环境,在不同的生产方式或生产力的条件下,所起的作用也是不同的。所以在人类的早期,也即人类基本上还只能被动地适应现成的地理环境的时候,地理环境对人类各方面的活动几乎都起着决定性的作用。但随着人们生产力的提高和生产方式的多样化,开始能动地利用地理环境,因而地理环境对人类具体活动的决定作用逐渐减弱。生产力越发达,人类对地理环境的利用能力和程度就越大,但这一切都是以地理环境所提供的条件为前提的,并且是以不违背它的内在规律为限度的。正因为如此,我们在考察地理环境对历史和文化的影响的时候,只有从当时当地人们的具体的生产力状况出发,才能得到有说服力的结论。

我们确认了地理环境对中国历史和文化各方面的具体影响,但是我们谁也不能否认,这些地理因素对各个对象所起的作用是完全不同的。即使是对同一事物,如某一地区、某一类型的文化,在不同的历史时期,地理因素的作用也会有很大的差异。所以重要的不仅是发现或者列举出地理环境的影响的具体表现,而且要确定这些影响的程度和性质,即区别哪些是主要的、本质的、决定性的,哪些是次要的、非本质的、非决定性的。

这并不意味着我们不必研究或重视那些次要的、非本质的、非决定性的因素,因为它们在历史的进程和文化的发展中毕竟是起了作用的。客观地确定和估计出它们的作用,才能使主要的、本质的、决定性的因素得到正确的定性和定量。即使到了人类的生产力高度发达的未来,地理的影响依然是不能摆脱的,人类在进行物质生产和精神生产时还是必须充分考虑它们的作用,才能确定最有效的利用方式。

有人以批判"地理环境决定论"为由,反对在历史和文化的研究中重视地理环境的影响,其实混淆了概念。而且从中国学术研究的现状看,对地理环境及其影响的研究,无论是历史的还是现实的,都是相当薄弱的。这不仅影响了学术研究,而且对国民经济的发展造成了巨大的损失,在我们要进一步解放思想,扩大改革开放,把经济建设搞上去的今天,在理论上和实际上重视对地理环境的考察和研究是亟待解决的问题。

地理环境本身也是在发展和变化的,这是我们在考察和研究时必须加以特别注意的。对历史学者来说,只有了解了历史时期的地理环境,才能正确解释历史或历史时期的文化所受到的影响。有些学者研究的是一二千年前的对象,却用今天的地理条件来解释地理环境的影响。如果这一二千年间与该对象有关的地理环境没有发生明显的变化,当然未尝不可,但不幸这几乎是绝无仅有的。因为即使自然环境变化不大,人文环境也早已经历了沧海桑田。由此而得出的结论,岂非南辕北辙?

三、从正确认识地理环境的作用出发,全面、准确地进行国情教育

地理环境是国情的一个重要部分,进行国情教育必然要对与我们国家有关的地理环境作介绍和评价。近年来我们进行国情教育,对于帮助广大人民群众,特别是青少年学生了解我们国家的地理环境和历史起了积极的作用,也纠正了以往片面的宣传教育所造成的误解和偏见。比如以前一味宣扬我国地大物博,只讲总量,却不讲由于人口众多,大多数物资的人均拥

有量在世界上只有中下水平。这对我们客观地认识在世界所处的地位和发展的可能性,从而丢掉不切实际的幻想,作长期艰苦奋斗的准备无疑是有益的。但如果从一个极端走到另一个极端,片面强调中国地理环境不利的一面,过分强调地理环境对中国的制约,那就非但起不到这样的作用,而且会使大家悲观失望,丧失信心。

现在社会上流行一些错误的看法和说法,说什么中国人口那么多,什么事情都办不好,中国的资源最多只能养活多少人;某些国家的发达是得天独厚,或者是靠掠夺别国,中国既没有老天爷给的资源,又不能掠夺别人,似乎只能永远落后了。产生这种错误的原因当然是多方面的,但片面的国情宣传教育和地理环境理论负有不可推卸的责任。一些形式主义的说教和各取所需的统计游戏,无论运用的人有多么善良的愿望,恰恰在起着麻痹和削弱人民意志的作用。

我们当然要让大家知道我们不利的自然条件,比如人均资源的匮乏、气候和地形的缺点、灾害的频繁等,但也应该告诉人们,世界上一些国家和地区的自然条件比我国还差,可是依靠科学技术的进步和辛勤的劳动,那里人民的物质生活却比我们好;我们更应该使全国人民认识到,中国的地理环境所给予我们的条件远没有穷尽,只要发展科学技术,发展生产力,我们就完全有可能置身于世界先进的民族之林。

就拿人口来说,中国为世界之冠,人口密度也居前列,人均资源相当有限,这些都是事实,但只是一个方面。另一方面,以比较人口密度(即单位面积农用土地上的平均人口)而言,中国远低于发展中国家埃及、孟加拉国,也不如印尼;与发达国家相比,比日本、荷兰和德国要低得多。就是在国内,台湾的比较人口密度要比大陆高出很多倍。我们在强调人口多的困难时,难道不应该同时看到我们生产的落后和对资源的浪费吗?

最近我看到一项报道,如果对黄土高原的土地利用采用新的方式,在现有的规模下就能供养多几倍的人口。当然要达到这样的生产水平并不是容易的,但如果把我国的农业生产提高到现在发达国家的水平,要满足按现在的人口增长率所增加的人口的需要,并且使农产品的消费水平得到较大幅度的提高是毫无问题的。

至于对人均资源拥有量,也应该全面地看。我们当然必须立足于中国的人均资源,但也应该着眼于世界的人均资源。人类生活在同一个地球,为什么不能共享资源?中国为什么不能利用外国的资源?再说,世界上又有几个国家能完全不利用外国的资源而维持发达状态呢?日本几乎没有石油和天然气资源,但日本却发展起了世界第一流的石油化工业,不仅满足了国内的需要,而且为国家赢得了巨额利润。中国香港没有什么资源,连生活用水也要从广东输入,但香港的数百万人口照样置身于亚洲前列。中国为什么不能利用俄罗斯的木材、加拿大的纸浆、中东的石油、澳洲的铁矿、缅甸的宝石、南非的钻石甚至外国的土地,让巨大的人力资源包括各种专业人才和能工巧匠发挥应有的作用呢?

还应该看到,随着科学技术的进步,人类不仅能够不断发现并利用新的资源,而且可以使已有的资源得到更充分合理的利用,产生前人难以想象的巨大效益。计算机问世之初,连它的发明者也不会想到,仅仅几十年以后的今天就可以将当时数以吨计的设备缩小到手掌之中。我们完全可以相信,当超导、受控核聚变、遗传工程等新技术取得突破之后,中国现有的资源就能满足更多的人口的需要。

我丝毫没有反对控制人口的意思,在中国的人口压力已经非常严重而生产力还不发达的今天,严格控制人口的增长无疑是必要的、唯一的选择。我反对的是在人口问题上对地理环境的片面解释和不负责任的悲观论调。人口既是地理环境的产物,也是地理环境的构成部分,在资源和能量的转化方面有正负两面的作用。如果只强调人口的消极作用或负面影响,而不重视人口在提高生产力和发展科学技术中的重要的、在可以预见的未来也无法替代的作用,即使能在一段时间内控制住了中国的人口数量,却会使我们在未来相当长的时间内付出过于巨大的代价。

改革开放以来的事实已经证明了这一点。应该承认,1973 年以后的几年是人口增长率控制得最好、最低的几年;而从 1984 年开始,由于种种原因,人口增长率又有所回升。但对比这两个阶段的国家经济实力和人民生活水平提高的幅度,却都是后者胜过前者。

而且,控制人口的最终成功,还是要看人们是否能形成正确的人口观念,自觉地实行计划生育和优生优育,这同样需要有生产力和文化教育发展的基础。自从实行计划生育的政策以来,上海的人口增长率一直是最低、最稳定的,而且大多数人已经比较自觉地接受了计划生育和优生优育的观念,但上海并没采取什么过于激烈的措施。所以我们有理由相信,随着我国经济和教育科技的发展,人口控制必定会更有成效。

如果说这些事例的时间还太短,那我也可以用历史事实来证明。长江三角洲和浙北平原早在公元 4 世纪开始的东晋时就已成为人口稠密地区,从五代以来一直居全国人口密度之冠。但这里又是全国经济文化最发达、生活最富裕舒适的地区。到明清时,尽管这里的耕地已经开发殆尽,人均耕地面积远低于全国平均水平,赋税负担又为全国之最重,却没有发生过稍具规模的农民起义或破坏性的暴乱。主要原因无非是两点:精耕细作的高产农业生产了充足的粮食;相对发达的商业、手工业养活了大量非农业人口。

因此,人口压力虽然不可避免地要影响社会的发展,但并不是人多了就必定会穷,不同的生产方式和生产能力完全可以产生不同的结果,这在中国历史上已为长江三角洲和浙北平原所证明,今天也已为世界上一些人口稠密、资源有限但经济高度发达的国家和地区所证明。在继续大力实行人口控制的同时,我们也完全应该有足够的勇气和信心。

全面的、实事求是的国情教育一定要、也完全可能帮助人民树立起这样的勇气和信心,来面对风云变幻的世界,走向 21 世纪的明天。

(原为"地理环境与中国历史和文化"专题讨论会上作的主题报告,
载《复旦学报(社会科学版)》1992 年第 6 期,略有删改)

河流与人类文明

——《黄河与中华文明》引言

在探索文明的源流时,谁也不能无视河流的作用。这种作用在人类文明之初,往往是决定性的,无可替代的。尼罗河、幼发拉底河、底格里斯河、恒河、黄河、长江,都孕育过伟大的文明,都是今天世界文明的重要源头。

河流是人类文明的起源不可或缺的条件,但并不意味着每一条河流必定会孕育出一种文明,更不意味着河流越长、水量越多、流域越大,孕育出的文明就越伟大。

就河流的长度而言,在世界排名前十的河流尼罗河、亚马逊河、长江、密西西比河、黄河、鄂毕—额尔齐斯河、澜沧江—湄公河、刚果河、勒拿河、黑龙江之中,与古代世界最发达的几种文明联系在一起的,只有尼罗河、长江、黄河,而孕育了美索不达米亚文明的幼发拉底河和底格里斯河、孕育了印度文明的恒河都不在其内,更不用说罗马文明发源地的台伯河,希腊半岛和西西里岛上那些更小的河。

亚马逊河(Amazon River,又译为亚马孙河)是世界上第二长河,其流量则居世界第一,达 21.9 万立方米每秒,比尼罗河、长江和密西西比河三条大河的总流量还大几倍,大约相当于 7 条长江的流量,占世界河流总流量的20%。它的流域面积达 705 万平方千米,占南美洲总面积的 40%,有 1.5 万条支流。但在世界文明史上,亚马逊河并没有与其体量相称的地位,连离它距离最近的印第安三大古老文明也没有处在它的流域范围。

那么,河流与人类文明之间究竟存在着什么关系呢? 河流究竟是怎样孕育某一种文明的呢?

一、河流与人类文明的关系

每一种文明都是某一个特定的人类群体在一个特定的时间和空间范围内所创造的物质财富和精神财富的总和。

对任何一种文明来说,精神财富具有更重大的意义,特别是在发展到高

515

级阶段之后。但在文明产生和形成的过程中,在文明的初级阶段,物质财富起着更重要的甚至是决定性的作用。或者说人类只有首先创造出必要的、足够的物质财富,才能利用物质财富所提供的条件,在此基础上创造精神财富。正如恩格斯在马克思墓前的演说中所指出的:"马克思发现了人类历史的发展规律,即历来为繁茂芜杂的意识形态所掩盖着的一个简单事实:人们首先必须吃、喝、住、穿,然后才能从事政治、科学、艺术、宗教,等等。"而人们要生存,要解决基本的吃、喝、住、穿,水是不可或缺的。

从最早的人类开始,要生存就需要基本的水量,如果不能摄入最低限度的水量,生命就无法维持。在尚未具备生产能力时,人只能通过采集或狩猎获得植物、动物等为自己提供食物,这些动物、植物的生存同样离不开水。所以一个人类群体维持生存所需要的水量,远远超过他们自己的饮水量,更多的是这些动物、植物所需要的水量。正因为如此,最早的人群不得不走出非洲,走出东非大裂谷这个人类最主要的发祥地。如果人类还有其他起源,那里形成的人与水的关系也并无二致,因为他们也早已走出了自己的发祥地,决定因素也是水。

人类获得水的途径很多:1. 直接利用雨、雪、雹等天然降水;2. 利用冰、积雪融化的水;3. 提取地下水;4. 利用天然水体河、湖、沼泽、湿地、瀑、泉的水;5. 淡化海水、咸水;6. 采集某些动物、植物体内的水。在完全不具备生产能力或生产力低下的情况下,第5种途径基本不存在,或者只适用于非常特殊情况下的少数人,第1和第2种途径受到时间、季节和距离的限制。提取地下水需要相应的工具,还要具备一定的能力,如打井、开引水沟、积水、汲水、运水,所以取水量和适用范围都有很大局限。第4种途径即利用天然水体的水是最普遍、最有效、最便利的办法,而河流具有最大的优势。一条水量充足、经流较长、流域面积较大的河流,就能满足一个较大的人类群体对水的需求。当然,一个同等水量的湖泊也可以满足同样数量人口对水的需求,但在其他方面的作用就无法与河流相比。

但人类的生存和发展不能仅仅依靠水,即使是简单的吃、喝、住、穿,也还得依赖其他条件。所以人们对河流的要求或选择,也不会仅仅看其水量。

首先是气候。在尚未能用人工手段有效地保暖、防寒、去湿时,人的生存环境,如气温、湿度、风力、降水量等都不能超出人体适应的上限和下限。在地球上,寒带和热带都不合适,最适合人类生存发展的只有温带。所以处于寒带和热带的河流,或者一条大河流经寒带和热带的河段对人类的早期文明起不了什么作用,更不可能孕育文明。黄河、长江、幼发拉底河、底格里斯河都处在北温带,尼罗河的中下游也都在北温带,恒河入海口以上也都在北回归线以北。即便在温带,其中一些气候条件恶劣的地方也不适合早期人类的生存,在那些地方的河流同样起不了积极作用。

其次是地形、地貌。海拔太高的地方空气稀薄,含氧量低,不适合人类生存。一些大河的源头和上游往往都在海拔三四千米的高原高山,早期人类不可能选择这样的环境。即使有些人因为偶然因素在那里生活,也不可能产生充足的物质财富。直到今天,中国人口的绝大部分还是生活在平均海拔 1 000—2 000 米的第二阶梯和平均海拔低于 1 000 米的第三阶梯,已经发现的古代文化遗址绝大多数分布在第二、第三阶梯。一条大河对早期人类起最大作用的一般不是它处在高海拔地区的上游,而是中游、下游。中华文明的摇篮产生在黄河中下游地区绝不是偶然的。流经沙漠、岩溶地貌、过于茂密的丛林、崎岖险峻的山区的河流或河段,一般也不会被早期人类选择。

再次是土地等初级资源,特别是土地。人类踏进文明门槛的前提是能够生产养活自己的食物,但无论是从事农业还是牧业,都需要一定量的土地,而牧业比农业所需要的面积更大。并不是所有的土地都适宜农业或牧业生产,尤其是在只有简单的生产工具的条件下,对土地的要求更高。沙漠固然无法辟为农田,就是黏性土壤、盐碱土壤、贫瘠土壤也无法为早期人类所开发利用。在没有金属工具的时代,高大茂密的植被无法清除,它们所占据的土地也不能被用作农耕。世界第一大河尼罗河有很长的河段流经沙漠,两岸很大范围内都没有宜农地,连牧地都极其稀缺。我曾经从阿斯旺溯尼罗河而上,到达苏丹的瓦迪哈勒法,再穿过努比亚沙漠,到达青尼罗河与白尼罗河相交的喀土穆,长达 500 千米的纳赛尔水库两边全是裸露的岩石,瓦迪哈勒法以上大多是沙漠直逼河岸,或者仅沿河有小片不毛之地,所以古埃及的农业区集中在尼罗河三角洲和卢克索一带。黄河的中下游流经黄土高原和由黄土冲积形成的平原,土壤疏松,地势平坦,连成一片,一般没有原始森林和茂密的植被,在四五千年前时气候温暖,降水充足,是最适宜的农业区。

我们不妨在全球范围作一比较。南半球的温带区域面积有限,宜农土地更少。人类进入北美大陆的时间较晚,加上那里狩猎资源丰富,早期人类对农业的需求不大。北非与阿拉伯半岛大多是干旱的沙漠,不适合早期农业。欧洲的温带区大部分是海洋,陆地所处纬度较高,热量条件不如中纬度地区。在中国以外,早期农业集中在西亚那片狭窄的新月形地带,以后才影响到尼罗河流域、恒河—印度河流域和欧洲。而黄河中下游这片黄土高原和黄土冲积平原面积最大,开发利用的条件相较来说要好得多。

最后是河水被利用的条件。在完全依靠人工取水、灌溉的情况下,河水能否被有效利用往往取决于流经地区的一些自然因素,如有没有稳定而高差小的河岸,流量是否稳定并在安全的范围内,河水离需水区域的距离,用水区域的蒸发量和渗漏量,等等。最理想的条件就是能够实现天然的自流灌溉,或者利用比较简单的工程、花费不多的人力就能做到自流灌溉。如在岷江分水的都江堰、引泾水注洛水的郑国渠,固然是华夏先民的杰作,但河流本身的天然优势无疑是基本条件。古罗马人不得不耗费巨大的人力物力,修建长达数十千米石砌的暗渠、明渠和渡槽,正是因为河流的先天条件不足。而这样巨大的工程,在人类的早期和文明之初是无法完成的。

一条河流的水量固然不是文明产生和发展的唯一条件,水量的多寡也并不与文明的高度成比例关系,但水量本身依然是一项重要因素。在某种生活、生产、生存方式下,一个特定的人类群体的最低需水量必须得到保证,否则这些人中的一部分只能迁离,或者从其他河流找到新的水源来弥补不足。台伯河有限的水量远远满足不了古罗马人的最低需水量,他们在不断寻找新水源的同时,持续地迁往他乡,迁出亚平宁半岛,扩散到环地中海地区。随着人口的增加,希腊半岛、西西里岛等岛屿上短促而水量有限的河流无法维持他们的最低需求,促使他们跨越地中海向北非扩展。有些文明的萌芽还来不及成长就夭折了,当地河流水量的不足往往是致命的原因。一般情况下,同样面积的土地,农业比牧业可以提供更多的食物,养活更多的人口,产生更多的物质和精神财富。但只有供水充足的土地才能开发农业,农田转变为牧地不会有什么困难,而牧地很难转变为农田,供水量是一个致命的障碍。

但如果水量过多,特别是在中游、下游短时间内急剧地增加,又会造成河水暴涨,泛滥成灾。很多民族都保留着对古代洪水的传说或记忆,都有各自的治水英雄或神灵,就是先民曾遭受特大洪水危害的反映。其中还包括水量的季节性、阶段性差异造成某一时段的水量剧增与另一时段的水量枯竭的交替。但在适当的条件下,这类周期性的变化也被人类利用,成为一种特殊的优势。古埃及人就是利用尼罗河三角洲每年泛滥留下的肥沃淤泥开发出发达的农业,为埃及文明奠定稳定的物质基础,滋养了绵延数千年的埃及、迦太基、希腊、罗马、拜占庭、伊斯兰文明,也以此克服了平时经常性的缺水和缺乏耕地的困难。但在黄河流域,中下游地区降水的季节性差异太大,加上黄土高原和黄土冲积平原的特殊地貌,极端情况往往造成决溢改道和局部断流。

一条大河与其他大河、其他文明区的距离,也是一个起着经常性作用的因素。如果与另一条大河的距离较近,中间没有太大的地理障碍,就便于两个流域之间的来往、交流和互补,也可能引起不同利益集团间的竞争和冲突。

黄河和长江是地球上靠得最近的两条大河,黄河流域和长江流域在很多地段是直接相接的,它们的不少支流之间就隔着一道分水岭。多条运河的开凿和交通路线的开通,更使两个流域连成一体。幸运的是,两个流域从公元前221年开始,大多数年代都处于同一个中央集权政权的统治之下,使中国成为世界上唯一的完整拥有两条大河的国家。在两个流域产生的文明萌芽相互呼应,汇聚到当时自然条件更优越的黄河流域,形成早期的中华文明,以后又扩散到长江流域。黄河流域的人口一次次大量迁入长江流域,为长江流域的开发提供人力和人才资源。当长江流域获得了更有利的自然条件,经济文化的发展后来居上时,又反哺黄河流域,帮助它重建和复兴。

幼发拉底、底格里斯两河流域与尼罗河流域、小亚细亚、爱琴海、希腊、罗马之间距离不是太远,两河流域的早期农业带动了尼罗河流域、环地中海地区的农业开发,美索不达米亚文明与埃及、希腊、罗马等文明之间有密切、频繁、有效的交流、传播、传承和相互影响。对比之下,印第安的印加文明、玛雅文明和阿兹特克文明产生在南美洲西部、中安第斯山区,影响范围北起哥伦比亚南部的安卡斯马约河,南至智利中部的马乌莱河,与世界上其他文明完全为大洋所隔。到目前为止,还找不到它们与外界文明有交流和影响的可靠证据。被外界发现时,它们已都成为废墟陈迹。

黄河、长江远离其他主要文明,中间还隔着在古代难以逾越的地理障碍。与距离相对最近的印度文明之间,也隔着帕米尔高原、青藏高原和戈壁荒漠、喜马拉雅山脉、横断山脉,印度洋和南中国海,无论是陆路还是海路都极其艰难。少数印度和西域高僧前赴后继,经过几百年时间才将佛教传入中国,法显、宋云、玄奘等历尽千辛万苦才从印度取回真经。藏传佛教只传到青藏高原,到明朝中期才再传至青海、蒙古,南传佛教只传到云南边境,而印度教的影响只到达越南南部。另一方面,中华文明基本上没有主动与印度文明交流,更没有积极传播,对印度文明的影响微乎其微。

这样的地理环境,使中华文明在大航海和工业化之前,一直没有受到来自西方其他文明的武力入侵和经济、文化、宗教方面的压力。波斯帝国只到达帕米尔高原,亚历山大止步于开伯尔山口,阿拉伯帝国与唐朝只在中亚偶然遭遇一次交战,帖木耳还来不及入侵明朝就已身亡。伊斯兰教的东扩止于西北,基督教只在唐朝有过短时间小范围的传播,十字军东征从未以中国为目标。直到16世纪后期利玛窦在明朝传播天主教时,还不得不擅自修改罗马教廷的仪规,允许中国士人保留传统习俗。佛教被中国接受,也是以本土化和拥护皇权为前提的。粟特、回鹘、阿拉伯、波斯等"商胡"在中国的商业活动,同样必须遵守中国的法律,尊重中国的风俗习惯,有时还必须接受"朝贡"的名义。所以中华文明得以延续地、独立地发展,没有被外来因素干扰或中断。中国人可以从容、自主地选择接受外来的文化,并且一般都限于物质方面,在精神方面不会受到外来的强力影响。但是另一方面,也使中国长期脱离外界文明,根本不了解其他文明的实际,缺少摩擦、碰撞、挑战、竞争、交流的对象,更不会主动走出去介绍、推广、传播自己的文化。即使在相对最开放的唐朝,实际也是"开而不放,传而不播",即允许外国人进来,却不许本国人出去;可以向主动来学习的人传,却不会主动走出去播,甚至也不向国内的"蛮夷"传播。

河流的出口或终点在哪里也是一项重要因素,在某种条件下甚至是决定性的。内陆河与入海的河不同,同样是入海的河,入不同的海又会有完全不同的作用。尼罗河的出口是地中海,黄河、长江的出口是太平洋。地中海有三项特点是其他任何海洋所不具备的:它是一个基本封闭的内陆海,中间有大量半岛、岛屿,周围集中了人类主要的文明,巴比伦、亚述、埃及、希腊、罗马等多种文明交相辉映。在没有机器动力和导航设备的条件下,在这样的海中航行是最安全有效的,就近可以与其他文明交流、碰撞。而在古代,人类是无法在太平洋自主自如航行的。在中国航程所及的范围内不存在其他主要文明,在自己的文明圈中也属于边缘。正因为如此,同样是出海口和海洋,古埃及人、希腊人、罗马人、腓尼基人看成财富、机遇、希望、未来,古代中国人却当作天涯海角、穷途末路,将"海滨"(海滨)与"山陬"(深山)一样看成天下最穷困的地方。印加文明的地域内有安卡斯马约河和马乌莱河,它们的出海口也在太平洋,显然也没有为印加文明提供发展为海洋文明的条件。

河流不仅为人类提供了生活和生产所必需的水源和物资,而且也是人类迁移的主要通道。高山密林往往能将人类阻隔,但河流却能穿越峡谷或荒漠进入另一个谷地,帮助人们找到新的开拓空间。特别是在生产力低下、地理知识贫乏的年代,要在榛莽未辟、禽兽出没或荒无人烟、寸草不生的陆地上作长途迁移是相当困难的,顺河流而下却要方便得多,并且不会迷失方向,便于保持与原地的联系,是人类拓展生存空间最有效的手段。溯流而上也不失为一种可行的选择,往往是一个群体、一种文明从下游向中游、上游延伸的主要途径。汇入海洋的河流为人类提供了更加广阔的天地,在内海和近海地区更是如此。非洲的东非大裂谷是公认的人类主要发祥地,在那里形成和繁衍的人类之所以能走出非洲,分布到世界大多数地方,一个重要的因素就是尼罗河的存在。基本南北向的尼罗河受地球引力的影响较小,河流顺直,水势平缓,成为早期人类外迁的天然途径。由尼罗河进入地中海后,又能在较短的距离内到达沿岸各地,再迁往欧洲、亚洲其他地方。中国历史上一次次大规模的人口南迁,利用黄河的支流进入淮河流域、长江流域,一直是移民的主要交通路线。

河流的交通运输功能支撑着文明的生存和发展。一个大的文明区域内部必定需要大量的人流和物流,而一条大河所能提供的水运方式是最便捷和廉价的。直到今天,水运的优势依然难以替代。而在工业化以前的古代,内河运输往往是一个国家、一个地区唯一有效的大规模运输手段。古埃及建造金字塔、神庙、方尖碑,材料是产于阿斯旺一带的花岗岩,要是没有顺流而下的尼罗河水运,这一切就都不可能发生。北非的古希腊、古罗马建筑大量采用希腊、罗马产的大理石,要不是采于沿海地带,也得依靠河流的运输连接海运。西汉选择在关中的长安建都,但关中本地产的粮食供养不了首都地区的人口,必须从当时主要的粮食产地——太行山以东的关东地区运输,只能利用黄河溯流而上,穿越三门峡天险,再进入黄河的支流渭河运到长安。尽管要耗费巨大的人力物力,运费高昂,但却是当时唯一的选择。当关中的粮食需求超出黄河水运的能力,隋朝和唐朝的皇帝便不得不带领文武百官和百姓迁到洛阳"就食",最终导致长安首都地位丧失,行政中心东移。长江及其支流更加优越的水运条件,也是长江流域的经济逐渐超过黄河流域的重要原因。徽商成功的因素之一,就是巧妙地运用了水运。他们将产于徽州价廉而质重的石材、木材装上船,从新安江、富春江、钱塘江顺流而下,再通过江南发达的水系,直接运到最近的市场,又从江南采购价高而质轻的绸布、百货、日用品等溯流而上运回徽州,实现商品利润的最大化。

同一条河流水系间的便捷水运,也为区域内的人员来往提供了条件。"朝辞白帝彩云间,千里江陵一日还",在现代交通工具产生之前,长江水运是无可替代的。以尼罗河谷地为基础的上埃及与以尼罗河三角洲为基础的下埃及并不连接,上埃及和下埃及的统一,纸莎草与莲花的交接,完全依靠尼罗河这根纽带。中国自秦汉以降实行中央集权制度,政令的上通下达、公务人员的必要来往、军队和重要物资的调度、重要信息的传递,都是维持国家统一、政府正常运作和社会基本秩序的根本措施,所以要以很大的人力物力设置和维护庞大的驿递、调度和运输系统。其中依托水运,特别是依托同一条河流或水系的水运部分,都是最廉价和高效的。同一个流域内的政权,其基础更加稳固。即使出现短时间的分裂,也能较快恢复统一。

要共享一条大河的利益,要进行大范围的灌溉和大规模的农业生产,要防止和抗御大河不可避免的水旱灾害,要建设和维护大型水利工程,都需要氏族、部落、小群体之间的协调和联合,也需要日常的组织和运作,催生出统一国家和集权政权。古埃及的自然条件,决定了它的农业生产离不开人工灌溉。在尼罗河泛滥时,人们要疏通渠道,排除积水,而干旱无雨季节,又要从尼罗河引水灌溉。这样巨大的工程,绝非一家一户所能承担。因此埃及文明早期就出现了联合,氏族联合为公社,公社又联合为州,四十多个州之间发生过频繁的争夺,有过激烈的战争,但在公元前4000年左右最终形成上埃及、下埃及两个王国。春秋战国时期,黄河下游还存在上百个大小诸侯国。面对黄河的漫流、泛滥、改道,小国无能为力,大国以邻为壑。以后,较大的国筑起堤防,但在灾害面前往往顾此失彼,更不可能共同修建水利工程,共享灌溉之利。秦朝的统一使整个黄河中下游流域处于同一个中央集权的统治之下,黄河中下游地区成为国家的主体和核心部分,从此黄河水利的利用由各级政府实施和管理,同时也能举全国之力修建和维护水利和防灾工程。正因为如此,历朝历代在不得已时会放弃部分边疆,或割让边远土地求和,但不会容忍黄河中下游地区的分裂割据。一旦出现这样的情况,总会不惜代价恢复统一,或者由下一个政权实现再统一。

河流对文明的作用不仅表现在物质方面,也显示于精神方面。

我们说"一方水土养一方人",水的作用重于土。所谓"同饮一江水",就是一个人类群体长期生活在同一条河畔、同一个流域,形成了相同的生活方式、协调的生产方式,以及和谐的生存方式,也会形成诸多共同的文化要素,进而形成共同的文化心态。语言是人际交流最重要的工具。在人口迁移或再分布的过程中,受到地理障碍的影响,原来使用同一种语言的人,由于分散至不同的小区域,没有交流和共同生活的机会,原来在语言上的微小差别演变为不同的方言。但在同一个流域,甚至在一条大河或其支流的不同流域,由于人际交流相对密切,即使相隔距离较远,也能保持同一方言。早在公元前2世纪,人们就注意到了"百里不同风,千里不同俗"的现象,即一种

"风"(流行，时尚)一般只存在于一个较小的范围，多变，差异性大；而"俗"（稳定的习惯、传统)可以在一个大得多的范围内出现、形成、积淀、传承、长期延续。在丘陵山区、高原山谷、零散的平原和盆地，一般只能形成"百里"尺度的"风"区，大河流域则不难构成"千里"尺度的"俗"区。在秦汉统一以后，黄河中下游地区就以其"天下之中"的核心地位形成华夏文化圈中公认的"中原"，成为中华文明的基地。

像黄河、长江这样长达数千千米的大河，从源头到出海口，流经多种多样的地形地貌，如雪峰、冰川、高原、峻岭、悬崖、峭壁、隘口、洞穴、湖泊、沼泽、湿地、峡谷、深沟、瀑布、激流、石林、土林、荒漠、森林、草原、平原、沃野，栖息有各种飞禽走兽，生长各类奇花异草，构成色彩斑斓、赏心悦目、俊秀雄奇、千姿百态、惊心动魄、磅礴浩荡的景观，不仅是丰富的旅游资源，而且是深厚的精神源泉。诗人抒发激情，画家描绘美景，哲学家在沉思中期待顿悟，艺术家在探索中寻找灵感，政治家在谋划大局，军事家在观察险要。芸芸众生日出而作，日入而息；英雄豪杰叱咤风云，惊天动地。一些特殊的景观或环境，会唤醒人性中的真、善、美，升华为对自然、对人类、对民族、对国家的感情、信念、信仰。经过杰出人物的阐发和推广，形成价值观念、传统文化或坚定的信念。它们本身，也因凝聚了历史、经历了沧桑，而演变为一种文化符号、精神象征、时代烙印、历史记忆。一条大河就是一首颂歌，一篇史诗，一部历史，一个时代。

二、人类与河流的互动

人地关系的理论和实践经验告诉我们，在人类早期，在文明初期，地理环境的作用往往是决定性的、本质性的。当时的人，没有办法突破地理环境的限制。但一个长期使人困惑的问题是：既然如此，为什么在大致相同的地理环境中会产生不同的文化？两条大致相同的河流为什么会孕育出不同的文明？

这里需要弄清一个基本的概念，地理环境的"决定"决定了什么？决定到什么程度？

其实，被"决定"的是一个上限或下限，超过或突破极限当然不可能，但是在这个极限之内，人可以有相对无限的创造力和发展空间。如约旦河的供水量是有极限的，开发粗放的耗水农业只能维持有限的农田。以色列人用暗渠管道取代明渠水沟，以喷灌取代漫灌，同样的水量就可以灌溉更多的农田；当他们用滴灌取代喷灌时，灌溉面积又扩大了。随着节水和栽培技术的不断进步,在农产品更加优质高产的同时,离供水极限反而更远了。而且,人可以通过利用新的可利用资源,发现新的地理空间来突破这个极限。台伯河的供水量很有限,满足不了古罗马城不断增加的人口的需求。但罗马人找到了另外的水源,并建成长距离的水渠渡槽将水引入罗马城内。希腊半岛上的水、土地和其他资源限制了古希腊人的发展,与希腊半岛相同地理条件的地方的确从来没有产生过一个如此发达的文明,如果希腊人固守半岛,那么即使将资源用到极致,也不可能使自己的文明发展到如此高的水平,对世界产生如此大的影响。但希腊人早就扩散到周围的岛屿,并且越过地中海进入北非,渡过爱琴海到达小亚细亚,这才创造出希腊文明的奇迹。

河流孕育了人类文明,人类与河流互动。人类与河流不同形式或程度的互动,自然会在同样的地理环境下形成不同的文化,不同程度地塑造文明形态。

在人类早期生产力落后的情况下,任何一个群体都不可能掌握全面的、准确的地理信息,对自己所处的地理环境也难以作出完全自觉、自主、理性的选择。任何一种文明都不是事先规划好的、完全有意识发展的结果。因此,人类与河流的互动往往起着很大的作用。具体表现在:

1. 偶然性或偶然事件

当气候普遍变冷时,北半球上绝大多数群体都向南迁徙,但有个别群体迷失方向,往北迁徙。等到他们意识到越来越冷时已经来不及再往南走了。有的群体死亡灭绝,但有的群体偶然发现冰雪层可以隔绝冷空气,在冰洞雪屋中找到栖身地。通过猎取驯鹿、捕杀鲸鱼,以鹿皮、鱼皮取暖,以鹿肉、鲸肉为生。这支部族因此免于灭绝,并且从此在北极圈内生存繁衍。

在考察古格王国遗址时,我一直在思考一个问题,为什么当年古格人要选择在海拔4 000多米地形崎岖、资源匮乏的地方建都? 其实再往南几十千米,就是喜马拉雅山南麓,气候温和,雨量丰盛,植被茂盛,而且在公元9世纪后相当长的年代里这一带并没有被其他人占据,迁入定居不会有什么阻力。原来这支吐蕃人是在政敌追杀下从前藏长途跋涉历尽艰辛迁来的,好不容易在象雄国的边缘地带落脚,而这一带正好有深厚的黄土堆积和水源,或者他们根本不知道不远的喜马拉雅山南麓的情况,或者来不及作全面的了解和比较。而一旦在这里建都,这种出于偶然性的选择就成了必然。

历史的进程、人类与自然的关系的确存在必然规律,但这只能体现在长时段、宏观意义上。而在这些规律允许的范围内,往往是偶然性因素产生的结果,河流与人类的关系同样如此。

2. 自然环境的变迁

河流所处的自然环境本身是在不断变化的,有其自身的规律。人类早期很难了解这些规律,甚至连规律这样的概念也未必有。即使到今天,尽管已经有了很多科学的探索手段,人类对自然规律的了解还相当有限。但人类活动如果正好顺应了变化,就能获得意想不到的结果,或许便奠定了某种文明的基础。

五六千年前,中国正经历一个气候温暖的阶段,黄河中下游地区的年平均气温估计比今天要高2—3摄氏度,降水量充足,温暖而湿润。加上原始植被未受到破坏,土壤保持着长期积累下来的肥力,黄土高原上水土流失轻微,自然堆积形成的大塬保持完好。迁入黄河中下游地区的先民,幸运地在这个黄金时代迎来了文明的曙光:他们大量开垦和耕种土地,生产出足够的粮食,使一部分人口解放出来,得以专门从事统治、管理、防卫、建筑、祭祀、制作玉器等工作,形成以陶寺为代表的都城。有利的自然环境使这些早期文明得以延续发展,并吸引了周边其他群体的聚集,不断壮大,形成核心。聚居于长江下游良渚的先民就没有那么幸运。尽管良渚文化的年代不比陶寺晚,水平不比陶寺低,范围不比陶寺小,可以说各方面都有过之无不及,却没有延续发展下来。这时的长江流域气温偏高,降水量大,沼泽湿地普遍,地面积水过多,形成湿热的气候,传染病流行,难以消除。加上原始植被高大茂密,土壤黏结,土地难以开发利用。海平面也不稳定,沿海地带受到海平面升高的威胁。一般推测,是由于气候变迁导致的不利环境,使良渚人的后裔不得不迁离或分散。

一条大河本身具备的优势,在有利的自然环境下能产生倍增效应。而在不利的自然环境中,如异常气候、地震、瘟疫等非河流本身产生的灾害,则非但不能发挥本身的优势,优势还可能变为劣势。早期的人类和文明的萌芽经不起这样的打击,有的就此灭绝,有的出现倒退,有的不得不迁离。

3. 杰出人物的作用

杰出的天才本来是可遇不可求的,诞生一个天才的概率不会很高;但在一定数量的人群中,总会有相对能干优秀的人,当群体数量巨大到一定程度,按概率论来说,其中必定存在着超人、天才。但这样的天才是否能够有脱颖而出的机会,并且能掌握权力,成为领袖,概率则更低了。在同样的自然环境,在同样一条大河流域里,一个群体有没有产生天才,这个天才能否成为领袖并充分发挥作用,文明的进程和结果就可能不同。

在人类早期,一个人有体力、武力上的优势,比较容易被发现,一般都有机会得到应用。但一个人的智力优势就未必能被发现,被发现后的结果也很难预料,完全可能被当作妖魔、异类而招来杀身之祸。很多群体产生领袖的方式是通过占卜、抓阄,或由巫师祭司转达神的意旨,或者通过格斗及一些极端的测验,都很难使天才获得脱颖而出的机会。实行世袭制的话,非其家族的天才自然没有机会;就是在实行禅让、举荐制的群体中,即使过程和标准完全公正,也取决于候选人已经取得的政绩或声望,而天才未必具备积累的条件。根据尧、舜、禹禅让的传说,我们完全可以合理推理:如果舜被他的父母蒙上恶名,他就不可能成为尧的继承人;如果禹没有主持治水的机会,他也不会得到舜的禅让。无须推理的事实是,伯益已经获得推举,却被禹的儿子启以强力剥夺。

成为领袖的杰出人物能否充分发挥作用,还取决于本人的各种因素,如健康状况、性格性情、兴趣爱好、家庭生活、价值取向、宗教信仰等。如果亚历山大大帝在幼年就夭折,尼罗河流域未必会被希腊征服;如果他不是在33岁暴卒,印度河流域的文明类型肯定会不同。但无论如何,尼罗河流域和印度河流域的自然环境并没有变化。

4. 生产方式的选择

一条河流所提供的水量、土地和基本资源为不同的生产方式准备了条件,在大多数情况下,人类并非没有选择的余地——只适合放牧的土地一般很难改成农田,但适合农业的土地也可进行牧业生产。然而同样的土地,不同产业能创造的物质财富是不同的,甚至相差悬殊,间接形成的精神财富也不会相同。同样是农业,作物品种不同,耕作方式不同,生产工具不同,灌溉系统不同,创造的财富也会不同。同样有出海口的河流,开放外贸与禁止外贸、自由贸易与朝贡贸易,对经济和社会的影响也会有巨大区别。正确的选择可以实现人类与河流的和谐共生,利益最大化;错误的选择不仅使人类得不偿失,还会伤害河流。但这种选择大多是随机的、非理性的、不得已的,人类往往只能将生存的需求放在首位,或者先考虑本群体的眼前利益。

三四千年前,黄河中下游的土地和环境宜农宜牧,农业、牧业并存。但随着以农耕为主的华夏人口的增加和农田的扩展,牧业区日渐缩小,以牧业为主的戎、狄、胡人不得不北迁。到西汉末年,黄河中下游的土地基本都已开发为农田,阴山山脉以南已经鲜有成片牧区了。这一区域的农业生产供养了6 000万总人口的70%,也支撑着汉朝强盛的国力。但中游的开发加剧了黄土高原的水土流失,造成下游的泥沙淤积,引发河水泛滥决口和多次改道。东汉以后,中游地区受战乱影响,农业凋敝,人口减少,牧业人口逐渐增多，原来的农田或者因弃耕而荒废，或者变成牧地。水土流失因此而减少，黄河下游出现了持久的安流。这些变化的主要原因自然不在黄河本身。

5. 制度的选择

制度的选择同样如此。在不同的地理环境中，不同的社会制度、政治制度在最合适的物质基础之上，才能发挥最大的功能。但实际上，制度的选择也并非全为理性、自然、自主的结果，特别是在自由民主的制度产生之前。一个政权在其依靠武力夺取的土地上实行什么制度，首先考虑的不是这种制度是否适合当地的地理环境，而是保证自己的安全和占有，是自身利益的最大化。希腊半岛的地理环境固然适合分散的城邦制，但在异族入侵后并不会顾及地理条件而延续城邦制。任何一种政治制度的统治范围、任何一个政权的疆域，都有一个相对合理的空间，地理环境，包括河流能提供的条件，应该是其中的主要条件。但历来的统治者都不愿意或不可能守住这个空间，强者要尽量突破扩张，弱者不得不部分放弃甚至完全丧失。

6. 外部因素

系统内的规律、规则，只适用于系统内部。一条河流与人类共生的关系，只是建立在本身的空间之内，依赖于自身的条件，应对外来因素、处理与相邻空间的关系的能力是有限的。一旦出现不可知、不可控的强大的外来因素，无论是人类还是河流，都无法应对，更难以控制。外族入侵使欧洲退回黑暗、野蛮时代，在台伯河、莱茵河、多瑙河与它们的流域上找不到原因，也不是罗马人所能阻挡抗拒的。同样，蒙古军队的西征和四大汗国的建立，阿姆河、幼发拉底河、底格里斯河、伏尔加河及其流域本身并没有发生什么变化，但欧亚大陆居民却遭遇了史无前例的巨变。13 世纪的黄河中下游地区人口锐减 70％，是中国人口史上空前的灾难，难道能在黄河找到原因吗？

我们应该全面地、辩证地认识黄河与中华文明的关系，用事实而不是想象来证明——

黄河孕育了中华文明，黄河是中国当之无愧的母亲！

（选自葛剑雄著《黄河与中华文明》，中华书局 2020 年版）

从历史地理看长时段环境变迁

历史地理对长时段环境变迁的研究有其独特的优势,可以弥补古地理与现代地理之间的空缺。如对还不存在科学观测记录的历史时期,现代地理往往束手无策,以观测资料或数据为信息来源的其他研究手段也难以进行,而历史地理却能以文献记载为主要依据,得出一些尽管粗略却具有说服力的结论。下面就从历史地理的角度,对西北地区的环境变迁谈一些看法。

近年来,环境变迁的研究越来越受到重视。西北地区的环境变迁更受重视,一方面固然是由于国家将西部开发列为发展重点;另一方面也是因为,已知的历史记载显示在以往数千年间,当地的环境变迁相对剧烈,影响较大。在"全球变暖"趋势几成定论的前提下,人们往往以西北环境变迁的例子求证以往,规划未来。毫无疑问,如果对过去的环境变迁做出片面的或错误的结论,必然会影响今天的政策和对未来的规划。

比较常见的说法,是认为西北地区本来森林茂密,植被完好,气候适宜,只是由于人类长期的滥垦乱伐,战乱破坏,才造成水土流失,森林消失,植被稀少,所以只要人类作出努力就能恢复西北的自然环境,"重建秀美山川"。另一种观点则认为,在以往数千年间,西北地区的自然环境并没有太大的变化,黄土高原和黄土覆盖的区域不可能存在茂密的森林,人类活动的确造成了局部地区的生态失衡,但沙漠、戈壁、干旱区早已存在,因此即使人类作出最大努力,也不可能使西北变成"塞上江南"。

值得注意的是,这两种不同结论的产生都离不开历史地理研究,甚至是以同样的史料为依据的。为什么会出现这种情况呢? 我认为,除了受到现实因素的影响外,问题出在没有能够充分地扬历史地理研究之长,避历史地理研究之短。

历史地理可以研究长时段的环境变迁,这是中国历史地理的一项"专利",因为中国可以找到以往二三千年甚至更久远的史料。而世界上大多数国家,包括历史地理学很发达的西方国家都不具备这一基本条件,所以一般只能依靠最近二三百年至多数百年的史料,进行历史人文地理方面的研究,而难以进行历史自然地理方面的研究。因为二三百年的时间对自然地理的变迁来说,实在太短,往往不足以产生显著的变化。但是我们也要看到,史料毕竟不同于现代的观测资料或数据,存在着先天不足——覆盖面不广,不具有连续性,精度不够,主观意识太强。在经济、文化发达地区,由于现存的史料相对较多、较密集,还有可能通过比较分析加以鉴别,而在史料本来就不多的西北地区,有些阶段或区域能收集和应用的史料实在太少,甚至只有寥寥数十字。更麻烦的是,这些史料的主观意识极强,精度却相当差。由本地人形成的记录大多缺乏横向比较,眼界有限,客观上起了误导作用。如十六国时期夏主赫连勃勃曾赞扬统万城一带自然环境为"天下"最佳。但赫连氏到过的"天下"不出今陕西关中至内蒙古南部的范围,他的判断毫无普遍意义可言。何况他肯定当地环境的目的是为了营建新都,更多着眼于军事和政治形势。但外来者的记载也有明显局限,在他们的眼中,西北地区是夷狄、边疆、异域、荒野、战场、他乡,除了个别人有亲身经历外,一般并没有深入实地,大多得之传闻,人云亦云,或者照抄旧说。对涉及儒家经典的内容,如对黄河的发源地和上游河道,只能墨守"导河积石"的概念,用"重源伏流"进行曲解。

正因为如此,对所有的史料都必须用已知的科学原理加以检验,方能肯定其学科价值,即用于历史地理研究的作用。当然,已知的科学原理不一定完全正确,科学原理本身也是在发展的,与之不符的史料并不一定就错了,但在不足以推翻现有原理的情况下,这类史料只能存疑,而不能贸然采用。其次,对采用的史料一定要进行定性和定量分析,即确定其时间、地点和程度。不能将特殊性当成普遍性,把偶然当作必然。对无法定量或定性的材料只能量力而行,不能望文生义,妄自推测,张冠李戴,勉强凑合。对受史料条件所限,无法填补的空白和无法解释的矛盾,最妥善的办法就是实事求是,把空白和矛盾留待今后或他人。

综合迄今为止的历史地理研究,在以下几个方面,对西北地区的环境变迁应该作更全面的思考:

首先,不应夸大西北地区古代环境的优越性。如果将"西北地区"的范围确定为今新疆、甘肃、青海、宁夏、陕西秦岭以北和内蒙古西部的话,那么在以往二三千年间其总体环境并没有太大的变化,今天视为不利因素的沙漠、戈壁、盐碱地、干旱区、植被稀少的黄土高原早已存在。例如现存最早的地理和历史记载,如《禹贡》《史记》《汉书》等都已有相关的记载。在张骞通西域的公元前 2 世纪之前,今新疆的居民就已形成"城郭诸国"和"行国"两种生产和生活方式,即一部分人以绿洲的农业生产为基础过着定居生活,另一部分人则以游牧为主过着迁移生活。公元初的绿洲格局基本延续到今天,河西走廊上的水系和绿洲体系大体没有改变。西北地区特别见于记载的森林、谷地、河流、绿洲大多一直存在到近代,但自古代起就有一定的范围,不能随意扩大,或以此代表全局。顺便指出,据新疆的地理学者告诉我,半个多世纪来新疆的地表年径流量没有明显的变化。

应该承认,局部地区的地貌、景观的确发生过比较显著或剧烈的变化,但这些变化大多并非不可逆的,有的具有一定的周期性。在西北发生的自然灾害也是如此。并不存在环境越来越差或自然灾害越来越严重的规律。例如,在一定的阶段中沙漠会扩大,但在另外的阶段中绿洲也会扩大,沙进人退与沙退人进的现象往往并存。沙尘暴、流沙、连续干旱、暴雪、酷暑、严寒、大风、蝗灾等灾害始终存在,但并不一定越来越严重。在人类活动的影响减少后,局部地区的环境能自动修复。如东汉后黄河中游地区人口锐减,由农而牧、而荒,从而使植被得到一定程度的恢复,减少了流入黄河的泥沙,使黄河出现了近 800 年的安流。又如清末的"陕甘回乱"和清朝的镇压在陕甘造成了一些无人区,不仅使植被得到恢复,长成了大片"梢林",还使局部环境得到改善,抗战期间开垦的南泥湾就是其中之一。

对人类活动的作用应作全面、客观的评价,不能认为环境的恶化都是人类破坏的结果。但另一方面,人口的增加和人口分布的改变与局部地区的环境变化存在密切的甚至是直接的因果关系。在环境脆弱,或发生不可逆变化的情况下,人为因素会起决定性的作用。正如前面已经提及的,在西北大多数地方原始环境本来就是相当脆弱的,能够提供的生存和发展条件是有限度的。在相当长的一段时期以来人口稀少,人口分布变化不大,产业结构稳定,人类活动对土地、草场、森林、水、燃料等资源的需求没有超出可供应、可再生或可循环使用的范围,所以直到近代,人类活动并未构成对西北地区环境的威胁,当地的环境也没有随着人口的增加而逐渐恶化;但在人口的数量和对资源的需求、对环境的影响突破了平衡临界点后,环境的恶化就同步发生,甚至加速度地进展,本来可逆的变化也演变为不可逆。

如河西走廊的人口数量,从西汉后期大规模迁入中原农业移民开始,到20 世纪初,一直在数十万至一百多万之间波动。西汉后期,居延海一带成为屯垦区,但全部军民及其所产粮食的规模不超过 100 万人口的需求。尽管对资源的利用存在浪费,生产方式相当粗放,却没有造成环境的恶化,地形、地貌和地理景观变化不大。但在当地人口达到数百万,农业生产的规模达到供应千万人口食粮,工业、服务业和生活用水量大幅度增加时,来自祁连山的水源自然无法满足需求。在上中游河道的水已被全部截留利用的情况下,下游河道和内陆湖沼的干涸就不可避免。地表水越来越少,地下水位越来越低,而开垦、耕种、放牧的面积却越来越大,水的用量越来越多,风沙的侵袭和沙漠的扩大势所必然。同样,作为罗布泊主要水源的塔里木河被层层拦截,河水被消耗殆尽,流到下游河道的水量还不如蒸发量,罗布泊岂能不干?塔里木河流域的居民自古以来都以胡杨树为建筑材料和燃料,这在楼兰古城和其他古代遗址中可以得到证明。尽管胡杨树生长缓慢,但只要生存环境得到维持,人类的砍伐量又低于新增的积蓄量,正常的更替还能维持。随着人口激增(主要是外来移民)引发的大规模砍伐,加上下游河道干涸造成的区域性干旱,胡杨树的减少以至绝迹也随之出现。近年来政府投入巨资,将塔里木河水重新引入罗布泊,如果能保持下去,那么罗布泊的恢复指日可待。

所以,西北地区改善环境的目标应该是尽可能恢复原状,该沙漠的还是沙漠,戈壁就是戈壁,有些地方是胡杨林,有些地方只能是沙棘或骆驼刺,宜农则农,宜牧则牧,宜荒则荒,这就是西北的"秀美山川"。本来是"浩浩乎平沙无垠""大漠孤烟直,长河落日圆"的地方,难道一定要变成"风吹草低见牛羊"或水稻丰产的"塞外江南"才行吗?

从历史地理研究获得的成果看,在目前和可以预见的未来,调节人口的数量和布局,改变生产和生活的方式,维持水资源的平衡是最有效的手段,也是切实可行的。而挖肉补疮式的引水工程,不计成本和后果的抗沙方案,不仅劳民伤财,而且只会加剧对环境的破坏。既然可以利用的水资源已接近极限,应该考虑的是如何减少水的用量。节水和调节农业、工业、服务业的规模和方式,改变人口分布的结构,都能使同样数量的人口和同样的生产规模用水量减少,而不影响生活和生产水平的维持和提高。如人口的居住集约化和城市化,推广节水型作物,缩小农业规模,都是行之有效的手段。如果人口的规模无法控制在合理的范围内,就得考虑有序的外迁,或者由区域外调入必要的资源。谁也不希望绿洲变成沙漠,或者出现第二个"罗布泊",但如果真的不可避免,就没有必要耗费巨大的人力物力去坚持"人定胜天""沙退人进"。

论中国的大古都的等级及其量化分析

——兼答安阳能否列为"七大古都"

自从有了"大古都"的名称后,先后有过"五大古都""六大古都"的说法,先师季龙(谭其骧)先生又提出了"七大古都"说。此外,有的地方认为它应该继"七大古都"之后居第八或第九,实际上提出了"八大"或"九大"古都说;上海古籍出版社出过一本《十大古都》。另一方面,有人不赞成"七大古都"说,有人对这些大古都次序的排列也有不同意见。

以上各种说法或意见,有的是可以兼容的,如提"八大"或"十大"的人并不反对"七大",先师提"七大"也不反对"五大"。有的提法却是排他的,如先师认为"六大"是不合理的,同时认为古都有不同的等级,总有若干个是不相上下的,只能列为同一等级,不能随意定一个数;有人认为大古都只能在统一王朝的首都中确定,不能扩大到分裂割据政权的都城。

应该承认,除了个别人是明显违背历史事实,强词夺理以外,其他的说法都有一定的道理,只是侧重点不同,或使用的标准不一致而已。学人见仁见智,对具体问题有不同见解是完全正常的,但也应该本着实事求是的精神,对一些重大的原则和标准尽可能求得共识,使中国的古都研究提高到应有的理论高度,也使中国古都学会有关"大古都"的决议具有更坚实的学术基础。

一、对古都作量化分析的必要性和可能性

对古都的定义,似乎并没有异议,那就是:凡是历史上曾经做过一个政权的政治中心的城市,无论是一统王朝还是分裂割据政权,无论是属于什么民族,也无论今天是否还存在遗址遗物,都是中国历史上的古都。

古都有不同的等级,对古都应该分等级、排次序,或者说古都有相对的大小之分,这也是大家一致的看法。

因此,我们面临的问题是,怎样来衡量古都的大小? 采用什么具体的标准? 各项指标之间又如何加以综合? 比如说,一个古都可以强调它的建都

历史最长,或者建都的时间最早;可以突出它当时拥有的疆域最广,或者这个政权的国力最强;能够以建筑规模最大取胜,或者以保存遗物最多著称;如此等等。如果这些优点集中在一个城市,那无疑就是中国最大的古都了。但事实上,没有一个城市会拥有全部第一,不同的第一之间又怎样来比较呢? 如果各个古都各项指标的排列次序也都一致,如某城都是第一,某城都是第二或第三,那也好办。可是事实并非如此,如甲城拥有这项第一,乙城稳居那项第一,丙城却有三项第二。而且,除了比较容易确定次序的标准以外,还有一些难以量化的标准,如经济文化的发达程度、国际或国内的影响、在历史上的作用等,往往难分伯仲,或者根本无法比较。还必须认识到,古都等级的确定不仅是一个历史学问题,还涉及其他各种现实的因素;既不能完全根据历史事实,也不能全部取决于现状。

如果我们能够为确定古都的重要性制定出几项共同的标准,并且确定每项标准所应占的比例,就不难给所有的古都排出相对合理的次序。这就需要对古都作定量分析。

那么,有没有量化的可能呢? 回答是肯定的,尽管有相当大的难度。

主要的理由是,有关中国古都的史料是相当多的,目前已经发现并得到确认的遗址遗物也越来越丰富,这些考古发现既证实了文献资料基本是可信的,也弥补了记载的不足,所以我们已经有条件大致复原出大多数古都的原貌,确定其基本的时间、空间坐标。

古都的一部分指标完全可以量化,如建都的起讫时间、城市的规模、与今天作为它的后身的城市的重合程度等,而且古都学界对这些事实并无异议。

古都的另一部分指标所依据的事实是清楚的,只需要对量化的方法取得一致,即将它们折算为相应的数据。如古都的性质:是全国性的一统王朝,还是地方性的割据、分裂或自治政权;是名义上的首都,还是实际上的政治中心;所拥有的实际统治区的大小;后身城市的地位是今天的首都、省会还是省以下单位等。

还有一些指标本身就是模糊的,如一个古都经济文化的发达程度,对统治区的控制程度,当时对整个中国和世界的影响,后身城市在国际和国内的知名度等,客观上并没有可资利用的数据,但我们可以根据史料的综合分析和相互间的比较,定出一个大家可以接受的等级值。各种等级值相乘的结果,一般可视为这个古都的综合指标值。

当然,并不是所有的古都都具备了作量化分析的条件,但对绝大多数古都,特别是有资格进入大古都行列的城市是完全可行的。这样的结果也不可能完全精确,但至少为确定古都或大古都的次序提供了比较客观的标准,避免了主观性和随意性。

二、对古都作量化分析的主要指标和评定方法

在选择古都的主要指标之前,必须首先对几个基本观点统一认识。

第一,历史事实是决定古都重要性的前提。古都并不是一般的城市,无论今天这个城市多么发达、多么重要、多么宏大,只要在中国历史上没有做过一个独立政权的政治中心,就与古都无缘。因此我们在选择这些指标时,应该把历史上与这个城市作为都城的有关事实和数据放在首位。

第二,必须确定历史上的都城与今天作为古都的城市之间的关系。尽管名字不必相同,城址不必完全重合,但现在的城市与历史上的都城必须有继承关系,即现在的城市是由历史上的都城发展而来的,迁移过来的,或者在遗址上重建的。因此,古都城址与今城市的重合程度是必须考虑的一个重要因素。今城市一般只能指传统的市区和郊区,不是指作为行政区划的市的范围,不能扩大到近数十年来因为行政区划调整而增加的辖县。

第三,今城市的地位和影响同样应该重视。对古都的研究并不是纯粹的历史课题,古都作为一项重要的人文资源的开发利用更是一个现实问题。今城市是首都、省会,还是市、县,今城市的重要性和知名度的大小,对于古都人文价值的发挥起着不同的作用,因为这些都是古都的价值能否发挥作用的基础。如果一个历史上的都城已经完全成为废墟,又不坐落在今城市之内或附近,那么无论它当年是何等辉煌,今天只能是一个遗址,而不能成为古都了。

第四,应该站在今天中国各族人民共同的立场上,而不是用封建正统的、某一个民族的或某一个地方的观念,来评价古都的重要性。以往的学者往往只注重正统王朝、中原的或汉族政权首都的地位,而不重视同时存在的边疆的、非汉族的、历来被视为非正统的政权。如南北朝时期的平城、洛阳、邺与建康,宋金时期的临安与燕京、开封,作为一个独立政权的首都的地位是相同的,我们只能根据它们的具体指标来确定其重要性,而不存在正统与非正统的区别。有人至今还把杭州视为南宋与金时期中国的中心,却不顾当时宋、金、西夏、大理、蒙古等政权同时存在并相互独立的事实,也不考虑当时杭州实际统治的范围的大小,自然会得出偏颇的结论。

决定一个古都今天的地位的因素很多,有一些是某一古都的个性,但有

一些却是各个古都的共性,拟从中选出主要的几种,并确定评估的方法如下:

1. 建都时间。以年为单位,每年 1 分。建都时间不足一年或不足一年的尾数均作一年计。虽无首都名义但实际上已成为政治中心的城市,按其实际时间计算。仅有陪都名义而无首都实际作用者、仅作为巡幸或驻跸者不计。建都时间长短的重要性不言而喻,而且容易精确,因此以这项指标作为基数,而以下各项数据作为相乘的系数。

2. 都城性质。以大一统王朝(即在历史时期的中国范围内只有一个王朝,如完成统一后的清朝)的首都为最高数 1,以下依次递减:基本统一的王朝,如西汉中后期和唐安史之乱前的长安、明前期的南京和北京等为 0.9;商、西周及对峙时期的主要政权的首都为 0.8,其余政权依次为 0.7、0.5 或更低,如北宋的开封为 0.8,辽都上京和中京为 0.7,西夏的兴庆府(银川)和大理的大理为 0.6;分裂时期的主要政权的首都为 0.7,其余依次为 0.5 或更低,如五代时期的洛阳、开封为 0.7,前后蜀的成都、楚的长沙、南唐的江宁府(南京)、吴越的杭州、南汉的广州等为 0.6,南平的江陵府、北汉的太原府、闽的长乐府(福州)、清源的泉州等为 0.5;春秋战国时期东周和各国的都城,按不同阶段的实际形势定为 0.7 至 0.4 不等,如东周初期的洛阳和战国后期的咸阳为 0.7,齐、晋、楚、韩、赵、魏、燕等国的都城可定为 0.6 或 0.5,更小的诸侯国可定为 0.4。实际政治中心按其名义首都应得的系数减去 0.1,如东汉末年的许(许昌)属分裂时期的主要首都,应为 0.7,邺成为实际政治中心期间可定为 0.6。名义上的首都仍按实际首都的系数确定,因为一方面这类首都毕竟还在行使一定的首都职能,另一方面我们在确定其首都功能系数时已经考虑了这一因素(详见下述)。

3. 都城所代表政权的疆域幅员。以当时在中国(此概念大致据《中国历史地图集》确定)并存的全部政权的疆域为 1,大致测定该政权所占的比例,各政权的系数合计不能超过 1。但考虑到首都所起的作用应限于已开发地区或已设置政权的区域,所以在测定总面积和各政权的面积时,都应扣除未开发地区或未设置政区的部分,也不计未设置首都的游牧民族政权或还处于开发初期的其他民族地区。如春秋战国时期,一般仅计各诸侯国,建都期间的疆域范围,选其比较稳定的阶段,不计临时性的变化。但如果该政权的疆域前后变化太大,可分段确定不同的系数,分段计算。

4. 首都对政权的控制程度。根据各政权行政制度的总体性质确定:高度中央集权的政权如明、清为 1;中央集权政权如唐安史之乱前、宋为 0.9;部分实行分封制或部分被分裂割据的政权为 0.8,如西汉前期、安史之乱后的唐;分封制政权如西周为 0.7;分封与部落联盟结合的政权如商为 0.6。处于分裂状态的政权如五代各朝,由于已经只计其实际控制的疆域,因而只考虑其行政制度本身,仍可按中央集权政权定为 0.9。而部分分封或部分分裂割据的政权,则因依然计其全部疆域,故应考虑其实际行政控制能力的下降。

5. 遗址遗物的保留程度。指迄今为止,一个都城在拥有首都或政治中心地位期间还存在并被发现的遗址和遗物,不包括其他时期留下的遗址遗物。如杭州应限于南宋,而不包括北宋或唐代的;南京只指六朝和明初,不能计元代或清代的。以北京为最高值 1,其他古都依次类比,定为 0.9 至 0.5 不等。如今城市的名称与当时的都城名称完全相同,也应视为一种遗物得到保留的因素,可在不超过 0.1 的幅度内适当增加其系数。

6. 今城市的政区等级。以首都为最高数 1,以下依次递减:省会、直辖市城区、自治区首府为 0.9,地级市城区为 0.8,县级市为 0.7,县为 0.6。县城以下单位本身不是城市,不可能作为任何一个古都的后身,只能依附于所在今县的县城,因而不必考虑县城以下单位。

7. 古都与今城市的重合度。以古都的遗址或复原范围的中心与今城市习惯计程中心之间的距离为准。距离在 5 公里以内(含 5 公里,以下同)又与今城市的市区(不包括与传统城区分离的今建置市区,以下同)大部分重合的为 1,如明、清的北京与今北京,南宋的临安与今杭州等;距离在 5 公里以内但只有一小部分与今市区重合的为 0.9;距离在 5 公里以上 10 公里以下的为 0.8;10 公里以上 15 公里以下的为 0.7;15 公里以上 20 公里以下的为 0.5;20 公里以上 25 公里以下的为 0.5;其余以此类推,最低值为 0.1。

8. 古都与今城市的继承性。凡古都废后的政区即与今城市的前身在同一政区并治所相同的为 1,如明、清北京与今北京市,北宋开封与今开封市;古都废后虽未明确归属,但以后明确属于今城市所在县级政区范围之内的,或者古都废后设置的政区虽已迁移,但遗址完全坐落在今城市范围之内的,均为 0.9,如殷都与今安阳,南朝陈都建康与今南京市;古都废后所设置的政区及主要居民迁治的政区即今城市前身、二者又为邻县的为 0.8,如今安阳的前身为北齐灭后邺都所迁,邺都遗址所在的临漳县为今安阳县的邻县;有以上迁移关系但与今城市所在县仅隔一县的为 0.7,其余均为 0.6;古都废后与今城市的前身所在政区既非同治又无迁移关系,在本县范围内为 0.5,邻县内为 0.4,其余均为 0.3。

9. 综合知名度。这是一项比较模糊且难以定量的指标,但可以通过比较来确定。所谓综合知名度,就是既基于建都时期在国际与国内的知名度,也要考虑都城废后直到今城市在国际与国内的知名度。拟选择公认的最知名古都北京为 1,将进行评估的其他古都比较后以 0.1 为差距分为若干级。如以"七大古都"言,西安可定为 0.9,洛阳可定为 0.8,杭州、南京可定为 0.7,开封可定为 0.6,安阳可定为 0.5。但这项系数不是固定不变的,如果一个古都有了重大的考古发现,或者作为古都后身的今城市的知名度大大提高了,这项系数就应加以修正,而其他古都的系数可能相应就降低了。

其他还有一些因素可以考虑,但限于目前的史料和考古发现,要对古都普遍加以评估还有困难。

例如古都的城市面积,本来是一项很重要的指标,但有些古都已经作了很彻底的发掘和调查,有的有比较详细的文献资料,有的却至今无法复原。而且社会是在进步的,后期的首都的规模超过早期的首都是正常现象,但这并不意味着早期的首都不如后期的重要。如果只讲绝对数字,那么早期的首都或许都无法与今天的大都会相比,岂不成了越近越重要吗?显然这不是历史唯物主义的科学方法。正确的方法应该是将古都与当时世界上和中国内部的其他城市相比,确定他们的相对地位,由此来评出应得的系数。如当时居于世界第一或前列,应定为 1;中国范围内居第一,可定为 0.9;其余类推。

人口数字也是如此,绝对数字固然重要,但更重要的是占当时中国总人口的百分比以及占该政权总人口的百分比。遗憾的是,到目前为止,能够确定这一百分比的古都还很有限,有的根本没有可信的数字,有的各人的估计数又截然不同。

经济和文化的发达程度同样是难以量化的,只能在同时代作比较,但从中国历史的实际出发,作这项评估的意义并不大。因为我们的评估范围只是当时的都城,如果是在大一统王朝,其首都的经济文化肯定要比同时存在的民族政权、边疆政权或短期割据政权的都城发达;如果是在分裂时期,各政权的都城间除了少数相差悬殊的情况外,往往很难比较。如对春秋战国时期各诸侯国的都城,要列出一个经济文化发达程度的序列恐怕不是容易的;三国时的洛阳是在废墟上恢复的,未必胜过成都、建业;北魏的洛阳虽可肯定已超过了南朝的建康,但东晋与南北朝期间其他阶段各都城之间就有各领风骚的现象。

不过,如果是对某些具体的都城进行评估,而这些都城又具备了定量或比较的条件,还是可以补充若干系数的。

三、以南京、安阳、杭州为例的评估

笔者的这项研究还在继续进行,详细的结果尚未最后形成。为了就教于古都学界同人,也为了答复有人对"七大古都"说的责难,现在就先以"七大古都"中的南京、安阳、杭州为例,运用本文提出的方法作出评估。评估的项目同上列九项,表中用了简称。各项数据的确定标准已见上述,不再一一列举。列表如下:

	南 京					安 阳				杭 州	
	建业	建康	江宁	应天	天京	殷	邺1	邺2	邺3	杭州	临安
建都时间	60	270	38	53	12	273	16	35	43	71	138
都城性质	0.6	0.7	0.5	0.9	0.7	0.8	0.8	0.6	0.7	0.5	0.8
疆域幅员	0.3	0.4	0.2	0.9	0.3	0.7	0.5	0.4	0.3	0.1	0.4
控制程度	0.8	0.9	0.8	1.0	0.8	0.6	0.8	0.8	0.8	0.8	0.9
遗址遗物	0.5	0.6	0.6	0.9	0.8	0.7	0.5	0.5	0.5	0.7	0.8
今城等级	0.9					0.8				0.9	
重合度	1.0					1.0	0.6	0.6	0.6	1.0	1.0
继承性	1.0	0.9	1.0	1.0	1.0	1.0	0.4	0.4	0.8	1.0	1.0
知名度	0.7					0.5				0.7	
合计	2.72	23.15	1.15	24.34	1.02	25.68	0.25	0.32	0.69	1.25	20.03
总计	52.38					26.94				21.28	

说明:邺1指东汉末实际政治中心及魏都(204—220年)。
邺2指后赵及冉魏都城(335—370年)。
邺3指东魏及北齐都城(524—577年)。

至此,我们完全可以得出这样的结论:以上这三个古都的排列次序是南京、安阳、杭州。安阳的综合指数高于杭州,列于"七大古都"是当之无愧的。当然,由于其中部分指标缺乏准确的数据,不同的作者所取的系数可能会有所不同,但笔者已尽量采取客观的态度,在以安阳与杭州的比较中特别注意了这一点,自信是经得起驳难的。至少可以说,安阳与杭州是不相上下的。

(原载《中国历史地理论丛》1995年第1辑)

中国历史地图：从传统到数字化

中国已经发现的最早的地图绘制于战国秦惠文王后期，相当公元前 4 世纪后期。[1] 从文献记载看，原始地图的出现年代更早。《左传·宣公三年》载：

> 楚子伐陆浑之戎，遂至于雒，观兵于周疆。定王使王孙满劳楚子。楚子问鼎之大小轻重焉。对曰："……昔夏之方有德也，远方图物，贡金九牧，铸鼎象物，百物而为之备，使民知神奸。故民入川泽山林，不逢不若。螭魅罔两，莫能逢之，用能协于上下，以承天休。……"

透过传说神秘的色彩，我们还是不难想象这种铸在鼎上的图画的真相：它们实际是铸在鼎上的原始地图。由于它们是根据各地部落报告的情况画成的，所以大致能够反映当地的地理状况，因此人们可以找到合适的路径，不至于遇见妖魔鬼怪，即避免凶猛的野兽经常出没、地形复杂或难以通行的地方。这类图未必真的产生于夏代，但从王孙满的叙述和九鼎被视为"奄有九州"的象征来看，这应该是一种年代久远的传统。

历史地图是地图的一种，但并非过去的地图或历史时期的地图都属于历史地图。所谓历史地图，是指以过去某一年代或时期的地理状况为表示内容的地图。所以，以表示当代当时的地理状况为内容的地图，即使流传了很长年代也只能称"古地图"或"古代的地图"，而非历史地图。

严格说来，在不具备在地图上即时显示地理状况变化的条件下，所有地图所表示的内容都属于过去，就像不是现场直播的新闻传达到受众那里都已是过去的事情一样。但被称为"历史"的过去一般都有特定的含义，如前一个朝代、某一个历史阶段等，而不是此前若干年或一段短时间之前。所以历史地图与当代地图或今地图的界线还是很清楚的，古代的历史地图大多

1　即 1986 年出土于甘肃省天水市小陇山放马滩一号墓中的七幅绘于松木板上的地图。

是以前一朝、历史上某一阶段或此前历代作为时间断限。

历史地图问世的前提是古今地理环境的变化,正是这类变化才使人们不得不需要看到直接反映古代地理要素的地图,否则就完全没有必要。由于山川等自然地理要素的变化较缓慢,除了像黄河下游及沿海平原地区的河流变化频繁而迅速外,往往数十年、百余年甚至数百年而毫无变化。相反,人文、社会地理要素如行政区划、地名、建筑物、民用和军事设施等不仅内容繁多,并且变迁复杂,往往在同一朝代之内,后期的人已不了解前期情况。对那些变化特别频繁而复杂的阶段,往往在当时就未留下足够详细的记载,如王莽对政区和地名一次次地更改到东汉初已不为人知。所以,古代的历史地图一般以表示人文社会地理要素为主,地图的需求则取决于有关地理要素变化的频繁或复杂程度。由于中国一直有重视历史的传统,而地理被视为历史学的分支,当作历史的一部分,所以对历史的重视直接导致了了解历史地理的需要,并促成历史地图的制作。

历史地图绘制的可能性则取决于相关的历史资料或信息量的多少。正如谭其骧先生在《〈中国古代地图集〉序》一文中所指出的,"若以一幅图抵一种书,则流传下来的不及古籍百分之一;若以一幅图抵一卷书,则只有古籍的千分万分之一"。[1] 在古代也是如此,前人在绘制历史地图时,几乎很难直接利用当时的地图,主要只能根据传世的书籍和其他资料。历史上人文社会地理要素变化频繁而复杂的阶段,往往正是留下资料极少、信息量极低的阶段,因而无法编制出稍为详细可靠的地图。可以肯定,早期的历史地图是相当粗略的,时间的跨度较大,并没有严格的断限。也完全可能在以表示今内容的地图中加上部分显示历史地理要素的内容,例如在"九鼎"上所铸的原始地图可能就是当时人们所知地理知识的总和。正因为如此,我们就不能轻易将这类地图称为历史地图。

一

公元 3 世纪后期的裴秀称:"今秘书既无古之地图,又无萧何所得,惟有汉氏《舆地》及《括地》诸杂图。"[2] 裴氏当时位居司空,是负责地图编绘和收藏的最高行政长官,他所见到的地图应该就是当时官方的全部收藏,他提到的"汉氏《舆地》及《括地》诸杂图"显然都是汉朝以来留下的旧地图,即当时绘

1　原载《文物》1987 年第 7 期,并见《长水集续编》,人民出版社 1994 年版。
　2　《晋书》卷 35《裴秀传》。

制的地图，而不是历史地图。

但裴秀"以《禹贡》山川地名，从来久远，多有变易。后世说者或强牵引，渐以暗昧。于是甄摘旧文，疑者则阙，古有名而今无者，皆随事注列，作《禹贡地域图》十八篇"[1]。这无疑是中国历史上见于记载的最早的历史地图集[2]。裴氏在序言中还介绍：

> 今上考《禹贡》山海川流，原隰陂泽，古之九州，及今之十六州，郡国县邑，疆界乡陬，及古国盟会旧名，水陆径路，为地图十八篇。[3]

尽管这两段话相当简单，但我们还是可以据以推测这部历史地图集的主要内容、时间和空间范围以及绘制方法。

内容之一是自然要素，即"山海川流，原隰陂泽"，包括山脉、高原或台地、河流、湖泊、沼泽、平原、海洋等。之二是行政区域及其疆界，即"古之九州，及今之十六州，郡国县邑，疆界乡陬"，所表示的行政区包括州、郡（国）、县三级及县以下的邑、乡。从裴秀采用的比例尺推断，该图不大可能画到县一级的界线，但至少会包括州一级，可能会画出部分郡级界线。之三是可考的重要历史地名，即"古国盟会旧名"。实际包括两方面：一是先秦的古国名称和位置，估计是表示在国都所在地；一是历史上发生过重大政治活动"盟会"的地点。后一类地名往往只是县以下的小地名，而且到西晋时早成废墟，必须作一番考证才能弄清它们的"今地"。之四是交通路线，即"水陆径路"。水路与河流的走向是完全一致的，但可能包括一些本身不够大、不够重要的河流。陆路则需要根据它们的起讫和经过地点确定后绘出。

《禹贡》是裴秀作为制图依据的主要资料，这套地图集的时间范围显然是从《禹贡》所表示的传说中的夏代开始，而结束于"今之十六州"的西晋泰始五年（269 年）前[4]。该图的空间范围大致即魏、蜀、吴三国设置正式行政区

1　《晋书》卷 35《裴秀传》。

2　谭其骧《中国历史地图集·前言》（地图出版社 1982 年版），中国科学院自然科学史研究所地学史组主编《中国古代地理学史》（科学出版社 1984 年版），及刘宗弼、葛剑雄所撰《历史地图》条，《中国大百科全书·地理学》（中国大百科全书出版社 1990 年版），均持此说。

3　《晋书》卷 35《裴秀传》。

4　按西晋初因三国旧制，原魏国境内有十二州，蜀国境内一州，吴国境内三州。当时虽未统一吴国，但通计天下，肯定会将吴国的三州包括在内，以与古之九州对应。至泰始五年雍、凉、梁三州置秦州，总数已增加到十七州。至裴秀去世的泰始七年，又分幽州置平州，则更增至十八州。故此图集的断限应止于泰始四年。有关西晋初的政区建置，参见谭其骧《简明中国历史地图集》（中国地图出版社 1991 年版）中的《三国时期图说》和《西晋时期图说》。

域的范围,包括已经在今天境外的朝鲜半岛北部和越南北、中的大部及缅甸北部,但不包括今东北大部、内蒙古、新疆、青海、西藏等地。这一范围大致可表示《禹贡》九州及此后历史文献中记载的大多数地理要素。但由于中国传统的天下观念,该图不可能明确画出一个地域范围,至多只是将十六州以外的地方保持空白,并且不排除在那些地方注上"戎狄蛮夷"一类字样。

由于能够参考的古地图很少,特别是根本没有汉朝之前的地图,所以裴秀的主要依据还是从《禹贡》开始的历史文献,所以他主要是采用文献考证的方法,确定各种地理要素的名称和位置后,再标示在地图上。当代的地理状况则可根据比较精确的今地图,包括尚未统一的吴国在内[1]。由于文献资料同样相当有限,所以他采取了严格的态度,"疑者则阙",宁缺毋滥。对"古有名而今无者,皆随事注列",这类地名只知道文献中记载的古名,却找不到今地,或今地已不复存在,只能将有关的资料摘录在适当的位置。

值得注意的是,裴秀在绘制这套地图集时,创立了著名的"制图六体"[2],为中国乃至世界制图史作出了重大贡献,也保证了这套地图集具有前所未有的精确性和科学性。通过运用这六项制图原则,肯定能弥补不少文献资料的缺陷,解决一些文献记载无法说明的问题。

裴秀曾按 1∶1 500 000 的比例将一幅用缣八十匹的天下大图缩绘为"地形方丈图"[3],那么该图集的比例尺不会过大,成图后不会超过"方丈"。如果是分州制图的话,成图面积会更小。

从裴秀的序文看,这套地图集肯定是有文字说明的,不能肯定的是这些文字是直接注在地图上的(包括地图周围的空白处),还是作为附录集中在地图的后面。另一个前人没有注意到或提及的问题,是该图集为什么分为

1　裴秀《禹贡地域图·序》:"大晋龙兴,混一六合,以清宇宙。……文皇帝乃命有司,撰访吴蜀地图。蜀土既定,六军所经,地域远近,山川险易,征路迂直,校验图记,罔或有差。"见《晋书》卷 35《裴秀传》。证明西晋初的裴秀不仅能看到蜀、吴两国的地图,蜀国的地图已经实际证明相当精确。

2　据《晋书》卷 35《裴秀传》:"制图之体有六焉。一曰分率,所以辨广轮之度也。二曰准望,所以正彼此之体也。三曰道里,所以定所由之数也。四曰高下,五曰方邪,六曰迂直,此三者各因地而制宜,所以校夷险之异也。有图象而无分率,则无以审远近之差;有分率而无准望,虽得之于一隅,必失之于他方;有准望而无道里,则施于山海绝隔之地,不能以相通;有道里而无高下、方邪、迂直之校,则径路之数必与远近之实相违,失准望之正矣,故以此六者参而考之。然远近之实定于分率,彼此之实定于道里,度数之实定于高下、方邪、迂直之算。故虽有峻山巨海之隔,绝域殊方之迥,登降诡曲之因,皆可得举而定者。准望之法既正,则曲直远近无所隐其形也。"有关"制图六体"含义及其科学价值的论述,前人论著甚多甚详,此不赘。

3　《中国古代地理学史》引《北堂书钞》:"晋诸公赞曰:'司空裴秀,以旧天下大图用缣八十匹,省视既难,事又不审,乃裁减为方丈图。以一分为十里,一寸为百里,备载名山都邑,王者不下堂而知四方也。'"作者据此推断出该图的比例尺,并认为"裴秀在缩制旧天下大图为方丈图时,可能使用了计里画方方法,但这只是可能而已"。见该书第 293 页。

十八篇。我想，无非有两种可能：一是按时间分，不同的时代各作一篇；一是主要按地域分，每州一篇，再加上两篇特殊情况，如京师、九州等。由于自夏至西晋不大可能划分出十八个阶段，而且此前的地理资料有限，很难将它们准确地分配到这些阶段中去，所以后一种可能性显然更大。只是由于该图集制成后就"藏于秘府"，见过的人大概极其有限，所以未见他人提及。经过西晋末的战乱就再未见于记载，从此消失了。

与裴秀大致同时代的杜预，是《春秋左传》专家，自称有"《左传》癖"，著有《盟会图》[1]。从《晋书》寥寥的记载可以推断，这是一种专题历史地图集，专门表示春秋时期举行盟会的地点。由于这些地点在西晋初大多已不存在，《盟会图》很可能是采用了古今对照的办法。此图同样未见流传。

二

历史地图下一次重大进步直到公元 8 世纪末至 9 世纪初才取得。唐贞元十七年（801 年），地图学家贾耽绘成了一幅三丈三尺长、三丈宽的巨幅《海内华夷图》。在献图表文中贾耽自述：

> 臣弱冠之岁，好闻方言，筮仕之辰，注意地理，究观研考，垂三十年。……谨令工人画《海内华夷图》一轴，广三丈，从三丈三尺，率以一寸折成百里。别章甫左衽，奠高山大川；缩四极于纤缩，分百郡于作绘。宇宙虽广，舒之不盈庭；舟车所通，览之咸在目。并撰《古今郡国县道四夷述》四十卷，中国以《禹贡》为首，外夷以《班史》发源，郡县纪其增减，蕃落叙其衰盛。……凡诸疏舛，悉从厘正。……旧史撰录，十得二三，今书搜补，所获太半。……其古郡国题以墨，今州县题以朱，今古殊文，执习简易。[2]

贾耽的重要创举是确立了"古墨今朱"的表示方法，既坚持了古今对照的原则，又解决了历史地理要素与今要素混淆不清的矛盾；其次，贾耽将与地图有关的考证和说明文字另撰为专书，作为该图的附件，既使地图所表示的历史地理内容有根有据，又避免了图上注记过多，干扰主题的弊病。不过由于该图的时间范围是自古至今，自传说中的夏朝至唐朝，"古"的阶段长达

1　参见《晋书》卷 34《杜预传》。
2　《旧唐书》卷 138《贾耽传》。

三千多年，都只能用黑色表示，要区别不同时期还是不可能的。贾耽此图篇幅巨大，地域范围并不限于唐朝本土，而是"海内华夷"，即包括作者所了解的唐朝以外的全部地理范围，大致包括今全部亚洲。

这幅图原本的命运与《禹贡地域图》一样，秘藏深宫后就再也没有露面，显然早已毁于战乱。幸运的是，当时还有复制品流传于世，所以 1136 年（刘豫齐阜昌七年）刻石的《华夷图》上还刻着"唐贾魏公所载凡数百余国，今取其著闻者载之"，说明它是根据贾耽原图转辗缩绘简化的。这幅长宽各 0.77 米的石刻历史地图上标注的国名、地名约有 500 个，标出名称的河流约 13 条、湖泊 4 个、山体 10 座[1]。据此我们也可进一步肯定，贾耽原图的内容和地名要丰富得多。

贾耽制图时古内容混淆的缺点，到北宋时已经得到克服，这是税安礼所编绘的《历代地理指掌图》的一项重大成就。据该图集署名苏轼的《序》，作者"尝历考分志，参验古昔，始自帝喾，迄于圣朝，代别为图，著其因革，刊其同异，凡四十有四"[2]。除了一些综合性的总图如《古今华夷区域总要图》《历代华夷山水名图》等，一般都采用一阶段一幅或一个专题一幅的处理办法，如有《西汉郡国图》《汉异姓八王图》《汉吴楚七国图》《太宗皇帝统一之图》等。在这些图上，古今对照就是历史上某一阶段与北宋后期两种地理状况的对照，自然更加明白。据目前所知，《历代地理指掌图》是最早采用这种对照方法的，直到清末民初杨守敬的《历代舆地图》和当代谭其骧主编的《中国历史地图集》都沿用了这种方法。可能是为顾及某些读者习惯于贾耽那种将所有历史地名放在一起的表示法，也可能是一部分地名无法确定它们存在的年限，编者还专门设计了一张《历代杂标地名图》。

由于印刷条件的限制，刻本不可能做到"古墨今朱"，所以付印时采取了一些特殊措施。曹婉如注意到："例如宋刻本第一幅《古今华夷区域总要图》的古地名之上绘有小圈，以突出古今地名之不同；……第四十四幅《圣朝升改废置州郡图》在新升改的府、州、军名之上绘有小点，以与旧称相区别。宋刻本图上的圈和点，在原绘本地图上可能是朱色，因朱色更为醒目，而且中国自唐贾耽以来即有用朱墨分注古今地名的传统。"[3]

《历代地理指掌图》在北宋时已有刻本流布，至南宋又有新的刻本，并且不止一二种。前面提到的《华夷图》右下方刻有"岐学上石"四字，说明上石

1　参见《中国古代地理学史》，科学出版社 1984 年版，第 303—304 页。

2　据上海古籍出版社影印日本"东洋文库"藏南宋刻本，1989 年版。

3　《宋本历代地理指掌图》前言，上海古籍出版社 1989 年版。

的主要目的还是供学校的师生临摹和教学之用。这两点都证明了早在 12 世纪历史地图已受到普遍重视，并已相当普及。

《历代地理指掌图》中编绘了一些专题历史地图，这种传统完全可以追溯到杜预的《盟会图》。至迟在南宋初，这类专题历史地图已得到流传。目前所见最早的有印刷于绍兴二十五年（1155 年）前后的杨甲《六经图》中的《十五国风地理之图》[1]，李约瑟称之为世界最古老的一幅印刷的中国西部图。其实《历代地理指掌图》现存刻本刊于绍兴前期，较此图略早，而其北宋刻本更早于此图。此图以《诗经》中十五国风所涉及的历史地名为表示内容，并在图上直接注明今地，如"今太原府晋阳县""今西夏"等。由于《诗经》等儒家经典是士人必读，又为科举应试必需，更为学者研究的永恒课题，此类地图亦长盛不衰。

此后的历史地图虽没有出现什么实质性的进步，但还是在 20 世纪初由一位沿革地理奇才杨守敬将传统的历史地图研究制推上了高峰。就客观条件而言，杨氏拥有两方面前所未有的优势：

一是乾嘉以来的沿革地理研究成果。中国传统的考据学问被乾嘉学者推到了极致，而沿革地理始终是考据之学的一个重要方面。可以这样说，凡是历史上留下的沿革地理方面的难题，几乎都已有学者涉足；凡有能够被发掘的史料，几乎都已被利用。杨守敬既充分运用了这些成果，又在沿革地理方面有所发展，成为中国沿革地理最后一位也是集大成者，因而杨守敬能纠正不少前人的错误，又能解决不少前人长期没有解决的难题。有了这样的基础，他编的历史地图才能做到内容丰富、位置（点、线、范围）正确。

一是胡林翼根据康熙、乾隆时实测绘制的《皇舆全图》为基础绘制刊行的《大清一统舆图》。自裴秀、贾耽至税安礼，以往的历史地图研制者无不受到当代地图的制约，由于当代地图不精确，即使对历史地名的定位相当准确，也无法如实反映在制成的地图上。"古今对照"的效果如何，古和今两种要素缺一不可。《大清一统舆图》是自古至清末最精确的全国性地图，比例尺也比较大，使杨氏沿革地理研究的成果即他准备上图的古地理要素能够得到准确恰当的表示。

杨守敬（1839—1915 年），字惺吾，晚年别署邻苏老人，湖北宜都（今属宜都陆城镇）人。幼年习商，成年后曾从商，但在 20 岁时就对沿革地理发生兴

1 据李约瑟《中国科学技术史》第 5 卷《地学》第一分册，科学出版社 1976 年内部发行，第 136—137 页；《中国古代地理学史》，科学出版社 1984 年版，第 307—308 页。原件藏于北京图书馆。

趣,后与邓承修共同编撰《历代舆地沿革险要图》,此后又与饶敦秩一起修订,于光绪五年(1879年)刊行。光绪末年,杨守敬在门人熊会贞的协助下,对《历代舆地沿革险要图》再次作了修改和补充,编绘成了一套完整的中国历史地图集,自光绪三十年(1904年)起陆续刊行:

光绪三十年(1904年):前汉地图。

光绪三十二年:春秋地图、《历代舆地沿革险要图自序》。

光绪三十三年:三国地图。

宣统元年(1909年):战国、秦、续汉、西晋、东晋、刘宋、萧齐、隋地图。

宣统二年:明地图,北魏、西魏地图。

宣统三年:十六国、梁、陈、北齐、北周、唐、五代、宋、辽、金、元地图。

最终完成的《历代舆地图》共线装34册,起自春秋,迄于明代,全部采用朱墨套印,古今对照,见于《左传》《战国策》《史记》和各史《地理志》(《郡国志》等同类志)的可考地名基本都已收录上图。

差不多与此同时,杨守敬与熊会贞还编绘了一部高质量的专题历史地图集——《水经注图》。该图集也是以《大清一统舆图》为底图,采用古今对照、朱墨套印的形式绘制,不仅是《水经注》研究的重要工具书,也是传统专题历史地图的高峰。

直到20世纪80年代《中国历史地图集》问世前,杨守敬《历代舆地图》一直是中国历史地图中最权威、最详尽的一种。民国年间出版的几种用新法绘制、新式装帧的历史地图因内容简略、质量不高而无法望其项背。就是1956年出版的由顾颉刚和章巽编、谭其骧校的《中国历史地图集》,虽然始于原始社会,迄于鸦片战争,但因只有31幅地图和16幅附图,难以适应学术界需要。

1934年2月,顾颉刚和谭其骧发起成立禹贡学会,在《禹贡》杂志的《发刊词》中就提出:"我们第二件工作是要把我们研究的结果,用最新式的绘制法,绘成若干种详备精确而又合用的地理沿革图。"但至1937年7月日本侵占北平,禹贡学会被迫停止活动,连沿革底图也未能全部编成。抗战期间谭其骧在遵义浙江大学史地系任教时,也曾着手编绘中国地理沿革地图,但限于战时艰苦条件,仅画成二三十幅草图。

三

要编绘一部符合历史地理学要求、内容详确的中国历史地图集,仅仅依靠沿革地理成果和传统技术显然是远远不够的,还必须有历史地理各分支学科特别是疆域、政区、地名、水系、海陆变迁等方面的研究成果,以及现代技术精确测绘成的今地图,更需要大批专业人员长期通力合作。这些条件在 20 世纪 50—60 年代逐步具备,1954 年冬毛泽东批准吴晗重编改绘《杨图》的建议使这一愿望得以付诸实施。范文澜、吴晗、尹达曾先后领导这项工作,由谭其骧主编,复旦大学、中央民族学院、南京大学、云南大学以及中国科学院的历史、考古、民族和近代史研究所等单位百余人参加了编绘。几经周折,终于在 1973 年基本完成,1974 年起用中华地图学社的名义陆续出版了内部试行本。1980 年起又由中国社会科学院主持对内部本进行修订,从 1982 年至 1988 年出全八册,公开发行。

这部上起原始社会,下迄清末,包括 20 个图组、305 幅地图和约 70 000 个地名的《中国历史地图集》(以下简称《图集》),除了内容丰富、收罗宏博的特点外,还在科学性、思想性和精确性方面大大超过了其他同类地图集,主要表现在:

1. 中国是一个多民族的国家,中国的历史是各民族共同创造的。但由于封建正统观念和大汉族主义的影响,也由于少数民族的历史大多未得到足够的记载和研究,以往的历史地图一向只画中原王朝,实际上抹杀了非汉民族的历史地位和作用。《图集》以如实反映各民族共同缔造伟大祖国的历史为目的,确定以 19 世纪 40 年代帝国主义入侵中国以前的清朝版图为历史上的中国的基本范围。历史上所有在这一范围内活动的民族所建立的政权,包括虽有部分辖境在此范围之外但其政治中心在此范围内的政权,无论汉族或其他民族,都毫无例外绘入图中。一些边疆地区、少数民族政权如吐蕃、突厥等,还尽量选用了显示它们极盛疆域的年代。《图集》既反对那种只承认汉族政权、中央王朝为中国的谬论,也否定了把少数民族政权、边疆地区政权都作为汉族政权和中央王朝附庸的观点,有利于人们了解历史事实,增强民族平等的观念,正确理解中国形成和发展的历史过程。

2. 以前的历史地图集只能以文献资料为定点上图的依据,而且由于历史记载极为浩繁,编者精力有限,错漏难免。在历史义献本身记载错误的情况下,地图上的差异更难避免。《图集》充分利用历史地理学各方面的研究成果,并尽可能吸收了国内外已经发表的地理、考古、民族等相关学科成果的资料,用于核实、校正文献记载,填补文献的空白。如对边疆地区图幅的编绘,由于广泛收集了少数民族的文献资料,参考了国外的论著,所以内容更加丰富准确。又如对河流、湖泊、海岸线等历史上变化较大的自然要素,进行了一系列专题研究,因而改变了传统的错误说法,对云梦泽、洞庭湖、鄱阳湖、黄河、长江、海河、辽河等的变迁过程都采用了新的结论。对大多数只能依靠文献资料确定的点和线,也组织人员进行了认真的分析研究,纠正了很多前人的错误。

3. 历史上疆域、政区、地名的变化很大,大多在同一政权时期中也屡有变易,而各史《地理志》对断限一般都不够重视,往往混一朝前后不同年代的建置于一幅。《杨图》等大多根据《地理志》或"补志"编绘成图,因而在同一幅图上显示的往往不是同一年代的建置,前后相差数十年至百余年。《图集》则无论总图还是分幅图,都确定标准年代(个别无法确定标准年代的则尽可能确定一段较短的标准时期),尽可能显示同一年代的政权疆域和政区建置。考虑到有的时期历时较长,变化较大,采用了多幅总图分别显示不同年代的状况。

4. 我国传世的地图,一般都是以一个朝代为一幅全图。由于受到图幅和比例尺的限制,内容只能非常简略,定位也必然很不精确。《杨图》采用了将全图分解为数十幅图的办法(仿康熙、乾隆实测全国地图),这两个问题得到解决。但由于各分幅图采用同一比例尺,而各历史时期各地区的开发程度和文献记载的详略极不均衡,因此中原地区往往地名密布,几乎难以辨认,而边区却显得过于空白。同时这种平均分割法往往使同一政区分见于前后好几幅中,查阅极为不便。《图集》采用了按各历史时期的大行政区(或监察区、地理区域)分幅,各幅又按其内容的密度采用不同的比例尺,必要时插入比例尺特大的局部图,彻底解决了这个问题。

由于《图集》内部本的定稿正值"文化大革命"期间,不可避免地受到了错误路线的干扰破坏和错误思潮的影响。尽管在修订中已尽可能作了补充和修改,但限于时间和人力,当时被无理删去的一些内容还无法全部恢复,有些已经发现的错误也因重新制版工作量太大而暂时维持原状。另外,大多数地名是根据文献资料考订定位的,与实际位置不符的肯定不在少数;古代的水道经流等难正确复原。这些都有待今后改进,有的只能随着整个学科的发展才能逐渐得到补充和修正。

作为一项大型的、长期的科研项目,《图集》的出版只有发表了它的最后成果。但对于专门研究人员来说,《图集》编绘过程中所收集的原始资料,编者的鉴别与考订过程和结论的文字记录是同样重要的。因为只有看到这些资料,才能判断《图集》的每个具体地名、点、线是否可信,并且可能了解到无法在图上同时表示但却有一定道理的异说。对《图集》数百万字的释文的整理由原承担单位分别负责,以地区分卷出版。其中《中国历史地图集释文汇编·东北卷》(中央民族学院出版社 1988 年版)问世最早,《云南卷》其次,但负责主体部分的复旦大学中国历史地理研究所经多年准备，最近已决定将这些内容纳入在新世纪启动的"中国历史地理信息系统"（详见下述）的数据库中。由谭其骧主编的《简明中国历史地图集》（中国地图出版社1991年版）虽然基本上是《中国历史地图集》中总图的汇编，但增加了由谭其骧亲自撰写的图说，对中国历史疆域政区的变迁作了高度概括的论述，多少弥补了释文暂时不能出版的空缺。

严格说来，《图集》应称为"中国历史疆域政区图"，或者是"中国历史普通地图集"，因为它的内容只包括历史时期各个政权的疆域政区、重要地名和有地名意义的建筑，具有政区性质的民族分布，以及作为地图必不可少的框架海岸、河流、山脉，而没有表达其他自然地理和人文地理要素如地貌、水文、气候、经济、政治、军事、文化等方面的内容。而作为名副其实的历史地图集，这些方面当然是必不可少的。政府部门、社会各界和学术界需要这样一种地图集，根据我们的历史资料和已有研究水平也完全有可能编绘出这一图集，所以从1982年起，在中国社会科学院主持下，由谭其骧主编，复旦大学、北京大学、陕西师范大学和中国社会科学院的历史、考古、近代史、民族等研究所，以及中国科学院地理研究所、杭州大学等数十个单位的学者开始编绘这部包括20个图组、千余幅地图的三巨册《中华人民共和国国家历史地图集》。编稿已基本完成，正在制印中，第一册将于近期出版。

由于各个专题和各地区的历史地理研究已经取得显著成果，也由于历史地图集有巨大的社会需求，各种专题历史地图和地区性历史地图的编绘出版方兴未艾。如为郭沫若主编的《中国史稿》配套的《中国史稿地图集》（中国地图出版社1979年、1990年版），断代的《中国近代史稿地图集》（中国地图出版社1984年版）和专题的《中国历史地震图集》远古至元时期、明时期和清时期三册（中国地图出版社1990年、1986年、1990年版）都已出版，近五百年旱涝分布、太平天国、辛亥革命、抗日战争等一批断代、专题历史地图集也相继问世。

侯仁之主编的《北京历史地图集》（北京出版社1988年版）是我国第一部地区性历史地图集，其中又有相当大的篇幅是显示北京城区的，因此又是一部城市历史地图集。该图集以北京市的政区和北京城自金有建都以至民国时期的城区演变为主。上溯至有文字直接记载以前、北京地区原始农业的萌芽和最初居民点在华北平原上出现的时期这些方面的内容，则已由作者编绘为《二集》（北京出版社1997年版）。据主编介绍，新石器时代以后阶段的内容将编入《三集》。此后先后出版的已有司徒尚纪主编的《广东省历史地图集》(广东省地图出版社 1995 年版)、史念海主编的《西安历史地图集》(西安地图出版社 1996 年版)、周振鹤主编的《上海历史地图集》(上海人民出版社 1999 年版)以及刘和平、谢鸿喜主编的《山西省历史地图集》(中国地图出版社 2000 年版)。可以预见,各类专题及地区性的历史地图集的编绘将会有较快发展,运用范围也会更加广泛,而且在各类当代的地图集中也会配上必要的历史地图,以增加其科学性和信息量。如《中国人口地图集》(中国统计出版社 1987 年版)中就有一组历史人口地图,《中华人民共和国国家农业地图集》(中国地图出版社 1989 年版)中也有几幅反映历史农业地理的地图,不少省市及地区的地图集以历史地图作序图,新编地方志中往往也绘有当地的历史地图。

四

先师谭其骧先生在晚年曾与我谈及《中国历史地图集》的不足,其一是它的内容基本限于疆域政区,通过《中华人民共和国国家历史地图集》的编制这一不足已经得到弥补。但另一方面的不足却很难得到改进,即《图集》严格的标准年代与表示重大历史变化的矛盾。据此我曾写入一篇书评:

> 历史上疆域的盈缩、政区的变革、治所的迁移、地名的改易是随时在发生的。每一图组少则数十年,多则二三百年,只有一个年代的分幅图。因而如果不是在那一年发生的变化或存在的单位、地名,就不可能在图上找到,必然令不少读者失望。疆域政区上一些重大事件,由于发生在标准年代之外,就不大可能反映在图上,特别是发生在上一个标准年代之后而又消失在下一个标准年代之前的变化,在图上就会毫无踪影可寻。例如明永乐五年(1407 年)在今越南置交趾布政使司,下辖 17 府、47 州、157 县,至宣德二年(1427 年)撤销。但由于此事介于上一个标准年代(元至顺元年,1330 年)与下一个标准年代(明宣德八年,1433 年)之间,所以不可能见于《图集》。
>
> 一个更大的矛盾是,由于史料方面的原因,《图集》一般只能选与正史《地理志》或补志所取的年份作为标准年代。但从历史或历史地理研究的角度来看,这些年份就不一定有代表性,更难反映出该时期政治、经济、文化、军事、自然等方面的重大事件所造成的影响。而且《地理志》所载往往是一个朝代的极盛疆域,选择这些年代编成的疆域政区图必然会给多数读者造成一个中原王朝的疆域始终强盛广大的错觉,不

了解历史上同样存在过的另一面。以东汉政权为例，《图集》为与《续汉书·郡国志》的断限一致，以永和五年（140 年）为标准年代，从总图上看，东汉的疆域与西汉元始二年（公元 2 年）相似。但实际上，就在当年西北发生战乱，西河、上郡、朔方三郡治所内迁；次年，安定、北地二郡又内迁，东汉设在西域的长史府也时断时续，远不如初期那样稳固；而东汉初年的实际控制区也比永和五年小得多；所以东汉的大部分年代的疆域比图上小不少。再以唐朝为例，尽管总图已增加至三幅（总章二年，669 年；开元二十九年，741 年；元和十五年，820 年），大致显示了唐朝的疆域由盛至衰的变化，但分幅图基本是以唐朝极盛的开元二十九年为标准年代的，因而经历了安史之乱以后这 150 余年的疆域收缩和政区变革就得不到反映。[1]

由于印刷地图既不可能将不同年代的诸多内容绘在同一幅图上，又不能将历史时期地理要素的全部变化都用分幅地图表示出来，这种以静态地图来表示历史地理动态的矛盾是无法得到解决的。

历史地图的使用者会有各种目的，但都需要找到特定的年代和特定的地区，而且希望能对原图上的内容有所取舍，删去不必要的点线，增加自己的内容，以突出主题。他们需要的是各种不同年代、不同地区、不同比例尺的历史底图，进而能将地图上的有关要素量化，计算出具体的数据。现有的印刷地图显然远远满足不了这样的要求。

另一个难题是文字考证与地图的结合。即使是一般读者，也希望知道历史地图制作的根据，例如为什么某地要定在这里，某条线要画在那里，某一地区要有那么大，某一条河要这样流，都需要了解具体的史料根据，更不用说专业研究人员。当然，可以在地图后面附上解释文字，或在地图集以外出版文字考释的专著，但都难避免查找不便，无法与地图上的点线对应的缺点。而且，考释文字的详略也不易掌握，简略了虽能节约篇幅，但满足不了专家学者的需要；详尽了则往往数量太大，使用的人却相当有限。

随着研究的深入和新的历史信息的发现，历史地图必定有一个不断修改补充的过程，但传统的印刷地图的修订和制印却相当麻烦，往往要耗费很多时间，所以出版的地图总是落后于研究成果和最新信息。

当地理信息系统（GIS，Geography Information System）和数字化地图

1　葛剑雄《中国历史疆域的再现》，《往事和近事》，生活·读书·新知三联书店 1996 年版。

(digital map)问世以后,这些难题就都迎刃而解了。正因为如此,复旦大学历史地理研究中心决定不再简单修订《中国历史地图集》和整理出版考释文字,而是采用最先进的技术,编制"中国历史地理信息系统"(CHGIS,China's Historical Geography Information System)。

这一系统的基本思路是:

制定一套完整、系统、全面、精确的编码系统,将所有能够发现并确定(包括能够部分确定)的历史地名全部编码,做到一地一码,即一个地名在空间和时间上的任何变化都将在基本码不变的条件下生成新的代码。

研制相应的数据库,要求容量充分,信息完整,检索便利,链接迅速,适应各种不同层次和深度的要求,将全部原始信息(包括史料、档案、数据、图像等)全部输入,并能不断更新。

以国家测绘局发布的数字化地图 Arc China(一百万分之一全国地图)为底图,逐渐上溯,明代以后编出包括县及县以上界线、县以下可考地名的逐年地图,此前编出包括县以上界线的可考地名、间隔尽可能短的阶段性地图。

在完成普通历史地图后,进一步将历史人文、社会、自然地理各分支的研究成果和信息充实这一系统,使之日益完美,成为名副其实的历史地理信息系统。

这个系统将提供一套开放的地图和数据平台,供历史地理学、历史学和其他任何学科和各类用户使用,或作为进一步开发的基础;其他全部产品将分批在互联网上发布,供全世界非商业目的的用户免费下载。

从今年起,复旦大学历史地理研究中心和美国哈佛大学东亚系、哈佛燕京学社、澳大利亚格林菲斯大学亚洲空间数据中心、数字化文化地图集行动计划(ECAI,Electronic Cultural Atlas Initiation)等机构合作,在世界各国数十位专家学者的支持下,已经启动这一项目的研制计划,并且制成了若干样本。这一项目将分阶段实施,以十年或更多的时间完成。

以中国悠久的历史、辽阔的疆域、灿烂的文化、庞大的人口、众多的民族和丰富的史料,加上二千多年沿革地理的传统和半个多世纪历史地理学的发展,充分利用世界最先进的科学技术,开展广泛的国际合作,"中国历史地理信息系统"必将达到世界一流水平,完成中国历史地图从传统向数字化和现代化的转折,将中国历史地理和历史地图的研究提高到新的高峰,贡献于学术界,造福于全人类。

(原载《历史地理》第 18 辑,上海人民出版社 2002 年版)

宋代人口新证

有关宋代人口的研究和争论已经进行了数十年，从日本学者宫崎市定、曾我部静雄、加藤繁等人自 30 年代开始发表的不少论著，到我国学者袁震等人 50 年代以来的一系列论文，都在一定程度上解决了一些具体问题，但也都留下了一些无法解释的矛盾。1970 年，美籍学者何炳棣教授明确提出了北宋人口在 1 亿以下，12 世纪末的宋金人口超过了 1 亿的说法[1]。80 年代以来，国内的大多数学者也越来越倾向于赞成宋代的口数不可信，而户数统计比较接近实际，因而宋代的人口高峰已突破 1 亿的结论。但直到 1987 年，还有学者著文认为宋朝每户平均仅 2—3 口是人为析户规避赋役的结果，所以户数和口数都基本符合实际[2]。按照这种观点，北宋人口不超过 4 700 万，宋、金合计自然也只有 7 000 余万。近年一些有关中国历史人口及人口史的论著往往也采用这一说法，但它们究竟是照抄现成的户口统计数，还是赞同这种观点，就不得而知了。

上述这两种观点是无法调和的，结论也是截然相反的，因此还有进行讨论的必要。我是赞成前一说，但承认迄今为止的有关论著还没有解决几个重要的矛盾。根据我发现的几条证据，这些问题基本上都可以得到合理的解释，后一说的论点因而也就更站不住脚了。

一

要确定现存宋代户口统计数的真实含义，首先必须弄清当时的户籍登记制度，即现存这些数字是如何统计出来的。在这一方面，香港学者苏启龙（基朗）《宋代的户口统计制度——对有关制度的综合分析》一文[3]很值得一

1　《宋金时中国人口总数的估计》，原载《白乐日教授纪念宋史研究》丛书第 1 册，巴黎 1970 年版，译文载何炳棣《1368—1953 年中国人口研究》附录五，上海古籍出版社 1989 年版。

2　袁祖亮《宋代户口之我见》，载《中国史研究》1987 年第 3 期。

3　苏启龙、袁征泽《宋代的户口统计制度——对有关制度的综合分析》，《中国社会经济史研究》1985 年第 1 期。

读。苏文详细分析了宋代五种用作户籍统计的文书:户籍、税账、丁账、保甲簿、拈基簿,结论是:宋朝并不对妇女进行统计,妇女只在赈灾时才被包括在地方人口数字里,而这也不是制度化的做法。户籍和拈基簿仅登记主户,各户丁口以外的男性成员的情况登记在州或州以下的丁账、保甲簿和税账里。但在路一级,只有税账才记录这种情况,而朝廷并不掌握税账的详细材料。相反,不但州和州以下的各级丁账、税账和保甲簿都记录了每户男丁的情况,而且男丁总数还定期上报路和朝廷。因此,宋代朝廷使用的人口数字,不管是"丁""丁口",还是"口",都只是当时负担赋税的男丁的数字。

如果苏文的结论成立,那么宋代户口中的"丁"和"口"都只是全部人口中的一部分,即承担赋税的那一部分人口,我们就不必像有些学者那样拘泥于"丁"和"口"的理论意义和它们之间的区别,宋代户的规模过小的矛盾也就不存在了,其他一些看来不正常的现象大多可以得到合理的解释。虽然苏文的推理成分较多,实证显得不足,但我们完全可以找到足够的证据加以补充,详见下述。

反之,如果认为宋代史料中的"丁"和"口"都是指全部人口,那就必须为宋代户均口数低得出奇找到适当的理由。但到目前为止,有关这方面的论证却是根本不能自圆其说的。

持这种观点的人引用得最多的是李心传的一段话:

> 西汉户口至盛之时,率以十户为四十八口有奇。东汉户口,率以十户为五十二口,……可准周之中次。自本朝元丰至绍兴户口,率以十户为二十一口。以一家止于两口,则无是理,盖诡名子户漏口者众也。然今浙中户口,率以十户为十五口有奇。蜀中户口,率以十户为三十口弱。蜀人生齿,非盛于东南,意者蜀中无丁赋,故漏口者少尔。昔陆宣公称租庸调之法曰:不校阅而众寡可知。是故一丁授田,决不可令输二丁之赋,非若两税,乡司能开合走弄于其间也。自井田什一之后,其惟租庸调之法乎?[1]

李心传以本朝人论本朝事,似乎应该有说服力,实际却不然。

首先,如果我们细读全文就不难发现,作者所论的重点并不是户口或人口的多少,而是两税法的优劣,前面引述的例子只是为了证明户口数字不能

[1] 《建炎以来朝野杂记》甲集卷17,《丛书集成》本,商务印书馆1937年版。

反映人口的实际。

其次，"诡名子户漏口者众"固然包含着人为析户的因素，但似乎并没有包括所有的作弊行为。因为如果仅仅用析户一法的话，根据中国历来家庭规模来推算，当时的浙江必须平均每户分成3户，才能出现"率以十户为十五口有奇"的结果。以正常的家庭规模平均每户至少4.5口计，如果有80%的家庭按实际情况上报，其余20%的家庭就必须每户分为11户；如果有50%的家庭按实际情况上报，其余50%的家庭必须每户分为5户；才可能出现这样的结果。但是从宋代的记载分析，有资格和能力进行"诡名子户"的都是大地主或大官僚。如《宋会要辑稿》食货六之四三："比来有力之家，规避差役科率，多将田产分作诡名挟户，至有一家不下析为三二十户者。"又如杨万里曾指出："蜀之大家，多伪占名数，以逭征徭，至有一户析为四五十户者。"[1]而大地主、大官僚在总户口中的比例是很小的，何况地主官僚也不是都有析户行为的，至少那些揭露这些现象的官员学者自己没有或者很少这样做。而且这类现象有一定的地域性，并非全国都是如此。按照上面的方法推算，如果有析户行为的地主官僚占总户数的5%，每户就必须分为41户，才可能出现全国户口平均每户1.5口的结果。即使以宋代户均口数的最高值2.57计，这5%的户也必须每户分成16户才行。显然这是绝不可能的。

另一种情况是农民在赋税重压下，被迫投靠豪强兼并之家。如陈襄在《州县提纲》卷4所指出的："今之风俗，有相尚立诡名挟户者，每一正户，率有十余小户，……非惟规避差科，且绵历年深，既非本名，不认元赋，往往干收利入己，而毫毛不输官者有之。"但这种做法的结果与分户是完全不同的：分户会使户均口数大大减少，而这只能使官方控制的户数、口数都减少，而绝不会只降低户均口数。例如一个地主"正户"有15个投靠它的"子户"，假定每个子户有4口，就有60口。地主要占有农民本应交纳给官府的赋税，就必须向官方隐瞒部分或全部子户，否则就无利可图；而隐瞒的结果只会使户与口同样减少。如果地主少报户而不少报口，就会出现户均人口高于正常数的现象，事实上从未出现这样的情况。如果地主只少报口而不少报户，那么官方的户口数就没有包括全部人口，这就在客观上支持了我的观点，恰恰证明了宋代的实际人口比户籍人口多得多。

还有一种情况是为了降低自己的户等，以避免劳役。如韩琦在并州任上时曾上疏："州县生民之苦，无重于里正衙前。有嬬母改嫁，亲族分居，或

---

1 《朝议大夫直徽猷阁江东通判徐公墓志铭》，《诚斋集》卷127，《四部丛刊》本，商务印书馆1936年版。

弃田与人，以免上等，或非命求死，以就单丁，规图百端，苟免沟壑之患。"[1]但根据宋朝的制度，充当里正、衙前的只是一等户，所以韩琦所说主要也是指一等户。这些做法中，弃田与人只影响到财产，与户均口数无关。孀母改嫁和非命求死毕竟只是极少数，最多的还是亲族分居。但即使分居到只以核心家庭为单位，也不至于会使户均口数降到 2 以下，因为一对夫妻即使有不止一个孩子，只要孩子还没有成年，就是"单丁户"，还有什么必要再隐瞒人口呢？

在户分五等的情况下，一等户总是极少数，即使这一等的人都要花招，也不可能使全部户口的户均口数下降到如此低的程度。更何况当时还有大量明文规定可以免除赋役的官员家庭[2]和下三等户，他们又有什么必要隐瞒家庭人口呢？据漆侠先生考证："客户，第四、五等户以及第三等户中的富裕农民，约占总户数百分之八五以上，把手工匠人和作坊主、一般中小商人计算进去，比数达百分之九三、九四。由第一等、第二等户以及第三等户中的一小部分，组成地主阶级，加上大商人和高利贷者，约占总数的百分之六七。"[3]所以真正能够以分户等手段逃避赋役的，大概至多不过占总户数的5%左右。

再次，如果宋代的户均口数真是由于人为析户而降低的话，就应该全国都是如此，至少在同一时期、同一地区之内不应有太大的差异。可是《宋史·地理志》所载户口数中却有一些单位的户均口数非常接近正常水平，列表如下：

府 州 军	户均口数	所 属 路	户均口数
陈州	4.97	京西北	2.30
雄州	4.07	河北东	2.28
太原府	8.00	河东	4.11
代州	4.81		
岚州	4.99		
石州	4.61		

---

1 《宋史》卷 177《食货志上五》役法上。

2 《宋史》卷 177《食货志上五》役法上："景祐中，稍欲宽其法，乃命募人充役。初，官八品以下死者，子孙役同编户；至是，诏特蠲之。"可见宋朝大部分时间内大小官员家庭，即使在该官员本人死亡之后，都是享受免除赋役特权的。

3 漆侠《宋代经济史》上册第一章，上海人民出版社 1987 年版，第 51—52 页。

府 州 军	户均口数	所 属 路	户均口数
保德军	4.21		
顺德军	4.31	秦凤路	2.49
镇戎军	4.11		
光州	12.75	淮南西	2.23
蜀州	4.03	成都府	3.02
汉州	4.36		
梓州	4.08	潼川府	2.73
怀安军	5.91		

以上 14 个单位,除光州和太原府明显偏高,可能数字本身有误外,其余
12 个都相当符合实际户均人口数,而且与本路的户均口数相差很大,又并非
偶然出现,因此应是出于另一种统计系统,也就是登记了全部人口的版籍,
例如保甲簿。以往有人推断是出于边疆地区的特殊情况,虽不可谓毫无可
能,但却不能解释为什么内地不止一个单位也有这样的现象。

我们自然不能排除这 12 项数字中可能会有个别是出于传抄的错误,但
总的说来应是另一种统计范围的结果。所幸我在李心传的同一本书中就找
到了证据,而以往似乎没有人注意到这一记载。《建炎以来朝野杂记》甲集
卷 18《荆鄂义勇民兵》:

> 荆鄂义勇民兵者,绍兴末所创也。……其法取于主户之双丁,每十
> 户为甲,五甲为团。……至乾道间,举七县之籍,主客佃户凡四万二千
> 余户,计十万余丁。……绍熙四年(1193 年)冬,……时鄂州七县,主客
> 户六万六千六百三十二,口三十一万四千八百九十四,而民兵之籍总为
> 万五千二百有一人,是荆鄂二郡,率四五家有一人为兵也。

这里对不同的统计口径分得非常清楚:乾道年间的丁数是平均每户
2.38(取 100 000 丁)以上,绍熙四年的户均人口是 4.73,民兵数是平均每
4.38 户 1 名,前后毫无混淆或矛盾之处。《宋史·地理志》载崇宁元年(1102
年)鄂州七县有户 99 760,口 210 707,户均口数 2.41;与本书乾道年间的户
均丁数大致相同。而《文献通考·户口二》载绍熙四年南宋全国有户
12 302 873,口 27 845 086;户均口数依然是 2.26。对这一矛盾唯一的合理解

释,就是《宋史》《文献通考》等史籍中的"口"或者"丁"在大多数情况下都是"丁",即人口中实际承担赋役的那一部分人口。但宋朝同时存在着一个登记全部人口的系统,这中间的"口"才指男女老幼全部人口。只是由于这一系统的数据不上报户部,因而仅在特殊情况下才会运用这些数字。李心传这里正是用了登记全部人口的那种数字。

罗愿《新安(歙州)志》卷1《户口》也是一例:"其以郡城中者,乾道户千二百八十一,口六千八百五十八;城外户六百五十,口三千二百八十一。"城内、城外的户均口数分别是 5.35 和 5.05,相当符合实际户均人口。其他方志中也有类似数据。

总之,这些例子都可以证明,宋代的确存在着一种登记全部人口的户籍统计系统,但一般并不用之于全国性的户籍统计,只在某些特殊情况下(如全国性的户籍统计数有遗漏,或地方性的统计)才加以记载。这不仅可以作为苏文的证据,也从反面证实了见于《地理志》《宋会要》《文献通考》以及各种地理总志的全国性户口数并未包括全部人口,而不是什么"诡名子户"或人为析户的结果。

二

如果宋代平均每户以5口计,北宋末年的人口就会达到或超过1亿,似乎大大高于盛唐的户口数,也比以后元、明二代的户口数高得多。这是反对我们观点的人的一条主要理由,其实这也是无法成立的。

提出这一理由的人囿于传统的户口数字,或者只是照搬梁方仲的《中国历代户口、田地、田赋统计》一书中的数字[1],并不了解中国历史人口研究的新成果。因为根据大多数人口史学者观点,盛唐的实际人口远不止5 000多万,而是8 000万—9 000万。同样,元代的人口也比户口数多不少;明代的人口峰值是户口数的3倍或更多,达到1.5亿至2亿以上。尽管对这些具体估计还有不同意见,但这些朝代的实际人口数远高于户口数的看法却是基本一致的。如果把宋代人口数放在这样一个新的数据系列中,就毫无不可思议之处了。

不仅如此,金代和元代的有关史料和统计数字,还为我们推算宋代的人口提供了可靠的基础,如果把宋代的口数当作实际人口数,就完全无法与

1　关于这一方面,笔者另有专文,见《论中国历史上的户口——兼论准确使用梁方仲〈中国历代户口、田地、田赋统计〉》,载《庆祝李埏先生执教五十周年论文集》,云南大学出版社 1992 年版。

金、元的数字一致。

金代的户口数字可以作为确定宋代人口数的依据,何炳棣先生在他的论文中已经加以运用。这里还可以根据金朝相当于北宋旧地的户口数字作一具体的比较和分析。正如何炳棣所指出的,金朝的户口统计基本是包括男女老幼全部人口的。金末泰和七年(1207 年),在相当于北宋旧地的范围内约有 870 万户、5 200 余万口[1];而北宋崇宁元年(1102 年)在该地区内的 630 余万户却只有 1 485 万口[2]。在这 105 年间,这一地区内有大量人口南迁,也有不少女真人迁入,不过从数量上说,还是迁出大于迁入。以户数计算,在此期间的年平均增长率是 2.7‰。由于金灭北宋之后有过大规模的战乱,出现过人口大幅度的下降,在相当长一段时间内,人口增长只能弥补原来的损失,所以这样的年平均增长率是符合实际的。但如果以北宋的口数计算,此期间的增长达到 3.5 倍,年平均增长率竟有 12‰。如果再考虑到人口迁移的因素,人口的实际自然增长率比这还高。即使是在北宋社会经济的全盛时期,也没有出现过如此高的增长率,在宋金之际的大战乱之后的 105 年间会有如此高速、大幅度的增长更是不可思议的。既然到目前为止我们没有任何证据怀疑金朝口数的真实性,那么就只有一种可能,北宋登记的口数并不是它的全部人口。

元朝灭南宋后的户口统计数也足以证明南宋户口数中“口”的真正定义。元《经世大典·序录·版籍》有一段非常重要的记载,似乎还没有引起有关学者的注意:

> 迨南北混一,越十有五年,再新亡宋版籍,又得一千一百八十四万八百余户。南北之户总书于册者,计一千三百一十九万六千二百有六,口五千八百八十三万四千七百一十有一,而其山泽溪洞之氓不与焉。

南宋历年户口统计数中的户均口数从未达到过 2.5。《续通考》卷 18《户口二》载:“……平宋,通得江、淮、浙东西、湖南北等路,户九百三十九万四百七十二,口一千九百七十二万一千一十五”;则“亡宋版籍”中的户均口数仅 2.1。可是由元朝“再新”即重新统计的数字中,户均口数已达到 4.46。

要出现这样的结果,无非有三种可能。(1)北方的户均口数特高。因为

1　据《金史》卷 24—26《地理志》、卷 47《食货志》及《中国历史地图集》第六册金图幅估算。
2　据《宋史》卷 85—90《地理志》及《中国历史地图集》第六册北宋图幅估算。

如果按户均口数 2.2 计算,南宋的 11 840 800 户只能有约 26 049 760 口;剩下的 32 784 951 口自应属于北方的 1 355 406 户,户均口数为 24.52。(2)南方原来"人为析户"形成的小户已经合并成正常的户。如果这样,至少要由原来的 2 户合为 1 户,才能达到户均口数 4.4;但这样一来,南方的总户数将下降到 5 920 400,南北合计就不会出现 1 300 多万户的总数。(3)元朝已将南宋的人户按新的标准重新登记,即登记每户中的男女老幼全部人口,所以南宋的 1 100 多万户已经不是 2 000 多万"口",而是 4 000 多万口了。

显然,第一种可能是绝不存在的,因为北方从未出现过如此高的户均人口,经历大战乱后的金朝旧地更没有这种可能。第二种可能由于无法取得符合户口总数的结果,根本就没有产生的前提。第三种可能是唯一合理的解释,那就是元朝按新的标准即登记全部人口的办法,对南方的人户重新作了统计,这就是"再新"的真意。

三

对我们的观点持反对意见者的另一条理由是:宋朝人对当时户口隐漏特别是析户避产等规避赋役的现象有大量揭露,而且从史料记载可以看出,情况相当严重。

其实,这种现象的存在与我们的分析并无矛盾,自然也不能成为反对的理由。本文前面的论述只是证明了,造成宋朝户均口数特低的主要原因并不是人为的析户,但这绝不是说宋代不存在这种析户现象,更不是说析户没有影响到全国户均口数。北宋历年户均口数的变化是很能说明问题的。

咸平六年(1003)	2.08	景祐元年(1034)	2.55
景德三年(1006)	2.19	景祐四年(1037)	2.11
大中祥符元年(1008)	2.25	宝元二年(1039)	2.02
大中祥符七年(1014)	2.43	庆历二年(1042)	2.22
大中祥符八年(1015)	2.24	庆历五年(1045)	2.03
天禧三年(1019)	2.28	庆历八年(1048)	2.04
天禧四年(1020)	2.34	皇祐二年(1050)	2.05
天禧五年(1021)	2.30	皇祐五年(1053)	2.07
天圣元年(1023)	2.57	嘉祐三年(1058)	2.07
天圣七年(1029)	2.56	嘉祐六年(1061)	2.05
天圣九年(1031)	2.02	嘉祐八年(1063)	2.12

治平元年(1064)	2.31	元祐三年(1088)	1.76
治平二年(1065)	2.25	元祐六年(1091)	2.22
治平三年(1066)	2.25	绍圣元年(1094)	2.23
熙宁二年(1069)	1.60	绍圣四年(1097)	2.23
熙宁五年(1072)	1.45	元符二年(1099)	2.25
熙宁八年(1075)	1.52	元符三年(1100)	2.25
熙宁十年(1077)	2.16	崇宁元年(1102)	2.24
元丰元年(1078)	1.48	崇宁二年(1103)	2.24
元丰初年	2.24	大观二年(1108)	2.24
元丰三年(1080)	1.42	大观三年(1109)	2.24
元丰六年(1083)	1.45	大观四年(1110)	2.24
元祐元年(1086)	2.23		

资料来源：据《中国历代户口、田地、田赋统计》甲表 32 改编。

以上 45 个年度中，户均口数以 2.02—2.30 最为普遍，有 32 个，占
71%。但在 1067 年至 1088 年之间却出现了 7 个低于 2 的年度，最低仅
1.42。这个数字比最高的 2.57 要少 45%，比大致有代表性的 2.15 也要少
34%。可以肯定，无论是实际的户均人口，还是理论上的户均"丁"数，或者
某一类特定的赋役对象，在同一朝代相近的年度内是不应该出现如此大幅
度的变化的。这种变化正是析户避产等各种逃避赋役的手段施展的结果，
也就是说，即使按照宋朝的标准，这样的户均"口"数也是太低了。这样低的
户均"口"数造成的后果是异常严重的：这几个年度全国总户数在 1440 万—
1820 万之间，如以 1600 万户计，就比正常情况少报了 544 万"口"，比最高
年度少报 720 万"口"。减少了这么多赋役对象，当然会引起朝廷与官员的关
注，出现诸多议论。人们常常引用的一些言论中，相当大一部分正是针对神
宗与哲宗初期而言的。

如果以某些局部地区而言，这种现象就不止发生在上述阶段内，以《宋
史·地理志》所载崇宁元年(1102 年)的数字为例，就有不少户均口数低于
1.50 的单位，最低的卫州竟只有 1.01。所以即使在全国户均"口"数比较正
常的年代，也还存在着地区性的严重问题，出现对这类现象揭露和议论的言
论就毫不奇怪了。如《宋史》卷 174《食货志二》上称政和年间(1111—1117
年)，"蔡攸等计德、霸二州户口之数，率三户四口，则户版讹隐，不待校而

知"。值得注意的是,此二州的户均口数仅1.33,比常年平均数少了约40%,当然会被列为讹隐的典型。

《景定严州续志》卷1《户口》提供了一个很好的地区性例子:

> 前志载绍兴己未户七万二千二百五十六,丁一十一万一千三百九十四。淳熙丙午户八万八千八百六十七,丁一十七万五千九百有三。盖昔者丁钱未蠲,民苦重赋,故生子有不举。自乾道五年张宣公知州,抗疏祈免,奉旨减放有差。至淳熙,丁口数比绍兴增凡六万四千五百有九。开禧元年十二月,御笔尽免两浙身丁钱,从中殿之请也。盖恭圣仁烈皇太后为严州人,故有是请。今为户凡一十一万九千二百六十七,口凡三十二万九千二百有六,比淳熙之数益增。

从这条记载可以看出,严州的户均口数是呈增加趋势的。从1139年的1.54增加到1186年的1.98和景定年间(1260—1264年)的2.76。前期户均口数少的主要原因,作者认为是"丁钱未蠲,民苦重赋",以致"生子有不举"。但作者回避了另一个因素,即在丁钱负担重的情况下必然出现的隐漏丁口。在丁钱减少或完全蠲免的条件下,这部分隐漏的丁口就有可能纳入登记范围。另一方面,这条材料也证明了析户行为并不是户均人口数降低的主要原因,至少在严州不是如此。因为在户均口数提高的同时,总户数也同样增加了。1186年与1139年间的年平均增长率是4.4‰,1260—1264年(取1262年)与1186年间的年平均增长率是8.2‰。这样的增长率与当时社会经济的发展状况是基本符合的,可见户数的统计是比较可信的。反之,如果原来户均口数少的主要原因是析户,那么在户均口数增加或趋于正常的情况下总户数必定会相应减少,绝对不可能保持这样高的年平均增长率。

还有人以宋朝人的话来证明当时的实际人口就是现存户口中的口数,如引《宋史·刑法志》载天圣四年(1026年)刑部侍郎燕肃的奏文:"唐大辟罪,令尚书、九卿谳之。……贞观四年,断死罪二十九,开元二十五年才五十八。今天下生齿未加于唐,而天圣三年,断大辟二千四百三十六,视唐几至百倍。"以为此话出于当代人之口,足以证明天圣三年的人口就是户口数中的2 000多万口。而如果以每户五口左右计,当时人口就要达到5 000多万,不符合"生齿未加于唐"的前提。

对生活在数百万平方公里中的数千万人口,如果不经过普查或科学的抽样调查,任何人都不可能对它的数量作出精确的判断。既然宋朝上报户部的只有被称为"口"或"丁"的赋役人口,朝廷的官员和皇帝就只能掌握这一项数据,绝不可能知道究竟有多少实际人口。不用说燕肃只是刑部官员,就是户部的主管官员,除了每年的上报数外,也不可能了解没有纳入统计的全国实际人口数。何况燕肃的话至多只认为当时人口比唐朝少,并没有说比唐朝少了多少。

其实,弄不清当时有多少人口几乎是中国历史上的普遍现象,如清朝的乾隆皇帝就因混淆了不同的统计口径,竟然认为乾隆五十七年(1792 年)的"民数"比康熙四十九年(1710 年)"计增十五倍有奇"[1]。至于根本不符合事实、非量化的说法,或者为了强调某一个侧面故意夸大其词的言论就更是多得不胜枚举了。

即使是在近代或当代,如果没有掌握普查或抽样调查的结果,政府官员和专家学者也照样无法知道准确的人口数字。1950 年,国家内务部公布的全国(包括台湾)人口数是 4.839 亿,财政部公布的是 4.830 亿,而《大公报》发表的是 4.866 亿。当时全国人民,从国家领导人到一般民众都习用"四万万八千万"的概念。可是 1953 年普查的结果是 5.826 亿(不包括台湾),一下子多了近 1 亿。事实证明,1953 年的数字是准确的,而前面的几个数字都是估计错的,并不可信。

四

在古代中国,维持人口的基础是农业生产所能提供的粮食。在估计宋代人口数量的时候,考虑到宋代的农业生产是否能提供足以养活上亿人口的粮食是不无道理的。

北宋后期是否具有供养 1 亿人口的物质基础,可以从以下几个方面考虑。

1. 农业生产的规模

北宋期间的耕地面积比以往有了很大的增加。据漆侠推算,宋代的最高垦田数大约是 7.2 亿亩,他认为"这一数额不仅是前代未曾达到,即使是后来的元明两代也未超过此数额"[2]。江南和东南沿海地区经过唐后期和五代时期的开发,农田水利有了很大的发展,耕作水平也有了显著的进步。宋太

1 《清高宗实录》卷 1415。
2 漆侠《宋代经济史》上册,第 59—60 页。

563

宗时开始就在南方水稻区扩种麦豆类作物,同时在江淮之间推广水稻,以充分利用地力,防止水旱灾害的影响[1]。大中祥符五年(1012年),长江下游和淮河流域大旱,宋真宗下令从福建运送了万斛早熟耐旱的占城稻种,到受旱地区推广,并在宫中试种,让百官了解新种的效益[2]。这两项措施所产生的效益是相当巨大的,对江南农业的发展留下了深远的影响,因此明代的丘濬对宋太宗、真宗倍加赞誉:"今江南之民皆杂莳诸谷,江北民亦兼种粳稻。昔之粳稻惟秋一收,今又有早禾焉,二帝之功利及民远矣!"[3]

以五代时吴越旧地和福建宋元丰年间的户数与唐开元时的户数相比,增长率是相当高的,江南各州的户数分别是开元时的138%—325%,福建更高达397%—681%[4]。从这些地区农业开发的进步看,人口的持续增长是完全正常的。

2. 人口分布状况

根据北宋后期的户口分布分析,在总数1亿左右的人口中,只有不足4000万居住在北方,而西汉末年的关东地区就约有3500万人口[5]。与西汉的关东相比,北宋的北方减少了燕山山脉以南(今河北与山西北部、北京、天津)这一部分,但增加了太行山、中条山和豫西山区以西的广大地区,所以总的说来还是比西汉的关东大。而且宋代北方还从南方输入一部分粮食,而西汉时关东却要向关中输出。可见宋代的北方只要能维持1000年前的生产水平,就完全能够供养这些人口了。

余下的6000多万人对南方来说虽然是一项创纪录的数字,但却并不是突然间出现的。从两汉之际的人口南迁算起,南方的开发已经进行了上千年,南朝时,实际人口早已突破了3000万[6]。从唐朝后期开始,除了供养本地的人口之外,南方还要向北方提供粮食、纺织品和其他财富,实际生产能力已经超过了本地人口的需要,完全具有扩大人口规模的物质基础。而且,崇宁元年(1102年)南方人口密度最高的两浙路也没有超过100人/平方公里(以每户5人计算,以下同),嘉定十六年(1223年)也只有成都府路的人口

1　《宋史》卷173《食货志上一》农田:"言者谓江北之民杂植诸谷,江南专种粳稻,虽土风各有所宜,至于参植以防水旱,亦古之制。于是诏江南、两浙、荆湖、岭南、福建诸州长吏,劝民益种诸谷,民乏粟、麦、黍、豆种者,于淮北州郡给之;江北诸州,亦令就水广种粳稻,并免其租。"

2　《宋史》卷8《真宗纪》,卷173《食货志上一》农田。

3　《大学衍义补》卷24,《四库全书》本,上海古籍出版社影印本1987年版。

4　福建漳州元丰时的户数是开元时的59%,可能之一是开元时户数有误,可能之二是漳州开于唐末,开元时的确户数极少。考虑到此例缺乏代表性,故不取。

5　参见拙著《西汉人口地理》,人民出版社1986年版。以下有关西汉人口密度的出处同此。

6　参见拙著《中国人口发展史》第五章第二节,福建人民出版社1991年版。

密度高于 100;而西汉的关东,平均人口密度是 77.6 人/平方公里,大多数地方在 100 或 100 以上。[1] 宋朝南方比较发达的地区要达到 1 000 年前西汉关东地区的生产水平,应该是没有问题的。

盛唐时南方人口估计已有 4 000 万,再增加到 6 000 万当然幅度不小。但北宋在南方至少维持了 100 多年的安定和发展,如果从五代后期算起,时间就更长。要达到这样的增幅,只要有 4‰ 的年平均增长率就足够了。在百余年的阶段中保持这样的年平均增长率,在中国人口发展史上并不是什么奇迹。从南方农业生产的条件看,显然不存在克服不了的困难。

3. 南方局部地区的人口压力

由于南方的人口分布很不均衡,所以在一些稠密地区,耕地不足的矛盾已相当突出,人口压力相当严重。这无疑从一个侧面反映出,南方人口的数量已经达到有史以来的最高峰。

不举子(溺婴)现象在中国古代可以说无时不有、无处不有,但像宋代的长江中下游和福建这样严重却是少见的。如"岳、鄂间(今湖南、湖北相邻地区)田野小人,例只养二男一女,过此辄杀之"[2]。黄州"贫者生子多不举,初生便于水盆中浸杀之"[3]。今苏南、皖南、赣北一带,"男多则杀其男,女多则杀其女,习俗相传,谓之薅子。即其土风,宣、歙为甚,江宁次之,饶、信又次之"[4]。浙东"衢、严之间,田野之民,每忧口众为累,及生其子,率多不举"[5]。严州甚至殃及幼儿,"一岁之间,婴孺夭阏,不知其几"[6]。福建的情况最为严重,"闽人生子多者,至第四子则率皆不举","若女则不待,往往临蓐,以器贮水,才产即溺之,谓之洗儿"[7]。穷人如此,富人也不例外,"闽之八州,惟建、剑、汀、邵武之民,多计产育子,习之成风,虽士人间亦为之,恬不知怪。……富民之家,不过二男一女,中下之家,大率一男而已"[8]。

宋代的北方就极少有这类记载,而在此前的唐代和此后的元代,上述地区也没有如此严重而普遍的溺婴现象。这证明,在某些人口已经相当稠密的局部地区,农业生产的供养能力已趋极限。南宋时福建等地出现梯田,人

1　参见拙著《中国人口发展史》第十四章。
2　苏轼《东坡全集》卷 30《与朱鄂州一首》,《四部备要》本。
3　苏轼《东坡志林》卷 3,《丛书集成》本。
4　《宋会要辑稿》刑法二之五八、一四七。
5　《宋会要辑稿》刑法二之五八、一四七。
6　吕祖谦《东莱集》卷 3《为张严州作乞免丁钱奏状》,《丛书集成》本。
7　王得臣《麈史》卷上《惠政》、卷下《风俗》,《丛书集成》本。
8　杨时《龟山集》卷 3《寄俞仲宽别纸》,《四库全书》本。

口大量外迁,正是人口持续增加,耕地严重不足的必然结果。如果崇宁年间真的只有4 500多万口,那么总数还不如盛唐,南方的人口充其量只比唐朝略有增加,严重的人口压力又从何而来?

不过,从总体上说,南方的开发余地还很大,人口稀疏的地区也很广,所以能够供养6 000万以上的人口。

至此我认为,尽管由于史料的不足,还存在一些枝节方面的问题,但有关宋代人口的讨论已经有充分的确凿证据来作结论了。那就是:

(1)现存的宋代全国性户口统计数只登记了当时承担赋役的那部分人口,在正常情况下,其中的户数比较准确,大致可视为实际户数。

(2)当时还存在着应该登记全部人口的统计系统,但由于朝廷不作汇总,绝大部分数据已散佚无存,仅见于某些地方或特殊情况。

(3)析户、漏口等规避赋役的行为主要是指隐瞒承担赋役的人口,而不是指普遍只登记赋役人口这一制度。

(4)根据户数推算,北宋后期的实际人口已达1亿,宋金合计人口超过1亿,是中国人口史上的新高峰。

(5)宋代的农业生产能力与人口规模基本是适应的,但在局部地区人口压力已相当严重。

(6)宋代的实际人口数量,与前后各时期的人口数量的发展变化是一致的,与同时期的金朝和以后的元朝更存在密切的因果关系。

(原载《历史研究》1993年第6期)

略论我国封建社会各阶级人口增长的不平衡性

　　人类历史的发展与人类本身数量的发展即人口的变化存在着密切的关系。然而，"每一种特殊的、历史的生产方式都有其特殊的、历史地起作用的人口规律"[1]。因此，在各个不同的阶级社会中，在某一个社会不同的历史时期都存在着各自的人口规律，对各该时期的历史发展产生其独特的影响。

　　我国封建社会历时之长是世界少有的，但人们对我国封建社会的人口问题研究却甚少。在已经发表的一些论著中，涉及较多的是人口数量与生产力的关系问题。这固然是一个重要的、基本的问题，可是在我国漫长的封建社会，除了某些时期的局部地区，如汉代的黄河中下游某些地区、宋代以后的江南某些地区以及封建社会的晚期，曾出现过耕地不足、人口增殖超过生产力发展的现象外，其余大多数时间和地区还不存在人口相对过剩的问题。因此，在研究一般的人口规律的同时，更应该研究封建社会特殊的人口规律及其对历史发展的影响。本文即试图揭示在封建社会中普遍存在的地主与农民两个阶级人口增长的不平衡性，并从这一事实出发，简略地说明这种不平衡性对历史发展的影响。

一

　　在我国整个封建社会中，人口的增长是非常缓慢的。从现有的统计数字看，自公元 2 年（西汉平帝元始二年）到 1840 年鸦片战争爆发时，全国人口从约六千万增加到约四亿三千多万，平均每年仅递增 1‰。当然，由于统计的范围不尽相同、统计的方法不很精确，这一增长率不可能绝对准确。但上述两个年份的数字是公认比较可靠的，所以由此推算出的结果离事实当不至太远。

　　在封建社会里，人口并非始终都是平稳地增长的，而是经常出现大起大落的变化。因此就某一具体阶段而言，人口的年平均增长率要高得多。以

1　《马克思恩格斯全集》第 23 卷，人民出版社 1972 年版，第 692 页。

其中增长最快的几个阶段为例：

西汉期间,据笔者考证,西汉初的人口略高于一千五百万,至西汉末年约为六千万,年平均自然增长率约为 7‰。而其中西汉前期的数十年间,年平均自然增长率约为 10‰[1]。

清代从 1700 年(康熙三十九年)至 1850 年(道光三十年)。据何炳棣教授的研究,人口从约一亿五千万增加到约四亿三千万,年平均自然增长率约为 7‰,其中前段高于后段[2]。

其余各个阶段,由于资料混乱或缺乏必要的研究,只能根据史籍所载户口数作出统计：

东汉从公元 75 年(明帝永平十八年)至公元 157 年(桓帝永寿三年),人口自 5 860 573 增加到 56 486 856,年平均自然增长率约为 6‰[3]。

唐代从公元 705 年(中宗神龙元年)至公元 755 年(玄宗天宝十四载),人口自 37 140 000 增加到 52 919 309,年平均自然增长率约为 7‰[4]。

宋代自公元 1006 年(真宗景德三年)至公元 1110 年(徽宗大观四年),户数自 7 417 570 增加到 20 882 258,年平均增长率约为 10‰[5]。宋代的户数虽比口数要可靠些,但也很不准确。

可见尽管在短时期内人口的自然增长率可以超过每年 10‰,但较长时间内平均年增长率还是约 7‰。

再从封建社会的婚姻、生育、家庭结构等社会状况分析,也可以得到大致相同的结论。

封建社会初期,女子的始婚年龄一般是 20 岁[6]。但至西汉初还有部分女子至 30 岁未嫁,因此汉惠帝曾诏令以征收五倍人头税的办法加以限制,而女子始婚的法定年龄已提前至 15 岁[7]。以后早婚渐成习俗,早者甚至在十三四岁,一般不迟于 20 岁,直至近代都是如此。从理论上说,在这种情况下每个具有生育能力的妇女,在整个育龄期间可以生七八个甚至十几个孩子,当然实际远远达不到这个数字。

1　葛剑雄《西汉人口考》,载《中国史研究》1981 年第 4 期。

2　何炳棣《1368—1953 年中国人口研究》(*Studies on the Population of China*,1368—1953)。

3　《续汉书·郡国志》注引伏无忌所记。王朝前期户口数的增长包含了很多人为的因素,如流民回归、隐户复出等,所以在统计东汉户口时,没有使用公元 57 年(中元二年)的数字作为比较。以下唐宋期间也同样处理。

4　《资治通鉴》卷 208;《通典》食货七。

5　《宋会要辑稿》食货十二;《宋史·地理志》。

6　《周礼·地官》媒氏:"女二十而嫁";《白虎通》:"女子二十而嫁"。

7　《汉书》卷 2《惠帝纪》:六年诏"女子年十五以上至三十不嫁,五算"。

由于生产力低下造成物质条件的匮乏和医疗卫生条件的落后，加上统治阶级的经济剥削和政治压迫，人口的平均寿命很短。虽然我们还无法计算出我国封建社会各时期的平均寿命，但根据近代国内外的统计数字推测，那时人口的平均寿命估计不会超过 30 岁。所以，能够达到育龄并使婚姻状态持续到育龄结束的是少数，相当部分的妇女会出于男方或自己的死亡而终止生育。

婴儿死亡率很高。根据 1938 年旧中国 18 省区的统计，平均婴儿死亡率达 163.8‰，其中绥远省竟高达 429.9‰[1]。1938 年的情况较之封建社会，特别是早、中期，毕竟已经有了很大的进步，因此估计那时的婴儿死亡率必然更高。而且，由于迷信习俗、重男轻女、无力交纳人头税或无法抚养，故意杀死的婴幼儿也占很高的比例。存活的婴幼儿中又有一部分在成年之前死亡。因此平均每个妇女的净繁殖率（即生育并抚养至可以再生殖年龄的孩子数）又大大低于其总生育率。

地主阶级的多妻制造成了人为的性比例不平衡，加上贫穷的男子无力筹备结婚费用及负担家庭，因而有部分男子终身无法结婚。而被地主霸占的大大超过他们人口比例的妇女中又有一部分没有机会生育。因此，人口中的有偶率降低。

所以实际上平均每个女子生育并抚育成人得以再生殖的子女并不多。自秦汉以来，一直把五口之家作为标准，这从历代的户口统计中也可以得到证实。自汉至清，每户的平均人口除宋代（这是公认的虚假数字）外，都在五人左右。考虑到有少数户是聚居的大家庭，或者包括两代以上的人口，则平均每对夫妻的子女数均在二至三个之间。

这一前提确定之后，人口的自然增长率就取决于每代人之间的间隔和人口的平均寿命，而这两个因素在整个封建社会里变化也不大。根据这三项数字估计，在较长时间内，人口的年平均自然增长率最高不会超过 10‰，而实际上只有在社会稳定、发展正常的情况下才有可能达到这样高的增长率。由于天灾人祸十分频繁，多数时期的增长率会大大低于这个数字。这与户口资料统计的结果是大致符合的。

封建社会的人口主要是由地主和农民这两个阶级构成的。从以上的分析中已可以得出结论：农民的人口增长率比总人口的增长率必然还低一些，而地主阶级的情况则完全相反。由于他们生活条件优越，在正常情况下，平

1　据刘长新、苍开极《人口统计》，中国财政经济出版社 1980 年版，第 124 页。

均寿命必然比农民高。他们在政治、经济上享受种种特权,如多数能免除或赎免劳役、兵役,能逃避或减轻刑罚,一般都能早婚、早生育、多生育。由于物质条件好,又有条件雇佣乳母,婴幼儿的成活率比农民高。特别是由于他们普遍多妻,人口的增殖更加迅速。多妻的现象和数量在封建社会中有逐渐减少的趋势,但即使在封建社会的晚期,丧妻再娶和无后纳妾,对地主阶级来说也是完全正常的事情。因此他们绝后的可能性比农民要小得多。

当然,就从属于地主阶级的每一个妇女而言,他们的平均生育率并不比农民妇女高,有的甚至是很低的。例如皇帝的后宫中、官僚贵族的姬妾中,能有生育机会的人极少。但就整个地主阶级而言,其人口的增殖是非常惊人的。以西汉的宗室为例,汉初刘邦兄弟三人,到平帝元始五年(公元 5 年),宗室已多达十万余人[1]。设刘邦兄弟加上他们的妻妾子女以 50 人计,则从汉初(公元前 201 年)至元始五年的 206 年间,人口增长了 2 000 倍,平均年增长率高达 38‰。又如明代的宗室,从洪武元年(1368 年)至隆庆三年(1569 年)的 201 年间,由数十人增加到二万八千多人[2]。若明初仍以 50 人计,则增长了 560 倍,平均年增长率也有 32‰。其他地主家庭当然不可能像皇帝家族那样快地增殖,但即使作一个保守的估计,地主人口的增长率比总人口的增长率高一倍则是完全可能的。

在整个封建社会中,这些对人口增殖产生直接影响的政治、经济、社会条件变化不大,所以地主与农民人口增长的不平衡现象是始终存在的。

二

封建社会人口增长的这种不平衡现象,随着时间的推移,必然导致地主阶级人口在总人口中的比例越来越高。在封建社会里,地主不仅不直接从事农业生产,而且也很少间接从事生产劳动,如经营管理、技术的改进,等等。他们占有大量的非生产性的奴婢。有人估计汉代的官私奴婢在 230 万以上[3],占总人口的 4% 以上。这些人多数也不从事生产,更少从事农业生产。为了满足地主阶级的奢侈享乐,还需要相当多的劳动力从事手工劳动、建筑、园艺等,他们的劳动对农业生产一般不发生积极作用,但同样需要农民提供食粮。因此,地主阶级的人口越多,被他们占有而无法从事农业生产的人口也越多,非农业生产人口的增长速度也会超过总人口的增长速度。

1　《汉书》卷 12《平帝纪》。
2　《明会要》卷 4《帝系四》。同书引王世贞说,嘉靖二十九年(1550 年)宗室已近三万,比此数更大。
3　胡寄窗《中国经济思想史》中册,上海人民出版社 1962 年版,第 150 页。

我国历来不实行由长子单独继承财产的制度,地主的子女一般都能得到一份财产、土地或奴婢,他们可以在这样的基础上进一步剥削聚敛,继续过着不劳而获的生活,他们的财产、土地或奴婢也更容易得到增加。与实行长子继承权的国家相比,我国的地主家庭更容易繁衍,人口增加也更加迅速。当时婚姻一般在本阶级内部进行,即使有些农民的妇女成为地主的妻妾,他们生育的子女也只能是扩大了地主家庭的成员。而地主的女子嫁给农民并成为农民阶级中一员的情况是很少的。

任何一个社会的总人口中,都有一部分还不具备或已经丧失劳动能力的人必须由他人赡养。但在封建社会里,实际需要赡养的人口不仅包括老人、小孩和残废者,还包括整个地主阶级的成员以及从属于他们的奴婢、单纯为他们服务的手工业者、构成封建国家机器的官吏、军队及其附属人员。地主阶级对于他们自身人口的膨胀是不愿意也不可能加以有效限制的。随着他们人口的增加,封建国家机器必然要作相应的扩充,以适应他们日益增加的需求,保障他们的安全,更主要的是为大批地主分子提供出路。另一方面,官吏的增加又反过来促使地主阶级的成员更快地增加。

我国自古以来是个农业国家,牧业、渔业在整个经济中所占比例一般都很小,整个人口基本上都靠农民所提供的粮食来养活。由于两千多年来,粮食单产的提高极为缓慢,新作物和良种的引进只在某些时期才发生比较显著的作用,所以在大多数时间,粮食产量的提高主要靠扩大耕地面积来取得。即使不考虑扩大耕地面积的实际困难,耕地的增加或粮食产量的增加至多只能同劳动力的增加成正比,即与农民人口的增长保持大致相同的速率。在一定的时期,粮食总产量、农民所能提供的商品粮是有限度的。可是地主阶级需求的增加却大大超过了粮食增产的速度,并且始终以比粮食增长率高的速率在递增,致使这一矛盾必然会越来越尖锐。

在西汉二百余年间,总人口由约一千五百万增加到约六千万,粮食产量大致也增长了四倍。刘氏宗室在汉初约五十人,占总人口的三十万分之一;到汉末约十万人,占总人口的六百分之一,比例增大了五百倍。当然西汉的宗室还没有太多的特权,但即使只是一部分宗室保持地主生活,对农民来说负担也已经大大加重了。西汉期间总人口的年平均增长率约千分之七,地主的增长率以高出一倍即千分之十四计,则二百余年间总人口递增了四倍,而地主的人口要递增十六倍。以至多递增四倍的产量来负担递增十六倍以上的非生产人口,劳动人民的负担怎么能不加重呢? 农民与地主的阶级矛盾又怎么能不尖锐呢?

　　明代宗室的事例更加突出。由于明代对宗室采取全部由国家包下来的办法，财政上的负担越来越重，转嫁在农民身上的负担当然也随之加重。嘉靖四十一年（1562 年），"天下岁供京师粮四百万石，而诸府禄米凡八百五十三万石。以山西言，存留百五十二万石，而诸府宗禄三百十二万石。以河南言，存留八十四万三千石，而宗禄百九十二万。是二省之粮，借令全输，不足供禄米之半"[1]。另一方面，总人口的增加却甚微。据《明实录》记载，洪武十四年（1381 年），人口是 59 873 305，嘉靖四十一年是 63 654 248，181 年之间年平均增长率仅为 0.34‰。而同期的田亩数从 366 771 549 亩增加到 431 169 400 亩，年平均增长率也仅为 0.89‰。当时的户口、垦地登记可能有隐匿遗漏，实际人口的增长率可能还要高些。但赋税是根据户籍征收的，成百倍增加的宗禄等开支就只能由仅仅增加了 6% 的纳税人来负担。就宗室本身而言，他们个人的禄米并没有增加，生活水准也并没有比明代初期或中期普遍提高，一些远支宗室的生活甚至是比较贫困的。但由于人口剧增，又全部不从事生产劳动，不能自行谋生，便成为整个社会越来越沉重的负担。

　　地主阶级人口的恶性膨胀必然导致对农民剥削量的急剧增加。一方面地主对农民直接的剥削量增加了，另一方面封建国家的赋税也必然增加。前者范围太广，情况复杂，还难于获得比较确切的数据，后者却是有不少事例可资证实的。我们不妨看一下北宋部分时期的岁入。

北宋部分年代岁入表 [2]

年　　度	岁入缗钱（贯）	与上次之间年增长率（‰）
太宗至道中（以 996 年计）	12 000 000	
真宗天禧末（以 1021 年计）	26 500 000	32.20
仁宗嘉祐间（以 1060 年计）	36 800 000	8.45
神宗熙宁（以 1072 年计）	50 600 000	26.89
神宗熙宁、元丰间（以 1077 年计）	60 000 000	34.67

　　在 81 年之间岁入缗钱递增了 5 倍，平均年增长率达到 20‰。而同期的人口递增了 3 倍，平均年增长率为 14‰。从前面的论证可以知道，10‰ 以上的年增长率已经是相当高了，但还是赶不上赋税的增长率。

　　封建社会的这一矛盾能不能得到解决呢？我们可以设想几种可能的方

1　《明会要》卷 43《职官十五》引御史林润言。

2　根据梁方仲《中国历代户口、田地、田赋统计》乙表 17 改编。

法和结果：

第一，迅速增殖农民人口，增加劳动力，扩大耕地，增加产量，使统治者能增加剥削量。这是统治者极愿意采取的。自汉代开始，不少皇帝发布过奖励生育、限期婚配的各种诏令。统治者还经常搜刮户口，千方百计保证自己的剥削对象。但人口的增加不是统治者的个人意志所能决定的，在一定的生产力和生产关系的条件下，只能有一定的人口增长率。更何况前面已经论述，农民的人口增长速度无论如何也赶不上地主阶级的人口增长速度。

第二，提高劳动生产率，以便用同样多的劳力生产更多的粮食来满足地主人口增加的需要。但这只有在大规模改良生产工具、改进耕作技术、兴修水利、推广良种、引进新作物等条件下才能做到，而多数时期是不具备这些条件的。一般说来，只是在某一王朝的前期或某些局部地区出现过这种提高，而很大程度上又是恢复性的、相对的。

第三，缩减地主阶级的人口，降低地主阶级的生活水平。这是解决问题最根本的办法，但这又是地主阶级绝不愿意采用的。降低生活水平在理论上也可以得到统治者的赞同，但实际上却很少实行。缩减人口、减少增殖则在理论上都无法为统治者所接受，因而它绝不会自觉地执行这样的方针。少数统治者也曾采取过一些客观上发生作用的措施，但也只能起暂时的缓和作用。

第四，在生产力并无增长的情况下加重对农民的剥削量，这是统治者最常用的、最基本的办法。劳动人民负担的加重不仅反映在官府赋税的增加，也包括大小地主对农民直接榨取的加重。但这无疑是杀鸡取蛋，因为加重剥削毕竟是有限度的。如果劳动人民连最低限度的生活都无法维持，那么一方面会出现人口大量死亡、出生率下降，生产力受到破坏，可供统治者剥削的数量会更少；另一方面，农民在无路可走的情况下，必然会以暴力方式反抗统治者。

可以说，地主阶级与农民人口增长的不平衡性是中国封建社会无法消除的癌症。

三

任何一个社会要维持下去，要求得发展，都必须使生产与消费保持平衡。从这个意义上说，封建社会中一个政权之能否稳定的内部原因，在于该政权能否控制地主人口的过度增长，使之与生产力的发展大致适应。当然，处于统治地位的地主阶级是不愿意也不可能解决好这个问题的。

导致地主阶级人口减少或增长率降低的因素大致有以下几种：第一，自然原因：灾害、疾病、意外事故等；第二，经济原因：失去财产，不得不从事劳动生产而沦为农民；第三，政治原因：被杀、被剥夺权力，强制降为平民，或者统治者对地主阶级的权力、财产加以限制；第四，战争动乱：如农民起义、异族入侵、军阀混战等，导致地主大批死亡或丧失权力、财产而脱离地主阶级。

显而易见，第一种原因基本起着相反的作用，因为在同样的条件下，地主对付灾害、疾病和意外事故的手段比农民要强得多，因此农民的死亡率会更高。第二种原因作用也不大，因为单纯出于经济原因而从地主阶级中分化出来的人数是不多的。由于地主阶级处于统治地位，破了产的地主依仗政治上的优势往往也能继续过不劳而获的生活。

政治原因所起的作用要大得多。对地主阶级是适当限制还是促使其无限膨胀，统治者实行的政策不同，后果也截然不同。西汉前期，不断将贵族后裔、地主豪强、官僚家属强制迁入关中，加强控制，限制他们的兼并发展，使之不易形成世袭的地主大家族。对官吏实施严刑峻法，动辄诛杀，甚至灭族，虽贵为三公也难幸免。汉初的功臣，封邑或达万户，但一般传不了几代，子孙即降为平民，持续几代的官僚家庭屈指可数。武帝时更是强制剥夺了大批贵族（包括宗室）、地主的封邑和财产。这些都在客观上限制了地主阶级人口的增长，缓和了人口不平衡增长的矛盾，对于社会的稳定和经济的发展起了积极作用。

反之，宋代采取优容官僚地主的政策，给予他们种种政治、经济上的特权。大臣被杀的几乎没有，被剥夺财产的也极少。官僚地主拥有大量的土地财产，利用他们的政治特权和经济力量，隐匿了大批户口、劳力，占为自己直接的剥削对象。地主阶级子孙繁衍，人口剧增，为了安置日益增多的地主后代，官吏大量扩充。自太平兴国初至天圣元年，四十余年间中央官吏增长五倍多。[1] 仁宗时宗室吏员受禄者一万五千余人。不受禄但允许贪污受贿的吏员数量更多。三班院最初吏员不到三百人，真宗时四千二百余人，仁宗时一万一千余人。真宗时一次裁减各路冗吏就有十九万五千八百多人，未裁者当然要几倍于此。[2] 地方官甚至有十年内增加六倍的记录[3]。恩荫制度使官僚的子孙从小就能得到入仕的资格，这又反过来刺激了官僚地主大量增殖人口，形成恶性循环。北宋立国不久就遇到严重的财政困难，正如当时

1　《宋朝事实》九。

2　据蔡美彪等《中国通史》第五册，人民出版社 1978 年版，第 121—122 页。

　3　《宋史》卷 293《王禹偁传》。

有人指出的：“方今天下凋残，公私困急，全由官吏冗滥者多。”[1] 隐匿户口、逃避赋役的现象历代如此，但像宋代那样严重恐怕是绝无仅有的。通检宋代历年的户口统计数，每户平均人口最多的不足 2.6 人，最少的元丰三年（1080年）竟只有 1.42 人。户口最多的大观三年（1109 年）有四千六百多万，而一般估计当时的实际人口已接近一亿，即隐匿人口几乎与登记人口相等。如果不是从上到下的官僚地主都这样做，是绝不可能出现这种现象的。地主人口的恶性膨胀使农民不胜负担，王安石变法无法解决这个矛盾，当然只能以失败而告终。

明代的宗室，尽管在政治上受到严密的控制，经济上却享有种种特权，完全由朝廷供养。《明史·诸王传》称：“明制，皇子封亲王，授金册金宝，岁禄万石，府置官属，护卫甲士少者三千人，多者至万九千人。……亲王嫡长子，年及十岁，则授金册多宝，立为王世子，长孙立为世孙，冠服视一品。诸子年十岁，则授涂金银册银宝，封为郡王，嫡长子为郡王世子，嫡长孙则授世孙，冠服视二品，诸子授镇国将军，孙辅国将军，曾孙奉国将军，四世孙镇国中尉，五世孙辅国中尉，六世以下皆奉国中尉。……禄之终身，丧葬予费。”因此近支宗室几乎能无限增长，亲王、郡王子女众多，甚至有上百个儿子长大袭封的记录[2]。除了日常俸禄外，近支宗室还可以得到大量额外的财物和田地，采用种种手段直接对农民剥削榨取。即使是一些穷困的远支宗室，也完全是不劳而获。

必须指出，统治者的政策和措施尽管不同，却都是为了本身的利益而采取。只是他们的客观条件、考虑问题的角度和政治判断能力不同，因此对官僚地主、宗室、中小地主或限制、或拉拢，或压缩、或扩充。在杀鸡取蛋或者养鸡取蛋的方法上会有不同，但他们在需要蛋这一点上是完全一致的，而且说到底都想多取蛋。他们不愿意也不可能真正限制地主人口的增殖，使需要“蛋”的数量与可能提供的数量保持平衡。所以这一因素的作用也是有限的，更不可能从根本上解决问题。

在封建社会中最能缓和这个矛盾的是第四种因素。在战争动乱中，尤其是在大规模的农民起义中，原有的政权和封建秩序，或全部或部分被摧毁、被打乱了。一部分官僚地主及其家属直接被杀，一部分被剥夺了权力和财产。而在这种情况下，他们的生存能力比农民差得多，在饥饿和流亡中他

1　《欧阳文忠公全集》卷 97《再论按察官吏状》。
2　《明会要》卷 4《帝系》载晋王第三子庆成王百子俱袭爵。

们会很快倒毙,而吃苦耐劳的农民却能顽强地活下去。在异族入侵的初期,往往因为尚未建立稳定的政权,并不需要数量庞大的官僚地主而把他们杀掉,或同样被掠为奴隶。因此,在大动乱之后,尽管总人口大大减少,但地主阶级所占的比例更多。

我国历史上几个强盛、稳定的朝代如汉、唐、明、清都出现在大规模的农民起义和战争动乱之后,尽管在它们的初期都遇到人口稀少、经济凋敝、社会受到极大破坏的局面,但一般都能较快地得到恢复并且很快超过了战前的水平,把封建文明推到了新的高度。论述其原因的著作已经很多,但从人口角度加以考察特别是从人口的阶级结构方面研究的却还极少。

如前所述,在大规模的动乱之后,新王朝初期的户口数一般是旧王朝末期的三分之一至五分之一(明初与元末户口数相近,是例外),但王朝初期的户口统计是很不完整的,实际人口比统计数要高。如果说实际人口减少了二分之一或三分之二,可以肯定官僚地主的人口数减少比例要高得多。加上封建政权机构简缩,官吏人数减少,因此整个社会的人口结构中,地主阶级及其附庸的比例不高,农民的平均负担不重。这时由于人口锐减,荒地、无主土地很多,既不存在耕地不足的问题,也使农民能占有无主土地并得到官府的承认。正因为具备了这些条件,统治者才有可能实行奖励垦殖、轻徭薄赋,才能实行"让步政策"。

在这些王朝的初期,由于统治者急需发展生产、巩固政权,因此都千方百计增殖人口,实行各种鼓励农民多生育的政策。农民的子女一般十几岁就能作为劳动力使用,抚养的时间不长,增加新的劳动力也不需要什么新的投资。所以一般在这些王朝建立后的数十年间便会出现人口激增、生产发展的局面。在这阶段中,尽管地主人口有更大幅度的增长,但由于总人口、总生产力增长较快,地主的需求还不会超过可供的限度。

随着土地开垦殆尽、人口趋于饱和,经济发展逐步减慢以至停滞,农民人口的增长逐步减慢。与此相反,地主人口却始终保持着很高的增长速率,他们的需求逐渐接近甚至超过了社会生产力可供的限度。这种趋势发展的结果是农民无法维持其最低限度的生活,与地主阶级发生激烈的冲突。这时纵然有励精图治的君主或贤明强干的大臣也无济于事。这也是为什么和平过渡式的改朝换代不会带来根本性变化和发展的原因之一。例如东晋、南朝的政权更迭,尽管江山易主,士族地主的权势依然故我,至多引起一个或几个家族的盛衰,当然不可能改变地主与农民人口增长的不平衡性,也不可能改变总人口的阶级构成。

可见,第四种因素是在封建制度继续存在的条件下,作用最大、效果最显著的办法。

在封建社会中,这种不平衡性是始终存在的,但总的趋势是程度逐渐减轻。一般说来,地主阶级中多妻的现象在早期极为普遍,而在中、晚期,无论是多妻者的比例或妻妾的数量都逐渐减少。地主阶级妇女的再嫁在早期不足为奇,以后越来越少。这些都使地主阶级的人口增长率下降。随着物质条件和医药卫生的改进,人口的平均寿命也会有所延长,从而使总人口的增长率得到提高,这就部分地抵消了地主人口的高增长率。影响人口增长变化的因素很多,在具体考察某一时期的情况时,还应当充分考虑到该时期的政治、经济、地理、民族、文化、风俗等各方面的因素,进行综合地分析。

历史的发展和变化是多种因素合力作用的结果,笔者并不试图把这种人口增长的不平衡性解释为封建社会发展变化的唯一原因或王朝兴衰的必然归宿,但是与大量纷纭复杂的历史事实和形形色色的历史人物相比,这毕竟是"因"而不是"果",因此从这方面来考察我国封建社会的历史进程还是非常必要的。

(原载《历史研究》1982 年第 6 期)

图书在版编目（CIP）数据

复旦大学历史地理学术经典·葛剑雄卷 / 葛剑雄
著. — 上海：上海教育出版社，2022.11
ISBN 978-7-5720-0742-2

Ⅰ. ①复… Ⅱ. ①葛… Ⅲ. ①历史地理 – 中国 –
文集 Ⅳ. ①K928.6-53

中国版本图书馆CIP数据核字(2022)第165902号

责任编辑　董龙凯
书籍设计　陆　弦

复旦大学历史地理学术经典·葛剑雄卷
葛剑雄　著

出版发行　上海教育出版社有限公司
官　　网　www.seph.com.cn
地　　址　上海市闵行区号景路159弄C座
邮　　编　201101
印　　刷　上海盛通时代印刷有限公司
开　　本　700×1000　1/16　印张 36.75　插页 5
字　　数　622 千字
版　　次　2022年11月第1版
印　　次　2022年11月第1次印刷
书　　号　ISBN 978-7-5720-0742-2/K·0009
定　　价　198.00 元
审 图 号　GS(2021)8330 号

如发现质量问题，读者可向本社调换　电话：021-64373213